Institut für ausländisches und internationales Privatrecht

Die Grundlagen des deutschen internationalen Privatrechts

Von

Dr. George Melchior
Den Haag

Berlin und Leipzig 1932

Walter de Gruyter & Co.

vormals G. J. Göschen'sche Verlagshandlung — J. Guttentag, Verlagsbuchhandlung
Georg Reimer — Karl J. Trübner — Veit & Comp.

Archiv-Nr. 24 07 32.

Druck von Walter de Gruyter & Co., Berlin W 10.

Vorrede.

Über das deutsche internationale Privatrecht sind in den letzten Jahren eine Reihe wichtiger umfassender Werke erschienen. Für meinen Entschluß, trotzdem das vorliegende Buch zu veröffentlichen, sind zwei Gründe maßgebend gewesen:

Erstens: die Überzeugung, daß die allgemeinen Grundsätze des deutschen internationalen Privatrechts in dem jetzigen Entwicklungsstadium derartig ausgebildet sind, daß sie einer genaueren positivrechtlichen Darstellung bedürfen.

Zweitens: der Umstand, daß die deutsche Rechtsprechung gerade dort den Widerspruch der Wissenschaft gefunden hat, wo die Gerichte das deutsche internationale Privatrecht meiner Ansicht nach besonders gefördert haben — nämlich auf dem Gebiet der Rück- und Weiterverweisung und der Parteiautonomie.

Darüber, wie der allgemeine Teil des internationalen Privatrechts zu begrenzen ist, kann man natürlich verschiedener Meinung sein. Ich rechne die internationalprivatrechtliche Behandlung des allgemeinen Teiles des BGB nicht zu den Grundlagen des internationalen Privatrechts.

Unter den Anknüpfungspunkten habe ich diejenigen nur kurz behandelt, über welche die Literatur des deutschen inneren Rechts eingehenden Aufschluß gibt, wie deutsche Staatsangehörigkeit und Wohnsitz. Die Lehre vom Erfüllungsort habe ich nicht dargestellt, weil sie nur für Teile des Obligationenrechts von Bedeutung ist.

Die Aufwertung ist erörtert, weil sie im Zusammenhang mit der Einwirkung öffentlichen Rechts auf das internationale Privatrecht steht.

Ein kurzer Überblick über die neuere Geschichte und den jetzigen Zustand des internationalen Privatrechts außerhalb Deutschlands wird in diesem Buche gegeben, weil das deutsche Privatrecht fremdes internationales Privatrecht berücksichtigt, und weil die nach den verschiedenartigen zeitlichen und örtlichen

Bedürfnissen verschiedene Entwicklung des internationalen Privatrechts zeigt, daß es unmöglich ist, seine Sätze a priori zu konstruieren.

Daß in diesem Buche auch die Parteiautonomie ihre Stelle gefunden hat, ist rein systematisch kaum zu rechtfertigen. Ihr wäre richtiger ein Platz im Recht der Schuldverhältnisse anzuweisen. Aber die Gefahr, daß die fortgesetzten Angriffe der Wissenschaft auf diesem Gebiet die Rechtsprechung von dem bisher eingeschlagenen richtigen Weg abbringen könnten, halte ich für so groß, daß ich nicht bis zu einer vielleicht spät, vielleicht nie erfolgenden Ergänzung dieses Buches glaube warten zu dürfen.

Ein dem Umfang nach unbeträchtlicher Teil dieses Buches ist meinen früheren Veröffentlichungen entnommen.

Ich habe — dem Dicey'schen Vorbilde folgend — die Rechtssätze in »Regeln« zusammengefaßt, weil hierdurch meines Erachtens die Übersicht erleichtert wird. Die Gesamtheit der Regeln soll einen Überblick über die in Geltung befindlichen Grundlagen des deutschen internationalen Privatrechts geben. Das systematische Inhaltsverzeichnis enthält außer den Regeln eine Inhaltsangabe derjenigen Teile des Buches, die sich nicht unmittelbar mit diesen Grundlagen befassen.

Rechtsprechung und Literatur sind bis Anfang April 1932 berücksichtigt. Zu meinem Bedauern konnte ich wegen des im Wesentlichen beendigten Druckes auf Nußbaums im Juni ds. Js. erschienenes deutsches internationales Privatrecht nicht mehr eingehen. Eine noch nicht veröffentlichte Entscheidung des RG vom 2. 6. 1932, welche die wichtigsten Grundsätze der bisherigen deutschen Renvoirechtsprechung in Frage stellt, habe ich in einem Nachtrag erörtert.

Herr Geheimrat Prof. Dr. Ernst Rabel hat das Manuskript durchgesehen und mir eine große Reihe wertvoller Anregungen gegeben, für die ich ihm ganz besonders zu Dank verpflichtet bin.

Die Herren Dr. Walter Derenberg, Albrecht Schönfeld, Rolf Engelbrecht, Konrad Duden und Fräulein Lilly Melchior haben als Referendare mich bei meiner Arbeit unterstützt — besonders lange und eingehend Fräulein Melchior und Herr Duden. Herr Duden hat auch bei der Durchsicht der Korrekturbogen eine sehr anerkennenswerte und wesentliche Mitarbeit geleistet und das alphabetische Sachregister angefertigt. Ich danke ihnen allen aufrichtig.

Den Haag, Juni 1932.

Dr. George Melchior.

Verzeichnis der mit dem Namen des Verfassers (Herausgebers) ohne Zusatz oder mit abgekürztem Zusatz zitierten Werke.

Soweit nichts gegenteiliges angegeben ist, wird ein hier verzeichnetes Werk nur mit dem Namen des Verfassers (Herausgebers) zitiert.

Affolter, System des deutschen Bürgerlichen Übergangsrechts, 1903.

Arminjon, Précis de droit international privé, 3 Bd., 1927—1930.

v. Bar, Theorie und Praxis des internationalen Privatrechts, 2. Aufl., 2 Bd., 1889.

Barazetti, Das internationale Privatrecht im Bürgerlichen Gesetzbuche für das deutsche Reich, 1897.

Bartin, Principes de droit international privé, bisher 1 Bd., 1930.

Bartin, Études de droit international privé, 1899, (Bartin Études).

Beale, Cases on the conflict of laws, 2 Bd., 1926.

Beale, Shorter selection of cases on the conflict of laws, 1928, (Beale 1928).

Bergmann, Internationales Ehe- und Kindschaftsrecht, 3 Bd., 1926—1928 mit Nachtrag 1929.

Blum, Annalen des Reichsgerichts, herausgegeben von Blum.

Böhm, Die räumliche Herrschaft der Rechtsnormen, 1890.

Bolze, Die Praxis des Reichsgerichts in Civilsachen, bearbeitet von Bolze.

Bruck, Zwischenstaatliches Versicherungsrecht, 1924.

Burge, Commentaries on colonial and foreign laws generally and in their conflict with each other and with the law of England, 2. Aufl., 5 Bd., 1907—1928.

Catellani, Il diritto internazionale privato e i suoi più recenti progressi, 2. Aufl., 2 Bd., 1895—1902.

Clunet, Journal du droit international, ursprünglich Journal du droit international privé, begründet von Clunet.

Dicey, A Digest of the law of England with reference to the conflict of laws, 4. Aufl., bearbeitet von Keith, 1927. (Die neueste, im April 1932 erschienene Auflage konnte nicht mehr benutzt werden.)

Diena, Principî di diritto internazionale, 2. Aufl., 1917, neugedruckt 1926.

Diena, Trattato di diritto commerciale internazionale, 3 Bd., 1900—1905, (Diena, Diritto commerciale).

Donnedieu de Vabres, L'évolution de la jurisprudence française en matière de conflit des lois, 1905.

Düringer-Hachenburg, Das Handelsgesetzbuch vom 10. Mai 1897, 3. Aufl., Bd. 1 1930, Bd. 4 1932, 2. Aufl. Bd. 3 1913.

Ehrenberg's Handbuch des gesamten Handelsrechts, herausgegeben von Ehrenberg seit 1913, (Ehrenberg's Hdb.).

Enneccerus, Kipp, Wolff, Lehrbuch des Bürgerlichen Rechts, 7.—13. Bearbeitung, 5 Bde., 1929—1931.

Fauchille, Traité de droit international public, 8. Aufl., 2 Bd., 1921—1926.

Fiore, Le droit international privé, übersetzt von Antoine aus der 2. und 4. Aufl., 1890—1907.

Foelix, Traité du droit international privé, 4. Aufl., herausgegeben von Demangeat, 2 Bd., 1866.

Foote, A concise treatise on private international law, 5. Aufl., bearbeitet von Bellot, 1925.

Frankenstein, Internationales Privatrecht (Grenzrecht), bisher 2 Bd., 1926 u. 1929.

Gebhard, Zur Vorgeschichte des Internationalen Privatrechts im deutschen Bürgerlichen Gesetzbuch, herausgegeben von Niemeyer, 1915, (Die Gebhardschen Materialien).

Geier, Das internationale Privatrecht der gemischten Schiedsgerichte des Versailler Vertrags, 1930.

Goodrich, Handbook on the conflict of laws, 1927.

Gruchot, Beiträge zur Erläuterung des Deutschen Rechts, begründet von Gruchot.

Gutzwiller, Internationalprivatrecht, in Stammler: Das gesamte deutsche Recht in systematischer Darstellung Bd. I S. 1515ff., 1931.

Habicht, Internationales Privatrecht nach dem Einführungsgesetze zum Bürgerlichen Gesetzbuche, 1907.

Hatschek, Völkerrecht im Grundriß, 1926.

Haudek, Die Bedeutung des Parteiwillens im internationalen Privatrecht, 1931.

Jaeger, Kommentar zur Konkursordnung, II. Bd., 5. Aufl., 1914.

Jitta, Internationaal Privaatrecht, 1916.

Kahn, Abhandlungen zum internationalen Privatrecht, herausgegeben von Lenel u. Lewald, 2 Bd., 1928.

Kosters, Internationaal Burgerlijk Recht in Nederland, 1917.

Kosters-Bellemans, Conventions de la Haye de 1902 et 1905 sur le droit international privé, 1921.

Lainé, Introduction au droit international privé, 2 Bd., 1888 u. 1892.

Laurent, Droit civil international, 8 Bd., 1880 u. 1881.

Lerebours-Pigeonnière, Précis de droit international privé, 1928.

Leske-Löwenfeld, Das Eherecht der europäischen Staaten und ihrer Kolonien, bearbeitet von Hahn, in: Die Rechtsverfolgung im internationalen Verkehr, herausgegeben von Leske und Löwenfeld, Bd. IV, 1904.

Levis, Das internationale Entmündigungsrecht des deutschen Reiches, 1906.

Lewald, Das deutsche internationale Privatrecht auf Grundlage der Rechtsprechung, 1930.

von Liszt, (von Liszt-Fleischmann), Das Völkerrecht systematisch dargestellt, 12. Aufl., bearbeitet von Fleischmann, 1925.

Lyon-Caen-Renault, Traité de droit commercial, 5. Aufl., 8 Bd., seit 1921.

Makarov, Das internationale Privatrecht der europäischen und außereuropäischen Staaten, 1929.

Matos, Curso de Derecho Internacional Privado, 1922.
Meili, Das internationale Civil- und Handelsrecht, 1902.
Mentzel, Kommentar zur Reichskonkursordnung, 4. Aufl., 1932.
Mittelstein-Sebba, Das deutsche Seerecht, Kommentar zum 4. Buche des Handelsgesetzbuches, 2. vollständig umgearbeitete Aufl. des Schapsschen Kommentars, 2 Bd., 1921 u. 1929.
Mulder, Inleiding tot het Internationaal Privaatrecht, 1927—1928.
Neubecker, Internationales Privatrecht, in: Jahrbuch für den internationalen Rechtsverkehr S. 8 ff., 1912/13.
Neumann, Handausgabe des Bürgerlichen Gesetzbuches, bearbeitet von Hugo Neumann, 6. Aufl., III. Bd., 1912.
Neumann's Jahrbuch, Jahrbuch des Deutschen Rechts, begründet von Hugo Neumann.
Neumann, Vertragsgültigkeit und Parteiwille in Lehre und Rechtsprechung des internationalen Schuldrechts, 1930, (Konrad Neumann).
Neumeyer, Internationales Verwaltungsrecht, 3 Bd., 1910 bis 1930.
Neumeyer, Internationales Privatrecht, 2. Aufl., 1930, (Neumeyer I. Pr. R.).
Niboyet, Manuel de droit international privé, 1928.
Niedner, Das Einführungsgesetz vom 18. August 1896, 2. Aufl., 1901.
Niemeyer, Das internationale Privatrecht des Bürgerlichen Gesetzbuches, 1901.
Nußbaum, Das Geld in Theorie und Praxis des deutschen und ausländischen Rechts, 1925, (Nußbaum, Das Geld).
Nußbaum, Die Bilanz der Aufwertungstheorie, 1929, (Nußbaum, Bilanz).
Oppenheim, International Law, 4. Aufl., bearbeitet von McNair, Bd. 1 (Peace), 1928.
Pillet, Traité pratique de droit international privé, 2 Bd., 1923 u. 1924.
Pillet, Principes de droit international privé, 1903, (Pillet, Principes).
Pillet et Niboyet, Manuel de droit international privé, 1924.
Planck's Kommentar zum Bürgerlichen Gesetzbuch nebst Einführungsgesetz, 4. Aufl., 5 Bd., 1913—1930.
Planiol, Traité élémentaire de droit civil, 10. Aufl., 1925—1927.
Planiol et Ripert, Traité pratique de droit civil français, bisher 12 Bd., seit 1925.
Poullet, Manuel de droit international privé belge, 2. Aufl., 1928.
Potu, La question du renvoi en droit international privé, 1913.
v. Praag, Litteratuur en rechtspraak betreffende de niet in de wet houdende Algemeene Bepalingen opgenomen regelen van internationaal Privaat- Proces- en Faillissementsrecht, 1928.
Raape, Staudingers Kommentar zum Bürgerlichen Gesetzbuche und dem Einführungsgesetze, 9. Aufl., VI. Bd., 2. Teil, Art. 7—31 des Einführungsgesetzes, 1931.
Savigny, System des heutigen Römischen Rechts, VIII. Bd., 1849.
Schaeffner, Entwicklung des internationalen Privatrechts, 1841.
Soergel, Rechtsprechung zum gesamten Zivil-, Handels- und Prozeßrecht des Reiches und der Bundesstaaten, herausgegeben von Soergel.
Soergel, Bürgerliches Gesetzbuch nebst Einführungsgesetz, herausgegeben von Soergel, 4. Aufl., 2 Bd., 1929, (Soergel Komm.).
Staub's Kommentar zum Handelsgesetzbuch, 12. und 13. Aufl., 4 Bd. bearbeitet von Koenige, Pinner u. Bondi, 1926 u. 1927.

Staudinger, Kommentar zum Bürgerlichen Gesetzbuch und dem Einführungsgesetze, 9. Aufl., 1925—1930, mit Ausnahme von Bd. VI.

Staudinger-Keidel, Staudingers Kommentar zum Bürgerlichen Gesetzbuch und dem Einführungsgesetze, 9. Aufl., VI. Bd. 1. Teil, 1929.

Staudinger-Kuhlenbeck, Staudingers Kommentar zum Bürgerlichen Gesetzbuche und dem Einführungsgesetze, 7./8. Aufl., VI. Bd., 1914.

Stauffer, Das internationale Privatrecht der Schweiz, 1925.

Stein-Jonas, Die Zivilprozeßordnung für das deutsche Reich, erläutert von Stein, 14. Aufl., bearbeitet von Jonas, 2 Bd., 1928 u. 1929.

Story, Commentaries on the conflict of laws, 8. Aufl., bearbeitet von Bigelow, 1883.

Strupp, Grundzüge des Völkerrechts, 4. Aufl., 1925.

Surville, Cours élémentaire de droit international privé, 7. Aufl., 1925.

Torres-Campos, Elementos de derecho internacional privado, 4. Aufl., 1913.

Valéry, Manuel de droit international privé, 1914.

Vico, Curso de derecho internacional privado, 3 Bd., 1926/1927.

Walker, Internationales Privatrecht, 4. Aufl., 1926.

Weiß, Traité théorique et pratique de droit international privé, 2. Aufl., 6 Bd., 1907—1913.

Weiß, Manuel de droit international privé, 9. Aufl., 1925, (Weiß, Manuel).

Weiß, Manual de derecho internacional privado por André Weiß. Quinta edición francesa, segunda en castellano, revisada y al dia, traducción, prólogo y notas por Estanislao S. Zeballos, 1928, (Weiß-Zeballos).

Wharton, A treatise on the conflict of laws, 3. Aufl., bearbeitet von Parmele, 2 Bd., 1905.

Zitelmann, Internationales Privatrecht, 2 Bd., 1897 u. 1912.

Zitelmann, Zum Grenzstreit zwischen Reichs- und Landesrecht, 1902, (Zitelmann, Grenzstreit, oder Zitelmann, Reichsrecht und Landesrecht).

Zitelmann, Quellen zum internationalen Privatrecht, Art. 7—31 des Einführungsgesetzes zum Bürgerlichen Gesetzbuch für das deutsche Reich. Nebst sämtlichen Entwürfen. 1908, herausgegeben von Zitelmann, (Zitelmann, synoptische Zusammenstellung).

Sonstige Abkürzungen.

ABGB = Allgemeines Bürgerliches Gesetzbuch (Österreich).
AG = Amtsgericht.
Arch. Ziv = Archiv für die civilistische Praxis.
BayrObLG = Bayerisches Oberstes Landesgericht.
BGB = Bürgerliches Gesetzbuch.
BliP = Blätter für internationales Privatrecht.
Bul. = Bulletin de l'institut intermédiaire international (Holland).
cc = Code civil.
DJZ = Deutsche Juristenzeitung.
EG oder EGBGB = Einführungsgesetz zum Bürgerlichen Gesetzbuch.
Handelsgesetze des Erdballs = Die Handelsgesetze des Erdballs, begründet von Borchardt, 3. Aufl., herausgegeben von Kohler, Meyer, Dove, Trumpler.
HansGZ = Hanseatische Gerichtszeitung, mit Zusatz Hbl. = Hauptblatt, mit Zusatz Bbl. = Beiblatt.
HansOLG = Hanseatisches Oberlandesgericht.
HansRGZ = Hanseatische Rechts- und Gerichtszeitschrift.
HansRZ = Hanseatische Rechtszeitschrift.
HGB = Handelsgesetzbuch.
HRR = Höchstrichterliche Rechtsprechung.
JW = Juristische Wochenschrift.
KG = Kammergericht.
KGJ = Jahrbuch für Entscheidungen des Kammergerichts.
KO = Konkursordnung.
Komm. v. RGRäten oder KommRG = Das Bürgerliche Gesetzbuch mit besonderer Berücksichtigung der Rechtsprechung des Reichsgerichts, erläutert von Reichsgerichtsräten u. Senatspräsidenten am Reichsgericht, 6. Aufl. 1928.
LG = Landgericht.
LZ = Leipziger Zeitschrift für deutsches Recht.
OLG = Oberlandesgericht.
Ostrecht = Zeitschrift für Ostrecht.
Protokolle oder Prot. = Protokolle der zweiten Kommission zur Beratung des Bürgerlichen Gesetzbuches, Ausgabe von Achilles, Gebhard und Spahn.
Recueil oder Rec. = Académie de droit international, (Haag), Recueil des cours.
Recueil des tribunaux (d. trib.) = Recueil des décisions des tribunaux arbitraux mixtes.
Rép. = Répertoire de droit international, herausgegeben von Lapradelle und Niboyet, 10 Bd. 1929—1931.

Restatement = The American Law Institute. Restatement of the law of conflict of laws. Proposed final Draft Nr. 1. 1930.

Revue = Revue de droit international privé, ursprünglich Revue de droit international privé et de droit pénal international.

RFH = Reichsfinanzhof.

RG = Reichsgericht in Zivilsachen.

RG mit dem Zusatz Bd. = Entscheidungen des Reichsgerichts in Zivilsachen, Band.

RGBl = Reichsgesetzblatt.

RGStr = Reichsgericht in Strafsachen.

RGStr mit dem Zusatz Bd. = Entscheidungen des Reichsgerichts in Strafsachen, Band.

Rivista = Rivista di diritto internazionale.

ROHG = Reichs-Oberhandelsgericht.

ROHG mit dem Zusatz Bd. = Entscheidungen des Reichs-Oberhandelsgerichts, ursprünglich Entscheidungen des Bundes-Oberhandelsgerichts, herausgegeben von den Räten des Gerichtshofes, Band.

ROLG = Die Rechtsprechung der Oberlandesgerichte auf dem Gebiete des Zivilrechts.

Rspr.Aufw. = Die Rechtsprechung in Aufwertungssachen, herausgegeben von Ring.

SA = Seufferts Archiv für Entscheidungen der obersten Gerichte in den deutschen Staaten.

WarnJahrbuch = Jahrbuch der Entscheidungen zum Bürgerlichen Gesetzbuch und den Nebengesetzen, herausgegeben von Warneyer.

WarnRspr. = Die Rechtsprechung des Reichsgerichts auf dem Gebiete des Zivilrechts, herausgegeben von Warneyer.

Weekbl. = Weekblad van het Recht.

WO = Wechselordnung.

Z = Niemeyer's (ursprünglich Böhm's) Zeitschrift für internationales Privat- und Strafrecht.

ZAIP = Zeitschrift für ausländisches und internationales Privatrecht.

ZGB = Zivilgesetzbuch.

Inhaltsverzeichnis.

Seite

B. Gebietsstatut.

Anhang:

Seite

Terminologie.

§ 1. Internationales Privatrecht im Sinne dieses Buches ist der Inbegriff der Rechtssätze, die bestimmen, welches örtliche Recht auf zivilrechtliche Verhältnisse mit internationalen Beziehungen anzuwenden ist [1]). Unter örtlichem Recht ist hierbei das Recht zu verstehen, welches ein Staat in seinem Territorium oder Teilen desselben herrschen läßt.

---

[1]) Außerhalb Deutschlands finden sich in den Hand- und Lehrbüchern des internationalen Privatrechts vielfach eingehende Darstellungen über Erwerb und Verlust der Staatsangehörigkeit des Landes, zu welchem der Verfasser gehört (besonders in den romanischen Ländern und England), über die Zuständigkeit der Gerichte in Prozessen mit internationalem Einschlag (romanische und angelsächsische Länder), über die Rechtshilfetätigkeit in solchen Prozessen (romanische Länder) und über das Fremdenrecht, das heißt die Normen, welche Ausländern den Genuß gewisser Rechte gewähren oder versagen (romanische Länder).

Meiner Ansicht nach würde systematisch durchaus zu rechtfertigen sein, in einem deutschen Werk über internationales Privatrecht den Erwerb und Verlust der deutschen Landes- und Reichsangehörigkeit und das Fremdenrecht — letzteres soweit es sich um die Zulassung zu Einrichtungen des bürgerlichen Rechts handelt — darzustellen. Denn die deutsche Nationalität gehört zu den wichtigsten Anknüpfungen, und aus dem Fremdenrecht ergeben sich Ausnahmen von den allgemeinen Regeln unseres internationalen Privatrechts. Aber eine eingehende Darstellung über den Erwerb und Verlust der deutschen Nationalität innerhalb eines Werkes über internationales Privatrecht ist nicht erforderlich, da hierüber eine genügende Spezialliteratur besteht (vgl. unten: Feststellung des Personalstatuts nach der Staatsangehörigkeit), und das Fremdenrecht spielt in Deutschland eine sehr geringe Rolle, weil grundsätzlich die Ausländer dieselben bürgerlichen Rechte und Pflichten haben wie die Inländer und nur wenige Ausnahmen vorhanden sind. (Für die wenigen Abweichungen vgl. Strupp, Rép. Bd. VI S. 16 ff., und die dort befindlichen Literaturnachweise.)

Die Prozeßgesetze schließlich als Verfahrensregelung, insbesondere auch die Vorschriften über Zuständigkeit und Rechtshilfe im Zivilprozeß gehören nach deutscher Auffassung zum öffentlichen Recht. Das internationale Prozeßrecht im allgemeinen wird daher in Deutschland nicht als internationales Privatrecht angesehen. Die deutsche Literatur über den Zivilprozeß, insbesondere die Kommentare zur Zivilprozeßordnung, behandeln auch die internationalrechtlichen Prozeßfragen.

Die Normen, durch welche die örtliche Rechtsanwendung entschieden wird, werden im folgenden als Normen des internationalen Privatrechts, (örtliche) Konfliktsnormen oder Kollisionsnormen bezeichnet.

Der Ausdruck »Recht eines Gebietes« oder »Gesetze eines Gebietes« umfaßt nach der im folgenden verwendeten Ausdrucksweise dessen gesamtes Recht einschließlich seines internationalen Privatrechts, sofern sich aus dem Zusammenhang nicht Gegenteiliges ergibt. Wenn von innerem oder materiellem Recht gesprochen wird, so ist das internationale Privatrecht nicht mit umfaßt. Das örtliche innere (materielle) Recht, welches den Inhalt eines Rechtsverhältnisses beherrscht, wird in folgendem »Wirkungsstatut« [1]) oder »lex causae« genannt, und wird als »generelles Wirkungsstatut« bezeichnet, wenn es den Inhalt zwar nicht ganz, aber in der Hauptsache beherrscht [2]).

Neuere Geschichte des Internationalen Privatrechts.

§ 2. Seit dem 16. Jahrhundert bis in das 19. Jahrhundert hatte eine Auffassung des internationalen Privatrechts eine so große Bedeutung, daß man sie für das 16. und 17. Jahrhundert und wohl auch für später als die herrschende in großen Teilen des kontinentalen Europas bezeichnen kann. Das ist die sogenannte Statutentheorie [3]). Man unterschied statuta personalia, statuta realia und erkannte meistens noch eine dritte Kategorie, die statuta mixta, an.

Diese Ausdrücke können in bezug auf den Gegenstand gebraucht werden, also z. B. statutum personale für eine Bestimmung, welche die Verhältnisse von Personen regelt, statutum reale für eine Bestimmung, welche sich mit Sachen beschäftigt, statutum mixtum für eine Bestimmung, welche die Form eines Rechtsgeschäftes betrifft. Man kann aber auch unter statutum personale die Rechtsregeln verstehen, die am Wohnorte einer Person gelten, unter statutum reale die Rechtsregeln, welche an dem Ort gelten, wo sich eine Sache

---

[1]) Von Zitelmann Bd. I S. 125 geprägter Ausdruck.

[2]) Zum Wirkungsstatut in diesem Sinne gehören nicht Vorschriften, die einem anderen als dem den Inhalt eines Rechtsverhältnisses beherrschenden Recht unterliegen können, z. B. Vorschriften über Geschäftsfähigkeit und Ortsform.

[3]) Vgl. Wächter, Arch. Ziv. Bd. 24 S. 274 ff.; Savigny S. 121 ff. (bes. 124); v. Bar Bd. I S. 30 ff. (40); Gutzwiller, Recueil Bd. 29 S. 310 ff.; Foelix §§ 21 ff.; Lainé Bd. I S. 45 ff. und Bd. II; Catellani Bd. I S. 444 ff.

befindet, und unter statutum mixtum die Rechtsregeln, die dort gelten, wo eine Handlung vorgenommen wird [1]).

Im einzelnen ist hierzu zu bemerken, daß für das Recht der Person der Wohnsitz und nicht die Staatsangehörigkeit schon darum zugrundegelegt werden mußte, weil bis zum Ende des 18. oder Anfang des 19. Jahrhunderts ein vom Wohnsitz verschiedener Staatsangehörigkeitsbegriff sich noch nicht genügend entwickelt hatte. Übrigens handelte es sich meistens nicht um wirklich internationale Rechtskollisionen, sondern um die Auswahl zwischen verschiedenen lokalen Rechten eines Landes, das mehrere Rechtsgebiete umfaßte. Hier konnte, wenn man überhaupt ein besonderes Personalstatut anerkennen wollte, nur dasjenige des Wohnsitzes in Betracht kommen.

Für das Sachstatut spielte vielfach die Fiktion eine Rolle, daß sich bewegliche Sachen am Wohnsitz des Eigentümers oder Besitzers befänden.

Da bei einem rechtlichen Tatbestand sowohl Personenrecht wie Sachenrecht in Betracht kommen kann, z. B. wenn es sich um die Geschäftsfähigkeit für die Verfügung über Sachen handelt, oder wenn die Wirkungen der Ehe auf Vermögensverhältnisse in Frage stehen (eheliches Güterrecht), bestand die Möglichkeit, solches Gebiet entweder dem Personalstatut oder dem Realstatut zu unterwerfen.

Die Grenzen zwischen dem Personalstatut und dem Realstatut wurden in den verschiedenen Teilen Europas sehr ungleich gezogen. In Italien war dem Personalitätsprinzip eine verhältnismäßig weite Geltung eingeräumt, in Frankreich eine geringere; in den Niederlanden hatte sich sogar seit dem Ende des 17. Jahrhunderts die Lehre entwickelt, daß in jedem Territorium lediglich dessen Recht maßgebend sei, und daß die Anwendung fremden Rechts nur ausnahmsweise auf Grund freundlichen internationalen Entgegenkommens (comitas gentium) stattzufinden habe [2]). Praktisch führte diese Anerkennung der comitas gentium zu Ergebnissen, welche sich sehr gut mit der anderswo herrschenden Statutentheorie vereinigen ließen [3]), allerdings mit einer Tendenz zur Bevorzugung der Territorialität.

In Deutschland hatte das Reichskammergericht der Terri-

---

[1]) Wächter, Arch. Ziv. Bd. 24 S. 256 ff.; v. Bar Bd. I S. 41 f.; Lainé Bd. II S. 25 f.

[2]) Vgl. Lainé Bd. II S. 95 ff.; Catellani Bd. I S. 450 ff.; Kosters S. 10 ff.

[3]) Vgl. Jitta, La méthode du droit international privé, S. 286 ff.; Catellani Bd. I S. 460.

torialität des Rechts eine sehr weitgehende Ausdehnung gegeben [1]). In der deutschen Wissenschaft wurde die Frage der Abgrenzung zwischen Personal- und Realstatut sehr verschieden beantwortet [2]).

Von manchen deutschen Schriftstellern des 17. und 18. Jahrhunderts wurde die Statutentheorie überhaupt verworfen [3]).

§ 3. In der zweiten Hälfte des 18. Jahrhunderts beginnen deutsche Kodifikationen sich mit dem internationalen Privatrecht zu beschäftigen. Der bayrische Codex Maximilianeus steht durchaus — sogar in seiner Ausdrucksweise — auf dem Boden der Statutentheorie. Von der Rechtsprechung des Reichskammergerichts weicht er durch bescheidene Einschränkung der Territorialität ab. Das bayrische Gesetzbuch beurteilt Fragen »quoad formam processus« nach der lex fori, die »bloße Solemnität einer Handlung« nach der lex loci actus, Fragen »in mere personalibus« nach der lex domicilii, »in realibus vel mixtis« nach der lex rei sitae »ohne Unterschied der Sachen, ob sie beweglich oder unbeweglich, körperlich oder unkörperlich seynd, gesehen und erkannt werden« [4]). Eine besondere Vorschrift erklärt für die Erbfolge ab intestato die lex rei sitae für maßgebend, jedoch »soviel die bloße Personalsprüch belangt« die lex domicilii [5]).

In den eingehenderen und fortschrittlicheren Bestimmungen des preußischen Allgemeinen Landrechts ist dem Personalstatut ein weiterer Herrschaftsbereich eingeräumt. Es ist zum Beispiel maßgebend für die Rechtsverhältnisse des beweglichen Vermögens als Gesamtheit [6]). Als Personalstatut gilt das Wohnsitzrecht. Für gewisse Zweifelsfälle ist die Wahl des dem Geschäft günstigsten Gesetzes vorgeschrieben [7]). Für das eheliche Güterrecht gilt das Recht des ersten ehelichen Wohnsitzes [8]). Obgleich diese Kollisionsrechtsordnung sich nur zögernd von der Überlieferung loslöst, kann sie doch als die erste Gesetzgebung unseres Gebietes von modernem Charakter angesehen werden.

§ 4. Später als in den meisten europäischen Ländern ist in

---

[1]) Vgl. die Zusammenstellung der Grundsätze des Reichskammergerichts bei Wächter, Arch. Ziv. Bd. 24 S. 274 ff.; von Bar Bd. I S. 44 ff.; Gutzwiller, Recueil Bd. 29 S. 328 ff.

[2]) Wächter, Arch. Ziv. Bd. 24 S. 280 f.; Savigny S. 124.

[3]) Vgl. die Zusammenstellung bei Wächter, Arch. Ziv. Bd. 24 S. 280 f.

[4]) Teil I, 2, § 17.

[5]) Teil III, 12, § 1. Hierzu v. Bar Bd. I S. 604 f.

[6]) Einleitung I, § 28.

[7]) Einleitung I, § 35; I, 5, §§ 113 f.

[8]) II, 1 §§ 350 ff.

England ein internationales Privatrecht entstanden. Aus der Zeit vor der Thronbesteigung Jakobs I. (1603) sind keine Gerichtsentscheidungen über örtliche Gesetzeskollisionen bekannt [1]), aus der Zeit bis zur englischen Revolution nur wenige. In Italien und Frankreich ließ die Verschiedenheit der Provinzialrechte fortdauernd Kollisionen entstehen. Innerhalb Englands aber bestand, verglichen mit jenen Ländern, fast Einheitlichkeit des Privatrechts [2]). Daher erlangten die Fragen des internationalen Privatrechts hier offenbar erst seit der Union mit dem unter einem abweichenden Zivilrecht lebenden Schottland (1707) eine erhebliche praktische Bedeutung [3]). Mit dem Recht der kontinentalen Staaten war das englische auch erst etwa um die Zeit der englischen Revolution in häufigere Berührung getreten [4]) [5]).

Mangels einer eigenen Lehre vom internationalen Privatrecht suchte England das Rüstzeug zur Lösung der örtlichen Rechtskonflikte im Ausland und fand es bei der holländischen Wissenschaft [6]). Aus Holland übernahm die englische Lehre den Grundsatz, daß die Anwendung fremden Rechts auf der comitas der souveränen Staaten beruhe. In Holland selbst ging die alte Lehre unter, als zur napoleonischen Zeit Holland unter den Einfluß des französischen Rechts kam. In England wirkte sie fort, ebenso in den Vereinigten Staaten, wohin sie über England gelangt war.

In den Vereinigten Staaten wurde das erste große Werk der angelsächsischen Wissenschaft vom internationalen Privatrecht geschrieben, die »Commentaries on the Conflict of Laws« des Richters Story [7]). Unter den in diesem Buche zitierten Autoritäten dominieren die Juristen der holländischen Schule. In ihren Grundgedanken

---

[1]) Dicey S. 7.

[2]) Vgl. Meili Bd. I S. 105; Lainé, Clunet 1896 S. 484.

[3]) Dicey S. 7: »It is also noteworthy that few English decisions bearing on our subject are of earlier date than the Union with Scotland«.

[4]) Westlake S. 7.

[5]) Über die Gründe dafür, daß das internationale Privatrecht sich in England erst so spät entwickelt hat, vgl. auch Harrison, Clunet 1880 S. 429, u. a.: »Notre situation singulière, notre complet détachement de la loi civile (offenbar Übersetzung von civil law = Römisches Recht), notre indifférence absolue pour toute étude systématique de la théorie légale en dehors des espèces pratiques expliquent l'ignorance absolue qui existait dans notre pays au commencement de ce siècle en matière de droit international privé«.

[6]) Vgl. dazu Westlake S. 7 f.

[7]) 1. Auflage 1834, letzte (8.) Auflage 1883, bearbeitet von Bigelow. Die 8. Auflage läßt im Gegensatz zur 4. bis 7. Auflage erkennen, welcher Text und welche Anmerkungen von Story selbst stammen.

ist die Storysche Lehre ganz die der alten Holländer. In der Behandlungsweise der einzelnen Fragen aber geht Story eigene Wege. Die Grundlage seiner Ausführungen ist die englisch-amerikanische Praxis [1]), die sich allerdings auch unter der Leitung der holländischen Doktrin entwickelt hatte.

In den Vereinigten Staaten hat das internationale Privatrecht eine besondere praktische Bedeutung erlangt, weil die einzelnen Staaten der Union in der Privatrechtsgesetzgebung grundsätzlich unabhängig sind und infolgedessen sehr verschiedene Rechtsvorschriften ausgebildet haben, und weil zwischen den verschiedenen Staaten der lebhafteste Verkehr besteht. Die von den englischen abweichenden Verhältnisse der Vereinigten Staaten führten allmählich dazu, daß deren internationales Privatrecht sich in gewissem Umfange anders als das englische entwickelte. In England wird z. B. die Geschäftsfähigkeit natürlicher Personen grundsätzlich nach der lex domicilii beurteilt [2]), in den Vereinigten Staaten nach der lex loci actus [3]), weil die große Zahl der sich hier aufhaltenden Fremden — und wohl auch der starke Menschenaustausch unter den verschiedenen Einzelstaaten — es unzweckmäßig machen, in jedem Falle das Personalstatut zu beachten [4]).

§ 5. Für den europäischen Kontinent beginnt auf dem Gebiete des internationalen Privatrechts mit dem Ende des 18. Jahrhunderts eine neue Zeit. Die Ereignisse brachten in Frankreich eine völlige Änderung der politischen und rechtlichen Verhältnisse mit sich. Die Abkehr von der alten Rechtszersplitterung wurde unter Napoleon mit der Schaffung des Code civil vollendet. Es gab jetzt ein einheitliches französisches Zivilrecht. Hierdurch waren die interprovinzialen Rechtskonflikte, die bis dahin fast ausschließlich den Gegenstand für die Untersuchungen über unsere Rechtsdisziplin geliefert hatten, für Frankreich unmöglich oder doch sehr selten geworden [5]). Es waren jetzt die Kollisionen des französischen Rechts mit dem außerfranzösischen, die durch die Regeln des internationalen Privatrechts zu lösen waren. Der Zwang, den Wohnsitz als Anknüpfungsmoment für das Personalstatut zu verwenden, fiel damit fort. Für die Lösung der interlokalen Rechtskollisionen war eine andere Anknüpfung nicht möglich gewesen. Für die zwischenstaatlichen Kolli-

---

[1]) Vgl. insbesondere Story § 16.

[2]) Dicey S. 596 ff.

[3]) Wharton S. 732 ff., 904 ff.

[4]) Vgl. dazu Wharton S. 211 f., 733 f.

[5]) Vgl. Weiß Bd. III S. 152.

sionen aber bot sich als Anknüpfungsmoment die Staatsangehörigkeit. In der Richtung auf die Verwendung dieses neuen Anknüpfungsmoments wirkte die Stärkung des Nationalgefühls, welches im französischen Volke durch die Revolution, die vielen Kriege und den glanzvollen Aufstieg des Kaisertums bis zur Leidenschaft entfacht wurde und eine Gesinnung schuf, die dem Weltbürgertum des 18. Jahrhunderts diametral entgegengesetzt war. Der Code civil machte als erstes der Gesetzbücher die Staatsangehörigkeit, in seinem Wortlaut nur die französische Staatsangehörigkeit, zu einem Anknüpfungsmoment im internationalen Privatrecht [1]).

Neue Gedanken pflegen sich nicht auf einmal durchzusetzen: Das französische Recht betrachtet nicht etwa die Staatsangehörigkeit als für alle persönlichen und Familienverhältnisse ausschließlich maßgebend. Nach der noch heute herrschenden französischen Auffassung hängt das eheliche Güterrecht von dem Parteiwillen ab, wobei im Zweifel das Recht des ersten ehelichen Wohnsitzes als vereinbart angesehen wird [2]). Im Erbrecht galt weiter das Territorialitätsprinzip, modifiziert durch die alte Regel »mobilia sequuntur personam«, nach der für die beweglichen Gegenstände fingiert wurde, daß sie sich ausnahmslos am Wohnort des Eigentümers befänden [3]) [4]). Die fremdenfeindliche Tendenz des Code civil zeigt sich in seinem Artikel 11. Auf das persönliche Eingreifen des Kaisers, der von Mißtrauen gegen die Fremden erfüllt war, ist die Einführung der Bestimmung zurückzuführen [5]): Ausländer sollen in Frankreich die Zivilrechte nur dann genießen, wenn sie ihnen durch besonderen Staatsvertrag zuerkannt werden [6]).

Das Recht des Code civil hat auf die allgemeine Rechtsentwicklung einen tiefgehenden Einfluß ausgeübt. Es wurde von vielen Ländern teils unverändert, teils mit geringeren oder größeren Abweichungen angenommen. An dieser Rezeption nahmen auch inter-

---

[1]) Art. 3 Abs. 3 Code civil: Les lois concernant l'état et la capacité des personnes régissent les Français même résidant en pays étranger.

[2]) Vgl. Niboyet S. 827 ff., Nr. 710 ff.

[3]) Vgl. Niboyet S. 837 ff., Nr. 720 ff.

[4]) Die Maßgeblichkeit des Domizilrechts für die Vererbung von Mobilien erklärt sich hieraus und nicht etwa aus der Anwendung des Wohnsitzes als Anknüpfungsmoment für die persönlichen Verhältnisse, Niboyet S. 839 ff. Nr. 723 ff.

[5]) Donnedieu de Vabres. l'Evolution S. 29.

[6]) Die Doktrin und Rechtsprechung haben die Tragweite dieser Regel eingeschränkt. Vgl. Niboyet S. 321 ff. Nr. 280 ff.

nationalprivatrechtliche Normen des Code civil in größerem oder geringerem Umfange teil [1]).

§ 6. Das österreichische ABGB, welches 1811 in Kraft trat, läßt ebenfalls die Veränderung der Verhältnisse seit dem Erlaß des preußischen Allgemeinen Landrechts erkennen. Die Vorschriften über die Fähigkeit zur Vornahme von Rechtsgeschäften gelten nach § 4 ABGB für die Österreicher, auch wenn sie im Auslande Aufenthalt oder Wohnsitz haben, soweit die Rechtsgeschäfte in Österreich Rechtswirkungen hervorrufen sollen. Dagegen sollte mit der in ihrem Wortlaut unklaren Vorschrift des § 34 ABGB über die Handlungsfähigkeit der Ausländer wohl ursprünglich eine Anknüpfung an den Wohnsitz gegeben werden [2]). Die Praxis hat im Anschluß an diese Bestimmungen die Regel entwickelt, daß für Österreicher wie Ausländer das Personalstatut sich nach der Staatsangehörigkeit richte — für Österreicher neuerdings mit der Einschränkung gemäß § 4 — [3]). Die Rechtsverhältnisse an beweglichen Sachen unterwarf § 300 ABGB dem Personalstatut des Eigentümers. Die Praxis läßt diese Vorschrift außer acht, und wendet die lex rei sitae an [4]). Die wenig freundliche Gesinnung gegen Fremde kommt auch im ABGB zum Ausdruck, indem die Befugnis der Fremden zur Geltendmachung zivilrechtlicher Ansprüche von der Gegenseitigkeit abhängig gemacht ist [5]). Im Vertragsrecht wird nicht nur das Anwendungsgebiet fremden Rechts zugunsten des einheimischen eingeengt, sondern werden Bestimmungen getroffen, durch welche der Ausländer gegenüber dem Inländer sachlich benachteiligt wird [6]).

Erheblichen Einfluß auf die Entwicklung des internationalen Privatrechts außerhalb des alten Österreichs haben diese Vorschriften nicht erlangt [7]).

---

[1]) Vgl. z. B. Art. 6, 7, 8 des niederländischen Gesetzes betr. Algemeene Bepaalingen usw. von 1829; Art. 8, 9 des spanischen ZGB von 1889; Art. 15, 16 des chilenischen ZGB von 1855 und die diesen Vorschriften nachgebildeten Vorschriften der Zivilgesetzbücher von Columbien, Uruguay und Equador; Art. 4, 5 des peruanischen ZGB von 1852; Art. 3, 4 des bolivianischen ZGB.

[2]) Vgl. Kunz, Rép. Bd. VI unter »Autriche« Nr. 113.

[3]) Walker S. 73 f., 77, 530 ff., 546; Kunz, Rép. Bd. VI unter »Autriche« Nr. 111 f., 113, 202 ff.

[4]) Walker S. 293 f.; Kunz, Rép. Bd. VI unter »Autriche« Nr. 151 ff.

[5]) § 33 ABGB.

[6]) § 35 ABGB.

[7]) Anders nur in Serbien, wo 1844 die hauptsächlichen Bestimmungen des ABGB übernommen wurden. Vgl. Péritch, Bul. 1926 S. 240 f.

§ 7. Die Grundsätze der französischen und österreichischen Gesetze waren für das politisch zerklüftete Deutschland mit seinen vielen Zwergstaaten und den größeren Staaten, die aus verschiedenen Rechtsgebieten bestanden, im allgemeinen ungeeignet. Die Anwendung des Grundsatzes der Staatsangehörigkeit hätte zu einer heillosen Verwirrung geführt, ebenso die zivilrechtliche Benachteiligung der Ausländer. Es kam hinzu, daß bis zum BGB die lebendigen Kräfte der Entwicklung des deutschen Zivilrechts in erster Linie in der Wissenschaft des gemeinen Rechts lagen, welches für die Verwendung anderer Anknüpfungsmomente als der Staatsangehörigkeit eine Stütze bot.

Die Statutentheorie mit ihren vielen Unklarheiten genügte den gesteigerten Bedürfnissen des Verkehrs nicht mehr. Für Deutschland war eine Klärung umso notwendiger, als die Zersplitterung in viele Rechtsgebiete die Zahl der örtlichen Rechtskollisionen auf einer besonders großen Höhe hielt.

Wächter und Schäffner haben die Statutenlehre in Deutschland entkräftet. Savigny hat sie überwunden [1]). Wächter hat in einer berühmt gewordenen Abhandlung [2]) folgenden Grundsatz aufgestellt: Wenn Auslandsbeziehungen vorhanden sind, hat der Richter zuerst zu prüfen, ob sein positives Recht ihm eine Lösung vorschreibt. Ist das der Fall, so hat er sich hiernach zu richten. Andernfalls hat er zu prüfen, welches Recht nach dem Geiste der lex fori anzuwenden ist, und demgemäß zu entscheiden. Bleibt auch diese Prüfung ergebnislos, so hat der Richter nun die lex fori anzuwenden. Schäffner [3]) schrieb vor, in erster Linie danach zu entscheiden, an welchem Orte das zu beurteilende Rechtsverhältnis »existent« geworden sei. Die Bedeutung dieser beiden Lehren für die Entwicklung des internationalen Privatrechts ist in erster Linie eine negative, die Erschütterung der Herrschaft der Statutentheorie.

§ 8. Im Jahre 1849 erschien der 8. Band des »System des heutigen römischen Rechts« von Friedrich Carl von Savigny, in dem eine eingehende und systematische Untersuchung dem internationalen Privatrecht gewidmet wird. Savigny stützt seine Lehre auf das gemeine Recht, sucht sie in den Einzelheiten durch Quellenstellen zu belegen. Seine Lehre erhebt aber Anspruch auf Anerkennung auch außerhalb des Gebietes des gemeinen Rechts — mindestens

---

[1]) Vgl. Meili, Z Bd. 1 S. 152.

[2]) Arch. Ziv. Bd. 24 S. 230 ff., Bd. 25 S. 1 ff., 161 ff. und 361 ff., 1841 und 1842.

[3]) »Die Entwicklung des internationalen Privatrechts« 1841 S. 40.

de lege ferenda —. Insofern sucht er ihren Geltungsgrund in der völkerrechtlichen Gemeinschaft aller zivilisierten Staaten, die er im Entstehen begriffen sieht [1]). Anknüpfungsmoment für das Personalstatut ist der Wohnsitz. Diese Anknüpfung gilt für alle Statusverhältnisse, für das eheliche Güterrecht und im wesentlichen für das Erbrecht. Für die Form der Rechtsgeschäfte soll das Recht des Abschlußorts maßgebend sein, für den Inhalt der Verträge das von den Parteien gewählte Recht, im Zweifel das des Erfüllungsorts. Savigny stützt fast alle seine Grundsätze, selbst die des Sachenrechts [2]) auf die Annahme der freiwilligen Unterwerfung unter ein bestimmtes örtliches Recht. Seine Lehre ist zum großen Teile die von dem vermutlichen Willen der Parteien. Ausschließlich das eigene Recht des Richters soll angewandt werden, soweit es zwingende Sätze positiver Natur enthält, oder wenn das für die Anwendung in Betracht stehende fremde Rechtsinstitut der lex fori völlig wesensfremd ist [3]). Als Prinzip für die Auffindung des im Einzelfalle maßgebenden Rechts stellte Savigny die berühmt gewordene Regel auf, daß jedes Rechtsverhältnis nach dem Rechte des Ortes beurteilt werden solle, der gemäß der besonderen Natur des Rechtsverhältnisses als dessen Sitz anzusehen sei [4]).

Die Savignysche Lehre gewann großen Einfluß auf die Rechtsprechung und Gesetzgebung des internationalen Privatrechts.

Die deutsche Rechtsprechung entschied sich, Savigny folgend [5]), für die Maßgeblichkeit des Wohnsitzrechts für die Vererbung des unbeweglichen wie des beweglichen Vermögens, der lex rei sitae auch für bewegliche Sachen, des Rechts des ersten ehelichen Wohnsitzes im Ehegüterrecht; und sie hat vor allem im Anschluß an Savigny die Regel entwickelt, daß für Schuldverhältnisse subsidiär der Erfüllungsort das anzuwendende Recht bestimmt.

Unter den Kollisionsrechtsordnungen des deutschen Rechtskreises zeigen [6]) die des sächsischen Zivilgesetzbuches von 1863,

---

[1]) Vgl. S. 28 ff.

[2]) Vgl. S. 169.

[3]) Vgl. S. 32 f.

[4]) Vgl. S. 108, 200. Soweit es sich um die Rechtsverhältnisse der Person an sich, d. h. abgesehen von ihren Beziehungen zu Sachen oder anderen Personen, handelt, verwendet Savigny diese Regel nicht. Insoweit erklärt er vielmehr, ohne die Formel von dem Sitz des Rechtsverhältnisses zu gebrauchen, das nach dem Wohnsitz zu bestimmende Personalstatut für maßgebend. Vgl. S. 12, 28, 107 ff.

[5]) Vgl. Gutzwiller, Der Einfluß Savignys auf die Entwicklung des Internationalprivatrechts 1923 S. 90 ff.

[6]) Vgl. Gutzwiller a. a. O. S. 106 ff.; Meili Bd. I S. 119.

der Privatrechtsgesetzbücher von Zürich (1853), Zug (1861) und Schaffhausen (1863) und des Privatrechts der russischen Ostseeprovinzen von 1864 den Einfluß der Savignyschen Lehre.

Große Verbreitung erfuhr die Lehre Savignys auch im übrigen Ausland. Die Maßgeblichkeit des Wohnsitzes entsprach dem damaligen Rechtszustande in dem weitaus größten Teil der zivilisierten Länder. In England beeinflußten Savignys Ansichten die Entscheidungen der Gerichte [1]. Noch heute gilt Savigny in England als Autorität [2]. Die Wirkung seiner einzelnen Lehren ist vor allem spürbar [3] im Sachenrecht, wo er dazu beitrug, die Geltung der Regel »mobilia sequuntur personam« zu beschränken [4], im Obligationenrecht, wo er die schon von Story [5] eingeleitete Entwicklung zugunsten der Maßgeblichkeit des Erfüllungsortes förderte, und im Ehegüterrecht, wo sich die Autorität Savignys zugunsten der Maßgeblichkeit des ersten ehelichen Wohnsitzes geltend machte [6]. Das griechische Gesetzbuch von 1856 enthält in seinen internationalprivatrechtlichen Bestimmungen eine Vereinigung der Savignyschen Grundsätze mit denen der italienischen Lehre [7]. Die argentinische Gesetzgebung von 1869 und der Vertrag von Montevideo von 1889 zeigen den Einfluß Savignys [8].

Der Erfolg der Savignyschen Lehre, welche im römischen Recht kein genügendes Fundament findet, ist sicherlich nicht allein auf die geistvolle und formvollendete Begründung und auf den berühmten Namen ihres Autors zurückzuführen, sondern zum wesentlichen Teil auch darauf, daß sie der damaligen Weltanschauung entsprach. Die liberalen Ideen, denen Savigny, soweit es sich um rein politische Fragen handelte, keineswegs zuneigte, hatten sich für wirtschaftliche und privatrechtliche Fragen bei den Gebildeten

---

1) Vgl. Dicey S. 17.

2) Dicey S. 17: Wenn weder die Gesetze noch die Präjudizien Anhaltspunkte für die Entscheidung geben »an intelligent inquirer must recur . . . to the doctrines of authors such as Story or Savigny whose opinions have, in fact, moulded the decisions of English Judges« und Westlake S. 21 f.: »The spirit of this (Savigny's) teaching has not ceased to operate«.

3) Vgl. zum Folgenden Gutzwiller a. a. O. S. 124 ff.

4) Vgl. auch Westlake S. 197, 202 f. In größerem Maße gilt das für Amerika. Vgl. Westlake S. 195.

5) §§ 280, 282.

6) Vgl. auch Westlake S. 72 f.

7) Streit, Recueil Bd. 20 S. 5 ff. (60, 63).

8) Zeballos, Bulletin Argentin de droit international privé 1903 S. 102; Ramires »Proyecto de Código internacional« 1888 S. 115, 119 und an vielen anderen Stellen.

seiner Zeit im wesentlichen durchgesetzt. In England hatte die Manchester-Schule der Lehre von der Nichteinmischung des Staats in private Verhältnisse zum Siege verholfen. Bei aller Meinungsverschiedenheit über die politische Freiheit war doch jedenfalls die Freiheit auf wirtschaftlichem Gebiet das Ideal jener Zeit. Eine Wurzel des Savignyschen Erfolges ist zweifellos der Umstand, daß Savigny fast seine ganze Lehre auf die freiwillige Unterwerfung unter ein örtliches Recht abstellt, und daß er den Wohnsitz, den man jederzeit nach Belieben wechseln kann, für maßgebend erachtet und nicht die Staatsangehörigkeit. Außerdem war die Staatsangehörigkeit als Anknüpfungspunkt für das örtliche Recht in dem damaligen Deutschland praktisch schlecht verwertbar: denn innerhalb der einzelnen deutschen Staaten galt eine kaum übersehbare Menge verschiedener Rechte.

§ 9. Die Hauptteile der Lehre des größten Juristen des 19. Jahrhunderts haben in seinem Vaterlande keinen dauernden Bestand gehabt. Das 19. Jahrhundert wird für das Gebiet der Politik hauptsächlich durch das Erwachen und Erstarken des Nationalitätsbewußtseins charakterisiert. Italien begann, unter Berufung auf das Nationalitätsprinzip, seine politische Einigung durchzusetzen. Ein italienischer Staatsmann, Mancini, übertrug dieses Prinzip auf das internationale Privatrecht. In seiner Antrittsvorlesung von 1851 [1]) stellte er den Grundsatz auf, daß das auf die Einzelnen anzuwendende Recht sich danach bestimme, welcher Nation sie angehören. Jeder trage das Recht seiner Nation mit sich und bleibe diesem im Auslande allein unterworfen. Alle Rechtsverhältnisse der Personen müßten daher nach ihrem Heimatsrechte beurteilt werden [2]). Diese Lehre fand begeisterte Aufnahme, obwohl sie in Wirklichkeit nicht auf die Nationalität im Sinne des Nationalitätsprinzips (Kultur- und Sprachgemeinschaft), sondern auf die Staatsangehörigkeit abgestellt war. Ihr Widerhall ging über alles hinaus, was ein einzelner Jurist je erreicht hat, weil Mancini sich die stärkste Gemeinschaftsempfindung, welche seine Zeit zur Entfaltung gebracht hatte, zunutze machte, das nationale Gefühl. Das Nationalitätsprinzip begann einen Siegeszug. In Italien wurden die Mancinischen Lehrsätze fast zu Glaubensartikeln der Jurisprudenz [3]). Das italienische Gesetzbuch von 1865 nahm sie völlig auf, indem es, darin weit über den

---

[1]) Vgl. von Bar Bd. I S. 87. Die Vorlesung trug den Titel »Della nazionalità come fondamento del diritto delle gente«.

[2]) Vgl. auch Mancinis glänzend geschriebenen Essai, Clunet 1874 S. 221 ff.

[3]) Von Bar Bd. I S. 87.

Code civil und das österreische ABGB hinausgehend, alle Rechtsverhältnisse der Personen, auch die des ehelichen Güterrechts und des Erbrechts, dem Heimatsrecht der Beteiligten unterwarf. Selbst die sachenrechtlichen Verhältnisse an Mobilien sollen grundsätzlich dem Heimatsrecht des Eigentümers unterliegen [1]). Ein großer Teil des kontinentalen Europas und ein Teil des lateinischen Amerikas schloß sich den Auffassungen der neuen Schule an. Die italienische Theorie gewann die Vorherrschaft in der französischen Wissenschaft; der Belgier Laurent [2]) und der Franzose A. Weiß [3]) waren hier die bedeutendsten Vorkämpfer; das Nationalitätsprinzip übte auch einen starken Einfluß auf die französische Praxis aus [4]).

§ 10. Aber so groß die Erfolge der neuen Lehre waren; sie sind bei weitem nicht allumfassend gewesen. Sie haben vielmehr das internationale Privatrecht der zivilisierten Welt von Grund auf gespalten. Etwa die Hälfte unseres Kulturkreises lehnt aus juristisch-technischen und politischen Gründen die Maßgeblichkeit des Nationalitätsprinzips für das internationale Privatrecht ab.

Für Länder, die aus Gebieten mit verschiedenem Zivilrecht bestehen, ist es unzweckmäßig, als wesentlichsten Anknüpfungspunkt die Staatsangehörigkeit zu wählen, vor allem, wenn eine gesonderte Staatsangehörigkeit der einzelnen Rechtsgebiete nicht vorhanden ist. Die nächste und wichtigste Aufgabe des internationalen Privatrechts in solchen Ländern mit verschiedenen Rechten ist natürlich die Schaffung von Rechtssätzen für den Verkehr der Inländer untereinander. Hier versagt das Merkmal der Staatsangehörigkeit völlig, wenn es eine Reichsangehörigkeit gibt, die nicht, wie normalerweise in Deutschland, auf der Zugehörigkeit zu einem Einzelstaat beruht. Eine derartige von der Zugehörigkeit zu einem Reichsteil unabhängige Reichszugehörigkeit besteht bei den ihrer wirtschaftlichen und politischen Bedeutung nach größten Mächten der Erde: den Vereinigten Staaten von Nordamerika und dem Britischen Reich. Für beide ist es daher untunlich, der Staatsangehörigkeit einen entscheidenden Einfluß auf das internationale Privatrecht einzuräumen [5]). Das trifft besonders für die Vereinigten Staaten zu, bei denen der innere Verkehr den äußeren so überragt,

[1]) Art. 7 Abs. 1 der Einleitung zum Codice civile.

[2]) Vgl. z. B. Bd. I S. 624 ff.

[3]) Vgl. z. B. Bd. III S. 66 ff.

[4]) Vgl. Donnedieu de Vabres l'Evolution S. 372 ff.

[5]) Vgl. Wharton Bd. I S. 89 f., S. 210 f.; H. Bellot, Recueil Bd. 3 1924 S. 163.

daß von der ungeheuren Masse internationalprivatrechtlicher Entscheidungen, über die z. B. Wharton berichtet, nur ein sehr kleiner Teil die Kollisionen mit wirklich fremdem (außerhalb der Vereinigten Staaten geltendem) Recht behandelt. Sowohl für England wie für die Vereinigten Staaten bildete auch die Art ihrer Rechtsbildung ein Hindernis für die Einführung des Nationalitätsprinzips. Das in jahrhundertelanger Entwicklung langsam herangewachsene, für die Zukunft bindende Richterrecht kann aus sich heraus nicht die bisher befolgten Grundsätze zugunsten von neuen aufgeben; und die Gesetzgebung wird in den angelsächsischen Ländern, soweit es sich um Zivilrecht handelt, nur im Falle dringenden Bedürfnisses und besonders ungern zur Lösung von grundsätzlichen Fragen in Bewegung gesetzt. In den Vereinigten Staaten ist außerdem eine Bundesgesetzgebung über internationales Privatrecht durch die Verfassung nicht zugelassen. Für die Vereinigten Staaten kommt noch hinzu, daß sie ein Einwandererland sind, das Angehörige aus allen Ländern der Welt anzieht. Die Vereinigten Staaten wollen die Rechtsunsicherheit und die Belastung ihrer Gerichte vermeiden, die eintreten müßten, wenn auf die Statusfragen und familien- und erbrechtlichen Verhältnisse des Völkergemischs, welches sich auf ihrem Boden befindet, die nationalen Rechte anzuwenden wären. Die amerikanischen Juristen erklären das mit aller Deutlichkeit [1]).

Der Schutz des Inlands vor einer Überflutung mit fremdem Recht und der hieraus folgenden Rechtsunsicherheit ist auch für die Stellungnahme eines großen Teils des lateinischen Amerikas gegen das Nationalitätsprinzip maßgeblich gewesen [2]) [3]). Dasselbe gilt für eines der Länder des europäischen Kontinents, die Schweiz. Hier haben die Schönheit der Natur und die Annehmlichkeiten des Lebens, auch die Gastfreundschaft gegen politische Flüchtlinge zu einem so starken Zusammenströmen von Fremden geführt, daß ihre Anzahl im Verhältnis zur Einwohnerzahl des

[1]) Wharton Bd. I S. 89 f.

[2]) Vgl. Calandrelli, Clunet 1909 S. 1009.

[3]) Wenn einige amerikanische Staaten in ihrem internationalen Privatrecht Wohnsitzprinzip und Nationalitätsprinzip zugunsten eines erweiterten Anwendungsbereichs des eigenen Rechts vereinen, so erklärt sich das zum Teil durch die besondere Lage dieser Länder. Während einerseits die große Zahl der im Inland wohnenden Fremden es zweckmäßig erscheinen läßt, auf diese Fremden das eigene Recht anzuwenden, gestattet ihnen andererseits die geringe Zahl der im Ausland wohnenden Inländer auch auf diese das eigene Recht anzuwenden, ohne die Gegenseitigkeit allzu schwer zu verletzen.

kleinen Landes sehr groß ist. Daher wehrt sich die Schweiz gegen die vollständige Durchführung des Nationalitätsprinzips [1]).

§ 11. In neuester Zeit läßt sich eine rückläufige Bewegung feststellen: Das Wohnsitzprinzip gewinnt neuen Boden. Guatemala hat in seinem ZGB von 1926 das früher anerkannte [2]) Nationalitätsprinzip aufgegeben und den Wohnsitz als Anknüpfungsmoment für das Personalstatut angenommen [3]). Mexiko, das ebenfalls dem Heimatsrecht folgte [4]), ist — wenigstens für die Ausländer in Mexiko — neuerdings zu strenger Territorialität übergegangen [5]). Der Regelung des Código Bustamante gegenüber haben Kolumbien, Panama und Uruguay, welche bisher, jedenfalls, was ihre eigenen Staatsangehörigen betraf, in großem Umfange das Nationalitätsprinzip anwendeten, sich für die Wahl des Wohnsitzprinzips erklärt [6]). In Peru, wo bis jetzt das Nationalitätsprinzip noch einen erheblichen Geltungsbereich hat [7]), hat eine Kommission zur Reform des Zivilgesetzbuches das Wohnsitzprinzip angenommen [8]). Der größte der südamerikanischen Staaten, Brasilien, läßt das Nationalitätsprinzip gelten, aber sein Delegierter auf der Konferenz von Habana erklärte [9]), die Mehrzahl der brasilianischen Gelehrten sei der Ansicht, daß das Domizilprinzip die Interessen des Landes besser wahren würde. Die brasilianischen Delegierten auf der Konferenz hätten sich zum großen Teil nur aus Treue zu ihrem Gesetz gegen ihre bessere Überzeugung so energisch für das Heimatsrecht eingesetzt. Es lasse sich gegenwärtig selbst in den brasilianischen Parlamenten eine starke Bewegung zugunsten der Maßgeblichkeit

---

1) Vgl. Kosters »Revue de droit international et de législation comparée« 1926 S. 172: 1893 und 1894 widersetzte sich besonders die Schweiz der Einführung des Nationalitätsprinzips im Erbrecht, weil in der Schweiz neben 3,8 Millionen Schweizern 1/2 Million Fremde wohnten.

2) Vgl. das Gesetz über die Rechte der Ausländer von 1894 Art 48, Makarov S. 71 und Matos Nr. 173 und passim.

3) Vgl. z. B. Art. 12, 174 ZGB., Makarov S. 69 f.

4) Vgl. Weiß-Zeballos Bd. II S. 30 Anm. a; Matos Nr. 174; Vico Bd. I Nr. 339 S. 271.

5) Art. 12 ZGB von 1928, vgl. Revue 1930 S. 374.

6) Makarov S. 397.

7) Roger, Rép. Bd. VII unter »République du Pérou« z. B. Nr. 49, 56, 60, 68, 73, 91 (im einzelnen nicht ohne Widersprüche).

8) Roger a. a. O. Nr. 49.

9) Bericht des Delegierten Espinola bei der 3. Kommission der 6. panamerikanischen Konferenz. Vgl. Bustamante »Le Code de droit international privé et la 6me Conférence panaméricaine« übersetzt durch P. Goulé, 1929 S. 127 f.

des Wohnsitzrechts feststellen, und er, der Delegierte, glaube, das Wohnsitzprinzip werde allgemein in Südamerika angenommen werden.

Selbst in Frankreich, wo zum ersten Male die Staatsangehörigkeit als Anknüpfungsmoment in das internationale Privatrecht eingeführt wurde, werden Stimmen laut, welche die Annahme des Wohnsitzprinzips für den Bereich, in welchem das gegenwärtige internationale Privatrecht Frankreichs die Staatsangehörigkeit als Anknüpfungsmoment verwendet, empfehlen [1]). Der Grund dafür ist auch hier die starke Einwanderung, die zur übermäßigen Ausdehnung des fremden Rechts in der Rechtsanwendung der französischen Gerichte führt.

Unter den deutschen Juristen hat der ehemalige Reichsgerichtspräsident Dr. Simons erklärt, die europäischen Nationen hätten die Bedeutung der Staatsangehörigkeit übertrieben, indem sie von ihr das Personalstatut abhängig machten [2]), und er sähe die Rückkehr zum Wohnsitzprinzip voraus [3]).

Im preußischen Landtag wurden 1929 bei der Beratung eines auf Wiedereinführung des Wohnsitzprinzips für Ausländer abzielenden Antrags gewichtige Bedenken gegen das Nationalitätsprinzip vorgebracht. Der Antrag wurde zwar abgelehnt, jedoch eine Entschließung angenommen, die darauf hinzielt, für Staatenlose die Maßgeblichkeit des Rechts der letzten Staatsangehörigkeit durch die des Wohnsitzrechts zu ersetzen [4]).

Im Mai 1931 hat in Kowno ein Juristen-Kongreß der drei baltischen Staaten Estland, Lettland und Litauen stattgefunden, in welchem die Frage Heimatsrecht oder Domizilprinzip diskutiert wurde. Hierüber lag ein Gutachten von Professor von Schilling, Riga, vor, welches sich für die Maßgeblichkeit des Wohnsitzrechts aussprach. Die Mehrheit der Debattenredner stimmte den Schlüssen des Gutachtens bei [5]).

§ 12. Die Trennung der Staaten in solche, welche die Staatsangehörigkeit und solche, welche den Wohnsitz bei den meisten Rechtsverhältnissen im internationalen Privatrecht für maßgebend erklären, ist nur einer der Hauptgründe für eine Entwicklung, die unaufhalt-

---

[1]) Niboyet Nr. 587, 728 ff. S. 702 ff., 845 ff.; Jordan, Revue 1922/23 S. 680 f.

[2]) Recueil Bd. 15, 1926 S. 483.

[3]) Recueil Bd. 15, 1926 S. 525.

[4]) Vgl. die Berichte in ZAIP 1930 S. 390 ff. und DJZ 1930 Sp. 286 ff.

[5]) Vgl. ZAIP 1931 S. 633 Anfang und das Schillingsche Gutachten a. a. O. S. 633 ff.

sam scheint: die zunehmende Verschiedenheit der internationalen Privatrechte in den einzelnen Staaten.

Das internationale Privatrecht folgt hierin — wenn auch in gewissem Abstande — dem inneren Recht.

Von besonders großer Bedeutung für diese Entwicklung waren die Lostrennung der Vereinigten Staaten von England unter Anerkennung einer Gesetzgebungsgewalt für jeden Einzelstaat und das Auseinanderfallen des spanischen Kolonialreichs in eine große Anzahl souveräner Staaten. In allen diesen neuen Staaten nahm die Entwicklung des Privatrechts selbständige Wege. Aber was noch wichtiger ist: der Umfang des vorhandenen Materials der Rechtsbildung, nämlich Literatur, Rechtsprechung, Gesetzgebung, vermehrte sich überall innerhalb der einzelnen Staaten derart, daß seine sich auftürmenden Mengen den Ausblick nach dem Ausland erschwerten. Die Beherrschung des Inlandrechts stellte so große Ansprüche an die Zeit und Kraft der Rechtsbeflissenen, daß die Beschäftigung mit dem Recht des Auslands zurückgedrängt wurde.

Im internationalen Privatrecht setzte dieselbe Entwicklung später ein. Das erklärt sich hauptsächlich daraus, daß die Anzahl der zu entscheidenden Kollisionsfälle im Vergleich zu den zu entscheidenden Rechtsfällen des inneren Rechts gering war und daß sich darum Verschiedenheiten in den Grundsätzen der Lösung dieser Kollisionen nur langsamer ausbilden konnten. Auch als man sich mit der anscheinend endgültigen Zersplitterung des Privatrechts längst abgefunden hatte, suchten noch die meisten Schriftsteller des internationalen Privatrechts ein Weltrecht darzustellen, welchem größere oder geringere Geltung in allen Staaten zugeschrieben wurde. Noch im Jahre 1890 gehörte in Deutschland fast ein persönlicher Mut dazu, auf die aus der Verschiedenheit der Anknüpfungsbegriffe sich ergebende nationale Natur des internationalen Privatrechts aufmerksam zu machen [1]), ein Hinweis, der von einem so hervorragenden Schriftsteller wie von Bar geradezu als Ungehörigkeit behandelt wurde [2]).

Lange Zeit waren in erster Linie die Konflikte zwischen verschiedenen provinzialen Rechten Gegenstand der örtlichen Rechtsabgrenzung gewesen. Während diese Art von Konflikten infolge der großen Kodifikationen seltener wurde, schuf andererseits der zunehmende internationale Verkehr eine Vermehrung der Kollisionen zwischen den Rechten selbständiger Staaten. Die durch

[1]) Kahn Bd. I S. 48 ff.

[2]) Z Bd. 8 S. 187 f.

diese Entwicklung verursachte Fortbildung und Vervollständigung der Grundsätze über die Lösung der Rechtskollisionen mußte notwendig dazu führen, daß die Kollisionsrechte der verschiedenen Staaten sich voneinander loslösten und eigene Wege gingen. Es zeigt sich dieselbe Entwicklung wie auf dem Gebiete des inneren Rechts: Die Zunahme des im eigenen Lande angesammelten Rechtsstoffs machte es beschwerlicher und auch weniger notwendig, ausländische Rechtsquellen zur Entscheidungsfindung zu benutzen.

Was hier ausgeführt wurde, gilt selbstverständlich für die internationalen Privatrechte der verschiedenen Staaten in verschiedenem Maße. Die Unabhängigkeit gegenüber dem Ausland in der Schaffung und Weiterbildung der Kollisionsrechtsordnung muß je nach den Verhältnissen des einzelnen Staates größer oder geringer sein. Die Kollisionsrechte von Ländern, die auf dem Gebiete des inneren Rechts dem gleichen Rechtskreis angehören, werden sich stets gegenseitig beeinflussen. Beispiele bieten England und die Vereinigten Staaten, sowie Frankreich, Belgien und die Niederlande. Kleinere Länder werden auf dem Gebiete des Rechts und besonders auf dem des internationalen Privatrechts länger vom Auslande beeinflußt als große, weil die geringere Zahl der bei ihnen zu entscheidenden Fälle die Bildung einer eigenen festen Rechtsprechung verlangsamt. Die schweizer Rechtspraxis z. B. berücksichtigt bei der Fortbildung des schweizer internationalen Privatrechts, welches nicht dem Auslande entlehnt ist, doch noch in nicht unerheblichem Maße fremdes internationales Privatrecht. In der deutschen Rechtspraxis dagegen kommt es nur noch selten vor, daß Material aus fremdem internationalem Privatrecht als Erkenntnisquelle für deutsches internationales Privatrecht verwandt wird. In England entlehnte ursprünglich die Rechtsprechung, wo sie Fragen des internationalen Privatrechts zu entscheiden hatte, die Lösung der Wissenschaft des Kontinents [1]). Jetzt hat sich das englische internationale Privatrecht von dieser Quelle fremden Einflusses — abgesehen von einer mäßigen Beachtung Savignys — so gut wie ganz frei gemacht. In den Vereinigten Staaten von Amerika dasselbe Bild: Story stützt sich im Grundsätzlichen und auch in den Einzelfragen in starkem Maße auf die Literatur des europäischen Kontinents, insbesondere die der holländischen Schule. Das Buch von Wharton zeigt ebenfalls noch in der zweiten Auflage (1881) eine eingehende Berücksichtigung der kontinentalen Literatur, insbesondere eine sorg-

[1]) Vgl. z. B. Westlake S. 7 ff.

fältige Würdigung von Bar's. Die 3. Auflage (1905) hat nur für das nordamerikanische und englische Recht die Weiterentwicklung seit 1881 berücksichtigt, so daß z. B. nicht einmal das EGBGB erwähnt wird. Der ausgesprochene Grund dafür ist, daß der inzwischen stark gewachsene Umfang der angelsächsischen Judikatur als Erkenntnisquelle genüge [1]).

Dieses Beispiel ist besonders typisch für die Verschiebung der Bedeutung zwischen Literatur und Rechtsprechung auf unserem Gebiet. Auf dem europäischen Kontinent ist — wenn auch in geringerem Maße — die Richtung dieselbe. Die Rechtsprechung hat sich hier auf sehr wichtigen Gebieten vielfach von dem Einfluß der juristischen Literatur emanzipiert und löst grundlegende Fragen in einer Weise, die auf den Widerstand der Wissenschaft stößt. Das zeigt sich besonders in der Lehre vom Renvoi und der Parteiautonomie, in Deutschland auch in dem Streit über die Maßgeblichkeit des Erfüllungsortes im Vertragsrecht. Ich bezweifele nicht, daß die moderne Entwicklung die Aussichtslosigkeit des theoretischen Widerstandes gegen eine konstante Rechtsprechung auf fast allen Gebieten ergeben wird. Die zunehmende Kenntnis des lebenden internationalen Privatrechts in den einzelnen Ländern, wie sie jetzt durch die wachsende international-privatrechtliche Literatur ermöglicht wird, zeigt die weitgehenden nationalen Verschiedenheiten in der Lösung international-privatrechtlicher Fragen. Man wird sich auch hier gewöhnen müssen, die Gerichtspraxis als Rechtsquelle anzuerkennen, weil die Verschiedenheit der Lösungen zeigt, daß keine die absolut (allgemein) richtige ist, und weil annähernde Rechtssicherheit auf keine andere Weise zu erreichen ist.

Überblick über den Zustand des internationalen Privatrechts in den verschiedenen Ländern.

§ 13. Im folgenden soll der jetzige Zustand des internationalen Privatrechts in den verschiedenen Staaten kurz skizziert werden.

Die Verteilung der Staaten nach Nationalitätsprinzip und Wohnsitzprinzip einerseits und Personalitätsprinzip und Territorialitätsprinzip andererseits ist die folgende:

Zu den Staaten, die dem Heimatsprinzip folgen und dem Territorialitätsprinzip nur einen verhältnismäßig geringen Geltungs-

---

[1]) Vgl. die Vorrede zur dritten Auflage.

bereich zuweisen, gehören außer Deutschland: Schweden [1]), Italien [2]), Spanien [3]) und Kuba [4]), Portugal [5]), Brasilien [6]), Polen [7]), Japan [8]) und China [9]), Marokko [10]) und anscheinend der Kongostaat [11]). In diese Gruppe wird auch die Tschechoslowakei zu zählen sein, wenn ihr Entwurf eines Gesetzes über internationales Privatrecht von 1924 [12]) Gesetz geworden ist [13]). In Spanien und Kuba werden sogar die dinglichen Rechte an beweglichen Sachen nach dem Heimatsrecht des Eigentümers beurteilt [14]). In Italien gilt dasselbe mit der Einschränkung, daß abweichende Bestimmungen der lex rei sitae vorgehen [15]). In Brasilien unterliegen einige Gruppen von Mobilien dem Heimatsrecht des Eigentümers [16]).

§ 14. Eine Reihe von Staaten, welche ebenfalls das Nationalitätsprinzip angenommen haben, geben diesem einen geringeren Geltungsbereich, als die erstgenannten Staaten, weil sie in größerem Umfange dem Territorialitätsgrundsatz folgen. Zu diesen gehören Österreich [17]),

---

[1]) Vgl. Synnestvedt »Le droit international privé de la Scandinavie« 1904; Malmar, Rép. Bd. VII unter »Suède«.

[2]) Einleitung zum Codice civile von 1865 Art. 6 ff. Das italienische internationale Privatrecht gilt auch — mit geringfügigen Ausnahmen — in der Vatikanischen Stadt. Vgl. Niboyet, Rép. Bd. VII unter »Vatican«.

[3]) ZGB von 1888, Makarov S. 79 ff.; Trias de Bes, Rép. Bd. VI unter »Espagne«.

[4]) Hier gilt das spanische ZGB von 1888, Makarov S. 90.

[5]) ZGB von 1867; Makarov S. 162 ff.; auch Weiß Bd. III S. 228 ff.

[6]) ZGB von 1916; Makarov S. 14 f.; Bevilagua, Rép. Bd. VI unter »Brésil«.

[7]) Gesetz über internationales Privatrecht von 1926, Ostrecht 1926 S. 1096 ff., Revue 1928 S. 198 ff., Makarov S. 149 ff.; Babinsky, Rép. Bd. VI unter »Pologne«.

[8]) Gesetz über die Anwendung der Rechtsvorschriften im allgemeinen von 1898, Z Bd. 11 S. 198 ff.; Makarov S. 83 ff.; Yamada, Rép. Bd. VI unter »Japon«.

[9]) Gesetz über die Anwendung ausländischer Gesetze von 1918; Makarov S. 20 ff.; Escarra, Rép. Bd. VI unter »Chine«.

[10]) Dahir vom 12. 8. 1923. Rivière, Rép. Bd. VI unter »Maroc«.

[11]) Dekret vom 20. 2. 1891; Weiß Bd. III S. 216 ff.

[12]) Makarov S. 217 ff.

[13]) Über das gegenwärtig in der Tschechoslowakei geltende — nicht einheitliche — internationale Privatrecht vgl. Laufke, Rép. Bd. VII unter »Tschéco-Slovaquie«.

[14]) Art. 10 des ZGB.

[15]) Art. 10. Einleitung des Codice civile.

[16]) Art. 7 ZGB.

[17]) Vgl. oben § 6 S. 8. Das österreichische internationale Privatrecht gilt auch in einem Teile Jugoslaviens. Makarov S. 197; Péritch, Bul. Bd. 14

Frankreich, Belgien [1]), Ungarn [2]), Rumänien [3]), Bulgarien [4]), Griechenland [5]), die Türkei [6]) und Liechtenstein [7]). In diesen Staaten wird für die Vererbung des Immobiliarnachlasses das Territorialitätsprinzip anerkannt, d. h. die Maßgeblichkeit der lex rei sitae [8]). In Holland ist die Rechtslage in dieser Hinsicht zweifelhaft. Der Hooge Raad hat in einem Urteil vom 5. 4. 1907 [9]) die lex rei sitae für maßgeblich erklärt. Neuere Entscheidungen unterer Gerichte sprechen sich für die Maßgeblichkeit des Heimatsrechts aus, ebenso die Mehrheit der holländischen Schriftsteller [10]). In Frankreich und Belgien gilt für die Vererbung des Mobiliarnachlasses — so wenigstens die Mehrzahl der Entscheidungen — das Wohnsitzrecht und zwar auf Grund der alten Regel »mobilia sequuntur personam« [11]). Auch im Ehegüterrecht gilt in Frankreich nicht das Heimatsrecht, sondern, falls dem Willen der Ehegatten nichts anderes zu entnehmen ist, das Recht des ersten ehelichen Wohnsitzes, weil

---

S. 235. Das internationale Privatrecht Altserbiens ist dem österreichischen ähnlich, weil Serbien 1844 das ABGB mit geringen Änderungen übernommen hat. Péritch, Bul. Bd. 14 S. 240 ff.

[1]) Hier gilt der französische Code civil. Vgl. ferner: Poullet; Janne, Rép. Bd. VI unter »Belgique«.

[2]) »Hongrie« in Rép. Bd. VI.

[3]) Plastara, Rép. Bd. VII unter »Roumanie«.

[4]) Ghénov, Rép. Bd. VI unter »Bulgarie«.

[5]) ZGB von 1856; Makarov S. 55 f.; Carabiber, Rép. Bd. VI unter »Grèce«; Streit, Recueil Bd. 20 1927 S. 5 ff.

[6]) Salem, Rép. Bd. VII unter »Turquie«.

[7]) Gesetze vom 4. 12. 1911, 31. 12. 1922 und 20. 1. 1926; Makarov S. 95 ff.; Wahle, ZAIP 1928 S. 134 ff.

[8]) Für Österreich: Walker S. 891 ff., Kunz, Rép. Bd. VI unter »Autriche« Nr. 288, 298 f.; für Frankreich: vgl. oben S. 6 f.; für Belgien: Poullet S. 408 ff.; Janne a. a. O. Nr. 79 ff.; für Ungarn: Rép. a. a. O. Nr. 156 ff.; für Rumänien: Plastara a. a. O. Nr. 239 ff.; für Bulgarien: Ghénov a. a. O. Nr. 82 ff.; für Griechenland: Art. 5 ZGB von 1856, Makarov S. 55, jedoch nur für in Griechenland belegene Immobilien; für die Türkei: Salem a. a. O. Nr. 231; für Liechtenstein: Art. 1 des Gesetzes vom 4. 12. 1911, Makarov S. 104.

[9]) Weekblad van het recht No. 8524 = Clunet 1910 S. 285 ff.

[10]) Vgl. das Material bei van Praag, »Rechtspraak en voornaamste litteratuur betreffende de wet houdende Algemeene Bepalingen« 3. Aufl. 1928 S. 153 f. und van Praag, »Litteratuur en Rechtspraak betreffende de niet in de wet houdende algemeene Bepalingen opgenomen Regelen van Internationaal Privaat-, Proces- en Faillissementsrecht«, 1928 S. 123 f.; ferner Kosters S. 620 ff.; Mulder S. 210 ff.; van Hasselt, Rép. Bd. VI unter »Pays-Bas« No. 216; Lewald Recueil Bd. 9 S. 23 f.

[11]) Für Frankreich: vgl. oben § 5 S. 7; für Belgien: Poullet S. 567 (S. 408); Janne a. a. O. Nr. 79 ff.

man annimmt, daß die Parteien die Anwendung dieses Rechts vermutlich gewollt haben würden [1]). In Österreich wird im ehelichen Güterrecht das Recht des ersten ehelichen Wohnsitzes für maßgeblich angesehen [2]).

§ 15. Das Wohnsitzprinzip gilt in weitestem Umfange in Dänemark [3]), Norwegen [4]) und, scheint es, in Nikaragua [5]).

Größer ist die Gruppe der Staaten, welche dem Wohnsitzprinzip folgen, dabei aber dem Territorialitätsprinzip einen weiten Geltungsbereich zuerkennen. In vielen dieser Staaten gelten für Rechtsverhältnisse, die Immobilien, mindestens im eigenen Lande belegene Immobilien, betreffen, bedeutsame Abweichungen zugunsten des Territorialitätsprinzips. Zu diesen Staaten gehören vor allem England und die Vereinigten Staaten von Nordamerika [6]). Dort wird z. B. auch die Geschäftsfähigkeit von Personen, welche — unter Lebenden oder von Todes wegen — über Grundstücke verfügen, und die Form solcher Verfügungen im allgemeinen nach der lex rei sitae beurteilt. In den Vereinigten Staaten ist ferner für die Fähigkeit zum Abschluß von Verträgen regelmäßig die lex loci actus maßgeblich [7]), in England gilt dasselbe für »ordinary mercantile contracts« [8]). Zu derselben Gruppe gehören auch Lettland und Estland, in welchen noch in der Hauptsache das alte baltische Privatrecht gilt [9]), Argentinien [10]), wo zwar nicht im Erbrecht, aber im Ehegüterrecht für Immobilien die lex rei sitae maßgeblich ist [11]), und vermutlich auch Paraguay [12]).

---

[1]) Vgl. oben § 5 S. 7. In Belgien ist die Rechtslage in dieser Beziehung unklar. Poullet S. 566 ff.

[2]) Walker S. 692 f.; Kunz, Rép. Bd. VI unter »Autriche« Nr. 222,

[3]) Borum und Meyer, Rép. Bd. VI unter »Danemark«.

[4]) Christiansen, Rép. Bd. VI unter »Norvège«; Synnestvedt »Le droit international privé de la Scandinavie« 1904.

[5]) ZGB von 1903, Makarov S. 129 ff.

[6]) Vgl. Dicey S. 553 ff.; Westlake S. 215 ff.; Wharton Bd. I S. 607 ff.; Goodrich S. 333 ff.

[7]) Vgl. Wharton Bd. I S. 732 ff., 904 ff.

[8]) Vgl. Dicey S. 599 ff.

[9]) Provinzialrecht der Ostsee-Gouvernements Teil III Art. 27—36, Makarov S. 42 f. Über die Vererbung von Immobilien Art. 34, dessen Tragweite allerdings nicht ganz deutlich ist.

[10]) ZGB von 1869; Makarov S. 4 ff.; Daireaux, Clunet 1886 S. 290; Roger, Rép. Bd. VI unter »République Argentine«; Vico.

[11]) Roger a. a. O. Nr. »42 bis«. Für Mobilien gilt hiernach im Ehegüterrecht das Recht des Eheschließungsortes.

[12]) Diese Vermutung stützt sich darauf, daß Paraguay 1889 das argentinische ZGB übernommen hat; vgl. Makarov S. 144 f.; Torres Campos S. 248; Vico Bd. I Nr. 339 S. 271.

In Costa Rica [1]) gilt im Erbrecht und im Eherecht das Wohnsitzprinzip, und zwar auch soweit die erbrechtlichen oder ehegüterrechtlichen Verhältnisse Immobilien betreffen [2]), dagegen für den Personenstand und die Handlungsfähigkeit stets das Recht von Costa Rica, wenn das Rechtsgeschäft oder der Vertrag, um die es sich handelt, in Costa Rica zu erfüllen sind [3]). In Kolumbien [4]) gilt für die Beerbung grundsätzlich das Wohnsitzrecht [5]); dagegen werden »estado« und »capacidad« der Ausländer und zwar nicht nur der in Kolumbien wohnhaften Ausländer, mindestens soweit es sich um Rechtsgeschäfte handelt, welche in Kolumbien vorgenommen sind, nach kolumbischem Recht beurteilt [6]). Die Kolumbier unterliegen hinsichtlich ihres Personenstandes, ihrer Handlungsfähigkeit und ihrer Familienbeziehungen ebenfalls dem kolumbischen Recht [7]).

Der Vertrag von Montevideo von 1889 [8]), welcher in Argentinien, Bolivien, Paraguay, Peru und Uruguay gilt, verwendet für eine Anzahl der persönlichen Rechtsverhältnisse den Wohnsitz als Anknüpfungsmoment, so für die Handlungsfähigkeit [9]), die persönlichen Verhältnisse der Ehegatten und das Scheidungsrecht [10]) und im Zweifel für das eheliche Güterrecht (erster ehelicher Wohnsitz), jedoch hier unbeschadet der Bestimmungen der lex rei sitae [11]). In vielen Beziehungen aber folgt dieser Vertrag dem Territorialitätsprinzip, so für die vermögensrechtlichen Wirkungen der Abwesenheitserklärung, der elterlichen Gewalt, der Vormundschafts- und

---

[1]) ZGB von 1887, Makarov S. 23 f.

[2]) Art. 4, 7 Abs. 2, 3 ZGB.

[3]) Art. 3 ZGB.

[4]) ZGB. von 1878, Makarov S. 87 ff.; Art. 59 des Gesetzes 149 von 1888, Uribe, Revue 1911 S. 322; Roger, Rép. Bd. VII unter »République de Colombie«.

[5]) Art. 1012 ZGB; Champeau, Clunet 1894 S. 934, und Uribe a. a. O. S. 325 (bei Makarov nicht abgedruckt); ebenso anscheinend Roger a. a. O. Nr. 72. Indessen gelten weitgreifende Ausnahmen zugunsten von Kolumbiern, Uribe a. a. O.

[6]) Uribe a. a. O. S. 322; Champeau, Clunet 1894 S. 932; Weiß Bd. III S. 209 ff.; Roger a. a. O. Nr. 52

[7]) Art. 19 ZGB.; Uribe a. a. O. S. 322 f.; Roger a. a. O. Nr. 49 ff.

[8]) Z Bd. 1 S. 339 ff.; Meili, »Die Kodifikation« S. 103 ff.; Makarov S. 269 ff.

[9]) Art. 1.

[10]) Art. 12, 13.

[11]) Art. 41, 42.

Pflegschaftsbestellung [1]), für das Erbrecht [2]). In allen diesen Beziehungen gilt die lex rei sitae, und zwar sowohl für Mobilien wie für Immobilien. Für die Ehefähigkeit wie für die materiellen und formellen Voraussetzungen der Ehegültigkeit gilt in Anwendung des Territorialitätsprinzips das Recht des Eheschließungsortes [3]).

Dem Wohnsitzprinzip folgen anscheinend auch [4]) Bolivien und Ecuador.

§ 16. Eine Reihe von Staaten kombinieren Nationalitäts- und Wohnsitzprinzip. In Guatemala [5]) werden »estado« und »capacidad« nach Wohnsitzrecht beurteilt [6]). Dagegen gilt im Ehegüterrecht, wenn die Ehegatten zur Zeit der Eheschließung die gleiche Staatsangehörigkeit hatten, das Heimatsrecht [7]). Das Territorialitätsprinzip gilt in gewissem Umfange im Erbrecht [8]). In Honduras [9]) gilt als Personalstatut im allgemeinen das Heimatsrecht [10]); im Erbrecht dagegen ist das Wohnsitzrecht maßgebend [11]). Der eine Regelung des ganzen internationalen Privatrechts enthaltende Vertrag zwischen Kolumbien und Ecuador von 1903 [12]) folgt im allgemeinen dem Nationalitätsprinzip [13]), läßt aber für einige familienrechtliche Verhältnisse das Wohnsitzrecht gelten [14]). In mehreren Staaten findet sich eine Vereinigung von Wohnsitzrechts- und Heimatrechtsprinzip, welche diesen beiden Grundsätzen nicht verschiedene Materien zuweist, sondern sie in den gleichen Materien nebeneinander gelten läßt, mit dem Ziel, dem eigenen Recht einen größeren Anwendungsbereich zu verschaffen. Die im Inland wohnhaften Ausländer werden dem Wohnsitzrecht unterworfen, die im Ausland wohnhaften Inländer dem Heimatsrecht. In Peru [15]) gilt das peruani-

---

[1]) Art. 10, 15, 22.

[2]) Art. 44 ff.

[3]) Art. 11.

[4]) Vgl. Vico Bd. I Nr. 339 S. 271.

[5]) ZGB von 1926, Makarov S. 69 ff.

[6]) Art. 12 ZGB.

[7]) Art. 174 ZGB.

[8]) Art. 796, 797 ZGB.

[9]) Bijon, Rép. Bd. VI unter »Honduras«.

[10]) Jedoch ist zweifelhaft, ob nicht für Ausländer, die sich in Honduras aufhalten, stets in Anwendung des Territorialitätsprinzips das Recht von Honduras maßgebend ist, Art. 12 ZGB von 1906 und Bijon a. a. O. Nr. 69 ff.

[11]) Bijon a. a. O. Nr. 105 ff. S. 451.

[12]) Makarov S. 274 ff.

[13]) Vgl. Art. 2, 9, 23.

[14]) Vgl. Art. 12, 14.

[15]) Roger, Rép. Bd. VII unter »République du Pérou«.

sche Recht in Rechtsverhältnissen des Personen-, Familien- und Erbrechts sowohl für alle Peruaner, wie für Ausländer mit Wohnsitz in Peru [1]). In Chile [2]) gilt für die Beerbung sowohl der im Ausland wohnhaften Chilenen, wie der in Chile wohnhaften Ausländer das chilenische Recht [3]). Für Personenstand, Handlungsfähigkeit und familienrechtliche Beziehungen der Chilenen gilt stets das chilenische Recht [4]), während andererseits in Chile wohnhafte Ausländer bezüglich dieser Rechtsverhältnisse — wenigstens in gewissem Umfange — dem chilenischen Recht unterworfen werden [5]). Das Territorialitätsprinzip gilt für die Vererbung des Immobiliarnachlasses; die lex rei sitae ist hier maßgeblich [6]). In Uruguay [7]) ist in weitem Umfange grundsätzlich das Wohnsitzrecht maßgebend [8]). Die Staatsangehörigen von Uruguay unterliegen aber für die Fragen der Geschäftsfähigkeit, des Personenstandes und der Familienrechtsbeziehungen dem Recht von Uruguay [9]). Zu dieser Gruppe von Staaten kann auch die Schweiz [10]) gezählt werden, in welcher für die meisten der personen- und familienrechtlichen und für die erbrechtlichen Verhältnisse die in der Schweiz wohnhaften Ausländer dem schweizerischen Wohnsitzrecht unterworfen sind, andererseits die im Ausland wohnhaften Schweizer dem Schweizer Recht unterliegen sollen, allerdings nur, soweit ihr Wohnsitzrecht das zuläßt [11]).

§ 17. Die Länder der strengsten Territorialität scheinen Mexiko und die Sowjetunion zu sein. Artikel 12 des mexikanischen Zivil-

---

1) Roger a. a. O. Nr. 49, 68, 73, 91 (widersprechend jedoch Nr. 56 und 60). Vgl. auch Art. 35 des ZGB von 1852; Pradier Fodéré, Clunet 1879 S. 46 und S. 250.

2) ZGB von 1855, Makarov S. 18 f.

3) Weiß-Zeballos Bd. 2 S. 375

4) Art. 15 ZGB.

5) Art. 14 ZGB (bei Makarov nicht abgedruckt), dazu Weiß Bd. III S. 255. Vico Bd. I Nr. 339 S. 271 erklärt, das chilenische internationale Privatrecht folge sowohl dem Wohnsitzprinzip wie dem Nationalitätsprinzip mit einer Tendenz zugunsten der Nationalität.

6) Appellhof von Tacna 24. 10. 1904, Clunet 1907 S. 186 = Revue 1909. S. 971.

7) ZGB von 1868, neue Fassung von 1914, Makarov S. 238 f.

8) Torres-Campos S. 248; vgl. auch Surville Nr. 154 S. 261; vgl. ferner Vico Bd. I Nr. 339 S. 271.

9) Art. 4 ZGB.

10) Gesetz vom 25. 6. 1891, Eidg. GS. N. F. XII, S. 369 ff.; Makarov S. 188 ff.; ZGB von 1907.

11) Art. 7 g, 7 h, 28 des Gesetzes vom 25. 6. 1891 in der Fassung gemäß Art. 59 ZBG.

gesetzbuches von 1920 bestimmt [1]): Die mexikanischen Gesetze einschließlich derjenigen, die sich auf »estado« und »capacidad« der Personen beziehen, werden auf alle Einwohner der Republik angewandt, gleichgültig, ob sie Einheimische oder Fremde sind, ob sie in Mexiko wohnen oder sich dort nur vorübergehend aufhalten. Im Recht der Sowjetrepubliken [2]) wird die Maßgeblichkeit der Staatsangehörigkeit wie auch die des Domizils im wesentlichen abgelehnt. Im Erbrecht gilt die lex rei sitae [3]). Die Handlungsfähigkeit wird nach dem territorialen Recht beurteilt. Im übrigen wird allgemein die Anwendung ausländischen Rechts möglichst eingeschränkt.

§ 18. Die internationalen Privatrechte der verschiedenen Staaten haben die Prinzipien, die sie angenommen haben, niemals ganz rein durchgeführt. Auch außerhalb der Verbindungen verschiedener Grundsätze, von denen oben berichtet wurde, finden sich überall geringere oder größere Abweichungen auf Grund von Anknüpfungsmomenten, deren Maßgeblichkeit im allgemeinen abgelehnt wird. So wie das deutsche internationale Privatrecht, das grundsätzlich dem Staatsangehörigkeitsprinzip folgt, in mehreren nicht unwichtigen Beziehungen auf den Wohnsitz abstellt [4]) und auch das Territorialitätsprinzip in den Bereich der persönlichen Rechtsverhältnisse eingreifen läßt [5]), so ist selbst im englischen internationalen Privatrecht, das im allgemeinen den Grundsatz der Maßgeblichkeit des Wohnsitzrechts für persönliche Rechtsverhältnisse durchführt, die Staatsangehörigkeit nicht ganz ohne Bedeutung [6]).

§ 19. Eine Anknüpfung an konfessionelles Recht ohne Vermittlung durch eine Anknüpfung gemäß Staatsangehörigkeit oder Wohnsitz usw. kommt nur noch in seltenen Fällen vor. Z. B. wurden nicht einmal im alten ottomanischen Reich mohammedanische Ausländer den mohammedanischen Gerichten (und damit dem mohammedanischen Recht) unterworfen, sondern sie wurden wie andere Ausländer be-

---

[1]) Text französisch in Revue 1930 S. 374.

[2]) Vgl. Makarov, Auslandsrecht 1925 S. 105 f.; Rabinowitsch, BLIP 1927 Sp. 31 ff. und 1929 Sp. 153 ff., 209 ff.; Stoupnitzky, Revue 1927 S. 418 ff. und Rép. Bd. VII unter »Soviets«.

[3]) Jedoch, falls Gegenseitigkeit vorliegt, Anwendung des Heimatsrechts auf die Mobiliarvererbung. Stoupnitzky, Rép. a. a. O. Nr. 177 ff.,

[4]) Art. 8, 9 Abs. 3, 16, 25 EGBGB.

[5]) Art. 28 EGBGB.

[6]) Lord Kingdowns Act 1861 betr. die für Testamente britischer Staatsangehöriger erforderte Form. Vgl. Dicey S. 758 ff., 768 ff., Westlake S. 121 ff.; Foreign Marriage Act 1892 und Foreign Marriage Order in Council, Makarov S. 58 ff.

handelt [1]). Es scheint jedoch, als wenn in Ägypten in gewissem Umfange auch eine unvermittelte — primäre — Anknüpfung gemäß der Religionszugehörigkeit anerkannt wird [2]). Ähnliches gibt es auch in Staaten europäischer Kultur. In Kolumbien wird jede gemäß kanonischem Recht geschlossene Ehe als gültig angesehen, einerlei wo und von wem sie geschlossen ist; sie hat den Vorrang vor jeder anderen Ehe [3]).

§ 20. Bei der Aufzählung der internationalen Privatrechte der verschiedenen Staaten nach ihren wichtigsten Grundsätzen ist das Vertragsrecht bisher außer acht gelassen. Hier sind es in der Hauptsache andere Gegensätze, welche die verschiedenen Kollisionsrechtsordnungen unterscheiden, als die zwischen Heimatsprinzip und Wohnsitzprinzip und zwischen Personalität und Territorialität.

Man klassifiziert die einzelnen Rechte in der Regel danach, ob maßgebend ist:

1. der wirkliche oder vermutete Parteiwille,
2. das Recht des Abschlußortes,
3. das Recht des Erfüllungsortes,
4. das Recht des Wohnsitzes,
5. das Recht der Staatsangehörigkeit.

Vielfach werden gemeinsamer Wohnsitz, gemeinsame Staatsangehörigkeit, Wohnsitz des Offerenten usw. berücksichtigt, mit zahlreichen Variationen im einzelnen.

Der Parteiwille spielt fast überall eine Rolle. Aber damit hört die Gemeinsamkeit auf. Die größten Abweichungen bestehen nach der Richtung, ob der Parteiwille gegenüber zwingenden Normen Bedeutung hat, und ob, wenn er in concreto nicht festzustellen ist, die zu 2—5 genannten Gesichtspunkte nur widerlegbare Vermutungen liefern oder selbständige Bedeutung haben. Von den Anknüpfungsmomenten zu 2—5 hat die verbreitetste Geltung der Abschlußort; an zweiter Stelle kommt der Erfüllungsort, an dritter der Wohnsitz. Das Recht der Staatsangehörigkeit kommt, außer soweit Wert auf gleiche Staatsangehörigkeit beider Kontrahenten gelegt wird, nur für Konsulargerichtsbezirke u. dgl. zur Anwendung.

---

[1]) Goadby, »International and Interreligious Private Law in Palestine« London 1926, S. 105 f.; Arminjon, Clunet 1913 S. 39 f.

[2]) Nach Goadby a. a. O. S. 105 nur für Ausländer, welche einem Staate ohne Konsulargerichtsbarkeit angehören und in ihrem Heimatsstaate ebenfalls der Zuständigkeit religiöser Gerichte unterliegen, z. B. jüdische Perser.

[3]) Roger, Rép. Bd. VII unter »Républ. de Colombie« Nr. 52; Julian Restrepo-Hernandez, »Derecho internacional privado«, Bogotá 1914 Nr. 202 S. 121 f.

Neben diesen für die Bestimmung des anzuwendenden Rechts wesentlichen Gesichtspunkten, und sie schneidend, gibt es für die wichtigsten Verträge des Weltverkehrs — nämlich die beiderseits verpflichtenden, insbesondere die gegenseitigen Verträge — noch eine zweite Möglichkeit der Klassifizierung. Die Einteilung kann auch unter dem Gesichtspunkt erfolgen, ob bei dem gegenseitigen Vertrag nur ein Recht angewendet wird (Einrechts-System) oder ob für die Verpflichtung jeder Partei ihr Recht (sei es nun dasjenige ihres Erfüllungsortes oder ihres Wohnsitzes oder ihrer Staatsangehörigkeit) angewendet wird, wenn sich keine Anhaltspunkte für die Unterwerfung beider Parteien unter ein Recht feststellen lassen (Zweirechts-System) [1]).

§ 21. Wir können mit großer Wahrscheinlichkeit annehmen, daß eine Beseitigung der wichtigsten Verschiedenheiten im internationalen Privatrecht der zivilisierten Staaten in absehbarer Zeit nicht zu erwarten ist. So besteht bis jetzt keine Aussicht, die Kluft zu überbrücken, welche sich zwischen den »Wohnsitzländern« und »Nationalitätsländern« aufgetan hat.

Viele Länder des kontinentalen Europa werden das von ihnen erst vor verhältnismäßig kurzer Zeit angenommene Nationalitätsprinzip nicht aufgeben, weil sie als Auswandererländer den rechtlichen Zusammenhang mit ihren Angehörigen, die sich im Ausland eine neue Heimat gegründet haben, zu behalten wünschen. Aber für noch stärker halte ich die Imponderabilien des Gefühls, welches das nationale Recht als einen Bestandteil des nationalen Seins ansieht und dieses ungemindert den Staatsangehörigen erhalten will. Was andererseits die meisten Einwandererländer und England hindert, sich dem Nationalitätsprinzip anzuschließen, ist schon ausgeführt. Der argentinische Internationalrechtler Zeballos hat gesagt und der englische Rechtslehrer Bellot hat wiederholt [2]), daß die 500 Millionen Einwohner der Staaten, welche das Domizilprinzip anerkennen, keine Veranlassung haben, sich den Rechtsanschauungen der Länder mit insgesamt 400 Millionen Einwohnern anzuschließen, die dieses Prinzip verlassen haben.

Nicht einmal unter den amerikanischen Staaten, die doch unter

---

[1]) Für die Einzelheiten vgl. die Zusammenstellung in meinem Aufsatz über schuldrechtliche Rück- und Weiterverweisung nach deutschem internationalen Privatrecht, JW 1925 S. 1571 ff. (1573 f.), sowie Conférence de la Haye du droit int. privé sixième session (1928) »Documents relatifs à la . . .« und »Actes de la . . . «.

[2]) Recueil Bd. 3 1924 S. 163.

viel ähnlicheren wirtschaftlichen und politischen Verhältnissen leben als die Staaten Europas, konnte eine Einigung erreicht werden. Ein Versuch, die Staaten auf dem Boden des Nationalitätsgrundsatzes zusammenzuführen, durch den Vertrag von Lima von 1878, scheiterte. Ein Versuch der Einigung unter dem Wohnsitzprinzip hatte nur sehr beschränkten Erfolg: Der Vertrag von Montevideo brachte eine Einigung einiger Staaten [1]). Auch die panamerikanische Konferenz von Havanna — 1927/28 — konnte den Gegensatz der Meinungen nicht beseitigen. Schon bevor sie zusammentrat, erkannte man, daß keines der beiden miteinander streitenden Prinzipien sich allgemein werde durchsetzen können [2]). Man versuchte eine Kompromißlösung. Eine Kommission des amerikanischen Instituts für internationales Recht schlug vor — unter dem Einfluß Bustamantes —, man solle das internationale Privatrecht des Heimatsstaates jeweilig darüber entscheiden lassen, welches Prinzip zu gelten habe [3]). Allein es war nicht möglich, die »Wohnsitzstaaten« zur Annnahme dieses Vorschlags, der dem Nationalitätsprinzip doch einen Vorrang einräumte, zu bewegen. Der von der Konferenz angenommene »Código Bustamante« läßt es den Einzelstaaten frei, zum Anknüpfungsmoment für das Personalstatut die Staatsangehörigkeit oder den Wohnsitz zu wählen [4]). Überdies ist der Código nur in einer beschränkten Anzahl Staaten ratifiziert worden [5]).

Das groß angelegte — auf dem Staatsangehörigkeitsprinzip beruhende — Werk der Haager Konferenzen [6]) hat dadurch die Bedeutung, die ihm zugedacht war, nicht erlangt, daß seine einzelnen Teile von einigen an der Konferenz beteiligten Staaten nicht

[1]) Vgl. oben § 15 S. 23.

[2]) Vgl. Bustamante, Revue 1927 S. 380.

[3]) Vgl. Bustamante, Revue 1927 S. 375 ff. (395 ff.).

[4]) Art. 7.

[5]) Brasilien, Costa Rica, Cuba, Santo Domingo, Guatemala, Haiti, Nicaragua, Panama, Peru. Bul. Bd. XXI S. 132 f., Bd. XXII S. 121 f. und 346, Bd. XXIII S. 139. — Die Vereinigten Staaten können aus verfassungsrechtlichen Gründen (Zuständigkeit der Einzelstaaten) derzeit nicht beitreten, was sie auch bei ihrer Unterzeichnung erklärten, Makarov S. 397.

[6]) Vgl. RGBl. 1904 S. 221 ff.: Abkommen über die Eheschließung, über die Ehescheidung und Trennung von Tisch und Bett und über die Vormundschaft über Minderjährige vom 12. 6. 1902; RGBl 1912 S. 453 ff.: Abkommen über den Geltungsbereich der Gesetze in Ansehung der Wirkungen der Ehe auf die Rechte und Pflichten der Ehegatten in ihren persönlichen Beziehungen und auf das Vermögen der Ehegatten und über Entmündigung und gleichartige Fürsorgemaßregeln vom 17. 7. 1905.

angenommen, von anderen später gekündigt, zwischen noch anderen durch den Weltkrieg außer Kraft gesetzt und nicht wieder neu angenommen worden sind. Der Geltungsbereich der Haager Abkommen ist dadurch stark beschränkt worden.

Daneben sind in zahlreichen Fällen Einzelfragen des internationalen Privatrechts oder Gruppen von solchen zum Gegenstand vertraglicher Regelung zwischen einzelnen Staaten gemacht worden, besonders häufig Fragen des Erbrechts [1]) und der Anerkennung juristischer Personen [2]). Aber die Menge solcher Vereinbarungen von beschränkter sachlicher und räumlicher Wirkung, trägt nicht erheblich dazu bei, die Verschiedenheiten der internationalen Privatrechte zu verringern. Die einen großen Teil der Welt umfassenden Verträge über Gegenstände des bürgerlichen Rechts sind nicht Verträge über internationales Privatrecht. Die Abkommen über den Schutz des geistigen, künstlerischen und gewerblichen Eigentums, die internationalen Abkommen über Schiffskollisionen und Hilfeleistung in Seenot sind in viel höherem Grad allgemeine internationale Verträge als der Vertrag von Montevideo oder die Haager Verträge. Aber ihr Inhalt ist im wesentlichen nicht internationales Privatrecht sondern materielles Recht.

Quellen.

Regel 1 (§§ 23, 24): Die allgemeine Quelle des deutschen internationalen Privatrechts ist der Wille des deutschen Gesetzgebers, nicht das Völkerrecht.

Regel 2 (§ 25): Ein im Ausland allgemein anerkannter Satz des internationalen Privatrechts ist, wenn nicht besondere Gründe entgegenstehen, auch in Deutschland zu befolgen. Als allgemein anerkannt gilt ein Satz schon dann, wenn er in den Staaten anerkannt wird, deren internationales Privatrecht in seinen Grundzügen dem deutschen ähnlich ist.

Regel 3 (§ 26): Das vor 1900 in Kraft gewesene reichsrechtliche internationale Privatrecht ist bestehen geblieben. Wenn aus den Reichsgesetzen auch nicht im Wege der Analogie Regeln des internationalen Privatrechts hergeleitet werden können, werden solche internationalprivatrechtlichen Grundsätze, wie sie in Deutschland vor 1900 allgemein anerkannt waren, von der deutschen Rechtsprechung angewandt, soweit nicht besondere Gründe entgegenstehen.

---

[1]) Für Deutschland insbesondere wichtig: Art. 18 § 14 ff. des Konsularabkommens mit Estland vom 13. 3. 1925 (RGBl. 1926 II S. 327 ff.); Anlage zu Art. 22 (Nachlaßabkommen) des Konsularvertrages mit Rußland vom 12. 10. 1925 (RGBl. 1926 II S. 60 ff.); Nachlaßabkommen mit Österreich vom 5. 2. 1927 (RGBl. 1927 II S. 505 ff.).

[2]) Für Deutschland vgl. unten § 330 S. 475 ff.

Regel 4 (§ 27): Das internationale Privatrecht der einzelnen Länder (das partikulare internationale Privatrecht) ist am 1. 1. 1900 mit folgenden Ausnahmen außer Kraft getreten.:

1. Ausnahme: Internationalprivatrechtliche Vorschriften aus Staatsverträgen, welche vor 1900 von deutschen Staaten mit ausländischen Staaten geschlossen sind, sind in Kraft geblieben.

2. Ausnahme: Auf den dem Landesrecht vorbehaltenen Rechtsgebieten gelten die internationalprivatrechtlichen Vorschriften des Landesrechts weiter, soweit sie besonders den vorbehaltenen Rechtsgebieten angehören. Auf diesen Rechtsgebieten können die Länder neue internationalprivatrechtliche Vorschriften erlassen.

Regel 5 (§ 28): Die Wirkung und Auslegung von Staatsverträgen mit international-privatrechtlichem Inhalt ist im allgemeinen nach denselben Grundsätzen zu beurteilen wie die Wirkung und Auslegung sonstiger Staatsverträge.

§ 22. Die wichtigste Quelle für das deutsche internationale Privatrecht ist das Einführungsgesetz zum Bürgerlichen Gesetzbuch [1]). Da für das Verständnis des EG dessen Entstehungsgeschichte von erheblicher Bedeutung ist und oft Zitate aus den dieses Gesetz vorbereitenden Arbeiten (Gesetzesmaterialien) erforderlich sind, soll hier die Entstehungsgeschichte kurz mitgeteilt werden.

Die ersten Entwürfe für die international-privatrechtlichen Bestimmungen der neuen Kodifikation sind von dem badischen Ministerialrat Gebhard im Auftrage der ersten Kommission zur Vorbereitung des Bürgerlichen Gesetzbuches ausgearbeitet. 1881 legte Gebhard der Kommission eine erste Fassung vor, 1887 eine zweite. Beide waren mit ausführlicher Begründung versehen. Auf Grund des zweiten Gebhardschen Entwurfs beriet die erste Kommission. Das Ergebnis der Beratungen wurde zunächst in vorläufiger, dann in endgültiger Fassung (»Erster Entwurf«) niedergelegt. Die zweite Kommission zur Beratung des bürgerlichen Gesetzbuches beriet auch über das internationale Privatrecht und stellte einen zweiten Entwurf, zunächst in vorläufiger, dann in endgültiger Fassung fest. Nach den Vorschlägen der zweiten Kommission sollte der Entwurf zweiter Fassung als 6. Buch dem BGB einverleibt werden. Alle diese Entwürfe enthielten ein vollständiges System des internationalen Privatrechts.

Im Bundesrat erfuhr der Entwurf die eingreifendsten Veränderungen. Deren wichtigste sind einmal die Ausscheidung der grund-

---

[1]) In diesem Buch als »EGBGB« oder kurz als »EG« bezeichnet.

legenden Vorschriften über Schuld- und Sachenrecht, dann die Umwandlung vieler der vorgeschlagenen allseitigen Kollisionsnormen in einseitige oder unvollkommen zweiseitige. Ferner wurde der Entwurf, der zuerst im allgemeinen Teil, dann in einem besonderen sechsten Buch des BGB seinen Platz finden sollte, in das EG verwiesen. Diese vom Bundesrat beschlossene Reichstagsvorlage ist mit wenigen Änderungen Gesetz geworden [1]).

§ 23. Das EG enthält hauptsächlich Vorschriften darüber, wann deutsches Recht anzuwenden ist, aber beschränkt sich hierauf keineswegs, sondern umfaßt auch eine Reihe von Vorschriften, aus denen sich ergibt, welches fremde Recht maßgebend ist, wenn ein Rechtsverhältnis nicht nach deutschem Recht zu beurteilen ist. Schon hierdurch hat der deutsche Gesetzgeber zu erkennen gegeben, daß nach seiner Auffassung das internationale Privatrecht kein überstaatliches Recht ist, sondern der Regelung des einzelnen souveränen Staates unterliegt.

Die Entstehungsgeschichte des EG läßt deutlich erkennen, daß das internationale Privatrecht als deutsches, nicht auf einer internationalen Grundlage beruhendes Recht angesehen wurde.

Die Gebhardschen Entwürfe gingen davon aus, daß das internationale Privatrecht ein Teil des nationalen Rechts und zwar des Privatrechts sei. In den Motiven zum ersten Gebhardschen Entwurf findet sich folgende Bemerkung: »Das fremde Recht wird zugrunde gelegt, nicht weil es maßgebend sein will, sondern weil es von der inländischen Rechtsordnung für maßgebend erklärt ist . . . Aus den ausdrücklichen Vorschriften seiner Gesetze, wo solche fehlen, aus dem Sinn und Geist seiner Rechtsordnung — selbstverständlich der Rechtsordnung im Lichte der Wissenschaft betrachtet — hat der Richter zu entnehmen, nach welchem Recht das seiner Enscheidung unterstellte Verhältnis zu beurteilen ist. Eine andere Rechtsquelle fließt ihm nicht zu, auch keine subsidiäre. Die Existenz eines mit verbindlicher Kraft für die einzelnen Staaten ausgestatteten internationalen Subsidiarrechts kann nicht anerkannt werden. Die Gesetzgebung hat bei der Würdigung der internationalen Gesichts-

---

[1]) Einen vorzüglichen Überblick über die Entstehungsgeschichte der internationalprivatrechtlichen Vorschriften des EG. gibt Zitelmanns synoptische Darstellung der Art. 7 bis 31 EG. mit sämtlichen Entwürfen, 1908. Die Gebhardschen Entwürfe nebst Motiven sind im Jahre 1915 von Niemeyer veröffentlicht. Die Protokolle der ersten Kommission zur Beratung des BGB sind nicht veröffentlicht worden. Die der zweiten Kommission sind, von Achilles-Gebhard-Spahn bearbeitet, in den Jahren 1897—1899 herausgegeben.

punkte freie Hand. Ihr Ermessen ist durch keine völkerrechtliche Norm gebunden. Die Regeln, welche das anzuwendende Recht bestimmen, bilden einen Teil des inländischen Privatrechts« [1]).

Die zweite Kommission zur Beratung des BGB beschloß abweichend von dem ersten Entwurf des BGB, die Vorschriften über das internationale Privatrecht dem BGB selbst einzuverleiben: »Der Beschluß beruhte auf der Erwägung, daß die betreffenden Vorschriften einen Bestandteil des materiellen Rechts bildeten« [2]). Der Bundesrat hat das allgemeine System des internationalen Privatrechts, welches den gesamten Vorarbeiten zugrunde lag, zerstört und an Stelle desselben eine Reihe von Einzelvorschriften getroffen, die größtenteils nur die Anwendung des deutschen Rechts regeln. Das EG ist fast vollständig in Gestalt der Reichstagsvorlage Gesetz geworden.

Der Bundesrat hat seine Gründe nicht mitgeteilt. Aus den Änderungen des Entwurfs im Bundesrat ergibt sich kein Verlassen der streng nationalen Richtung der Vorarbeiten, sondern folgt im Gegenteil noch eine Verstärkung.

Ein wirklich international gedachtes internationales Privatrecht muß der Verallgemeinerung fähig sein. Es muß Sätze enthalten, die überall angewendet werden könnten [3]). Wenn man unter diesem Gesichtspunkte die Reichstagsvorlage mit den vorangehenden Entwürfen vergleicht, so ist das Resultat eindeutig. Die Reichstagsvorlage und das sich ihr anschließende EG sind weit weniger geeignet, ein internationales Recht zu bilden als alle früheren Entwürfe. Hierbei lasse ich die durch den Bundesrat an vielen Stellen herbeigeführte Beschränkung auf die Bestimmung, wann deutsches Recht gelten soll, unberücksichtigt. Die Gründe dieser Beschränkungen sind nicht völlig klar.

Eine deutlichere Sprache als die Streichungen reden die Zusätze des Bundesrats. Fast jeder Zusatz verfolgt die Richtung, dem deutschen Recht ein Anwendungsgebiet zu sichern, wie es mit einem allgemeinen internationalen Privatrecht unverträglich wäre, oder Deutschen Vorteile zu gewähren, die mit einer gleichmäßigen Behandlung aller, der notwendigen Voraussetzung eines allgemeinen internationalen Privatrechts, unvereinbar sind. Es genügt, die Art. 8, 9, 10, 11 Abs. 1, 12, 13 Abs. 2, 21, 22, 24, 25 EG mit den ver-

[1]) Die Gebhardschen Materialien S. 39 ff.; inhaltlich ebenso Protokolle Bd. 6 S. 1 ff.

[2]) Protokolle Bd. 6 S. 89.

[3]) Vgl. Savigny S. 115.

schiedenen Entwürfen zu vergleichen, wie sie in Zitelmanns synoptischer Darstellung zusammengestellt sind.

Die Menge und die einheitliche Tendenz dieser Änderungen macht jeden Zweifel unmöglich. Die Freiheit Deutschlands bei der Gestaltung des internationalen Privatrechts ist also in noch stärkerem Maße die Voraussetzung der Reichstagsvorlage und des geltenden Gesetzes als diejenige der Vorarbeiten.

Die Stellungnahme unserer Gerichte stimmt mit dieser Anschauung überein.

Das deutsche Reichsoberhandelsgericht [1]) und das Reichsgericht [2]) haben deutlich zum Ausdruck gebracht, daß das deutsche internationale Privatrecht allein aus deutscher Quelle fließt.

Die deutsche Literatur ist überwiegend derselben Meinung [3]).

---

[1]) 24. 5. 1875, ROHG Bd. 17 S. 294.

[2]) Vgl. 22. 4. 1884, RG Bd. 11 S. 31; 12. 10. 1903, RG Bd. 55 S. 349 (Vereinigte Zivilsenate); 11. 3. 1919, RG Bd. 95 S. 164 ff.; 21. 6. 1919, JW 1920 S. 49 ff. (51); 13. 12. 1929, Warn Rspr. 1930 Nr. 43 S. 78 ff. = Z Bd. 43 S. 91 ff.; 30. 4. 1930, LZ 1930 Sp. 1444 = HRR 1930 Nr. 1348.

[3]) Vgl. Kahn Bd. I S. 268 ff.; Niemeyer S. 50 f.; Habicht S. 9; Levis S. 7, 8; Staudinger-Kuhlenbeck 1 vor Art. 7; Neubecker S. 9 f., 18; Walker S. 6; Gutzwiller S. 1551; Raape Einl. M. Abweichend unter den Neueren v. Bar, Zitelmann, Neumeyer und Frankenstein. v. Bar nimmt an, das internationale Privatrecht sei »nicht ein Produkt nur der souveränen Gesetzgebung der einzelnen Staaten, sondern der mit einer gewissen Notwendigkeit sich geltend machenden Natur der Sache, der Bedürfnisse des Verkehrs, der gegenseitigen Anerkennung der Rechtsordnungen der verschiedenen Staaten« (Bd. I S. 106). Abweichungen des einzelstaatlichen Rechts seien »nicht mehr Recht als es Recht ist, wenn ein Staat sich Abweichungen von dem eigentlichen Völkerrecht, dem öffentlichen internationalen Rechte gestattet und diese Abweichungen, soweit seine Macht reicht, durch seine Beamten und Organe gegen Privatpersonen vollstrecken läßt« (a. a. O.). Zitelmann geht aus vom Bestehen einer völkerrechtlichen vollständigen gegenseitigen Abgrenzung der Herrschaftsbereiche der verschiedenen Staaten und leitet aus dieser Abgrenzung ein internationales Privatrecht von völkerrechtlicher Geltung ab, das der Richter des einzelnen Staates mangels abweichender Bestimmung seines Gesetzgebers kraft dessen vermutlichen Willens als positives innerstaatliches Recht anzuwenden habe (vgl. Bd. I S. 71 bis 82). Neumeyer spricht von einem völkerrechtlichen Gebot, auf einen Tatbestand des Zivilrechts diejenige Rechtsordnung anzuwenden, die zur Ordnung berufen ist (»Int. Verw. R.« Bd. I S. 21). Er nimmt an, daß aus der »Natur der zu beurteilenden Tatbestände« Folgerungen gezogen werden können, die die Bedeutung positiven Rechts haben, »soweit nicht unmittelbar oder mittelbar eine gesetzliche Vorschrift des einzelnen Staates zu einer abweichenden Behandlung nötigt« (»I. Pr. R.« § 6 S. 5 f.). Frankenstein gründet seine Lehre auf die Annahme zweier »primärer« Anknüpfungen (Herrschaft des Heimatsrechts über die Person und des Belegenheitsrechts über die Sache), »welche aus dem Wesen des Rechts unabhängig

Die bedeutendsten Versuche, ein Weltrecht zu zeigen, oder wohl richtiger zu begründen, haben sich nicht durchsetzen können.

§ 24. Die Auffassung des deutschen Gesetzgebers und der deutschen Rechtsprechung über die nationale Natur des sogenannten internationalen Privatrechts entspricht durchaus dem jetzigen Zustand des Völkerrechts.

Der Ständige Internationale Gerichtshof im Haag hat ausgesprochen, daß die Normen des internationalen Privatrechts Bestandteile des staatlichen Rechts sind [1]).

Aus der ausländischen Rechtsprechung ist die des Obersten Gerichtshofes der Vereinigten Staaten hervorzuheben, nach welcher jeder Staat der Union selbständig sein internationales Privatrecht bestimmen kann [2]). Daher prüft der Gerichtshof die Anwendung des internationalen Privatrechts durch die Gerichte der Einzelstaaten nicht nach, während er bei Verletzung internationalen Rechts die Entscheidungen dieser Gerichte aufheben kann. Dieselbe »nationale« Auffassung vom internationalen Privatrecht gilt insbesondere — soviel ich sehe, unangefochten — auch in England [3]).

In diesen Zusammenhang gehört auch die Tatsache, daß eine große Reihe von Staaten außerhalb Deutschland ihr internationales Privatrecht ohne jedes Bedenken auf die verschiedenste Weise gesetzlich festgelegt hat [4]).

Theoretisch kann das Völkerrecht für das internationale Privatrecht darum eine Rolle spielen, weil es ein völkerrechtlich anerkannter Satz sein dürfte, daß kein Staat berechtigt ist, die Angehörigen anderer Staaten durch ganz ungerechte Vorschriften zu benachteiligen [5]).

---

von jeder gesetzgeberischen Willkür sich ergeben, das einzige, was man überhaupt a priori über Beziehungen von Menschen und Sachen zur Rechtsordnung auszusagen vermag« (Bd. I S. 49 f.). Einzelstaatliche Kollisionsnormen, die sich nicht innerhalb der durch die »primären« Anknüpfungen gegebenen Grenzen halten, sind außerhalb des Machtbereiches des Staates, der sie erlassen hat, nicht als Recht anzuerkennen (Bd. I S. 51 ff., mit Berufung auf v. Bar a. a. O.). — Über Savignys Auffassung vgl. § 8 S. 9 f.

[1]) 12. 7. 1929, Publications Série A Nr. 20, 21 S. 41 und Clunet 1929 S. 1002.

[2]) Vgl. z. B. Bank of Augusta v. Earle 1839, Rép. 13 Peters 519 = Beale Bd. I S. 770; Huntington v. Attril 1892, Rép. 146 U. S. 657 = Beale 1928 S. 792 ff.

[3]) Vgl. z. B. Westlake S. 1 ff. (bes. 4); Dicey S. 1 ff. (bes. 3). Kennzeichnend ist schon der Titel des Diceyschen Werkes: A digest of the law of England with reference to the conflict of laws.

[4]) Vgl. §§ 5 ff. und 13 ff., S. 6 ff. und 20 ff.

[5]) Neumeyer, Wörterbuch des deutschen Staats- und Verwaltungsrechts, Bd. II. S. 438; Cavaglieri, Recueil Bd. 26 S. 453; auch Enneccerus Bd. I § 58 Text zu Anm. 9.

Aber soweit ich feststellen kann, hat diese theoretische Möglichkeit sich noch nie zu einer praktischen Wirklichkeit verdichtet. Noch nie und nirgendwo hat ein Staat gegen den anderen wegen der Anwendung oder Nichtanwendung international-privatrechtlicher Sätze auch nur einen Vorwurf erhoben. Man kann Aubry [1] [2] nur zustimmen, wenn er geltend macht, daß man als Völkerrecht nicht Sätze bezeichnen könne, deren Verletzung noch nicht einmal das Stirnrunzeln eines Diplomaten hervorgerufen habe.

Bei dieser Sachlage ist nichts natürlicher, als daß die zwar theoretisch vorhandene, aber niemals praktisch gewordene Möglichkeit, daß eine international-privatrechtliche Regel eines Kulturstaates völkerrechtswidrig sei, überhaupt unbeachtet bleibt. Das Reichsgericht nimmt das Bestehen eines völkerrechtlichen Satzes an, nach welchem bei Abtretung eines Gebietes dessen Einwohner dem vom neuen Souverän eingeführten Währungsrecht unterworfen sind. Es begründet diese Entscheidung damit, daß die Währung auf öffentlich-rechtlicher Grundlage beruht [3].

Die völkerrechtlichen Grenzen der staatlichen Gesetzgebung sind daher für das internationale bürgerliche Recht ohne praktische Bedeutung. Das gilt nicht nur für das deutsche internationale Privatrecht, sondern auch für fremde internationale Privatrechte, auf die das deutsche Recht kraft Anerkennung des Renvoi usw. verweist. Letzteres ergibt sich schon daraus, daß ein ausländisches internationales Privatrecht von uns nur dann zur Entscheidung berufen wird, wenn wir den ausländischen Staat für zuständig zur Regelung des Rechtsverhältnisses halten, wenn wir also nichts dagegen einzuwenden haben, daß er sein eigenes Recht anwendet. Ob er von diesem Recht Gebrauch macht oder es unterläßt, ist uns grundsätzlich gleichgültig. Sollte im einzelnen Fall sich ein untragbares Resultat ergeben, so genügt als Schutz die Vorbehaltsklausel.

§ 25. Durch vorstehende Erwägungen wird selbstverständlich nicht ausgeschlossen, daß das deutsche internationale Privatrecht völkerrechtliche oder völkerrechtlich beeinflußte Begriffe in seinen

---

[1]) Clunet 1901 S. 651.

[2]) Pillet, Principes S. 71, scheint andeuten zu wollen, daß der Krieg zwischen England und den Burenrepubliken wegen Meinungsverschiedenheiten über internationales Privatrecht ausgebrochen sei; aber er kann hierbei nur daran gedacht haben, daß England für die Engländer politische Rechte in Transvaal gefordert hat. Die Gewährung von politischen Rechten ist aber keine Frage des internationalen Privatrechts.

[3]) 8. 12. 1930, RG Bd. 131 S. 41 ff. (46) = JW 1931 S. 612 ff. (614).

Normen verwendet, wie z. B. den Begriff der Staatsangehörigkeit als Anknüpfungspunkt für persönliche Verhältnisse, eheliches Güterrecht und Erbrecht [1]). In dieser Berücksichtigung des völkerrechtlichen Staatsangehörigkeitsbegriffes liegt keineswegs die Erfüllung einer völkerrechtlichen Pflicht, sondern eine freiwillige Stellungnahme des deutschen Rechts. Dieses ergibt sich schon daraus, daß ein großer Teil der Kulturvölker für diese Rechtsverhältnisse die Staatsangehörigkeit überhaupt nicht als Anknüpfungspunkt benutzt.

Ebensowenig ergibt sich aus der nationalen Natur des deutschen internationalen Privatrechts, daß für die deutsche Rechtsfindung die fremde Theorie und Praxis bedeutungslos ist. Sie kann wichtig sein in ähnlicher Weise, wie sie auf dem Gebiet des inneren Rechts eine Rolle spielen kann, z. B. wie das englische Seerecht bei deutschen Entscheidungen als Vergleichsobjekt Bedeutung hat. Aber die fremde Rechtsprechung und Lehre sind für Deutschland keine Rechtsquellen, sondern nur Hilfsmittel zur Fortbildung des deutschen Rechts.

Das Reichsgericht hat gelegentlich ausgesprochen, daß ein allgemein anerkannter Satz des internationalen Privatrechts auch in Deutschland gilt [2]). Aber damit das Vorliegen eines solchen allgemeinen Satzes angenommen wird, fordert das Reichsgericht keineswegs, daß es sich um eine in allen oder wenigstens fast allen wichtigen Kulturstaaten gültige Rechtsregel handelt, sondern nur, daß sie im wesentlichen in Staaten gilt, deren internationales Privatrecht dieselben Hauptgrundsätze befolgt wie das deutsche. In der Entscheidung vom 15. 2. 1906 handelte es sich um die Frage, ob für die Unterhaltspflicht ausländischer Ehegatten das Heimatsrecht oder das Wohnsitzrecht maßgebend sei. Das Reichsgericht hat bei Prüfung dieser Frage ausgesprochen: »Bei der Ermittlung, was nach deutschem Recht gilt, ist . . . auf die allgemeine Rechtsüberzeugung Rücksicht zu nehmen; denn allgemein anerkannte Rechtssätze sind, wenn nicht besondere Gründe entgegenstehen, auch in Deutschland zu befolgen« [3]). Das Reichsgericht hat sodann die Tatsache hervorgehoben, daß das Personalstatut noch jetzt in weiten Gebieten nach dem Wohnsitz bestimmt wird, und hat doch

---

[1]) Vgl. unten §§ 298 ff. S. 436 ff.

[2]) 15. 2. 1906, RG Bd. 62 S. 400 ff. (402); 18. 5. 1917, Warn Rspr. 1917 Nr. 254 S. 404 ff. (405).

[3]) RG Bd. 62 S. 402 f.

einen allgemeinen Satz festgestellt, nach welchem für das Personalstatut das Heimatsrecht maßgebend sei. Das Reichsgericht begründet das Vorhandensein solchen allgemeinen Satzes mit der fast einstimmigen »Ansicht der Wissenschaft«, mit der Auffassung, die sich in den Haager Verträgen durchgesetzt habe, und schließlich und vor allem mit den aus dem EGBGB ersichtlichen Tendenzen. Man sieht hieraus: das Vorliegen eines allgemeinen Satzes in dem hier in Frage kommenden Sinn ist nicht davon abhängig, daß er überall oder auch nur in den wichtigsten Ländern der Erde gilt. (Dem Reichsgericht war selbstverständlich bekannt, daß z. B. die angelsächsischen Länder, Dänemark, Norwegen und viele süd- und mittelamerikanische Länder nicht das Heimatsrecht als Personalstatut anwenden.)

Das Urteil des Reichsgerichts vom 18. 5. 1917 geht offenbar von demselben Gedankengang aus. Das ergibt sich schon daraus, daß es sich auf das Urteil vom 15. 2. 1906 beruft und daraus, daß es als einen allgemeinen, auch in Deutschland anzuerkennenden Grundsatz die Maßgeblichkeit des Sitzes einer Gesellschaft für deren Staatsangehörigkeit bezeichnet. Dieser Satz aber gilt bestimmt nicht in den angelsächsischen Ländern. Es handelt sich hier also in Wirklichkeit nicht darum, daß eine internationale Rechtsquelle — sei es auch nur subsidiär — in Deutschland angewandt wird, sondern darum, daß die Anerkennung eines Satzes in einer großen Reihe fremder, mit uns durch eine gewisse gemeinschaftliche Rechtsüberzeugung verbundener Staaten und die Auffassung der Wissenschaft in Deutschland und diesen Staaten als schätzbares Material für die Erforschung deutschen internationalen Privatrechts verwendet werden [1]).

§ 26. Das internationale Privatrecht in Deutschland war, wie alles nicht durch das Reich geregelte Recht, Partikularrecht (Recht der Einzelstaaten oder sogar nur bestimmter Gebiete einzelner

---

[1]) Weniger deutlich für das alte internationale Privatrecht RG 3. 10. 1896, RG Bd. 38 S. 1 ff. = Z Bd. 7 S. 448 ff. Hier spricht das Reichsgericht von einem, auch für das Gebiet des allgemeinen Landrechts anzuerkennenden Grundsatz des »internationalen Privatrechts«, nach dem das Recht des Dispacheortes darüber entscheidet, welche Opfer und Kosten als große Haverei anzusehen sind. Da nach preußischem Landrecht für den zur Entscheidung stehenden Fall in der Hauptsache holländisches Recht maßgebend war, hat das Reichsgericht ferner geprüft, ob dieser Satz des »internationalen Privatrechts« auch in Holland gilt. Es ist denkbar, aber nicht sicher, daß hier unter internationalem Privatrecht nur die in Deutschland allgemein herrschende Auffassung über die Bedeutung des Dispacheortes für das Recht der großen Haverei zu verstehen ist.

Staaten). Gesetzliche Bestimmungen des Reichs über internationales Privatrecht waren bis zum 1. 1. 1900 nur in ganz geringem Umfange vorhanden [1]).

Ein Reichsgewohnheitsrecht ist auf unserem Gebiet höchstens bezüglich des Satzes locus regit actum nachzuweisen [2]).

Art. 32 des EG bestimmt: »Die Vorschriften der Reichsgesetze bleiben in Kraft. Sie treten jedoch insoweit außer Kraft, als sich aus dem Bürgerlichen Gesetzbuch oder aus diesem Gesetze die Aufhebung ergibt«. Durch Art. 32 wurde, wie aus dem Vorangehenden folgt, nur ein verschwindender Teil des bisherigen internationalen Privatrechts aufrechterhalten. Im übrigen wurde das bestehende internationale Privatrecht durch die Bestimmung des Art. 55 EG formell beseitigt: »Die privatrechtlichen Vorschriften der Landesgesetze treten außer Kraft, soweit nicht in dem Bürgerlichen Gesetzbuch oder in diesem Gesetz ein anderes bestimmt ist«. Denn wie an anderer Stelle [3]) gezeigt wird, ist das internationale Privatrecht — wenigstens im Sinne der deutschen Gesetzgebung — Privatrecht.

Das EG hat große Gebiete des internationalen Privatrechts nicht geregelt. Wo es völlig schweigt, wie z. B. im Vertrags- und Sachenrecht, sind selbst durch noch so großzügige Anwendung von Analogieschlüssen keine Grundsätze aus ihm zu entnehmen. Auf diesen Gebieten war also am 1. 1. 1900 das frühere partikulare Recht beseitigt und neues Reichsrecht nicht geschaffen — ein Zustand, der anscheinend klaffende Rechtslücken hervorrufen mußte. Indes hat unsre Rechtsprechung nicht den Standpunkt eingenommen, daß dem alten internationalen Privatrecht außerhalb des Bereichs der ausdrücklichen neuen Vorschriften überhaupt keine Bedeutung mehr zukomme. In einer Reichsgerichtsentscheidung vom 12. 10. 1905 [4]) wird betont, daß die gewohnheitsrechtlichen Grundsätze des alten internationalen Privatrechts formell, auch wo das neue Recht keine ausdrücklichen Vorschriften gegeben hat, nicht mehr

---

[1]) Insbesondere WO Art. 84 ff., Gesetz betreffend die Eheschließung und die Beurkundung des Personenstandes von Bundesangehörigen im Auslande vom 4. 5. 1870 (RGBl. 1870 S. 599), Börsengesetz vom 22. 6. 1896 § 61, außerdem eine Anzahl bedingt anwendbarer Kollisionsnormen, welche den jetzt geltenden annähernd entsprechen (vgl. unten § 35 ff.).

Außerdem zahlreiche Staatsverträge. Vgl. Niemeyer, Das in Deutschland geltende internationale Privatrecht, S. 29 ff.

[2]) Vgl. unten §§ 155, 156 S. 231 ff.

[3]) Vgl. unten § 31 ff. S. 50 ff.

[4]) RG Bd. 61 S. 343 ff. (344 f.).

in Geltung seien. In materieller Beziehung nimmt diese Entscheidung zwar den Standpunkt ein, daß es »mindestens noch erst einer eingehenden Erwägung aller Gründe und Gegengründe« bedürfe, ehe man das alte Prinzip der subsidiären Maßgeblichkeit des Rechts des Erfüllungsortes für Schuldverhältnisse in das neue Recht übernehmen könne; aber diese Stellungnahme wird auf den besonderen Umstand gegründet, daß sich die meisten wissenschaftlichen Autoritäten in der letztvergangenen Zeit gegen dieses Prinzip ausgesprochen hätten. In einer Reichsgerichtsentscheidung vom 19. 4. 1910[1]) — die ebenfalls das Obligationenrecht betrifft — wird dann aber ausdrücklich anerkannt, daß das alte internationale Privatrecht, soweit das neue Recht nicht ausdrücklich Abweichendes bestimmt, »im allgemeinen auch für das neue deutsche Recht grundsätzlich maßgebend« sei, jedoch »ohne daß damit die seither in Deutschland angewandten Grundsätze des internationalen Privatrechts im einzelnen Gesetzeskraft erlangen sollten«. Es läßt sich feststellen, daß die Rechtsprechung, dem Standpunkt der letztgenannten Reichsgerichtsentscheidung folgend, keinen scharfen Bruch mit dem alten Recht vollzogen, sondern dessen Regeln in kontinuierlicher Weise fortentwickelt hat — abgesehen von dem großen Einbruch in die alten Grundsätze durch die analoge Ausdehnung der auf das Heimatsrecht verweisenden unvollkommenen Kollisionsnormen des EG. — Immerhin aber gibt es noch genug Fragen, die weder durch das Gesetz noch durch die neuere Rechtsprechung vollständig geklärt sind. Bei diesen rechtfertigt sich die Heranziehung der Rechtsprechung zum alten Recht als Quelle des neuen. Es gab vor 1900 in ganz Deutschland anerkannte — im wesentlichen auf dem Boden des gemeinen Rechts erwachsene — Grundsätze des internationalen Privatrechts. Von dieser Annahme gehen auch die eben angeführten zwei Reichsgerichtsentscheidungen aus[2]). Die Regeln dieser Art sind es, deren inhaltliche Weitergeltung im Zweifel angenommen werden muß.

§ 27. Die grundsätzliche Aufhebung des alten partikularen internationalen Privatrechts, die sich aus Art. 55 EG ergibt, ist in mehrfacher Hinsicht eingeschränkt.

Ausdrücklich sind durch Art. 56 EG Staatsverträge, die Bundesstaaten vor 1900 mit ausländischen Staaten geschlossen hatten,

---

[1]) RG Bd. 73 S. 379 ff. (384 f.).

[2]) Vgl. auch Böhm, der in seiner Darstellung des vor 1900 in Deutschland in Geltung gewesenen internationalen Privatrechts meistens unter den verschiedenen Teilrechtsgebieten nicht unterscheidet.

aufrechterhalten. Daher gelten auch die in solchen Verträgen enthaltenen internationalprivatrechtlichen Vorschriften fort, z. B. Art. 6 des badisch-schweizerischen Niederlassungsvertrages vom 6. 12. 1856 [1]), wonach Erbstreitigkeiten nach der lex rei sitae zu entscheiden sind.

Ferner ist auf allen durch das EG dem Landesrecht vorbehaltenen Rechtsgebieten (Art. 56—152 EG) auch einschlägiges internationales Privatrecht der Länder erhalten geblieben. Das hat das Reichsgericht in mehreren Entscheidungen [2]) anerkannt, in denen es sich um Kollisionsnormen im Recht der Berggewerkschaften handelt, welches nach Art. 67 EG den Ländern vorbehalten ist.

Aber auch auf den dem Partikularrecht vorbehaltenen Gebieten sind nicht die sämtlichen partikularrechtlichen Vorschriften über internationales Privatrecht in Kraft geblieben.

Art. 4 EG bestimmt: »Soweit in Reichsgesetzen oder in Landesgesetzen auf Vorschriften verwiesen ist, welche durch das Bürgerliche Gesetzbuch oder durch dieses Gesetz außer Kraft gesetzt werden, treten an deren Stelle die entsprechenden Vorschriften des Bürgerlichen Gesetzbuches oder dieses Gesetzes.«

Nach seiner Entstehungsgeschichte [3]) hat dieser Artikel die Bedeutung, daß Sondervorschriften des Landesrechts, die sich gerade auf die dem Landesrecht vorbehaltenen Gebiete beziehen, aufrecht erhalten werden, dagegen nicht Vorschriften des Landesrechts, welche zwar auch das vorbehaltene Gebiet betreffen, aber darüber hinausgehend eine allgemeine Bedeutung haben. Das ist auch der Standpunkt des Reichsgerichts [4]).

Diese Gesichtspunkte können unmittelbar für die Lösung der Frage verwendet werden, wie weit auf den Vorbehaltsgebieten das partikularrechtliche internationale Privatrecht bestehen geblieben ist. Denn auch das internationale Privatrecht ist Privatrecht. Bestehengeblieben sind also die landesrechtlichen, das Vorbehaltsgebiet besonders betreffenden Kollisionsnormen. Soweit aber das Vorbehaltsgebiet vor 1900 nur den allgemeinen partikularrecht-

---

[1]) Vgl. Makarov S. 367 f.

[2]) 19. 1. 1918, RG Bd. 92 S. 73 ff.; 21. 6. 1919, JW 1920 S. 49 ff.; 19. 6. 1920, RG Bd. 99 S. 218 ff.

[3]) Motive zum Entwurf eines EGBGB 1. Lesung S. 64; Protokolle Bd. VI S. 600; Materialien der Reichstagsvorlage zu dem Art. 53 der Vorlage = Art. 55 EG, Wortlaut bei Niemeyer S. 185.

[4]) 21. 12. 1908, Warn Rspr. 1909 Nr. 217 S. 206.

lichen Kollisionsnormen unterlag, sind diese auch für das Vorbehaltsgebiet aufgehoben [1]). Auf den der Regelung durch das Landesrecht vorbehaltenen Gebieten können die Länder neue internationalprivatrechtliche Vorschriften unbeschränkt erlassen [2]).

§ 28. Eine weitere Rechtsquelle für das internationale Privatrecht bilden die Staatsverträge des Deutschen Reichs, die internationalprivatrechtlichen Inhalt haben [3]).

Für Staatsverträge als Rechtsquellen gelten dieselben Grundsätze, gleichgültig, ob die Verträge internationalprivatrechtliche Bestimmungen oder sonstige Vorschriften enthalten. Zu Staatsverträgen der letzteren Art gehören insbesondere diejenigen, die auf gewissen Gebieten ein übereinstimmendes materielles Recht schaffen.

Die Frage, in welchem Umfange und wie Staatsverträge des Reichs als Rechtsquellen zu verwenden sind, ist also in ihrer Gesamtheit keine speziell internationalprivatrechtliche und soll daher hier nicht im Zusammenhang behandelt werden.

Soweit in einzelnen Beziehungen die Auslegung und Wirkung von Staatsverträgen in einem besonderen Zusammenhang mit dem internationalen Privatrecht steht, sind die hierdurch sich aufwerfenden Fragen an den einzelnen in Betracht kommenden Stellen behandelt.

Erkenntnisquellen.

§ 29. Vorarbeiten (Gesetzesmaterialien). Nach deutscher Auffassung können im Gegensatz zur englischen Auffassung [4]) bei der Auslegung eines Gesetzes die Vorarbeiten benutzt werden. Die Verwendung derselben für die internationalprivatrechtlichen Vorschriften des EG muß aber mit besonderer Vorsicht geschehen. Denn der veröffentlichte Teil der Vorarbeiten war zur Zeit der Annahme des Gesetzes erheblich lückenhafter als derjenige des BGB selbst und der anderen Teile des EG und ist es in gewissem Umfange noch heute.

---

[1]) Motive zum EG S. 149; Niedner Art. 4 Anm. 3 und Art. 55 III 4; Zitelmann, »Reichs- und Landesrecht« S. 9 ff., 56 ff. u. passim; Habicht S. 41; Raape Einleitung H V 2 S. 42.

[2]) RG 21. 6. 1919, JW 1920 S. 49 ff. (51). Motive zum EG S. 149; Zitelmann, »Reichs- und Landesrecht« S. 46 ff.; Niedner S. 127; Niemeyer S. 184; Habicht S. 41; Gutzwiller S. 1564.

[3]) Zusammenstellung bei Makarov II. Teil.

[4]) Vgl. Geldart, »Elements of English Law« 2. verbess. Aufl. 1929 S. 14.

Während die ersten Entwürfe des BGB und der nicht internationalprivatrechtlichen Teile des EG mit Motiven schon in den 80er Jahren des vorigen Jahrhunderts veröffentlicht waren, also den Reichstagsmitgliedern bekannt sein konnten, sind die Gebhardschen Entwürfe und deren Motive erst nach Inkrafttreten des EG veröffentlicht worden, waren also jedenfalls dem einen gesetzgebenden Faktor, dem Reichstag, unbekannt.

Ferner unterscheidet sich die Reichstagsvorlage der internationalprivatrechtlichen Vorschriften in viel größerem Umfange von den Vorentwürfen, als es bei den übrigen Teilen der Kodifikation der Fall ist, und die Gründe für diese Änderungen sind ebenfalls nicht veröffentlicht.

Trotz aller Änderungen und Verstümmelungen sind große Teile der Gebhardschen Entwürfe und der späteren Vorarbeiten inhaltlich in das Gesetz übergegangen. Insoweit haben die Gebhardschen Entwürfe und Vorarbeiten mindestens einen wissenschaftlichen Wert und das vor den entscheidenden Reichstagsbeschlüssen öffentlich bekanntgegebene Material den Wert, der sonst in Deutschland Vorarbeiten zu Gesetzen beigelegt wird.

§ 30. Literatur. Die Literatur vor Savignys »Örtliche Grenzen der Herrschaft der Rechtsregeln über Rechtsverhältnisse« (System des heutigen römischen Rechts Bd. 8 1849) ist für das deutsche Recht nur von historischer Bedeutung. Von anderen deutschen Werken, welche der großen Kodifikation vorangingen, hat noch jetzt das Werk von Bar, Theorie und Praxis des internationalen Privatrechts 2. Auflage 1889, eine erhebliche Autorität.

Von älteren Werken über das neue Recht sind besonders zu erwähnen:

Barazetti, Das internationale Privatrecht im Bürgerlichen Gesetzbuche für das Deutsche Reich 1897, Niemeyer, Das internationale Privatrecht des Bürgerlichen Gesetzbuches 1901, Niedner, Das Einführungsgesetz vom 18. 8. 1896, 2. Aufl. 1901, Habicht, Internationales Privatrecht nach dem Einführungsgesetze zum Bürgerlichen Gesetzbuch 1907. Auch in dem internationalen Zivil- und Handelsrecht des Schweizers Meili (1902) wird das positive deutsche Recht in erheblichem Umfange berücksichtigt.

Zitelmanns Internationales Privatrecht (1897—1912) enthält zwar in erster Linie den Versuch, ein im Zweifel maßgebliches, auf völkerrechtlicher Grundlage beruhendes überstaatliches internationales Privatrecht zu begründen, beschäftigt sich aber auch eingehend mit den deutschen Gesetzestexten, dagegen nur in bescheidenem Umfange mit der deutschen Praxis.

Neubeckers Internationales Privatrecht auf deutsch-rechtlicher Grundlage (in Jahrbuch für den internationalen Rechtsverkehr 1912/1913) und Neumeyer, Internationales Privatrecht 2. Auflage 1930, sind fesselnd geschriebene Grundrisse des deutschen internationalen Privatrechts. Der Umfang beider Werke machte eine Darstellung der deutschen Gerichtspraxis unmöglich.

Unter den neueren größeren Systemen beschäftigt sich das Internationale Privatrecht des Österreichers Walker (4. Aufl. 1926) hauptsächlich mit dem deutschen Recht.

In neuester Zeit sind mehrere bedeutende Werke über deutsches internationales Privatrecht veröffentlicht. Von dem auf 3 Bände berechneten Frankensteinschen Werk ist der 1. Band 1926 und der 2. Band 1929 erschienen. Die Bände umfassen die allgemeinen Grundlagen des internationalen Privatrechts, ferner die internationalprivatrechtliche Behandlung der allgemeinen Bestimmungen des bürgerlichen Rechts, wie sie im allgemeinen Teil des deutschen BGB enthalten sind, und das internationale Sachen-, Obligationen- und Handelsrecht (einschließlich Wechselrecht, Scheckrecht und Seerecht). Frankenstein geht von zwei Axiomen aus: Herrschaft des Heimatsstaates über den Menschen, Herrschaft des Belegenheitsstaates über Sachen. Er überläßt es diesen »primär« maßgebenden Rechten, falls sie es wollen, andere Rechte zur Entscheidung zu berufen. Diese Lehre deckt sich zwar in vielen Punkten nicht mit dem deutschen Gesetzes- und Richterrecht. Aber für einen aufmerksamen Leser des Frankensteinschen Buches entstehen hierdurch keine Gefahren, weil Frankenstein deutlich die Grenzen zwischen seinen Theorien und dem Inhalt der deutschen Rechtsprechung erkennen läßt.

Lewalds 1930 erschienenes deutsches internationales Privatrecht auf Grundlage der Rechtsprechung enthält die eingehendste und übersichtlichste Bearbeitung der deutschen Rechtsprechung auf dem Gebiet des deutschen internationalen bürgerlichen Rechts. Trotz verhältnismäßig geringen Umfanges ist es das Werk, welches den besten Überblick über das in Deutschland tatsächlich gesprochene internationale Privatrecht gewährt.

Das internationale Privatrecht von Gutzwiller (1931) (Teil der Stammlerschen Enzyklopädie) beschränkt sich nicht auf das deutsche Recht, über das es übrigens reiches Material bringt, sondern enthält auch kurze Mitteilungen über den Stand des heutigen internationalen Privatrechts bei den wichtigsten anderen Kulturvölkern und ist besonders wertvoll durch seine Verarbeitung ausländischer Literatur.

Schließlich hat Raape in dem Staudingerschen Kommentar zum BGB und dem EG (9. Auflage) die Art. 7—31 des EG kommentiert (6. Bd. 2. Teil 1931). Hier findet sich eine fast unerschöpfliche Kasuistik. Der Verfasser behandelt außer den Fällen, die von den Gerichten entschieden sind, eine große Anzahl von ihm konstruierter Fälle und gibt die Entscheidungen, die er für richtig hält.

Eine Gesamtdarstellung des internationalen Handelsrechts von von Bar ist in Ehrenbergs Handbuch des gesamten Handelsrechts Bd. I (1913) enthalten.

Hervorragende Abhandlungen über einzelne Gebiete des internationalen Privatrechts stammen von Kahn. Sie sind Ende des 19. und Anfang des 20. Jahrhunderts erschienen und im Jahre 1928 von Lenel und Lewald gesammelt herausgegeben.

Das Internationale Verwaltungsrecht von Neumeyer (bisher erschienen 3 Bände, 1910—1930) enthält eine Fülle von Untersuchungen und Materialien, die für das internationale Privatrecht von größter Bedeutung sind.

Folgende deutsche Zeitschriften widmen sich in hervorragendem Maße oder ausschließlich dem internationalen Privatrecht: Niemeyers Zeitschrift für internationales Recht, früher Böhms Zeitschrift für internationales Privat- und Strafrecht (seit 1891), Blätter für internationales Privatrecht (seit 1926) und Zeitschrift für ausländisches und internationales Privatrecht (seit 1927). Diese Zeitschrift läßt laufend Sonderhefte über die deutsche Rechtsprechung auf dem Gebiete des deutschen internationalen Privatrechts erscheinen (bisher für die Jahre 1926—1929). In diesen Sonderheften ist nicht nur das in den verschiedenen Sammlungen und Zeitschriften befindliche Material zusammengestellt und geordnet, sondern finden sich auch Entscheidungen, die anderswo nicht veröffentlicht sind.

In allen wichtigen Kommentaren zum BGB und EG sind Ausführungen über internationales Privatrecht enthalten, ebenso in dem Lehrbuch des bürgerlichen Rechts von Enneccerus, Kipp und Wolff.

Die Kommentare von Staub und Düringer-Hachenburg zum Handelsgesetzbuch bringen eingehende Ausführungen über internationales Handelsrecht.

Die Anzahl der Abhandlungen über besondere Gebiete des

internationalen Privatrechts in Deutschland ist so groß, daß hier von einer Aufzählung abgesehen werden muß.

Wenn es schon untunlich ist, eine eingehende Bibliographie der Werke zu liefern, die sich mit deutschem internationalem Privatrecht ausschließlich oder in erheblichem Umfange befassen, so ist solches für die sonstige internationalprivatrechtliche Literatur hier völlig ausgeschlossen. Daher soll nur auf einige besonders wichtige Werke hingewiesen werden:

Ein grundlegendes Werk, welches das internationale Privatrecht von 24 Ländern behandelt, ist das Répertoire du droit international, herausgegeben von Lapradelle und Niboyet, in 10 Bänden, 1929—1931, insbesondere Bd. 6 und 7. (Das deutsche internationale Privatrecht im Répertoire ist von Lewald bearbeitet und ist eine Übersetzung seines deutschen internationalen Privatrechts).

Makarov hat die Gesetze und Staatsverträge der am zwischenstaatlichen Rechtsverkehr beteiligten Länder über internationales Privatrecht zusammengestellt (Berlin 1929).

Fundgruben für das internationale Privatrecht der verschiedensten Länder sind außer den obengenannten deutschen Zeitschriften die folgenden:

In Frankreich: das 1874 von Clunet begründete Journal du droit international privé — seit 1915 Journal du droit international — mit 4 Bänden vortrefflicher Register aus dem Jahre 1905 und zwei weiteren Registerbänden aus dem Jahre 1925; ferner die Revue de droit international privé et de droit pénal international, jetzt Revue de droit international privé, die seit 1905 erscheint, mit Registerband für die ersten 20 Jahre.

In Holland: Bulletin de l'Institut intermédiaire international, seit 1919, jährlich 2 Bände.

In Belgien: Revue de droit international et de législation comparée, seit 1869.

In Italien: Rivista di diritto internazionale, seit 1906.

In diesem Zusammenhang ist auch der in Paris erscheinende Recueil des Cours der Haager Académie de droit international zu erwähnen, seit 1923, bis jetzt 33 Bände.

Österreichisches internationales Privatrecht wird in dem schon zitierten Werk von Walker eingehend dargestellt, auch von Kunz in Rép. Bd. VI; schweizer internationales Privatrecht in dem ebenfalls schon erwähnten Werk von Meili und in Stauffer, Das internationale Privatrecht der Schweiz auf Grund des BG betr. die zivilrechtlichen Verhältnisse der Niedergelassenen und Aufenthalter vom 25. Juni

1891/10. Dezember 1907 (1925); Petitpierre in Rép. Bd. VII; Homberger, Die obligatorischen Verträge im internationalen Privatrecht nach der Praxis des schweizerischen Bundesgerichts (1925)) und Fritzsche und Sauser-Hall in Zeitschrift für schweizer Recht (1925) über schweizer internationales Obligationenrecht.

Frankreich hat die umfangreichste international-privatrechtliche Literatur. Den besten Einblick in das positive französische internationale Privatrecht geben die Werke von Pillet, Traité pratique de droit international privé, 2 Bände (1923—1924), und Niboyet, Manuel de droit international privé (1928). Der 6bändige Weiß'sche Traité théorique et pratique de droit international privé (2. Auflage 1907—1913) wird vielfach noch als Hauptwerk angesehen, ist aber meiner Ansicht nach bereits jetzt in mancher Hinsicht veraltet. Weiß hat auch ein Manuel de droit international privé zum Gebrauch für Studenten herausgegeben (9. Auflage 1925). Die 5. Auflage dieses Werkes ist von dem argentinischen Professor Zeballos ins Spanische übersetzt (2. Auflage 1922—1928). Diese Übersetzung ist darum auch für nichtspanische Länder wertvoll, weil sie von Zeballos mit Noten versehen ist, die reiche Hinweise auf die ibero-amerikanischen internationalen Privatrechte geben. Sehr geschätzte französische Werke sind auch Valéry's Manuel de droit international privé (1914) und Surville's Cours élémentaire de droit international privé (7. Auflage 1925) mit reichem französischem und internationalem Material; ferner: Précis de droit international privé von Lerebours-Pigeonnière (1928). Seit 1930 erscheinen — noch nicht vollendet — die Principes de droit international privé selon la loi et la jurisprudence française von Bartin. Ob man Arminjon's Précis de droit international privé (2. Auflage 1927—1931) als Werk über französisches internationales Privatrecht bezeichnen kann, ist sehr zweifelhaft. Der Verfasser, welcher allerdings in erster Linie das französische Recht berücksichtigt, legt allgemeine Ideen von Gerechtigkeit und Zweckmäßigkeit seinem Werk zugrunde, das ein besonderes Interesse darum verdient, weil Arminjon — früher Richter und Professor in Ägypten — die religiösen Rechtssysteme in den Ländern des Orients in den Kreis seiner Betrachtungen zieht.

Die beste Übersicht über das belgische internationale Privatrecht gibt das Droit international privé belge von Poullet (2. Auflage 1928). Laurents achtbändiges Werk (1880—1881) über das Droit international civil ist veraltet.

Die internationalprivatrechtliche Literatur Hollands ist sehr reich. Das führende holländische Werk ist Kosters' Internationaal

Burgerlijk Recht in Nederland (1917). Eine ausgezeichnete Ergänzung bieten die Arbeiten von van Praag: Rechtsspraak en vornaamste Litteratuur betreffende de Wet houdende Algemeene Bepalingen de Afschaffingswet en de Overgangswet van 1829 (dritte Auflage 1928) und Litteratuur en Rechtspraak betreffende de niet in de wet houdende Algemeene Bepalingen opgenomen regelen van Internationaal Privaat-, Proces- en Faillissementsrecht (1928). Eine Übersicht, besonders auch über die Entwicklung seit 1917, gibt Mulder in seiner Inleiding tot het Internationaal Privaatrecht (1927—1928). Die neueste Darstellung ist die von van Hasselt in Répertoire Bd. VI.—Die Werke von Jitta bringen in erster Linie die persönlichen Auffassungen des Verfassers und nicht das in Holland geltende Recht.

Italien hat nur ein großes systematisches Werk über internationales Privatrecht, dasjenige von Fiore (4. Auflage 1904—1915; aus der 2. und 4. Auflage ins Französische übersetzt von Antoine 1890—1907). Von moderneren Werken kommt insbesondere in Betracht: Diena, Principî di diritto internazionale (2. Auflage 1917, neugedruckt 1926) und La conception du droit international privé d'après la doctrine et la pratique en Italie (Recueil des Cours Bd. 17 S. 345 ff., 1928) sowie Udina in Répertoire Bd. VI. Dortselbst weitere Literaturnachweise. Von Diena stammt ein großes Werk über internationales Handelsrecht (1900—1905).

Über spanisches internationales Privatrecht kann man sich insbesondere unterrichten aus Torres Campos' Elementos de derecho internacional privado (1913) und Trias de Bes in Répertoire Bd. VI. Über die allgemeinen Lehren des spanischen internationalen Privatrechts außerdem Estudios de derecho internacional privado por Trias y Giró, reformado y continuado por Trias de Bes, 1921.

Für das spanisch sprechende Amerika: Matos, Curso de derecho internacional privado 1922 (Guatemala), Vico, Curso de derecho internacional privado 1926—1927 (Argentinien) und Bustamante, Derecho internacional privado 1931 (Cuba) mit eingehender Behandlung des Código Bustamante [1]).

Die führenden modernen Werke über internationales Privatrecht in England sind: Foote, A Concise Treatise on Private International Law (5. Auflage, bearbeitet von Bellot, 1925), Westlake, A Treatise on Private International Law (7. Auflage, bearbeitet von Norman Bentwich, 1925), Dicey, A Digest of the Law of England

---

[1]) Vgl. oben § 21 S. 29.

with Reference to the Conflict of Laws (4. Auflage, bearbeitet von A. B. Keith, 1927). Einen kurzen brauchbaren Überblick über das moderne englische internationale Privatrecht gibt Hibbert, International private law or the Conflict of Laws (new and revised edition 1927). Von älteren Werken kommen noch in Betracht: Phillimore, Commentaries upon international law — Private Law or Comity Bd. IV (3. Auflage 1889) und Rattigan, Private international Law, 1895 (ein sehr gut geschriebenes Lehrbuch für Studenten). Das große Werk Burge's: Commentaries on Colonial and Foreign Laws generally and in their conflict with each other and with the Law of England (2. Auflage 1907—1928) enthält im wesentlichen Angaben über materielles Recht der verschiedensten Gebiete, insbesondere der Teile des Britischen Reichs, und nur in einem verhältnismäßig geringen Umfang internationales Privatrecht [1]).

In den Vereinigten Staaten von Nord-Amerika ist das führende Werk noch immer die 1905 erschienene 3. Auflage von Wharton's Treatise on the conflict of laws or private international law, bearbeitet von Parmele. Wahrscheinlich hat die ungeheure Fülle des Stoffes, die sich aus der Verschiedenheit der einzelstaatlichen inneren Rechte und internationalen Privatrechte innerhalb der Union ergibt, von dem Versuch abgeschreckt, in einem völlig modernen Werk die jetzige Rechtslage genau wiederzugeben. Außer einigen kleineren oder unvollendet gebliebenen Gesamtwerken kommen aus späterer Zeit Goodrich, Handbook of the Conflict of Laws (1927) in Betracht (an Vollständigkeit mit Wharton nicht zu vergleichen) und die Cases, die von Beale herausgegeben sind. Eine Übersicht über die herrschenden Grundsätze der in den Vereinigten Staaten geltenden internationalen Privatrechte enthält das Restatement of the Law of Conflict of Laws, herausgegeben vom American Law Institute. Bisher sind erschienen Proposed Final Draft No. 1 (1930) und No. 2 (1931). Die vorläufigen Entwürfe sind ebenfalls veröffentlicht. Die großen amerikanischen Rechtszeitschriften enthalten oft vortreffliche Aufsätze über internationales Privatrecht.

Das internationale Privatrecht von Palestina ist von Goadby, International and Interreligious Law in Palestine (1926), bearbeitet.

---

[1]) Die erste Auflage (1838) ist so veraltet, daß sie für praktische Zwecke kaum verwendbar ist.

Ist das deutsche internationale Privatrecht öffentliches oder privates Recht?

Regel (§§ 32, 33): Das deutsche internationale Privatrecht ist Privatrecht.

§ 31. Das in Deutschland geltende internationale Privatrecht ist Teil des deutschen Rechts [1]). Das deutsche Recht scheidet sich in öffentliches und Privatrecht. Es ist erforderlich, dem internationalen Privatrecht seinen Platz auf einer der beiden Seiten dieser allgemeinsten Trennungslinie zuzuweisen.

Diese systematische Frage hat für das deutsche internationale Privatrecht und seine weitere Entwicklung eine geradezu fundamentale Bedeutung.

Nach Art. 55 EG sind die privatrechtlichen Vorschriften der Landesgesetze mit dem 1. 1. 1900 außer Kraft getreten, soweit nicht in dem BGB oder in dem EG ein anderes bestimmt ist. Das öffentliche Recht der Länder ist also aufrechterhalten. Je nachdem, wie die Frage nach der öffentlich-rechtlichen oder privatrechtlichen Natur des deutschen internationalen Privatrechts beantwortet wird, besteht in Deutschland ein einheitliches internationales Privatrecht [2]), oder die frühere Rechtszersplitterung ist aufrecht erhalten, soweit nicht die lückenhaften Bestimmungen des EG dieses Gebiet regeln. Die letztere Eventualität würde u. a. bedeuten: Auf dem Gebiet des Vertragsrechts und des Sachenrechts, die das EG nicht geregelt hat, ist nach wie vor auf das alte Partikularrecht zurückzugreifen. Die Revision kann unter Zugrundelegung dieser Auffassung auf Verletzung der international-privatrechtlichen Grundsätze nicht gestützt werden, soweit es sich um ein Partikularrecht handelt, das nur in einem Oberlandesgerichtsbezirk gilt (§ 549 Abs. 1 ZPO.), also z. B. nicht auf Verletzung der international-privatrechtlichen Vorschriften des sächsischen Rechts.

Auf den ersten Blick möchte man glauben, daß diese Folgen genügen würden, um die Einreihung des internationalen Privatrechts in das öffentliche Recht in Deutschland undiskutabel zu machen. Aber das würde leider ein Irrtum sein. Riezler lehrt in dem größten und höchst angesehenen deutschen Kommentar zum BGB, nämlich dem Staudingerschen, daß — weil das internationale Privatrecht öffentliches Recht sei — die bisherigen, d. h. die partikularrechtlichen Grundsätze des internationalen Privatrechts weiter dessen

---

[1]) Vgl. oben §§ 23 ff. S. 32 ff.

[2]) Außer soweit es sich um die dem Landesrecht vorbehaltenen Materien handelt, von welchen oben in § 27 S. 40 ff. die Rede ist.

Grundlagen bilden, soweit dies mit den Kollisionsnormen des EG vereinbar sei. Für Bayern komme als landesrechtliche Norm das Statutenkollisionsgesetz in Betracht (königliche Verordnung vom 11. 6. 1816), und dieses gelte als authentische Interpretation der Kollisionsnormen der Bayrischen Gerichtsordnung von 1753 [1]). Und das Oberlandesgericht Dresden hat in einer Entscheidung vom 28. 3. 1927 [2]) zunächst darauf hingewiesen, daß die Frage bestritten sei, ob die alten partikularrechtlichen Bestimmungen über internationales Privatrecht auf den nicht vom EG ausdrücklich geregelten Gebieten aufrecht erhalten seien. Dann aber hat das Gericht lediglich auf Grund der Vorschriften des sächsischen BGB die von ihm zu entscheidende örtliche Rechtskollision beurteilt [3]) [4]).

Außerdem gibt es noch zwei andere, weniger wichtige Gesichtspunkte, für welche die Frage von Bedeutung ist, ob das deutsche internationale Privatrecht zum Privatrecht oder zum öffentlichen Recht gehört:

1. Vorschriften des öffentlichen Rechts sind in größerem Umfange zwingend als Vorschriften des Privatrechts. Wenn man die örtlichen Kollisionsregeln für öffentliches Recht hält, wird man geneigt sein, aus dieser Natur Gründe gegen die Zulassung fremden internationalen Privatrechts, also gegen die Anerkennung der Rück- und Weiterverweisung herzuleiten. Wenn das deutsche internationale Privatrecht wirklich Privatrecht ist, ist solche Argumentation ausgeschlossen.

2. Öffentliches Recht wirkt in größerem Umfange als Privatrecht auf Rechtsverhältnisse ein, die zur Zeit des Inkrafttretens des betreffenden Rechtssatzes bereits begründet waren. Zum Beispiel ist es unzweifelhaft, daß auch über altrechtliche Rechtsverhältnisse nach neuem Prozeßrecht zu entscheiden ist. Tatsächlich hat man aus der angeblich öffentlich-rechtlichen Natur des internationalen Privatrechts herleiten wollen, daß die Vorschriften des neuen internationalen Privatrechts auf altrechtliche Verhältnisse Anwendung

---

[1]) Staudinger a. a. O. Bd. I S. 7 und 8.

[2]) Rspr. Aufw. 1927 S. 346.

[3]) Das sächsische BGB führte in diesem Falle zufällig zu demselben Ergebnis wie die in Deutschland allgemein herrschende Lehre. Für die grundsätzliche Frage ist das natürlich gleichgültig.

[4]) Die von Raape, Einl. F., ebenfalls in der 9. Auflage des Staudingerschen Kommentars, ausgesprochene Ansicht, niemand bezweifele, daß die international-privatrechtlichen Vorschriften der Landesrechte am 1. 1. 1900 grundsätzlich ihre Geltung verloren haben, trifft also leider nicht zu.

finden [1]). Wenn das deutsche internationale Privatrecht kein öffentliches Recht ist, fällt die Möglichkeit dieser Begründung für die rückwirkende Kraft der neuen Kollisionsnormen fort.

Ich habe diese Erwägungen vorausgeschickt, um klarzustellen, daß es sich bei der Frage nach der öffentlich-rechtlichen oder privatrechtlichen Natur des deutschen internationalen Privatrechts nicht um einen Gegenstand von rein theoretischem Interesse, sondern um eine der praktisch wichtigsten Fragen handelt [2]).

§ 32. Es wäre hoffnungslos, die Beantwortung in der Weise zu versuchen, daß der Begriff des Privatrechts gegen den des öffentlichen Rechts nach allgemeinen Gesichtspunkten abgegrenzt und dann geprüft würde, wo das internationale Privatrecht einzureihen ist. Die Verfasser des Entwurfes zum BGB waren sich klar darüber, daß eine richtige allgemeine Abgrenzung nicht möglich sei [3]). In den Motiven zu Art. 32 des ersten Entwurfs eines EGBGB [4]) wird ausgesprochen, daß die Grenzen nicht aprioristisch, sondern nur an der Hand der Rechtsentwicklung, die in den einzelnen Bundesstaaten

---

[1]) Vgl. Niedner, Einl. z. IV. Abschnitt IX.

[2]) Frankenstein Bd. I S. 251 meint, daß aus dem Art. 55 EG nicht folge, daß die Frage, ob es sich hier um öffentliches Recht oder Privatrecht handele, von praktischem Interesse sei. Art. 55 EG betrachte als Privatrecht alles, was im BGB und EG geregelt sei. Die grenzrechtlichen Vorschriften der Landesgesetze seien außer Kraft gesetzt, nicht, weil sie überhaupt privatrechtlicher Natur seien, sondern weil Art. 55 mit dem Worte »privatrechtlich« die Rechtsgebiete bezeichne, welche das BGB und das EG regeln. Darauf ist zu erwidern: Über große Teile des internationalen Privatrechts — vielleicht über die wichtigsten — enthalten weder BGB noch EG etwas. Bezüglich dieser Lücken kommt es also angesichts des Art. 55 auf die Natur des Grenzrechts an. Und selbst wenn man in Übereinstimmung mit Frankenstein Bd. I S. 259 das Grenzrecht nur als Zubehör der materiellen Rechtssätze betrachtet, deren räumliche Anwendung es ordnet, und aus diesem Grunde eine reichsrechtliche Regelung der Kollisionsnormen, die sich auf irgendwelche der im BGB behandelten Rechtsverhältnisse beziehen, annimmt, so würde auch hierdurch die Frage ihre praktische Bedeutung nicht verlieren. Denn der deutsche Richter hat nicht nur zu entscheiden, wann deutsches Recht anzuwenden ist, sondern auch, welches fremde Recht anzuwenden ist. Dessen Vorschriften finden sich aber bestimmt weder im BGB noch im EG. Außerdem galt in Deutschland zur Zeit des Inkrafttretens des BGB und gilt heute in noch größerem Umfange Privatrecht, das außerhalb des BGB seine reichsgesetzliche Regelung gefunden hat (Wechselrecht, Handelsrecht, Binnenschiffahrtsrecht, Versicherungsrecht, immaterielles Güterrecht usw.). Auch auf diesen Gebieten ist das landesrechtliche internationale Privatrecht aufgehoben (vgl. RG vom 7. 12. 1926, RG Bd. 115 S. 311 ff. = JW 1927 S. 779 f.).

[3]) Motive Bd. I S. 1.

[4]) S. 147 der amtlichen Ausgabe des Entwurfes mit Motiven.

zum Teil sich verschieden gestaltet hat, in befriedigender Weise bestimmt werden könnten. Wenn man diesen Weg gehen wollte, so würde man möglicherweise zu dem verhängnisvollen Ergebnis gelangen, daß in einem Teil der Bundesstaaten das internationale Privatrecht Privatrecht, in anderen öffentliches Recht war, daß also in einzelnen Teilen Deutschlands auf den von dem EG nicht geregelten Gebieten Reichsrecht, in anderen Partikularrecht gilt. Aber wir brauchen diesen Leidensweg nicht zu betreten, weil feststeht, daß im Sinne des EG das internationale Privatrecht als Privatrecht anzusehen ist.

Nach der früheren Reichsverfassung würde das Reich gar nicht berechtigt gewesen sein, das öffentliche Recht der Einzelstaaten zu ändern [1]).

Innerhalb der Kommission für die zweite Lesung des Entwurfs des BGB herrschte Einverständnis darüber, daß die Sätze des internationalen Privatrechts ein integrierender Bestandteil des bürgerlichen Rechts seien. Von diesem Standpunkt aus hielt sich die Kommission auf Grund des ihr von dem Bundesrat erteilten Auftrages, nämlich Feststellung des Entwurfes eines bürgerlichen Gesetzbuches und eines Einführungsgesetzes zu demselben, ohne weiteres für befugt, Vorschriften über die örtliche Herrschaft der Rechtsnormen in das BGB aufzunehmen, falls hierzu ein Bedürfnis anerkannt werde [2]). Die Mehrheit der Kommission hat beschlossen, die Vorschriften über das internationale Privatrecht dem BGB. selbst einzuverleiben und sie daselbst als sechstes Buch aufzunehmen. Der Beschluß beruhte auf der Erwägung, daß die betreffenden Vorschriften einen Bestandteil des materiellen Rechts bilden [3]). Die Änderungen des Bundesrates an der Kommissionsvorlage und die Verweisung der Vorschriften über das internationale Privatrecht in das EG haben sicherlich keinen Zusammenhang mit der Frage, ob es sich hier um Privatrecht handelt oder nicht [4]). Insbesondere können diese Änderungen nicht auf Bedenken gegen die Ansicht, daß es sich um Privatrecht handele, zurückgeführt werden, denn sonst hätte das gesamte internationale Privatrecht aus dem EG beseitigt werden müssen. Nach der Auffassung der Redaktoren des Gesetzes und der Gesetzgebungsorgane ist also das internationale Privatrecht wirkliches Privatrecht [5]).

---

[1]) Vgl. Kahn Bd. I S. 390 f.

[2]) Protokolle Bd. I S. 2.

[3]) Protokolle VI S. 89.

[4]) Zitelmann, Grenzstreit S. 69.

[5]) Das ist auch die Ansicht von Zitelmann, Grenzstreit S. 69, der zwar

§ 33. Das ist, von der Entscheidung des OLG Dresden vom 28. 3. 1927 abgesehen, auch der Standpunkt der deutschen Rechtsprechnng. Ein günstiges Geschick hat es gewollt, daß die Vereinigten Zivilsenate des Reichsgerichts bereits Veranlassung hatten, zu dieser Frage Stellung zu nehmen. In einem Beschluß vom 12. 10. 1903 [1]) haben sie ausgesprochen, daß die Rechtssätze des internationalen Privatrechts integrierende Bestandteile des bürgerlichen Rechts sind. Der sechste Zivilsenat des Reichsgerichts hat später angenommen [2]), daß auf Grund des Art. 55 EG die gewohnheitsrechtlichen Kollisionsnormen der früheren deutschen Partikularrechte ihre Geltung verloren haben. Da der Art. 55 EG nur die privatrechtlichen Vorschriften der Landesgesetze aufhebt, liegt hierin die Anerkennung, daß das internationale Privatrecht wirkliches Privatrecht ist. Endlich hat der zweite Zivilsenat des Reichsgerichts [3]) unter ausdrücklicher Billigung der letzterwähnten Entscheidung des sechsten Senates bei einer das Recht der Schuldverhältnisse betreffenden, durch das EG nicht geregelten Frage des internationalen Privatrechts erkannt, daß derartige Fragen von den deutschen Gerichten nach den seit dem 1. 1. 1900 geltenden Grundsätzen des deutschen Rechts zu entscheiden sind, »so daß die bis dahin in der deutschen Rechtsprechung für die Beurteilung derartiger Fälle anerkannten Grundsätze nur unter der Voraussetzung als auf den gegebenen Fall anwendbar zu erachten sind, daß deren Anwendung als dem jetzt geltenden Recht entsprechend anzusehen ist«. Ebenfalls haben das Ober-

von einem allgemeinen Standpunkt aus das internationale Privatrecht als öffentliches Recht ansieht (Zitelmann Bd. I S. 199), aber für das EG, also für das positive deutsche Recht, den gegenteiligen Standpunkt anerkennt. Kahn Bd. I S. 296 ff., 390, hält aus allgemeinen Gründen das internationale Privatrecht und auch noch aus besonderen Gründen das deutsche internationale Privatrecht für Privatrecht. Niemeyer S. 179 ff., insbesondere S. 184 steht auf dem hier vertretenen Standpunkt. Im praktischen Ergebnis ebenso Habicht S. 7 und Neumann, Vorbemerkung zu Art. 7 ff., I 1 b, unter Bezugnahme auf die Protokolle erster Lesung S. 11478. Walker S. 7, Frankenstein S. 259, und Raape, Einl. F., gliedern allgemein das internationale Privatrecht dem Privatrecht ein. Niedner S. 295, Affolter S. 3 f. und Staudinger-Keidel, V vor Art. 153 EG, betrachten das deutsche internationale Privatrecht als öffentliches Recht, jedoch erklärt Niedner Art. 55 II 1 es als zweifelhaft, ob die Vorschriften des EG durch das Partikularrecht zu ergänzen sind. Er ist geneigt auf Grund des »Kodifikationsprinzips« diese Frage zu verneinen. Gutzwiller S. 1538 f., 1548 hält das internationale Privatrecht für ein Recht sui generis (»Recht über Recht«), das aber zum Privatrecht gehört.

[1]) RG Bd. 55 S. 345 ff. (349).

[2]) 12. 10. 1905, RG Bd. 61 S. 345.

[3]) 19. 4. 1910, RG. Bd. 73 S. 383.

landesgericht München [1]) und das Kammergericht [2]) ausgesprochen, daß das deutsche internationale Privatrecht ein Teil des deutschen materiellen oder bürgerlichen Rechts sei. Das Oberlandesgericht Darmstadt [3]) hat entschieden, daß die landesrechtlichen Vorschriften über das internationale Privatrecht durch das EG beseitigt seien.

Weit wichtiger aber als die allgemeinen theoretischen Aussprüche (selbst der Vereinigten Zivilsenate des Reichsgerichts) über diese Frage ist die stillschweigende Behandlung des deutschen internationalen Privatrechts auf den vom EG nicht geregelten Gebieten als Reichsrecht — also nach dem Ausgeführten als Privatrecht — durch die Stellungnahme des Reichsgerichts zur Zulässigkeit der Revision wegen Verletzung der deutschen örtlichen Kollisionsnormen. In den überaus zahlreichen Urteilen des Reichsgerichts, in welchen die Revision auf Verletzung des internationalen Privatrechts gestützt ist, wird deren Zulässigkeit nie davon abhängig gemacht, ob die Kollisionsnormen im EGBGB enthalten sind oder ungeschriebenes Recht darstellen. Die Revision wird stets für zulässig gehalten, soweit es sich nicht um Gegenstände des materiellen Rechts handelt, die irrevisiblem Landesrecht vorbehalten sind (Art. 56—152 EG), oder die auf Grund des deutschen intertemporalen Rechts altem irrevisiblem Landesrecht unterliegen.

Wenn es in einer nicht exakten Wissenschaft wie der Jurisprudenz überhaupt zwingende Beweise gibt, so steht hiernach für Deutschland die privatrechtliche Natur der örtlichen Kollisionsnormen fest. Die Entstehungsgeschichte unserer Kollisionsnormen und die Rechtsprechung der Gerichte (mit einer Ausnahme) stimmen hierin völlig überein.

Demgegenüber sind m. E. Schlußfolgerungen, wie die gelegentlich angewendete, daß das internationale Privatrecht bestimme, welche Privatrechtsordnung maßgebend werden soll, und daher nicht Teil einer Privatrechtsordnung sein könne, bedeutungslos.

Arten der Kollisionsnormen.

Regel 1 (§ 34): Diejenigen Vorschriften des EGBGB, welche lediglich bestimmen, wann deutsches Recht anwendbar ist, oder allgemeine Kollisionsregeln nur für den Fall enthalten, daß ein bestimmter deutscher Anknüpfungspunkt gegeben ist, sind durch die Rechtsprechung

---

[1]) 24. 3. 1905, Z Bd. 16 S. 36.

[2]) 25. 2. 1922, JW 1922 S. 399.

[3]) 16. 1. 1903, Recht 1903 S. 577 Nr. 2946.

zu vollständigen Kollisionsregeln verallgemeinert, soweit es sich nicht um Exklusivsätze zugunsten des deutschen Rechts oder Deutscher handelt.

Regel 2 (§ 35): Soweit das deutsche internationale Privatrecht in einer Teilfrage Kollisionsnormen nur für den Fall enthält, daß in der Hauptsache deutsches inneres Recht maßgebend ist (bedingt anwendbare Kollisionsnormen), überläßt es für den Fall, daß für die Hauptfrage fremdes Recht zur Entscheidung berufen ist, diesem fremden Recht die Bestimmung darüber, welches örtliche Recht für die Teilfrage maßgebend sein soll.

Regel 3 (§ 36): Die bedingt anwendbaren Kollisionsnormen sind internationales Privatrecht und nicht materielles (inneres) Recht.

Regel 4 (§ 37): Ob internationalprivatrechtliche Vorschriften unbedingt oder bedingt anwendbar sind, ergibt sich in der Regel daraus, ob nach dem Zusammenhang des betreffenden Gesetzes (oder Gesetzesteiles) internationales Privatrecht oder inneres Recht geregelt werden soll. In ersterem Fall ist regelmäßig anzunehmen, daß es sich um unbedingt anwendbare Kollisionsnormen handelt.

§ 34. Das EG enthält eine Anzahl internationalprivatrechtlicher Bestimmungen, die schon ihrem Wortlaut nach allgemein Anwendung finden sollen [1]).

Außerdem gibt es im EG Vorschriften, welche für den Fall, daß eine deutsche Anknüpfung vorliegt, insbesondere, daß einer der Beteiligten Deutscher ist, die örtliche Rechtsanwendung allgemein regeln [2]).

Die meisten Bestimmungen des EG beschränken sich aber darauf, anzuordnen, daß unter gewissen Umständen deutsches Recht maßgebend sein soll [3]).

Im Anschluß an Niedner [4]) und Niemeyer [5]) nennt man die erste Kategorie vollkommene oder zweiseitige Kollisionsnormen, die zweite Kategorie unvollständig zweiseitige Kollisionsnormen, die dritte Kategorie einseitige Kollisionsnormen [6]).

So ist das System des EG, wenn man hier von einem System sprechen kann. Aber in der seit dem Inkrafttreten des EG verflossenen Zeit hat die Rechtsprechung aus den durch dieses Gesetz gegebenen Bausteinen ein Gebäude aufgeführt. Soweit die im Ge-

---

[1]) Art. 7 Abs. 1, 11, 17 Abs. 1 und 2, 21 Halbsatz 1, 23 Abs. 1 erster Fall.

[2]) Art. 13 Abs. 1, 15 Abs. 2 Halbsatz 1, 24 Abs. 2 und 3, 25 Satz 1.

[3]) Art. 7 Abs. 3, 8, 9, 10 Satz 2, 12, 13 Abs. 2 und 3, 14, 15 Abs. 1 und Abs. 2 Halbsatz 2, 16, 17 Abs. 3 und 4, 18, 19, 20, 21 Halbsatz 2, 22, 24 Abs. 1, 25 Satz 2.

[4]) Vorbemerkung zu Art. 7 EG III 2, S. 12.

[5]) § 2.

[6]) Vgl. Habicht S. 10 ff.; Lewald Nr. 6 S. 5.

setz ausgesprochenen Kollisionsnormen sich darauf beschränken, eine Regel — nicht eine Ausnahme — für den Fall auszusprechen, daß ein Beteiligter Deutscher ist, oder daß die Beteiligten Deutsche sind, steht durch deutsches Richterrecht fest, daß dem Gesetz nicht nur die Anwendung deutschen Rechts für den Fall der deutschen Nationalität des oder der Beteiligten zu entnehmen ist, sondern allgemein die Maßgeblichkeit des Heimatsrechtes [1]).

Fast alle unvollkommen zweiseitigen Kollisionsnormen und ein großer Teil der einseitigen Kollisionsnormen, nämlich die Regeln der Art. 9 Abs. 1, 13 Abs. 1, 14 Abs. 1, 15 Abs. 1 und Abs. 2 Halbsatz 1, 18, 19 Satz 1, 20 Satz 1, 22 Abs. 1 und 24 Abs. 1 EG sind jetzt also zu vollkommenen Kollisionsnormen geworden.

Soweit jedoch das EG abweichend von ausdrücklich ausgesprochenen oder stillschweigend vorausgesetzten Regeln Ausnahmen zu Gunsten des deutschen Rechts oder zu Gunsten von Deutschen enthält, sind diese Ausnahmebestimmungen auch heute noch unvollkommen zweiseitige oder einseitige Kollisionsnormen, die keiner Verallgemeinerung fähig sind. Dieses ergibt sich schon daraus, daß nach anerkannten Auslegungsgrundsätzen Ausnahmen nicht ausdehnend zu interpretieren sind. Es kommt hier meistens noch

[1]) RG 15. 2. 1906, RG Bd. 62 S. 400 ff.; RG 29. 12. 1910, JW 1911 S. 208 = Z Bd. 23 S. 336 f. = Warn Rspr. 1911 Nr. 126; RG 13. 5. 1911, RG Bd. 76 S. 284; RG 27. 11. 1911, RG Bd. 78 S. 48 ff.; RG 14. 11. 1912, SA Bd. 68 S. 163 ff. = Z Bd. 23 S. 316 ff. = Warn Rspr. 1913 Nr. 53; RG 19. 6. 1913, Z Bd. 24 S. 319 f.; RG 8. 11. 1917, RG Bd. 91 S. 139 ff.; RG 10. 1. 1918, RG Bd. 91 S. 403 ff.; RG 12. 6. 1922, Warn Rspr. 1923/24 Nr. 21 = LZ 1922 Sp. 518 ff.; RG 23. 5. 1927, Warn Rspr. 1927 Nr. 121 = ZAIP Sonderheft 1926/27 Nr. 79; RG 11. 7. 1929, RG Bd. 125 S. 265 = Z Bd. 42 S. 437 ff. = HansRGZ 1929 B Sp. 647 ff. = ZAIP Sonderheft 1929 Nr. 89; RG 23. 6. 1930, HRR 1930 Nr. 1736; KG 2. 2. 1901, ROLG Bd. 2 S. 164 f.; KG 28. 5. 1901, Z Bd. 13 S. 417 ff.; OLG Frankfurt 7. 8. 1901, Z Bd. 12 S. 609; OLG Rostock 20. 11. 1901, Z Bd. 12 S. 115 f.; OLG Dresden 10. 5. 1902, Z Bd. 12 S. 466 f.; BayrObLG 13. 3. 1912, ROLG Bd. 26 S. 257 ff.; OLG Kiel 16. 10. 1912, Soergel 1913 zu Art. 29; OLG Stuttgart 27. 12. 1912, Recht 1913 Nr. 754; BayrObLG 19. 6. 1913, ROLG Bd. 32 S. 88 = Recht 1913 Nr. 2591; KG 28. 11. 1913, Recht 1915 Nr. 1107; OLG München 23. 10. 1915, ROLG Bd. 32 S. 50 f.; KG 7. 12. 1916, JW 1916 S. 1593 = DJZ 1917 Sp. 903 = ROLG Bd. 34 S. 310 f.; BayrObLG 12. 10. 1917, ROLG Bd. 35 S. 380 ff. = Z Bd. 27 S. 377 ff.; HansOLG 28. 2. 1921, HansGZ 1921 Bbl. S. 147 = SA Bd. 76 S. 242; KG 9. 12. 1921, ROLG Bd. 42 S. 97 f.; BayrObLG 16. 5. 1923, Recht 1923 Nr. 1244; KG 9. 7. 1924, Revue 1928 S. 518 f.; KG 2. 7. 1925, JW 1925 S. 2142 f. (zitiert noch andere KG-Entscheidungen); KG 30. 9. 1926, JW 1927 S. 2316 f. = ROLG Bd. 46 S. 246 ff. = Z Bd. 39 S. 301 ff. = ZAIP Sonderheft 1926/27 Nr. 90; KG 27. 5. 1927, JW 1928 S. 73 f. = ZAIP Sonderheft 1928 Nr. 8. Abweichend OLG München 10. 3. 1921, ROLG Bd. 42 S. 98.

hinzu, daß die Verallgemeinerung dieser Ausnahmen die vom Gesetz bestimmte oder vorausgesetzte Regel aufheben oder in einer Weise einschränken würde, die mit den offenbaren Absichten des Gesetzes im Widerspruch steht. Zu solchen nicht verallgemeinerungsfähigen Grundsätzen gehören die Art. 7 Abs. 2 und 3, 8, 9 Abs. 2 und 3, 10, 12, 13 Abs. 2 und 3, 14 Abs. 2, 15 Abs. 2 Halbsatz 2, 16, 17 Abs. 3, 19 Satz 2, 20 Satz 2, 22 Abs. 2, 23 Abs. 2, 24 Abs. 2 und Abs. 3 Satz 1 Halbsatz 2, 25 Satz 2 EG (vgl. auch Art. 84 Satz 1, 85 Satz 2 und 3 WO, § 26 Abs. 2 des Scheckgesetzes).

Wesentlich ist jedenfalls, daß der Umfang der Begriffe vollkommene (zweiseitige) Kollisionsnorm, unvollkommen zweiseitige Kollisionsnorm und einseitige Kollisionsnorm, wie sie dem Wortlaut des EG entnommen werden, sich mit dem Umfange, in dem die einzelnen Begriffe im geltenden Recht zur Anwendung kommen, nicht mehr deckt. Die einseitigen Kollisionsnormen, welche dem deutschen Recht einen größeren Anwendungskreis als fremdem Recht gewähren, und diejenigen Kollisionsnormen, welche Deutsche vor Fremden begünstigen, werden zweckmäßigerweise als Exklusivsätze [1]) bezeichnet.

Die meisten unvollkommen zweiseitigen Kollisionsnormen des EG sind praktisch verschwunden. Sie sind durch Richterrecht zu vollständig zweiseitigen Kollisionsnormen geworden. Aber sie bestehen noch außerhalb des EG. So unterwirft z. B. § 11 Abs. 2 Satz 2 des deutschen Scheckgesetzes die Vorlegungsfrist für Schecks, die im Inlande ausgestellt, im Auslande zahlbar sind, sofern das ausländische Recht keine Vorschriften über die Zeit der Vorlegung enthält, deutschem Recht (nämlich objektives Recht schaffenden Bestimmungen des Bundesrates). Hier besteht die deutsche Anknüpfung lediglich darin, daß der Scheck in Deutschland ausgestellt ist. Ob der Scheck im übrigen deutschem Recht unterliegt, ist für die Anwendung dieser Bestimmung gleichgültig.

§ 35. Außerdem gibt es noch eine Reihe deutscher Kollisionsnormen, welche, ohne einen Exklusivsatz zu enthalten, bei einer bestimmten deutschen Anknüpfung, nämlich bei Geltung deutschen Rechts für die Hauptsache, Anwendung finden. Man könnte nach der im vorangehenden § gegebenen Begriffsbestimmung diese Kollisionsnormen als unvollständig zweiseitige bezeichnen, weil sie eine deutsche Anknüpfung — die Geltung deutschen Rechts in der Hauptsache —

---

[1]) Vgl. Neumeyer, I. Pr. R. § 8.

voraussetzen, ohne für ihren Bereich notwendigerweise die Geltung deutschen Rechts anzuordnen. Aber es empfiehlt sich, sie aus theoretischen und praktischen Gründen gesondert zu behandeln.

Die §§ 568, 575, 593, 595, 599 HGB betreffen sicherlich nur die Fälle, in welchen das dort geregelte Vertragsverhältnis deutschem Recht unterliegt, und bestimmen unter dieser Voraussetzung für Teilfragen unter Umständen die Anwendung ausländischen Rechts [1]).

Da es sich hier um Bestimmungen handelt, deren Anwendung nicht schlechthin stattfindet, sondern durch die vorangehende Feststellung der Anwendbarkeit deutschen inneren Rechts in der Hauptsache bedingt ist, so nenne ich derartige Normen bedingt anwendbare Kollisionsnormen [2]).

Soweit Kollisionsnormen durch die Anwendbarkeit deutschen Rechts in der Hauptsache bedingt sind, können sie keine Anwendung finden, wenn wir fremdes Recht zur Entscheidung in der Hauptsache berufen. Unsere Konfliktsnormen beschränken sich dann auf die Berufung eines fremden Rechts und stellen es ihm frei, zu bestimmen, ob es Nebenfragen durch anderes Recht entscheiden lassen will. Wenn jedoch auf Grund Parteiwillens ein fremdes Recht maßgebend ist, so ist es eine nach ihm zu lösende Auslegungsfrage, ob die Vertragschließenden Nebenpunkte, die nach deutschem Recht bedingt anwendbaren Kollisionsnormen unterstehen würden, einem anderen Recht als dem der Hauptsache unterwerfen wollten [3]).

§ 36. Die Bezeichnung »bedingt anwendbare Kollisionsnormen« ist natürlich nur berechtigt, wenn es sich hier wirklich um internationales Privatrecht handelt. Das wird von hervorragender Seite bestritten. Zitelmann ist der Ansicht, daß der Rechtssatz, welcher, trotz feststehender Maßgeblichkeit unseres inneren Rechts für die Hauptsache, fremdes Recht zu irgendeiner Entscheidung (wohl immer

---

[1]) Vgl. Neumeyer, Bd. III, 2 S. 93 Anm. 55.

[2]) Man könnte diese Normen auch als sekundäre bezeichnen, aber das scheint mir nicht zweckmäßig, weil von Frankenstein (Bd. 1 S. 49 ff. und passim) die Bezeichnung primäre und sekundäre Anknüpfung bereits in einem anderen Sinne verwandt ist.

[3]) RG 24. 11. 1928 nebst zweitinstanzlichem Urteil abgedruckt in HansRGZ 1929 B Sp. 67 ff. = ZAIP Sonderheft 1929 Nr. 61. Bei deutschem Wirkungsstatut hätte ein Ortsgebrauch (örtliches Gewohnheitsrecht) im fremden Löschungshafen berücksichtigt werden müssen. (§ 593 HGB und Anm. 5 hierzu in Mittelstein-Sebba nebst Zitaten.)

Teilentscheidung) beruft, kein Satz unseres internationalen Privatrechts, sondern ein solcher unseres inneren — materiellen — Rechts sei [1]). Er geht noch weiter: Er nimmt an, daß derjenige Teil des aus fremder Quelle stammenden fremden materiellen Rechts, welcher auf diese Weise zur Anwendung gelangt, Teil unseres eigenen materiellen Rechts geworden sei [2]). Er begründet seine Ansicht damit, daß unsere Rechtsordnung fremdes Recht in abgekürzter Form — durch einfache Verweisung auf die fremde Rechtsquelle — zu eigenem inneren Recht machen könne [3]). Einen Rechtssatz, der auf diese Weise zur Anwendung von Auslandsrecht führt, nennt Zitelmann materiellrechtlichen Verweisungssatz oder materiellen Verweisungsrechtssatz, materielle Verweisungsnorm oder dergleichen [4]).

Einen entsprechenden Standpunkt nimmt Zitelmann gegenüber fremdem Recht ein. Auch bei fremdem Recht ist nach seiner Auffassung der Unterschied zwischen wirklicher Kollisionsnorm und materiellem Verweisungssatz zu machen [5]). Zitelmann ist sogar der Ansicht, daß in einer unzweifelhaften Kollisionsnorm ein materiellrechtlicher Verweisungssatz stecken könne [6]). Praktisch verwendbare Kriterien für die Auffindung eines solchen versteckten materiellrechtlichen Verweisungssatzes ergeben sich aus den Zitelmannschen Ausführungen nicht.

Der Zitelmannsche Begriff des materiellrechtlichen Verweisungssatzes ist von Neumeyer [7]) und Neubecker [8]) übernommen. Von Frankenstein [9]) wird der Begriff abgelehnt.

Ich bin der Überzeugung, daß es materiellrechtliche Verweisungssätze im Sinne Zitelmanns und seiner Anhänger nicht gibt.

Würden durch materiellrechtliche Verweisungssätze Teile des auswärtigen Rechts in inneres Recht verwandelt, so müßten folgende Rechtswirkungen eintreten:

1. Wenn unsere Gerichte kraft deutschen materiellen Verweisungsrechtssatzes Bestandteile fremden inneren Rechts anwenden würden, so würde eine Revision auf unrichtige Auffassung dieses aus fremder Quelle stammenden Rechts gestützt werden

---

[1]) Bd. I S. 250 ff., bes. 254 f.
[2]) a. a. O. S. 260.
[3]) a. a. O. S. 260.
[4]) a. a. O. S. 258 ff. und passim.
[5]) a. a. O. S. 261 ff.
[6]) a. a. O. S. 269.
[7]) Neumeyer Bd. I S. 127 § 12.
[8]) Ehe- und Erbvertrag S. 351 ff. (354), 373 ff.
[9]) Bd. I S. 260 f.

können, da es sich in Wirklichkeit um deutsches Recht handeln würde. Die die Stellung des deutschen Richters in bezug auf Auslandsrecht erleichternden Bestimmungen des § 293 ZPO würden auf das ausländische Recht keine Anwendung finden, welches kraft deutschen materiellrechtlichen Verweisungssatzes anzuwenden wäre.

2. Wenn ein von uns zur Entscheidung berufenes ausländisches Recht kraft materiellrechtlichen Verweisungssatzes Bestimmungen des deutschen Rechts für anwendbar erklärt, so würde eine Revision nicht auf unrichtige Auffassung des deutschen Rechts gestützt werden können, weil es sich in Wirklichkeit um fremdes Recht handeln würde.

Diese Folgen widersprechen offensichtlich der bestehenden Rechtslage. Tatsächlich wird, soweit ich feststellen kann, in keiner gerichtlichen Entscheidung der materielle Verweisungssatz anerkannt.

Folgende Erwägung kommt hinzu: Zwar kann man nicht bezweifeln, daß wir beliebige Sätze eines ausländischen Rechts durch einfache Verweisung auf eine fremde Rechtsquelle zu Teilen unseres Rechts machen können. Aber sobald wir auf diese Weise fremdes Recht zu dem unsrigen gemacht haben, ist für uns dieses Recht fremden Ursprungs von seiner Quelle abgeschnitten. Sobald es unser Recht geworden ist, kann es durch Änderungen der fremden Gesetzgebung nicht mehr berührt werden [1]).

Die Anhänger des materiellrechtlichen Verweisungssatzes haben aber eine Verweisung auf Auslandsrecht im Auge, das durch die ausländischen gesetzgebenden Faktoren stets abgeändert werden kann.

Niemals jedoch kann das Gesetz eines fremden Staates in einer Gestalt, die jederzeit von dem fremden Staat abgeändert werden kann, als deutsches Recht angesehen werden.

§ 37. Der Umstand, daß bedingt anwendbare Kollisionsnormen vorhanden sind, macht die Beantwortung der Frage erforderlich, woran wir erkennen können, ob eine Kollisionsnorm eine unbedingt oder nur eine bedingt anwendbare ist, also ob sie schlechthin maßgebend ist oder nur dann, wenn die Hauptfrage deutschem Recht unterliegt. Folgende Gesichtspunkte dürften entscheidend sein:

---

[1]) Der Grundsatz unseres Rechts, daß die Geschäftsfähigkeit einer Person nach ihrem Heimatsrecht zu beurteilen ist, bedeutet eben nicht, wie Zitelmann Bd. I S. 260 annimmt, daß z. B. ein Spanier mit 23, ein Däne mit 25 Jahren volljährig wird, sondern bedeutet, daß beide die Volljährigkeit erreichen, sobald die — möglicherweise wechselnden — Vorschriften ihres Heimatsrechts solches bestimmen.

Man muß davon ausgehen, daß eine vom Gesetz ausgesprochene Regel allgemein gilt, soweit nicht besondere Gründe für ihre Einschränkung vorhanden sind. Wenn eine Kollisionsnorm gesetzlich angeordnet ist, muß man daher im Zweifel annehmen, daß sie stets anwendbar ist, daß es sich also um eine unbedingt und nicht um eine bedingt anwendbare Norm handelt. Man wird aber geneigt sein, eine Ausnahme anzunehmen, wenn in Gesetzesteilen, die sich sonst mit der Regelung inneren Rechts beschäftigen, sich Bestimmungen befinden, die in bezug auf Nebenpunkte Regeln aufstellen, welche zur Anwendung fremden Rechts führen können. In diesem Fall ist es höchst unwahrscheinlich, daß der Gesetzesteil, welcher sich im übrigen mit der Regelung deutscher Rechtsinstitute beschäftigt, für einen einzelnen Teil des geregelten Rechtsverhältnisses aus dem sonstigen Rahmen des Gesetzes hinaustreten und allgemein gültige Kollisionsnormen aufstellen will. Vielmehr wird man solchenfalls im Zweifel annehmen müssen, daß diese Kollisionsnormen denselben Gegenstand haben wie die übrigen Bestimmungen dieser Normengruppe, d. h. die Regelung von Verhältnissen, die deutschem Recht unterliegen — hier natürlich: die in der Hauptsache deutschem Recht unterliegen. Man wird sich in diesen Fällen fast immer mit Recht fragen dürfen, welche Veranlassung wohl hier der deutsche Gesetzgeber gehabt haben sollte, in bezug auf einen Bestandteil fremdrechtlicher Geschäfte, die er im übrigen im Gesetz nicht regelt, Bestimmungen zu treffen.

Aus diesem Grunde sind die Vorschriften der §§ 568, 575, 593, 595, 599 HGB als bedingt anwendbare Kollisionsnormen anzusehen.

Wo dagegen Gesetzesbestimmungen unter dem Gesichtspunkt zusammengestellt sind, daß nicht die Regelung einheimischer Rechtsinstitute, sondern die Frage der örtlichen Rechtsanwendung behandelt werden soll, wie in den Art. 7—31 EG, den Artikeln 84—86 WO oder den §§ 25 und 26 des Scheckgesetzes, liegt kein Grund vor, die im Gesetz ausgesprochenen Rechtsregeln einzuschränken, das heißt sie für bedingt anwendbare Kollisionsnormen zu halten. Daher müssen die in den genannten Artikeln bzw. Paragraphen des EG, der Wechselordnung und des Scheckgesetzes ausgesprochenen Regeln, soweit sich nicht aus ihnen Gegenteiliges deutlich ergibt, als unbedingt anwendbare Kollisionsregeln betrachtet werden [1]).

---

[1]) Ich halte es daher für unrichtig, wenn in RG 25. 6. 1924, Z Bd. 34 S. 459 f. = JW 1925 S. 249, trotz Art. 86 WO bei einem englischem Recht

Ebenso ist es dann unzulässig, die Anwendung einer deutschen Kollisionsregel von der Geltung des deutschen Rechts in der Hauptsache abhängig zu machen, wenn sich aus dem Gesetz ergibt, daß nicht die Maßgeblichkeit deutschen Rechts in der Hauptsache, sondern andere inländische Anknüpfungspunkte für die Regel maßgebend sind. Der § 11 Absatz 2 Satz 2 des Scheckgesetzes ergibt, daß bei im Ausland zahlbaren Schecks grundsätzlich das Recht des ausländischen Zahlungsortes für die Berechnung der Vorlegungsfrist maßgebend ist, wenn der Scheck im Inland ausgestellt ist. Hier ist also nicht die Maßgeblichkeit des deutschen Rechts für die Verpflichtung aus dem Scheck, sondern die Ausstellung des Schecks im Inland die Voraussetzung für die getroffenen internationalprivatrechtlichen Vorschriften. Im Sinne der von mir gebrauchten Terminologie handelt es sich also auch hier um eine unbedingt anwendbare Kollisionsregel [1]).

Zusammentreffen zeitlicher und örtlicher Rechtskollision.

Regel 1 (§§ 39, 40): Auf Tatbestände, die (insbesondere nach Art. 153 ff. EG) dem bis zum 31. 12. 1899 in Geltung gewesenen Recht unterliegen, findet auch das bis zu diesem Zeitpunkt in Geltung gewesene internationale Privatrecht Anwendung.

(§ 41): Ausnahme: die Vorbehaltsklausel (Art. 30 EGBGB) ist seit Inkrafttreten des neuen Rechts stets im Sinne des neuen Rechts anzuwenden.

Regel 2 (§ 42): Bei nach dem Inkrafttreten des EGBGB erfolgten Änderungen des deutschen internationalen Privatrechts sind für die Anwendbarkeit der neuen Vorschriften auf Tatbestände, die vor ihrem Inkrafttreten verwirklicht worden sind, Art. 153 ff. EG entsprechend anzuwenden.

---

unterliegenden Wechselregreßanspruch die Frage nach dem für die Form eines in Österreich erhobenen Wechselprotestes maßgeblichen Recht auf Grund englischen internationalen Privatrechts beantwortet ist. Da die Frage auf Grund deutschen internationalen Privatrechts ebenso hätte beantwortet werden müssen, ist die Entscheidung im Endergebnis aber richtig.

[1]) Die Frage, ob die Vorlegungsfrist bei einem in Deutschland weder ausgestellten noch zahlbaren Scheck von dem deutschen Richter nach dem Recht des Zahlungsortes beurteilt werden muß, ist im Gesetz nicht entschieden. Eine Untersuchung darüber, ob sie trotz der vorstehend zitierten Entscheidung des Reichsgerichts vom 25. 6. 1924 für fremdrechtliche Schecks selbst dann zu bejahen ist, wenn das fremde Wirkungsstatut Abweichendes bestimmt, kann hier nicht stattfinden.

Regel 3 (§§ 43, 44): **Das nach deutschem internationalen Privatrecht berufene fremde Recht hat auch über die zeitlichen Gesetzeskollisionen zu entscheiden, soweit sich nicht aus der deutschen Vorbehaltsklausel Gegenteiliges ergibt.**

Regel 4 (§ 45): **Bei Änderung fremden internationalen Privatrechts finden die Grundsätze der Regel 3 ebenfalls Anwendung.**

§ 38. Das internationale Privatrecht hat die Aufgabe, unter verschiedenen in verschiedenen Gebieten geltenden Rechtsnormen die anzuwendenden anzugeben. Weitere Fragen treten daneben auf, wenn außer den örtlichen auch zeitliche Rechtsverschiedenheiten in Betracht kommen, wenn örtliche und zeitliche Kollision zusammentreffen. Fälle dieser Art liegen vor, wenn entweder in den Normen unseres internationalen Privatrechts oder in den Normen, auf die unser internationales Privatrecht verweist, Änderungen eingetreten sind.

§ 39. Betrachten wir zunächst die Fälle der ersten Art, so zeigt sich als der wichtigste das Inkrafttreten des EGBGB am 1. 1. 1900, durch welches das in Deutschland geltende internationale Privatrecht grundlegende Änderungen erfahren hat.

Bei der Beurteilung von Tatbeständen, die sich ganz oder zum Teil vor 1900 verwirklicht haben und die außerdem eine Beziehung zu außerdeutschen Rechtsgebieten enthalten, treffen örtliche und zeitliche Rechtskollision zusammen. Sollen die alten oder die neuen internationalprivatrechtlichen Vorschriften maßgebend sein? Es haben z. B. in Berlin ansässige Italiener vor 1900 eine Ehe geschlossen. Ein Berliner Gericht hat die Güterrechtsverhältnisse dieser Ehegatten zu beurteilen. Wenn die alten preußischen Kollisionsnormen gelten, so ist das Wohnsitzrecht, das preußische Recht, anzuwenden. Nach dem internationalen Privatrecht des EG dagegen ist das Heimatsrecht der Ehegatten, das italienische Recht, maßgebend (Art. 16 EG). Es handelt sich hier um eine zeitliche Kollision von Normen über die örtliche Kollision der Rechte.

Die Rechtsprechung hat sich auf den Standpunkt gestellt, daß die Kollision zwischen altem und neuem internationalen Privatrecht nach denselben Grundsätzen zu lösen ist, wie die zwischen altem und neuem materiellem Privatrecht, also insbesondere nach den Übergangsvorschriften der Art. 153 ff. EG. Soweit nach diesen Vorschriften noch altes Recht maßgebend ist, sind auch die Kollisionsnormen des alten Rechts anzuwenden [1][2][3]). In dem angeführten Beispielsfalle wäre also das preußische Recht anwendbar, da die Ehe schon vor 1900 bestand, und sich darum der Güterstand nach Art. 200 EG nach dem alten Recht richtet, dessen Kollisionsnormen die Anwendung des Wohnsitzrechts vorschreiben.

§ 40. Einer Erörterung bedarf die Frage, ob die intertemporalen Normen ausnahmslos den Vorrang vor den internationalen haben, oder ob dieser Vorrang auf den Fall beschränkt ist, daß der

---

1) Vgl. RG 1. 3. 1901, JW 1901 S. 257 = Clunet 1903 S. 189; RG 29. 4. 1901, JW 1901 S. 452; RG 10. 5. 1901, RG Bd. 48 S. 168 ff. = JW 1901 S. 477 ff.; RG 13. 11. 1901, JW 1902 S. 67; RG 8. 4. 1902, JW 1902 Beilage S. 227; RG 24. 10. 1902, Z Bd. 12 S. 618 ff.; RG 8. 7. 1904, JW 1904 S. 465 = Z Bd. 15 S. 287 ff.; RG 30. 11. 1906, RG Bd. 64 S. 389 ff. (392) = Z Bd. 18 S. 164 ff.; RG 14. 1. 1907, JW 1907 S. 126 f.; RG 11. 10. 1907, Z Bd. 19 S. 222 ff.; RG 24. 1. 1908, Z Bd. 18 S. 535 ff.; RG 22. 6. 1911, Soergel 1911 zu Art. 7 EG; OLG Dresden 13. 7. 1903, Z Bd. 14 S. 92; HansOLG 7. 4. 1905, Z Bd. 15 S. 343 ff.; HansOLG 15. 6. 1906, ROLG Bd. 14 S. 242 f. = Z Bd. 18 S. 146 ff. (148) = HansGZ Bbl. 1906 S. 281 ff.; OLG Dresden 11. 11. 1908, Zentralbl. f. Freiwill. Gerbk. Bd. 10 S. 630 ff. (entnommen aus Lewald Nr. 5 S. 4); OLG Nürnberg 22. 1. 1909, Z Bd. 20 S. 548; OLG München 17. 2. 1909, ROLG Bd. 21 S. 233 f. = Z Bd. 21 S. 73 f.; OLG Düsseldorf 23. 11. 1909, Soergel 1911 zu Art. 11 und 30 EG; KG 30. 9. 1915, ROLG Bd. 34 S. 320; OLG Karlsruhe 18. 4. 1924, Soergel 1924 zu Art. 200 EG. Abweichend OLG Karlsruhe 18. 11. 1903, Z Bd. 15 S. 600.

2) Aus der Literatur ebenso: Zitelmann, Jherings Jahrbücher Bd. 42 S. 189 ff.; Niemeyer S. 179 ff.; Neumann VI vor Art. 7 EG; Staudinger-Kuhlenbeck F vor Art. 7 EG; Neumeyer I. Pr. R. § 14 S. 12; Paetzold, Revue 1927 S. 571; auch Frankenstein Bd. I S. 241 ff. (soweit das deutsche Recht als »primäres Statut« zur »sekundären Anknüpfung« berechtigt ist; »Pseudoanknüpfungen« des alten Kollisionsrechts dagegen sollen keinerlei Anwendung mehr finden). — Luxburg, Z Bd. 23 S. 201 ff. schränkt den Anwendungsbereich des neuen Kollisionsrechts noch mehr ein als die in der Rechtsprechung anerkannte Meinung. — Niedner, Einl. IX 1 zum IV. Abschnitt des EG, dagegen will stets in erster Linie das neue internationale Privatrecht anwenden; die Übergangsvorschriften des EG sollen danach nur, nachdem auf Grund des neuen internationalen Privatrechts die Anwendbarkeit deutschen Rechts festgestellt ist, die zeitliche Kollision der alten und neuen deutschen Sachnormen lösen.

3) Ebenso entschieden hat die italienische Rechtsprechung gelegentlich der Änderung des im ehemaligen Kirchenstaat geltenden internationalen Privatrechts infolge dessen Einverleibung in Italien (1870) und die französische Rechtsprechung anläßlich der Annexion von Nizza und Savoyen (1859), vgl. Roubier, Revue 1931 S. 61 ff., sowie neuerdings anläßlich der Einführung des französischen internationalen Privatrechts in Elsaß-Lothringen durch Gesetz vom 24. 7. 1921 Kassationshof (Ch. des Requ.) 24. 3. 1924, Clunet 1925 S. 158 ff.; Cour de Colmar 14. 11. 1929, Clunet 1930 S. 1039 f. (die Cour hatte früher einen anderen Standpunkt eingenommen, vgl. Note von Marcel Nast, Clunet 1930 S. 1044); vgl. Roubier, Revue 1931 S. 69 ff.

zu beurteilende Tatbestand vor 1900 eine Beziehung zu Deutschland hatte. Es wird behauptet, daß auch bei altrechtlichen Rechtsverhältnissen das neue internationale Privatrecht anzuwenden sei, außer wenn eine genügend nahe Verknüpfung mit Deutschland bestand, sei es, daß nach dem früheren internationalen Privatrecht deutsches Recht maßgebend war, sei es, daß wenigstens enge Beziehungen der Interessenten zu Deutschland vorlagen [1]).

Nach der deutschen Rechtsprechung ist jedoch nicht zu bezweifeln, daß die alten internationalen Privatrechte für Rechtsverhältnisse, die altem Recht unterliegen, allgemein gelten. Das Reichsgericht hat in mehreren Entscheidungen ganz allgemein ausgesprochen, daß die intertemporalen Vorschriften des EG auch auf die örtlichen Kollisionsnormen Anwendung finden [2]).

Das Reichsgericht hat aber auch in einem altrechtlichen Fall, in dem es darauf ankam, ob ein Vertragsverhältnis holländischem oder schottischem Recht unterlag, und in welchem aus dem veröffentlichten Tatbestand keine Beziehungen zu Deutschland ersichtlich sind, das alte internationale Privatrecht zugrundegelegt [3]).

Daß das Reichsgericht den neuen örtlichen Kollisionsnormen überhaupt keine Wirkung auf alte Rechtsverhältnisse zuerkennt, ergibt sich auch daraus, daß, wenn ein deutscher Einzelstaat durch Ausführungsgesetz zum BGB die Anwendbarkeit des neuen internationalen Privatrechts auf altrechtliche Verhältnisse angeordnet hat, das neue internationale Privatrecht nicht als Reichsrecht, sondern als einzelstaatliches Recht angewendet wird. Gegen unrichtige Anwendung solcher internationalprivatrechtlichen Bestimmungen ist daher das Rechtsmittel der Revision nicht gegeben, wenn das einzelstaatliche Recht irrevisibel ist [4]).

---

[1]) Vgl. Kahn Bd. I S. 363—479 (v. a. 371—380); Habicht S. 38; Raape Einl. J. II und Art. 15 G I. Kahn nimmt eine Anwendbarkeit des alten internationalen Privatrechts nur an, wenn das Rechtsverhältnis nach den alten Kollisionsnormen dem Inlandsrecht unterlag. Raape dagegen — jedenfalls für das Ehegüterrecht — schon, wenn vor 1900 deutsche Staatsangehörigkeit oder deutscher Wohnsitz vorlag.

[2]) 29. 4. 1901, JW 1901 S. 452; 13. 11. 1901, JW 1902 S. 67 = JW 1902 Beilage S. 178 = Z Bd. 12 S. 454, ausdrücklich gebilligt in RG 8. 4. 1902, JW 1902 Beilage S. 227; 24. 10. 1902, Z Bd. 12 S. 618; ebenso: HansOLG 15. 6. 1906, HansGZ Bbl. 1906 S. 281 ff. = SA Bd. 63 S. 49 = ROLG Bd. 14 S. 242; KG 30. 9. 1915, ROLG Bd. 34 S. 320.

[3]) 24. 10. 1902, Z Bd. 12 S. 618.

[4]) RG 8. 7. 1904, Z Bd. 15 S. 284 ff. = JW 1904 S. 465; RG 11. 10. 1907, Z Bd. 19 S. 222 f.

Die Ansicht, daß die alten international-privatrechtlichen Vorschriften nur auf diejenigen altrechtlichen Verhältnisse anzuwenden sind, die nach den früheren Kollisionsnormen deutschem Recht unterlagen, würde übrigens zu unerwünschten Ergebnissen führen. Preußen, die in der nordamerikanischen Union wohnten, und vor 1900 dort irgendwelche Rechtsgeschäfte des Familienrechts vornahmen, z. B. eine Adoption, konnten darauf vertrauen, daß das Rechtsgeschäft sowohl in ihrer Heimat wie an ihrem Wohnsitz nach dem Rechte des Wohnsitzstaates beurteilt werden würde. Es wäre unbillig, nun seit 1900 auf Grund des Staatsangehörigkeitsprinzips des EG an das Rechtsgeschäft den Maßstab des früher in Preußen geltenden inneren Rechts zu legen [1]).

§ 41. Eine Ausnahme von der Regel, daß auf vor 1900 entstandene Rechtsverhältnisse nicht das neue, sondern das alte Kollisionsrecht anzuwenden ist, gilt für Art. 30 EG. Man kann sich im Rechtsstreit über ein unter dem alten Recht stehendes Rechtsverhältnis nicht darauf berufen, daß die Vorbehaltsklausel des anzuwendenden Partikularrechts zu einem anderen Ergebnis nötige als die des neuen internationalen Privatrechts, des Art. 30. So haben zwei Oberlandesgerichte entschieden [2]) [3]).

§ 42. Für die Fragen der zeitlichen Kollision, die sich an die 1900 in Kraft getretene Änderung des deutschen internationalen Privatrechts anknüpfen, steht also die Lösung fest. Aber das deutsche internationale Privatrecht hat noch andere — wenn auch weniger gewichtige — Änderungen erfahren und weitere werden vermutlich folgen. Jede solche Änderung kann Fragen praktisch werden lassen, wie sie durch die Umwälzung von 1900 aufgeworfen wurden. Zu ihrer Lösung dienen die Regeln, die für diese aufgestellt worden sind, denen also eine Bedeutung zukommt, die über den Fall der Rechtsänderung, für die sie gegeben wurden, hinausgeht.

Das Reichsgericht [4]) hat ausgesprochen, daß Art. 198 Abs. 1 EG, nach welchem die Gültigkeit einer vor Inkrafttreten des BGB

---

[1]) Vgl. auch die Kritik der Kahnschen Ansicht von Roubier a. a. O.

[2]) OLG München 24. 3. 1905, Z Bd. 16 S. 34 ff. (36); OLG Düsseldorf 23. 11. 1909, Soergel 1911 zu Art. 11 und 30 EG. Vgl. in diesem Zusammenhang auch das unten § 219 S. 333 erörterte Urteil des Reichsgerichts vom 25. 6. 1926.

[3]) Ebenso Habicht S. 242; Frankenstein Bd. I S. 227 u. a.: »Ein wohlerworbenes Recht auf Ordnungsmäßigkeit oder Ordnungswidrigkeit gibt es nicht«.

[4]) 21. 3. 1912, JW 1912 S. 642.

geschlossenen Ehe sich nach den bisherigen Gesetzen bestimmt, analog auf die Frage anzuwenden ist, ob die örtlichen Kollisionsnormen des Haager Eheschließungsabkommens vom 12. 6. 1902 für eine vor Inkrafttreten dieses Abkommens geschlossene Ehe gelten. Diese analoge Anwendung der allgemeinen Bestimmungen aus unserer Kodifikation auf später geschaffenes Recht entspricht durchaus der deutschen Rechtsanwendung im allgemeinen. Niemand bezweifelt, daß auf die nach dem BGB in Kraft getretenen Zivilgesetze dessen allgemeiner Teil oder auf die nach Einführung des Strafgesetzbuches eingeführten Strafgesetze die allgemeinen Bestimmungen des Strafgesetzbuches Anwendung finden. Der Vorrang der intertemporalen Normen vor den interlokalen wird also noch von Bedeutung sein, wenn die Frage praktisch interesselos geworden sein wird, ob auf rechtliche Verhältnisse das vor dem 1. 1. 1900 in Kraft gewesene Recht anzuwenden ist oder nicht.

§ 43. Bisher wurden die Fälle erörtert, in denen die Rechtsänderung, welche zu dem Zusammentreffen örtlicher und zeitlicher Kollision Anlaß gibt, im deutschen Recht stattfindet.

Hat das materielle Recht des Staates, dessen Recht anzuwenden ist, nach oder während der Verwirklichung des zu beurteilenden Tatbestandes eine Änderung erfahren, so fragt sich, ob die alten oder die neuen fremden Vorschriften maßgebend sind. Die Antwort geben die Regeln des fremden intertemporalen Rechts. Dies folgt aus dem Grundsatz der Gesamtverweisung, nach dem unsere Gerichte, wenn sie fremdes Recht anwenden, so entscheiden sollen, wie der fremde Richter entscheiden würde, wenn er mit der Sache befaßt wäre [1]).

Schon das Reichsoberhandelsgericht [2]) hat ausgesprochen, daß, wenn ein fremder Staat seinem Recht unterliegende Verträge rückwirkend inhaltlich ändert, die Rückwirkung auch von dem deutschen Richter anzuerkennen ist, es sei denn, daß es sich um offenbar willkürliche, auf Kränkung wohlerworbener Rechte in einem Sonderinteresse abzielende gesetzgeberische Akte des auswärtigen Staates handelt.

Das Kammergericht hatte in einem Scheidungsprozeß schweizer Ehegatten zu entscheiden [3]). Das schweizer Ehescheidungsrecht war während des Bestehens der Ehe geändert worden. Ob die alten

---

[1]) Vgl. unten §§ 139 ff. S. 207 ff.

[2]) 28. 6. 1878, ROHG Bd. 24 S. 170 ff. (190 f.).

[3]) 14. 6. 1913, ROLG Bd. 27 S. 108 f.

oder die neuen schweizer Scheidungsvorschriften anzuwenden seien, hat das Kammergericht nach der diese Frage regelnden schweizer Norm entschieden. Denselben grundsätzlichen Standpunkt der Maßgeblichkeit des ausländischen intertemporalen Rechts haben ferner eingenommen: das Kammergericht zur rückwirkenden Aufhebung der privaten Erbrechte durch die Sowjetgesetzgebung [1]), das Oberlandesgericht Frankfurt zur rückwirkenden Gleichstellung der ehelichen und unehelichen Kinder durch das Sowjetrecht [2]) und das Hanseatische Oberlandesgericht zur Rückwirkung der Verjährungsvorschriften des neuen russischen Zivilgesetzbuchs [3])[4])[5])[6]).

Auch die deutsche Rechtsprechung zur Anwendung des polnischen Valutagesetzes beweist, daß bei Anwendung fremden Rechts die Frage der Wirkung einer Rechtsänderung auf vorher begründete Rechtsverhältnisse grundsätzlich nach dem fremden Recht zu beantworten ist. Durch das Gesetz wurde für gewisse Schulden ein Moratorium gewährt (Art. 4). Also ein Eingriff in

---

1) 2. 7. 1925, JW 1925 S. 2142 ff.

2) 3./17.12. 1925, JW 1926 S. 2858 = ZAIP Sonderheft 1926/27 Nr. 77.

3) 12. 12. 1930, HansRGZ 1931 B Sp. 106 ff.

4) Für eine Parallele aus dem Prozeßrecht vgl. RG 7. 4. 1883, RG Bd. 9 S. 368 (vgl. auch Kahn Bd. I S. 371 f.). Für ein vor dem Inkrafttreten der ZPO, 1. 10. 1879, ergangenes österreichisches Urteil wurde in Deutschland Vollstreckung gesucht. Das preußische, gemäß dem EGZPO erlassene Gesetz vom 31. 3. 1879 bestimmte, daß sich die Vollstreckbarkeit der Entscheidungen aus einem nach den bisherigen Vorschriften erledigten Verfahren nach den bisherigen Vorschriften regle. Das RG erklärte, daß diese Bestimmung nur für inländische Entscheidungen gelte: »Für die ausländischen Urteile ist statt der zeitlichen die örtliche Kollision der Prozeßgesetze das, worüber zu entscheiden ist. Es ist hier nicht die Frage aufzuwerfen, ob das betreffende ausländische Urteil nach dem früheren inländischen Gesetz, unter dessen Herrschaft es weder ergangen ist, noch exequiert werden soll, exequierbar war, sondern es ist die Frage aufzuwerfen, ob es nach dem ausländischen Gesetze, unter dessen Herrschaft es gefällt ist, und nach der ZPO, unter deren Herrschaft es exequiert werden soll, exequierbar ist.«

5) Derselben Ansicht: Niboyet, Revue de droit intern. et de lég. comp. 1927 S. 777 ff.; Roubier, Revue 1931 S. 40. Vgl. auch Kahn Bd. I S. 364.

6) Denselben Standpunkt haben in der französischen Rechtsprechung eingenommen: Cour de Bordeaux 5. 2. 1883, Clunet 1883 S. 621 ff., bezüglich eines mexikanischen Gesetzes, das sich Rückwirkung beilegte; Cour de Cassation 18. 11. 1912, Revue 1913 S. 482 (ein Urteil der Cour de Riom bestätigend), bezüglich der Ersetzung deutschen Partikularrechts durch das BGB. In der schweizer Rechtsprechung: Obergericht Zürich 19. 12. 1928, Revue 1930 S. 524 ff. (528 f.) = Bul. Bd. 24 Nr. 6677 = ZAIP 1931 S. 725.

bestehende Rechtsverhältnisse. Das Reichsgericht [1]) hat nicht bezweifelt, daß diese Maßregel grundsätzlich anzuerkennen sei, obwohl nach dem deutschen intertemporalen Recht auf Schuldverhältnisse im allgemeinen das zur Zeit ihrer Entstehung geltende Recht anzuwenden ist (vgl. Art. 170 EG) [2]).

§ 44. Wenn sonach grundsätzlich das nach den deutschen Kollisionsnormen berufene fremde Recht für befugt zu erachten ist, für die seiner Herrschaft unterliegenden Verhältnisse rückwirkend intertemporales Recht und materielles Recht zu ändern, so ist andrerseits der Aktionsradius des Art. 30 hier ein besonders weiter [3]). Obwohl in keinem deutschen Gesetz der Grundsatz ausgesprochen ist, daß erworbene Rechte zu schützen sind, so findet doch dieser Grundsatz stillschweigend in unserem ganzen Rechtssystem und insbesondere in den Übergangsvorschriften, auch in den international-privatrechtlichen Vorschriften des EG [4]), seinen Ausdruck. Schon das ROHG hat in der oben zitierten Entscheidung vom 28. 6. 1878 innerhalb eines Vertragsverhältnisses die Änderung eines fremden Rechts für unbeachtlich erklärt, wenn der Zweck des neuen Gesetzes zu mißbilligen ist. Das Oberlandesgericht Frankfurt hat in der oben zitierten Entscheidung vom 3./17. 12. 1925 die Anschauung als möglich bezeichnet, daß die vom Sowjetrecht rückwirkend ausgesprochene Gleichstellung unehelicher Kinder mit ehelichen gegen die Grundsätze des Art. 30 EG verstoßen könne, wenn hierdurch Emigranten betroffen würden, die vor Schaffung dieses Rechtssatzes aus dem russischen Staatsverbande ausgestoßen waren. Auch hat das Hanseatische Oberlandesgericht in der angeführten Entscheidung vom 12. 12. 1930 die Anwendbarkeit des Art. 30 EG nur wegen des Art. 2 des Rapallovertrages für ausgeschlossen gehalten. Bei der Frage der Anerkennung des im polnischen Valutagesetz gewährten Moratoriums ist die Anwendbarkeit des Art. 30 EG untersucht worden mit dem Ergebnis, daß die Vorbehaltsklausel die Anwendung des polnischen Moratoriums ausschloß, falls die nötige Anknüpfung an Deutschland vorlag [5]).

---

[1]) 27. 1. 1923, Warn Rspr. 1923/24 Nr. 42.

[2]) Nach einer Entscheidung des Reichsgerichts vom 30. 11. 1929 (RG Bd. 126 S. 196 ff. = Rspr. Aufw. 1930 S. 129 ff. = Z Bd. 42 S. 443 ff.) kann freilich auf dem Gebiet der Parteiautonomie die Wahl eines örtlichen Rechts erfolgen, das späteren Gesetzesänderungen nicht unterliegt.

[3]) Hierauf hat schon Zitelmann in Jherings Jahrbüchern Bd. 42 S. 204 hingewiesen.

[4]) Vgl. Art. 15 Abs. 1, Art. 17 Abs. 2 EG.

[5]) Vgl. die § 43 S. 70 Anm. 1 zitierte Entscheidung.

§ 45. Wie bei Änderungen des fremden inneren Rechts sind auch bei Änderungen des fremden internationalen Privatrechts die Fragen der zeitlichen Kollision nach den Regeln des fremden Rechts zu entscheiden. Die Kenntnis, wie der deutsche Richter auf eine Änderung fremden internationalen Privatrechts zu reagieren hat, ist niemals wichtiger gewesen als jetzt. Die letzten Jahre haben in einer Reihe ausländischer Staaten eine Kodifikation des internationalen Privatrechts gebracht, die selbstverständlich stets mehr oder weniger eine Abweichung von den bisherigen Rechtsgrundsätzen bedeutet. Ganze Rechtssysteme sind vor wenigen Jahren bis auf die Grundfesten vernichtet und durch ein Recht ersetzt, bei dem die Kontinuität zu dem früheren Zustand völlig verlorengegangen ist (so das Sowjetrecht im Gegensatz zu dem des kaiserlichen Rußlands, das in der Türkei eingeführte schweizer Recht im Gegensatz zum Scheriatrecht). In diesen Fällen ist mit dem alten Recht natürlich auch das alte internationale Privatrecht zusammengebrochen und — mehr oder weniger vollständig — durch ein anderes Recht ersetzt. Solche Änderungen des fremden internationalen Privatrechts sind für den deutschen Richter maßgebend, weil das deutsche Recht den Renvoi im weitesten Umfange anerkennt. Die Fragen der zeitlichen Kollision der verschiedenen international-privatrechtlichen Normen des fremden Rechts sind stets — mit der aus der Vorbehaltsklausel zu entnehmenden Einschränkung — nach den Regeln des fremden Rechts zu lösen [1][2].

Souveränitätswechsel.

Regel 1 (§§ 47, 48): Wenn trotz der Abtretung eines Gebietsteiles die völkerrechtliche Identität des abtretenden Staates bestehen geblieben ist, so kann der neue Souverän nur dann vertragliche Rechte, die eine Anknüpfung zu dem abgetretenen Gebietsteil haben, ändern, wenn die Unterwerfung unter das neue Recht dem Parteiwillen entspricht, oder wenn die Parteien örtlich unter der Herrschaft des neuen Rechts stehen.

---

[1]) Ebenso im wesentlichen Frankenstein Bd. I S. 241 ff.

[2]) Dafür, daß rückwirkende Änderung fremden internationalen Privatrechts in einem Fall, in welchem die Rückwirkung den deutschen intertemporalen Grundsätzen widerspricht, nicht notwendigerweise die Vorbehaltsklausel auslöst, vgl. RG 5. 3. 1931, RG Bd. 132 S. 193 ff. = Rspr. Aufw. 1931 S 213 ff. = Recht 1931 Nr. 401.

Regel 2 (§ 49): **Wenn ein Staat in der Weise aufgelöst ist, daß die Rechtspersönlichkeit des früheren Staates nicht fortgesetzt wird, so ist auch im Vertragsrecht dasjenige örtliche Recht maßgebend, zu welchem die nächsten Anknüpfungspunkte bestehen (also ohne Berücksichtigung des Souveränitätswechsels).**

§ 46. Im Vorangehenden ist auseinandergesetzt worden, wie das internationale Privatrecht auf Rechtsänderungen innerhalb eines Staates reagiert. Auf einem nicht völlig gleichen Gebiet liegt die Frage, welche international-privatrechtliche Wirkungen eine Veränderung des Staatsgebietes selbst, also ein Wechsel der Souveränität, hervorruft. Das ist dadurch möglich, daß ein Staat einen Teil seines Gebietes verliert, sei es nun, daß ein Übergang auf einen anderen Staat erfolgt, sei es, daß das abgetrennte Gebiet selbständig wird. Eine zweite Möglichkeit ist die Vernichtung des bisherigen Staates durch Auflösung (z. B. Österreich-Ungarn) oder das Aufgehen des früheren Staates in einen anderen, sei es durch Annexion, sei es durch Verbindung. Für Deutschland sind infolge des Ausganges des Weltkrieges Fragen der ersteren Art (Wirkung von Teilabtretungen) von Bedeutung geworden. Sie haben in großem Umfange die deutsche Rechtsprechung beschäftigt und werden hier zuerst besprochen werden. Für Fragen der zweiten Art (Aufhören der Staatsidentität) liefert die deutsche Rechtsprechung auch Anhaltspunkte. Die Erörterung dieser Fragen soll an zweiter Stelle folgen.

§ 47. Das deutsche internationale Privatrecht gewährt im allgemeinen dem von ihm berufenen Recht das intertemporale Bestimmungsrecht. Wenn also dieses fremde Recht sich mit rückwirkender Kraft ändert, so ist diese Rückwirkung auch für den deutschen Richter grundsätzlich bindend. Aber dieser Satz unterliegt für den Fall des Souveränitätswechsels gewissen Einschränkungen. Die wesentlichste Ausnahme ist die folgende:

Wenn trotz der Abtretung eines Gebietsteiles die völkerrechtliche Identität des abtretenden Staates bestehen geblieben ist, so ist regelmäßig der neue Souverän nicht in der Lage, diejenigen vertraglichen Rechte durch seine Gesetze zu beeinflussen, welche dem Recht des abtretenden Staates unterlagen.

Das Reichsgericht hat am 19. 9. 1923 [1]) über die Frage entschieden, ob das in dem früheren Deutsch-Ostafrika von dem neuen Souverän eingeführte Recht für eine Vertragsverpflichtung maßgebend war, von der unterstellt wurde, daß sie dem Recht des ost-

---

[1]) RG Bd. 107 S. 121 ff.

afrikanischen Erfüllungsortes unterlag. Hier hat das Reichsgericht ausgeführt: »Die Besonderheit des streitigen Falles liegt .... darin, daß das Recht am Erfüllungsort gewechselt hat. Bei einer solchen Sachlage mag es sein, daß die Rechtsverhältnisse derjenigen Parteien, die sich an Ort und Stelle befinden, sich nach dem neu eingeführten Rechte einer fremden Macht regeln [1]). Aber keineswegs entspricht es dem mutmaßlichen beiderseitigen Vertragswillen, noch ist aus anderen Gründen anzunehmen, daß das neu eingeführte Recht auch für die Verpflichtungen derjenigen Vertragspartei maßgebend ist, die sich nicht unter der örtlichen Herrschaft jenes neuen fremden Rechts befindet. Für eine solche Annahme fehlt es an genügendem Grunde. Ist ein Vertragsverhältnis unter der Herrschaft eines bestimmten Rechts einmal entstanden, so bleibt dieses Recht maßgebend, wofern nicht der gemeinsame Wille beider Vertragsteile dahin geht, sich dem am Erfüllungsort neu eingeführten Recht zu unterwerfen, oder wofern die Parteien nicht örtlich unter der Herrschaft des neuen Rechts stehen. Aus diesen Gründen ist das streitige Rechtsverhältnis nicht nach dem jetzt in Daressalam eingeführten Recht zu beurteilen.« Diesen Standpunkt hat die deutsche Rechtsprechung in einer Reihe von Entscheidungen eingenommen [2]).

[1]) Im Original nicht gesperrt gedruckt.

[2]) RG 3. 6. 1924, RG Bd. 108 S. 298 ff. = ZAIP Sonderheft 1926/27 Nr. 116; RG 22. 3. 1927, ZAIP Sonderheft 1926/27 Nr. 42; RG 22. 3. 1928, Warn Rspr. 1928 Nr. 57 S. 109 ff. = JW 1928 S. 1447 = HRR 1928 Nr. 1224 = ZAIP Sonderheft 1926/27 Nr. 42 (mit unrichtigem Datum); RG 27. 6. 1928, Rspr. Aufw. 1928 S. 620 = Recht 1928 S. 566 f. Nr. 2239 = ZAIP Sonderheft 1928 Nr. 138; RG 15. 10. 1928, HRR 1929 Nr. 131 = ZAIP Sonderheft 1928 Nr. 84; RG 25. 10. 1928, Rspr. Aufw. 1928 S. 969 ff. = JW 1928 S. 3108 = Z Bd. 40 S. 291 f. = HRR 1929 Nr. 132/133 = ZAIP Sonderheft 1928 Nr. 85; RG 1. 11. 1928, Warn Rspr. 1929 Nr. 1 = SA Bd. 83 S. 97 Nr. 59 = ZAIP Sonderheft 1929 Nr. 119; RG 16. 1. 1929, RG Bd. 123 S. 130 ff. = Rspr. Aufw. 1929 S. 209 ff. = JW 1929 S. 1584 ff. (1586) = ZAIP Sonderheft 1929 Nr. 167; RG 20. 9. 1929, JW 1930 S. 1587 f. und 3636 f. = ZAIP Sonderheft 1929 Nr. 116; RG 14. 10. 1929, Rspr. Aufw. 1929 S. 993 f. = ZAIP Sonderheft 1929 Nr. 41; RG 6. 2. 1930, Rspr. Aufw. 1930 S. 281/282; RG 24. 2. 1930, LZ 1931 Sp. 375 ff.: RG 16. 6. 1930, HRR 1930 Nr. 1721; RG 8. 12. 1930, RG Bd. 131 S. 41 = JW 1931 S. 612 ff.; KG 4. 3. 1922, JW 1922 S. 1134; KG 2. 12. 1926, Rspr. Aufw. 1927 S. 64 = ZAIP Sonderheft 1926/27 Nr. 39; KG 2. 6. 1927, JW 1927 S. 3015 = Rspr. Aufw. 1927 S. 500 = Z Bd. 37 S. 386 = ZAIP Sonderheft 1926/27 Nr. 40; OLG Kiel 24. 6. 1927, ZAIP Sonderheft 1928 Nr. 34; KG 4. 8. 1927, Rspr. Aufw. 1927 S. 601 = ZAIP Sonderheft 1926/27 Nr. 62; KG 21. 9. 1927, JW 1928 S. 2032 f. = ZAIP Sonderheft 1928 Nr. 86; KG 10. 11. 1927, JW 1928 S. 179 = Rspr. Aufw. 1927 S. 796 = ZAIP Sonderheft 1928 Nr. 137; KG 2. 2. 1928, JW 1928 S. 1462 ff. = ZAIP Sonderheft

Wenn hiernach das Recht des abtretenden Staates bestehen bleibt, so bleibt es einschließlich seiner intertemporalen Kollisionsnormen in Kraft, also in veränderter Gestalt, soweit es selbst Rückwirkung vorschreibt [1]).

§ 48. Diese Entscheidungen betreffen zwar nur die fortdauernde Geltung deutschen Rechts. Aber ihre Begründung läßt in keinem Fall erkennen, daß sie nur zutreffen soll, wenn es sich gerade um deutsches Recht handelt, und ist zum Teil so allgemein gefaßt, daß sie schon ihrem Wortlaut nach auch auf fremdes Recht zu beziehen ist.

Übrigens ergibt sich aus einem Prozeß, der zweimal dem Kammergericht und zweimal dem Reichsgericht zur Entscheidung vorgelegen hat, mit genügender Klarheit, daß auch ein nach ausländischem Recht zu beurteilendes Vertragsverhältnis demselben ausländischen Recht grundsätzlich unterworfen bleibt, wenn sich infolge Souveränitätswechsels die den Anknüpfungsort beherrschende Rechtsordnung ändert. Ein Deutscher hatte in den Jahren 1916—1917 mit der Prager Filiale einer Wiener Bank Geschäfte gemacht. Das Reichsgericht hat in seiner ersten Entscheidung in dieser Sache [2]) die Möglichkeit als vorliegend erachtet, daß die Parteien sich bei Vertragsabschluß österreichischem Recht unterworfen hätten [3]). Für diesen Fall hat das Reichsgericht die Weitergeltung österreichischen Rechts angenommen [4]), obwohl die einzige außerdeutsche örtliche Anknüpfung in Prag lag, und hat aus hier nicht interessierenden

---

1928 Nr. 88; KG 22. 3. 1928, Rspr. Aufw. 1928 S. 347; OLG Jena 22. 6. 1929, Rspr. Aufw. 1929 S. 944 f. = ZAIP Sonderheft 1929 Nr. 125; HansOLG 8. 1. 1930, HansRGZ 1930 B Sp. 502 ff.; KG 31. 5. 1930 Rspr. Aufw. 1930 S. 477 ff.

[1]) Vgl. die in der vorangehenden Anmerkung zitierten Entscheidungen RG 22. 3. 1927; RG 14. 10. 1929; KG 4. 3. 1922; OLG Jena 22. 6. 1929.

[2]) 13. 7. 1929, LZ 1930 Sp. 306 ff.

[3]) Die Möglichkeit, daß die Parteien die Anwendung tschechoslowakischen Rechts gewollt hätten, hatte, wie sich aus den Ausführungen des Reichsgerichts ergibt, das Kammergericht mit der Begründung verneint, daß zur Zeit des Vertragsabschlusses ein tschechoslowakisches Recht noch gar nicht bestanden habe. Das Reichsgericht hat diese Auffassung gebilligt. Darüber, ob diese Art der Unterscheidung zwischen österreichischem und tschechoslowakischem Recht angesichts des Zerfalles des alten Österreichs berechtigt ist, vergleiche den folgenden Paragraphen.

[4]) Und zwar das Recht der jetzigen Republik Österreich, wie sich daraus ergibt, daß für den Fall der Anwendbarkeit österreichischen Rechts das Berufungsgericht zur Prüfung aufgefordert wurde, wie das österreichische Recht sich zur tschechoslowakischen Währungsgesetzgebung verhalte, insbesondere, welche Tragweite es dieser beimesse.

Gründen das Urteil aufgehoben und an das Kammergericht zurückverwiesen. Bei seiner erneuten Entscheidung [1]) ist das Kammergericht zu dem Ergebnis gekommen, daß deutsches Recht anzuwenden sei, hat aber wiederholt, daß, wenn ausländisches Recht den Vertrag beherrsche, dieses nur das österreichische Recht sein könne, da bei Vertragsabschluß an die spätere Entstehung der Tschechoslowakei noch nicht zu denken war. In diesem Zusammenhang hat es sich auf den Satz berufen: »Ist ein Vertragsverhältnis unter der Herrschaft eines bestimmten Rechts entstanden, so bleibt grundsätzlich dieses Recht maßgebend, wenn nicht der Parteiwille zu erkennen ist, sich auch dem neuen Recht zu unterwerfen.« Auch gegen dieses Urteil wurde Revision eingelegt. In seiner zweiten Entscheidung hat das Reichsgericht [2]) die Auffassung des Kammergerichts gebilligt [3]). Auf demselben Standpunkt steht eine Entscheidung des Reichsgerichts vom 30. 4. 1931 [4]) mit dem Zusatz, daß das neue Recht unabhängig vom Parteiwillen maßgebend ist, sofern beide Parteien örtlich zur Zeit des Inkrafttretens des neuen Rechts unter dessen Herrschaft stehen.

§ 49. Die im vorangehenden Paragraphen zitierten Urteile des Reichsgerichts vom 13. 7. 1929 und 14. 1. 1931 sowie das des Kammergerichts vom 31. 5. 1930 sind von Bedeutung, weil sie auch für ausländisches Recht den Satz enthalten, daß das kraft Parteiwillens einmal maßgeblich gewordene Recht weiter die Herrschaft behält, und zwar selbst dann, wenn der lokale Anknüpfungspunkt unter fremde Souveränität gerät. Sie beantworten die Frage nicht, was eintritt, wenn der Staat, dessen Recht ein Vertragsverhältnis unterstellt war, zu bestehen aufhört. Bei diesen drei Entscheidungen ist, wie leider unzweifelhaft ist, übersehen, daß nicht etwa das alte Österreich Böhmen abgetreten hat, sondern daß das alte Österreich sich aufgelöst hat, und daß an seine Stelle mehrere Staaten, von denen das jetzige Österreich nur einer ist, getreten sind [5]). Wenn die Gerichte nicht von der Gleichstellung des alten Österreichs mit

---

[1]) 31. 5. 1930, Rspr. Aufw. 1930 S. 477 ff. (480).

[2]) 14. 1. 1931, SA Bd. 85 Nr. 57 S. 97 ff. (99).

[3]) Neumeyer, JW 1928 S. 142 ff. und Neumeyer Bd. III, 2 S. 267 und passim, steht auf dem Standpunkt, daß auch bei Verträgen das Recht des abtretenden Staates, selbst wenn es auf Parteiwillen beruht, nicht ohne weiteres weitergilt, sondern daß eine Lokalisierung in Gemäßheit der neuen Souveränitätsverhältnisse vorzunehmen sei.

[4]) Rspr. Aufw. 1931 S. 417 ff. (419).

[5]) Richtig: RGStr. 4. 4. 1921, RGStr. Bd. 55 S. 284 f. (285); RGStr. 12. 5. 1922, RGStr. Bd. 57 S. 61 ff. (62).

dem jetzigen Österreich ausgegangen wären, so würde die Begründung der Urteile durchaus unschlüssig sein, soweit in ihnen dem österreichischen Recht der Vorzug vor dem tschechoslowakischen Recht gegeben wird.

Wo die wirkliche völkerrechtliche Lage berücksichtigt ist, ist das Reichsgericht zu einem anderen Ergebnis gekommen. In einem von ihm am 14. 12. 1927 entschiedenen Fall [1]) war ein Vertragsverhältnis, welches in der Mitte des 19. Jahrhunderts begonnen und im Jahre 1909 sein Ende gefunden hatte, in Böhmen lokalisiert. Das Reichsgericht hat angenommen, daß die Parteien das zwischen ihnen entstandene Rechtsverhältnis dem österreichischen Recht haben unterstellen wollen, und hat dann ohne weitere Begründung auf dieses Verhältnis tschechoslowakisches Recht angewandt. Einer besonderen Rechtfertigung in den Urteilsgründen bedurfte die Ersetzung des österreichischen Rechts durch das tschechoslowakische Recht für das hier in Frage kommende Vertragsverhältnis nicht. Denn das Schicksal der früheren österreich-ungarischen Monarchie konnte ohne weiteres als notorisch behandelt werden. Das in einem anderen Zusammenhang bereits erwähnte Urteil des Reichsgerichts vom 30. 4. 1931 [2]) enthält keine klare Stellungnahme zu der hier behandelten Frage.

Fehlen von Kollisionsnormen.

Regel 1 (§ 51): Kollisionsnormen fehlen gegenüber fremden Patenten, der Trennung von Tisch und Bett durch fremde Gerichte und (wahrscheinlich) der Haftung des Reeders für Verschulden von Zwangslotsen.

Regel 2 (§ 52): Eine ausländische Konfiskation von Warenzeichenrechten aus politischen Gründen wird (wahrscheinlich) nicht anerkannt.

Regel 3 (§ 53): Das Fehlen von Kollisionsnormen kann nur angenommen werden, wo eine Subsumierung unter unsere Kollisionsregeln schlechterdings unmöglich ist, oder wo besondere Gründe für das Fehlen von Kollisionsnormen vorliegen.

§ 50. Das deutsche internationale Privatrecht hat nicht nur zu bestimmen, nach welchem von mehreren in Betracht kommenden Rechten die Rechtsfolgen eines Tatbestandes mit internationalen Beziehungen von deutschen Gerichten zu beurteilen sind. Es gibt Fälle, in denen nach ausländischem Recht im Aus-

---

[1]) RG Bd. 119 S. 259 ff. = ZAIP Sonderheft 1928 Nr. 11.

[2]) Rspr. Aufw. 1931 S. 417 ff. (420 Sp. 2).

land erworbene Rechte nicht anerkannt werden, und zwar ohne daß dies mit der Vorbehaltsklausel des deutschen internationalen Privatrechts begründet werden könnte. In solchen Fällen wird nicht etwa im Widerspruch zu den allgemeinen Regeln ausnahmsweise das deutsche Recht trotz ausländischer Anknüpfung angewandt, sondern es wird einfach das ausländische Recht nicht angewandt. Eine Kollisionsnorm, auf Grund deren das ausländische Recht anzuwenden sein könnte, fehlt.

Mit Erscheinungen dieser Art haben sich führende Schriftsteller grundsätzlich beschäftigt, vor allem Savigny und Kahn. Savigny lehrte [1]), von dem Grundsatz, daß der Richter dasjenige örtliche Recht anzuwenden habe, dem das streitige Rechtsverhältnis unterliegt, gelte eine Ausnahme für »Rechtsinstitute eines fremden Staates, deren Dasein in dem unsrigen überhaupt nicht anerkannt ist, die also deswegen auf Rechtsschutz in unserem Staate keinen Anspruch haben«. Als Beispiele nennt er [2]) den bürgerlichen Tod der französischen und russischen Gesetzgebung, die Sklaverei (die auch unter dem Gesichtspunkt des Verstoßes gegen auf sittlichen Gründen beruhende Rechtssätze nicht anzuerkennen sei), die dingliche Miete. Dieser Lehre hat sich Kahn zunächst [3]) angeschlossen: »Die Anwendung fremden Rechts kann gar nicht mehr in Frage kommen, sobald es sich um Rechtsverhältnisse handelt, welche von allen inländischen sich dermaßen unterscheiden, daß von irgendwelcher Gleichartigkeit nicht mehr gesprochen werden kann«. Solche »inkommensurablen« ausländischen Rechtsverhältnisse seien nicht anzuerkennen. Später aber [4]) hat Kahn diese Kategorie aufgegeben und sich auf den entgegengesetzten Standpunkt gestellt. Auch für diese Rechtsverhältnisse sind nach Kahn die für die Anwendung des ausländischen Rechts maßgebenden Anknüpfungen festzustellen.

Im gegenwärtigen deutschen internationalen Privatrecht bestehen Fälle der Nichtanerkennung von Rechten, die im Ausland erworben sind, auf verschiedenen Rechtsgebieten. Die hier behandelte Frage betrifft die Anwendung fremder Privatrechtsnormen. Sie darf nicht mit der nach ganz anderen Gesichtspunkten zu lösenden Frage verwechselt werden, wie weit wir fremdes öffentliches Recht anerkennen. Das wird an anderer Stelle gezeigt werden.

---

1) S. 32 f.
2) S. 37 f., 163, 190.
3) Vgl. Bd. I S. 114 ff.
4) Vgl. Bd. I S. 311 ff.

§ 51. Der Inhaber eines ausländischen Patents müßte, wenn ausnahmslos unter ausländischem Recht liegende Tatbestände schlechthin nach diesem Recht zu beurteilen wären, vor deutschen Gerichten seine Rechte aus dem Patent geltend machen können, jedenfalls soweit es sich um Verletzungen im Lande der Patenterteilung handelt. Denn dann weisen alle möglichen Anknüpfungen auf das Recht dieses Landes. Es müßte nur ein deutscher Gerichtsstand begründet sein. Nach der Rechtsprechung des Reichsgerichts aber genießt das ausländische Patent in Deutschland keinen Rechtsschutz, und zwar auch nicht gegen Verletzungen in dem Lande, wo das Patent erteilt ist. Die Verletzung eines solchen Patents begründet keine Unterlassungsklage [1]), keine Schadenersatzklage [2]); und es kann auch nicht auf Feststellung eines ausländischen Patentrechts geklagt werden [3])[4]).

Auch bei der Stellungnahme des Reichsgerichts gegen die Zulässigkeit der Trennung von Tisch und Bett bei Ausländerehen hat der Gesichtspunkt des Fehlens von Kollisionsnormen eine Rolle gespielt. In dem Beschluß der vereinigten Zivilsenate [5]), der auf diesem Gebiet für die Praxis grundlegend geworden ist, wird zunächst

---

[1]) RG 18. 6. 1890, JW 1890 S. 280 f., mit ausführlicher Begründung dieser Stellungnahme.

[2]) Das ist vom Reichsgericht in der in Anm. 1 zitierten Entscheidung (S. 282) ausdrücklich ausgesprochen. Darüber, daß ausländischen Patenten kein Rechtsschutz gewährt wird, vgl. ferner RG 2. 10. 1886, RG Bd. 18 S. 28 ff. (35); RG 30. 4. 1894, JW 1894 S. 369 = Z Bd. 5 S. 173 ff.; RG 13. 3. 1899, JW 1899 S. 444 = Z Bd. 9 S. 399; RG 2. 5. 1902, RG Bd. 51 S. 263 ff. (266). Ebenso Pietzcker, Komm. z. Patentges. und Gebrauchsmusterges. 1. Halbband 1929 § 4 Anm. 23, welcher jedoch eine Ausnahme für den Fall machen will, daß im Staat der Patenterteilung und -verletzung keine Vollstreckungsobjekte vorhanden sind, aus denen der Patentinhaber sich wegen seines Schadens befriedigen könnte.

[3]) Die in Anm. 2 zitierte Entscheidung RG 30. 4. 1894.

[4]) Anders ist die Rechtslage bei Warenzeichen. Auch hier gilt für die international-privatrechtliche Behandlung das Territorialitätsprinzip. Vgl. RG 20. 9. 1927, RG Bd. 118 S. 76 ff. (80 ff.) = LZ 1928 Sp. 178 ff. = ZAIP Sonderheft 1926/27 Nr. 109 (unter Aufgabe des abweichenden Standpunktes der älteren Rechtsprechung); RG 20. 4. 1928, JW 1928 S. 1456 = ZAIP Sonderheft 1928 Nr. 63. Das bedeutet aber für ausländische Warenzeichen nur, daß sie nicht gegen Verletzungen außerhalb des Staates, in dem das Warenzeichenrecht besteht, geschützt werden, nicht, daß ihnen überhaupt kein Rechtsschutz gewährt wird. Ansprüche aus Verletzungen im Registerstaat können vor den deutschen Gerichten geltend gemacht werden. HansOLG 18. 10. 1929, HansRGZ 1930 A S. 682 ff. und im selben Falle RG 8. 7. 1930, RG Bd. 129 S. 385 ff. = HansRGZ 1931 A Sp. 171 ff.

[5]) 12. 10. 1903, RG Bd. 55 S. 345 ff.

ausführlich dargelegt, daß die »Scheidung«, von der Art. 17 EG spricht, nur die Scheidung vom Bande ist und nicht die Trennung von Tisch und Bett umfaßt. Diese Erwägung geht von dem Gedanken aus, daß, wenn nicht Art. 17 EG die einschlägige Vorschrift bildet, die Kollisionsnorm fehlt, auf Grund deren die ausländischen Rechtssätze über die Trennung von Tisch und Bett in Deutschland anwendbar sein könnten.

Mit dem Fehlen von Kollisionsnormen dürfte auch die Praxis des Reichsgerichts zu erklären sein, nach welcher eine Verantwortlichkeit des Reeders für Versehen des Zwangslotsen abgelehnt wird, selbst wenn der Schaden in einem Gebiet zugefügt ist, wo eine solche Verantwortlichkeit besteht [1]. Daß im Recht der Quasidelikte möglicherweise in gewissem Umfange Kollisionsnormen über die Anwendbarkeit des fremden Rechts fehlen, wird auch in der Literatur gelegentlich angenommen [2]. Es handelt sich hier um die Rechtsfolgen von Tatbeständen, die außerhalb der auf Grund deutschrechtlicher Qualifikation zu bestimmenden Kategorie der unerlaubten Handlung liegen und auch mit den Tatbeständen, an die das deutsche Recht eine quasideliktische Haftung knüpft, nicht übereinstimmen.

§ 52. In der ausländischen Rechtsprechung und Rechtslehre wird in erheblichem Maße der Gedanke verwendet, daß fremde Rechtsnormen bestimmter Arten, die man unter der Bezeichnung »politische Gesetze« zusammenfassen kann, niemals anzuwenden seien [3]. Dieser Gesichtspunkt hat zum Beispiel die französische Rechtsprechung veranlaßt, die durch ein fremdes Recht angeordnete Wechselunfähigkeit der Mitglieder eines bestimmten Standes nicht anzuerkennen [4] sowie der aus politischen Gründen in Deutschland erfolgten Entmündigung eines Herzogs von Braunschweig [5] und der russischen Entmündigung eines Grafen Potocki durch Ukas

---

[1] Vgl. RG 12. 7. 1886, RG Bd. 19 S. 7 ff., insbesondere aber 25. 6./9. 7. 1892, RG Bd. 29 S. 90 ff. und die Ausführungen unten § 244 S. 368 ff.

[2] Vgl. Rabel, ZAIP 1929 S. 757; v. Schelling, ZAIP 1929 S. 861 f. In ZAIP 1931 S. 264 f. spricht sich Rabel allgemein für die Anerkennung fremder Gefährdungshaftungen aus.

[3] Vgl. aus der neueren Literatur: Pillet, Recueil Bd. 8 S. 514 ff.; Fedozzi, Recueil Bd. 27 S. 145 ff.; Arminjon, Revue 1930 S. 385 ff.

[4] Vgl. die Angaben von Hirsch, JW. 1930 S. 1339; Cour de Paris 16. 1. 1836 und 25. 11. 1850, Sirey 1836. 2. 70 und 1850. 2. 166; Tribunal de la Seine 7. 5. 1873, Clunet 1875 S. 20; Lyon-Caen-Renault Bd. IV S. 585; Weiß Manuel S. 585.

[5] Cour de Paris 16. 1. 1836, Sirey 1836. 2. 70; vgl. Arminjon, Revue 1930 S. 393.

des Zaren [1]) die Wirkung zu versagen. Auch bei der Nichtanerkennung gesetzlicher Kriegsmaßnahmen der ehemaligen Feindmächte durch die Gerichte der Neutralen [2]) ist dieser Gesichtspunkt von Bedeutung gewesen.

In der bekannten Reichsgerichtsentscheidung über die Wegnahme der Chartreuse-Marke infolge eines französischen Gesetzes, das die religiösen Kongregationen auflöste [3]), scheint der Gedanke der Nichtanwendbarkeit fremder politischer Gesetze berührt zu sein, wenn das Reichsgericht von dieser Wegnahme als von einer polizeilichen Maßnahme spricht.

Im übrigen aber fehlen für das deutsche Recht ausreichende Anhaltspunkte für die Annahme, daß bezüglich fremder politischer Gesetze eine Regelung ähnlich der für das Patentrecht dargelegten gilt, daß also auch hier ein Fall des Fehlens von Kollisionsnormen — im Unterschied insbesondere von den Fällen des Eingreifens der Vorbehaltsklausel — anzunehmen ist.

§ 53. Für das deutsche internationale Privatrecht ist die Frage von Bedeutung, ob im Zweifelsfall für die Anwendung ausländischen Rechts das Vorliegen einer örtlichen Kollisionsregel feststehen muß, oder ob besondere Gründe für das Fehlen einer solchen vorhanden sein müssen. Meiner Ansicht nach ist diese Frage im letzteren Sinne zu entscheiden. Wir haben ein so fremdartiges Institut wie das mohammedanische Schrâ-Machen in Deutschland anerkannt [4]), und wir haben den Zweifel [5]), ob im Ausland begangene Verstöße gegen ausländische Warenzeichen vor deutschen Gerichten verfolgt werden können, im bejahenden Sinne beantwortet [6]). Zudem ist unser System des internationalen Privatrechts so ausgebildet, daß es fast jeden Tatbestand erfassen kann. Nur wo eine Subsumierung unter unsere Kollisionsregeln schlechterdings unmöglich ist, oder wo besondere Gründe für das Fehlen von Kollisionsregeln vorliegen, wird man dieses Fehlen annehmen können.

---

[1]) Tribunal de la Seine 7. 5. 1873, Clunet 1875 S. 20. Vgl. Arminjon a. a. O.

[2]) Schweizer Bundesgericht 17. 12. 1914 und 17. 4. 1916, Revue 1917 S. 350 ff. und 348 ff., und 19. 4. 1918, Bul. Bd. 1. Nr. 56; Gerechtshof Haag 19. 11. 1916,, Weekblad van het Recht Nr. 10060, bestätigt durch Hooge Raad 2. 11. 1917, Clunet 1919 S. 425 ff. Vgl. ferner die von Reupke in JW 1929 S. 3525 (Anm.) zitierten Urteile skandinavischer Gerichte.

[3]) 2. 5. 1908, RG. Bd. 69 S. 1 ff.

[4]) RG 13. 12. 1911, RG Bd. 78 S. 190 ff.

[5]) Vgl. RG 20. 9. 1927, RG Bd. 118 S. 82 = ZAIP Sonderheft 1926/27 Nr. 109.

[6]) Vgl. oben § 51 S. 78 Anm. 4.

Was ist ausländisches Recht?

Regel 1 (§§ 54, 55, 56): Ausländisches Recht im Sinne der Vorschriften des deutschen internationalen Privatrechts sind alle im Ausland geltenden Rechtsnormen, insbesondere auch gewohnheitsrechtliche.

Regel 2 (§§ 57, 58): Die Anwendung ausländischer Gesetze ist (wahrscheinlich) unabhängig davon, ob der ausländische Staat oder dessen Regierung von der deutschen Regierung anerkannt ist.

Regel 3 (§ 59): Die Voraussetzungen der Entstehung ausländischer Rechtsnormen sind nach ausländischem Recht zu beurteilen.

Regel 4 (§ 60): Rechtssätze des Auslandes sind nach den dort geltenden Grundsätzen auszulegen.

Regel 5 (§§ 61 bis 66): Bei der Anwendung ausländischen Rechts ist der Stellungnahme ausländischer Gerichte oder Verwaltungsbehörden soviel Gewicht beizulegen, wie ihr in dem ausländischen Staat beigelegt wird.

Regel 6 (§ 67): Widersprechen sich die Stellungnahme der ausländischen Gerichte und die der ausländischen Verwaltungsbehörden, so ist im Zweifel der ersteren zu folgen.

Regel 7 (§ 68): Im Falle der Weiterverweisung hat das weiterverweisende Recht zu bestimmen, welche Grundsätze für die Feststellung der anzuwendenden Normen fremden Rechts maßgebend sind.

§ 54. Wenn die Vorschriften des deutschen internationalen Privatrechts die Anwendung ausländischen Rechts gebieten, so wirft sich die Frage auf: Was ist ausländisches Recht? [1])

Selbstverständlich gehören dazu nicht nur Gesetze, sondern auch Rechtsnormen andrer Art [2]) [3]). Art. 2 EG bestimmt ausdrücklich: Gesetz im Sinne dieses Gesetzes — also auch im Sinne der Art. 7 bis 31 EG — ist jede Rechtsnorm. Dasselbe gilt natürlich, soweit die Anwendung ausländischen Rechts durch andere deutsche Vorschriften angeordnet ist als die im EG gegebenen. Auch fremdes Gewohnheitsrecht ist Gesetz im Sinne unserer Kollisionsregeln.

§ 55. Ausländisches Recht soll angewandt werden. Was Recht überhaupt ist, soll in diesem Buche nicht eingehend untersucht werden, weil es sich dabei nicht um eine Spezialfrage des internationalen Privatrechts handelt. Jedenfalls sind religiöse Vorschriften und Regeln der Sitte oder Konvention als solche nicht

---

[1]) Vgl. zum folgenden Niboyet: »Qu'est-ce que la loi étrangère aux yeux des juges d'un pays déterminé?«, Revue de droit international et de législation comp. 1928 S. 753 ff.

[2]) Vgl. für früheres deutsches Recht z. B. ROHG 25. 6. 1872, ROHG Bd. 7 S. 1 ff. (6 f.) = SA Bd. 27 Nr. 126; RG 26. 2. 1891, RG Bd. 27 S. 100 ff.

[3]) Treffend heißt es in dem Urteil des Supreme Court of St. Louis in re Saul v. His Creditors (1827), Rep. 5 Martin New Series 569 = Beale Bd. II S. 147: »In looking into the laws of any country we stop at the threshold if we look no further than their statutes.«

Rechtsnormen. Daß die Abgrenzung des Rechts nach diesen beiden Richtungen auch praktisch nicht immer zweifellos ist, mögen zwei Beispiele zeigen.

In einem ans Reichsgericht gelangten Prozesse forderte der Kläger, ein Deutscher, von dem Beklagten, ebenfalls einem Deutschen, er solle sich zum Zwecke der Austragung eines Rechtsstreits über ein marokkanisches Grundstück dem Schrâverfahren vor dem marokkanischen Richter unterwerfen, d. h. sich auf einen Prozeß vor dem marokkanischen Richter einlassen. Ohne diese Einlassung war die Durchführung des Prozesses in Marokko nicht möglich. Der Klage wurde stattgegeben. Die Grundlage der Verurteilung war die im Reichsgesetzblatt veröffentlichte Madrider Konvention vom 3. 7. 1880 (Art. 11). Auf Grund dieser deutschen Rechtsnorm nahm das Reichsgericht an, daß der Beklagte sich bezüglich des Schrâmachens so zu verhalten habe, wie es den Mohammedanern nach marokkanischem Recht vorgeschrieben ist. Das Reichsgericht mußte also den Inhalt dieses Rechts feststellen. In Marokko bestand eine religiöse Verpflichtung der Mohammedaner, sich auf Klagen einzulassen, Schrâ zu machen. Die Erfüllung dieser Pflicht aber konnte durch die weltliche Obrigkeit mit Strafen erzwungen werden. Wegen dieses Umstandes hat das Reichsgericht angenommen, daß die religiöse Pflicht auch den Charakter einer rechtlichen habe[1]).

Die englische King's Bench hat im Jahre 1760[2]) eine Entscheidung gefällt, in der ein Anspruch auf Zahlung einer Geldsumme, die beim Spiel in Frankreich gewonnen war, abgewiesen wurde. Es war festgestellt »that in France money lost at play, between gentlemen, may be recovered, as a debt of honour, before the marshalls of France, who can enforce obedience to their sentence by imprisonment; though such money is not recoverable in the ordinary course of justice«. Das Gericht lehnte ab, unter diesen Umständen anzunehmen, daß in Frankreich ein Anspruch rechtlicher Art auf Bezahlung solcher Schulden bestehe.

§ 56. Die Normen des ausländischen Rechts sollen angewandt werden. Normen müssen eine generelle Regelung enthalten. Obrigkeitliche Anordnungen für Einzelfälle sind nicht Normen.

Hierher gehören insbesondere die Fragen, die sich für das internationale Privatrecht an die Einrichtung der sogenannten »private bills« knüpfen. Es handelt sich um Anordnungen, die Einzel-

---

[1]) 13. 12. 1911, RG Bd. 78 S. 190 ff.

[2]) Robinson v. Bland 22. 5. 1760, Rep. 2 Burrow 1077 = Beale 1928 S. 461 ff.

fälle regeln, aber von den gesetzgebenden Organen formell als Gesetze erlassen werden. Der bekannteste und praktisch vermutlich bedeutsamste Fall ist der der kanadischen Ehescheidungen. In mehreren Teilen Kanadas, vor allem in Niederkanada (Quebec) und Ontario [1]), gibt es weder gesetzliche noch gewohnheitsrechtliche Vorschriften, die die Scheidung der Ehe vom Bande zulassen [2]) [3]). Für diese Teile Kanadas ist eine Ehescheidung nur durch einen Gesetzgebungsakt des kanadischen Parlaments möglich [4]). Früher waren solche Scheidungen durch Gesetz selten. Seit einigen Jahrzehnten aber wird der Grundsatz befolgt, daß die Scheidung zu gewähren ist, wenn nach englischem Recht die Voraussetzungen dafür vorliegen [5]). Dieser Umstand ermöglicht m. E. auch deutschen Gerichten, kanadische Ehegatten zu scheiden. Denn es kann auf Grund der erwähnten Praxis des kanadischen Parlaments als Satz des kanadischen Rechts angenommen werden, daß die Scheidung unter den Voraussetzungen des englischen Rechts zulässig ist [6]). Daß in Kanada zur Scheidung ein Gesetz erforderlich ist, bleibt für den deutschen Richter unerheblich, da es sich dabei angesichts der zum Rechtssatz entwickelten Praxis des kanadischen Parlaments nur noch um das Verfahren der Scheidung handelt. Wäre eine solche Regel für die Gewährung und Versagung der Scheidung nicht festzustellen, so könnte ein deutsches Gericht kanadische Ehen nicht scheiden.

§ 57. In diesem Zusammenhang muß auch die Frage erörtert werden, ob das von einem nicht anerkannten Staat oder von einer nicht anerkannten Regierung gesetzte Recht zu berücksichtigen ist.

Die deutschen Gerichte stehen im allgemeinen auf dem sehr verständigen Standpunkt, daß Recht diejenige Regelung der menschlichen Verhältnisse ist, die sich tatsächlich durchsetzt. In einer Entscheidung vom 29. 6. 1920 [7]) ist ausgesprochen, daß

---

[1]) Vgl. Leske-Löwenfeld Bd. IV S. 632 f.; Bergmann Bd. III S. 107, 121 Anm. 1, 128 Anm. 1, 137, 140 Anm. 1, 147 Anm. 1, 151 Anm. 2.

[2]) In Art. 185 des Bürg. Gesetzbuches von Niederkanada ist z. B. ausdrücklich bestimmt, daß das Band der Ehe nur durch den Tod eines Gatten lösbar ist, Bergmann Bd. III S. 107.

[3]) Dasselbe gilt in gewissem Umfang für die Trennung von Tisch und Bett und für die Nichtigkeitserklärung der Ehe, Leske-Loewenfeld a. a. O.

[4]) Vgl. Leske-Löwenfeld a. a. O.; Bergmann Bd. III S. 95.

[5]) Vgl. Rabel, ZAIP 1931 S. 262, und die dort befindlichen Zitate; ferner Leske-Löwenfeld a. a. O.; Bergmann a. a. O.

[6]) Ebenso Rabel a. a. O.; vgl. auch Berufungsgericht Douai 29. 1. 1924, Clunet 1924 S. 398 ff.

[7]) RGStr. Bd. 55 S. 81 f.

Stempelmarken, die die Tschechoslowakei im Februar und März 1919 ausgegeben hatte, als staatliche Stempelmarken anzusehen waren. Das Landgericht hatte diese Frage bejaht, weil Deutschland schon im Januar 1919 die Tschechoslowakei als selbständiges Staatengebilde stillschweigend anerkannt habe. Das Reichsgericht hat diese Auffassung gemißbilligt und ausgeführt: »Auf die Frage der Anerkennung kommt es überhaupt nicht an. Entscheidend ist allein, ob das aus dem Zusammenbruche des vormaligen Österreichisch-Ungarischen Reichs hervorgegangene neue Staatswesen sich zu der in Rede stehenden Zeit bereits tatsächlich durchgesetzt hatte. Das muß angenommen werden. Ein Blick auf die Gesetzgebungstätigkeit der tschechoslowakischen Republik zeigt, daß die Machthaber in Prag sich mindestens seit Anfang des Jahres 1919 in unbestrittenem Besitz der zur Ausübung der Regierung erforderlichen Staatsgewalt befanden«.

Dieselbe Rechtsauffassung kommt in einer Entscheidung des Reichsgerichts vom 16. 10. 1925 [1]) zum Ausdruck. Es handelte sich um die Frage, ob Verfügungen des polnischen Ministers für Industrie und Handel vom 9. 5. 1919 als Rechtsquelle anzusehen waren. Damals war Polen von Deutschland noch nicht als Staat anerkannt. Das Reichsgericht hat die Frage mit folgender Begründung bejaht: »Ein selbständiger polnischer Staat war bereits vorher (das heißt vor der deutschen Anerkennung) zur Entstehung gelangt, indem sich in den früher russischen Gebieten mit polnischer Bevölkerung nach Beendigung der Besetzung durch die Mittelmächte polnische Behörden gebildet und die Regierungsgewalt in die Hände genommen hatten« [2]).

---

[1]) JW 1926 S. 1986 ff. = ZAIP Sonderheft 1926/27 Nr. 138.

[2]) Auf dem entgegengesetzten Standpunkt steht eine Entscheidung des höchsten Gerichtshofs der Vereinigten Staaten, in der die Rechtsänderung infolge der Lostrennung einer spanischen Kolonie in Südamerika, die von der Regierung der Vereinigten Staaten noch nicht als Staat anerkannt war, nicht beachtet wurde. Vgl. Noël-Henry »Les gouvernements de fait devant le juge« 1927, Nr. 128, 129 S. 143 und Anm. 394. Das Berufungsgericht Mailand hat am 30. 12. 1920 (Bul. Bd. 6 Nr. 1465) zwar ausgesprochen, daß ein Staat unabhängig von seiner Anerkennung durch andere Staaten existiere, sobald ein Volk auf seinem eigenen Gebiete seine Unabhängigkeit proklamiert und eine gefestigte Regierung gebildet habe. Ob aber hier ausgesprochen sein soll, daß die Gerichte die Gesetze eines von Italien nicht anerkannten Staats zu beachten haben, ist aus dem Urteilsauszug nicht zu ersehen und muß angesichts der unten, § 58 S. 86 in Anm. 6 von S. 85, berichteten Stellungsnahme der italienischen Gerichte gegenüber den Gesetzen einer nicht anerkannten Regierung sehr zweifelhaft erscheinen.

§ 58. Die Gründe, welche den deutschen Richter veranlassen, sogar das Recht eines nichtanerkannten Staates zu berücksichtigen, wenn er sich tatsächlich durchgesetzt hat, treffen natürlich in erhöhtem Umfange zu, wenn es sich nur um eine nicht anerkannte Regierung eines anerkannten Staates handelt. So ist in Deutschland, soweit ich sehe, das Sowjetrecht angewandt worden [1]), auch für Tatbestände aus der Zeit nach Abbruch der diplomatischen Beziehungen zu Sowjetrußland, nach Beseitigung des Friedens von Brest-Litowsk und vor Abschluß des Vertrages von Rapallo. Die deutschen Gerichte haben nicht einmal untersucht, ob in der Zwischenzeit die Sowjetregierung von Deutschland anerkannt war.

Daß es auf die tatsächliche Macht ankommt, wird auch durch die deutsche Rechtsprechung über die Befugnis einer de-facto-Regierung zur rechtsgeschäftlichen Staatsvertretung bestätigt [2]).

Die Stellungnahme des österreichischen Obersten Gerichtshofs [3]) und des schweizer Bundesgerichts [4]) sowie des Handelsgerichts Alexandrien [5]) entspricht derjenigen der deutschen Gerichte [6]).

---

[1]) Vgl. OLG Düsseldorf 31. 10. 1922, JW 1923 S. 191; LG Hamburg 13. 6. 1924, HansRZ 1924 Sp. 749 = Z Bd. 34 S. 465 ff.

[2]) In einem älteren Falle, wo es um die Anerkennung eines Revolutionspräsidenten von Peru ging, hat das Hanseatische Oberlandesgericht (7. 7. 1882, HansGZ 1882 Hbl. Nr. 71) ausgeführt: »Gesetzlicher Vertreter eines Staates in der hier in Frage kommenden Beziehung (der Präsident hatte eine Vollmacht zur Vertretung des Staates Peru ausgestellt) ist derjenige, dessen Handlungen dieser Staat nach völkerrechtlichen Grundsätzen anzuerkennen und gelten zu lassen verpflichtet ist. Zu solcher Vertretung aber ist der tatsächliche Inhaber und Träger der Staatsgewalt (das wirkliche Staatshaupt) berechtigt; qui actu regit; auch der siegreiche und im Lande anerkannte Usurpator ..... im Gegensatz zu dem zwar legitimen, aber der Regierungsgewalt tatsächlich entkleideten Oberhaupte.« Das Reichsgericht (30. 4. 1884, Blum Bd. 10 S. 260 ff. Nr. 63) hat diesen Standpunkt gebilligt, indem es sagt, jener Präsident sei »zur Zeit der Ausstellung der tatsächliche Inhaber der Staatsgewalt von Peru und daher völkerrechtlichen Grundsätzen gemäß nach außen hin die Republik zu vertreten befugt gewesen.«

[3]) 31. 10. 1922, Wahle in BliP 1926 Sp. 153.

[4]) 10. 12. 1924, Clunet 1925 S. 488; 15. 6. 1928, BliP 1929 Sp. 123 f. = Revue 1928 S. 690 f.; anders Zivilgericht Genf 9. 7. 1920 und 17. 2. 1921, Bul. Bd. 7 Nr. 1944.

[5]) 30. 4. 1924, Bul. Bd. 12 Nr. 3807.

[6]) In England haben die Gerichte die Anwendung des sowjetrussischen Rechts abgelehnt, solange die englische Regierung die sowjetrussische nicht als de-facto-Regierung anerkannt hatte. Vgl. Noël-Henry a. a. O. Nr. 90 f. S. 95 ff.; Idelson, Clunet 1924 S. 28 ff.; Court of Appeal 12. 5. 1921, Clunet 1924 S. 236 ff.; High Court 14. 2. 1922, Bul. Bd. 7 Nr. 1740 und im selben Falle Court of Appeal 5. 5. 1922, Bul. Bd, 7 Nr. 1986. In den Vereinigten

§ 59. Wenn eine fremde Rechtsordnung als Ganzes anerkannt wird, so wird die Frage von Bedeutung, wie innerhalb dieser Rechtsordnung Recht geschaffen wird. In jeder Rechtsordnung bestehen geschriebene oder ungeschriebene Normen, die die Voraussetzungen des gültigen Zustandekommens von Rechtssätzen bestimmen, insbesondere Vorschriften über die zum Erlaß von Rechtssätzen befugten Stellen und über das Verfahren, in dem die Rechtssätze geschaffen werden sollen. Mit der Verweisung auf ausländisches Recht ist auch auf solche im ausländischen Recht geltende »Gültigkeitsnormen«, (»Geltungskraftnormen«) [1]) verwiesen [2]).

Dies gilt nicht nur für die Anwendung geschriebenen Rechts, sondern insbesondere auch für die Anwendung ausländischen Gewohnheitsrechts [3]). Die Voraussetzungen für die Bildung und Anerkennung von Gewohnheitsrecht sind, wenn es sich um ausländisches Recht handelt, ebenfalls nach diesem zu beurteilen. Wenn also z. B. in England das durch die Rechtsprechung gebildete Gewohnheitsrecht in der Lage ist, dem Gesetz zu derogieren [4]), so hat der deutsche

---

Staaten, wo die Sowjetregierung nicht anerkannt ist, haben die Gerichte grundsätzlich die Anwendung des Sowjetrechts abgelehnt, jedoch auf die tatsächliche Durchsetzung dieses Rechts und seine Anerkennung in anderen Staaten zur Vermeidung unbilliger Entscheidungen Rücksicht genommen. Vgl. Noël-Henry a. a. O. Nr. 96 ff. S. 100 ff.; Harvard Law Review Bd. 39 S. 127 (zahlreiche Zitate von Entscheidungen); State of New York Court of Appeal 21. 1. 1925, Bul. Bd. 13 Nr. 4069; Court of Appeal New York 7. 4. 1925, Clunet 1925 S. 1070 ff. (wo erklärt ist, die Frage der Anerkennung des Sowjetrechts sei unabhängig von der Stellungnahme des State Department zur russischen Regierung zu lösen) gegen Berufungsabteilung des Supreme Court of New York Januar 1925, Clunet 1925 S. 451 ff.; New York Court of Appeal Februar 1930, Bul. Bd. 23 Nr. 6538. Die französischen Gerichte haben bis zur Anerkennung der Sowjetregierung das sowjetrussische Recht nicht angewandt. Vgl. Noël-Henry a. a. O. Nr. 94, 124, 128 f. S. 99, 134, 143; Grouber, Clunet 1924 S. 8 ff.; Trib. de commerce Marseille 23. 4. 1925, Clunet 1925 S. 391 ff.; Trib. civ. de la Seine 24. 12. 1926, Revue 1928 S. 97 ff.; Zirkular des Garde des Sceaux 28. 4. 1925, Clunet 1926 S. 233 f. Ebenso anscheinend die italienische Rechtsprechung, vgl. Noël-Henry a. a. O. Nr. 95 S. 99; Tribunal Rom 8. 2. 1924, Bul. Bd. 12 Nr. 3806. — In Belgien scheint die Mehrzahl der Entscheidungen denselben Standpunkt eingenommen zu haben. Vgl. Janne, Rép. Bd. VI unter »Belgique« Nr. 39; Zivilgericht Brüssel 5. 6. 1925, BliP 1926 Sp. 161 f.; Berufungsgericht Brüssel 30. 6. 1929, Bul. Bd. 23 Nr. 6534.

[1]) Vgl. Kunz, Z Bd. 32 S. 27.

[2]) Ebenso Zitelmann Bd. I S. 286; Neumeyer I. Pr. R. § 9; Kunz a. a. O.; Niboyet a. a. O. S. 767 ff., 771 f.

[3]) Ebenso Zitelmann a. a. O.; Kunz, Z Bd. 32 S. 28; Niboyet a. a. O. S. 786 f.; Fedozzi, Recueil Bd. 27 S. 221.

[4]) Vgl. Korsch, Z Bd. 24 S. 294 f., 297.

Richter bei Anwendung englischen Rechts solche Rechtsänderung anzuerkennen, ohne Rücksicht darauf, ob dieselbe Kraft der Rechtsprechung innerhalb der deutschen Rechtsordnung zuzuerkennen ist [1]). Als ein Beispiel für die Bewertung des Verhaltens ausländischer Verwaltungsbehörden sei auf eine Reichsgerichtsentscheidung [2]) verwiesen, in der angenommen wurde, daß in der Türkei ein Gewohnheitsrechtssatz bestehe, nach dem eine von einem christlichen Ausländerpaar vor einem christlichen Geistlichen geschlossene Ehe formgültig sei. Die Annahme dieses Gewohnheitsrechts stützt sich auf die Praxis der türkischen Behörden, die sich zwar der Entscheidung über die Gültigkeit solcher Ehen enthielten, sie aber bei entsprechender Bescheinigung durch den zuständigen Konsul ohne weiteres als gültig behandelten.

Daraus, daß die Geltungsvoraussetzungen ausländischer Normen nach dem ausländischen Recht zu beurteilen sind, folgt, daß auch die Frage des richterlichen Prüfungsrechts nach den im Ausland geltenden Grundsätzen zu beantworten ist [3]). Denn wenn der deutsche Richter prüfen würde, ob z. B. ein äußerlich ordnungsgemäß publiziertes ausländisches Gesetz mit genügender Mehrheit durch das Parlament angenommen ist, während dem fremden Richter ein solches Prüfungsrecht nicht zusteht, so würde er möglicherweise die Gültigkeit anders beurteilen als der fremde Richter. Nach den im Ausland geltenden Grundsätzen ist also insbesondere zu entscheiden, ob der Richter nur das formell ordnungsmäßige Zustandekommen der Vorschrift nachprüfen darf oder auch ihre Vereinbarkeit mit Normen höheren Ranges, etwa Verfassungsvorschriften.

§ 60. Auch die Auslegung eines fremden Rechtssatzes muß auf Grund der fremden Auslegungsmethoden erfolgen. So darf der deutsche Richter bei Auslegung eines englischen »statute« die auf den Gesetzesmaterialien beruhende Entstehungsgeschichte nicht berücksichtigen, weil ein solches Verfahren in England als unzulässig gilt [4]).

§ 61. Von großer praktischer Wichtigkeit ist die Frage, welche Bedeutung der ausländischen Rechtsübung, der Rechtsprechung und der Praxis anderer Behörden beizumessen ist.

---

[1]) Vgl. ferner z. B. ROHG Bd. 7 S. 7 Anm. 1 zu ROHG 25. 6. 1872. Nach dieser Note galt möglicherweise in Holland eine andere Rangordnung zwischen Gewohnheitsrecht und Gesetz als nach Art. 1 AHGB in Deutschland.

[2]) 26. 2. 1891, RG Bd. 27 S. 100 ff.

[3]) Ebenso Zitelmann Bd. I S. 286; Kunz, Z Bd. 32 S. 30 ff.; Niboyet a. a. O. S. 770 f.

[4]) Vgl. W. M. Geldart »Elements of English Law« 2. Aufl. 1929, rev. by Sir W. Holdsworth S. 14.

Soweit aus der ausländischen Rechtsprechung sich ein Gewohnheitsrecht ergibt, muß der deutsche Richter es selbstverständlich anwenden, denn Gewohnheitsrecht ist ebenso Recht wie Gesetzesrecht.

Im übrigen muß der ausländischen Rechtsprechung soviel Gewicht beigelegt werden, wie ihr nach der im Ausland geltenden Auffassung zukommt [1]). In dieser Hinsicht bestehen zwischen den Staaten große Unterschiede. In welchem Staate der Rechtsprechung die geringste Bedeutung beigemessen wird, ist schwer festzustellen. Am anderen Ende der Reihe aber stehen die angelsächsischen Staaten. Der größte Teil des englischen Rechts ist Richterrecht. Die Gesetzgebung nimmt im Bereiche des Privatrechts einen verhältnismäßig geringen Raum ein. Die wesentliche Tätigkeit des Richters bei Prüfung der Frage, was geltendes Recht ist, besteht in der Feststellung, wie eine Rechtsfrage in früheren Fällen von englischen Gerichten entschieden ist. In erheblichem Umfang haben frühere Urteile sogar formell bindende Kraft. Kein Gericht darf von der Entscheidung eines übergeordneten abweichen. Ob und in welchem Maße auch den Entscheidungen desselben Gerichts oder gleichgeordneter Gerichte diese bindende Wirkung zukommt, ist nicht ganz geklärt. Es scheint, als ob die Frage für die Entscheidungen der höchsten Instanz, des House of Lords, und der nächstfolgenden, des Court of Appeal, zu bejahen, für die niederer Gerichte zu verneinen ist [2]). Das

---

[1]) Ebenso Neumann V 2 vor Art. 7 EG; Niboyet a. a. O. S. 791 ff. Vgl. auch RG 31. 1. 1912, JW 1912 S. 474. Das RG schreibt die Prüfung des russischen Gerichtsgebrauchs vor, indem es hervorhebt, daß dieser »notorisch für Rußland besonders bedeutsam« sei.

[2]) Dies nimmt Korsch, Z Bd. 24 S. 292 ff. an. Es ist offenbar auch die Auffassung Diceys S. 18, der nur von den beiden höchsten Gerichten sagt, daß sie durch ihre eigenen Entscheidungen gebunden seien, und fortfährt: »Further in the absence of strong reasons to the contrary, judges tend to follow earlier decisions, even when not binding them.« Jenks in Stephens »Commentaries of the Laws of England« 18. Aufl. Bd. I 1925 S. 24 sagt ohne Unterscheidung: »Those of equal rank hesitate gravely before refusing to follow its (eines Urteils) lead.« Nach Geldart a. a. O. S. 16 f. sind die beiden höchsten Gerichte durch ihre eigenen Entscheidungen gebunden; in ein oder zwei Fällen seien jedoch Urteile des Court of Appeal selbst von niederen Gerichten nicht befolgt worden, weil sie von älteren Entscheidungen abwichen; die Entscheidung eines niederen Gerichts sei für gleichgeordnete Gerichte bindend »except where it is clearly inconsistent with established principles of law, or where (if there is no previously settled rule) it is clearly unreasonable«. Goldschmidt in »Handelsgesetze des Erdballs« Bd. XI Abt. 1 unter »England, Grundzüge des Handelsrechts« S. 10 nimmt ohne Unterscheidung an, daß die Urteile gleichgeordneter Gerichte bindend seien, wenn sie nicht »offenbar absurd oder ungerecht« sind, was selten angenommen werde. Für weitere Nachweise vgl. Korsch a. a. O. Die County-Courts sind im Vorstehenden nicht in Betracht

House of Lords selbst lehnt ab, von einer ständigen Praxis der unteren Gerichte abzugehen [1]. In den Vereinigten Staaten ist die Bedeutung der Rechtsprechung ähnlich wie in England [2]. Die Bedeutung der angelsächsischen Rechtsprechung für die Rechtsbildung müssen unsere Gerichte natürlich anerkennen. Das Reichsgericht würde sicher nicht in einer Frage des englischen Rechts ein Urteil des House of Lords für rechtsirrig und daher unmaßgeblich erklären, wie es das in einer Frage des schweizer Rechts bei einem Urteil des schweizer Bundesgerichts getan hat [3].

Was die Bewertung englischer Urteile betrifft, so ist zweifellos, daß ein Urteil des House of Lords für deutsche Gerichte unbedingt maßgebend sein muß; denn nach englischem Recht kann eine vom House of Lords aufgestellte oder gebilligte Regel nur durch Gesetz abgeändert werden. Aber auch die Entscheidungen der unteren Instanzen müssen m. E., wenn nicht im Einzelfall besonders schwerwiegende Gegengründe vorliegen, vom deutschen Richter berücksichtigt werden, auch wenn es sich nicht um eine ständige Rechtsprechung handelt und um ein Gericht, dessen Entscheidungen keine formell bindende Kraft zukommt. Soweit ich sehe, haben unsere Gerichte in den zahlreichen Fällen, in denen sie zur Anwendung englischen Rechts auf die englische Rechtsprechung als Material der Entscheidungsfindung angewiesen waren, niemals abgelehnt, ihr zu folgen — es sei denn, daß es sich gerade um eine Frage wie die der Bedeutung einer dem Krieg dienenden gesetzgeberischen Kampfmaßnahme handelte [4]. Einen Standpunkt, wie ihn gelegentlich ein französisches Gericht [5] eingenommen hat, die englische Gerichtspraxis sei nicht als Rechtsquelle zu berücksichtigen, da sie sich jederzeit ändern könne, finde ich in der deutschen Rechtsprechung nicht vertreten.

Eine ähnliche Stellung wie gegenüber der englischen Praxis

---

gezogen; ihre Urteile sind keinesfalls als Präjudikate formell verbindlich. (Korsch a. a. O. S. 293 Anm. 1).

[1] Vgl. Goldschmidt a. a. O. S. 11 Anm. 1. Geldart a. a. O.

[2] Vgl. z. B. über die Bindung der Federal Courts durch Präjudikate der State Courts in Fragen des »local law«: Lorenzen, Rép. Bd. VI unter »États Unis« Nr. 10 ff.; Devlin in »Die Handelsgesetze des Erdballs« Bd. I Abt. 1: Vereinigte Staaten von Nord-Amerika III (Gerichte und Verfahren) S. 21.

[3] 12. 2. 1906, RG Bd. 62 S. 379 ff. (383 f.) = JW 1906 S. 187 = Z Bd. 16 S. 326 ff.

[4] Vgl. HansOLG 29. 4. 1924, HansGZ 1924 Hbl. S. 133 ff. (134). Die Entscheidung wäre wohl richtiger auf Art. 30 EG gestützt worden.

[5] Cour de Douai 26. 3. 1929, Clunet 1929 S. 1329 = Revue 1929 S. 500 ff. Dagegen die Note von Niboyet.

wird man gegenüber den Entscheidungen der Gerichte anderer Staaten des angelsächsischen Rechtskreises einnehmen müssen.

§ 62. Anders aber ist die Rechtsprechung der meisten übrigen Staaten zu bewerten. Obwohl auch hier Unterschiede zu machen sind gemäß der Bedeutung, die den Urteilen in ihrem eigenen Lande zukommt, lassen sich doch an Hand der deutschen Praxis einige gemeinsame Richtlinien festlegen. Es handelt sich diesen Staaten gegenüber meistens um die Lösung von Fragen, für die irgendwelche einschlägige gesetzliche Bestimmungen vorliegen.

Unzulässig ist, bei Auslegung eines ausländischen Gesetzes die Rechtsprechung des Obersten Gerichts des fremden Staates unbeachtet zu lassen oder ihre Benutzung als Erkenntnisquelle abzulehnen. Ein solches Verfahren würde, wie das Reichsgericht entschieden hat [1]), der Verpflichtung des Richters zur Feststellung des Inhalts ausländischen Rechts widersprechen und die Revision nach §§ 549, 559 ZPO begründen.

Einer einzelnen ausländischen Entscheidung, mag sie auch vom höchsten Gericht des ausländischen Staates ergangen sein, sind die deutschen Gerichte nicht ohne weiteres zu folgen verpflichtet. Das Reichsgericht hatte darüber zu entscheiden [2]), ob eine Bürgschaftsurkunde, in der der Gläubiger nicht bezeichnet war, den Formvorschriften des schweizer Rechts genüge. Es verneinte die Frage auf Grund einer selbständigen Auslegung der einschlägigen schweizer Gesetzesvorschriften. Der Einwand, das schweizer Bundesgericht habe anders entschieden, wurde zurückgewiesen, weil, wenn das der Fall sei, die Ansicht des Bundesgerichts auch nach schweizer Recht nicht für richtig gehalten werden könne.

§ 63. Legen aber die ausländischen Gerichte in ständiger Rechtsprechung ein ausländisches Gesetz in einer bestimmten Weise aus, so muß diese Auslegung auch für unsere Gerichte als maßgebend angesehen werden [3]) [4]).

---

[1]) 14. 11. 1929, RG Bd. 126 S. 196 ff. (202) = Rspr. Aufw. 1930 S. 129 ff. = Z Bd. 42 S. 443 ff.

[2]) 12. 2. 1906, siehe § 61 S. 89 Anm. 3.

[3]) Für Auslegung fremden Rechts gemäß der fremden Rechtsprechung: Neubecker I. Pr. R. S. 36; Frankenstein Bd. I S. 291 ff.; offenbar derselben Auffassung Korsch, Z Bd. 24 S. 274 f.; vgl. auch Neumeyer I. Pr. R. S. 9: Abweichung »nicht ohne dringenden Grund«.

[4]) Der österr. Ob. Gerichtshof, 4. 12. 1906, Z Bd. 19 S. 307, hat die Praxis der Züricher Gerichte für ein »beachtenswertes Moment« erklärt, welches durch den österreichischen Richter »nur aus sehr triftigen Gründen hintangestellt werden wird«.

Das Reichsoberhandelsgericht [1]) hat einen anderen Standpunkt eingenommen. Es hatte die Wechselordnung von 1848 als österreichisches Gesetz anzuwenden. Die Klägerin berief sich auf eine Praxis der österreichischen Gerichte, nach der die streitige Frage anders zu entscheiden sei als nach der von den deutschen Gerichten geübten Auslegung der Wechselordnung. Dagegen führte das Reichsoberhandelsgericht aus: »Das, was die Klägerin als abweichende Rechtsnorm bezeichnet, stellt sich, näher betrachtet, nur als eine besondere, nach diesseitiger Auffassung irrtümliche Auslegung der einschlagenden Vorschriften der für beide Staatsgebiete gleichmäßig verbindlichen Wechselordnung dar. Welches die richtige Auslegung einer gerichtsgebräuchlich verschieden aufgefaßten Gesetzesbestimmung sei, darüber hat selbstverständlich im konkreten Falle allein der erkennende Richter zu entscheiden.« Diesem Standpunkt hat sich in einem gleichliegenden Falle das Oberlandesgericht Köln in einer Entscheidung von 1891 [2]) angeschlossen. Derselben Auffassung war anfangs das Reichsgericht [3]).

M. E. ist diese Stellungnahme durch die jüngere Rechtsprechung unserer Gerichte überholt.

In einer großen Anzahl oberlandesgerichtlicher Entscheidungen, insbesondere des Oberlandesgerichts Kolmar [4]), wird dem Art. 3 Abs. 2 des Code civil als Vorschrift des französischen — oder belgischen oder luxemburgischen — Rechts eine andere Bedeutung gegeben, als derselben Vorschrift von der deutschen Praxis gegeben wurde, wenn sie als Teil des früher in Deutschland geltenden französischen Rechts anzuwenden war. Während im deutschen internationalen Privatrecht das Prinzip der Einheit des für die Erbfolge maßgebenden Rechts anerkannt war [5]), leitet die französische Praxis

---

[1]) 7. 12. 1874, ROHG Bd. 15 S. 207 ff.

[2]) 26. 10. 1891, Z Bd. 4 S. 63 f.

[3]) RG 8. 1. 1881, Blum Bd. 3 S. 219 ff. a. E., wo gesagt ist, die Auslegung der österreichischen Gesetze durch die österreichischen Gerichte sei nicht maßgebend.

[4]) OLG Kolmar 24. 12. 1902, Z Bd. 13 S. 429 f.; 1. 6. 1904 und 16. 12. 1905, Juristische Zschr. für Elsaß-Lothringen 1904 S. 562 und Notariats Zschr. für Elsaß-Lothringen Bd. 26 S. 321 (entnommen Lewald Nr. 353 S. 289); 29. 11. 1907, Z Bd. 18 S. 190 f.; 18. 12. 1907, ROLG Bd. 16 S. 278 ff.; 30. 11. 1914, ROLG Bd. 32 S. 88; ebenso in dem vom RG 27. 11. 1911, RG Bd. 78 S. 48 ff., entschiedenen Fall; KG 13. 5. 1912, Soergel 1912 zu Art. 25, und 22. 3. 1922, JW 1922 S. 1130 f.; OLG Köln in dem vom RG 8. 11. 1917, RG Bd. 91 S. 139 ff. entschiedenen Falle.

[5]) Vgl. Böhm S. 175 ff.; Niemeyer, »Das in Deutschland geltende Internationale Privatrecht« 1894 § 198, und die dort zitierten Entscheidungen.

aus Art. 3 Abs. 2 des Code civil her, daß für die Erbfolge in Immobilien die lex rei sitae gelte. Dieser Auslegung folgt die angeführte Rechtsprechung der deutschen Oberlandesgerichte [1]), wenn auf Grund der ersten Anknüpfung gemäß dem deutschen internationalen Privatrecht (vgl. Art. 24, 25 EG) französisches Recht anzuwenden ist; denn das Recht des Code civil ist, wo es als französisches Recht in Betracht kommt, »nicht in derjenigen Ausgestaltung, die es durch die deutsche Rechtsprechung erfahren hat, sondern so anzuwenden, wie es sich in der französischen Rechtslehre und Praxis entwickelt hat« [2]).

Das Reichsgericht [3]) hatte die Gültigkeit einer Schiedsklausel nach belgischem Recht zu prüfen. Es nahm auf Grund der Art. 1003 ff. des Code de procédure civile die Gültigkeit an. Es folgte hierbei der vom belgischen Kassationshof vertretenen Auslegung [4]), die in dem streitigen Punkte von der französischen Auslegung derselben Vorschrift abwich.

Bei Anwendung des Rechts von Neutral-Moresnet ist das Reichsgericht [5]) der französischen Praxis gefolgt, obwohl im Rheinland, wo ebenfalls das Recht des Code civil galt, eine andere Rechtsauffassung herrschte.

Das Hanseatische Oberlandesgericht [6]) hatte norwegisches Recht anzuwenden. Über den zu entscheidenden Fall lag ein Urteil des norwegischen Höchsten Gerichts vor, dessen Anerkennung als Urteil nach § 328 ZPO ausgeschlossen war. Das Oberlandesgericht hat aber die Rechtslage nach norwegischem Recht auf Grund dieses Urteils als Erkenntnisquelle ohne weitere Nachprüfung festgestellt. Das Reichsgericht hat dies gebilligt [7]).

Das Oberlandesgericht Dresden [8]) hat erklärt, ausländische Gesetze seien gemäß der ausländischen Rechtspraxis auszulegen, man

[1]) Die im Ergebnis abweichende Entscheidung des Obersten Gerichts des Saargebiets vom 17. 9. 1924, Revue 1927 S. 93 ff., widerspricht hinsichtlich der Bewertung der französischen Praxis nicht der angeführten oberlandesgerichtlichen Rechtsprechung.

[2]) So die angeführte Entscheidung des OLG Kolmar vom 18. 12. 1907.

[3]) 14. 10. 1914, LZ 1914 Sp. 649 f.

[4]) Das ergibt sich insbesondere aus der Erwiderung des Senatspräsidenten Meyn auf die von Beer an dem Urteil geübte Kritik. Vgl. LZ 1914 Sp. 650 ff.

[5]) 12. 3. 1906, JW 1906 S. 297 f.

[6]) 18. 10. 1929, HansRGZ 1930 A S. 682 ff.

[7]) 8. 7. 1930, RG Bd. 129 S. 385 ff.

[8]) 28. 3. 1927, Rspr. Aufw. 1927 S. 345 ff. = Clunet 1930 S. 1058 = ZAIP Sonderheft 1926/27 Nr. 9.

würde sich sonst »zu den in dem betreffenden Staate tatsächlich in Geltung gebrachten Rechtssätzen in Widerspruch setzen«.

Das Bayrische Oberste Landesgericht [1]) hatte über die Gültigkeit einer sogenannten österreichischen Dispensehe zu entscheiden. Das Gericht hat diese für ungültig erklärt, weil der österreichische Oberste Gerichtshof solche Ehen für ungültig erklärt hatte. Aber damals mußte mit der Möglichkeit gerechnet werden, daß der österreichische Oberste Gerichtshof seine Stellung ändern werde. Denn der österreichische Verfassungsgerichtshof hatte es für unzulässig erklärt, daß die österreichischen Zivilgerichte die Gültigkeit des Dispenses nachprüften. Dieser Umstand veranlaßte das Bayrische Oberste Landesgericht zu der Bemerkung, wenn der Oberste Gerichtshof seine Stellungnahme ändern würde, so würde der Senat sich ihm »anschließen und seine eigenen Bedenken zurückstellen. Denn zunächst handelt es sich um eine Frage des österreichischen Rechts«.

Die Befolgung der in der ausländischen Rechtsprechung geübten Rechtsauslegung entspricht auch der allgemeinen Tendenz der deutschen Praxis zum internationalen Privatrecht, wo ausländisches Recht anzuwenden ist, Entscheidungen herbeizuführen, die mit denen der ausländischen Gerichte übereinstimmen, was besonders in der Stellungnahme unserer Rechtsprechung zum Renvoi zum Ausdruck kommt.

Auch der ständige Internationale Gerichtshof im Haag [2]) hat den Standpunkt eingenommen, bei der Auslegung eines nationalen Gesetzes sei die Rechtsprechung des betreffenden Landes maßgebend. Es handelte sich um französisches Recht. Der Gerichtshof erklärte, die französischen Gesetze, so wie sie in Frankreich angewendet werden, stellten in Wirklichkeit das französische Recht dar.

In manchen Fällen kann es geradezu unmöglich sein, zur Auslegung eines ausländischen Gesetzes andere Anhaltspunkte zu finden als die ausländische Praxis, so, wenn es sich um Auslegung von Begriffen handelt, die im deutschen Recht kein Gegenstück und nichts annähernd Vergleichbares haben. Das russische Dekret vom 24. 11. 1917 bestimmte, daß die russischen Ortsgerichte in ihren Erkenntnissen die Gesetze der abgesetzten Regierungen nur soweit anzuwenden hätten, als sie durch die Revolution nicht aufgehoben seien

---

[1]) 23. 4. 1928, ZAIP Sonderheft 1928 Nr. 47 = Z Bd. 39 S. 309 ff. (320).

[2]) Urteile vom 12. 7. 1929 in Sachen Frankreich gegen Jugoslawien und Frankreich gegen Brasilien, Publications Série A Nr. 20/21 Urteil Nr. 14 S. 46, Urteil Nr. 15 S. 124 f. = Clunet 1929 S. 1006 f. 1028.

und dem revolutionären Gewissen und dem revolutionären Rechtsbewußtsein nicht widersprächen [1]). Ein deutscher Richter würde sich bei Auslegung dieser Bestimmung an nichts anderes halten können als an die Anwendung, die ihr in der russischen Praxis gegeben worden ist [2]).

§ 64. Dem hier vertretenen Standpunkt scheinen mehrere neuere reichsgerichtliche Erkenntnisse zu widersprechen.

Das Reichsgericht hat die Frage, ob die Gegenseitigkeit mit dem Kanton Zürich im Sinne des § 328 Ziffer 5 ZPO verbürgt sei, auf Grund der Vorschriften der schweizer Bundesverfassung und der Züricher Zivilprozeßordnung von 1913 verneint und sich auf den Standpunkt gestellt, daß eine diesen Gesetzen zuwiderlaufende Praxis der Züricher Gerichte ohne Bedeutung sei [3]). (Ob das Reichsgericht die Vorschriften der schweizer und Züricher Gesetze richtig ausgelegt hat [4]), ist in diesem Zusammenhang ohne Interesse.) Allein hier handelt es sich nicht um Anwendung fremden Rechts, sondern um die Frage der Verbürgtheit der Gegenseitigkeit im Sinne des § 328 Ziff. 5 ZPO. Die Stellungnahme zur Praxis der Züricher Gerichte erklärt sich aus den besonderen Voraussetzungen, deren Vorliegen für die Annahme der Verbürgtheit erfordert wird [5]) [6]).

Die Reichsgerichtsentscheidung vom 14. 11. 1929 [7]) lehnt ab, das Berufungsurteil aufzuheben, weil es die Rechtsprechung des österreichischen Obersten Gerichtshofs »nur nach dem Gewicht ihrer Begründung« würdige. Hierin liegt keine eigene Stellungnahme des Reichsgerichts. Wie die Gründe klar erkennen lassen,

---

1) Das BayrObLG 5. 11. 1927, JW 1928 S. 2030 = ZAIP Sonderheft 1928 Nr. 15 S. 29 ff., nahm allerdings an, daß hiermit noch keine Aufhebung der alten Gesetze erfolgt, sondern nur den Gerichten die Nichtanwendung im Einzelfall geboten sei. Die Richtigkeit und Bedeutung dieser Auffassung kann hier dahingestellt bleiben.

2) Ebenso Niboyet, a. a. O. S. 783.

3) 8. 2. 1924, Z Bd. 32 S. 465 ff. = JW 1924 S. 703 = Recht 1924 Nr. 713 = HansRZ 1924 Sp. 272.

4) Vgl. hierüber das in Magnus, Tabellen zum internationalen Recht 1. Heft S. 81, beigebrachte Material.

5) Vgl. Stein-Jonas § 328 VIII B.

6) In RG 7. 3. 1882, RG. Bd. 6 S. 372 ff., ist die Annahme der Verbürgtheit der Gegenseitigkeit gegenüber England abgelehnt, da die Praxis der englischen Gerichte, auf die sich die das Exequatur beantragende Partei berufen hatte, nicht als eine konstante anerkannt werden konnte.

7) RG Bd. 126 S. 196 ff. (202) = Rspr. Aufw. 1930 S. 129 ff. = Z Bd. 42 S. 443 ff.

wird die Rüge zurückgewiesen, weil das Berufungsgericht verfahrensrechtlich nur verpflichtet war, die Rechtsprechung des Obersten Gerichtshofes als Mittel der Erkenntnis des österreichischen Rechts heranzuziehen. Die Bewertung dieser Rechtsprechung betrifft nach den Urteilsgründen die inhaltliche Feststellung des fremden Rechts, und diese Feststellung darf vom Reichsgericht nicht nachgeprüft werden [1]).

§ 65. Für den Fall, daß einschlägige gesetzliche Vorschriften nicht vorliegen, es sich also um Rechtsanwendung im nicht gesetzlich geregelten Rechtsbereich handelt, ist die Lage nicht wesentlich anders, als wenn es sich um die Auslegung eines Gesetzes handelt. Die maßgebende Erwägung, daß die ausländischen Gerichte mehr als die unseren berufen sind, das ausländische Recht auszulegen, gilt auch hier.

§ 66. Für die Bewertung ausländischer Verwaltungspraxis muß Ähnliches gelten wie für die Bewertung ausländischer Rechtsprechung.

Selbstverständlich kann das Bestehen eines Gewohnheitsrechtssatzes auch aus einer Verwaltungspraxis geschlossen werden [2]), und zweifellos ist die von einer ausländischen Verwaltungsbehörde einem ausländischen Gesetz gegebene Auslegung bindend, wenn die Behörde nach dem Recht des Auslands zur bindenden Auslegung der Gesetze befugt ist [3]). Auch wo die Annahme eines auf Gewohnheit begründeten Rechtssatzes nicht zulässig scheint, ist bei der Feststellung des Inhalts des ausländischen Rechts die Übung der ausländischen Verwaltungsbehörden zu beachten und, wenn nicht gewichtige Gegengründe vorliegen, z. B. die Rechtsprechung des Auslands diese Übung für ungesetzlich hält, zur Richtschnur zu nehmen. Dies gilt vor allem, wo es sich um höchste und hohe Behörden handelt.

---

[1]) Die Berufungsgerichtsentscheidung in diesem Falle, KG 2. 7. 1928, ZAIP Sonderheft 1928 Nr. 18 = Z Bd. 41 S. 405 ff. = BliP 1929 Sp. 85 ff., erklärt, die Streitfrage sei nach österreichischem Recht zu entscheiden, »wobei jedoch die Judikatur des Obersten Österreichischen Gerichtshofs nur nach der Gewichtigkeit der gegebenen Begründung zu würdigen ist«. Diese Stellungnahme steht mit der hier vertretenen im Widerspruch, es sei denn, daß es sich auch hier nur um eine vereinzelte Stellungnahme des obersten österreichischen Gerichts handelt, was aus den eben zitierten Worten und auch sonst aus dem Urteil nicht sicher festgestellt werden kann.

[2]) Vgl. z. B. die schon mitgeteilte Reichsgerichtsentscheidung vom 26. 2. 1891, RG Bd. 27 S. 100 ff.

[3]) Vgl. Court of Appeal 23. 5. 1927, Bul. Bd. 18 Nr. 5603, über die Auslegung russischer Gesetze durch das russische Volkskommissariat für Justiz.

So hat das Oberlandesgericht Dresden einmal [1]) auf Grund der Praxis des State Department der Vereinigten Staaten angenommen, daß nach amerikanischem Recht eine erschlichene Naturalisation nichtig sei, ohne daß es einer Nichtigkeitserklärung bedürfe [2]).

§ 67. Bei einem Widerspruch zwischen der Praxis der ausländischen Verwaltung und der ausländischen Gerichte wird man im allgemeinen den Gerichten den Vorrang geben müssen, jedenfalls in einer Frage des Zivilrechts. Ein solcher Fall ist der der sogenannten österreichischen »Dispensehen«. Die Verwaltungsbehörde hielt sich für befugt, im Falle der Scheidung von Tisch und Bett vom Ehehindernis des Bandes Dispens zu erteilen. Die Zivilgerichte erklärten diesen Dispens für unwirksam. Diesem Standpunkt haben sich die deutschen Gerichte bei Feststellung der Rechtslage nach österreichischem Zivilrecht angeschlossen [3]). Sie haben an ihm sogar festgehalten, nachdem der österreichische Verfassungsgerichtshof erklärt hatte, die Zivilgerichte seien nicht befugt, die Gültigkeit des von den Verwaltungsbehörden erteilten Dispenses nachzuprüfen, da starke Zweifel daran bestanden, ob der Verfassungsgerichtshof mit dieser Entscheidung nicht seine eigene Zuständigkeit überschritten habe, und ob die österreichischen Zivilgerichte sich an sein Verbot gebunden halten würden [4]) [5]).

§ 68. Die Frage der Beachtung fremder Rechtsprechung und Verwaltungspraxis kann auch vom Standpunkt eines ausländischen Rechts aus gestellt werden. Das ist der Fall, wenn ausländisches internationales Privatrecht anzuwenden ist, also insbesondere wenn

---

[1]) In dem vom RG 4. 3. 1915, JW 1915 S. 583 = Warn Rspr. 1915 Nr. 293, entschiedenen Falle.

[2]) Den entgegengesetzten Standpunkt hat die französische Rechtsprechung eingenommen in der Frage, ob nach türkischem Recht eine Ausländerin durch Heirat mit einem Türken Türkin werde. Sie nimmt an, die Nationalität könne nur auf Grund ausdrücklicher Gesetzesvorschrift erworben werden; die Stellungnahme der inneren und äußeren Verwaltung und des Staatsrats der Türkei sei nicht maßgebend. Vgl. Cour d'app. Montpellier 28. 1. 1895, Clunet 1895 S. 618 ff.; Trib. civ. de la Seine 18. 7. 1918, Clunet 1919 S. 322 f., und die in der Note dazu zitierte Rechtsprechung.

[3]) Vgl. unten § 103 S. 148 f. Die Entscheidungen, welche im Widerspruch zu der Mehrheit die Eheschließung auf Grund des Dispenses zulassen, stützen sich auf andere Gründe als darauf, daß für die Feststellung des Inhalts des österreichischen Rechts die Verwaltungspraxis entscheidend sei.

[4]) BayrObLG 23. 4. 1928, ZAIP Sonderheft 1928 Nr. 47 = Z Bd. 39 S. 309 ff. (320).

[5]) Später hat der österreichische Verfassungsgerichtshof seinen Standpunkt geändert: 7. 7. 1930, Z Bd. 46 S. 39 ff.

eine Rück- oder Weiterverweisung vorliegt. Dann ist entscheidend, welche Bedeutung fremder Praxis nach der Auffassung des auf Grund der ersten Anknüpfung anzuwendenden ausländischen Rechts zukommt. In den Vereinigten Staaten z. B. wird die von einem fremden Gericht gegebenene Auslegung des fremden Rechts als allgemein bindend angesehen »as the court of each country must be regarded as the best expositor of its particular laws«[1]). Ist also nach deutschem internationalen Privatrecht amerikanisches Recht anzuwenden und verweist dieses weiter auf ein drittes Recht, so ist der deutsche Richter dieser amerikanischen Auffassung gemäß bei Anwendung eines Gesetzes des dritten Staates an die Auslegung gebunden, die ein Gericht dieses dritten Staates dem Gesetz gegeben hat. Man müßte möglicherweise anders verfahren, wenn das auf Grund der ersten Anknüpfung anzuwendende Recht das französische ist; denn in Frankreich scheint man bei Anwendung ausländischen Rechts der ausländischen Praxis erheblich geringere Bedeutung beizumessen[2]).

Feststellung des örtlichen Rechts, wenn in einem Staat mehrere Rechte gelten.

Regel 1 (§ 69): Gelten in einem Staat, dessen Recht anzuwenden ist, mehrere Rechte, so ist unter diesen dasjenige anzuwenden, dessen Anwendung die dort geltenden Kollisionsregeln vorschreiben.

Regel 2 (§ 70): Wenn in diesem Gebiet die verschiedenen Rechte von verschiedenen Gerichten angewandt werden, ist dasjenige Recht anzuwenden, nach welchem das in diesem Gebiet zuständige Gericht urteilen würde.

Regel 3 (§ 71): Soweit nach dem Rechte dieses Gebietes demjenigen, welcher einen Anspruch geltendmachen will, die Wahl unter mehreren nach verschiedenem Recht urteilenden Gerichten zusteht, ist das dem Anspruch günstigste Recht anzuwenden.

§ 69. Die Anwendung der örtlichen Kollisionsnormen kann Schwierigkeiten machen, wenn in dem Staat, dessen Gesetze zur Entscheidung berufen sind, verschiedene Rechte gelten. Wenn

---

[1]) Wharton Bd. II § 430 S. 947.

[2]) Vgl. z. B. die schon erwähnte Entscheidung der Cour de Douai 26. 3. 1929, Clunet 1929 S. 1329 = Revue 1929 S. 500 ff.; und die oben § 65 S. 96 Anm. 2 mitgeteilte französische Rechtsprechung. Anders aber z. B. Cour d'app. de Douai 7. 5. 1901, Clunet 1901 S. 810 f., die den Art. 970 Code civil als belgische Vorschrift gemäß der belgischen Auffassung im Widerspruch zur französischen auslegt.

der örtliche Geltungsbereich dieser Rechte innerhalb des fremden Staates durch dessen interlokales Privatrecht (also durch örtliche Kollisionsnormen, welche den verschiedenen Rechtsgebieten eines Staates gemeinsam sind) abgegrenzt ist, so sind die fremden interlokalen Kollisionsnormen maßgebend [1]).

Wenn eine solche örtliche Abgrenzung aber nicht vorliegt, so sind die im Folgenden dargelegten Gesichtspunkte maßgebend:

In den meisten Fällen, in denen für den ersten Blick ein solches Nebeneinander mehrerer an einem Orte geltender Rechtsordnungen vorzuliegen scheint, handelt es sich in Wahrheit doch um eine einheitliche Rechtsordnung, welche die Teilrechtssysteme zusammenfaßt und in ihrer Anwendbarkeit gegeneinander abgrenzt.

Ein wichtiger Fall ist der der Geltung eines oder mehrerer religiöser Rechte — meist neben allgemeinem bürgerlichem Recht — an einem Orte. In Britisch-Indien z. B. gilt das Recht der Religionsgemeinschaften, insbesondere der Hindus und Mohammedaner, in erheblichem Umfange. Die verschiedenen konfessionellen Rechte unterscheiden sich untereinander und vom englischen Recht. Die Gerichte — es besteht eine einheitliche Gerichtsbarkeit [2]) — haben teils englisches, teils mohammedanisches Recht, teils Hindurecht, teils das Recht der übrigen Religionsgesellschaften anzuwenden. Allein hier besteht — theoretisch wenigstens — keine Schwierigkeit für die Durchführung der Anknüpfung gemäß den deutschen Kollisionsnormen. Es gibt [3]) eine einheitliche, wenn auch vielleicht noch unvollkommen entwickelte Regelung der Konflikte der verschiedenen Rechte, die vor allem auf die am Rechtsverhältnis beteiligten Personen abstellt. Hat der deutsche Richter indisches Recht anzuwenden, so kann er dieser in Indien geltenden Kollisionsordnung entnehmen, welchem der verschiedenen in Indien an einem Orte nebeneinander geltenden Rechte das Streitverhältnis unterliegt.

§ 70. Mit dem Nebeneinandergelten mehrerer Rechtsordnungen verbindet sich häufig ein Nebeneinanderbestehen mehrerer, nicht in einem Unterordnungsverhältnis stehender Gerichtsbarkeiten. Ein besonders interessantes Beispiel bietet die gegenwärtige Rechtslage in Ägypten [4]). Dort bestehen Gerichte der Einheimischen (Tri-

[1]) Vgl. die Ausführungen über das Personalstatut, wenn im Heimatsstaat verschiedene Rechte gelten.

[2]) Vgl. Baptista in »Handelsgesetze des Erdballs« Bd. XI Abt. II unter »Kaiserreich Indien« S. 18 f. des deutschen Textes; Arminjon, Clunet 1913 S. 39 f.

[3]) Vgl. Baptista a. a. O. S. 7 f.; Arminjon a. a. O. S. 40 ff.

[4]) Vgl. zum Folgenden Giraud, Rép. Bd. VII unter »Égypte«.

bunaux indigènes), Gemischte Gerichte (Tribunaux mixtes) und Konsulargerichte fremder Mächte. Unter den Gerichten der Einheimischen sind zu unterscheiden die bürgerlichen Gerichte (Tribunaux indigènes civils) und die Gerichte der Religionsgesellschaften (Tribunaux indigènes de statut personel), welche über persönliche Rechtsverhältnisse entscheiden. Alle diese Gerichte stehen in gleichem Range und bilden voneinander unabhängige Gerichtsbarkeiten. Sie wenden alle verschiedenes Recht an; insbesondere gelten für dieselben Materien nebeneinander Gesetzbücher der Einheimischen (codes des indigènes) und sogenannte »Gemischte Gesetzbücher« (codes mixtes), während die Konsulargerichte nach dem inneren Recht ihres Sendestaats oder nach dem durch dessen internationales Privatrecht bestimmten Recht urteilen. Die Anknüpfung gemäß dem deutschen internationalen Privatrecht versagt hier nicht. Denn die Zuständigkeiten der verschiedenen ägyptischen Gerichte sind nach sachlichen und vor allem persönlichen Gesichtspunkten gegeneinander abgegrenzt, so daß für einen Rechtsstreit stets nur eine Gerichtsbarkeit zuständig ist [1]). Das in dieser Gerichtsbarkeit angewandte Recht ist dasjenige, das ein deutscher Richter als das ägyptische anzuwenden hat, wenn der Rechtsstreit vor ihn gebracht ist [2]).

§ 71. Eindeutige Anknüpfung ist dann unmöglich, wenn in dem Gebiete, auf dessen Recht verwiesen ist, mehrere Rechte nebeneinander gelten, ohne daß ihre Anwendbarkeit durch übergeordnete Konfliktsnormen — sei es unmittelbar, sei es mittels einer Regelung der Zuständigkeit verschiedener Gerichte — gegeneinander abgegrenzt ist. In Thrazien z. B. [3]) kann ein Streit um die Erbfolge nach einem Mohammedaner sowohl vor die Zivilgerichte wie vor den Mufti, den mohammedanischen Richter, gebracht werden. Die Zivilgerichte wenden das allgemeine bürgerliche Recht an, der Mufti das Scheriatrecht. Eine ähnliche Erscheinung zeigen die Vereinigten Staaten. Innerhalb der einzelnen Staaten bestehen Bundesgerichte (federal courts) und Staatsgerichte (state courts). Die Zuständigkeit der Bundesgerichte ist genau bestimmt — nach der Art des Streitgegenstandes und der Parteien [4]). Sie ist aber nur zum

---

[1]) Vgl. Giraud a. a. O.

[2]) Vgl. für ähnliche Rechtslagen in anderen Ländern: Arminjon »Le droit international privé interne, principalement dans les pays de l'Islam«, Clunet 1912 S. 698 ff., 1025 ff., 1913 S. 34 ff., 812 ff.; Goadby »International and interreligious law in Palestine« 1926.

[3]) Vgl. Berufungsgericht von Thrazien 1928, Clunet 1930 S. 501.

[4]) Vgl. Lorenzen, Rép. Bd. VI unter »États Unis« Nr. 5 ff.

Teil ausschließlich; zum Teil konkurriert sie mit der Zuständigkeit der Staatsgerichte [1]). In diesen Fällen hängt es von der Partei — regelmäßig vom Kläger — ab, vor welche Gerichte der Rechtsstreit kommt [2]). Nun gilt zwar im Prinzip für die Bundesgerichte und Staatsgerichte dieselbe Rechtsordnung. Aber große Teile des amerikanischen Rechts sind Richterrecht; und die Bundesgerichte halten sich zwar für Fragen des Ortsrechts (local law), aber nicht für Fragen des allgemeinen und des Handelsrechts (general and commercial law) an die Praxis der Staatsgerichte gebunden, so daß in diesen Materien Verschiedenheiten der Praxis der Staatsgerichte und der Bundesgerichte vorkommen [3]). Diese Verschiedenheiten haben angesichts des Gewichts, das man für das amerikanische Recht der Rechtsprechung beilegen muß, die Bedeutung von Rechtsverschiedenheiten.

In diesen Fällen gelten zwar in dem Gebiete, auf dessen Recht verwiesen ist, verschiedene Rechte oder wenigstens verschiedene Rechtsauffassungen. Aber für den, der einen Anspruch durchsetzen will, besteht die legale Möglichkeit, soviel zu erreichen, wie ihm dasjenige Gericht gewährt, dessen Recht oder Rechtsauffassung seinem Anspruch am günstigsten ist. Er kann den Rechtsstreit an dieses Gericht bringen. Diese Lage hat meines Erachtens auch das deutsche Gericht anzuerkennen. Daher muß es in solchen Fällen denjenigen Standpunkt einnehmen, der dem Anspruch günstiger ist. Eine solche Erscheinung ist dem deutschen internationalem Privatrecht auch sonst nicht fremd: nach deutschem internationalem Deliktsrecht kann der Anspruch aus einer unerlaubten Handlung, die in mehreren Rechtsgebieten begangen ist, nach Wahl dessen, der den Anspruch geltend macht, auf jedes der verschiedenen Rechte gestützt werden. Der Geschädigte kann sich also das ihm günstigste Recht aussuchen [4]).

---

[1]) Lorenzen, a. a. O. Nr. 8.

[2]) Lorenzen, a. a. O. Nr. 14.

[3]) Lorenzen, a. a. O. Nr. 11 ff; Wharton Bd. II S. 947 f.

[4]) Vgl. die Zusammenstellung bei Lewald Nr. 321 S. 262, Raape Art. 12 A VI 2 a.

Verlegenheitsanwendung und Vorrang des deutschen Rechts.

Regel 1 (§ 72): Wenn das in den §§ 54ff. angegebene Verfahren zu keinem Ergebnis führt, so sind in letzter Linie die Grundsätze des deutschen Rechts anzuwenden.

(§ 73) Ausnahme 1: Die einschlägigen Vorschriften des deutschen Rechts sind (wahrscheinlich) nicht zur Entscheidung heranzuziehen, soweit sie auf Verhältnissen beruhen, für die nicht angenommen werden kann, daß ähnliche in dem Staate bestehen, dessen Recht anzuwenden ist.

(§ 74) Ausnahme 2: Es ist nicht zu vermuten, daß ausländisches internationales Privatrecht Vorschriften über Anerkennung fremder Rück- und Weiterverweisung enthält.

Regel 2 (§ 75): Kommt deutsches und ausländisches Recht für die Anwendung in Betracht, und sprechen ebenso starke Gründe für die Anwendung deutschen Rechts wie für die Anwendung ausländischen Rechts, so ist deutsches Recht anzuwenden.

Regel 3 (§ 76): Wenn die Gründe für die Anwendung zweier (oder mehrerer) fremder Rechte sich die Wage halten, und es notwendig ist, das Rechtsverhältnis einem einheitlichen Recht zu unterwerfen, so kann das Rechtsverhältnis unter besonderen Umständen nach deutschem Recht beurteilt werden.

§ 72. Läßt sich der Inhalt des grundsätzlich anzuwendenden fremden Rechts nicht feststellen, und bietet auch ein diesem Recht verwandtes ausländisches Recht keinen Anhalt für die Entscheidung, so muß der deutsche Richter auf die Grundsätze seines eigenen Rechts zurückgreifen.

Das Reichsoberhandelsgericht vertrat in ständiger Rechtsprechung den Standpunkt, daß im Zweifel Übereinstimmung des fremden Rechts mit der lex fori anzunehmen sei [1]). Das Reichsgericht hat in einer älteren Entscheidung [2]) ausgesprochen, von dem Prinzip, daß dem Auslande angehörige Rechtsverhältnisse nach Gesetz oder allgemeinen Grundsätzen gemäß ausländischem Recht zu beurteilen sind, gelte eine Ausnahme, wenn der Inhalt des ausländischen Rechts unbekannt ist. Zwei spätere Reichsgerichtsentscheidungen [3]) erklären, daß in diesem Falle nach deutschem Recht

---

[1]) Vgl. 25. 6. 1872, ROHG Bd. 7 S. 1 ff. (6), und die hier zitierten älteren Entscheidungen; 28. 6. 1872, ROHG Bd. 7 S. 16 ff.; 4. 12. 1872, ROHG Bd. 8 S. 150 ff.; 28. 6. 1875, SA Bd. 32 S. 1; 26. 3. 1878, ROHG Bd. 23 S. 378 = SA Bd. 34 S. 257; 28. 4. 1879, ROHG Bd. 25 S. 53 ff. Über Ausnahmen vgl. die § 73 S. 103 besonders besprochenen Entscheidungen des ROHG vom 26. 3. 1878 und 28. 4. 1879.

[2]) 30. 1. 1889, Bolze Bd. 7 Nr. 16.

[3]) 22. 6. 1900, JW 1900 S. 589; 22. 1. 1901, JW 1902 S. 36 f.

zu entscheiden ist. Beide betonen, daß dieser Weg erst dann gewählt werden darf, wenn die pflichtgemäß angestellten Versuche zur Ermittlung des ausländischen Rechts ohne Erfolg geblieben sind [1] [2] [3].

---

[1]) Vgl. auch RG 29. 6. 1915, WarnRspr. 1915 Nr. 223 S. 338, wo ausgeführt wird, da weder behauptet noch anzunehmen sei, daß die Grundsätze der §§ 133, 157 BGB im englischen Recht fehlten, sei von ihrer Geltung im englischen Recht auszugehen.

[2]) Für Annahme der Übereinstimmung des fremden Rechts mit dem deutschen »alleräußerstenfalls« Neumeyer »Internationales Privatrecht« § 8. Ähnlich v. Bar Bd. I S. 134 f.; Hölder, Z Bd. 19 S. 202, der (S. 212) noch hinzufügt, wenn die Ermittlung des fremden Rechts »unvollkommen« gelingt, sei »im Zweifel der vom Inhalte unseres Rechts weniger abweichende Inhalt des anzuwendenden fremden Rechts anzunehmen«. Für Annahme der Übereinstimmung im Sinne einer durch die Parteien zu widerlegenden Vermutung: Niemeyer »Vorschläge und Materialien« S. 77 (de lege ferenda) und Z Bd. 11 S. 363 ff.; Niedner V. vor Art. 7 EG.

[3]) In England muß die Partei, die sich auf ausländische Rechtssätze beruft, das Bestehen dieser Rechtssätze beweisen "as a matter of fact, not of law". Gelingt der Beweis nicht, so wird angenommen, daß das ausländische Recht mit dem englischen übereinstimme. Dicey S. 805 ff.; Westlake § 353 S. 423, dieser mit der Einschränkung, die Vermutung der Übereinstimmung gelte nicht für solche Teile des englischen Rechts, "which exist as special institutions with special machinery, as bankruptcy". In den Vereinigten Staaten bestehen Unterschiede in der Praxis der verschiedenen Staaten und auch Gegensätze innerhalb der einzelnen Staaten. Soweit es sich um fremdes Recht handelt, dem wie der lex fori das common law zugrunde liegt, nimmt die Mehrheit der Entscheidungen Übereinstimmung des fremden Rechts mit dem common law der lex fori an, (die Auffassungen über das common law weichen in den verschiedenen Einzelstaaten vielfach voneinander ab); weniger oft wird die Übereinstimmung des fremden Rechts mit der lex fori schlechthin (einschließlich deren statute law) angenommen; gelegentlich ist auch der Standpunkt eingenommen worden, der Anspruch oder die Einwendung seien mangels Feststellung des sie begründenden fremden Rechtssatzes abzuweisen. Gegenüber fremdem Recht, dem nicht auch das common law zugrunde liegt, gilt niemals die Vermutung, daß nur das common law der lex fori mit dem fremden Recht übereinstimme. In gewissem Maße — nicht deutlich wie weit — wird dann Übereinstimmung mit der lex fori schlechthin (einschließlich deren statute law) vermutet. Wharton Bd. II §§ 781 b ff. S. 1537 ff.; Goodrich S. 162 ff.; Lorenzen Rép. Bd. VI unter »États Unis« Nr. 112 f. In Frankreich ist die Rechtslage der Art, daß wenigstens praktisch für die Partei, die sich auf fremdes Recht beruft, die Notwendigkeit besteht, dessen Inhalt zu beweisen. Niboyet Nr. 483 S. 609; Lerebours-Pigeonnière Nr. 235 S. 208. — In der Schweiz, in Polen und in Rumänien wird im Zweifel Übereinstimmung des fremden Rechts mit dem heimischen angenommen. Petitpierre, Rép. Bd. VII unter »Suisse« Nr. 114; Babinski a. a. O. Bd. VI unter »Pologne« Nr. 88; Plastara, a. a. O. Bd. VII unter »Roumanie« Nr. 139. In Kolumbien und anscheinend in Schweden wird das auf das ausländische Recht

Hierher gehört auch der theoretisch mögliche, wenn auch praktisch noch nicht eingetretene Fall, daß die Anerkennung der Rückverweisung eines fremden Rechts zu einem circulus vitiosus führen würde [1]), und der Fall, daß Sätze fremden Rechts, die infolge der deutschen Vorbehaltsklausel unanwendbar sind, nicht aus dem fremden Recht ersetzt werden können [2]).

§ 73. In gewissen Fällen aber wird man m. E. auch nicht in letzter Linie nach dem deutschen Recht entscheiden dürfen. Die Annahme der Übereinstimmung des unbekannten fremden Rechts mit dem deutschen kann sich sowohl aus der besonderen Art des anzuwendenden fremden Rechts wie aus der der einschlägigen deutschen Vorschriften verbieten. Für beide Fälle gibt die Rechtsprechung des Reichsoberhandelsgerichts Beispiele. In einem Falle [3]) handelte es sich um russisch-jüdisches Erbrecht, dessen Inhalt nicht klargestellt war. Das Reichsoberhandelsgericht hielt es wegen der besonderen Art dieses fremden Rechts für ausnahmsweise unzulässig, auf das Erbrecht der deutschen lex fori zurückzugreifen. Es gelangte aus dieser Erwägung dazu, den auf das fremde Recht gestützten Anspruch einfach abzuweisen. Auch nach der gegenwärtigen Rechtslage dürfte in solchen Ausnahmefällen nichts anderes übrig bleiben [4]).

In einem anderen vom Reichsoberhandelsgericht entschiedenen Falle [5]) waren die einschlägigen Vorschriften der lex fori die Hamburger Statuten über das Ehegüterrecht. Das Reichsoberhandelsgericht lehnte die Annahme der Übereinstimmung ab, da es sich hier um ein partikularrechtliches, durch besondere heimatsrechtliche Zustände hervorgerufenes Rechtsinstitut handle.

Dieselben Bedenken können sich aber auch bei Einrichtungen des deutschen Reichsrechts erheben, wenn man unmöglich annehmen

---

gestützte Petitum, wenn der Nachweis des ausländischen Rechtssatzes nicht geführt ist, abgewiesen. Roger, Rép. Bd. VII unter »Colombie« Nr. 66; Reuterskjöld und Sundberg, a. a. O. unter »Suède« Nr. 22.

[1]) Vgl. § 149 S. 224.

[2]) Vgl. § 242 S. 365 ff.

[3]) ROHG 28. 4. 1879, ROHG Bd. 25 S. 53 ff.

[4]) Diese Lösung vertreten für alle Fälle der Nichtfeststellbarkeit der anzuwendenden fremden Rechtsnorm: Zitelmann Bd. I S. 289, 293; Habicht S. 45; Staudinger-Kuhlenbeck G vor Art. 7 EG; Niemeyer »Vorschläge und Materialien« S. 77 (de lege lata); Stein-Jonas § 293 IV. Anscheinend ebenso OLG Braunschweig 18. 2. 1895, SA Bd. 51 S. 129 (mit Berufung auf die angeführte Entscheidung des ROHG).

[5]) 26. 3. 1878, ROHG Bd. 23 S. 378.

kann, daß ähnliche Einrichtungen in dem Staate bestehen, dessen Recht in casu anzuwenden ist. Soll man etwa z. B. annehmen dürfen, daß in einem Staate, in dem Vorschriften zugunsten der wirtschaftlich Schwachen im allgemeinen unbekannt sind, solche Gesetze zum Schutze der Handlungsgehilfen gegen Wettbewerbsverbote gelten wie in Deutschland?

§ 74. Es sei bemerkt, daß für den Fall der Nichtfeststellbarkeit ausländischen Kollisionsrechts nichts anderes gilt als für den der Nichtfeststellbarkeit anderer Vorschriften des ausländischen Rechts.

Auch die Kollisionsnormen sind Bestandteile nationaler Rechtsordnungen, und für ihre Auslegung, Ergänzung und Entwicklung durch den Richter sind gleichartige Gesichtspunkte maßgebend wie bei Rechtssätzen anderer Art. Lassen sich also die einschlägigen Kollisionsnormen des ausländischen Rechts auf keine Weise aus diesem Recht selbst oder aus verwandten Rechtsordnungen [1]) feststellen, so ist auch hier ein Zurückgreifen auf die lex fori erforderlich [2]). Das bedeutet z. B. für die Frage des Renvoi: Es wird angenommen, das ausländische internationale Privatrecht gebe dieselbe Anknüpfung wie das deutsche, eine Rück- oder Weiterverweisung finde also nicht statt. — Eine Ausnahme von der dargelegten Regel gilt, wenn nicht festgestellt werden kann, was das anzuwendende ausländische Recht über die Anerkennung fremder Rück- oder Weiterverweisung bestimmt [3]).

§ 75. Von Wächter [4]) ist der Satz aufgestellt worden, daß jeder Richter im Zweifel das Recht seines Landes anzuwenden habe, fremdes Recht nur, wenn dem heimischen Recht besondere Gründe dafür entnommen werden können. Dasselbe lehrt Hölder [5]). Einen ähnlichen Standpunkt haben auch bis in die neueste Zeit gelegentlich unsre Gerichte eingenommen [6]). Das Reichsgericht hat diese Auffassung, deren Tragweite übrigens durchaus nicht klar ist, in einer neueren Entscheidung ausdrücklich und mit ausführlicher Begründung gemißbilligt [7]).

---

[1]) Vgl. KG 22. 3. 1922, JW 1922 S. 1130 f.

[2]) Vgl. Niemeyer, Z. Bd. 11 S. 363 ff.

[3]) Vgl. § 152 S. 225 ff.

[4]) Archiv für die zivilistische Praxis Bd. 24 1841 S. 265 ff.

[5]) Z Bd. 19 S. 198 ff.

[6]) Vgl. z. B. RG 30. 5. 1888, RG Bd. 21 S. 136 ff. (137); HansOLG 21. 4. 1909, 27. 5. 1922 und 21. 6. 1922, HansGZ 1909 Hbl. S. 157 ff. (161), 1922 Bbl. S. 174 und 1922 Hbl. S. 200.

[7]) 19. 4. 1910, RG Bd. 73 S. 379 ff. (gegen HansOLG. 21. 4. 1909).

Nur soviel hat das Reichsgericht anerkannt: Wenn deutsches und ausländisches Recht für die Anwendung in Betracht kommen und die Gründe für und wider die Anwendung des deutschen Rechts sich die Wage halten, ist die Anwendung des deutschen Rechts geboten [1]).

Derselbe Rechtsgedanke, Bevorzugung des deutschen Rechts durch das deutsche Gericht ceteris paribus, kommt übrigens auch in der Stellungnahme unsrer Rechtsprechung zur Frage der Anknüpfung bei doppelter Staatsangehörigkeit oder doppeltem Wohnsitz zum Ausdruck. Besitzt der Doppelstaater auch die deutsche Staatsangehörigkeit, so bleibt seine zweite Staatsangehörigkeit für die internationalprivatrechtliche Anknüpfung unerheblich [2]). Bei Vorhandensein eines deutschen und eines ausländischen Wohnsitzes geht im Zweifel der deutsche vor [3]).

§ 76. Noch in einer anderen Hinsicht kommt dem deutschen inneren Recht nach dem deutschen internationalen Privatrecht eine gewisse Sonderstellung zu.

Wenn die Gründe für die Anwendung zweier (oder mehrerer) sich im Ergebnis widersprechender fremder Rechte auf ein Rechtsverhältnis von gleichem Gewicht sind, und es notwendig ist, dieses Rechtsverhältnis einem Recht zu unterwerfen, so kann das Rechtsverhältnis zur Rettung aus der hierdurch sich ergebenden Verlegenheit unter Umständen von deutschen Gerichten nach deutschem Recht beurteilt werden. Eine solche Lage kann eintreten, wenn Schiffe verschiedener Nationalität auf hoher See zusammenstoßen und die Flaggenrechte der Schiffe die Schadensfolgen verschieden beurteilen. Die deutschen Gerichte haben anfangs deutsches Recht angewendet, wenn nur die Möglichkeit bestand, daß sich aus der Verschiedenheit der in Betracht stehenden Rechte Unzuträglichkeiten für ihre Anwendung ergaben [4]). Das Reichsgericht hat später

[1]) RG 29. 10. 1927, RG Bd. 118 S. 283 = Z Bd. 38 S. 384 = ZAIP Sonderheft 1928 Nr. 60 (für das einen Vertrag beherrschende Recht). Anscheinend ebenso RG 3. 5. 1905, Soergel 1905 zu Art. 10 EG. Ebenso HansOLG 19. 2. 1932, HansRGZ. 1932 B Sp. 171.

[2]) Vgl. § 308 S. 447.

[3]) Vgl. § 314 S. 455 f.

[4]) RG 10. 11. 1900, Z Bd. 11 S. 62 f. = HansGZ 1901 Hbl. S. 36; RG 18. 11. 1901, RG Bd. 49 S. 182 ff. = JW 1902 S. 34 ff; HansOLG 24. 9. 1888, HansGZ 1888 Hbl. S. 271; HansOLG 21. 6. 1889, HansGZ 1889 Hbl. S. 235 f.; HansOLG 21. 4. 1909; HansGZ 1909 Hbl. Nr. 65 S. 136 ff., aufgehoben durch die in der folgenden Anmerkung zitierte Entscheidung des Reichsgerichts. Vgl. auch die Auslegung der Entscheidung des RG vom 30. 5. 1888, RG Bd. 21 S. 136 ff. in der zitierten Entscheidung des RG vom 10. 11. 1900. Ebenso Lewis-Boyens, Das deutsche Seerecht Bd. I S. 67.

aber seinen Standpunkt dahin geändert, daß die angegebene Verlegenheitslösung nur gelten soll, wenn solche Unzuträglichkeiten tatsächlich entstehen, insbesondere wenn die beteiligten Reeder gegeneinander Ansprüche erheben [1]). Dann wird deutsches Recht zugrunde gelegt »als ein durch äußere Gründe an die Hand gegebenes Auskunftsmittel«. Wie sehr es sich hier um eine Verlegenheitslösung handelt, ergibt sich daraus, daß mit dem Fortfall der Verlegenheit auch diese Kollisionsnorm verschwindet. Wenn die Schiffe, welche auf hoher See zusammenstoßen, zwar verschiedener Nationalität sind, ihre Flaggenrechte aber in der Beurteilung der Schadensfolgen übereinstimmen, wird die Verantwortlichkeit nach dem Recht der beiden Schiffe beurteilt, weil dann Schwierigkeiten aus der Verschiedenheit der Staatszugehörigkeit nicht entstehen können [2])[3]).

---

1) Vgl. die in HansGZ 1910 Hbl. Nr. 107 S. 252 ohne Datum zitierte Entscheidung des RG aus dem Jahre 1909 oder 1910. Ebenso Mittelstein-Sebba Anm. 32 vor § 734.

2) RG 18. 11. 1901, RG Bd. 49 S. 182 ff. = JW 1902 S. 34 ff.

3) Das HansOLG 19. 2. 1932, HansRGZ 1932 B Sp. 168 ff., hat abweichend von den Grundsätzen der in Anm. 1 zitierten Entscheidung angenommen, daß die Folgen eines Schiffszusammenstoßes auf hoher See stets nach deutschem Recht zu beurteilen sind, wenn an dem Zusammenstoß ein deutsches Schiff beteiligt ist.

Qualifikation.

Regel 1 (§ 80): Der für die erste Anknüpfung erforderlichen Qualifikation ist im Zweifel das deutsche innere Recht zugrunde zu legen, soweit nicht Völkerrecht oder Staatsverträge in Betracht kommen.

Regel 2 (§§ 81—110): Soweit für die erste Anknüpfung Begriffe zu verwenden sind, deren Voraussetzungen gemäß deutschem innerem Recht nicht auf Grund bloßer Tatsachen festgestellt werden können, wird qualifiziert, indem die fremden Rechtsregeln oder Rechtseinrichtungen oder Rechtsverhältnisse gemäß den für die deutsche Systematik entscheidenden Gesichtspunkten in die Kategorien des deutschen Rechtssystems eingeordnet werden. Rechtsregeln, Rechtseinrichtungen und Rechtsverhältnisse fremden Rechts sind denen des deutschen Rechts für die Qualifikation als gleichartig anzusehen, wenn sie ihnen im wesentlichen (in den vom deutschen Recht für wesentlich erachteten Beziehungen) gleichartig sind.

Regel 3 (§§ 111—116): Soweit für die erste Anknüpfung Begriffe zu verwenden sind, deren Voraussetzungen gemäß deutschem innerem Recht auf Grund bloßer Tatsachen festgestellt werden können, ist die Begriffsbestimmung des deutschen inneren Rechts ausschließlich maßgebend und jede abweichende Begriffsbestimmung fremden Rechts unbeachtlich.

Regel 3 a (§ 117—119): Wenn für ein Schuldverhältnis das Recht des Erfüllungsortes maßgebend ist, ist die Begriffsbestimmung des Erfüllungsortes dem deutschen inneren Recht zu entnehmen.

Regel 4 (§ 120—122:) Bei Anwendung fremden internationalen Privatrechts hat der deutsche Richter zur weiteren Anknüpfung gemäß dem fremden internationalen Privatrecht so zu qualifizieren, wie der fremde Richter im gleichen Falle qualifizieren würde.

Regel 5 (§§ 123—125): Bei Anwendung international-privatrechtlicher Vorschriften aus Staatsverträgen ist zunächst zu untersuchen, ob die für die erste Anknüpfung erforderliche Qualifikation dem Staatsvertrag entnommen werden kann. Ist das der Fall, so ist dieser Qualifikation zu folgen. Ergibt der Staatsvertrag keine Qualifikation, so ist zu verfahren, als wenn die anzuwendende internationalprivatrechtliche Vorschrift nicht einem Staatsvertrag angehörte, sondern reines nationales Recht wäre.

Systemqualifikation. (Feststellung des Verhältnisses der Regeln des deutschen internationalen Privatrechts zueinander aus dem deutschen inneren Recht.)

Regel 6 (§§ 126—129): Wenn — isoliert betrachtet — mehrere einander im Endergebnis widersprechende Regeln des internationalen Privatrechts anzuwenden sind, so entscheidet sich die Frage des Vorranges unter diesen Regeln nach dem System des deutschen inneren Rechts.

Anhang (§§ 130—132): **Revisibilität der Entscheidungen in Qualifikationsfragen.**

§ 77. Das internationale Privatrecht bestimmt, welchem örtlichen Recht Rechtsverhältnisse unterworfen sind. Für die Bezeichnung dieser Rechtsverhältnisse benutzen die örtlichen Kollisionsnormen Ausdrücke, die im inneren Recht vorkommen, wie Geschäftsfähigkeit [1]), Entmündigung [2]), Todeserklärung [3]), Form eines Rechtsgeschäfts [4]), unerlaubte Handlung [5]), Eingehung der Ehe [6]), persönliche Rechtsbeziehungen der Ehegatten zueinander [7]), eheliches Güterrecht [8]), Scheidung der Ehe [9]), eheliche Abstammung [10]), uneheliche Vaterschaft [11]), Legitimation [12]), Vormundschaft und Pflegschaft [13]), Beerbung [14]), usw. Um die Feststellung zu ermöglichen, welchem örtlichen Recht diese Rechtsverhältnisse unterworfen werden, verwendet das internationale Privatrecht als Anknüpfungspunkt ebenfalls Begriffe, die im inneren Recht vorkommen, wie Staatsangehörigkeit, Wohnsitz, Erfüllungsort und dergleichen.

Die Jurisprudenz hat keine über die ganze Welt hin anerkannte Terminologie wie die exakten Wissenschaften.

In Rußland bezeichnet man Beziehungen zwischen Mann und Frau als Ehe, die in Ungarn als Konkubinat angesehen würden [15]). In England rechnet man zur Form der Eheschließung auch die Zustimmung von Vormündern oder Eltern [16]), während diese Zustimmung in Deutschland als ein Erfordernis der inneren Gültigkeit der Ehe angesehen wird. Der Wohnsitzbegriff ist in den verschiedenen Ländern außerordentlich verschieden. Dem englischen domicil of origin fehlt z. B. jede Verwandtschaft mit dem deutschen Wohnsitzbegriff. Der Erfüllungsort ist in den verschiedenen Rechten sehr verschieden und wohl nirgendwo so wie in Deutschland geregelt.

---

1) Art. 7 EG.
2) Art. 8 EG.
3) Art. 9 EG.
4) Art. 11 EG.
5) Art. 12 EG.
6) Art. 13 EG.
7) Art. 14 EG.
8) Art. 15 EG.
9) Art. 17 EG.
10) Art. 18 EG.
11) Art. 21 EG.
12) Art. 22 EG.
13) Art. 23 EG.
14) Art. 24, 25 EG.
15) Vgl. § 104 S. 150.
16) Vgl. § 98 S. 142.

Schon angesichts dieser Verschiedenheit der Rechtssprache muß für alle Rechtssätze mit internationalem Einschlag, das sind in erster Linie diejenigen des internationalen Privatrechts, Klarheit darüber gewonnen werden, wie diese Begriffe auszulegen sind. Sollen sie einem bestimmten örtlichen Recht entnommen werden? der lex fori? dem das Rechtsverhältnis beherrschenden Recht? oder ist hier eine besondere auf internationaler Grundlage beruhende Begriffsbestimmung erforderlich? Dieses Problem, das jetzt überall als das der Qualifikation bezeichnet wird, soll im folgenden behandelt werden.

§ 78. Als erster hat Franz Kahn das Problem der Qualifikation erkannt, gründlichst untersucht und in bestimmtem Sinne gelöst. Durch seine Abhandlung in Jhering Bd. 30, 1891 [1]), ist er für die deutsche Wissenschaft der Klassiker der Qualifikationslehre geworden. Kahn scheidet die Qualifikationskonflikte in »Kollisionen der Anknüpfungsbegriffe« und »Latente Gesetzeskollisionen«. Die ersteren sind diejenigen Konflikte, die daraus entstehen, daß verschiedene innere Rechte einen Begriff, der in den ihnen zugehörigen internationalen Privatrechten in gleicher Weise als Anknüpfungsbegriff verwandt wird, verschieden definieren. Unter den »latenten« versteht Kahn [2]) »diejenigen Gesetzeskollisionen, welche nicht aus einer Verschiedenheit privatinternationaler Territorialnormen, nicht aus einer Verschiedenheit der Rechtsbegriffe, an welche diese anknüpfen, sondern ohne alle ausdrücklichen Normen aus der Grundlage erwachsen, aus welcher das internationale Privatrecht selbst hervorgeht: aus der territorial verschiedenen Natur der Rechtsverhältnisse«. Für beide Gruppen von Konflikten soll nach Kahn die Lösung der lex fori entnommen werden. Der Inhalt der Anknüpfungsbegriffe ist grundsätzlich einfach der lex fori zu entnehmen. Für die Lösung der »latenten Gesetzeskollisionen« haben wir zu untersuchen [3]) »Natur und Sinn der ausländischen in Betracht kommenden Rechtssätze . . . daraufhin, ob sie mit den Rechtsverhältnissen, für die wir jene privatinternationale Norm als dem Willen unseres Gesetzgebers entsprechend erkannt haben, innerlich gleichartig sind, derart, daß sie in ihrem Kern als dieselben Rechtsverhältnisse gelten können«.

Diese Lehren enthalten die beiden entscheidenden Grundsätze: daß die Qualifikation nach der lex fori zu geschehen hat, und daß,

[1]) Kahn Bd. I S. 92 ff.
[2]) Bd. I S. 92.
[3]) Bd. I S. 112.

soweit es sich um die Qualifikation fremder Rechtseinrichtungen handelt, ein gewisses Maß von Abweichungen gegenüber dem deutschen Recht das Ergebnis der Qualifikation nicht beeinflussen darf [1]).

In die außerdeutsche Wissenschaft hat Bartin das Problem eingeführt durch seinen berühmt gewordenen Aufsatz »De l'impossibilité d'arriver à la supression définitive des conflits de lois« aus dem Jahre 1897 [2]). Seit diesem Aufsatz ist die Bezeichnung »Qualifikation« für den Gegenstand des Problems üblich. Bartin vertritt, wie Kahn, den Grundsatz der Qualifikation nach der lex fori. Nur über die Zugehörigkeit eines Gegenstandes zum beweglichen oder unbeweglichen Vermögen soll die lex rei sitae entscheiden. Die Behauptung einer zweiten Ausnahme für die Qualifikation im Bereich der Parteiautonomie hat Bartin neuerdings zurückgenommen [3]).

Die Mehrzahl der übrigen Schriftsteller — sowohl der deutschen wie der ausserdeutschen — folgt ebenfalls dem Grundsatz der Qualifikation nach der lex fori.

Zitelmann lehrt, daß für die einer einzelnen Rechtsordnung angehörigen Kollisionsnormen die lex fori die Qualifikation geben müsse [4]). Derselben Ansicht sind Neumeyer [5]), Neubecker [6]), W. Kaufmann [7]), Lewald [8]), Gutzwiller [9]).

In Frankreich teilen diesen Standpunkt Weiß [10]), Arminjon [11]), Pillet u. Niboyet [12]), Niboyet [13]), Donnedieu de Vabres [14]), Lyon-

---

[1]) Darüber, daß Kahn m. E. den Rahmen zu weit spannt, in dem fremde Rechtseinrichtungen für die Qualifikation als den inländischen gleichwertig angesehen werden sollen, siehe § 85 S. 125.

[2]) Clunet 1897 S. 225 ff., 466 ff., 720 ff.

[3]) Principes S. 234 f.

[4]) Bd. II S. 9 f.

[5]) I. Pr. R. § 12 S. 11.

[6]) Ehe- und Erbv. S. 246: »auch der deutsche Gesetzgeber, Richter und Schriftsteller spricht national in internationalen Beziehungen«.

[7]) »Staatliches deutsches internationales Privatrecht und völkerrechtliches internationales Privatrecht der Haager Verträge« 1910 S. 24, 26.

[8]) Nr. 132 S. 96 und an vielen anderen Stellen für Einzelfragen.

[9]) S. 1542 ff. und S. 1629 unter Einschränkung für die Qualifizierung von Sachen als bewegliche oder unbewegliche, die nach der lex rei sitae erfolgen soll, S. 1598 Anm. 2.

[10]) Manuel Nr. 300 ff., S. 373 ff.

[11]) Bd. I Nr. 59 ff. S. 128 ff.

[12]) Nr. 300 ff. S. 373 ff.

[13]) Nr. 414 ff. S. 496 ff.

[14]) Clunet 1905 S. 1231 ff.

Caen et Renault [1]) und mit der Beschränkung auf lois personnelles Surville [2]).

Arminjon unterscheidet sich aber von den anderen Anhängern der Qualifikation nach der lex fori erheblich, da Qualifikation einer Person, Sache, Handlung, Rechtsbeziehung nach ihm bedeutet, ihr durch Einordnung in eine juristische Kategorie rechtliche Existenz beizulegen; dies habe zu geschehen, bevor überhaupt ausländisches Recht in Betracht gezogen wird.

Ferner haben sich für die Qualifikation nach der lex fori ausgesprochen:

In Italien: Anzilotti [3]), Buzatti [4]), Ghirardini [5]), Perassi [6]), Salvioli [7]), Udina [8])

In den Vereinigten Staaten: Lorenzen [9]).

In Holland: Kosters [10]), Mulder [11]).

In Belgien: Poullet [12]).

Eine Anzahl von Schriftstellern vertreten andere, unter sich wieder verschiedene Lösungen:

Nach Frankenstein [13]) hat im Falle eines Qualifikationskonfliktes zwischen der »a priori« berufenen »primär« herrschenden Rechtsordnung und der durch diese berufenen »sekundär« herrschenden Rechtsordnung die erstere zu bestimmen, welcher von ihnen die Qualifikation entnommen werden soll; im Zweifel soll man annehmen, daß ihre eigene Qualifikation gelten soll. Treten die lex rei sitae und das Heimatsrecht, d. i. zwei primär herrschende Rechtsordnungen, in einen Qualifikationskonflikt, so soll die Qualifikation der lex rei sitae als der stärkeren vorgehen. Anders, wenn der Richter zur Anwendung seines Rechts durch eine gesetzliche Anknüpfungsnorm gezwungen wird, die der Anordnung der primär herrschenden Rechtsordnung widerspricht, d. h. wenn eine »Pseudoanknüpfung« an das

---

[1]) Bd. I Nr. 183 S. 221 ff.

[2]) § 1. S. 19 Anm. 3.

[3]) Corso di lezioni 1919 S. 156 f. und Rivista 1914 S. 610 ff.

[4]) Studi in onore di E. Pessina Bd. 3 S. 195 ff.

[5]) Rivista 2. Serie Bd. 8 S. 301—306.

[6]) Rivista 1926 S. 518 ff.

[7]) Recueil Bd. 12 S. 78 ff.

[8]) Rép. Bd. 6 unter »Italie« Nr. 103, mit Zusammenstellung aus der Literatur.

[9]) Columbia Law Review 1920 S. 247 ff.

[10]) S. 146 ff.

[11]) S. 64.

[12]) Nr. 340 S. 435 f.

[13]) Bd. I S. 273 ff.

eigene Recht vorliegt. Dann muß die Qualifikation der lex fori entnommen werden, d. i. dem »Pseudostatut«, »denn da dieses sich rechtswidrig eine Herrschaft anmaßt, die ihm nicht zusteht, kann es auch allein bestimmen, wie weit es diese Herrschaft ausdehnt«[1]). Darüber, ob die Qualifikation ebenso nach der lex fori erfolgen soll, wo diese als »Pseudostatut« auf ein anderes Recht verweist, äußert Frankenstein sich nicht.

Raape[2]) will grundsätzlich nach der lex fori qualifizieren, ist aber der Ansicht, daß die Begriffe in den Kollisionsnormen nicht ausnahmslos nach innerem Recht auszulegen seien, sondern daß oft eine weitere Auffassung unter internationalen Gesichtspunkten erforderlich sei.

Die Emanzipierung der Begriffsbestimmungen der Kollisionsnormen vom inneren Recht unter Ersatz der innerrechtlichen Begriffe durch international brauchbare Begriffe, die im Wege der Rechtsvergleichung zu gewinnen sind, wird eingehend von Rabel[3]) vertreten. Eine weitgehende Unabhängigkeit von den Begriffsbestimmungen des inneren Rechts sucht er durch die Lehre zu erreichen, daß die Kollisionsnormen nicht auf Rechtsverhältnisse, sondern auf rechtlich ungeformte Lebensverhältnisse abgestellt sind[4]).

Despagnet hat gegen Bartin die Lehre aufgestellt, daß die Qualifikation stets dem das Rechtsverhältnis beherrschenden Recht zu entnehmen sei[5]). Dieser Ansicht folgen Valéry[6]), Matos[7]) und, außer für lois personnelles, Surville[8]). Gemma[9]) will die Qualifikation internationalen Prinzipien entnehmen. Nach Jitta[10]) soll der Richter die Qualifikation nach dem internationalen Recht, und wenn solches hierüber fehlt, nach seinem juristischen Gewissen vornehmen. (Das von Jitta angeführte Beispiel ist aber kein Fall eines Qualifikationskonfliktes.) Diena[11]) lehnt ab, die Qualifikation stets nach der lex fori zu bestimmen, hält es aber für unmöglich,

---

[1]) Bd. I S. 288.
[2]) S. 15 ff.
[3]) ZAIP 1929 S. 755 ff., ZAIP 1931 S. 241 ff.
[4]) ZAIP 1931 S. 241, 243 und passim.
[5]) Clunet 1898 S. 253 ff.
[6]) Nr. 379 S. 500 ff.
[7]) Nr. 82 S. 128.
[8]) § 1 S. 19 Anm. 3.
[9]) »Propedeutica ...« 1899 S. 89 ff.
[10]) § 29 S. 69 ff.
[11]) Recueil Bd. 17 1927 S. 400 ff.

bei dem gegenwärtigen Stand der Untersuchung eine bestimmte Stellung für alle Qualifikationsfälle einzunehmen.

Eine eingehende Stellungnahme zu jeder einzelnen Theorie ist im Rahmen dieses Buches unmöglich. Ich beschränke mich in der Hauptsache darauf darzustellen, wie nach meiner Auffassung im einzelnen qualifiziert werden muß, und den Nachweis zu versuchen, daß ich hiermit im wesentlichen den Standpunkt der deutschen Praxis wiedergebe.

§ 79. In der Literatur wird im allgemeinen diese Qualifikationsfrage als eine Eigentümlichkeit des internationalen Privatrechts, das heißt der Normen über die örtliche Rechtskollision, angesehen.

Sicher ist diese Frage von besonderer Bedeutung, wenn es sich darum handelt, fremde Rechtsbegriffe in unsere Kollisionsnormen einzureihen. Aber dasselbe Phänomen zeigt sich auch da, wo zweifellos deutsches inneres Recht entscheidend ist. Denn die Notwendigkeit, fremde Rechtsbegriffe nach unserem Recht zu klassifizieren, liegt nicht nur im internationalen Privatrecht vor, obwohl sie dort natürlich am häufigsten ist.

Wenn österreichische Ehegatten von Tisch und Bett geschieden sind, und einer dieser Ehegatten Deutscher geworden ist und mit einem oder einer Deutschen eine neue »Ehe« eingegangen ist, so fragt sich, wenn eine Ehenichtigkeitsklage erhoben ist, auf Grund deutschen inneren Rechts, ob die vorhandene Bindung aus der österreichischen »Ehe« noch eine Ehe darstellte. Auf diese Frage kommt es auf Grund des deutschen inneren Rechts an, welches die Mehrehe verbietet [1]).

Nach Art. 15 Abs. 1 EG wird das eheliche Güterrecht nach den deutschen Gesetzen beurteilt, wenn der Ehemann zur Zeit der Eheschließung ein Deutscher war. Darüber, daß dem hiernach maßgebenden deutschen Güterrecht das ganze eheliche Vermögen, auch das im Ausland befindliche, unterliegt, besteht kein Zweifel. Für den Fall, daß die Fahrnisgemeinschaft des deutschen Rechts vereinbart ist, hat das deutsche Gesetz genau festgelegt, welche Gegenstände als Teile des unbeweglichen Vermögens von der Gemeinschaft ausgeschlossen sind (§ 1551 Abs. 2 BGB). Diese Bestimmung ist auch maßgebend, soweit es sich um im Ausland befindliche Gegenstände handelt. Die Abgrenzung zwischen beweglichem und unbeweglichem Vermögen geschieht hier nach deutschem Recht als dem materiellen Güterrechtsstatut, nicht nach deutschen Kollisionsnormen, nicht nach der lex rei sitae und nicht nach der lex fori als

[1]) Vgl. RG 12. 9. 1912, WarnRspr. 1912 Nr. 434 S. 481.

solcher. Wenn zum Vermögen deutscher in Fahrnisgemeinschaft lebender Ehegatten ein ausländisches Recht gehört, das nach der ausländischen Terminologie als Hypothek bezeichnet wird und also nach § 1551 Abs. 2 BGB in die Fahrnisgemeinschaft fallen würde, falls es sich um eine deutsch-rechtliche Hypothek handeln würde, so wird auf Grund dieser innerrechtlichen deutschen Bestimmung — also ebenfalls nicht auf Grund einer deutschen Kollisionsnorm — festzustellen sein, ob eine Hypothek vorliegt.

Darüber, daß das Vertragsverhältnis zwischen einem deutschen in Deutschland ansässigen Kaufmann und seinem deutschen in Deutschland ansässigen Handlungsbevollmächtigten deutschem Recht unterliegt, besteht kein Zweifel, wenigstens dann nicht, wenn die Tätigkeit des Handlungsbevollmächtigten im wesentlichen in Deutschland auszuüben ist. Auf das Verhältnis zwischen dem Inhaber des Handelsgewerbes und dem Handlungsbevollmächtigten findet dann § 54 Abs. 2 des deutschen Handelsgesetzbuches Anwendung:

»Zur Veräußerung oder Belastung von Grundstücken, zur Eingehung von Wechselverbindlichkeiten, zur Aufnahme von Darlehen und zur Prozeßführung ist der Handlungsbevollmächtigte nur ermächtigt, wenn ihm eine solche Befugnis besonders erteilt ist.«

Wenn ein solcher Handlungsbevollmächtigter in Holland eine Promesse aan Order [1]) zeichnet, so wird nach genau denselben Grundsätzen entschieden werden müssen, ob dieses ein Wechsel ist, wie in den Fällen, in welchen es sich um die Anwendung der besonderen Kollisionsnormen der Wechselordnung handelt.

In keinem dieser Fälle kann für die Einreihung in das deutsche innere Recht verlangt werden, daß die zu klassifizierende fremde Rechtseinrichtung mit der deutschen genau übereinstimmt. Denn eine ganz gleichartige Ausgestaltung von Rechtsverhältnissen in Rechtsgebieten mit verschiedenen Rechtsquellen kommt niemals oder höchstens als seltene Ausnahme vor. Ähnlichkeitswerte müssen genügen.

Es ist ausgeschlossen, daß unser Recht, eine verschiedene Art der Begriffsbestimmung vorschreibt, je nachdem es sich um Kollisionsnormen handelt oder um Vorschriften des inneren Rechts, bei denen fremde Rechtsinstitute zu berücksichtigen sind. Wir machen, wenn die Anwendung fremden Rechts in Frage steht, keinen Unterschied zwischen fremden Kollisionsnormen und fremdem inneren Recht [2]). Einer der Gründe dieser gleichartigen Behandlung ist die

[1]) Art. 208 Wetboek van Koophandel.

[2]) Vgl. die Ausführungen über den Renvoi, §§ 139 ff. S. 207 ff.

Schwierigkeit der Unterscheidung zwischen Kollisionsnormen und Sachnormen [1]). Sollte unser Gesetzgeber innerhalb unseres eigenen Rechts den Richter zu derartigen schwierigen Unterscheidungen zwingen wollen, je nachdem es sich um deutsches internationales Privatrecht oder deutsches inneres Recht handelt? Das würde in dieser besonders verwickelten und — wie sich aus dem Folgenden ergeben wird — notwendigerweise mit Unklarheiten behafteten Materie eine überflüssige Belastung der Gerichte mit Unterscheidungsnotwendigkeiten sein, die der auf das Praktische gerichteten Tendenz des deutschen Rechts durchaus widersprechen würde.

Tatsächlich wird denn auch ein solcher Unterschied weder in der deutschen, noch — soviel ich feststellen kann — in der fremden Rechtsprechung gemacht. Es ist daher berechtigt, zur Beantwortung der Frage, wo fremde Verhältnisse in dem System der Kollisionsnormen unterzubringen sind, auch die Entscheidungen zu berücksichtigen, bei denen es sich um Unterbringung fremder Rechtsverhältnisse unter die Begriffe des inneren Rechts handelt. Die folgenden Untersuchungen werden sich — der Aufgabe dieses Buches entsprechend — natürlich in erster Linie mit der Einreihung fremder Rechtsbildungen in die Begriffe der Kollisionsnormen befassen; aber als Erkenntnishilfe werden auch Gerichtsentscheidungen verwendet werden, welche eine derartige Einreihung in innerrechtliche Begriffe betreffen.

§ 80. Das internationale Privatrecht ist — soweit nicht ausnahmsweise völkerrechtliche Grundsätze und Staatsverträge eingreifen — nationales Recht. Der Gesetzgeber hat die Aufgabe und sicher den Willen, sich in einer verständlichen Form zu äußern. Wenn er für internationalprivatrechtliche Vorschriften Ausdrücke verwendet, die auch in seinem inneren Recht vorkommen, so muß schon aus diesem Grunde angenommen werden, daß er — soweit möglich — diese Begriffe im Sinne seines inneren Rechts verstanden haben will. Daß der Gesetzgeber seinen internationalprivatrechtlichen Vorschriften, die ebenso sehr nationales Recht sind wie die innerrechtlichen Vorschriften, Begriffe aus fremden, je nach Sachlage anzuwendenden Rechten zugrundegelegt haben sollte, ist schon darum ausgeschlossen, weil hierdurch die eigenen internationalprivatrechtlichen Normen jeder Bestimmtheit, jedes klaren Inhaltes entbehren würden. Auch ist es ausgeschlossen, daß der Gesetzgeber, soweit er sich für zuständig hielt, das Anwendungsgebiet des eigenen

[1]) RG 15. 2. 1912, RG Bd. 78 S. 234 ff. (236).

Rechts gegenüber fremdem Recht und das fremder Rechte gegeneinander abzugrenzen, für diese Abgrenzung die Mannigfaltigkeit fremder, ihm im einzelnen oft gar nicht bekannter Begriffsbestimmungen zugrunde gelegt haben sollte.

Für das deutsche internationale Privatrecht kommt hinzu, daß das EGBGB — der Kern und Ansatzpunkt des deutschen internationalen Privatrechts — gleichzeitig mit dem BGB ausgearbeitet worden und in Kraft getreten ist. Bei dieser Sachlage wäre eine vermeidbare Verschiedenheit der Begriffsbestimmungen im BGB und im EG ein schwerer terminologischer Fehler, für dessen Vorhandensein jeder Anhalt fehlt.

Die Vereinigten Zivilsenate des Reichsgerichts haben für einen Einzelfall die Übereinstimmung der Begriffe des EGBGB mit denjenigen des BGB mit größter Schärfe betont [1]). Es handelte sich um die Frage, ob auf die österreichische beständige Trennung von Tisch und Bett die internationalprivatrechtlichen Normen anzuwenden seien, welche in Art. 17 EGBGB über die Scheidung der Ehe getroffen sind. Diese Frage hat das Reichsgericht u. a. mit folgender Begründung verneinend beantwortet: »Das BGB versteht unter 'Scheidung' der Ehe die Scheidung vom Bande; es kann nicht angenommen werden, daß in dem Einführungsgesetze zu demselben Gesetzbuch [2]) das Wort 'Scheidung' in einem anderen Sinne gemeint sein soll«, und an anderer Stelle dieser Entscheidung heißt es [3]): »Es ist aber auch der Gedanke abzuweisen, daß der Gesetzgeber mit den Worten 'Scheidung' in Art. 17 einen anderen Sinn habe verbinden wollen, als den er sonst damit verbunden wissen will«.

In einer neueren Entscheidung des Reichsgerichts [4]) wird ausgeführt, daß für die Beantwortung der Frage, welchem Recht ein eingeklagter Vertragsanspruch unterlag, »zunächst und zwar nach deutscher rechtlicher Betrachtung die Rechtsnatur des Klageanspruchs zu bestimmen« sei. Das müsse wenigstens insoweit geschehen, als von der Feststellung dieser Rechtsnatur die Anwendung einer internationalprivatrechtlichen Vorschrift abhängig sei. Obwohl hier nicht der Wortlaut einer gesetzlichen deutschen Kollisionsnorm in Frage kam — das Vertragsrecht ist im EGBGB nicht geregelt —, so handelt es sich im Hauptpunkt um denselben Gedanken-

---

[1]) 12. 10. 1903, RG. Bd. 45 S. 345 ff. (349).

[2]) Die hier gesperrt gedruckten Worte sind auch in der reichsgerichtlichen Entscheidung gesperrt gedruckt.

[3]) a. a. O. S. 348 f.

[4]) 13. 12. 1929, WarnRspr. 1930 Nr. 43 S. 78 ff. (80).

gang wie bei der soeben erwähnten Entscheidung der Vereinigten Zivilsenate. In dem neueren Falle wird von dem Bestehen einer deutschen internationalprivatrechtlichen Norm, sei es über Verträge im allgemeinen, sei es über bestimmte Vertragsarten, ausgegangen und ausgesprochen, daß der deutsche Richter auf Grund des deutschen (inneren) Rechts festzustellen habe, welche Rechtsverhältnisse diese deutsche Kollisionsnorm betrifft.

Sowohl die Entscheidung der Vereinigten Zivilsenate vom 12. 10. 1903 wie die Entscheidung des Reichsgerichts vom 13. 12. 1929 gehen davon aus, daß die in einer deutschen Kollisionsnorm enthaltenen Rechtsbegriffe nach deutschem Recht auszulegen sind. Die Entscheidung vom 13. 12. 1929 ist aber darum inhaltlich von viel weitergehender Bedeutung, weil sie sich nicht auf Schlüsse aus der Übereinstimmung der Ausdrucksweise zwischen EGBGB und BGB beschränkt, sondern auch auf die gesetzlich nicht festgelegten (gewohnheitsrechtlichen) deutschen Kollisionsnormen zutrifft.

Wir können also zum mindesten für das deutsche internationale Privatrecht mit Bestimmtheit den Satz aussprechen, daß — soweit nicht ausnahmsweise eine besondere kollisionsrechtliche Begriffsbildung nachweisbar ist — innerhalb der Grenzen der Möglichkeit die Begriffe der Konfliktsnormen in Übereinstimmung mit denjenigen des deutschen inneren Rechts auszulegen sind. Die Frage ist, wie weit diese Möglichkeit geht.

Demnach sind bei Anwendung deutschen internationalen Privatrechts genau in dem Umfange, wie das deutsche internationale Privatrecht maßgebend sein will, also jedenfalls für die erste Anknüpfung, die innerrechtlichen Begriffe des deutschen Rechts zugrundezulegen. Zugrundelegen heißt hier aber nicht einfach anwenden. Das verbietet sich vielfach dadurch, daß im fremden Recht ein mit dem deutschen Recht genau übereinstimmender Rechtsbegriff nicht vorhanden ist. Wie solchenfalls zu verfahren ist, wird im folgenden untersucht werden.

Bei dieser Untersuchung ergibt sich, daß ein Unterschied gemacht werden muß, je nachdem der in der Kollisionsnorm verwendete Begriff nur durch Beziehung auf das Recht eines bestimmten Landes einen Inhalt gewinnt oder auf Grund bloßer Tatsachen festzustellen ist.

§ 81. Die Mehrzahl der in den Kollisionsnormen verwendeten Begriffe ist von der Art, daß ihre Voraussetzungen nicht allein auf Grund einer Prüfung tatsächlicher Verhältnisse festgestellt werden können, z. B. die Begriffe Staatsangehörigkeit, Geschäftsfähigkeit, unerlaubte Handlung, dingliche Rechte, Ehe, eheliches Güterrecht, eheliche Abstammung, Beerbung usw.

Der Inhalt dieser Begriffe ist, wie dargelegt, für das deutsche internationale Privatrecht nach dem deutschen inneren Recht zu bestimmen. Aber das bedeutet nicht, daß das deutsche internationale Privatrecht mit diesen Ausdrücken nur solche Regeln und Einrichtungen ausländischen Rechts bezeichnen will, die mit denen, welche das deutsche innere Recht unter diese Begriffe faßt, gleichen Inhalt haben [1]). Rechtsinstitute, die in allen Einzelheiten ihrer Ausgestaltung der Ehe des BGB oder der deutschen Staatsangehörigkeit gleich sind, wird man vermutlich nirgendwo finden. Ein Verlangen völliger Gleichartigkeit müßte das deutsche internationale Privatrecht gegenstandslos machen. Also müssen jene Begriffe im deutschen internationalen Privatrecht einen weiterreichenden Inhalt haben, als ihnen zuzuweisen wäre, wenn man annähme, daß sie mit den entsprechenden Begriffen des deutschen inneren Rechts identisch seien [2]). Fremdrechtliche »Ehen«, fremdrechtliche »Staatsangehörigkeit« müssen, wenn die ausländischen Regeln über sie von denen des deutschen inneren Rechts nur in gewissem Umfang abweichen, internationalprivatrechtlich ebenso als Ehe und Staatsangehörigkeit angesehen werden wie die deutsche Ehe und die deutsche Staatsangehörigkeit. Auch solche ausländischen Vorschriften, die für die eheliche Abstammung andere Vermutungen geben als das BGB betreffen, wenn die Abweichung ein gewisses Maß nicht überschreitet, die eheliche Abstammung im Sinne unserer örtlichen Kollisionsnormen. Die Kategorien unseres internationalen Privatrechts fassen mehr als nur das, was unser nationales Recht ihnen zuteilt; sie lassen noch Raum für gewisse Abweichungen.

Aber diese Abweichungen dürfen nicht so weit gehen, daß sie den Rahmen jener Kategorien sprengen. Nach dem Recht einiger mohammedanischer Sekten gelten Kinder, die vier Jahre nach Auflösung einer Ehe geboren sind, noch als ehelich [3]). Wir können nicht annehmen, daß eine Vorschrift, die solches bestimmt, noch gemäß Art. 18 EG angewendet werden kann, weil sie die eheliche Abstammung betreffe; der Inhalt einer solchen Rechtsregel ist nach den Begriffen des deutschen Rechts keine Vermutung der ehelichen

---

[1]) Vgl. § 79 S. 113 ff. über die Einreihung ausländischer Rechtsverhältnisse in deutsches inneres Recht.

[2]) Vgl. Kahn, insb. Bd. I S. 119 ff.; Rabel, ZAIP 1929 S. 755 ff.

[3]) Arminjon, Clunet 1912 S. 712.

Geburt und hat auch sonst mit den Regeln des deutschen inneren Rechts über die eheliche Abstammung nichts gemein. Nach dem Recht einiger vorderindischer Völker darf eine Frau mit mehreren Männern »vermählt« sein [1]); sicherlich ist eine solche Beziehung keine »Ehe« gemäß deutscher Rechtsauffassung und also auch den Regeln des deutschen internationalen Eherechts nicht unterworfen.

Zwischen den Fällen völliger Übereinstimmung der ausländischen mit den deutschen Regeln und diesen Extremen liegen die zahllosen Fälle, in denen die Qualifikation Zweifel bereitet. Es scheint mir nicht möglich, grundsätzlich eine Grenze dafür zu ziehen, wie weit Abweichungen das Ergebnis der Qualifikation beeinflussen und wie weit nicht. Für jeden Einzelfall der Qualifikationskonflikte liegen hier die Umstände besonders. Geringe Abweichungen bleiben für die Qualifikation unerheblich; weitgehende Abweichungen machen es unmöglich, die zu qualifizierende ausländische Rechtseinrichtung der Kategorie des deutschen internationalen Privatrechts einzuordnen, welcher diejenigen deutschen Rechtseinrichtungen angehören, die der ausländischen ihrer Benennung nach entsprechen.

Daraus ergibt sich: Voraussetzung richtiger Qualifikation ist die Untersuchung und Feststellung des Inhalts des fremden Rechts. Ohne diese Untersuchung und Feststellung geschieht die Qualifikation auf gut Glück und ist es ein Zufall, wenn sie dem Charakter der in Betracht kommenden ausländischen Regeln gerecht wird.

§ 82. Zwei Entscheidungen Gemischter Schiedsgerichtshöfe können hier als Musterbeispiele verwendet werden. Die eine zeigt ein Verfahren der Qualifikation, das den richtigen Grundsätzen in vorzüglicher Weise gerecht wird, während die andere ihnen widerspricht.

Der deutsch-englische Schiedsgerichtshof und der deutsch-französische Schiedsgerichtshof hatten sich mit der Frage zu beschäftigen, ob das Recht eines Staates auf einen erbenlosen Nachlaß als ein dem Erbrecht angehöriges Recht anzusehen und zu behandeln sei — wie es dem System des deutschen BGB entspricht —. Beide Schiedsgerichtshöfe haben die Frage verneint. Der deutsch-englische Schiedsgerichtshof [2]) gelangte zu diesem Ergebnis auf Grund einer sorgfältigen Untersuchung der einschlägigen deutschen Vorschriften.

---

[1]) Burge Bd. III S. 65.

[2]) 13. 10. 1925, Recueil des décisions Bd. 5 S. 635 = JW 1926 S. 2018. Vgl. hierzu Rabel, ZAIP 1927 S. 10, und Caspers, JW 1926 S. 2021. Es handelte sich nicht um die Anwendung von Kollisionsnormen, sondern um die Frage der Zuständigkeit des Gerichtshofs.

Er stellte fest, daß nach diesen Vorschriften im Gegensatz zu anderen Erben dem Fiskus kein Ausschlagungsrecht zusteht, daß der Fiskus nicht in Rechte aus literarischem und künstlerischem Eigentum nachfolgt, sondern diese bei Mangel eines sonstigen »Erben« frei werden, und daß die Haftung des Fiskus von vornherein auf den Nachlaß beschränkt ist, während ein anderer Erbe dieseBeschränkung durch besondere Handlungen herbeiführen muß und das Recht dazu in gewissen Fällen verlieren kann. Aus diesen Einzelheiten der gesetzlichen Regelung schloß der Schiedsgerichtshof, daß es sich bei dem angeblichen Erbrecht der deutschen Staaten gemäß § 1936 BGB in Wahrheit um eine öffentlich-rechtliche Liquidationspflicht handele und nicht um ein privates Recht.

In dem Falle, den der deutsch-französische Schiedsgerichtshof zu entscheiden hatte [1]), handelte es sich um die Rechtsnachfolge in ein in Preußen belegenes Grundstück aus dem Nachlaß eines ohne Erben verstorbenen Franzosen. Der Schiedsgerichtshof hat ohne Untersuchung der einschlägigen deutschen oder französischen Rechtsvorschriften »qualifiziert«: ein Recht des Fiskus an erbenlosen Nachlässen sei nicht erbrechtlicher Natur; dies unter Berufung auf einen angeblich allgemein anerkannten Grundsatz, nach dem herrenlose Sachen dem Staate anheimfallen, in dessen Gebiet sie sich befinden [2]) [3]).

Ich habe diese Beispiele gewählt, weil sie angesichts der verschiedenartigen Behandlung derselben Frage besonders schlagend sind. Es ist freilich richtig, daß die internationalen Schiedsgerichte in der Lage sind, die allgemeinen Begriffe, von deren Verwirklichung sie die Anwendbarkeit einer internationalprivatrechtlichen Regel abhängig machen, sich selbst zu bilden, also nicht einem positiven inneren Recht zu entnehmen. Aber die weitere Erwägung, ob ein konkretes Rechtsverhältnis unter einen solchen Begriff fällt, sollte auch von einem internationalen Schiedsgericht erst entschieden werden, nachdem es die wirkliche Ausgestaltung solchen Rechtsverhältnisses in dem in Betracht kommenden positiven Recht festgestellt hat. Wenn internationalen Schiedsgerichten (oder Gerichten) kein bestimmtes materielles Recht zur Verfügung steht, aus dem sie

---

[1]) 30. 3. 1926, Recueil des décisions Bd. 5 S. 248 = JW 1926 S. 2021 f., und Rabel und Caspers a. a. O.

[2]) Vgl. dagegen § 958 BGB.

[3]) Das durch Art. 713 Code Civil statuierte Recht des Staates am erbenlosen Nachlaß wird in Frankreich als öffentlichrechtliches Okkupationsrecht angesehen. Weiss Bd. IV S. 587 ff.

die Qualifikationen herleiten können, so sind sie freilich gezwungen, den für die Qualifikation erforderlichen materiellrechtlichen Begriff selbst zu bilden, um auf diese Weise einen Ersatz für die fehlende positive innerrechtliche Grundlage zu schaffen. Daher ist es nur zu billigen, daß die beiden Schiedsgerichtshöfe von ihrem Begriff des Erbrechts ausgegangen sind. Insofern kann man von beiden Urteilen sagen, daß sie mit Recht nach der lex fori qualifiziert haben. Aber dieses Qualifizieren nach der lex fori ist von dem deutsch-englischen Schiedsgerichtshof in den richtigen Grenzen gehalten, indem dieses Gericht nach Feststellung, welchen Inhalt das zu beurteilende Rechtsverhältniss tatsächlich hatte, sich die Frage vorgelegt hat, ob dieses konkrete Recht unter den Erbrechtsbegriff der lex fori falle. Das deutsch-französische Schiedsgericht aber hat nicht nur, wie es richtig war, den für die eigentliche international-privatrechtliche Regel des Gerichts notwendigerweise zu bestimmenden Begriff »Erbrecht« nach der lex fori festgestellt, sondern hat auch die Frage, ob das zu beurteilende Rechtsverhältnis durch erbrechtliche oder andere Vorschriften geregelt sei, ohne Rücksicht auf ein positives Recht, auf Grund allgemeiner Erwägungen entschieden. Dieser zweite Teil der Gedankenoperation ist sicher unrichtig. Das deutsch-französische Schiedsgericht hat unmöglich feststellen können, ob das Recht an einem erbenlosen Nachlaß seinem eigenen Erbrechtsbegriff entsprach, ohne sich vorher zu vergewissern, wie dieses Recht im konkreten Falle ausgestaltet war.

Der an sich richtige Satz, daß der Richter nach der lex fori zu qualifizieren habe, hat durch die naheliegende Möglichkeit, diesen Ausdruck mißzuverstehen, dazu geführt, daß die lex fori über das zulässige Maß hinaus auf Fragen angewendet wird, auf die sie nicht paßt.

Der Endzweck der Qualifikation wie jeder anderen international-privatrechtlichen Gedankentätigkeit ist die Ermittlung des inneren Rechts, welches nach unserer Kollisionsnorm anzuwenden ist. Soweit unsere Kollisionsnormen — wie sie es meistens tun — Ausdrücke verwenden, die sich auch in unserem inneren Recht finden, müssen wir, ehe wir auf ein Rechtsverhältnis unsere internationalprivatrechtlichen Regeln anwenden, feststellen, ob das vorliegende Rechtsverhältnis dem von unserer Kollisionsnorm gebrauchten Begriff entspricht. Das können wir angesichts der verschiedenen Sprachweise der verschiedenen Rechte vielfach nicht ohne zu wissen, welchen Rechtssätzen das in Frage kommende Rechtsverhältnis unterliegt. Um festzustellen, welchen Rechtssätzen es unterliegt, muß feststehen, welches örtliche Recht auf es anzuwenden ist, und diese Frage können wir erst beantworten, wenn wir seine juristische Natur kennen. Das scheint ein circulus inextricabilis, aber es scheint nur so.

§ 83. Wenn der Richter den Inhalt des fremden Rechts nicht kennt, kann er freilich oft nicht von vornherein wissen, welches innere Recht er anzuwenden hat. Jedoch die Anzahl der überhaupt vorliegenden Möglichkeiten ist beschränkt. Ein Ehegatte kann nach dem Tode des anderen an dem bisherigen ehelichen Vermögen auf Grund ehelichen Güterrechts oder auf Grund Erbrechts Rechte haben. Die ersteren richten sich nach unseren Konfliktsnormen nach dem Recht der Staatsangehörigkeit des Ehemannes zur Zeit der Eheschließung, die letzteren nach dem Recht der Staatsangehörigkeit des verstorbenen Ehegatten zur Zeit seines Todes. Ob das eine oder das andere der Fall ist, kann der Richter nicht wissen ohne das maßgebliche innere Recht zu kennen. Der deutsche Richter muß, um das anzuwendende innere Recht festzustellen, prüfen, ob die in Frage kommenden Ansprüche nach dem Heimatsrecht des Ehemannes zur Zeit der Eheschließung güterrechtlicher Art sind und, soweit das nicht der Fall ist, ob nach dem Heimatsrecht, dem der verstorbene Ehegatte zur Zeit seines Todes unterlag, erbrechtliche Ansprüche begründet sind. Da es sich im Endergebnis um die Anwendung deutscher Kollisionsnormen handelt, die sich bei Benutzung der Ausdrücke »eheliches Güterrecht« und »Beerbung« der Ausdrucksweise unseres inneren Rechts anschließen, so muß die Aufgabe in der Weise gelöst werden, daß der Richter den materiellen Inhalt der fremden Rechtseinrichtungen feststellt und dann prüft, ob diese den Rechtseinrichtungen unseres ehelichen Güterrechts oder Erbrechts nahe genug verwandt sind.

Daraus ergibt sich: Die erste Gedankenoperation des Richters ist die unter Zugrundelegung seines eigenen internationalen Privatrechts erfolgende Feststellung, auf welche Fragen es ankommt. Diese Fragen müssen nach den örtlichen Konfliktsnormen des Richters, und, soweit diese Konfliktsnormen Begriffe verwenden, die im inneren Recht des Richters vorkommen, unter Berücksichtigung des inneren Rechts des Gerichts gestellt werden. Zur Beantwortung der Fragen bedarf es einer weiteren Tätigkeit, bevor die Anwendung eines fremden inneren Rechts stattfindet. Der Richter muß sich nämlich Gewißheit darüber verschaffen, was der Inhalt der möglicherweise in Betracht kommenden fremden Rechte ist. Wenn er den Inhalt festgestellt hat, muß er nach seinen internationalprivatrechtlichen Normen die

Klassifizierung vornehmen, und, wo diese Normen Begriffe verwenden, die auch im inneren Recht vorkommen, die eigenen international-privatrechtlichen Normen auf Grund des eigenen inneren Rechts auslegen. Diese Schlußtätigkeit soll in folgendem als Qualifizierung nach der lex fori bezeichnet werden [1] [2].

Es war notwendig, diese Erörterungen zu bringen, da der Ausdruck »Qualifikation nach der lex fori« vieldeutig ist, und auf eine andere Weise eine Klarheit darüber nicht gegeben werden konnte, wie dieser Ausdruck notwendigerweise verstanden werden muß.

Es sei mir erlaubt, zur weiteren Klärung ein Bild zu benutzen: Wir müssen versuchen, den fremden Rechtsstoff in den Schubfächern unseres Systems unterzubringen. Diese Schubfächer sind etwas geräumiger, als für die Unterbringung unseres eigenen Rechtsstoffes erforderlich ist. Soweit der fremde Rechtsstoff trotzdem nicht in eines unserer Schubfächer hineinpaßt, können wir nicht qualifizieren. Das bedeutet, wir haben dann keine Kollisionsnorm [3].

§ 84. Selbstverständlich wird in den Entscheidungen unserer Gerichte nicht immer die doppelte Gedankentätigkeit, nämlich die Feststellung des Inhalts des möglicherweise in Betracht kommenden fremden Rechts und die Einreihung des Ergebnisses in unser System, ausdrücklich erwähnt. Wenn kein Zweifel über eine genügende Ähnlichkeit der fremden Rechtseinrichtung mit der entsprechenden deutschen besteht, wird eine für Qualifikationszwecke genügende Ähnlichkeit leicht stillschweigend vorausgesetzt. Die Frage, ob eine Urkunde als Wechsel zu qualifizieren ist, ist international-privatrechtlich wegen der Kollisionsnormen der Wechselordnung von Bedeutung. Nach Art. 85 WO. werden die wesentlichen Erfordernisse einer Wechselerklärung nach den Gesetzen des Erklärungsortes beurteilt. In einem vom Reichsgericht [4] entschiedenen Falle erhob sich die Frage, ob ein französisches mandat à ordre die Eigenschaft eines Wechsels habe. Das Reichsgericht sagt: »Ist das mandat à ordre in Toulouse ausgestellt oder als dort ausgestellt zu erachten, so ist die Frage, ob demselben die Eigenschaft eines Wechsels zukomme, nach fran-

---

[1]) Über die einfachere Qualifikation in denjenigen Fällen, in denen die Konfliktsnormen die Kenntnis eines fremden Rechts für die Qualifikation nicht voraussetzen, wird in §§ 111 ff. S. 160 ff. gesprochen. In den Fällen der §§ 111 ff. bedeutet Qualifikation nach der lex fori unveränderte Anwendung der innerrechtlichen Begriffe ohne vorherige Prüfung des fremden Rechts.

[2]) Die hier vertretene Auffassung teilt im wesentlichen Raape, Einl. E.V. 4 am Ende.

[3]) Vgl. oben §§ 50 ff. S. 76 ff.

[4]) 15. 1. 1894, RG Bd. 32 S. 115 ff. (116).

zösischem Recht zu entscheiden.« Darum sei die Entscheidung des Berufungsgerichts in diesem Punkte in der Revisionsinstanz nicht nachzuprüfen. Hiermit sollte wohl sicherlich nicht mehr gesagt sein, als daß nach französischem Recht zu beurteilen sei, welche Rechtswirkungen die Ausstellung eines mandat à ordre herbeiführt, insbesondere, ob dieser Urkunde entsprechende Wirkungen zukommen wie einer lettre de change. Auf diese Frage konnte nur das die Wirkungen der Erklärung beherrschende Recht, in casu das französische, nicht die lex fori die Antwort geben. Die andere Frage, ob für Qualifikationszwecke der französische Wechsel als dem deutschen gleichartig zu behandeln sei, ist in dieser Entscheidung nicht aufgeworfen und ihre Bejahung offenbar als selbstverständlich vorausgesetzt [1]).

§ 85. Welche Gesichtspunkte sind nun für die Qualifikation maßgebend? Man kann allgemein und positiv nur sagen: diejenigen, die nach deutscher Rechtsauffassung die Kriterien der in Frage stehenden Kategorie ausmachen. Welche das sind, läßt sich nur für die einzelne Kategorie bestimmen. Die fremde Rechtsregel oder Rechtseinrichtung muß ihrer Rechtsnatur nach von der Art sein, daß sie, wenn sie Teil des deutschen Rechts wäre, der Kategorie eingeordnet werden müßte.

Hiermit ist aber auch gesagt, worauf es nicht ankommt: Das System des fremden Rechts gibt nicht den Ausschlag. Sonst wäre jeder Qualifikationskonflikt zugunsten der fremden Rechtsauffassung zu entscheiden. In welche Rechtsmaterie das fremde System die Rechtsregel einreiht, deren Anwendbarkeit in Frage steht, ist für die Rechtsnatur dieser Regel nach deutschem internationalem Privatrecht nicht entscheidend. Wohl aber kann die Einordnung im fremden Rechtssystem unter Umständen ein wichtiges Indiz für die Qualifikation gemäß den Kategorien des deutschen Rechtssystems geben.

---

[1]) Dem deutschen Recht fehlt eine Begriffsbestimmung des Wechsels. In anderen Gesetzen der sogenannten deutschen Wechselrechtsgruppe, das heißt der Länder, deren Wechselgesetzen das deutsche Recht, sei es auf Grund unmittelbaren Einflusses, sei es auf dem Umweg über das dem deutschen Recht nachgebildete italienische Wechselrecht, zugrunde liegt, findet sich solche Begriffsbestimmung. Italien, Rumänien, Peru, Venezuela und San Salvador gehören zu diesen Ländern (Meyer, Weltwechselrecht S. 11). Die Wechselgesetze der genannten Länder geben als das Begriffsmerkmal des Wechsels an, daß er die Verpflichtung enthält, eine bestimmte Geldsumme am Verfalltage dem Inhaber unter den näher festgesetzten Formen zu bezahlen oder bezahlen zu lassen (Meyer a. a. O. S. 29). Dieser Art der Begriffsbestimmung genügt auch das französische mandat à ordre.

Für die Qualifikation kann der örtliche Geltungsbereich, den ein ausländischer Staat seinen Vorschriften zuweist, ein Indiz sein; entscheidend ist er nicht. Wenn man früher in Rußland bestimmten russischen Vorschriften über die religiöse Form der Eheschließung exterritoriale Wirkung, nämlich Anwendbarkeit auf alle Russen, beilegte, so hinderte das nicht, diese Vorschriften ebenso als Formvorschriften zu behandeln wie ähnliche englische Vorschriften, die man in England nur für territorial anwendbar erachtete [1]).

Endlich kann man auch nicht denen zustimmen, die für die Annahme der Gleichartigkeit bezüglich der Qualifikation nicht mehr fordern als Identität im »Kern« und der »Funktion« der Rechtseinrichtung [2]), welche beiden Ausdrücke wohl dasselbe bezeichnen, nämlich die wirtschaftliche Funktion der Rechtseinrichtung, ihre wesentliche praktische Bedeutung im Rechtsleben.

Daraus, daß das System unseres inneren Rechts für die Qualifikation entscheidend ist, folgt, daß bei der Qualifikation für uns diejenigen Gesichtspunkte maßgebend sein müssen, die im deutschen inneren Recht die Rechtsbegriffe voneinander unterscheiden. Wir können demnach die Qualifikation auf die praktische Bedeutung einer Rechtsregel nur abstellen, wenn der praktische Inhalt nach deutschem innerem Recht für die Begriffsabgrenzung entscheidend ist. Wirtschaftlich ist die Miete Umsatz von Gebrauch gegen Geld, gleichgültig, ob die Miete dingliche Wirkungen hat oder nicht. Aber für die Qualifikation kann es darauf ankommen, wie die Wirkungen der Miete nach der lex rei sitae der Mietsache beurteilt werden. Wenn die Miete dinglich wirkt, werden wir auch auf die Verpflichtungen des Mieters — wahrscheinlich — das Recht anwenden, das da gilt, wo sich die Mietsache befindet [3]). Wenn aber die Miete nach dem Belegenheitsrecht nur obligatorische Wirkungen hat, so sind auf die Verpflichtungen des Mieters die allgemeinen Grundsätze über obligatorische Verträge anzuwenden, das heißt: das Recht des Erfüllungsortes entscheidet [4]).

§ 86. Die Qualifikation, die in der Weise vorzunehmen ist, wie

[1]) A. A. Niemeyer, Z Bd. 26 S. 1 ff. Die deutsche Rechtsprechung hat niemals Rücksicht darauf genommen, ob das Heimatsrecht des Verlobten seinem Gebot der Eheschließung in religiöser Form exterritoriale Wirkung beimaß, wenn nur das Gebot als Formvorschrift zu qualifizieren war. Vgl. unten § 98 S. 142.

[2]) Kahn Bd. I S. 112, 119; Lewald Nr. 98 S. 74.

[3]) Analogie aus RG 2. 10. 1930, HRR 1930 Nr. 2066. Diese Entscheidung betrifft den Nießbrauch.

[4]) RG 11. 12. 1902, JW 1903 S. 45 Nr. 3.

sie dargelegt wurde, muß nicht weiter gehen, als es gerade die in Betracht stehende Kategorie erfordert. Insbesondere muß, wo es sich um einen Begriff handelt, der das Angeknüpfte bezeichnet, nicht weiter qualifiziert werden, als notwendig ist, um festzustellen, ob die in Betracht gezogene Kollisionsnorm, welcher der Begriff angehört, anwendbar ist oder nicht. Es kommt immer nur darauf an, ob die Einreihung in ein einer bestimmten international-privatrechtlichen Behandlung unterliegendes Rechtsinstitut möglich ist. Einer genaueren Feststellung bedarf es nicht. In einer Reichsgerichtsentscheidung neuen Datums [1]) heißt es: »Das (die Qualifikation gemäß deutschem Recht) muß wenigstens insoweit geschehen, als nötig, um die in Betracht kommenden Regeln des deutschen Rechts abzugrenzen . . . Allerdings hätte der Vorderrichter bei seinem dementsprechenden Verfahren davon absehen können und müssen, das hier vom Kläger vorgebrachte Rechtsgeschäft schon als Kaufvertrag zu bezeichnen.« Denn die Grundsätze des deutschen internationalen Privatrechts, die hier in Betracht kamen, gelten für schuldrechtliche Verträge überhaupt.

§ 87. Bisher ist nur von der Untersuchung und Klassifikation fremden objektiven Rechts gesprochen worden. Unter Umständen ist es damit für die Qualifikation nicht getan. Es kommt nicht in allen Fällen auf die Frage an, wie wir das fremde Rechtsinstitut im allgemeinen zu qualifizieren haben, sondern die Entscheidung kann von den Umständen des Einzelfalles abhängen. Den brasilianischen Begriff der Staatsangehörigkeit werden wir im allgemeinen als dem unsrigen gleichartig ansehen. Aber die brasilianische Verfassung von 1891 verlieh allen Personen, die am Tage der Verkündung der brasilianischen Republik, dem 15. November 1889, in Brasilien wohnten, die brasilianische Staatsangehörigkeit [2]). In den Staatsangehörigkeitsgesetzen der verschiedenen Länder ist es nicht üblich, die bloße Tatsache des Wohnens im Lande zum Erwerbsgrund der Staatsangehörigkeit zu machen. Es entsteht also die Qualifikationsfrage, ob eine durch dieses Gesetz oktroyierte Staatsangehörigkeit mit den Wirkungen ausgestattet werden soll, die das deutsche internationale Privatrecht an die Staatsangehörigkeit knüpft [3]). Diese

---

[1]) 13. 12. 1929, Warn Rspr., 1930 Nr. 43 S. 78 ff. (80) = HRR 1930 Nr. 508.

[2]) Weiß-Zeballos Bd. I S. 201.

[3]) Hier kommt in Betracht, daß Staatsangehörigkeit ein völkerrechtlicher Begriff ist, daß das deutsche internationale Privatrecht diesen völkerrechtlichen Begriff zugrunde legt und daß das Recht eines Staats zur Oktroyierung seiner Staatsangehörigkeit nicht unbegrenzt ist. (Vgl. § 304 S. 443).

Frage wird man nicht generell entscheiden können. Wenn etwa jemand, der auf Grund der genannten brasilianischen Verfassungsvorschrift Brasilianer geworden sein soll, sich ins brasilianische Parlament hat wählen lassen oder ein Staatsamt in Brasilien angenommen hat, wird man nicht bezweifeln, daß brasilianische Staatsangehörigkeit angenommen werden muß. Andrerseits aber ist es sehr zweifelhaft, ob jemand, der zu Brasilien keinerlei Beziehungen besaß als die, daß er am Stichtag dort wohnte, im Sinne unseres internationalen Privatrechts als Brasilianer gilt.

Ebenso haben wir bisher die »Ehen« in den Sowjetrepubliken im allgemeinen als solche anerkannt. Aber man wird, wie ich annehme, sehr geneigt sein, das Vorhandensein einer Ehe zu verneinen, wenn in der Ukraine eine solche nur dadurch zustande gekommen ist, daß von zwei in intimen Beziehungen zueinander stehenden Personen die eine die Ehe ohne den Willen der anderen hat registrieren lassen, was nach ukrainischem Recht für die Eheschließung ausreicht [1]). Die freie Entschließung beider Parteien ist für das Zustandekommen einer Ehe nach deutschen Begriffen wohl unerläßlich.

Hierher gehört auch die Frage, ob eine Einehe, die nach dem sie beherrschenden Recht in eine Vielehe umgewandelt werden kann, nach unserem Kollisionsrecht als Ehe anzusehen ist. Die Rechtsvorschriften, deren Qualifikation in Betracht kommt, sind die gleichen, einerlei, ob der Mann mit einer oder mehreren Frauen eine »Ehe« eingegangen ist. Dennoch kann die Qualifikation in beiden Fällen verschieden sein [2]).

§ 88. In Fällen wie dem letztgenannten scheint die Qualifikationsfrage sich mit der Frage nach der Anwendbarkeit der Vorbehaltsklausel des deutschen internationalen Privatrechts (Art. 30 EG) zu decken. Es handelt sich indes um ganz verschiedene Fragen. Die Qualifikationsfrage geht dahin, ob die Voraussetzungen vorliegen, unter denen eine bestimmte Kollisionsnorm anwendbar ist. Mit der Verneinung dieser Frage ist an sich noch nicht darüber entschieden, ob etwa aus anderen Grundsätzen des deutschen internationalen Privatrechts einzelne Fragen ebenso gelöst werden müssen, wie sie bei Anwendung der in erster Linie in Betracht gezogenen Kollisionsnorm zu lösen wären: Angenommen, wir könnten die Sowjetehe in Deutschland nicht als Ehe betrachten [3]), dann wäre trotzdem die russische Vorschrift über den Unterhaltsanspruch des »Ehemannes«

---

[1]) Stoupnitzky, Revue 1927 S. 433 Anm. 3.

[2]) Vgl. unten § 104 S. 150 f.

[3]) Rabbinowitsch, BLiP 1928 Sp. 153 ff., vertritt diese Ansicht.

gegen die »Ehefrau« [1]) vermutlich anzuwenden, wenn nicht nur der Ehemann, sondern auch die Ehefrau die russische Staatsangehörigkeit besitzt. Das würde sich dann nicht aus der speziellen deutschen Kollisionsnorm ergeben, die für die persönlichen Rechtsverhältnisse der Ehegatten das Heimatsrecht des Mannes für maßgebend erklärt, sondern aus dem Grundsatz, daß auf persönliche Verhältnisse überhaupt das Personalstatut der Beteiligten anwendbar ist. Auf das Vorliegen einer Ehe würde es insoweit gar nicht ankommen. Wenn wir aber auf Grund der Vorbehaltsklausel die Anerkennung einer Sowjetehe ablehnen würden, so könnten unsere Gerichte auch nicht Unterhaltsansprüche aus solchen Beziehungen zwischen Mann und Frau zusprechen.

§ 89. Daraus, daß die Qualifikation nicht Gleichheit, sondern nur Ähnlichkeit der Rechtsbegriffe voraussetzt, ergibt sich, daß die Aufstellung eines lückenlosen Systems ebenso unmöglich ist wie bei der Vorbehaltsklausel [2]). Weil die Grenzen der Ähnlichkeit nicht definiert werden können, ist es in vielen Fällen unmöglich, mit Bestimmtheit zu sagen, ob ein ausländischer Rechtsbegriff einem deutschen genügend ähnelt, um unter einen bestimmten Begriff des deutschen internationalen Privatrechts zu fallen.

Aber neben dieser Unsicherheit gibt es einen zweiten Unsicherheitsfaktor, der sich dann aus unserem inneren Recht ergibt, wenn dessen Begriffsbestimmung unklar ist. Wir haben den Satz, daß die Rechtsfolgen einer unerlaubten Handlung sich nach dem Recht des Begehungsortes richten. Aber was nach deutschem Recht eine unerlaubte Handlung ist, wann z. B. eine Gefährdungshaftung unter diesen Begriff einzureihen ist, kann nach dem jetzigen Stand unseres Rechts vielfach nicht mit Sicherheit gesagt werden. In solchen Fällen tritt zu den Zweifeln, die sich aus der Inkongruenz fremder Rechtsbegriffe gegenüber dem als Maßstab anzuwendenden deutschen inneren Recht ergeben, die Unbestimmtheit des Maßstabs selbst. Alle Unklarheiten, die innerrechtlich über den Umfang des Begriffs der unerlaubten Handlung bestehen, wirken unmittelbar auf die international-privatrechtliche Qualifikation zurück. Die Stellungnahme zu der letzteren Art der Schwierigkeiten liegt außerhalb des Rahmens des internationalen Privatrechts. Es ist ausschließlich Aufgabe des inneren Rechts, hierüber eine Klärung herbeizuführen (bei dem gewählten Beispiel: den innerrechtlichen Begriff der unerlaubten Handlung zu bestimmen).

---

[1]) Vgl. Art. 107 des ersten sowj.-russ. Familienrechtsgesetzes.

[2]) Vgl. §§ 216 ff. S. 330 ff.

§ 90. Nunmehr soll gezeigt werden, wie die im Vorstehenden erläuterte Qualifikationsregel im Einzelnen durchgeführt wird — insbesondere unter Berücksichtigung der deutschen Rechtsprechung. Aus den oben in § 79 angegebenen Gründen werden bei dieser Zusammenstellung auch Entscheidungen verwendet werden, bei denen es sich um die Einreihung eines fremdrechtlichen Begriffes in das innere Recht handelt.

Es ist ferner vorauszuschicken, daß man bei Beurteilung der deutschen Entscheidungen über Konflikte zwischen innerdeutschen Rechtsordnungen folgendes beachten muß: Für die meisten Begriffe, die zu Qualifikationsfragen Anlaß geben, wie »Form«, »Geschäftsfähigkeit«, »prozessual«, »materiell« usw., hatten die Territorialrechte keine besonderen Eigentümlichkeiten entwickelt; vielmehr wurden diese Begriffe wohl in ganz Deutschland im gleichen Sinne verstanden. Es war daher für diese Entscheidungen regelmäßig unerheblich, aus welchem der Territorialrechte der Begriffsinhalt entnommen wurde, mit anderen Worten, nach welchem Recht qualifiziert wurde. Für die Regel der Qualifikation nach der lex fori läßt sich diesen Entscheidungen darum selten etwas entnehmen. Wohl aber können sie das Verfahren der Qualifikation lehren, d. i. die Einordnung in die Begriffe desjenigen Rechts, dem die Qualifikation entnommen werden soll, nach Feststellung der für die Qualifikation erheblichen Eigentümlichkeiten der Rechtsvorschriften, deren Anwendbarkeit in Frage steht.

§ 91. Erste Voraussetzung für den Erfolg eines vor deutschen Gerichten gestellten Klagebegehrens ist das Vorliegen eines subjektiven Rechts. Schon bei der Prüfung, ob ein solches vorliegt, können, wo die Anwendung ausländischen Rechts in Frage kommt, Zweifel über die Qualifikation entstehen. Im marokkanischen Prozeß gab es weder ein Versäumnisverfahren noch eine zwangsweise Vorführung des Beklagten. Für die Mohammedaner bestand eine religiöse Pflicht, sich auf Klagen einzulassen, »Schrâ« zu machen. Die Verletzung dieser Pflicht wurde durch die weltliche Obrigkeit bestraft. Das Reichsgericht [1]) hat wegen dieser Strafdrohung angenommen, daß hier eine Rechtspflicht gegenüber dem Kläger, also ein subjektives Recht des Klägers auf die Prozeßeinlassung des Beklagten bestand [2]).

---

[1]) 13. 12. 1911, RG Bd. 78 S. 190 ff.

[2]) Offenbar hat das RG dieses Recht als ein privatrechtliches, nicht prozeßrechtliches angesehen; es hätte andernfalls dem Klagebegehren nicht entsprechen können.

Aber wenn wir auch die Grenze dessen, was überhaupt subjektives Recht ist, noch so großzügig abstecken, so gibt es eine andere Grenze, die vom internationalen Privatrecht strikt eingehalten wird. Es macht grundsätzlich nur fremdes Privatrecht unmittelbar anwendbar, fremdes öffentliches Recht dagegen nicht [1]), es sei denn, daß die privatrechtliche lex causae die Anwendung vorschreibt [2]).

Für die Unterscheidungen zwischen Privatrecht und öffentlichem Recht ist es nicht mehr als ein Indiz, ob in dem fremden Lande etwas als privates oder öffentliches Recht angesehen wird. Maßgebend ist, ob wir unter Zugrundelegung deutscher Systematik die Bestimmungen des fremden Rechts dem privaten oder öffentlichen Recht einzugliedern haben würden, wenn sie deutsches Recht wären.

Daß die Abgrenzung zwischen Privatrecht und öffentlichem Recht in einer großen Anzahl von Fällen der örtlichen Rechtskollisionen schwierig sein muß, ergibt sich schon daraus, daß sogar für unser inneres Recht die beiden Gebiete schwer voneinander zu trennen sind und daß im einzelnen Fall hier immer von neuem Zweifel sich erheben. Die Sicherheit des Ergebnisses muß bei der Einreihung fremder Rechtsinstitute in das deutsche System noch geringer sein.

Ob ein Recht vor den Gerichten des betreffenden fremden Staates geltend gemacht werden kann, ist jedenfalls kein unbedingt entscheidender Gesichtspunkt. Die Teilung der Gewalten zwischen Gesetzgebung, Rechtsprechung und Verwaltung kann möglicherweise in dem fremden Staat überhaupt nicht bestehen, die Grenzen können von den unsrigen völlig verschieden gezogen sein. Die Frage, ob ein auf Grund fremden Rechts erhobener Anspruch zivilrechtlich ist oder nicht, kann grundsätzlich nicht nach der fremden Kompetenzverteilung, sondern nur auf Grund seines juristischen Charakters

---

[1]) Siehe Neumeyer, Z Bd. 24 S. 207 f. und Internationales Verwaltungsrecht Bd. II S. 56 und die dort befindlichen weiteren Zitate. Außerdem z. B. KG 19. 11. 1908, Z Bd. 20 S. 97 = ROLG Bd. 20 S. 91. Die Klage einer ausländischen Gemeinde auf Zahlung von Gemeindesteuern wurde abgewiesen, da ein Recht, wegen jener Steuern die preußischen Gerichte anzurufen, nicht bestehe; ebenso Urteil des höchsten österreichischen Gerichtshofs vom 22. 9. 1897, Clunet 1898 S. 777 ff., betreffend die Einklagung von Gerichtskosten durch einen fremden Fiskus, und Urteil des englischen High Court of Justice 26. 6. 1923, Bul. Bd. X S. 85 Nr. 2962, betreffend eine sogar durch Pfandrecht (lien) gesicherte Steuerforderung eines ausländischen Staates. Abweichend für den Konkurs Jaeger, Kommentar zur KO, 6. u. 7. Aufl. § 5 Anm. 1, meines Erachtens zu Unrecht.

[2]) Vgl. §§ 179 ff. S. 266 ff.

beantwortet werden [1]). Es kommt nicht darauf an, ob in dem fremden Lande das Recht in einem dem unseren annähernd entsprechenden Verfahren verwirklicht werden muß. So werden unsere Gerichte ein Recht auf Ehescheidung als vorhanden ansehen, wenn bei einem gewissen Tatbestande die Ehe durch königliche Bewilligung aufzulösen ist [2]). Ja sogar dann werden unsere Gerichte ein Ausländern zustehendes Recht auf Ehescheidung anerkennen, wenn in ihrem Heimatslande die Ehe nur durch einen Akt der Gesetzgebung geschieden werden kann, vorausgesetzt, daß bei einem bestimmten Tatbestande stets eine solche Ehescheidung durch Gesetz zu erreichen ist [3]). Die Frage, wie ein Recht durchgesetzt werden kann, ist im Grunde ebensowenig eine Frage des materiellen Rechts und ebenso sehr eine Frage des Verfahrens wie es eine Frage des Verfahrensrechts ist, ob ein Anspruch im Wege der streitigen oder der freiwilligen Gerichtsbarkeit geltend zu machen ist [4]).

§ 92. Unter den Teilgebieten des öffentlichen Rechts tritt am häufigsten das Prozeßrecht in Qualifikationskonflikt mit dem Privatrecht. Von großer praktischer Bedeutung sind die Qualifikationskonflikte, die sich aus der Kollision des angelsächsischen Aktionensystems mit dem deutschen Rechtssystem ergeben [5]). Diese Konflikte haben zu mehreren höchstrichterlichen deutschen Entscheidungen Veranlassung gegeben:

Forderungen, die materiell amerikanischem oder englischem Recht unterlagen, wurden in Deutschland eingeklagt. Der Schuldner wandte Verjährung ein. Nach deutschem Recht ist die Forderungsverjährung ein Institut des materiellen Rechts; die Forderungsverjährung des angelsächsischen Rechts dagegen — so wurde in diesen Prozessen behauptet — trägt prozeßrechtlichen Charakter. Waren die Verjährungsvorschriften des fremden Rechts, des Schuldstatuts, anzuwenden?

---

[1]) Niboyet, Revue de droit international et de législation comparée 1928 S. 753 ff.

[2]) Dänisches Gesetz über die Eingehung und Auflösung der Ehe vom 30. 6. 1922 § 54 — vgl. Bergmann Bd. 2, S. 66.

[3]) Vgl. oben § 56, S. 83 über kanadisches Ehescheidungsrecht.

[4]) Vgl. hierzu z. B. BayrObLG 21. 2. 1919, ROLG Bd. 40 S. 86 ff.; OLG Dresden 19. 4. 1916, JW 1917 S. 374.

[5]) Vgl. über die Ausdehnung des Begriffs »Prozeßrecht« im angelsächsischen Recht Dicey S. 797 ff., Wharton S. 1244 ff., 1581 ff. und an anderen Stellen. Außerdem z. B.: United States District Court, New York Eastern District 9. 10. 1928, American Maritime Cases 1929 S. 195: Die Haftungsbeschränkung des Reeders ist eine prozessuale Einrichtung.

Im ersten hier in Betracht kommenden Prozeß handelte es sich um in Hamburg eingeklagte, in New York ausgestellte und zahlbare eigene Wechsel (promissory notes). Die Verjährungsfrist des deutschen Wechselrechts war abgelaufen, die des New Yorker Rechts noch nicht. Das Hanseatische Oberlandesgericht [1]) erklärte, die deutschen Verjährungsvorschriften seien nicht anwendbar, weil die Verjährung nach deutscher Auffassung ein Institut des materiellen Rechts sei und für den Wechselanspruch das im Staate New York geltende Recht maßgebend sei. Gegen die Anwendbarkeit der New Yorker Verjährungsvorschriften sprach aber die vom Gericht als möglich unterstellte prozeßrechtliche Natur dieser Vorschriften. Ob sie wirklich diese Natur haben, ließ das Gericht dahingestellt, weil jedenfalls die durch diese Vorschriften bestimmte Frist noch nicht abgelaufen war. Das Reichsgericht erklärte das Ergebnis für zutreffend [2]).

Kurze Zeit später hatte derselbe Senat des Reichsgerichts — der erste — wiederum einen Fall zu entscheiden, in dem es sich um die Verjährung einer Wechselforderung handelte, die materiell amerikanischem Recht — dieses Mal demjenigen von Tennessee — unterlag [3]). Die deutsche Verjährungsfrist war abgelaufen, diejenige von Tennessee noch nicht [4]). Hier war dem Gericht sehr viel gewichtigeres Material als im ersten Falle dafür unterbreitet, daß die amerikanische Verjährung prozessualer Natur sei. Es war geltend gemacht, die amerikanischen Verjährungsgesetze berührten die Forderung selbst nicht, sie bezögen sich bloß auf das Klagerecht. Ein jeder Staat der Union habe aber sein eigenes Verjährungsgesetz. Infolgedessen hänge es in jedem einzelnen amerikanischen Staate von dessen Gesetz ab, ob die Verjährung eingewendet werden könne. Der deutsche Konsul hatte bestätigt, daß nach amerikanischem Recht nur die Klagbarkeit der Forderungen durch prozessuale Vorschriften zeitlich be-

---

[1]) 1. 3. 1880, HansGZ Hbl. 1880 Nr. 27 S. 51.

[2]) 8. 4. 1880, RG Bd. 2 S 13 f. Nach dem reichsgerichtlichen Urteil muß man annehmen, daß die prozessuale Natur der New Yorker Verjährungsvorschriften nur mit der Begründung geltend gemacht worden war, daß in New York auf die Verjährung ausschließlich die lex fori angewendet werde. Diesen Gesichtspunkt hat das Reichsgericht als ungenügend für die Feststellung der prozessualen Natur angesehen und ist daher in seinem Urteil davon ausgegangen, daß die New Yorker Verjährung materielles Recht sei. Zu einer eingehenden Prüfung dieser Qualifikationsfrage hatte das Reichsgericht keine Veranlassung, da die New Yorker Verjährungsfrist nicht abgelaufen war.

[3]) 4. 1. 1882, RG Bd. 7 S. 21 ff.

[4]) Vgl. S. 21 des Urteils.

schränkt ist, die Forderungen selbst aber ungeachtet des Ablaufs der Verjährungsfrist unverändert fortbestehen. Das Reichsgericht hat angenommen, daß, wenn diese Angaben über den Inhalt des Tennesseer Rechts richtig seien, es sich um ein prozessuales Rechtsinstitut handele. Unter diesen Umständen wurde die Forderung als nicht verjährt betrachtet, da die für die Gerichte in Tennessee bestehende prozessuale Bestimmung für die deutschen Gerichte nicht existiere und da andrerseits die materiellen deutschen Verjährungsvorschriften auf eine dem amerikanischen Recht unterliegende Forderung keine Anwendung zu finden hätten.

In einem dritten Falle handelte es sich um die Verjährung einer materiell englischem Recht unterliegenden Forderung [1]). Das Reichsgericht wies die Berufung auf die englische Verjährungsvorschrift zurück, weil aus dem eigenartigen Wesen des englischen Instituts der limitation of actions die Konsequenz der Unanwendbarkeit seiner Regeln vor deutschen Gerichten gezogen werden müsse. Diese Eigenart des englischen Verjährungsinstitutes bestehe nämlich darin, daß sie die Schuld selbst nicht beschränke, sondern nur einen prozessualen Verteidigungsbehelf gewähre. Für die prozeßrechtliche Natur dieses englischen Verjährungsinstitutes beruft sich das Reichsgericht ferner darauf, daß englische Gerichte die Geltendmachung eines Anspruchs zugelassen haben, mit dem der Kläger schon von einem Gericht der Insel Man wegen Verjährung abgewiesen worden war. Dieser Umstand ist in der Tat ein sehr geeignetes Indiz für den prozeßrechtlichen Charakter des englischen Verjährungsinstituts, da sonst selbst einem ausländischen klagabweisenden Urteil in England die Wirkung einer rechtskräftigen Entscheidung in der Sache zuerkannt wird [2]).

In einem Urteil aus dem Jahre 1912 [3]) hat das Hanseatische Oberlandesgericht über die Verjährung einer englischen promissory note entschieden. Das Urteil führt mit Berufung auf die erste und dritte der mitgeteilten Reichsgerichtsentscheidungen aus, die deutschen Verjährungsvorschriften seien, weil materiellrechtlicher Natur, nicht anwendbar, da die Wechselforderung ihren Sitz im Ausland habe. Aus dem Umstand, daß die Verjährung nach englischem Recht

---

[1]) 18. 5. 1889, RG Bd. 24 S. 383 ff. (391—393) = Z Bd. 1 S. 56 f.

[2]) Dicey S. 460 ff.

[3]) 1. 7. 1912, HansGZ Hbl. 1912 Nr. 114 S. 241 ff. Abweichend: HansOLG 13. 1. 1932, HansRGZ 1932 B Sp. 227 ff. (während des Drucks dieses Buches veröffentlicht).

nur einen prozessualen Verteidigungsbehelf gewähre, wie behauptet war, sei nicht die Anwendbarkeit deutschen Verjährungsrechts zu folgern, sondern höchstens, daß die fragliche Forderung der materiellrechtlichen Verjährung überhaupt nicht unterliege. Im übrigen könne die Anwendbarkeit der englischen Vorschriften unentschieden bleiben, weil die Wechselforderung nach englischem Recht noch nicht verjährt sei.

Diesen Entscheidungen scheinen andere zu widersprechen. Das Reichsgericht hat mehrmals Klagen aus Ansprüchen, die materiell englischem oder amerikanischem Recht unterlagen, auf Grund der englischen bzw. amerikanischen Verjährungsvorschriften abgewiesen [1]). In diesen Prozessen war offenbar eine die Anwendbarkeit ausschließende Rechtsnatur des angelsächsischen Verjährungsinstituts nicht behauptet worden. Das Reichsgericht hatte daher keine Veranlassung, zu der Qualifikationsfrage Stellung zu nehmen; denn es kann selbst vom Reichsgericht nicht erwartet werden, daß es, ohne darauf hingewiesen zu sein, erwägt, ein ausländisches Rechtsinstitut könne anderer Rechtsnatur sein als das ihm entsprechende deutsche. In einem anderen Falle hat das Reichsgericht [1]) sich bezüglich der Qualifikation gemäß § 511 ZPO (jetzt § 549 ZPO) für gebunden erachtet, weil aus den Ausführungen des Berufungsrichters hervorgehe, »daß seiner Ansicht nach diese Verjährung (die Wechselverjährung gemäß angelsächsischem Recht) dieselbe rechtliche Bedeutung und Wirkung habe wie die deutsche Wechselverjährung« [2]).

Soweit also die mitgeteilten Reichsgerichtsentscheidungen die Qualifikationsfrage ausdrücklich und selbständig geprüft und entschieden haben, folgen sie den Grundsätzen über die Qualifikation, wie sie oben dargelegt worden sind, d. i. für den behandelten Spezialfall: An Hand der deutschen Begriffe von Prozeßrecht und materiellem Recht wird festgestellt, ob das fremdrechtliche Verjährungsinstitut seiner ihm eigentümlichen Ausgestaltung nach als prozeß-

---

[1]) RG 9. 7. 1898, Bolze Bd. 23 Nr. 9; RG 21. 11. 1910, Z Bd. 21 S. 62 ff. = JW 1911 S. 148 f. (hier ist im gleichen Sinne zitiert eine Entscheidung des Reichsgerichts vom 4. 5. 1910). In ROHG 15. 6. 1875, Bd. 18 S. 186 ff., war in einem ähnlichen Falle der Verjährungseinwand zurückgewiesen worden, weil nach englischem Recht die Forderung noch nicht verjährt war. Auch diese Entscheidung scheint den englischen Verjährungsvorschriften Anwendbarkeit zuzusprechen.

[1]) 21. 9. 1889, Bolze Bd. 8 Nr. 18.

[2]) Vielleicht war die Prozeßlage im Falle der Entscheidung des RG vom 25. 6. 1924, JW 1925 S. 249 f. = Z Bd. 34 S. 459 f., ebenso. Die Urteilsgründe lassen das nicht ganz deutlich erkennen.

rechtlich oder materiellrechtlich anzusehen ist, und vom Ergebnis dieser Prüfung wird die Entscheidung abhängig gemacht [1] [2] [3].

§ 93. Eine zweite, das englische Aktionensystem betreffende Qualifikationsfrage wird in einem Urteil des Reichsgerichts vom 28. 4. 1900 [4] entschieden. Das englische Kaufgesetz (Sale of Goods Act

---

[1]) Diese Rechtsprechung des Reichsgerichts zur Qualifikation des angelsächsischen Instituts der limitation of actions ist in der deutschen Literatur vielfach angegriffen worden. Das Schreckgespenst der Unverjährbarkeit ließ das Ergebnis der reichsgerichtlichen Argumentation »sinnwidrig«, »unmöglich« erscheinen (Frankenstein Bd. I S. 276, 277). Aber der gefürchteten Unverjährbarkeit solcher Forderungen steht Art. 30 EG entgegen; hierüber siehe unten § 253 S. 383. Ebenso Walther Lewald, JW 1926 S. 2818. — Nach Kahn und Hans Lewald soll die limitation of actions darum auch vor deutschen Gerichten als Teil des Schuldstatuts Anwendung finden, weil sie in ihrem »Kern«, in ihrer »Funktion« der deutschen Verjährung, welche materiellrechtlichen Charakters ist, gleichsteht (Kahn Bd. I S. 99, 103 ff., 119; Lewald S. 74 Nr. 98 mit Berufung auf Kahn). Daß diese Ansicht abzulehnen ist, ergibt sich daraus, daß die Qualifikationsfrage in diesem Falle nicht dahin geht, ob eine der Verjährung des deutschen Rechts verwandte Rechtseinrichtung vorliegt, sondern dahin, ob das fremdrechtliche Rechtsinstitut dem Privatrecht oder dem Prozeßrecht angehört. — Frankenstein dagegen nimmt an, daß dem primär als Obligationsstatut maßgeblichen amerikanischen Recht für die Verjährung eine Verweisung auf das Recht des jeweiligen Prozeßortes zu entnehmen sei; danach sei die Verjährung der Forderung nach deutschem Recht zu beurteilen (Frankenstein Bd. I S. 277, ebenso Kahn Bd. I S. 106 Anm. 39 für den Fall, daß die amerikanische Verjährung in Wahrheit materiellrechtlicher Natur sei und man mit dem Reichsgericht den Renvoi anerkenne). Ebenso argumentiert und entschieden hat auch schon das OLG Darmstadt in einem Urteil aus dem Jahre 1906 (2. 11. 1906, Hess. Rechtsprechung Bd. 7 S. 172, entnommen Lewald Nr. 98 S. 73). Hiergegen siehe unten § 143 S. 215 f. und auch RG Bd. 7, S. 21 ff. (S. 24) und Frankenstein selbst in einer Urteilsbesprechung JW 1931 S. 158 Spalte 2. — Rabel, ZAIP 1931 S. 278 f., spricht sich für Berücksichtigung der angelsächsischen Verjährung aus, weil er hier die Verweisung auf fremdes Prozeßrecht für zulässig hält.

[2]) Mit Unrecht hat also der deutsch-englische Gemischte Schiedsgerichtshof 24. 11. 1926, Case 2203, Recht 1927 Nr. 876 S. 229, angenommen, daß nach deutschem internationalem Privatrecht gemäß der Rechtsprechung des Reichsgerichts auf eine materiell englischem Recht unterliegende Forderung die deutschen Verjährungsvorschriften anzuwenden seien.

[3]) Aus der ausländischen Rechtsprechung vgl. Urteil des höchsten Gerichts von Dänemark 19. 6. 1925 (zitiert in Rép. Bd. VI unter »Danemark« Nr. 10). Das Gericht erklärte die englischen Vorschriften für anwendbar, weil die Verjährung nach der maßgebenden dänischen Qualifikation ein Institut des materiellen Rechts sei. In Schweden hat die Rechtsprechung geschwankt. Die neueste Entscheidung des schwedischen Reichsgerichts steht auf demselben Standpunkt wie das vorstehend zitierte dänische Urteil. Vgl. Pappenheim, ZAIP 1931 S. 740.

[4]) RG Bd. 46 S. 193 ff. (200) = JW 1900 S. 557 = Z Bd. 10 S. 285 f.

von 1893) nennt unter den materiellrechtlichen Verpflichtungen aus dem Kaufvertrag die des Käufers "to accept and pay for the goods" [1]). Dasselbe Gesetz bestimmt aber ferner, daß der Verkäufer nur dann den Kaufpreis einklagen könne, wenn er den Kaufgegenstand geliefert habe [2]). Die letztere Vorschrift qualifiziert das Reichsgericht als prozeßrechtlich, und demgemäß spricht es ihr die Anwendbarkeit vor deutschen Gerichten ab. Es begründet diese Qualifikation mit der Gegenüberstellung von Anspruch und Klagerecht im englischen Gesetz: Die Vorschrift über die Kaufpreisklage beziehe sich »ausschließlich auf die Art und Weise, in der die Kontrahenten eines Kaufvertrags ihre wechselseitigen Rechte gerichtlich geltend machen können« [3]).

Nach deutschem Recht ist für die Regelung der Sorge für das

---

[1]) Sections 27, 28.

[2]) Sections 49, 50.

[3]) Es handelte sich um einen altrechtlichen Prozeß, lex fori war das gemeine Recht. Die Urteilsgründe lassen nicht deutlich erkennen, ob nach der lex fori oder nach englischem Recht qualifiziert wird. Nach dem Wortlaut des Urteils müßte man wohl das erstere annehmen. Denn zunächst wird die Zulässigkeit einer Verurteilung auf Naturalerfüllung damit begründet, daß zwischen dem Inhalt der Rechte und der Art ihrer gerichtlichen Geltendmachung zu unterscheiden ist, und daß die in letzterer Beziehung geltenden ausländischen Regeln für den deutschen Richter nicht maßgebend sind. Dann wird auseinandergesetzt, daß »gerade auch« im englischen Recht an dieser Unterscheidung festgehalten wird. Ob solche Qualifizierung nach gemeinem Recht richtig war, kann hier mangels genügenden praktischen Interesses nicht untersucht werden. Nach jetzigem Recht dürfte die Frage der Klagbarkeit als materiellrechtliche anzusehen sein. (Vgl. OLG München 13. 4. 1929, ZAIP Sonderheft 1929 Nr. 49 S. 70 letzter Absatz und das bei Stein-Jonas Vorbemerkung vor § 253 ZPO unter IV beigebrachte Material.) Eine Klage auf Naturalerfüllung (specific performance) würde sich aus Qualifikationsgrundsätzen also nicht rechtfertigen lassen. Trotzdem sprechen auch jetzt noch erhebliche Gesichtspunkte dafür, daß im Ergebnis der Entscheidung des Reichsgerichts vom 28. 4. 1900 gefolgt werden sollte. Daraus, daß das englische Recht die Frage: specific performance oder Schadensersatz als Prozeßfrage behandelt, ergibt sich, daß das englische Recht zur Entscheidung dieser Frage für außerenglische Prozesse keinen Rechtssatz enthält. Der deutsche Richter muß aber, wenn ein solcher Rechtsfall vor ihn gebracht wird, eine Entscheidung treffen. Es liegt nahe, den für einen solchen Prozeß fehlenden Satz des englischen Rechts aus der subsidiärsten Quelle, die dem deutschen Richter zur Verfügung steht — dem eigenen Recht — zu ergänzen. (Vgl. oben den Abschnitt: Verlegenheitsanwendung und Vorrang des deutschen Rechts; vgl. ferner OLG München 23. 10. 1915, ROLG Bd. 32 S. 50, wo in einem Fall, in dem die Schweiz durch Prozeßgesetz Verhältnisse geregelt hatte, die in Deutschland als materiell betrachtet werden, ohne nähere Begründung deutsches materielles Recht angewendet ist, und BayrOLG 5. 11. 1927, JW 1928 S. 2030 f. (2031.)

Kind nach Scheidung der Eltern das Vormundschaftsgericht zuständig (§ 1635 Satz 2 BGB). Nach schweizer Recht hat der Richter im Scheidungsurteil diese Regelung zu treffen. Das Bayerische Oberste Landesgericht [1]) erklärte die einschlägigen schweizer Vorschriften auf Grund ihres Inhaltes für Prozeßrecht (obwohl sie dem schweizer ZGB eingefügt sind) und daher für unanwendbar in Deutschland. Mit Recht hat das Gericht unerörtert gelassen, ob diese Vorschriften auch in der Schweiz als prozeßrechtlich angesehen werden [2]).

Nach der portugiesischen Handelsprozeßordnung kann, wer einen Rechtsanspruch auf Entschädigung wegen Schiffszusammenstoßes hat, vom jeweiligen Besitzer des Schiffs ausreichende Sicherheit für die Deckung des Anspruchs verlangen, bei Strafe der Arrestlegung auf das Schiff. Das Hanseatische Oberlandesgericht [3]) nahm an, daß diese Bestimmung einen materiellrechtlichen Grundsatz über die Haftung des Schiffes enthalte und wandte sie darum an. Bei dieser Qualifikation hat das Gericht offenbar die deutschrechtlichen Kategorien des Prozeßrechts und materiellen Rechts zugrunde gelegt.

§ 94. Auch außerhalb des Bereichs des Prozeßrechts führt die Abgrenzung von Privat- und öffentlichem Recht zu Qualifikationskonflikten.

Von den Entscheidungen der Gemischten Schiedsgerichte über den Fall des Qualifikationskonfliktes, der das durch § 1936 BGB dem Erbrecht zugewiesene Anfallsrecht des Fiskus am erblosen Nachlaß betrifft, ist schon berichtet worden [4]). In Staatsverträgen Deutschlands mit den Sowjetrepubliken [5]) und Estland [6]) wird das Recht des Staates oder anderer juristischer Personen des öffentlichen Rechts auf den erblosen Nachlaß ausdrücklich als Erbrecht qualifiziert. Dagegen ist in dem deutsch-österreichischen Nachlaßabkommen [7]) eine ausdrückliche Stellungnahme zu dieser Frage vermieden. Die

---

[1]) Beschluß 21. 2. 1919, ROLG Bd. 40 S. 86 ff.

[2]) Ebenso wäre gegenüber den entsprechenden Vorschriften des französischen Rechts zu entscheiden, das die Frage, ob im Scheidungsurteil die Sorge für die Kinder geregelt werden darf, für materiellrechtlich hält. Cour de Cassation 8. 3. 1926, Revue 1927 S. 510 f., dazu zustimmende Note von Niboyet mit Exemplizifierung auf § 615 ZPO.

[3]) 3. 10. 1923, HansRZ 1923 S. 929 f. = Bul. Bd. 10 Nr. 3129. Es handelte sich darum, ob in das in Hamburg befindliche Schiff vollstreckt werden konnte, obwohl es nicht mehr dem Schuldner gehörte.

[4]) Siehe oben § 82 S. 119 ff.

[5]) Konsularvertrag vom 12. 10. 1925, Anlage zu Artikel 22 § 13 Abs. 3; Makarov S. 378.

[6]) Konsularabkommen vom 13. 3. 1925, Art. 18 § 14 Abs. 3; Makarov S. 376.

[7]) 5. 2. 1927, Makarov S. 380 f.

sachliche Regelung spricht eher gegen als für die Annahme eines wirklichen Erbrechts [1]).

Aus der ausländischen Rechtsprechung verdient eine Entscheidung des Obersten Gerichts der Vereinigten Staaten [2]) hervorgehoben zu werden. Es handelt sich hier darum, ob ein amerikanisches statute über die Verantwortlichkeit des Direktors einer Aktiengesellschaft wegen falscher Angaben über die Kapitaleinzahlungen als Strafrechtsvorschrift zu betrachten sei. In der Urteilsbegründung heißt es u. a.: "The test is not what name the statute is called by the Legislature or the courts of the state in which it was passed, but whether it appears to the tribunal, which is called upon to enforce it, to be, in its essential character and effect, a punishment of an offence against the public, or a grant of a civil right to a private person" [3]).

§ 95. Im Recht der juristischen Personen ist die bedeutsamste Qualifikationsfrage die, ob eine Personenvereinigung, die bezüglich ihrer Organisation und der Regelung ihrer Rechtsverhältnisse zu Dritten ausländischem Recht unterliegt, für das deutsche Recht als juristische Person gelten soll. Zur Beantwortung solcher Frage muß, soweit nicht aus Art. 10 EGBGB sich Gegenteiliges ergibt, gemäß dem fremden Recht festgestellt werden, wie die Rechtslage der Gesellschaft von dem zuständigen Recht im einzelnen geregelt ist, und für das so gewonnene Gesamtbild ist zu prüfen, ob es die Züge aufweist, welche nach deutscher Rechtsauffassung die juristische Person kennzeichnen. So verfährt eine Entscheidung des Hanseatischen Oberlandesgerichts aus dem Jahre 1895 [4]), in der einer »offenen Handelsgesellschaft« mit Sitz in Warschau die Rechtspersönlichkeit abgesprochen wird. In der Begründung heißt es: »Bei einem deutschen Gesetz (gemeint ist § 102 Zif. 1 ZPO alter Fassung = § 110 Zif. 1 ZPO jetziger Fassung) kann die Auslegung sich hier nur an das deutsche Handelsrecht anlehnen, namentlich an die Bestimmungen, in welchen das HGB die offene Handelsgesellschaft charakterisiert. Es würde der Klägerin nichts nützen, wenn etwa ... das russische, zu Warschau geltende Recht oder die russische Rechtsprechung in einer offenen Handelsgesellschaft eine juristische Person erblicken sollte.«.

[1]) Aus dem Ausdruck »mangels sonstiger Erbberechtigter« in § 4 a. a. O. könnte man bei Pressung des Wortlauts vielleicht auf die Qualifikation als Erbrecht schließen. Dagegen spricht aber das den juristischen Personen des Belegenheitsstaats, insbesondere diesem selbst eingeräumte Recht auf den erblosen Nachlaß.

[2]) Huntington v. Attrill 1893, Beale 1928 S. 792 ff., vgl. auch Wharton Bd. I S. 18 ff., Goodrich S. 15 f.

[3]) Beale 1928 S. 798; Goodrich S. 16.

[4]) 4. 10. 1895, HansGZ 1895 Hbl. Nr. 107 S. 281 ff.

Im selben Zusammenhang kann man eine Entscheidung des Reichsfinanzhofs von 1930 [1]) anführen. Hier war streitig, ob der deutsche Kommanditist einer venezolanischen Kommanditgesellschaft als »Mitunternehmer« mit seinem Gewinnanteil unmittelbar zur Einkommensteuer heranzuziehen war [2]). Der RFH meint zwar, die venezolanische Kommanditgesellschaft sei »unzweifelhaft eine juristische Person« und »als solche auch vom deutschen Recht anzuerkennen«. Er stellt aber diese Gesellschaft für die steuerrechtliche Behandlung der Gewinnanteile nicht den deutschen juristischen Personen, sondern der deutschen Kommanditgesellschaft gleich, und zwar auf Grund der Feststellung, daß auf die venezolanische Kommanditgesellschaft alle typischen Merkmale der deutschen Personalgesellschaften zutreffen. Eine gleichartige Erwägung wird man regelmäßig anstellen müssen, wenn in irgendeiner deutschen Vorschrift der Begriff der juristischen Person verwandt ist und in Frage steht, ob eine ausländische, im Ausland als juristische Person angesehene, den deutschen Personalgesellschaften ähnelnde Gesellschaft diesem Begriff unterfällt. Der Reichsfinanzhof hat im Ergebnis so verfahren. Demgegenüber spielt seine Bemerkung, daß die venezolanische Kommanditgesellschaft vom deutschen Recht unzweifelhaft als juristische Person anzuerkennen sei, keine Rolle, weil ihr keinerlei praktische Folge gegeben ist.

Im Ausland haben mehrfach Gerichte dieselbe Qualifikationsfrage für die in Frankreich als juristische Person angesehene société en nom collectif gestellt und gemäß den Gesichtspunkten, die sie ihrem eigenen Recht entnahmen, dahin beantwortet, daß die société en nom collectif nicht als juristische Person anzusehen sei [3]) [4]). Dieselben Qualifikationsgrundsätze sind auch anzuwenden, wenn in

---

[1]) 12. 2. 1930, Entsch. des RFH Bd. 27 S. 73 ff. = JW 1931 S. 160 ff.

[2]) Vgl. § 29 Nr. 3 EinkommenStG v. 10. 8. 1925.

[3]) Schweizer Bundesgericht 11. 11. 1892, Bundesgerichtsentscheidungen 1892 S. 765 ff. (771). Rechtbank Amsterdam 19. 12. 1924, Bul. Bd. XIII Nr. 4225 S. 279 = Weekblad voor het Recht Nr. 11 346, mit der Begründung, daß die französische Kollektivgesellschaft der holländischen Vennootschap onder eene Firma ihrer Rechtsnatur nach entspreche und diese in Holland nicht als juristische Person angesehen werde.

[4]) Vgl. auch Supr. C. of the U. S. A. 1870 »Liverpool Ins. Co. v. Massachusetts« (wiedergegeben 10 Wallace 566), wo einer englischen association mit persönlicher Haftpflicht der Mitglieder die Natur einer juristischen Person zuerkannt wird, und zwar unter sehr sorgfältiger Feststellung der Merkmale, welche nach amerikanischer Rechtsauffassung die Rechtspersönlichkeit kennzeichnen.

Frage steht, ob eine ausländische Gesellschaft einem bestimmten deutschrechtlichen Gesellschaftstypus entspricht [1]).

§ 96. Mehrfach ist vor deutschen Gerichten streitig geworden, ob Regeln, die in irgendeiner Weise das rechtsgeschäftliche Handeln erschwerten, als Beschränkung der Geschäftsfähigkeit anzusehen seien und somit dem Personalstatut unterlagen.

Das Reichsgericht hat als gemeinrechtliches Gericht angenommen, die Vorschrift des badischen Rechts, nach der ein Schenker nach Geburt eines ehelichen Kindes sein Geschenk zurückverlangen konnte, enthalte eine Beschränkung der Geschäftsfähigkeit des Schenkers [2]). Es hat daher das Personalstatut des Schenkers und nicht das Obligationsstatut (der Schenkung) angewendet. Der Grund für diese Qualifikation wurde darin gefunden, daß nach den badischen Vorschriften die Schenkung im Falle des Eintritts der Widerrufsvoraussetzungen ex lege als widerrufen galt und das Recht auf die Rückforderung nicht durch Vertrag ausgeschlossen werden konnte. Die Entscheidung zeigt deutlich, wie sehr es darauf ankommt, die in Betracht stehenden fremden Vorschriften auf ihre Eigentümlichkeiten zu untersuchen [3]).

Ein Beispiel für sorgfältige Untersuchung der zu qualifizierenden Vorschriften bietet auch eine Entscheidung des Reichsgerichts [4]), in der die Bestimmung des badischen Rechts, wonach Ehefrauen ohne Genehmigung des Ehemanns nicht gültig kontrahieren konnten, als Beschränkung der Handlungsfähigkeit qualifiziert wird.

§ 97. Durch Qualifikationsgrundsätze — und beim Fehlen einer Rechtsprechung auf keine andere Weise — kann auch die Frage entschieden werden, ob die Bestimmung des Art. 7 EG, nach welcher für die Geschäftsfähigkeit das Heimatsrecht maßgebend ist, auch dann eingreift, wenn die lex causae für eine nicht deliktische Hand-

---

[1]) Vgl. Fischer in Ehrenbergs Hdb. 3. Bd. 1. Abt. S. 38 darüber, wann das Vorliegen einer ausländischen Aktiengesellschaft anzunehmen ist: »Eine Aktiengesellschaft muß vorliegen. An sich entscheidet darüber, was als essentiell zu gelten hat, das inländische Recht. Gemäß den für das I. PrR. maßgebenden Anschauungen schadet jedoch nur ein Abweichen in den elementaren Eigenschaften.« Zitiert u. a. OLG Dresden, Annalen des OLG Dresden Bd. 10 S. 424 f. = Zschr. f. Handelsrecht Bd. 37 S. 549.

[2]) 14. 12. 1891, Z Bd. 2 S. 372 ff. = JW 1892 S. 99.

[3]) Das OLG hatte sich damit begnügt, einer angeblich allgemeinen Qualifikationsregel zu folgen, nach der »der Schenkungswiderruf« eine Angelegenheit des Schenkungsstatuts sei.

[4]) RG 7. 3. 1882, RG Bd. 6 S. 393 ff. Die Sache kam aus dem Gebiet des gemeinen Rechts.

lung von rechtlicher Bedeutung keine Geschäftsfähigkeit voraussetzt. Für diesen Fall verneinen Habicht [1]), Frankenstein [2]) und Raape [3]) die Anwendbarkeit des Art. 7 und vertreten die Ansicht, daß über die Frage, ob Geschäftsfähigkeit nötig sei, lediglich die lex causae entscheide. Die Genannten erwähnen in diesem Zusammenhang den Besitzerwerb, welcher nach deutschem Recht Geschäftsfähigkeit nicht voraussetzt, Raape auch noch den Kauf von »necessaries« durch Geisteskranke nach englischem Recht [4]). Nach deutschen Qualifikationsgrundsätzen kann es nur darauf ankommen, was der deutsche Richter unter Geschäftsfähigkeit zu verstehen hat. Denn die Vorschriften über die Geschäftsfähigkeit gehen den Vorschriften der lex causae vor [5]). Unter den Begriff der Geschäftsfähigkeit fällt nach deutscher Auffassung die Fähigkeit zum Besitzerwerb nicht, weil der Besitz vom deutschen Recht als eine rein tatsächliche Erscheinung behandelt wird [6]). Daher kommt es für den Besitzerwerb nach deutschem internationalem Privatrecht ausschließlich auf die lex causae an. Dagegen ist ein Kauf von necessaries zweifellos ein Rechtsgeschäft. Die Fähigkeit zu einem solchen Geschäft wird nach unseren Konfliktsnormen nach dem Heimatsrecht beurteilt. Wenn also ein deutsches oder französisches Kind in England unter Umständen, welche die Anwendung englischen Rechts auf das »Geschäft« unzweifelhaft begründen würden, necessaries kauft, so ist trotz der englischen lex causae kein gültiges Geschäft zustande gekommen, weil das Heimatsrecht die Fähigkeit dieser Kinder zum Abschluß solcher Geschäfte verneint.

§ 98. Häufig führt die Unbestimmtheit des Begriffs »Form« zu Qualifikationskonflikten. Im Ausland gibt man diesem Begriff zum Teil eine viel größere Ausdehnung als in Deutschland. Man hat z. B. in Frankreich das Verbot des Ehevertrages nach Eingehung der Ehe und das Verbot der Legitimation eines unehelichen Kindes nach Eingehung der Ehe zwischen seinen Eltern als Vorschriften über die Form dieser Rechtsgeschäfte angesehen [7]). In England be-

---

1) S. 54 f.

2) Bd. I S. 402 f.

3) Art. 7 A VI.

4) Denen Kinder in dieser Beziehung gleichzustellen sind. Vgl. Pollock, Principles of Contract, 9. Aufl. 1921 S. 74 ff.

5) Vgl. § 127 S. 183 f.

6) Vgl. Komm. von RG Räten § 854, 3; Staudinger § 854, I, 2.

7) Cour de Cassation 24. 12. 1867, Sirey 1868 I S. 134; Cour d'Appel Besançon 25. 7. 1876, Clunet 1877 S. 228 ff.

trachtet man das Erfordernis der elterlichen Einwilligung zur Eheschließung von Minderjährigen als Formerfordernis [1] [2].

Die deutsche Rechtsprechung zeigt mehrere lehrreiche Entscheidungen über solche Qualifikationskonflikte.

Auf eine in England geschlossene Ehe einer Rheinländerin wandte das Reichsgericht die Vorschrift des rheinischen Rechts an, die für die Minderjährige die väterliche Einwilligung zur Eheschließung verlangte [3]; denn diese Vorschrift betraf nach deutscher Auffassung ein Eheerfordernis materiellrechtlicher Natur, war daher als Teil des Personalstatuts auch bei Eheschließung außerhalb des Bereichs des rheinischen Rechts anzuwenden. Mit Recht hat das Reichsgericht nicht beachtet, daß man in England das Erfordernis der elterlichen Einwilligung zur Eheschließung als Formerfordernis qualifiziert [4].

Vielfach haben deutsche Gerichte eine in der Form der lex loci actus geschlossene Ehe als formgültig anerkannt, obwohl das Heimatsrecht der Eheschließenden die Beachtung der Ortsform nicht für ausreichend erklärte [5]. Das Heimatsrecht schrieb kirchliche Trauung vor und verlangte die Beachtung dieser Vorschrift auch bei Eheschließung im Ausland. Die deutschen Gerichte haben mit Recht nicht untersucht, ob das Heimatsrecht seinem Erfordernis der religiösen Trauung die Natur einer materiellen Vorschrift beilegte, obwohl diese Möglichkeit nicht fernlag [6].

In der kontinentalen international-privatrechtlichen Literatur wird als Schulbeispiel eines Qualifikationskonfliktes zwischen Form und Geschäftsfähigkeit der folgende mit Vorliebe erwähnt: Nach Art. 992 des holländischen Bürgerlichen Gesetzbuches können Hol-

---

[1] Dicey S. 690 Anm. a und Text.

[2] Aus der holl. Rechtsprechung vgl. Hooge Raad 24. 6. 1898, Weekbl. Nr. 7041, und 14. 1. 1926, Weekbl. Nr. 10 459 = Bul. Bd. 15 S. 81 Nr. 4752: Art. 198 Burg. Wetboek, nach dem in Eheverträgen die allgemeine Bezugnahme auf fremdes Recht nichtig ist, sei eine Formvorschrift; dazu Kosters S. 447.

[3] 20. 10. 1898, RG. Bd 42 S. 336 ff.

[4] Vgl. Dicey a. a. O.

[5] RG 17. 12. 1908, RG Bd. 70 S. 139 ff.; RG 6. 4. 1916, RG Bd. 88 S. 191 ff.; RG 16. 11. 1922, RG Bd. 105 S. 363 ff.; RG 1. 10. 1925, WarnRspr. Bd. 18 S. 17 = Clunet 1926 S. 734 = ZAIP Sonderheft 1926/27 Nr. 27; OLG Karlsruhe 18. 4. 1917, ROLG Bd. 35 S. 343 f.; HansOLG 1. 12. 1924, HansGZ 1925 Bbl. Nr. 9, und 15. 11. 1926, HansGZ 1927 Bbl. Nr. 3 = ZAIP Sonderheft 1926/27 Nr. 28; OLG Stuttgart 6. 12. 1929, LZ 1930 Sp. 737 f.

[6] Der Oberste Gerichtshof Österreichs hat in einer Entscheidung vom 26. 9. 1906, Z·Bd. 19 S. 321 f., offenbar das Erfordernis der religiösen Form als eine Beschränkung der Handlungsfähigkeit angesehen.

länder im Ausland kein Testament in holographischer Form errichten. Eine Reihe nichtholländischer Schriftsteller [1]) ist der Ansicht, daß diese Vorschrift nach holländischer Auffassung die Geschäftsfähigkeit betreffe [2]), und erörtert den Qualifikationskonflikt, der sich ergeben soll, wenn die lex fori eine so geartete Gesetzesbestimmung als Formvorschrift ansieht. Die Majorität erklärt für diesen Fall mit Recht die Qualifikation des zur Entscheidung berufenen Gerichts für maßgebend [3]). Auch das Hanseatische Oberlandesgericht [4]) hat bezüglich eines von Niederländern in Belgien errichteten holographischen Testaments denselben Standpunkt eingenommen. Es hat unter Zugrundelegung der deutschen Auffassung hier eine Formvorschrift angenommen, ohne auf die in der internationalprivatrechtlichen Literatur immer wieder erwähnte angeblich abweichende Qualifikation des holländischen Rechts irgendwie einzugehen.

§ 99. Ein Beispiel für die Lösung einer Qualifikationsfrage aus dem internationalen Schuldrecht gibt eine Entscheidung des Reichsoberhandelsgerichts in einer sächsischen Sache [5]). Die Gläubigerschaft in einem bayerischen Konkurse machte gegen einen in Sachsen domizilierten Kontrahenten des Gemeinschuldners einen Anfechtungsanspruch geltend. Nach sächsischem internationalem Privatrecht war für Obligationen das Recht des Erfüllungsortes maßgebend. Als Erfüllungsort galt nach innerem sächsischem Recht für Deliktsobligationen im Zweifel der Wohnsitz des Verletzten, für andere Obligationen im Zweifel der Wohnsitz des Schuldners. Das Reichsoberhandelsgericht entnahm zunächst diesen Begriff des Erfüllungsortes für die sächsische international-privatrechtliche Norm dem

---

[1]) So Bartin, Clunet 1897 S. 229 f.; Niboyet Nr. 416 S. 499; Arminjon Bd. I S. 135; Despagnet, Clunet 1898 S. 255 ff.; Surville § 1 S. 19 Anm. 3; auch Raape Einl. E V 4.

[2]) Tatsächlich sieht man in den Niederlanden den Artikel 992 auch als Formvorschrift an. Freilich muß der niederländische Richter, obwohl sonst im niederländischen internationalen Privatrecht der Satz locus regit actum anerkannt ist, diese Vorschrift auf ausländische Testamente von Niederländern anwenden. Denn gerade für diesen Fall ist sie gegeben. Vgl. Kosters S. 643. Ein Qualifikationskonflikt liegt in Wahrheit gar nicht vor. Ebenso Frankenstein Bd. I S. 285 f.; Fragistas, ZAIP 1930 S. 930 ff., und die weiteren Zitate S. 934 Anm. 1.

[3]) So Bartin, Niboyet, Arminjon a. a. O.; anders Despagnet, Surville a. a. O.

[4]) 2. 5. 1917, LZ 1917 Sp. 1196 = HansGZ 1917 Bbl. Nr. 149 S. 252. Vgl. ferner über die Behandlung des Art. 992 in der außerniederländischen Rechtsprechung Kosters S. 643 Anm. 2.

[5]) 24. 5. 1875, ROHG Bd. 17 S. 292 ff.

sächsischen inneren Recht [1]), prüfte dann die Rechtsnatur der aus dem bayrischen Recht hergeleiteten Ansprüche mit dem Ergebnis, daß — zwar nicht ein Anfechtungsanspruch anderer Art — wohl aber die sogenannte fraus-Pauliana als Deliktsanspruch anzusehen sei. Diese Qualifikation stützte es auf den materiellen Inhalt des bayrischen (gemeinen) Rechts und das System des sächsischen Rechts.

§ 100. Im internationalen Sachenrecht hat das Reichsgericht [2]) denselben Standpunkt eingenommen. Es handelte sich um die Frage, ob die während des Weltkrieges gegen englische Zweigniederlassungen deutscher Banken getroffenen englischen Kriegsmaßnahmen, welche die Verfügungsbefugnis dieser Zweigniederlassungen stark beschränkten, verhinderten, daß eine solche Zweigniederlassung an den ihr zufließenden Werten Eigentum im Rechtssinne erwerben konnte. Das Reichsgericht hat zunächst den Inhalt der englischen Verfügungsbeschränkungen festgestellt und dann das der betreffenden Bank verbleibende Recht mit dem deutschrechtlichen Eigentum verglichen. Das Reichsgericht hat auf Grund dieses Gedankenganges in den englischen Verfügungsbeschränkungen kein Hindernis gegen die Anwendung des Eigentumsbegriffes gefunden, da auch das deutschrechtliche Eigentum starken Beschränkungen unterliege.

§ 101. Im internationalen Ehegüterrecht und Erbrecht hat für viele fremde Staaten die Unterscheidung zwischen unbeweglichem und beweglichem Vermögen große Bedeutung. Zahlreiche fremde Kollisionsrechtsordnungen unterwerfen die ehegüterrechtlichen und erbrechtlichen Verhältnisse an Mobilien und Immobilien verschiedener Behandlung. Für Immobilien wird in großem Umfange die lex rei sitae für maßgebend erklärt. Für die fremden Kollisionsrechtsordnungen, die diese Unterscheidung treffen, entsteht gegenüber Gegenständen, die selbst nicht in natürlichem Sinne unbeweglich sind, aber in einer engeren Beziehung zu einem Grundstück stehen [3]), die Frage der Qualifikation als beweglich oder unbeweglich [4]). Die

---

[1]) Über die Qualifikation des Begriffs des Erfüllungsortes s. unten §§ 117 ff. S. 169 ff.

[2]) RG 29. 3. 1927, RG Bd. 116 S. 330 = JW 1927 S. 2295 = HansGZ Hbl. 1927 S. 156 ff. = Z Bd. 38 S. 378 ff.

[3]) Vgl. z. B. Burge IV 1 S. 659 ff.: In England gelten »heirlooms«, das sind Familienbilder, Ehrenzeichen von Vorfahren usw. als immovable by destination. In England gelten ferner Grundrenten, »lease holds« und überhaupt im allgemeinen Rechte an Grundstücken als Immobilien. Burge Bd. IV S. 567. Über die »immeubles par destination« des französischen Rechts vgl. Planiol-Ripert Bd. III Nr. 75 ff. S. 76 ff.

[4]) Vgl. z. B. den von Kahn konstruierten, sehr instruktiven Fall der mexikanischen Hypothek im Nachlaß eines Franzosen. Kahn Bd. I S. 81.

ausländische Literatur und Rechtsprechung beurteilen diese Qualifikation überwiegend nach der lex rei sitae [1]), nicht nach der lex fori, wenn sie auch sonst die Qualifikation nach der lex fori als Regel gelten lassen. Das deutsche internationale Privatrecht enthält außer in einigen Staatsverträgen [2]) keinen Satz, der für unbewegliches Vermögen [3]) andere Grundsätze festsetzt als für bewegliches. Sehen wir ab von Fragen, die diese Staatsverträge zum Gegenstand haben [4]), so ist der deutsche Richter, um — im spezifisch kollisionsrechtlichen Sinne — zu qualifizieren, d. h. um die erste Anknüpfung finden zu können, niemals vor die Frage gestellt, ob ein Gegenstand dem beweglichen oder unbeweglichen Vermögen angehört, da unsere Kollisionsnormen bewegliches und unbewegliches Vermögen nicht unterscheiden. Auch die Vorschriften des Art. 28 EG nötigen den deutschen Richter nie, diesen Unterschied für die erste Anknüpfung zu machen. Denn soweit dieser Artikel die Gesetze des Gebiets für maßgeblich erklärt, in welchem sich die Sache befindet, überläßt er es selbstverständlich diesem Recht, falls es verschiedene Vorschriften für bewegliches und unbewegliches Vermögen enthalten sollte, die Begriffsabgrenzung seinerseits vorzunehmen. Wenn in international liegenden Fällen vor deutschen Gerichten die Unterscheidung zwischen beweglichem und unbeweglichem Vermögen erheblich wird, ist das Recht,

[1]) Aus der ausländischen Gesetzgebung vgl. Art. 6, Gesetzbuch für Niederkanada: Qualifikation nach der lex rei sitae. Ebenso Art. 112 des Código Bustamante (Makarov S. 400). Für die Rechtsprechung vgl. für England Dicey S. 550 ff.; für die Vereinigten Staaten Lorenzen S. 264 f; für Frankreich Niboyet S. 509 Nr. 419: die französische Rechtsprechung scheint die Qualifikation im Falle körperlicher Gegenstände der lex rei sitae, im Falle unkörperlicher Gegenstände der lex fori zu entnehmen. Zusammenstellung bei Burge Bd. IV, 1 S. 727 ff.; Görtz, Z Bd. 41 S. 73. Aus der Literatur: Dicey a. a. O.; Lorenzen a. a. O., Bartin, »Etudes« S. 39 ff., Weiß IV S. 198 ff., Walker 317 f. — Für Qualifikation nach der lex fori auch in dieser Frage: Kahn Bd. I S. 79 ff.; Mulder S. 64 (zu Art. 7 der Holl. Wet houdende Alg, Bepalingen); Niboyet Nr. 508 S. 636.

[2]) Deutsch-russisches Nachlaßabkommen (Anlage zu Art. 22 des deutsch-russischen Konsularvertrages) vom 12. 10. 1925 (RGBl 1926 II S. 72 ff.; Makarov S. 377) § 13; deutsch-estnisches Konsularabkommen vom 13. 3. 1925 (RGBl 1926 II S. 327 ff.; Makarov S. 376) Art. XVIII § 14; deutsch-türkisches Nachlaßabkommen (Anlage zu Art. 20 des deutsch-türkischen Konsularvertrages) vom 28. 5. 29 (RGBl 1930 II S. 758 ff.) § 14.

[3]) Nicht zu verwechseln mit dem rein tatsächlich definierbaren Begriff Grundstück (Art. 7 Abs. 3 Satz 2 EG).

[4]) Dazu s. unten §§ 123 ff. S. 178 ff., insbesondere S. 179 Anm. 3, 4. Soweit zur Auslegung dieser Staatsverträge die allgemeinen Grundsätze des deutschen internationalen Privatrechts heranzuziehen sind, muß man hier nach der lex fori qualifizieren.

welches nach deutschem Kollisionsrecht für die Entscheidung der Sache selbst maßgebend ist, zur Qualifikation berufen [1]). Es handelt sich dann stets um die Anwendung der einen oder der anderen Gruppe von Rechtsnormen des als maßgeblich erkannten Rechts, nicht mehr um die Auffindung dieses Rechts.

Die in der Sache maßgebende Rechtsordnung, die hiernach die Qualifikation zu geben hat, kann die lex rei sitae sein — wenn eine Frage des Sachenrechts zu entscheiden ist —; sie kann auch eine andere sein, je nach der Art der zu entscheidenden Rechtsfrage. Diesen Grundsätzen entsprechend, hat eine sehr alte Entscheidung des Appellationsgerichts zu Köln [2]) bei einer Fahrnisgemeinschaft französischen Rechts die Frage, ob ein bestimmter Gegenstand der Fahrnis oder dem unbeweglichen Vermögen zuzuzählen sei, nach französischem Recht — dem Güterrechtsstatut — beurteilt, nicht nach der lex rei sitae, die in der Qualifikation vom französischen Recht abwich.

Ferner zeigt eine Entscheidung des Reichsgerichts [3]), in welchem Zusammenhang Fragen der Qualifikation von Sachen im deutschen internationalen Privatrecht vorkommen und wie sie zu lösen sind. Der Fall betraf nicht die Unterscheidung von beweglichem und unbeweglichem Vermögen, aber eine ähnliche Frage. Ein Schiff, nach holländischen Begriffen Seeschiff, nach deutschen Flußschiff, war in Holland mit einer Hypothek belastet worden und später auf Grund eines in Deutschland erfolgten Schiffszusammenstoßes auch noch mit deutschen Schiffsgläubigerrechten. Bei Seeschiffen gehen nach deutschem wie nach holländischem Recht die Schiffsgläubiger den Hypothekariern vor. Bei Entscheidung des Streites über den Vorrang ist das Reichsgericht nicht von der Frage ausgegangen, ob generell der deutschen oder holländischen Klassifizierung der Vorzug zu geben sei, sondern davon, daß über den Rang von Gläubigerrechten an Schiffen die lex fori entscheide und daß eventuell deutsches Recht auch darum in Betracht komme, weil der Zusammenstoß in Deutschland erfolgt war. Und weil die streitigen Rechtsbeziehungen nach deutschem Recht zu beurteilen waren, hat das Reichsgericht das Schiff dem deutschen Recht entsprechend als Binnenschiff behandelt und Binnenschiffahrtsrecht angewendet [4]).

---

[1]) Ebenso v. Bar Bd. I S. 622; Lewald Nr. 236 S. 175.

[2]) 4. 1. 1834, Rheinisches Archiv Bd. 19 I S. 234, entnommen aus Lewald Nr. 236 S. 176.

[3]) 9. 2. 1900, RG Bd. 45 S. 276 ff. (281 ff.).

[4]) Vgl. über entsprechende Fragen im internationalen Privatrecht Neumeyer Bd. III Teil 1 S. 192: Gilt eine deutsche Kollisionsnorm nur für See-

§ 102. Bedeutsame Qualifikationskonflikte ergaben sich aus der Verschiedenheit der nationalen Rechtssätze über die Ehe, auch abgesehen von Formfragen. Mehr oder weniger weichen die ausländischen Eherechte von dem deutschen ab. Wo Vorschriften des deutschen internationalen Privatrechts auf Ehen, die ausländischem Recht unterliegen, abzielen, da müssen also auch Abweichungen vom deutschen Recht in Kauf genommen werden. Niemand wird bezweifeln, daß eine holländische Ehe für das deutsche internationale Privatrecht als Ehe zu gelten hat, obwohl eine nicht unwesentliche Wirkung, welche die deutsche Ehe hervorruft, der holländischen Ehe fehlt: die holländische Ehefrau erhält nicht den Familiennamen des Mannes [1]). Zwischen geringen Abweichungen wie dieser und solchen, die die positive Qualifikation ganz ausgeschlossen erscheinen lassen — Beispiel: Vielmännerehe [2]) —, liegt die ganze Mannigfaltigkeit von geringeren und größeren Abweichungen. Die schottische Ehe kann ohne ausdrückliche Willenserklärung eines der Beteiligten geschlossen werden [3]). Die sowjetrussische Ehe kann seit dem Gesetz vom 1. 1. 1927 durch die Herstellung intimer Beziehungen geschlossen, durch bloßes schlüssiges Verhalten gelöst werden [4]); ja, es scheint, als wenn sogar eine auf diese Weise geschlossene Ehe gültig ist, obwohl einer der Ehegatten schon in einer anderen gültigen Ehe lebt [5]). Das Recht der Mohammedaner und Hindus gestattet einem Mann die Ehe mit mehreren Frauen. An Hand des deutschen Ehebegriffs ist

---

schiffe oder Seereisen, so bestimmt das deutsche Recht, welche Schiffe Seeschiffe, welche Reisen Seereisen sind. — Im internationalen Prozeßrecht sind dieselben Grundsätze zu beachten. Für die Frage, ob das Verfahren der Zwangsvollstreckung in bewegliches Vermögen zulässig ist, richtet sich die Qualifikation als beweglich oder unbeweglich nach der für das Zwangsvollstreckungsverfahren maßgeblichen lex fori. RG 24. 3. 1899, JW 1899 S. 325 f.; BayrObLG 11. 11. 1882, SA Bd. 38 S. 213 f. Vgl. auch OLG Karlsruhe 12. 12. 1892, Puchelts Zeitschrift Bd. 25 S. 46 ff., entnommen aus Lewald Nr. 236 S. 176; hier findet die Qualifikation nach der lex fori als der lex rei sitae statt.

[1]) Dem holländischen Recht fehlt eine dem § 1355 BGB entsprechende Vorschrift.

[2]) Vgl. oben § 81 S. 118 f.

[3]) Burge Bd. III S. 192 f.

[4]) Stoupnitzky, Revue 1927 S. 433 Anm. 3; Freund, JW 1928 S. 877; Rabbinowitsch, Ostrecht 1928 S. 472 (berichtet von einer Entscheidung des Obersten Gerichtes der R. S. F. S. R.), DJZ 1928 Sp. 1078 u. 1930 Sp. 1197 (berichtet von der Praxis des Obersten Gerichts der Ukraine); Fall Isidora Duncan, Nieuwe Rotterdamsche Courant, Abendblatt vom 5. 11. 1927.

[5]) Rabbinowitsch, DJZ 1928 Sp. 1078 (bespricht zwei Urteile) und DJZ 1930 Sp. 1198.

zu entscheiden, ob die fremdrechtliche Institution, die wir in sprachlicher Übersetzung Ehe nennen, in ihrer Ausgestaltung von der deutschen Ehe so weit abweicht, daß sie im Sinne der deutschen Rechtsvorschriften nicht als Ehe gelten kann, oder ob die Abweichungen nicht so schwerwiegender Natur sind.

Mit der Vorbehaltsklausel allein kann man die durch diese Rechtsverschiedenheit sich ergebenden Schwierigkeiten nicht bewältigen. Die Frage geht dahin, ob ein bestimmter deutscher Rechtssatz, der das Vorliegen einer Ehe voraussetzt, insbesondere eine Kollisionsnorm — z. B. Art. 14, 15, 17 EG — angewendet werden kann [1]).

§ 103. Die deutsche Rechtsprechung enthält einige Entscheidungen, in denen ein Eheinstitut fremden Rechts daraufhin untersucht wurde, ob es dem Ehebegriff des deutschen Kollisionsrecht entsprach: Eine österreichische Ehefrau war in Österreich von ihrem Ehemann von Tisch und Bett geschieden worden, hatte dann die deutsche Staatsangehörigkeit erworben und in Deutschland eine neue Ehe geschlossen. Das Landgericht Hamburg [2]) hatte darüber zu befinden, ob das Fortbestehen der ersten Ehe dem Bande nach die gültige Eingehung der zweiten Ehe hinderte. Dieses war, da die Frau Deutsche geworden und auch ihr zweiter Ehemann Deutscher war, allein nach deutschem Recht zu entscheiden. Die Gültigkeit oder Ungültigkeit der neuen Ehe hing davon ab, ob das Rechtsverhältnis, das die österreichische Scheidung von Tisch und Bett zwischen den Ehegatten gemäß österreichischem Recht bestehen ließ, als eine Ehe im Sinne unseres Bigamieverbots anzusehen war oder nicht. Das Landgericht erklärte die zweite Ehe für gültig. Es berief sich für die Qualifikation, das ist dafür, daß die österreichische Trennung von Tisch und Bett für deutsche Rechtsbegriffe eine Eheauflösung bedeute, also nichts mehr übriglasse, was man in Deutschland als Ehe betrachten könne, auf eine von Österreichern zum österreichischen Recht vertretene Rechtsansicht. Diese Begründung ist unzutreffend; es kam nur darauf an, ob nach deutschen Begriffen jenes restliche Rechtsverhältnis unter den Begriff Ehe fällt. Das Reichsgericht hatte in einer Entscheidung aus dem Jahre 1912 [3]) dieselbe Qualifikationsfrage im entgegengesetzten Sinne entschieden, denn »nach

---

[1]) Vgl. oben § 88 S. 127 f.

[2]) 15. 11. 1927, Hans. RGZ 1928 B Sp. 269 f. = ZAIP, Sonderheft 1928 Nr. 48 S. 79 f.

[3]) 19. 9. 1912, WarnRspr. 1912 S. 481 = Recht 1912 Nr. 3218.

deutschen Gesetzen beurteilt, konnte die . . . Trennung von Tisch und Bett eine Auflösung der Ehe nicht zur Folge haben«[1]).

Zahlreiche deutsche Entscheidungen betreffen die Frage, ob Österreicher, die gemäß österreichischem Recht von Tisch und Bett »geschieden« worden sind und dann von der österreichischen Verwaltungsbehörde einen Dispens vom Ehehindernis des noch fortbestehenden Ehebandes erhalten haben, in Deutschland eine neue Ehe eingehen können. Die Zulässigkeit der neuen Eheschließung ist auf Grund der allgemeinen deutschen Kollisionsnormen nach österreichischem Recht zu beurteilen (Art. 13 Abs. 1 Satz 2 EG). Es ist zweifelhaft, ob nach österreichischem bürgerlichem Recht der Dispens zulässig, die neue Ehe gestattet ist. Sicherlich aber müßte in Deutschland die Trauung verweigert werden, wenn man das zwischen den Gatten der ersten Ehe noch fortbestehende Rechtsverhältnis als eine Ehe im deutschen Sinne ansehen müßte, denn dann würde Art. 30 EG eingreifen, für dessen Anwendung die Doppelehe als Musterfall gilt. Insofern jene Urteile die Frage nach dem Fortbestand der ersten Ehe stillschweigend oder ausdrücklich in dem einen oder anderen Sinne entscheiden, berühren sie das Gebiet der Qualifikation. Aus der umfangreichen deutschen Rechtsprechung sei hier auf eine Entscheidung des Landgerichts II Berlin[2]) hingewiesen, in der ausgeführt ist: selbst wenn nach österreichischer Rechtsauffassung durch Trennung von Tisch und Bett und Dispenserteilung eine Auflösung der Ehe nicht herbeigeführt werde, sei die übrigbleibende »Ehe« doch so allen sachlichen Inhalts beraubt, »nur noch aus logischen Gründen in der Gedankenwelt als vorhanden angesehen«, daß sie die Anwendung des deutschen Bigamieverbotes nicht rechtfertigen könne[3]).

---

[1]) Die Entscheidung stützt sich auf diesen Grund, obwohl die zu beurteilende neue Ehe schon nach österreichischem Recht, dem Heimatsrecht des vorher von Tisch und Bett geschiedenen Ehegatten, ungültig war.

[2]) 8. 4. 1929, Z Bd. 41 S. 422 ff. = ZAIP Sonderheft 1929 Nr. 74.

[3]) Im Ergebnis ebenso LG Nürnberg 14. 12. 1926, ZAIP Sonderheft 1926/27 Nr. 67; LG II Berlin 11. 6. 1926, ZAIP Sonderheft 1926/27 Nr. 64. Abweichend dagegen: BayrObLG 28. 12. 1921, BayrObLG Bd. 21 S. 411 (entnommen Lewald Nr. 109); LG III Berlin 29. 8. 1925, Z. f. Standesamtwesen 1925 S. 365 (entnommen Lewald a. a. O.); KG 5. 11. 1926, ROLG Bd. 46 S. 166 = Z Bd. 38 S. 393 ff. = ZAIP Sonderheft 1926/27 Nr. 65; LG Nürnberg 17. 12. 1926, BayRpflZ 1927 S. 167 (entnommen Lewald a. a. O.); OLG München 12. 7. 1927, Z Bd. 40 S. 296 ff. = ZAIP Sonderheft 1928 Nr. 49 S. 80 ff.; BayrObLG 23. 4. 1928, JW 1928 S. 3121 = Z Bd. 39 S. 320 ff. = LZ 1928 S. 987 ff. = ZAIP Sonderheft 1928 Nr. 47 S. 73 ff.; OLG Karlsruhe 27. 11. 1928, ZAIP Sonderheft 1929 Nr. 73. Diejenigen deutschen Entscheidungen,

§ 104. Die ausländische Rechtsprechung bietet eine Reihe von interessanten Beispielen für die Qualifikation eines fremdrechtlichen Eheinstituts.

Zwischen sowjetrussischen Ehegatten schwebte in England ein Ehetrennungsprozeß [1]). Es wurde eingewandt, das durch die sowjetrussischen Gesetze zwischen den Parteien geschaffene Rechtsverhältnis könne in England nicht als Ehe gelten, daher sei das Gericht nicht zuständig, sich mit der Sache zu befassen. Der Richter erklärte: "I have to ascertain what that union was according to the law of the U. S. S. R. and then to ascertain whether it was a marriage within the meaning of the English law." Das Ergebnis dieser Untersuchung war: "It may be that the law of the U. S. S. R., recognizing such a union, attaches legal consequences to it and calls it by a Russian word which is properly translated marriage. But by the term 'Marriage' the law of the U. S. S. R. and the law of England do not mean the same thing." In England verstehe man unter Ehe: "a voluntary union of one man and one woman to the exclusion of all others which is by them indissoluble except by death." Darum dürfe die Ehe des Sowjetrechts, die durch die Ehegatten nach Belieben aufgelöst werden könne, nicht als Ehe im englischen Sinne angesehen werden. Gerichtliche Trennung sei daher nicht zulässig. — Die Gründe dieser Entscheidung sprechen m. E. mit vorzüglicher Klarheit aus, was das Wesen der Qualifikationsfrage ist und wie man bei ihrer Lösung zu verfahren hat. Das Urteil wurde vom Court of Appeal aufgehoben [2]), weil die geringere oder größere Möglichkeit der Scheidung für die englische Rechtsauffassung kein Merkmal sei, nach dem einer unter ausländischem Recht geschlossenen Ehe die Natur einer Ehe zuerkannt oder abgesprochen werden könne; im übrigen sind dieselben Grundsätze über die Qualifikation befolgt wie in der ersten Instanz.

Das ungarische Oberste Gericht erklärte in ständiger Rechtsprechung, die Sowjetehe sei keine Ehe im Sinne ungarischer Rechtsauffassung [3]). In Frankreich hat man entgegengesetzt entschieden.

welche die Eheschließung nicht zulassen, nehmen zur Qualifikationsfrage meistens keine Stellung und haben keine Veranlassung hierzu, weil es sich um die Eheschließung von Österreichern handelte und weil nach der — in diesem Zusammenhang nicht interessierenden — Ansicht dieser Gerichte über den Inhalt des österreichischen Rechts dieses in solchen Fällen die Eheschließung nicht gestattet.

[1]) Nachimson v. Nachimson, High Court of Justice 17. 12. 1929. The Times Law Reports 24. 1. 1930 Bd. 46 S. 166 ff. = Revue 1930 S. 136 ff.

[2]) 15. 5. 1930, Times Law Reports Bd. 46 S. 444 ff.

[3]) 23. 2. 1926, Clunet 1929 S. 1202 ff. = Ostrecht 1927 S. 620 = ZAIP 1931 S. 783 f. Das Gericht nahm an, daß das Bestehen dieser russischen »Ehe«

Der Appellhof Paris nahm an, daß das russische Eheinstitut dem französischen Ehebegriff genüge [1]). Er berief sich dafür auf die völkerrechtliche Anerkennung Sowjetrußlands durch Frankreich, obwohl aus diesem Umstand nur folgen konnte, daß das Sowjetrecht überhaupt als geltendes Recht anzuerkennen sei, nicht, daß eine russische Rechtseinrichtung einem entsprechend benannten Institut des französischen Rechts für die Qualifikation gleichzuachten sei.

Angelsächsische Gerichte versagten polygamischen Ehen unter Mormonenrecht [2]) und chinesischem Recht [3]) die Anerkennung. Der Fall einer Einehe, die nach dem sie beherrschenden Recht jederzeit durch eine zweite Heirat zu einer Vielehe werden kann, wurde verschieden beurteilt [4]) [5]). In Deutschland wird eine solche Beziehung zwischen Mann und Frau in der Praxis der Standesämter als Ehe anerkannt, wie sich daraus ergibt, daß Bergmann, eine Autorität auf dem hier fraglichen Gebiet, den Standesbeamten empfiehlt, die deutsche Braut eines Ausländers, dessen Heimatsrecht die Vielehe gestattet, über diese Rechtslage aufzuklären [6]).

§ 105. Im internationalen Handelsrecht scheinen vor allem die Begriffe des Kaufmannes und des Handelsgeschäfts zu Qualifikationsfragen Anlaß zu geben. Aber die Frage der Qualifikation — im spezifisch international-privatrechtlichen Sinne — hat zum Ziel die Feststellung, ob die eine oder die andere Kollisionsnorm der Entscheidung zugrunde gelegt werden muß; sie wirft sich also nur auf, wenn von der Qualifikation abhängt, ob diese oder jene Kollisionsnorm anzuwenden ist. Das deutsche Kollisionsrecht enthält weder gesetzliche noch durch ständige Praxis der oberen Gerichte festgelegte Vorschriften, die für Kaufleute oder für Handelsgeschäfte

---

eine zweite Eheschließung in Ungarn nicht hinderte. Ferner Urteil vom 6. 11. 1928, JW 1931 S. 167; vgl. auch Mescléný, BliP 1928 Sp. 79 ff.

[1]) 30. 4. 1926, BliP 1928 Sp. 32.

[2]) Hyde c. Hyde, Prob. and Div. England 1866. Vgl. Dicey S. 289 f.

[3]) Höchstes Gericht von British Columbia 27. 11. 1922, BuL Bd. 9 Nr. 2808.

[4]) Der engl. Court of Appeal 18. 12. 1916, Clunet 1918 S. 732 f., versagte die Anerkennung. Ebenso Fraser v. Pouliot, zitiert bei Dicey S. 289. Dagegen Ob. Gerichtshof von Jowa 1922, Beale Bd. 1 S. 644.

[5]) Die Entscheidungen der englischen Gerichte beschränkten sich auf die Frage der Zuständigkeit zur Rechtsprechung in Ehesachen, z. B. zur Scheidung. Es wurde nicht ausgesprochen, daß die in Betracht stehenden fremden Ehen in jeder Hinsicht in England als Nichtehen anzusehen seien. Dicey S. 290.

[6]) Bergmann »Internationales Ehe- und Kindschaftsrecht« Bd. I S. 158.

andere Verweisungen anordnen als für Nichtkaufleute oder Geschäfte des bürgerlichen Rechts[1]). Darum gibt es auch im deutschen internationalen Privatrecht keine Qualifikationsfrage dahingehend, ob jemand als Kaufmann oder Nichtkaufmann, ein Rechtsgeschäft als bürgerliches oder Handelsgeschäft zu betrachten ist. Wo solche Fragen sich in international liegenden Rechtsfällen aufwerfen, müssen sie daher gemäß dem Recht beantwortet werden, welches die in Betracht stehende Rechtsbeziehung beherrscht. In der Regel wird es sich um schuldrechtliche Verhältnisse handeln; enthält in solchem Falle das Obligationsstatut verschiedene Vorschriften für Kaufleute und Nichtkaufleute, für Handelsgeschäfte und Geschäfte des bürgerlichen Rechts, so liegt es beim Obligationsstatut, zu bestimmen, für welche der beiden Gruppen von Vorschriften die Anwendbarkeitsvoraussetzungen gegeben sind; d. h. in solchen Fällen bestimmt das Obligationsstatut, ob die Person ein Kaufmann, das Geschäft ein Handelsgeschäft ist. Das bedeutet nichts weiter, als daß man das Obligationsstatut so auslegt, wie es gemeint ist. Selbstverständlich: sollte das Obligationsstatut für die Beantwortung dieser Fragen ein anderes Recht berufen, so ist dem gemäß allgemeinen Grundsätzen zu folgen. Es kann aber auch eine andere Rechtsordnung als das Obligationsstatut zur Bestimmung jener Begriffe zuständig sein, so, wenn ein sachenrechtliches Verhältnis zu beurteilen ist, die lex rei sitae. Man denke an Vorschriften wie den § 368 Abs. I HGB, der für den Pfandverkauf bei beiderseitigem Handelsgeschäft eine kürzere als die sonst geltende Wartefrist festsetzt. Steht in Frage, ob eine entsprechende Vorschrift aus einer fremden Rechtsordnung — der gemäß deutschem internationalem Privatrecht berufenen lex rei sitae — anzuwenden ist, so ist nach derselben Rechtsordnung zu entscheiden, ob ein beiderseitiges Handelsgeschäft vorliegt und, wo dies von der Kaufmannseigenschaft der Beteiligten abhängt, ob die Beteiligten Kaufleute sind[2]).

Die Literatur ist geteilter Meinung[3]). Eine deutsche Recht-

---

[1]) Vgl. dagegen z. B. Art. 58 des italienischen HGB von 1883 und dazu Berufungsgericht Mailand unten § 110 S. 159 f.

[2]) Sollte das deutsche Kollisionsrecht künftig Vorschriften entwickeln, die Kaufleute und Nichtkaufleute, Handelsgeschäfte und Nichthandelsgeschäfte unterscheiden, so würden diese Begriffe stets gemäß dem deutschen inneren Recht zu qualifizieren sein, aus denselben Gründen, aus denen allgemein die Begriffe des deutschen internationalen Privatrechts nach deutschem innerem Recht qualifiziert werden müssen (vgl. Regel 1).

[3]) Für Bestimmung nach dem die streitige Rechtsbeziehung beherrschenden Recht: v. Bar Bd. II S. 130 f. und Ehrenbergs Handbuch Bd. I S. 330 f. Da-

sprechung zu diesen Fragen besteht meines Wissens nicht. Gegen die in der Literatur vielfach vertretene Ansicht, die Kaufmannseigenschaft sei stets nach dem Recht der Niederlassung zu beurteilen, sei hier nur darauf hingewiesen, daß gar nicht alle Rechtsordnungen den juristischen Begriff des Kaufmanns kennen, so nicht das englische Recht [1]). Diese Ansicht ist also unter Umständen undurchführbar; sie gibt z. B. im Falle eines Handeltreibenden, dessen Geschäftsniederlassung sich in England befindet und der sich in einem einzelnen Vertrag deutschem Recht unterworfen hat, keine Antwort auf die Frage, ob die deutschen Vorschriften angewandt werden sollen, welche auf beiden Seiten des Vertrags Kaufmannseigenschaft voraussetzen. Noch häufiger wird es unmöglich sein, dem Recht der Niederlassung zu entnehmen, ob die Person Voll- oder Minderkaufmann ist [2]), weil dieser Unterschied in den meisten Rechten völlig unbekannt ist. Wenn gegen die hier vertretene Meinung vorgebracht wird [3]), sie führe zu dem Resultat, daß ein im deutschen Handelsregister eingetragener Steinbruchbesitzer bei einem Geschäft, das die Parteien dem Recht des Auslands unterworfen haben, nicht als Kaufmann gelten würde, so ist die Folgerung richtig — kann jedenfalls nach dem Inhalt des ausländischen Rechts richtig sein —, aber kein Argument gegen die

---

gegen nimmt Frankenstein an, es bestehe kein Zweifel, daß über die Kaufmannseigenschaften vom Standpunkt des deutschen Rechts das Recht des Wohnsitzes bzw. der kaufmännischen Niederlassung entscheide (Bd. II S. 408 f.). Ebenso scheint Frankenstein das Wohnsitz- bzw. Niederlassungsrecht für zuständig zu halten, über die handelsrechtliche oder bürgerlichrechtliche Natur des Geschäftes zu entscheiden (Bd. II S. 403). Nach Düringer-Hachenburg-Geiler sind die Kaufmannseigenschaft wie auch die Frage, ob Voll- oder Minderkaufmann, nach dem Recht des Wohnsitzes oder der Niederlassung zu beurteilen (Bd. I S. 39), ebenso die übrigen »Voraussetzungen der handelsrechtlichen Qualifikation«, z. B. ob ein Geschäft ein Handelsgeschäft ist, dagegen die Frage, an welche Voraussetzungen die handelsrechtliche Qualifikation geknüpft wird (z. B. ob einseitiges Handelsgeschäft vorliegen muß oder zweiseitiges), nach dem Recht des Rechtsverhältnisses (Bd. I S. 40). Diena, »Diritto commerciale internazionale« 1900 Bd. I S. 62 ff., will die Kaufmannseigenschaft nach dem Wohnsitzrecht, die Frage, ob bürgerliches oder Handelsgeschäft nach der lex loci contractus entschieden haben. Ähnlich anscheinend Lyon-Caen-Renault Bd. I S. 211, 221 ff., 259 f. (die dort erörterten Ausnahmen zugunsten der lex fori betreffen Fragen des Prozeßrechts oder Strafrechts).

[1]) Goldschmidt in Handelsgesetze des Erdballs Bd. XI unter: England, Grundzüge des Handelsrechts S. 86.

[2]) Nach Düringer-Hachenburg-Geiler a. a. O. soll auch das dem Recht der Niederlassung entnommen werden.

[3]) Düringer-Hachenburg-Geiler Bd. I S. 40.

hier vertretene Meinung. Denn wenn das ausländische Recht gemäß deutschem internationalen Privatrecht das Vertragsverhältnis beherrscht, dürfen seine Vorschriften nur angewandt werden, wenn der Tatbestand vorliegt, für den sie erlassen sind, d. h., soweit diese Vorschriften Kaufmannseigenschaft erfordern, nur dann, wenn die Kaufmannseigenschaft gemäß den einschlägigen Normen dieses ausländischen Rechts vorliegt.

§ 106. Dem internationalen Wechselrecht gehört einer der Qualifikationskonflikte an, die am meisten erörtert worden sind: Das französische Gesetz vom 13. 8. 1870 bestimmte mit Rücksicht auf den deutsch-französischen Krieg, daß zeitweilig Wechsel gegen in Frankreich domizilierte Schuldner nicht protestiert werden durften und ein Regreß mangels Zahlung unzulässig sei. Das Verbot war ursprünglich auf 30 Tage befristet. Die Frist wurde später um mehrere Monate verlängert. Von französischen Schuldnern akzeptierte Wechsel waren unter deutschem Recht indossiert worden. Die Indossatare, die von den französischen Akzeptanten bei Fälligkeit keine Zahlung erlangt hatten, nahmen Regreß gegen ihre deutschen Indossanten. Bedeutete das französische Protestverbot nur eine Verlängerung der Protestfrist, so mußte der Indossant es gegen sich gelten lassen, weil das bei der Protestierung einzuhaltende Verfahren auch für die Frage des Regreßrechts von demjenigen Recht zu bestimmen ist, in dessen Bereich der Protest zu erheben war (vgl. Art. 86 WO). Der Indossant blieb dann, falls nur nach Ablauf der Frist noch gemäß dem französischen Recht Protest erhoben wurde, regreßpflichtig. Verbarg sich unter dem Protestverbot eine Hinausschiebung des Zahlungstages, so konnte das Verbot das Recht des Indossanten auf Protesterhebung am Verfalltag nicht beeinträchtigen, weil kein Recht außer dem für das Regreßverhältnis maßgeblichen deutschen Recht nachträglich den Inhalt des Regreßanspruchs — durch Hinausschiebung des Zahlungstages und damit Verlängerung der Dauer der eventuellen Regreßpflicht — materiell ändern konnte. Die französischen Gesetze hatten ihre Maßregel, deren Zweck der Schutz des französischen Schuldners war, als bloße Verlängerung der Protestfrist aufgezogen, gerade um die internationalrechtlichen Konsequenzen günstig zu gestalten. Das Reichsoberhandelsgericht [1]) entschied, daß die Anordnung des französischen Gesetzes eine Hinausschiebung des Zahlungstages bedeute. Nach den Gründen dieses Urteils hat offenbar in erster Linie die Länge der Frist das

---

[1]) 21. 2. 1871, ROHG Bd. 1 S. 286 ff.

Gericht zu seiner Qualifikation bestimmt, weil dieser Umstand die Annahme ausschloß, es handle sich um eine bloße Erweiterung der Protestfrist oder um Respekttage. Daß das Reichsoberhandelsgericht seine Auslegung der Begriffe Protestfrist, Respekttage, Zahlungsfrist, deren Bedeutung es erläutert, der deutschen Rechtsauffassung entnommen hat, ist sicher, obwohl es nicht ausdrücklich gesagt ist [1]).

§ 107. Eine andere bedeutsame Qualifikationsfrage aus dem Bereich des deutschen internationalen Handelsrechts betrifft den Begriff des »Börsentermingeschäfts«. Nach deutschem internationalen Privatrecht ist für Börsengeschäfte grundsätzlich das Recht des Börsenplatzes maßgeblich; für Börsentermingeschäfte aber besteht, wenn einer der Beteiligten Wohnsitz oder gewerbliche Niederlassung in Deutschland hat, hinsichtlich der Gültigkeitsbeschränkung des deutschen Börsengesetzes eine spezielle Anknüpfung an das deutsche Recht [2]). Welche ausländischen Börsengeschäfte sind Börsentermingeschäfte im Sinne dieser deutschen Kollisionsnorm? [3]) Die deutsche Rechtsprechung hat an dieser Einzelfrage mit vorzüglicher Deutlichkeit die richtigen Grundsätze über die Qualifikation entwickelt. Der Begriff des Börsentermingeschäfts wird dem deutschen inneren Recht entnommen; er wird aber über die innerrechtliche, durch das Börsengesetz gegebene Definition hinaus ausgedehnt, so daß auch abweichende, aber ähnliche Geschäfte ausländischer Börsen ihm unterfallen. Für die Begriffsbestimmung im internationalprivatrechtlichen Sinne haben sich bereits feste Merkmale ausgebildet: so die Lieferung zu einem feststehenden, in der Zukunft liegenden Zeitpunkt, Abhängigkeit des Geschäfts in seinem Bestande von der Einhaltung der Zeitbestimmung, Maßgeblichkeit der offiziellen Börsengeschäftsbedingungen [4]).

---

[1]) Vgl. zu dieser Qualifikationsfrage v. Bar Bd. II S. 174 ff., welcher der Entscheidung des ROHG beistimmt, und ausdrücklich die Länge der Frist als den Grund bezeichnet, welcher zu jener Qualifikation nötige; die bei v. Bar a. a. O. zitierten Schriftsteller und Entscheidungen; ferner E. Ramel »Le moratoire et son traitement en dr. i. pr. 1925« Upsala; Bartin, Clunet 1897 S. 243 ff., dessen Angriffe auf die vom ROHG vertretene Ansicht ganz ungerechtfertigt sind; Frankenstein Bd. II S. 239 ff., und die dort zitierten Schriftsteller.

[2]) § 61 Abs. 2 Satz 2 Börsengesetz; Brändl »Intern. Börsenprivatrecht« 1925 S. 165 ff., 194 ff.; v. Bar in Ehrenbergs Handbuch Bd. I S. 363 ff.

[3]) Über die Verschiedenheit der Börsengeschäfte der verschiedenen Weltbörsen s. Brändl a. a. O. S. 227.

[4]) Vgl. z. B. RG 8. 7. 1899, RG Bd. 44 S. 52 ff.; RG 1. 11. 1905, JW 1906 S. 36 = Z Bd. 16 S. 331; Nußbaum in Ehrenbergs Handbuch Bd. IV S. 567; Düringer-Hachenburg Bd. III S. 463 Anm. 168.

§ 108. Über Qualifikation der Staatsangehörigkeit vgl. die späteren Ausführungen über Staatsangehörigkeit.

§ 109. Eine sehr geringe Zahl deutscher Entscheidungen verkennt die Grundsätze über die Qualifikation, wie sie sonst in der deutschen Rechtsprechung ihre Stütze finden. Hier folgen einige Entscheidungen, die besonders deutlich zeigen, wie nicht qualifiziert werden soll:

Nach § 136 des sowjet-russischen ZGB wird bei Verträgen über mehr als 500 Goldrubel der Zeugenbeweis nicht zugelassen. Das Kammergericht [1]) hatte die Frage zu entscheiden, ob diese Vorschrift für den deutschen Richter bei einer russischem Recht unterliegenden Forderung anwendbar sei. Die erste Qualifikationsfrage wurde vom Kammergericht richtig gestellt, nämlich dahin, ob es sich hier um eine prozeßrechtliche oder materiellrechtliche Vorschrift handele. Die Beantwortung dieser Frage ist aber mit einer m. E. unrichtigen Qualifizierung — nämlich unter Außerachtlassung des deutschen Systems — erfolgt. Das Kammergericht sagt von dieser russischen Vorschrift, sie sei zwar »im russischen ZGB nicht ad formam, sondern nur ad probationem negotii vorgeschrieben, sie müsse aber trotzdem als Formvorschrift gelten, insofern durch den Ausschluß des Zeugenbeweises die Beobachtung der vom Gesetz gewünschten schriftlichen Form gesichert wird«. Die Frage, aus welchem Grunde die Beweisbarkeit von Forderungen von der Wahrung bestimmter Formen abhängig gemacht wird, ist aber nach deutscher Auffassung für die Klassifizierung einer solchen Vorschrift unter den Sammelbegriff des materiellen Rechts oder des Prozeßrechts gleichgültig. Für das Urteil hätte entscheidend sein müssen, wo nach deutschen Begriffen die Zäsur zwischen Prozeßrecht und materiellem Recht liegt. Wir aber rechnen die Frage des Beweismittels zum Prozeßrecht. Der § 14 EGZPO bezeichnet die Vorschriften, welche in Ansehung gewisser Rechtsverhältnisse einzelne Arten von Beweismitteln ausschließen, ausdrücklich als prozeßrechtliche [2]).

Das Reichsgericht hatte folgenden Fall zu beurteilen: Ein in Deutschland wohnender Deutscher war durch eine in Wien statt-

---

[1]) 25. 10. 1927; JW 1929 S. 448 f. = ZAIP Sonderheft 1929 Nr. 7.

[2]) Abs. 2 Satz 2 in Verbindung mit dem Beginn des Abs. 1 des § 14 EG ZPO. — Vgl. dazu RG 24. 10. 1912, RG Bd. 80 S. 267, wo aus Art. 156 Abs. II EG entnommen wird, daß der deutsche Gesetzgeber die auf Grund des franz. Rechts (Art. 513 code civil) erfolgte Bestellung eines Beistandes für einen Verschwender als einen Entmündigungsakt im Sinne der §§ 6, 114 BGB. ansieht.

gehabte Drohung zur Hergabe eines Wechsels genötigt worden [1]. Das Reichsgericht prüfte die Gültigkeit der Wechselübertragung nach österreichischem Recht als Deliktstatut. Daß es sich bei der Frage der Gültigkeit um eine Angelegenheit des Deliktsrechts handle, entnahm das Reichsgericht anscheinend österreichischer Rechtsauffassung. Nach deutscher Rechtsansicht gehören die Wirkungen einer Drohung auf die Gültigkeit des Vertragsschlusses ganz unzweifelhaft nicht zum Deliktsrecht. In einer späteren Entscheidung, die einen ähnlichen Fall betraf, hat denn auch das Reichsgericht die Frage nach der Gültigkeit eines durch Drohung erzwungenen Vertrages nicht nach dem Deliktstatut, sondern richtig nach dem Vertragsstatut beurteilt [2], indem es feststellte, daß sowohl nach österreichischer wie nach deutscher Rechtsauffassung diese Frage nicht dem Bereich des Rechts der Deliktfolgen angehört.

Das Oberlandesgericht Frankfurt hatte über einen Schadensersatzanspruch wegen Verlöbnisbruches (vgl. § 1300 BGB) zu entscheiden [3]. Der Verlobte war Deutscher, die Braut Belgierin. Der Verlöbnisbruch hatte in Belgien stattgefunden. Nach belgischem Recht war der Anspruch als Deliktsanspruch begründet. Das Oberlandesgericht wandte belgisches Recht als Deliktsstatut an. Es unterließ die erforderliche Untersuchung, ob der Anspruch, wie ihn das belgische Recht regelt, auch nach der Systematik des deutschen Rechts als Deliktsanspruch zu qualifizieren ist.

Mehrfach haben deutsche Gerichte über folgenden Fall entschieden: Zwischen Ehegatten, die ehemals Österreicher gewesen waren, nach Eingehung der Ehe aber die deutsche Staatsangehörigkeit erworben hatten, schwebte ein Prozeß. Die Frau verlangte vor deutschen Gerichten von ihrem Manne einen Kostenvorschuß, dessen sie zu ihrer Verteidigung in dem ersten Prozeß bedurfte. Nach deutschem Recht ist ein solcher Anspruch ein güterrechtlicher. Sein Bestehen hängt von dem Güterrecht, in welchem die Ehegatten leben, ab; aus der Unterhaltspflicht des Mannes und aus dem ehelichen Verhältnis als solchem folgt nach deutscher Auffassung der Anspruch jedenfalls nicht [4].

---

[1] 10. 1. 1903, Z Bd. 13 S. 173 f.

[2] 5. 12. 1911, RG Bd. 78 S. 55 ff. (58) = JW 1912 S. 245 f.

[3] 5. 7. 1923, entnommen aus Lewald S. 77 f. Nr. 103.

[4] KommRG § 1387 Anm. 6 a; Staudinger § 1387 Anm. 3 a. An beiden Stellen befinden sich Zitate aus der Entstehungsgeschichte des BGB., welche die Richtigkeit der von den Kommentaren vertretenen Ansicht beweisen.

Das Oberlandesgericht Dresden [1]) und das Kammergericht [2]) haben angenommen, daß nach österreichischem Recht ein solcher Anspruch bestehe, und zwar auf Grund der persönlichen Wirkungen der Ehe: der Unterhaltspflicht.

Beide Gerichte haben den Anspruch der Frau auf Leistung des Kostenvorschusses trotz der abweichenden österreichischen Qualifikation auf Grund des deutschen Rechtssystems als güterrechtlichen qualifiziert und zugesprochen, weil für das Güterrecht der Eheleute nach wie vor österreichisches Recht maßgebend war [3]).

Wenn die beiden Oberlandesgerichte richtig qualifiziert hätten, so hätten sie den Anspruch auf Kostenvorschuß, den nach ihrer Überzeugung das österreichische Recht gewährte, in seiner ihm vom österreichischen Recht gegebenen Ausgestaltung daraufhin prüfen müssen, ob er nach deutscher Systematik als güterrechtlicher anzusehen sei oder sich aus den persönlichen Rechtsverhältnissen der Ehegatten ergebe. Bei einer solchen Untersuchung hätten die Gerichte zur Ablehnung der güterrechtlichen Qualifikation kommen müssen, nicht etwa, weil der Anspruch nach österreichischer Qualifikation kein güterrechtlicher ist, sondern weil er in Österreich — unter Zugrundelegung der deutschen Systematik — nicht die Ausgestaltung eines güterrechtlichen Anspruchs erhalten hat. Wenn — wie hier nach den beiden Urteilen unterstellt werden muß — der Anspruch nach österreichischer Auffassung die persönlichen Beziehungen der Ehegatten betrifft, so gilt er nach dieser Auffassung einerseits nicht für alle Ehen, die österreichischem ehelichem Güterrecht unterliegen, findet aber andererseits auf Ehen Anwendung, die von einem nicht österreichischen Güterrecht beherrscht werden. Nach der österreichischen Rechtsprechung richtet sich das eheliche Güterrecht nach dem Wohnsitzrecht der Ehegatten bei der Eheschließung [4]). Die persönlichen Rechtsbeziehungen der Ehegatten zueinander richten sich entweder nach dem jeweiligen Wohnsitz des Ehemannes oder nach dem Heimatsrecht [5]). Wenn Ehegatten, oder mindestens wenn österreichische Ehegatten, deren erster ehelicher Wohnsitz ein nicht-österreichischer war, ihren Wohnsitz nach

---

[1]) 16. 3. 1909, Sächs. Annalen Bd. 30 S. 321.

[2]) 1. 10. 1913, Blätter für Rechtspflege im Bezirk des Kammergerichts Bd. 24 S. 120.

[3]) In einem späteren Urteil (11. 9. 1919, JW 1920 S. 686) hat das Landgericht Frankfurt einen gleichliegenden Fall ebenso entschieden, ohne die Fragen zu untersuchen, die sich aus dem Qualifikationskonflikt ergeben.

[4]) Walker S. 692.

[5]) Walker S. 668.

Österreich verlegen, tritt also unabhängig vom österreichischen Güterrecht die Kostenvorschußpflicht ein. Dagegen hört nach österreichischer Auffassung die Vorschußpflicht des Mannes sicher dann auf, wenn österreichische Ehegatten aus Österreich in ein Land ausgewandert sind, das eine derartige, vom ehelichen Güterrecht unabhängige Kostenvorschußpflicht nicht kennt, und dort staatsangehörig geworden sind.

Vielleicht hätte sogar die Prüfung des materiellen österreichischen ehelichen Güterrechts die deutschen Gerichte zu der Überzeugung bringen können, daß der Anspruch kein güterrechtlicher ist. Denn zur Begründung eines derartigen Anspruchs mit dem Güterstand ist das österreichische eheliche Güterrecht besonders ungeeignet, da es der deutschen Gütertrennung sehr nahe steht [1]).

Die deutschen Gerichte hätten also den Anspruch der Frau auf Kostenvorschuß abweisen sollen [2]) [3]).

§ 110. Aus der ausländischen Rechtsprechung sei hier eine italienische Entscheidung mitgeteilt, die einen lehrreichen Fall betrifft:

Nach italienischem internationalem Privatrecht wird die Geschäftsfähigkeit im allgemeinen nach dem Heimatrecht, für Handelsgeschäfte nach dem Obligationsstatut [4]) beurteilt. Ein Italiener akzeptierte in der Schweiz einen Wechsel. Er war zu der Zeit nach schweizer Recht vollgeschäftsfähig, nach italienischem Recht nicht. Das Berufungsgericht Mailand [5]) erklärte, die Frage, ob bürgerliches Rechtsgeschäft oder Handelsgeschäft, müsse nach dem Obligationsstatut — gemäß italienischem internationalem Privatrecht dem schweizer Recht — entschieden werden; und weil die Schweiz Handelsgeschäfte, darunter auch das Wechselakzept, nicht in einem besonderen Gesetz, sondern zusammen mit den bürgerlichen Rechtsgeschäften im Gesetzbuch über das Obligationenrecht regelt, nahm es an, daß nach schweizer Recht das Wechselakzept ein bürgerliches

---

[1]) § 1233 ABGB; Neubecker, Ehe- und Erbvertrag S. 34 f.

[2]) Abweichend Lewald S. 96 f.; Rabel in ZAIP 1931, S. 277, 279.

[3]) Zu einer solchen Entscheidung hätte eventuell der »Renvoi« des österreichischen Rechts auf das deutsche führen müssen. Die Abweisung des Anspruchs würde — was für die Qualifikationsfrage natürlich nicht unbedingt entscheidend ist — auch der Billigkeit entsprochen haben, weil keine Billigkeitsgründe dafür vorliegen, daß eine Deutsche, welche früher Österreicherin war, hier eine bessere Rechtsstellung hat als eine in Gütertrennung lebende Ehefrau, die stets Deutsche gewesen ist.

[4]) So wird Art. 58 des ital. HGB von 1883 von der herrschenden Meinung ausgelegt. Vgl. auch Cereti »Le obligazioni nel dir. i. pr.« Turin 1925 § 29.

[5]) Rivista di Diritto Internazionale, Bd. 8 S. 610: Frankenstein Bd. II S. 403 und S. 405.

Rechtsgeschäft sei. Daher erklärte es den Italiener gemäß italienischem Recht für nicht vollgeschäftsfähig bezüglich des vorliegenden Geschäfts und das Akzept für ungültig. Das Gericht hätte nach der Systematik des italienischen Rechts und nicht nach der des Obligationsstatuts qualifizieren müssen. Das Ergebnis wäre dann gewesen, daß das Wechselakzept im Sinne des italienischen internationalen Privatrechts ein Handelsgeschäft und im vorliegenden Falle gültig war. Zutreffend bemerkt Anzilotti [1]) zu dieser Entscheidung: aus dem Fehlen einer Unterscheidung zwischen Handelsgeschäft und bürgerlichem Rechtsgeschäft im schweizer Rechtssystem hätte das Gericht ebensogut schließen können, daß das Wechselakzept nach schweizer Recht Handelsgeschäft sei. Qualifikation nach dem System des fremden Rechts war in diesem Falle also nicht nur unrichtig, sondern undurchführbar.

§ 111. Das deutsche internationale Privatrecht verwendet außer den Begriffen, welche in den vorangehenden §§ behandelt wurden, auch solche, die im deutschen inneren Recht derart definiert werden, daß sie nur tatsächliche, nicht rechtliche Verhältnisse zur Voraussetzung haben. Solche Begriffe sind der Wohnsitz — soweit es sich nicht um den Wohnsitz von Personen handelt, die in der Begründung oder Aufhebung ihres Wohnsitzes von anderen abhängig sind — der Verwaltungssitz einer Gesellschaft, der Aufenthalt, der Ort der Begehung einer Handlung u. s. w. Hierher gehören ferner auch Begriffe, welche gemäß deutschem Recht nicht juristisch in bestimmter Weise definiert sind, sondern in dem Sinne aufgefaßt werden sollen, in dem sie außerhalb der Rechtssprache verstanden werden. Ein Beispiel dafür ist der Begriff der unehelichen Mutterschaft (Art. 20 EG), der im deutschen Recht im natürlichen Sinne gebraucht ist, während möglicherweise ein fremdes Recht für das Entstehen von Rechtsbeziehungen zwischen Mutter und Kind außer der unehelichen Geburt noch anderes — etwa eine Anerkennung durch die Mutter — verlangen und hiernach den Begriff der unehelichen Mutterschaft in einem spezifisch juristischen Sinne gebrauchen könnte.

An das Vorliegen der mit diesen Begriffen bezeichneten Tatbestände knüpfen sich zwar gemäß dem deutschen inneren Recht wichtige Rechtswirkungen. Aber die Begriffe selbst sind im deutschen inneren Recht allein durch tatsächliche Voraussetzungen definiert. Im internationalen Privatrecht ist mit der Fsetstellung solcher Tat-

---

[1]) a. a. O.

sachen die Qualifikationstätigkeit beendigt (soweit kein renvoi in Frage kommt). Denn wo die Feststellung von Tatsachen ausreicht, zu entscheiden, ob dem internationalprivatrechtlichen Begriffe genügt ist, hat es dabei sein Bewenden. Es ist hier nicht erforderlich, wie bei den Begriffen, welche auf das Vorliegen rechtlicher Beziehungen abstellen, ausländisches Recht daraufhin zu prüfen, ob nach ihm ein Rechtsverhältnis vorliegt, das der Kategorie des deutschen internationalen Privatrechts entspricht. Nach der lex fori qualifizieren bedeutet also für diese Begriffe, sie als identisch mit den entsprechenden Begriffen des deutschen inneren Rechts — nicht nur als im Kern ihnen gleichartig — behandeln. Hat ein vollgeschäftsfähiger Ausländer nur im Ausland sich ständig niedergelassen (vgl. § 7 ff. BGB), so kann er nicht auf Grund seines Aufenthalts in Deutschland nach den deutschen Gesetzen entmündigt werden (Art. 8 EG). Der Inhalt eines fremden Rechts, etwa des am Orte der ausländischen Niederlassung geltenden Rechts, bleibt unerheblich. Es kommt nicht darauf an, ob der Wohnsitzbegriff dieses fremden Rechts von dem deutschen abweicht, auch nicht, ob er dem deutschen Begriff mehr oder weniger ähnlich ist [1]).

Man kann den Unterschied der Qualifikation bei Begriffen mit rein tatsächlichen Voraussetzungen von der bei Begriffen mit nicht rein tatsächlichen Voraussetzungen an einem einfachen Beispiel aus dem Versicherungsrecht zeigen. Die Methode ist ja dieselbe, mag es sich um die internationalprivatrechtliche Qualifikation handeln oder um die Qualifikation von Begriffen aus Vorschriften des deutschen inneren Rechts. Der Reichsfinanzhof hatte zweimal [2]) darüber zu entscheiden, ob der Anspruch gegen eine öffentliche Feuerversicherungsanstalt auf die Versicherungssumme für die reichsgesetzliche Grunderwerbssteuerpflicht als Bestandteil des Grundstückes anzusehen sei. Nach Art. 75 EG ist für solche Versicherungsansprüche das Landesrecht maßgebend. In dem einen Falle war danach preußisches, in dem anderen hessisches Recht anzuwenden. In beiden Fällen wurde zuerst erörtert, ob der Versicherungsanspruch vielleicht zu den Sachbestandteilen im Sinne der §§ 93, 94 BGB gehöre. Diese Frage wurde verneint. Da der Begriff des Sachbestandteils nur rein tatsächliche Voraussetzungen hat,

---

[1]) Anderer Ansicht Niemeyer S. 72 f. Ganz unbegründet ist die Schlußfolgerung von Pillet-Niboyet S. 536, Nr. 449: Wenn man den Renvoi zuließe, müsse man auch Begründung und Aufhebung eines Wohnsitzes im Ausland nach ausländischem Recht beurteilen.

[2]) 20. 8. 1929, JW 1930 S. 3660; 4. 3. 1930, JW 1930 S. 3668 f.

kam es gar nicht darauf an, welche Vorschriften für den Anspruch maßgebend waren, und was diese Vorschriften über die Natur des Anspruchs besagten oder schließen ließen. Dann blieb die Frage, ob der Versicherungsanspruch derartig mit dem Grundstück verbunden sei, daß er nach § 96 BGB als Bestandteil des Grundstücks zu gelten habe. Dies war nur auf Grund einer Prüfung der den Versicherungsanspruch regelnden landesrechtlichen Vorschriften zu beantworten. Der Reichsfinanzhof nahm diese Prüfung vor und erklärte den Versicherungsanspruch in dem einen Falle für einen Bestandteil des Grundstücks im Sinne des § 96 BGB, im anderen Fall für nicht so eng mit dem Grundstück verbunden, daß ihm diese Qualifikation beigelegt werden könne.

§ 112. In der behandelten Gruppe von Anknüpfungsbegriffen ist der des Wohnsitzes der praktisch wichtigste [1]).

Dafür daß die Feststellung des nicht abgeleiteten Wohnsitzes in allen Fällen gemäß dem deutschen Wohnsitzbegriff erfolgen soll, lassen sich außer den oben dargelegten allgemeinen Erwägungen auch praktische Gründe anführen. Insbesondere wäre der Grundsatz, daß Begründung und Aufhebung eines Wohnsitzes nach dem Recht des behaupteten Wohnsitzes beurteilt werden sollen, praktisch garnicht völlig durchführbar. Ein ohne Heimstätte herumreisender in England geborener Engländer muß, wenn er sich in Deutschland aufhält, gemäß Art. 8 EG entmündigt werden können, obwohl er im Sinne des englischen Rechts einen Wohnsitz hat, nämlich sein englisches domicil of origin. Wir werden auch nicht anerkennen, daß ein Deutscher, der einen französischen Wohnsitz tatsächlich aufgegeben, einen anderen aber nicht erworben hat, im Sinne des § 1433 Abs. 2 BGB als in Frankreich wohnhaft betrachtet wird, und sich durch Ehevertrag französischem Recht unterwerfen kann, obwohl nach französischer Auffassung der Wohnsitz fortbesteht, bis ein neuer erworben wird. Daß bei der Feststellung des im deutschen Schuldrecht so wichtigen Erfüllungsortes ein solcher englischer oder französischer

---

[1]) Bis 1900 galt im größeren Teil Deutschlands das Wohnsitzrecht als Personalstatut. Das reichsdeutsche Kollisionsrecht verwendet den Wohnsitz als Anknüpfungsbegriff in mehrfacher Beziehung. Bei Mangel einer gegenwärtigen oder früheren Staatsangehörigkeit bestimmt sich das Personalstatut nach dem Wohnsitz (Art. 29 EG); mehrere sogenannte Exklusivsätze des EG stellen auf den Wohnsitz ab; und zwar erklären einige von diesen Sätzen auch das Vorliegen oder Nichtvorliegen eines ausländischen Wohnsitzes für erheblich (Art. 8, 24 Abs. II). Vor allem aber bestimmt der Wohnsitz im deutschen Recht im Zweifel den Erfüllungsort (§ 269 Abs. 1 BGB).

Wohnsitz beachtet werden könnte, ist ein so absurder Gedanke, daß ihm gar nicht näher getreten zu werden braucht.

§ 113. Trotzdem hat das Reichsgericht in drei älteren Entscheidungen Begründung und Aufhebung eines Wohnsitzes nach dem Recht des Landes beurteilt, in dem der Wohnsitz begründet, bzw. aufgehoben sein sollte [1] [2].

In der Entscheidung des Reichsgerichts vom 19. 11. 1894 [3]) wird ein Wandel der Auffassung erkennbar. Ein nichtrussischer Jude hatte sich in Charkow niedergelassen, obwohl das russische Recht ausländischen Juden den ständigen Aufenthalt in Charkow

---

[1]) 25. 10. 1883, Gruchot Bd. 28 S. 889; 21. 11. 1887, Bolze Bd. 5 Nr. 17; 21. 12. 1891, Z Bd. 2 S. 379 ff. (381). In der Entscheidung vom 25. 10. 1883 handelte es sich darum, ob Beklagter einen allgemeinen Gerichtsstand in Deutschland gemäß § 18 ZPO alter Fassung = § 16 der jetzigen ZPO hatte. Das hing davon ab, ob er zurzeit einen Wohnsitz im Ausland besaß. Das Reichsgericht prüfte die Frage, ob ein Wohnsitz in Polen bestand, nach polnischem Recht. — In der Entscheidung vom 21. 12. 1891 handelte es sich um die Beerbung eines in Zürich verstorbenen Preußen. Das Reichsgericht prüfte unter Berufung auf die eben erwähnte Entscheidung sowohl für die Frage der ersten Anknüpfung wie für die Frage, ob eine Rückverweisung vorlag, die Wohnsitzbegründung nach zürcher Recht. Das Reichsgericht nahm allerdings an, daß der Wohnsitzbegriff des zürcher Rechts von dem des preußischen Rechts — der lex fori — nicht abweiche. — Es sei bemerkt, daß die Lösung der Qualifikationsfrage, was Begründung und Aufhebung eines Wohnsitzes betrifft, bei Anwendung von prozessualen Vorschriften wie § 16 ZPO oder § 328 Abs. 1 Nr. 1 in Verbindung mit § 13 ZPO nicht anders sein kann, als bei Anwendung von Vorschriften des internationalen Privatrechts. Auch die genannten prozessualen Vorschriften treffen nicht nur den im Inland begründeten Wohnsitz, sondern auch den Wohnsitz im Ausland, sowie den Wohnsitz von Ausländern. Wie das internationale Privatrecht enthält das Prozeßrecht keinen eigenen Wohnsitzbegriff, ist daher genötigt, diesen Begriff dem bürgerlichen Recht zu entnehmen. Für beide Rechtsgebiete kann der deutsche Richter den Wohnsitzbegriff nur dem deutschen bürgerlichen Recht entnehmen, denn in beiden Fällen sind es Vorschriften des deutschen Rechts, die auf den Wohnsitz abstellen. (Im internationalen Privatrecht gilt das natürlich nur für die erste Anknüpfung.) Wenn also einige prozeßrechtliche deutsche Entscheidungen (KG 11. 10. 1911, Z Bd. 23 S. 338 f. = ROLG Bd. 26 S. 242 ff.; OLG Stuttgart 8. 5. 1908, Z Bd. 18 S. 453 f. = ROLG Bd. 17 S. 81 f.) die Qualifikation des Wohnsitzbegriffs nach deutschem Recht damit begründet haben, daß in Prozeßfragen für deutsche Gerichte allein das deutsche Recht maßgeblich sein müsse, so ist diese Begründung in ihrem Hinweis auf das Prozeßrecht irreführend. Aus diesem Hinweis darf nicht per argumentum e contrario geschlossen werden, daß im Bereich des internationalen Privatrechts in anderer Weise qualifiziert werden soll.

[2]) OLG Braunschweig 21. 12. 1909, ROLG Bd. 20 S. 285 f., schließt sich dieser Rechtsprechung an.

[3]) Z Bd. 5 S. 385 ff. = RG Bd. 34 S. 392 ff. (399).

verbot. Vorher hatte er einen Wohnsitz in Berlin gehabt und aufgegeben. Er wurde in Berlin als dem Orte seines letzten Wohnsitzes (vgl. § 18 der ZPO alter Fassung, § 16 der jetzigen ZPO) verklagt und wandte ein, daß er in Deutschland keinen allgemeinen Gerichtsstand habe, weil er in Charkow einen Wohnsitz besitze. Das Reichsgericht wies den Einwand zurück, weil der Beklagte keinen Wohnsitz in Charkow habe. Das Reichsgericht spricht zwar noch davon, daß dem Erwerbe eines Wohnsitzes in Charkow durch den Beklagten ein »gesetzliches Hindernis nach dem hierfür maßgebenden russischen Recht entgegengestanden« habe, fährt aber fort, »überdies mußte der Beklagte sich bewußt sein, daß die Durchführung seiner Absicht, Charkow zum bleibenden Aufenthalt zu wählen und zum Mittelpunkt seiner Lebensverhältnisse zu machen, von der Zustimmung der russischen Behörde abhängig war und durch die letztere jederzeit vereitelt werden konnte, daß also sein Wohnsitz in Charkow nur einen prekären Charakter behielt. Mit diesem Bewußtsein aber konnte er in Charkow einen Wohnsitz im Sinne der §§ 13 ff. ZPO und der §§ 8 ff. AGO I 2 nicht erwerben.« Hieraus geht hervor, daß das Reichsgericht seiner Entscheidung über die Wohnsitzbegründung zum mindesten auch den deutschen Wohnsitzbegriff zugrundegelegt hat und insoweit das russische Gesetz nur berücksichtigt hat, weil sein Wohnverbot die psychischen Voraussetzungen eines Wohnsitzes nach deutschen Begriffen ausschloß. In dem Urteil vom 14. 11. 1917 [1]) hatte das Reichsgericht die Frage zu entscheiden, ob die Bekanntmachung vom 7. 8. 1914 über die Geltendmachung von Ansprüchen von Personen, die im Auslande ihren Wohnsitz haben [2]), den deutschen Wohnsitzbegriff zugrundelegt. Das Reichsgericht hat diese Frage bejaht, weil der Zweck dieser Verordnung sei, während der Dauer des Krieges inländische Schuldner gegen ausländische Gläubiger zu schützen, und weil daher dem ausländischen Recht die Bestimmung darüber nicht überlassen werden könne, wann Wohnsitz im Ausland anzunehmen sei. Diese Begründung beschränkt sich zwar auf den besonderen Zweck dieser Schutzverordnung, aber sie kann auf alle Fälle angewendet werden, in welchen deutsche Gesetze irgendeine Rechtswirkung vom Wohnsitz abhängig machen. Denn jede deutsche Rechtsnorm, welche ihre Geltung von dem Wohnsitz eines Beteiligten abhängig macht, verfolgt einen Zweck, und bringt dadurch, daß sie ihre Geltung auf solchen Wohnsitz abstellt, unverkennbar zum Ausdruck, daß ihr

[1]) WarnRspr. 1918 Nr. 23 S. 38.

[2]) RGBl. 1914 S. 360 f.

Zweck lediglich beim Vorliegen der von ihr zugrundegelegten Wohnsitzvoraussetzung zutrifft. Der deutsche Gesetzgeber kann bei dem Erlassen solcher Norm nur einen für ihn klaren Wohnsitzbegriff, nämlich denjenigen des deutschen Rechts, und nicht die unübersehbare Menge fremder Wohnsitzbegriffe gemeint haben [1] [2]).

In einer Entscheidung vom 10. 10. 1924 hat das Reichsgericht, vielleicht nicht mit sehr klaren Worten, aber, wenn man das Urteil in seinem Zusammenhang betrachtet, in völlig eindeutiger Weise ausgesprochen, daß, wenn es für die Bestimmung des örtlichen Rechts auf den »Schuldnersitz« ankommt, für dessen Feststellung das deutsche Recht maßgebend ist [3]). Und schließlich hat das Reichsgericht in einer Entscheidung vom 5. 11. 1926, als es sich um die Frage handelte, ob die Beklagten — möglicherweise Schweizer — einen Wohnsitz auch in der Schweiz hatten, lediglich den deutschen Wohnsitzbegriff in Betracht gezogen [4]).

---

1) Der Zweck des Gesetzes, von welchem im Text die Rede ist, ist nicht notwendig identisch mit dem im Art. 30 EG erwähnten Zweck eines deutschen Gesetzes, welcher zur Abweichung von den allgemeinen Regeln des internationalen Privatrechts führt. Im Text ist hier der Gesetzeszweck lediglich als Auslegungsmittel verwendet.

2) Ein ähnlicher Gedankengang liegt offenbar dem Comment zu Section 11 des amerikanischen »Restatement« zugrunde: »Each Court in dealing with any case involving domicil will apply to the determination of the question its idea as to the law in its own state; for the law determining domicil, like any law which is the expression of an international conception, is law only because it has been received as a part of the court's own domestic law; and it is as part of its own law that the court applies it to the solution of cases brought before it.

3) RG Bd. 109 S. 295 ff. Inhaberschuldverschreibungen der Hypothekenbank des Königreichs Dänemark, die der Kläger vom Beklagten gekauft hatte, waren nach klägerischer Behauptung schon zur Zeit des Kaufs in Dänemark »amtlich gesperrt« gewesen. Kläger verlangte Lieferung verkehrsfreier Stücke, evtl. Zahlung des Kurswertes. Das Reichsgericht sprach aus, daß die Voraussetzungen der Zahlungssperre sich nach dänischem Recht richteten, »weil die Hypothekenbank des Königreichs Dänemark in Kopenhagen die Schuldverschreibungen ausgegeben hat; Kopenhagen ist nach dem zunächst für das Streitverhältnis maßgebenden deutschen Recht sowohl Erfüllungsort als Schuldnersitz (§§ 269, 7 BGB, RG Bd. 95 S. 165)«. Der Wortlaut dieser Ausführungen könnte zu der Annahme verleiten, das Reichsgericht habe deshalb nach deutschem Recht qualifiziert, weil das Vertragsverhältnis der Prozeßparteien, der Kaufvertrag über die Schuldverschreibung, dem deutschen Recht unterlag. Die Bezugnahme auf die Entscheidung RG Bd. 95 S. 165 stellt aber klar, daß das deutsche Recht für die Frage der Qualifikation als lex fori angewandt worden ist.

4) JW 1927 S. 977 ff. (977). Verbis: »Aus dem Umstande allein, daß sie

Man kann also wohl als die gegenwärtige Ansicht des Reichsgerichts bezeichnen, daß Begründung und Aufhebung eines Wohnsitzes im Ausland für die erste Anknüpfung gemäß dem deutschen internationalen Privatrecht nach deutschem Recht zu beurteilen sind [1] [2] [3].

Neuere Entscheidungen deutscher Oberlandesgerichte stützen die hier vertretene Auffassung [4]. Die deutsche Literatur ist geteilter Meinung [5].

Den Grundsatz, daß die Begründung des Wohnsitzes im internationalen Privatrecht nach der lex fori zu bestimmen ist, befolgt auch die Rechtsprechung fremder Staaten [6] [7].

(d. h. die Beklagten) in Luzern ein Weingeschäft betrieben haben, ist nach deutschem Recht nicht zu schließen, daß sie auch einen Wohnsitz in der Schweiz begründet haben.«

[1]) Abweichend KommRGR 7 vor § 1; Stein-Jonas § 16 I (für das Prozeßrecht).

[2]) Soweit bei Konflikten deutscher Partikularrechte die Begründung oder Aufhebung des Wohnsitzes in einem anderen Rechtsgebiet als dem des Gerichts erster Instanz streitig war, hat das Reichsgericht meist die Frage, welchem Recht der Wohnsitzbegriff zu entnehmen war, nicht erörtert. Es war in diesen Fällen wohl kein Anlaß, auf Verschiedenheit von Wohnsitzbegriffen einzugehen. Vgl. z. B. RG 12. 7. 1895, Bolze Bd. 21 Nr. 5. Anders jedoch RG. 21. 11 1887, vgl. oben S. 163 Anm. 1.

[3]) Die Entscheidung vom 5. 4. 1921 (RG Bd. 102 S. 82 ff., vgl. dazu unten (§ 123 S. 180) widerspricht dem nicht. Hier ist die Begründung eines Wohnsitzes im Auslande nach deutschem Recht entschieden worden, weil die Beteiligten Deutsche waren. Es handelte sich aber um eine Kollisionsnorm aus einem Staatsvertrag, dessen Vorschriften erkennen ließen, daß der Wohnsitz nach dem Heimatsrecht bestimmt werden sollte.

[4]) OLG Stuttgart 8. 5. 1908, Z Bd. 18 S. 453 f. = ROLG Bd. 17 S. 81 f.; KG 11. 10. 1911, Z Bd. 23 S. 338 f = ROLG Bd. 26 S. 242 ff.; HansOLG 16. 5. 1929, HansRGZ 1930 B Sp. 743 ff. (746); HansOLG 23. 2. 1897, Z Bd 7 S 340 ff., hatte dahingestellt gelassen, ob über eine Wohnsitzbegründung die lex fori oder das Recht des letzten unstreitigen Wohnsitzes entscheide.

[5]) Wie hier: Kahn Bd. I S. 61 ff.; Levis S. 29 f.; Frankenstein Bd. I S. 124 f.; v. Normann, JW 1930 S. 976. Für Qualifikation nach dem Recht des behaupteten Wohnsitzes: Zitelmann Bd. I S. 179; Niemeyer S. 69 ff.; Habicht S. 228 ff.; Gutzwiller, JW 1930 S. 1820.

[6]) England: Dicey S. 820, 821, 822 und z. B. Davidson v. Annesley 21. 5. 1926, Law Reports Chancery Division 1926 part 8 S. 692 ff. Vereinigte Staaten: Lorenzen, Columbia Law Review 1920 S. 267, Amerikanisches Restatement Section 11. Frankreich: Niboyet Nr. 566 ff. S. 686 ff. Holland: Grinberg-Vinaver, Rép. Bd. V S. 595 No. 86; van Hasselt, Rép. Bd. VI unter »Pays-Bas« No. 150. In Norwegen ist die Rechtsprechung in dieser Frage geteilter Meinung. Christiansen, Rép. Bd. VI unter »Norvège« No. 75.

[7]) Qualifikation gemäß dem Recht des behaupteten Wohnsitzes wird

§ 114. Die Gründe, welche für die Qualifikation des Wohnsitzes ausschließlich nach deutschem Recht sprechen, treffen insoweit nicht zu, als der Wohnsitz nur unter gleichzeitiger Verwendung von Rechtsbegriffen bestimmt werden kann.

So hängt die Fähigkeit, einen Wohnsitz selbständig zu begründen, von der Geschäftsfähigkeit ab [1]).

Die Ehefrau teilt regelmäßig den Wohnsitz des Ehemannes [2]), ein eheliches Kind den Wohnsitz des Vaters [3]).

Man wird wohl mit Bestimmtheit sagen können, daß die zur Begründung eines selbständigen Wohnsitzes erforderte Geschäftsfähigkeit sich nach dem Heimatsrecht richtet. Denn in dieser Beziehung besteht eine ganz allgemeine deutsche Kollisionsnorm [4]).

Nach welchem Recht aber zu bestimmen ist, ob ein abgeleiteter Wohnsitz vorliegt, ist für das deutsche internationale Privatrecht unklar, weil nicht feststeht, welchem Teil des deutschen Systems die Vorschriften über den abgeleiteten Wohnsitz angehören. In dem Protokoll der Kommission für die zweite Lesung des Entwurfs des BGB ist bei Beratung des § 39 des ersten Entwurfs [5]) ausgesprochen, daß die Vorschriften über den Wohnsitz der Ehefrau einen nicht bloß familienrechtlichen Charakter haben [6]). Der Kommission hat offenbar vorgeschwebt, daß diese Vorschriften teils den Charakter von Zuständigkeitsbestimmungen, teils von familienrechtlichen Bestimmungen haben. Die Unklarheit über die deutsche Klassifizierung findet — begreiflicherweise — ihr Abbild in einer widerspruchsvollen Rechtsprechung über die örtliche Rechtsanwendung [7]) [8]).

---

gesetzlich vorgeschrieben in Kap. VI § 3 des schwedischen Gesetzes über internationales Ehe- und Vormundschaftsrecht.

[1]) § 8 BGB.

[2]) § 10 Satz 1 BGB.

[3]) § 11 Satz 1 BGB.

[4]) Art. 7 EG. Vgl. Levis, Das internationale Entmündigungsrecht S. 27.

[5]) Im wesentlichen gleich § 10 BGB.

[6]) Bd. I S. 42.

[7]) Vgl. einerseits: OLG Stuttgart 8. 5. 1908, Z Bd. 18 S. 453 f. = ROLG Bd. 17 S. 81 f.; KG 11. 10. 1911, ROLG Bd. 26 S. 242 ff.; HansOLG 16. 5. 1929, HansRGZ 1930 B Sp. 743 ff. (746); andererseits: KG 28. 11. 1914, ROLG Bd. 30 S. 355 f.

[8]) In der holländischen Rechtsprechung besteht vollständige Klarheit darüber, daß die Bestimmungen über den abgeleiteten Wohnsitz als Zuständigkeitsbestimmungen anzusehen sind, und daß daher beispielsweise — dem holländischen Recht entsprechend — ein Mündel den Wohnsitz seines Vormundes teilt, selbst wenn das nach dem Heimatsrecht des Mündels nicht der Fall ist. Vgl. Hooge Raad der Nederlanden 5. 1. 1917, Nederlandsche Jurisprudentie 1917 S. 199 und Hoetink, Arresten over internationaal Privaatrecht

§ 115. Für die juristischen Personen bildet nach dem deutschen internationalen Privatrecht der Sitz der Verwaltung die maßgebliche Anknüpfung [1]). Für die Frage, wo sich der Sitz der Verwaltung befindet, ist die deutsche Rechtsauffassung maßgeblich. Diesen Standpunkt teilt eine Entscheidung des Reichsgerichts, in der die Feststellung des Verwaltungssitzes einer ausländischen juristischen Person mit einer Berufung auf Vorschriften des deutschen inneren Rechts begründet wird [2]).

§ 116. Anlaß zu Qualifikationsfragen gibt ferner die in den verschiedenen Rechtsordnungen verschiedene Rechtsauffassung darüber, wo eine unerlaubte Handlung als begangen anzusehen ist. Nach der festen Rechtsprechung des Reichsgerichts gilt für das deutsche Privat- und Prozeßrecht als Begehungsort jeder Ort, an dem ein Teil des gesetzlichen Tatbestandes der Handlung verwirklicht worden ist, so insbesondere sowohl der Ort, wo der Täter tätig wird, wie der, wo der Erfolg seiner Tätigkeit, die Rechtsverletzung oder Schädigung, eintritt [3]).

Haarlem 1926 S. 23 ff. (25); Gerechtshof Haag 22. 3. 1929, Bul. Bd. 21 No. 6075 S. 314; Gerechtshof Haag 6. 2. 1930, Nederlandsche Jurisprudentie 1930 S. 540; Rechtbank Amsterdam 26. 2. 1926, Weekblad van het Recht No. 11629 = Nederlandsche Jurisprudentie 1927 S. 686 = ZAIP 1929 S. 530 No. 11 = Recht 1930 No. 267 S. 61; Rechtbank Haarlem 2. 11. 1926, Weekblad van het Recht No. 11697 = Nederlandsche Jurisprudentie 1927 S. 206 = Bul. Bd. 17 No. 5290 = ZAIP 1929 S. 530 No. 11; Rechtbank Amsterdam 26. 11. 1926, Bul. Bd. 18 No. 5427; Rechtbank Rotterdam 3. 11. 1927, Weekblad van het Recht No. 11817 = Bul. Bd. 20 No. 5868; Rechtbank Amsterdam 28. 10. 1929, Bul. Bd. 23 No. 6382.

[1]) Vgl. §§ 319 ff. S. 462 ff.

[2]) 10. 12. 1924, RG Bd. 109 S. 295 ff. (298). Daß hier der Verwaltungssitz, nicht der statutenmäßige Sitz der Gesellschaft gemeint sein muß, ergibt sich aus der Anführung des § 7 BGB.

[3]) RG 20. 11. 1888, RG Bd. 23 S. 305 ff.; RG 15. 5. 1891, RG Bd. 27 S. 418 ff. = Z Bd. 2 S. 41 ff.; RG 21. 12. 1900, Z Bd. 11 S. 284 f.; RG 22. 12. 1902, Z Bd. 13 S. 171 ff.; RG 30. 3. 1903, RG Bd. 54 S. 198 ff. (205); RG 8. 11. 1906, Z Bd. 18 S. 159 ff. (161) = SA Bd. 62 Nr. 150 S. 257; RG Ver. Zivilsen. 18. 10. 1909, RG Bd. 72 S. 41 ff.; RG 21. 3. 1912, Recht 1912 Nr. 1506; RG 2. 12. 1921, Z. für Markensch. u. Wettbew. Bd. 22 S. 62; RG 16. 5. 1925, Recht 1925, Nr. 1274. — In RG 24. 4. 1902 (zitiert in RG 22. 12. 1902 vgl. oben) ist dahingestellt gelassen, ob auch der Ort des Empfanges eines Briefes als Begehungsort der durch die Sendung des Briefes begangenen unerlaubten Handlung anzusehen ist. RG 23. 9. 1887, RG Bd. 19 S. 382 ff. = Bolze Bd. 5 Nr. 13, widerspricht nicht; hier ist über die Bedeutung, welche dem Briefabsendeort zukommt, nichts ausgesprochen. RG 18. 10. 1895, Bolze Bd. 21 Nr. 10, widerspricht aus demselben Grunde nicht. Die widersprechende Ausführung in RG 24. 4. 1889, Z Bd. 3 S. 403 ff. (405), nach welcher der Ort des Schadenseintrittes nicht als Begehungsort betrachtet werden könne, ist

Ausländische Rechte verstehen unter dem Ort der Begehung eines Deliktes anderes. In Holland ist es allein der Ort der Schadenszufügung [1]), in der Schweiz der Ort, wo der Erfolg eingetreten ist [2]), ebenso anscheinend in den Vereinigten Staaten [3]).

Die deutschen Gerichte haben wiederholt angenommen, daß eine unerlaubte Handlung im Gebiet eines fremden Rechts begangen sei, ohne sich darum zu kümmern, ob das fremde Recht derselben Auffassung war; sie haben vielmehr in ihren Entscheidungen stets allein den deutschen Begriff vom Begehungsort einer unerlaubten Handlung zugrunde gelegt. Z. B. war eine Handlung, von der behauptet wurde, daß sie unerlaubt sei und eine Schadensersatzverpflichtung begründe, durch die Sendung eines Briefes von Lyon nach Zürich begangen worden. Das Reichsgericht [4]) nahm an, die Handlung sei sowohl in Frankreich wie in der Schweiz begangen; dabei untersuchte es nicht, ob diese Annahme dem französischen, bzw. schweizer Recht entsprach [5]).

Die anderen Anknüpfungsbegriffe, welche ebenfalls rein tatsächliche Verhältnisse bezeichnen, wie Lage einer Sache, Aufenthalt einer Person, Verwandtschaft eines Kindes mit seiner Mutter, haben m. W. der deutschen Rechtsprechung zu Entscheidungen über die Qualifikation bisher nicht Anlaß gegeben.

§ 117. Eine gewisse Sonderstellung im Bereich der Qualifikationsfragen kommt dem Begriff des Erfüllungsortes zu.

Die deutsche Rechtsprechung hat die Regel aufgestellt, daß Schuldverhältnisse, soweit nicht dem wirklichen oder mutmaßlichen Willen der Parteien entnommen werden kann, welches Recht angewendet werden soll, dem am Erfüllungsort geltenden Recht unterliegen [6]). Der Begriff des Erfüllungsortes ist in den verschiedenen

---

durch die spätere Rechtsprechung überholt; vgl. insbesondere RG 8. 11. 1906 (oben), wo die Anwendung des deutschen Rechts damit begründet wird, daß der Schaden in Deutschland eingetreten sei. — Gegen die vom Reichsgericht vertretene Rechtsauffassung, vgl. v. Bar Bd. II S. 120 f.; Kahn Bd. I S. 101 f.

[1]) Van Hasselt, Rép. Bd. VI, »Pays Bas« Nr. 255.

[2]) Meili Bd. II S. 96 f.

[3]) Wharton Bd. II S. 1129 f.; Goodrich S. 191.

[4]) 20. 11. 1888, RG Bd. 23 S. 305 ff. Der erhobene Anspruch wurde gemäß dem französischen Recht für begründet erachtet.

[5]) Vgl. ferner RG 18. 10. 1895, Bolze Bd. 21 Nr. 10; RG 21. 12. 1900, Z Bd. 11 S. 284 f.; RG 8. 11. 1906, Z Bd. 18 S. 159 ff. (161); auch OLG Kiel 6. 12. 1917, Schleswig-Holsteinsche Anzeigen Bd. 18 S. 29.

[6]) Vgl. die Zusammenstellung der Rechtsprechung bei Lewald Nr. 281 ff., Frankenstein Bd. II S. 132 f., Melchior in JW 1925 S. 1574 Anm. 38 und die an den angegebenen Stellen zitierten Entscheidungen.

Rechtsordnungen verschieden. Es fragt sich, nach welchem Recht der Erfüllungsort zu bestimmen ist.

Erfüllungsort im Sinne der internationalen Privatrechtsnorm kann nicht der Ort sein, wo nach dem über das Vertragsverhältnis herrschenden Recht zu erfüllen ist. Wollte man dies annehmen, so würde man sich in einem logischen Zirkel bewegen; denn die Bestimmung des Erfüllungsortes soll erst dazu führen, das Recht zu finden, nach dem sich die Vertragswirkungen richten. Meist werden zur Anknüpfung von Rechtsverhältnissen Anknüpfungsbegriffe aus anderen Rechtsmaterien verwendet, z. B. für Ehe- und Erbrecht usw. die Staatsangehörigkeit. Hier aber wäre eine Funktion des angeknüpften Rechtsverhältnisses Anknüpfungsmoment, wenn man den Erfüllungsort danach bestimmen würde, wo nach dem Obligationsstatut erfüllt werden soll. Das ist natürlich unmöglich [1]). Darum treffen für die Qualifikation des Erfüllungsortes die Erwägungen nicht zu, nach welchen zur Qualifikation eines Rechtsverhältnisses, wenn fremdes Recht in Betracht kommt, zunächst der Inhalt der materiellen fremdrechtlichen Bestimmungen festzustellen, und dieser unserem System einzuordnen ist. Vielmehr greift der allgemeine Grundsatz ein, nach dem wir bei der Auslegung der Begriffe des deutschen internationalen Privatrechts soweit möglich dem inneren deutschen Recht folgen müssen. Schon dies — isoliert betrachtet — würde ein genügender Grund sein, die lex fori — also das deutsche Recht — ohne weiteres anzuwenden, d. h. in der internationalprivatrechtlichen Vorschrift, welche die Maßgeblichkeit des Erfüllungsortes anordnet, diesen Begriff im Sinne des inneren deutschen Rechts zu verstehen. Da von einer so hochstehenden Seite wie dem schweizer Bundesgericht einmal ein anderer Weg versucht ist, den oben beschriebenen circulus vitiosus zu vermeiden [2]), so soll hier noch darauf hingewiesen werden, daß gerade der deutsche Begriff des Erfüllungsortes aus praktischen Gründen dazu nötigt, diesen als Anknüpfungspunkt für das internationale Privatrecht nach deutschem inneren Recht festzustellen. Unter Erfüllungsort ist im deutschen Recht in den Fällen, in denen überhaupt örtliche Rechtskon-

[1]) Kahn Bd. I S. 84 ff.; Zitelmann Bd. II S. 371; Frankenstein Bd. II S. 136 f.; Bruck S. 4; Lewald Nr. 283 S. 226 f.

[2]) In einer Entscheidung vom 3. 7. 1909, Z Bd. 20 S. 102 f., heißt es, der Erfüllungsort müsse für die internationalprivatrechtliche Anknüpfung nach dem Personalstatut des Schuldners bestimmt werden; allerdings ist hier hinzugefügt: »umsomehr als dieses im vorliegenden Falle auch die lex fori ist«. In einer Entscheidung vom 11. 10. 1918, BGE Bd. 44 II S. 407, aber hat das Bundesgericht seine Ansicht fallen lassen und gemäß der lex fori qualifiziert.

flikte in Betracht kommen können, sehr häufig nicht der Ort, an dem tatsächlich erfüllt werden soll, sondern ein anderer Ort zu verstehen [1]). Der Schwerpunkt dieses Begriffes hat sich in erheblichem Maße nach der Seite einer Zuständigkeitsbestimmung verschoben [2]). Die Lostrennung des Erfüllungsortes von der wirklichen Erfüllung ist eine Besonderheit unseres nationalen Rechts. Wir würden daher vor der äußersten Schwierigkeit stehen, wenn wir für die Feststellung der örtlichen Konfliktsnorm die Frage beantworten müßten, ob ein fremdrechtlicher Erfüllungsort, der wahrscheinlich von unserem sehr abweichend gestaltet ist, noch annähernd unter den Rechtsbegriff fällt, den wir als Erfüllungsort bezeichnen. Diesen Schwierigkeiten entgehen wir, wenn wir den logisch allein richtigen Weg einschlagen, die Qualifikation des Erfüllungsortes lediglich unserem inneren Recht zu entnehmen [3]).

§ 118. So verfährt die deutsche Rechtsprechung.

Schon das ROHG vertrat in mehreren Entscheidungen diesen Grundsatz [4]), und das Reichsgericht erklärte es in einer Entscheidung von 1889 für logisch notwendig, den Erfüllungsort zum Zwecke der Anknüpfung nach der lex fori zu bestimmen [5]). In neuerer Zeit hat besonders eine Entscheidung aus dem Jahre 1919 [6]) die Stellungnahme des Reichsgerichts klargelegt. Hier wendet sich das Reichsgericht gegen den Vorwurf Zitelmanns, man bewege sich im Zirkel, wenn man das für die Vertragswirkungen maßgebliche Recht nach dem Erfüllungsort feststellen wolle, weil gerade auch die Frage nach dem Erfüllungsort eine Rechtsfrage sei und zwar eine Frage der Vertragswirkung und daher erst durch das Vertragsstatut zu beantworten. »Es bedarf keiner solchen Vorwegnahme«, sagt das Reichsgericht, »für die zahlreichen Fälle, wo rein tatsächliche Momente

---

[1]) Vgl. § 270 BGB. Die Verschiedenheit zwischen dem Ort, an dem wirklich zu erfüllen ist, und dem Ort, der im deutschen Recht als Erfüllungsort bezeichnet wird, hat Veranlassung zu der ausgezeichneten Leonhardschen Monographie »Erfüllungsort und Schuldort«, Berlin 1907, gegeben. Vgl. ferner die Ausführungen bei Planck-Siber § 269 1 a und die besonders charakteristischen Reichsgerichtsentscheidungen: 8. 3. 1884, RG Bd. 14 S. 111 ff.; 28. 4. 1900, RG Bd. 46 S. 193 ff.; 6. 5. 1902, RG Bd. 51 S. 311 ff.; 29. 5. 1908, RG Bd. 69 S. 9 ff.

[2]) Leonhard a. a. O., v. a. S. 19 ff., 68 ff., 78 ff., 88 ff.

[3]) Lewald, Nr. 283 S. 227, erklärt dies für einen unbefriedigenden Ausweg, m. E. ohne Grund.

[4]) 24. 5. 1875, ROHG Bd. 17 S. 292 ff.; 14. 6. 1877, ROHG Bd. 22 S. 296 ff.

[5]) 28. 2. 1889, RG Bd. 23 S. 172 ff. (178).

[6]) 11. 3. 1919, RG Bd. 95 S. 164 ff.

die sichere Entscheidung darüber an die Hand geben, wo die Leistung nach Absicht des Vertrages erfolgen soll.« Aber auch wo das nicht der Fall ist, »besteht das Dilemma nicht für denjenigen, welcher annimmt, daß der Richter ... sich in letzter Linie auch da, wo er fremdes Recht anwendet, in Anwendung eigenen Rechts insofern bewegt, als er damit die ausdrückliche oder immanente Kollisionsnorm, die Anweisung oder Ermächtigung seines Rechts befolgt. Es erscheint dann die Frage nach dem Erfüllungsort, sofern sie als Rechtsfrage auftritt, als eine nach der lex fori zu entscheidende Vorfrage.«

Eine große Reihe anderer Entscheidungen des Reichsgerichts steht auf demselben Standpunkt [1]). Ein Urteil aus dem Jahre 1929 legt die Tragweite dieser Regel auch für eine wichtige Unterfrage fest [2]): Es konnte zweifellhaft sein, ob bei der Bestimmung des Erfüllungsortes zum Zwecke der kollisionsrechtlichen Anknüpfung dem § 269 BGB auch insoweit zu folgen ist, als er vorschreibt, den Erfüllungsort nach der Natur des Schuldverhältnisses zu bestimmen. Es lag nahe, dies unter dem Gesichtspunkt zu verneinen, daß mindestens die Natur des Schuldverhältnisses sich erst aus dem für das Schuldverhältnis maßgeblichen Recht ergeben könne, um dessen Auffindung es sich hier handelt. In der genannten Entscheidung heißt es nun: Das Berufungsgericht »trifft die Feststellung, deutsches Recht müsse als Recht des für die Beklagte maßgebenden Erfüllungsortes zur Anwendung gelangen, läßt jedoch eine ausreichende Erörterung darüber vermissen, auf welchem Rechtsgrund die Verpflichtung beruht, für welche der Erfüllungsort in Deutschland liegen soll. Erst wenn dieser feststeht, wird sich der Erfüllungsort bestimmen lassen.« Es folgt dann eine Aufzählung von Anspruchs-

[1]) 16. 6. 1903, RG Bd. 55 S. 105 ff. (108); 6. 4. 1911, Z Bd. 24 II S. 305 ff. (308); 6. 3. 1917, Warn Rspr. 1917 Nr. 113 S. 173 f.; 29. 9. 1919, RG Bd. 96 S. 270 ff. = JW 1920 S. 42 f. = Z Bd. 29 S. 403 f.; 18. 12. 1920, RG Bd. 101 S. 141 ff. (143) = Z Bd. 29 S. 401 (hier handelte es sich allerdings um einen Erfüllungsort in Deutschland); 3. 10. 1923, RG Bd. 108 S. 241 ff. (243) = JW 1924 S. 667 ff.; 10. 12. 1924, RG Bd. 109 S. 295 ff. (298); 16. 10. 1926, Z Bd. 39 S. 268 ff. = BliP 1927 Sp. 104 ff. = ZAIP Sonderheft 1928 Nr. 28; 13. 11. 1929, Recht 1930 Nr. 248 S. 59 = HRR 1930 Nr. 299 = SA Bd. 84 S. 33 ff. = LZ 1930 Sp. 514; 29. 9. 1919, RG Bd. 96 S. 270 ff. (272) = Z Bd. 29 S. 403 f. Diese Entscheidung betrifft die Anwendbarkeit des § 244 BGB. Dieser Vorschrift gibt das Reichsgericht offenbar eine kollisionsrechtliche Tragweite. Das Reichsgericht setzt im Sinne des § 244 Zahlbarkeit im Inland gleich mit inländischem Erfüllungsort und bestimmt den Erfüllungsort nach deutschem Recht. Abweichend von der sonstigen Rechtsprechung RG 13. 3. 1928 WarnRspr. 1928 Nr. 56 S. 108.

[2]) 13. 7. 1929, LZ 1930 Sp. 306 ff. (308).

typen deutschen inneren Rechts, die in Betracht kommen, und die Anweisung für die weitere Entscheidung: »Nach dem an Hand dieser Gesichtspunkte ermittelten maßgeblichen Rechtssystem wird dann der Klageanspruch zu prüfen . . . sein.« Danach ist also schon bei Bestimmung des Erfüllungsortes auch auf die Natur des Rechtsverhältnisses zu achten, und zwar auf seine Rechtsnatur nach dem deutschen inneren Recht als der lex fori. Durch die Feststellung dieser Rechtsnatur gemäß dem deutschen Recht wird selbstverständlich der materiellen Entscheidung auf Grund des für maßgeblich erkannten fremden Rechts nicht vorgegriffen. Das gilt ebenso für die Feststellung der Rechtsnatur des Schuldverhältnisses, wie für die Frage, wo wirklich zu erfüllen ist. Beides kann nach dem anzuwendenden fremden Recht anders entschieden werden, als zum Zwecke der international-privatrechtlichen Anknüpfung nach der lex fori zu entscheiden war [1]).

Durch Entscheidungen von Oberlandesgerichten wird die vom Reichsgericht aufgestellte Regel gestützt [2]).

Von zwei Entscheidungen des Reichsgerichts, welche den § 29 ZPO betreffen, ist in der einen offenbar bezweifelt, ob das Bestehen eines Erfüllungsortes in Deutschland nach deutschem Recht — als der lex fori — oder nach dem das Schuldverhältnis beherrschenden Recht zu beurteilen sei [3]). In der zweiten [4]) ist dahingestellt gelassen, ob, wenn die Zuständigkeit eines ausländischen Gerichts nach unseren Gesetzen davon abhängt, daß im Urteilsstaate ein Gerichtsstand des Erfüllungsortes besteht (vgl. §§ 328 Abs. 1 Ziff. 1, 29 ZPO), der Erfüllungsort nach der deutschen lex fori oder dem Obligationsstatut zu bestimmen ist; das Ergebnis war nach den in Betracht kommenden Rechten dasselbe. Eine dritte Entscheidung [5]), welche dieselbe Frage betrifft, qualifiziert gemäß dem Obligationsstatut. Das widerspricht indessen der oben aufgestellten Regel nicht, weil im vorliegenden Fall das Obligationsstatut durch Parteivereinbarung bestimmt war und —

---

1) Vgl. Kahn S. 90 f.; Lewald Nr. 283 S. 227.

2) z. B. neuerdings KG 25. 11. 1926, JW 1927, S. 2934 ff. = ZAIP Sonderheft 1926/27 Nr. 45; OLG Düsseldorf 10. 1. 1929, HansRGZ A 1929 Sp. 213 = ZAIP Sonderheft 1928 Nr. 48; HansOLG 16. 5. 1929, HansRGZ B 1930 Sp. 743 ff. (745).

3) 16. 12. 1890, RG Bd. 27 S. 393 ff. (399). Nachdem ausgeführt ist, daß nach rheinischem Recht kein Erfüllungsort in Düsseldorf bestand, wird kurz festgestellt, daß dies auch nach dem »ev. in Betracht kommenden österreichischen Recht — Beklagter wohnte in Prag — nicht der Fall sei«.

4) 8. 3. 1907, RG Bd. 65 S. 329 ff. (332).

5) 27. 2. 1913, WarnRspr. 1913, S. 358 ff. (360).

dies nimmt jedenfalls das Gericht an — in der Vereinbarung der Maßgeblichkeit eines bestimmten Rechts auch die Vereinbarung eines Erfüllungsortes gemäß den Vorschriften dieses Rechts gefunden werden muß.

§ 119. Die Qualifikation des Erfüllungsortes ist natürlich nur dann nach deutschem Recht vorzunehmen, wenn es sich um Anwendung deutschen Rechts, also insbesondere deutschen internationalen Privatrechts handelt. Sobald und soweit unser Recht ein fremdes Recht zu einer Entscheidung beruft, ändert sich die Sachlage, und wenn es für die weiteren Überlegungen darauf ankommt, an welchem Ort zu erfüllen ist, ist die Qualifikation des Erfüllungsortes dann dem fremden Recht zu entnehmen. In der Entscheidung vom 29. 9. 1919[1]) hatte das Reichsgericht dreimal den Begriff des Erfüllungsortes festzustellen. Zunächst war zu prüfen, ob § 244 des deutschen BGB anwendbar war. Zu dieser Frage hat das Reichsgericht mit Recht die Qualifikation lediglich dem deutschen Recht entnommen. Das Reichsgericht hat sodann festgestellt, daß das Rechtsverhältnis nach deutschem internationalen Privatrecht österreichischem Recht unterliegt, und hat die nicht für die Auffindung der örtlich zuständigen lex causae, sondern aus anderen Gründen interessierende Frage, wie der Erfüllungsort zu bestimmen sei, auf Grund des österreichischen Rechts beantwortet. In beiden Fällen ist der Begriff des Erfüllungsortes auf Grund der richtigen Erwägungen gefunden. Auch für die Feststellung, welches Recht, das deutsche oder österreichische, die lex causae sei, hatte das Reichsgericht die Frage nach dem Erfüllungsort zu beantworten, weil nach deutschem internationalen Privatrecht der Erfüllungsort hierfür entscheidend ist. Daß das Gericht für die Auffindung des örtlich maßgebenden Rechts hierbei den deutschen Begriff des Erfüllungsortes verwendet hat, ist möglich, aber nicht sicher. Die Ausdrucksweise läßt auch die Auffassung zu, daß eine Stellungnahme vermieden wird, weil die Anwendung der deutschen Qualifikation hier zu demselben Ergebnis führen mußte wie die österreichische.

Derartige Erwägungen sind nach deutschem internationalen Privatrecht für die Qualifikation des Abschlußortes im allgemeinen nicht notwendig. Denn das deutsche internationale Privatrecht betrachtet grundsätzlich den Abschlußort nicht als entscheidend für das einen Vertrag beherrschende Recht. Für die deutsche Praxis lag also nicht die Notwendigkeit vor, den Abschlußort nach deutschem

---

[1]) RG Bd. 96 S. 270 ff. = JW 1920 S. 42 f. = Z Bd. 29 S. 403 f.

Recht zu qualifizieren, und sie hat sich daher meistens bemüht, nach allgemeinen internationalprivatrechtlichen Grundsätzen zu ermitteln, nach welchem Recht der Abschlußort festzustellen sei [1]).

Aber für diejenigen internationalen Privatrechte, die für das Schuldrecht dem Abschlußort die Bedeutung beimessen, die bei uns dem Erfüllungsort zukommt, treffen für die Qualifikation des Abschlußortes dieselben Erwägungen zu, die wir für die Qualifikation des Erfüllungsortes anzustellen haben. In diesen fremden Rechten würde es ebenso unmöglich sein, die Frage, wo abgeschlossen ist, nach den Gesetzen zu beurteilen, die auf Grund der Maßgeblichkeit des Abschlußortes berufen werden, wie ein entsprechendes Verfahren bei uns bezüglich des Erfüllungsortes unmöglich ist. Nach französischem internationalen Privatrecht ist im Zweifel z. B. das Recht des Abschlußortes für einen Vertrag maßgebend. Aus diesem Grunde ist es durchaus berechtigt, wenn führende französische Schriftsteller für das französische internationale Privatrecht vorschreiben, den Abschlußort nach französischem Recht zu qualifizieren [2]).

§ 120. Die Verweisungen in den deutschen Internationalprivatrechtsnormen beziehen sich auf die Gesamtheit des fremden Rechts, auch auf sein internationales Privatrecht. Der deutsche Richter hat also unter Umständen auch fremdes internationales Privatrecht anzuwenden [3]). Es entsteht dann die Frage, wonach er die in den fremden Kollisionsregeln verwendeten Begriffe auszulegen hat. Der Grundsatz der Anerkennung des Renvoi bedeutet: Das deutsche Gericht muß so entscheiden, wie ein Gericht des fremden Staates, auf dessen Recht verwiesen ist, entscheiden würde. Darin liegt, daß das deutsche Gericht, soweit es über die Anwendbarkeit fremden Kollisionsrechts zu entscheiden hat, die Begriffe in den fremden Kollisionsregeln ganz so auslegen muß, wie es das fremde Gericht tun würde.

Daher werden regelmäßig die Begriffe der fremden Kollisionsregeln aus dem zugehörigen fremden inneren Recht bestimmt werden

---

[1]) Vgl. die Zusammenstellung bei Lewald Nr. 289 ff. Aus dem Inhalt der dort zitierten Urteile interessiert hier nur das Negativum, daß der Abschlußort in der überwiegenden Mehrzahl der Fälle nicht einfach nach deutschem inneren Recht festgestellt ist.

[2]) Weiss Bd. 4 S. 373; Valéry S. 956; Surville Nr. 229 S. 344. — Vgl. für Italien: Kassationshof Turin 13. 1. 1891, Clunet 1891 S. 1026 ff.; Kassationshof Neapel 18. 9. 1914, Clunet 1915 S. 703 ff. Beide Urteile bestimmen den Abschlußort nach den italienischen Regeln über die Vollendung des Vertrages.

[3]) Vgl. §§ 139 ff. S. 207 ff.

müssen [1]); aber es muß nicht immer so sein: z. B.: Streitig ist die Erbfolge nach einem Engländer in bezug auf Rechte an französischen Grundstücken. Die Beerbung regelt sich nach englischem Recht (analoge Anwendung des Art. 25 Abs. 1 EG). Das englische internationale Privatrecht verweist für die Vererbung des Mobiliarnachlasses auf das Domizilrecht, für die Vererbung des Immobiliarnachlasses auf die lex rei sitae [2]). Nach englischer Auffassung ist die Qualifikation bezüglich der Begriffe »bewegliches« und »unbewegliches« Vermögen nicht der lex fori, sondern der lex rei sitae zu entnehmen [3]). Darum hat das deutsche Gericht die Zugehörigkeit der Grundstücksrechte zum beweglichen oder unbeweglichen Vermögen nach französischem Recht zu beurteilen, nicht nach englischem Recht. — Im Zweifel wird der deutsche Richter aber wohl annehmen können, daß das fremde internationale Privatrecht seine Begriffe so versteht, wie sie das zugehörige innere Recht definiert. Die Erwägungen, die für das deutsche Kollisionsrecht annehmen lassen, daß grundsätzlich gemäß dem ihm zugehörigen inneren Recht zu qualifizieren ist, sind von der Art, daß sie dieselbe Annahme auch für fremdes Kollisionsrecht wahrscheinlich richtig erscheinen lassen; denn sie stützen sich im wesentlichen nicht auf Eigentümlichkeiten des deutschen Rechts, sondern auf Gründe allgemein sprachlicher und logischer Art.

§ 121. So hat das Reichsgericht in einer ganz neuen Entscheidung [4]) das Berufungsgericht angewiesen, bei Prüfung der Frage, ob nach amerikanischem Recht für eine Ehescheidungsklage die Gerichte in Berlin als dem Wohnsitz des beklagten Ehemannes zuständig seien, den Wohnsitzbegriff des amerikanischen Rechts zugrunde zu legen.

Das Kammergericht hatte darüber zu entscheiden, welche Rechte auf Verkehr mit ihrem Kinde einer von ihrem Manne — einem Russen aus den Ostseeprovinzen — getrennt lebenden Ehefrau zustanden. Der Mann wohnte in Deutschland. Auf Grund der ersten Anknüpfung gemäß dem deutschen internationalen Privatrecht (vgl. Art. 19 EG) war das baltische Recht maßgebend. Das baltische Recht verweist für die »elterliche Gewalt« auf das Recht des Wohnsitzes des Vaters. Das Kammergericht nahm gemäß der Qualifikation des baltischen Rechts an, daß der Begriff der elterlichen Gewalt im

---

[1]) So Lewald S. 22 Nr. 26 b für den Fall der Verweisung des Heimatsrechts auf das Domizilrecht.

[2]) Vgl. Dicey S. 749 u. 558 ff.

[3]) Dicey S. 550.

[4]) 21. 11. 1929, RG Bd. 126 S. 353 f. = DJZ 1930 Sp. 231 f.

baltischen internationalen Privatrecht auch die Verkehrsbeziehungen zwischen Mutter und Kind umfasse [1]).

Das Bayrische Oberste Landesgericht hatte zu prüfen, ob eine Rückverweisung des baltischen internationalen Privatrechts auf das Domizilrecht anzunehmen sei. Bei dieser Prüfung hat es den Domizilbegriff des baltischen Rechts zugrundegelegt [2]).

In einer Entscheidung des Hanseatischen Oberlandesgerichts [3]) dagegen ist der dargelegte Grundsatz nicht beachtet worden. Das Oberlandesgericht legte einer Vorschrift des englischen internationalen Privatrechts, die auf das Recht des »domicil« verwies, den deutschen Wohnsitzbegriff zugrunde [4]) [5]).

Die ausländische Rechtsprechung bietet zahlreiche Beispiele dafür, daß die Qualifikation für Begriffe aus fremden Kollisionsnormen dem fremden Recht entnommen wurde. So hat schon in dem berühmten Fall Forgo der französische Kassationshof [6]) zuerst auf Grund des französischen Wohnsitzbegriffes die Anwendbarkeit bayrischen Rechts festgestellt, und dann die weitere Qualifikation, ebenfalls für den Begriff des Wohnsitzes, dem bayrischen Recht entnommen. Mehrere französische Gerichte verfuhren ebenso bezüglich des Domizilbegriffes im englischen und amerikanischen internationalen Privatrecht, das auf Grund der ersten Anknüpfung gemäß dem französischen internationalen Privatrecht berufen war [7]). Und ebenso

[1]) 17. 4. 1914, ROLG Bd. 32 S. 31 ff. Das KG berief sich für seine Qualifikation auf eine Darstellung des baltischen Privatrechts.

[2]) 16. 10. 1925, Entscheidungen des Bayr. ObLG Bd. 24 S. 270, entnommen aus Lewald Nr. 26 b S. 22.

[3]) 31. 3. 1927, HansGZ 1927 Bbl. S. 139 f. = ZAIP Sonderheft 1926/27 Nr. 149.

[4]) Es handelte sich um die Auffindung des Scheidungsstatuts für englische Ehegatten. Ebenso ist in dem Urteil bezüglich der Frage verfahren, ob nach englischem Recht, wie § 606 Abs. 4 ZPO erfordert, die deutschen Gerichte zuständig seien. Das englische Recht erklärt die Gerichte im Staate des domicil für zuständig. Die Zuständigkeit wurde bejaht, weil der Wohnsitz im deutschen Sinne in Deutschland lag.

[5]) Ebenso verfuhr die Cour d'appel de Paris 10. 5. 1929, Clunet 1930 S. 405 f. = Revue 1930 S. 126, bei der Prüfung der Frage, ob eine Rückverweisung des argentinischen internationalen Privatrechts auf das französische Recht vorlag.

[6]) 22. 2. 1882, Clunet 1883 S. 64 f.

[7]) Cour d'Appel Rennes 24. 7. 1923, Clunet 1924 S. 410 ff. Es handelte sich um das auf eine Legitimation anwendbare Recht. Das Gericht prüfte, ob nach amerikanischer Auffassung das domicil in Frankreich oder in Amerika lag. — Cour d'Appel Douai 2. 2. 1899, Clunet 1899 S. 825. Hier war über die Beerbung eines Engländers zu entscheiden. Das Gericht prüfte, ob nach englischer

entnahm der englische High Court in Sachen Davidson v. Annesley [1]) bei Untersuchung der Frage, ob eine Rückverweisung des französischen Rechts auf das Wohnsitzrecht anzunehmen sei, den Begriff des Wohnsitzes dem französischen Recht.

§ 122. Die erörterte Regel über die Qualifikation für die Begriffe aus fremdem internationalen Privatrecht beseitigt auch ein Bedenken, welches dagegen erhoben worden ist, daß ausnahmslos nach der lex fori zu qualifizieren sei. Ausländische Schriftsteller, die diesem Grundsatz folgen, behaupten, eine Ausnahme müsse gelten, wenn die fremden Rechtsordnungen, die für die Anwendung in Betracht kommen, übereinstimmend eine Qualifikation geben, die von der Qualifikation der lex fori abweicht, und dadurch ein anderes Recht zur Entscheidung berufen als dasjenige, das gemäß der Qualifikation nach der lex fori berufen sein würde. In diesem Falle — meinen diese Schriftsteller [2]) — müsse man die fremdrechtliche Qualifikation anwenden. Diese Ausnahme wäre berechtigt, wenn man den Renvoi nicht anerkennen würde. Für das deutsche Recht, welches den Renvoi anerkennt, ergibt sich dasselbe Resultat aus Renvoigrundsätzen in Verbindung mit der hier besprochenen Regel über die weitere Qualifikation. Für die erste Anknüpfung wird gemäß deutschem Recht qualifiziert. Folgt das demgemäß berufene Recht einer abweichenden Qualifikation, so wird für die Frage, ob eine Rück- oder Weiterverweisung anzunehmen ist, diese fremdrechtliche Qualifikation zugrunde gelegt.

Aus denselben Gründen müssen da, wo nach deutscher Auffassung ein Rechtsbegriff durch das Völkerrecht beeinflußt (begrenzt) wird, wie solches z. B. bei der Staatsangehörigkeit der Fall ist [3]), die in dem maßgeblichen völkerrechtlichen Satz enthaltenen Begriffe dem Völkerrecht entnommen werden.

§ 123. Soweit es sich um die Qualifikation von Begriffen aus Staatsverträgen handelt, gelten die vorstehend geschilderten Regeln über Qualifikationen nicht schlechthin. Staatsverträge sind zwar,

---

Auffassung ein domicil in Frankreich bestand und darum eine Rückverweisung auf das französische Recht anzunehmen war. Vgl. auch Cour de Paris 31. 7. 1895, Clunet 1896 S. 147 ff.; Tribunal Seine inférieure 19. 12. 1927, Revue 1928 S. 511 f. (512).

[1]) 21. 5. 1926, Law Report Chancery Division 1926 part 8 S. 692 ff.

[2]) Lorenzen in Columbia Law Review Bd. 20 1920 S. 281; Diena und Fedozzi, zitiert bei Lorenzen a. a. O. S. 257 Anm. 53. Dasselbe läßt sich wohl auch als die Ansicht von Kosters auf Grund seiner Ausführungen S. 147 f. unter a annehmen.

[3]) Vgl. §§ 298 ff. S. 436 ff.

soweit sie überhaupt für den deutschen Richter bindendes Recht enthalten, nicht nur Völkerrecht, sondern auch nationales Recht. Aber während sonst die Normen des internationalen Privatrechts auf dieselbe Art zustandekommen wie die des inneren Rechts — im Wege der Gesetzgebung oder durch die Bildung einer festen Rechtsprechung —, liegt im Falle von Staatsverträgen die Feststellung des Normeninhalts, die dem staatlichen Gesetzesbefehl vorausgeht, nicht allein in der Hand von Organen eines Staates, sondern ist das Ergebnis der Zusammenarbeit mehrerer Staaten. Während man sonst annehmen kann, daß die Rechtsbegriffe, die den Gegenstand der Qualifikation bilden, nach dem Willen des Normengebers im internationalen Privatrecht die Bedeutung haben sollen, in der sie in den Vorschriften des inneren Rechts verwendet werden, liegt bei Staatsverträgen die Möglichkeit vor, daß die Begriffsbestimmung nicht jeweils dem inneren Recht des Staates, dessen Gericht die Vertragsvorschriften anzuwenden hat, überlassen sein soll. In erster Linie muß untersucht werden, ob der Staatsvertrag selbst eine Begriffsbestimmung gibt [1]). Hierfür bestehen mehrere Möglichkeiten. Der Staatsvertrag kann dem Begriff einen Inhalt geben, der von dem abweicht, den ihm die nationalen Rechte der verschiedenen beteiligten Staaten beilegen [2]) [3]). Der Staatsvertrag kann sich die Begriffsbestimmung eines dieser nationalen Rechte zu eigen machen. Der Staatsvertrag kann auch statt einer eigenen Begriffsbestimmung eine Regel darüber geben, welchem Recht je nach Lage des Einzelfalles der Inhalt des Begriffes entnommen werden soll. Eine solche Regel wieder kann ausdrücklich im Vertrage ausgesprochen [4]) oder auch nur aus dem Zusammenhang der übrigen Bestimmungen zu schließen sein.

---

[1]) Vgl. dazu u. a. Frankenstein Bd. I S. 295 ff.; Salvioli, Recueil Bd. 12 S. 75 ff.

[2]) Eine hier einschlägige interessante Frage aus dem Gebiet der Qualifikation bei Staatsverträgen bespricht Travers, »La Convention de la Haye relative au mariage« 1912 Bd. 1 S. 10 Anm. 2: die unvollständige Ehe des früheren schwedischen Rechts sei keine Ehe im Sinne der Haager Verträge.

[3]) Gelegentlich finden sich in Staatsverträgen Definitionen von Begriffen, die sonst zu Qualifikationskonflikten Anlaß geben könnten. Vgl. z. B. § 11 des Schlußprotokolles zum deutsch-russischen Nachlaßabkommen vom 12. 10. 1925: Definition des Begriffs »unbewegliches Vermögen«. Diese Definition soll gelten, soweit es sich um in Rußland befindliches Vermögen handelt. Bezüglich des in Deutschland liegenden Vermögens soll offenbar das deutsche Recht die Qualifikation geben. Vgl. von Mersmann-Soest und Wohl »Deutschrussischer Vertrag vom 12. 10. 1925« S. 229.

[4]) Vgl. z. B. § 12 Abs. III des deutsch-türkisch. Nachlaßabkommens

Eine Illustration für diese letzte Möglichkeit gibt ein Urteil des Reichsgerichts [1]), in dem darüber entschieden wurde, ob ein schweizer Urteil, durch das deutsche Ehegatten geschieden worden waren, in Deutschland anerkannt werden mußte. Die Zuständigkeit des schweizer Gerichts hing nach Art. 5 des Haager Ehescheidungsabkommens vom 12. 6. 1902 davon ab, daß die Eheleute zur Zeit des Scheidungsprozesses in der Schweiz ihren Wohnsitz hatten. Das Reichsgericht legte für die Prüfung, ob dieses der Fall war, den deutschen Wohnsitzbegriff zugrunde, weil die Ehegatten Deutsche waren [2]). Diese Qualifikation rechtfertigt sich daraus, daß dem Haager Abkommen zu entnehmen ist, der Begriff des Wohnsitzes im Sinne des Art. 5 solle nach dem Heimatsrecht bestimmt werden [3]).

§ 124. In manchen Fällen aber läßt sich dem Staatsvertrag weder eine eigene Begriffsbestimmung, noch ein Hinweis auf das Recht, das die Begriffsbestimmung geben soll, entnehmen [4]). Insoweit ist der Staatsvertrag als solcher inhaltslos. Der ordnungsgemäß veröffentlichte Staatsvertrag ist aber auch staatliches Recht. Wenn die internationale Bindung bei seiner Auslegung keine Rolle spielt, liegt keine Veranlassung vor, ihn anders zu behandeln, als wenn er

(Anlage zu Art. 20 des deutsch-türkischen Konsularvertrages) vom 28. 5. 1929, RGBl. 1930 II S. 758 ff.: Das Recht des Belegenheitsstaates entscheidet darüber, ob ein Gegenstand als beweglich oder unbeweglich anzusehen ist. — Art. 112 des Código Bustamante (Makarov S. 400): Wohnsitzqualifikation gemäß dem Recht des behaupteten Wohnsitzes.

[1]) 5. 4. 1921, RG. Bd. 102 S. 82 ff. (84).

[2]) Das Reichsgericht begründet die Wahl des deutschen Begriffes durch einen Hinweis auf Art. 14 und 17 EG., also damit, daß das deutsche Recht das Heimatsrecht der Personen war, um deren Wohnsitz es sich handelte.

[3]) Nach Art. 5 Nr. 1 des Haager Abkommens ist jede Gerichtsbarkeit zur Scheidung zuständig, die das Heimatsrecht der Ehegatten für zuständig erklärt. Nach Art. 5 Nr. 2 Satz 4 kann das Heimatsrecht die Gerichtsbarkeit des Heimatsstaates für ausschließlich zuständig erklären. Und vor allem ist nach Art. 5 Nr. 2 Satz 2 die Frage, ob die Ehefrau kraft Gesetzes den Wohnsitz des Ehemannes teilt, nach dem Heimatsrecht zu entscheiden. Es liegt im Sinne dieser Vorschriften, auch im übrigen den Begriff des Wohnsitzes nach dem Heimatsrecht zu bestimmen. — Ebenso Tribunal Civil Gent 23. 6. 1920, Kosters-Bellemans S. 220 ff.

[4]) Vgl. auch RG 2. 2. 1931, RG Bd. 131 S. 250 ff., woraus sich ergibt, daß die in einem Staatsvertrage enthaltenen Begriffe nicht notwendigerweise im Sinne der technischen Rechtsprache des Staates, in dessen Sprache der Vertrag abgeschlossen ist, auszulegen sind. Die Entscheidung betrifft zwar nicht unmittelbar die Auslegung eines Staatsvertrages, sondern eine Entscheidung des Völkerbundsrates. Aber die dort angeführten Gründe treffen auch auf die Feststellung der Begriffe zu, welche in internationalen Verträgen verwendet sind. Vgl. ferner Frankenstein Bd. I S. 295 ff., insbesondere S. 296 Nr. 2.

aus den sonstigen innerrechtlichen Quellen entstanden wäre. Insoweit müssen ihn die Gerichte also so auslegen, als wenn er lediglich eigenes Recht enthielte. Das bedeutet: Wenn eine Begriffsbestimmung dem Staatsvertrag weder direkt noch indirekt zu entnehmen ist, so ist die staatsvertragliche Vorschrift in Hinsicht auf die Begriffsbestimmung wie eine sonstige Vorschrift der lex fori zu behandeln. Wenn also eine international-privatrechtliche Vorschrift einen Begriff enthält, dessen Bedeutung aus dem Staatsvertrage auch mit Hilfe der Auslegung nicht entnommen werden kann, so ist diesem Begriff dieselbe Bedeutung beizulegen, die er in einer sonstigen international-privatrechtlichen Regel des betr. Staates haben würde. Es finden daher die früher behandelten Grundsätze über Qualifikation Anwendung, ohne Berücksichtigung des Umstandes, daß hier das den Richter verpflichtende Gesetz seinen Entstehungsgrund in einem Staatsvertrag hat [1]). Vor allem ist also solchenfalls die erste Qualifikation (in dem aus dem Vorausgehenden ersichtlichen Sinne) dem inneren Recht der lex fori zu entnehmen [2]). Auf diesem Standpunkt steht z. B. die deutsche Denkschrift zu dem deutsch-polnischen Aufwertungsabkommen vom 5. 6. 1928 [3]), nach dessen Vorschriften (Art. 7, 8) der Wohnsitz des Schuldners das anzuwendende Recht bestimmt. Da aus dem Vertrage nicht entnommen werden kann, welcher Begriff des Wohnsitzes hier angewandt werden soll, nimmt die Denkschrift an, daß der Wohnsitz hier von den deutschen Gerichten stets nach deutschem Recht zu bestimmen ist [4]).

§ 125. Mir sind keine deutschen Entscheidungen bekannt, welche gerade bei international-privatrechtlichen Normen sich mit der Qualifikation von Begriffen aus Staatsverträgen beschäftigen, deren Bedeutung weder unmittelbar noch mittelbar aus dem gemeinsamen Willen der vertragschließenden Staaten entnommen werden

---

[1]) Es ist möglich, daß sich in einem inneres Recht gewordenen Staatsvertrag ein Ausdruck findet, dessen Inhalt sich nicht klar aus dem Staatsvertrag als solchem ergibt, während aber als übereinstimmender Wille der kontrahierenden Staaten festgestellt werden kann, daß gewisse Tatbestände unter diesen Begriff fallen oder nicht fallen. Insoweit ist natürlich der Wille der Vertragsparteien bei der Auslegung des Staatsvertrages zu berücksichtigen.

[2]) Ebenso W. Kaufmann »Staatliches deutsches internationales Privatrecht und völkerrechtliches internationales Privatrecht« 1910 S. 25, 26.

[3]) RGBl. 1929 II S. 577 ff.

[4]) Vgl. Neumeyer Bd. III 2. Abt. S. 380. Neumeyer selbst nimmt an, daß die Kollisionsnorm (Art. 7, 8 des Vertrages) überhaupt nur dann verbindlich sein soll, wenn die Anknüpfungen nach beiden Rechten (d. h. gemäß den Wohnsitzbegriffen beider Rechte) übereinstimmen.

kann. Aber die hier erörterten Gesichtspunkte können natürlich genau in derselben Weise für materiellrechtliche (den Anspruch selbst und nicht die Frage nach der örtlichen Rechtsanwendung betreffende) Bestimmungen von Staatsverträgen zur Anwendung kommen. Denn auch hier wirft sich die Frage auf, welchem Recht der Inhalt eines von solchem Staatsvertrag gebrauchten Begriffs zu entnehmen ist, wenn es an einem Anhalt dafür fehlt, wie die Vertragsstaaten ihn verstanden haben. Für diesen Fall bestätigt die deutsche Rechtsprechung die hier vertretene Ansicht.

Das Reichsgericht [1]) hat z. B. bei der Auslegung des Begriffs der Kostbarkeit aus dem internationalen Übereinkommen über den Eisenbahnfrachtverkehr vom 14. 10. 1890 nur auf die deutsche und österreichische Begriffsbestimmung Rücksicht genommen, weil im konkreten Falle allein Deutschland und Österreich an der Beförderung beteiligt waren, das Übereinkommen also gemäß den Grundsätzen des deutschen internationalen Privatrechts entweder als deutsches oder als österreichisches Gesetz angewendet werden mußte [2]). Und ebenso hat das Reichsgericht [3]) für den Begriff der höheren Gewalt in demselben Übereinkommen angenommen, daß die Begriffsbestimmung dem nach deutschem internationalen Privatrecht im Einzelfall maßgeblichen Recht überlassen sei.

Zur Auslegung des Begriffs »Entstehung der Forderung« in Art. 1 des deutsch-schweizerischen Goldhypothekenabkommens hat das Reichsgericht [4]) ausgeführt, in erster Linie sei maßgebend »der aus dem Gesamtinhalt, dem Zweck und der Entstehungsgeschichte des Vertrages zu ermittelnde übereinstimmende Wille der vertragschließenden Staaten«. Wenn alle Mittel, diesen Willen festzustellen, erschöpft sind, sei auf die Grundsätze des eigenen internationalen Privatrechts zurückzugreifen.

Systemqualifikation (Feststellung des Verhältnisses der Regeln des internationalen Privatrechts zueinander aus dem deutschen inneren Recht).

§ 126. Das EG zum BGB schließt sich der Systematik des BGB an. In Art. 7 bis 11 finden sich die Vorschriften über Gegenstände, die im allgemeinen Teil des BGB (Buch 1) geregelt sind.

---

[1]) 8. 6. 1921, RG Bd. 102 S. 257 ff.

[2]) Das schweizer Bundesgericht 10. 7. 1923, Bul Bd. 12 Nr. 3744, hat dagegen angenommen, das Übereinkommen von 1890 habe einen eigenen Begriff der Kostbarkeit, der von dem deutschen Begriff abweiche.

[3]) 25. 2. 1904, RG Bd. 57 S. 142 ff. (146).

[4]) 4. 2. 1931, HRR 1931 Nr. 675.

Art. 12 EG betrifft das Recht der Schuldverhältnisse (2. Buch des BGB), Art. 13 bis Art. 23 des EG betreffen das Familienrecht (4. Buch des BGB), Art. 24 bis 26 das Erbrecht (5. Buch des BGB). Die Artikel 27 bis 31 EG enthalten Vorschriften, die entweder ganz allgemeiner Natur sind oder sich auf Materien beziehen, die in mehreren Büchern des BGB geregelt sind. Sie enthalten den allgemeinen Teil des internationalen Privatrechts, der sich weder an bestimmte Vorschriften des allgemeinen Teils (Buch 1) des BGB anschließt, noch Bestimmungen enthält, deren Geltung sich auf das Rechtsgebiet eines der einzelnen folgenden Bücher des BGB beschränkt. Das Verhältnis der Art. 27 bis 31 EG zu den übrigen Bestimmungen des EG (und des deutschen internationalen Privatrechts überhaupt) ist klar. Jene Vorschriften des allgemeinen Teils des internationalen Privatrechts gehen den übrigen, soweit sie ihnen widersprechen, vor. Hierüber herrscht kein Streit. Leider gilt dasselbe nicht von dem Verhältnis der internationalprivatrechtlichen Vorschriften des EG, die den allgemeinen Teil des BGB (Art. 7 bis 11 EG) betreffen, zu den die einzelnen Rechtsverhältnisse behandelnden internationalprivatrechtlichen Vorschriften (v. a. Art. 12 bis 26 EG).

§ 127. Nach Art. 7 Abs. 1 EG wird die Geschäftsfähigkeit einer Person nach den Gesetzen des Staates beurteilt, dem die Person angehört. Nach feststehender deutscher Praxis ist für die Schuldverhältnisse im Zweifel das Recht des Erfüllungsortes maßgebend. Wie ist zu entscheiden, wenn eine Person, die einen Vertrag geschlossen hat, nach ihrem Heimatrecht geschäftsunfähig, nach dem Recht des Erfüllungsortes aber geschäftsfähig ist? Wenn nach dem Heimatsrecht feststeht, daß wegen Mangels der Geschäftsfähigkeit eine Vereinbarung wirkungslos geblieben ist, so brauchen wir das Recht des Erfüllungsortes nicht weiter in Betracht zu ziehen. Ob dieses die Geschäftsfähigkeit annimmt oder verneint, ist gleichgültig, weil hierüber ein anderes Recht zu entscheiden hatte.

Nach §§ 145 ff. BGB kommt ein Vertrag durch Antrag und Annahme zustande. Kein Zweifel, daß trotz Vorliegens dieser beiden Erklärungen ein gültiger Vertrag nicht entsteht, wenn einem Beteiligten die Geschäftsfähigkeit mangelt (§ 105 Abs. I BGB). Die Vorschrift über das Erfordernis der Geschäftsfähigkeit gilt wie für alle Rechtsgeschäfte auch für Verträge, sollten auch die Vorschriften über Verträge ihr zu widersprechen scheinen. Entsprechendes gilt im deutschen internationalen Privatrecht.

Diesen Vorrang der Kollisionsnorm über die Geschäftsfähigkeit vor den speziellen Kollisionsnormen über die einzelnen Rechtsverhältnisse verdeutlicht eine Entscheidung des Reichsgerichts [1]). Eine minderjährige Deutsche hatte einen Russen geheiratet und war dadurch Russin geworden. Streitig war, ob gemäß dem deutschen BGB die elterliche Gewalt des Vaters fortbestand oder ob gemäß russischem Recht der Ehemann die Stellung eines Vormunds der Frau erworben hatte. Die Frage, in welcher Weise ein Mangel an Geschäftsfähigkeit ergänzt wird, ist von dem Geschäftsfähigkeitsstatut, also nach Art. 7 EG von dem Heimatsrecht zu beantworten [2]). Demnach war im konkreten Falle nach russischem Recht zu beurteilen, ob dem Vater noch eine Vertretungsmacht zustand. Andrerseits berührte die zu entscheidende Frage zweifellos das Verhältnis zwischen Eltern und ehelichem Kinde im Sinne des Art. 19 EG. Welcher Kollisionsnorm sollte der Vorzug gegeben werden? Das Reichsgericht hat für den Vorrang des Art. 7, also für die Maßgeblichkeit des russischen Rechts entschieden, weil Art. 7 »ganz allgemein« vorschreibe, die Geschäftsfähigkeit nach dem Heimatsrecht zu beurteilen [3]).

§ 128. Die Kollisionsnorm über die Formen der Rechtsgeschäfte hat eine entsprechend weite allgemeine Bedeutung. Für das deutsche innere Recht ist außer Zweifel, daß die Vorschrift des § 125 Satz 1 BGB über die Formen der Rechtsgeschäfte für alle Rechtsgeschäfte gilt. Das deutsche internationale Privatrecht enthält einerseits die Vorschrift, daß zur Formgültigkeit die Beobachtung der Gesetze des Ortes, wo das Rechtsgeschäft vorgenommen wurde, genügt (Art. 11 Abs. 1 Satz 2), andrerseits die, daß die Eingehung einer Ehe nach dem Heimatsrecht der Eheschließenden beurteilt wird (Art. 13 Abs. 1 EG und analoge Anwendung). Über das Verhältnis dieser beiden Vorschriften zueinander heißt es in einer Reichsgerichtsentscheidung [4]): »Art. 11 Abs. 1 Satz 2 EG ist eine ganz selbständige, für alle Rechtsgeschäfte geltende Vorschrift, in deren Bereich Art. 13 Abs. 1 nicht eingreift«, obwohl der Begriff »Eingehung der Ehe« im

[1]) 10. 1. 1918, RG Bd. 91 S. 403 ff. (407).

[2]) RG 24. 1. 1908, Z Bd. 18 S. 535 ff. = Revue 1909 S. 320 ff.; OLG Kolmar 28. 4. 1902, Elsaß-Lothring. Notar. Z. Bd. 22 S. 266 (entnommen aus Lewald Nr. 71 S. 57). Ansch. auch OLG Jena 8. 5. 07, Z Bd. 18 S. 180 ff. = Clunet 1909 S. 216 f.

[3]) Das Reichsgericht stützt seine Entscheidung, weil die im konkreten Falle streitige Frage, ob die Frau Russin geworden war, dahingestellt bleiben konnte, allerdings in erster Linie auf Art. 14 EG, der für sich allein ebenfalls dem Art. 19 EG vorgehe. Ebenso wie RG das OLG Dresden 28. 6. 1926, ZAIP Sonderheft 1926/27 Nr. 78 S. 62 f. Anders KG 14. 3. 1910, KGJ Bd. 39 A S. 198, aufgeführt in WarnJahrb. 1911 zu Art. 19 EG.

[4]) RG 6. 4. 1916, RG Bd. 88 S. 191 ff.

Sinne des Art. 13 Abs. 1 an sich nicht nur die Frage der materiellen Voraussetzungen der Ehegültigkeit, sondern auch die der Formerfordernisse betreffe. Dem entspricht es, daß die deutsche Rechtsprechung, wo die Form der lex loci actus gewahrt, die der lex causae nicht gewahrt ist, Gültigkeit annimmt, auch wenn die lex causae die Beachtung der Form der lex loci actus nicht für ausreichend ansieht [1] [2].

§ 129. Der bedeutendste und umstrittenste Fall des Konfliktes zwischen Kollisionsnormen, die für den ersten Anschein nebeneinander Anwendung verlangen, ist der des Konflikts zwischen Gesamtstatut und Einzelstatut [3]. Nach unseren Konfliktsnormen richtet sich grundsätzlich das eheliche Güterrecht nach der Staatsangehörigkeit des Ehemannes zur Zeit der Eheschließung, das Erbrecht nach der Staatsangehörigkeit des Erblassers. Zu einem ehelichen Vermögen und zu einer Erbmasse gehören Forderungen, die nach unserer Auffassung im Zweifel dem Recht des Erfüllungsortes, und Sachen, die der lex rei sitae unterliegen. Was soll geschehen, wenn das für das eheliche Güterrecht oder das Erbrecht maßgebliche Gesetz (das Gesamtstatut) und das die einzelnen Forderungen oder die einzelnen Sachen beherrschende Gesetz (das Einzelstatut) beide die Herrschaft über ein konkretes Forderungs- oder Sachenrecht für sich beanspruchen?

Zitelmann [4] hat diesen Konflikt zuerst in aller Schärfe er-

---

[1] RG 1. 10. 1925, Warn Rspr. 1926 S. 17 Nr. 15 = LZ 1926 Sp. 387 f. = ZAIP Sonderheft 1926/27 Nr. 27; 22. 6. 1931, RG. Bd. 133 S. 161 ff.; Hans OLG 2. 5. 1917, SA Bd. 72 S. 313 = ROLG Bd. 35 S. 295 = HansGZ Bbl. 1917 S. 252; HansOLG 1. 12. 1924, HansGZ Bbl. 1925 S. 11 f. Nr. 9; HansOLG 15. 11. 1926, HansGZ Bbl. 1927 Nr. 3 S. 4 = ZAIP Sonderheft 1926/27 Nr. 28. Nicht ganz bestimmt RG 28. 12. 1929, HansRGZ 1930 B Sp. 143 f. Anders RG 17. 12. 1912, LZ 1913 Sp. 774 f., wo die Regel aufgestellt wird, daß die Wahrung der Form der lex loci actus nur ausreiche, wenn die lex causae sie für ausreichend erkläre. Vgl. gegen diese Entscheidung die Note von Beer. Die Entscheidung ist vereinzelt geblieben. — Nach Zitelmann Bd. II S. 143 ff. gilt der Satz locus regit actum überhaupt nur als materiellrechtlicher Verweisungssatz des Wirkungsstatuts, d. i. der lex causae. Ebenso Frankenstein Bd. I S. 519 ff. Beide Schriftsteller erkennen aber für das geltende deutsche Recht an, daß es nicht darauf ankommt, ob die lex causae die Wahrung der Form der lex loci actus für ausreichend erklärt: Zitelmann Bd. II S. 146; Frankenstein Bd. I S. 524 f.

[2] Selbstverständlich soll mit dem bisher Ausgeführten für das deutsche internationale Privatrecht der allgemeinen Regel »lex specialis derogat generali« nicht widersprochen sein. Die Regel, daß Ansprüche aus großer Haverei nach dem Recht des Dispacheorts beurteilt werden, geht natürlich der allgemeinen Kollisionsnorm über Schuldverhältnisse vor.

[3] Melchior ZAIP 1929 S. 748 ff.

[4] Bd. 2 S. 28 ff.

kannt und dahin entschieden, daß das Einzelstatut vorgehe, wenn sein inneres Recht den einzelnen Gegenstand in der in Frage stehenden Beziehung, z. B. Vererbung, nicht dem gemeinsamen Rechtsschicksal des ganzen Vermögens, sondern einer besonderen Behandlung unterwirft. Frankenstein lehrt dasselbe [1]). Die Entstehungsgeschichte des EG ergibt keinen irgendwie ausreichenden Anhaltspunkt. Aus den Motiven zum ersten Gebhardschen Entwurf kann man — vielleicht — entnehmen, daß nach der Meinung des Verfassers im ehelichen Güterrecht das dingliche Einzelstatut dem Gesamtstatut vorgehe, während im Erbrecht das Umgekehrte der Fall sei [2]).

Die deutsche Rechtsprechung läßt eine bestimmte Stellungnahme nicht erkennen. Eine Entscheidung des Reichsgerichts [3]) erklärt, für die Gültigkeit der Errichtung eines Fideikommisses sei die lex rei sitae nicht ohne weiteres maßgebend; davon könne höchstens die Rede sein, soweit Grundstücke Bestandteile des Fideikommisses bilden sollen. Eine andere Entscheidung des Reichsgerichts [4]) dagegen nimmt an, daß eine Hypothek an einem Grundstück im Gebiet des preußischen allgemeinen Landrechts im Falle der Verheiratung der Inhaberin nicht ipso jure in die Ehe eingebracht sei, sondern erst durch besonderes Rechtsgeschäft eingebracht werden müsse, obwohl das braunschweigische Eherecht, das offenbar für das Güterrecht der Ehegatten maßgebend war, die Rechtsnachfolge ipso jure anordnete. Und eine spätere Entscheidung des Reichsgerichts [5]) nimmt an, daß — gemäß den Grundsätzen des preußischen allgemeinen Landrechts, nicht des reichsdeutschen internationalen Privatrechts — die Errichtung eines Familien-Fideikommisses nur dann für Grundstücke im Gebiet des preußischen Rechts gültig sei, wenn das preußische Recht die Errichtung zulasse [6]).

M. E. ist die Zitelmann-Frankensteinsche Lehre zu verwerfen und dem Gesamtstatut grundsätzlich der Vorrang vor dem Einzelstatut einzuräumen.

---

[1]) Bd. 1 S. 509 ff.

[2]) Vgl. § 19 des ersten Gebhardschen Entwurfes, der vom Güterrecht spricht, im Gegensatz zu § 29, der vom Übergang des Vermögens eines Verstorbenen spricht, in Verbindung mit Begründung S. 198 Abs. 2 einerseits und S. 237 f. andererseits.

[3]) 14. 4. 1893, JW 1893 S. 262 Nr. 54.

[4]) 20. 4. 1903, JW 1903 S. 250 Nr. 38.

[5]) 30. 10. 1912, RG Bd. 80 S. 293 ff.

[6]) Vgl. dazu auch Christiansen, Rép. Bd. VI unter »Norvège« Nr. 175: Die norwegische Rechtsprechung erkennt den Erwerb von dinglichen Rechten an Nachlaßgegenständen auf Grund Erbanfalls nur an, wenn er sowohl nach dem Erbstatut wie nach dem Einzelstatut begründet ist.

Das deutsche innere Recht betrachtet die Frage nach den dinglichen Wirkungen des ehelichen Güterrechts und des Erbrechts als zum ehelichen Güterrecht und Erbrecht gehörig [1]). Die Vorschriften, nach welchen auf Grund ehelichen Güterrechts oder Erbrechts Rechte übergehen oder sich in Rechte zu gesamter Hand verwandeln, treten nach dem System unseres BGB nicht hinter den Regeln über die einzelnen Vermögensstücke, wie sie das zweite und dritte Buch des BGB enthalten, zurück, sondern gehen ihnen vor. Obwohl nach den Vorschriften des zweiten Buchs zur Übertragung einer Forderung grundsätzlich eine Abtretung, nach den Bestimmungen des dritten Buches zur Übertragung einer beweglichen Sache die Übergabe oder ein Übergabeersatz und zur Übertragung eines Grundstücks eine entsprechende Eintragung im Grundbuch erforderlich ist, fallen alle diese Erfordernisse fort, wenn die Rechtsübertragung gemäß ehelichem Güterrecht oder Erbrecht erfolgt.

Das EG, welches sich, wie schon die Reihenfolge seiner international-privatrechtlichen Bestimmungen zeigt, dem System des BGB durchaus anschließt, hat sicherlich nicht das Verhältnis der aus dem ehelichen Güterrecht und Erbrecht sich ergebenden schuldrechtlichen und sachenrechtlichen Beziehungen nach einem anderen System als dem des BGB regeln wollen. Dann aber muß, auch soweit es sich um schuldrechtliche und sachenrechtliche Wirkungen handelt, der Vorrang der international-privatrechtlichen Bestimmungen über Ehegüterrecht und Erbrecht grundsätzlich angenommen werden.

Damit steht auch Art. 28 EG nicht in Widerspruch [2]). Denn diese Vorschrift gibt nicht in gewissen Fällen dem Einzelstatut den Vorrang vor dem Gesamtstatut, sondern ändert, soweit ihr Tatbestand vorliegt, das Gesamtstatut zugunsten des Rechts des Staates, wo die Einzelgegenstände sich befinden [3]).

So geht denn auch das Reichsgericht von der Vorherrschaft des Gesamtstatuts als von etwas selbstverständlichem aus, wenn nicht gerade der Gegensatz zwischen dinglichem Recht und Gesamtstatut Schwierigkeiten macht. Das Reichsgericht mußte Stellung zu der Frage nehmen, ob eine belgischem Recht unterliegende Schmerzensgeldforderung einer in deutscher Errungenschaftsgemeinschaft

---

[1]) Vgl. §§ 1438 Abs. 2, 1519 Abs. 2, 1549, 1942 BGB.

[2]) Anders Frankenstein Bd. I S. 512, der annimmt, daß in Art. 28 EG die Regel ausgesprochen sei, daß das Gesamtstatut nur gelte, wenn das Einzelstatut seine Geltung anerkenne.

[3]) Vgl. darüber und über die praktische Bedeutung dieser Auffassung unten § 267 S. 404 f.

lebenden Ehefrau in die Errungenschaftsgemeinschaft gefallen sei. Das Gericht hat diese Frage auf Grund deutschen ehelichen Güterrechts und der nach deutschem Recht fehlenden Übertragbarkeit des Anspruchs auf Schmerzensgeld verneint, und zwar ohne jede Prüfung des belgischen Einzelstatuts [1]).

Die unter Umständen notwendige Korrektur der vom Gesamtstatut vorgeschriebenen Regelung ergibt sich aus dem ganz allgemein geltenden Grundsatz der Selbstbeschränkung unseres internationalen Privatrechts, nach dem dessen Normen zurücktreten, soweit sie praktisch undurchführbar sind [2]).

Wo aber das Einzelstatut nicht die Macht hat, sich gegen das Gesamtstatut durchzusetzen, da beachtet das deutsche internationale Privatrecht seinen Widerspruch nicht. Man wird dem Schuldner eines deutschen Nachlasses nicht gestatten, dem nach deutschem Recht berufenen Erben entgegenzuhalten, daß er ihm nichts schulde, weil das Recht eines fremden Erfüllungsortes einen anderen zum Erben berufe. Man wird ihm ebensowenig gestatten, der Vindikation einer zum Nachlaß gehörigen vom Ausland eingeführten Ware den Einwand entgegenzusetzen, daß zur Zeit des Todes des Erblassers die Ware einem Einzelstatut unterlag, welches die Anwendung des deutschen Erbrechts verbietet.

Anhang: Revisibilität der Grundsätze über die Qualifikation.

§ 130. Nach § 549 der deutschen Zivilprozeßordnung kann die Revision nicht auf Verletzung ausländischen Rechts gestützt werden. Das deutsche internationale Privatrecht dagegen ist revisibel. Im Gebiete der Qualifikationen ist es nicht immer ohne weiteres deutlich, wie weit die Entscheidung des Berufungsgerichts fremdes Recht und wie weit sie deutsches internationales Privatrecht angewandt hat.

Soweit es sich freilich um die Qualifikation der Begriffe handelt, welche nach deutschem inneren Recht allein Tatsachen zu Voraussetzungen haben, kann dieser Zweifel nicht entstehen, denn in diesen Fällen wird ausländisches Recht für die Qualifikation nicht in Betracht gezogen. Verletzt also z. B. der untere Richter den Grundsatz, daß das Vorliegen eines Wohnsitzes im Ausland für das deutsche internationale Privatrecht gemäß dem deutschen Wohnsitzbegriff festgestellt werden soll, so kann hierauf eine Revision gestützt werden, da eine Norm des deutschen internationalen Privatrechts verletzt ist. Und selbstverständlich liegt ein Revisionsgrund vor,

---

[1]) RG 30. 5. 1919, RG Bd. 96 S. 96 ff.

[2]) Vgl. unten §§ 264 ff. S. 399 ff.

wenn der untere Richter zwar richtig für den Begriff des Wohnsitzes das deutsche Recht herangezogen hat, aber in seiner Entscheidung für den Einzelfall diesem deutschen Wohnsitzbegriff nicht gerecht geworden ist; insoweit handelt es sich um eine Verletzung der Vorschriften des BGB (§§ 7—11) [1]).

§ 131. Bei Begriffen, die nicht allein durch Tatsachen definiert sind, erfordert die Qualifikation, wie dargelegt worden ist, die Untersuchung auch fremden Rechts. Eine Verletzung der richtigen Grundsätze über die Qualifikation kann hier auf zweierlei Art geschehen.

Einmal ist möglich, daß das untere Gericht die Regeln über die Qualifikation schon dadurch verletzt, daß es zur Lösung einem falschen Prinzip folgt, mit anderen Worten: nicht die zur richtigen Lösung erforderliche Fragestellung vornimmt. So z. B. wenn das untere Gericht etwa einen Begriff wie den der Form nicht, wie richtig, nach deutscher Rechtsauffassung, sondern nach der lex loci actus auslegt. Ebenso, wenn das untere Gericht die Frage nicht dahin richtet, welche Rechtsnatur, gemäß den deutschen Begriffen, den bestimmten, für die Anwendung in Betracht stehenden fremden Vorschriften beizulegen ist, sondern abstrakt und allgemein dahin, welchem Rechtsgebiet eine bestimmte Frage angehört, obwohl im konkreten Fall die Einordnung in das deutsche System gerade von dem materiellen Inhalt der fremden Rechtsnormen abhängt.

Für den letztgenannten Fall bietet eine Entscheidung des Reichsgerichts [2]) ein vorzügliches Beispiel. Das Oberlandesgericht hatte ex abstracto qualifiziert, die Gültigkeit eines Schenkungswiderrufs sei eine Angelegenheit des Schenkungsstatuts, und hatte demgemäß die den Schenkungswiderruf betreffenden Vorschriften des Personalstatuts des Schenkers ganz außer Betracht gelassen. Das Reichsgericht hat dieses Verfahren ausdrücklich getadelt, selbst den richtigen Weg gewählt, die Rechtsnatur der speziell in Betracht stehenden Vorschriften des Personalstatuts, d. i. der Rechtsordnung, nach welcher gemäß dem für das Gericht maßgeblichen internationalen Privatrecht die Geschäftsfähigkeit des Schenkers zu beurteilen war, untersucht und entschieden, daß diese anwendbar seien, weil sie den Charakter von Beschränkungen der Geschäftsfähigkeit besäßen.

Die Entscheidung des unteren Gerichts über die Qualifikation kann aber auch unrichtig sein, weil sie trotz einer den Grundsätzen

---

[1]) Ebenso Raape, Einl. K II 2.

[2]) 14. 12. 1891, Z Bd. 2 S. 372 ff. = JW 1892 S. 98 f. (hier Datum: 28. 12. 1891).

über die Qualifikation entsprechenden, richtigen Fragestellung im Ergebnis die zutreffende Qualifikation verfehlt. Das ist z. B. der Fall, wenn das untere Gericht zwar die Untersuchung richtig auf die Natur der einzelnen Vorschriften richtet, und auch darauf, welche Rechtsnatur dieser Vorschrift gemäß deutschen Begriffen zukommt, aber bei dieser Untersuchung, d. i. bei der Einklassifizierung in die Kategorien der lex fori, zu einem unrichtigen Ergebnis gelangt [1]).

Für diesen Fall hat das Reichsgericht die Frage der Revisibilität ex cathedra untersucht und bejaht [2]). Das Berufungsgericht hatte angenommen, daß bestimmte Vorschriften des badischen Rechts die Handlungsfähigkeit beträfen. Das Reichsgericht erklärte: »Die Nachprüfung dieser Deduktionen in der Revisionsinstanz ist auch insoweit, als das angefochtene Urteil auf badisches Recht Bezug nimmt, nicht ohne weiteres behindert. Denn was letzteren Punkt anbelangt, so hat der vorherige Richter keineswegs nur den Inhalt dieses im gegenwärtigen Rechtsstreit der Revisibilität entzogenen Partikularrechts festgestellt.« Vielmehr habe der Berufungsrichter bei der Entscheidung über die Rechtsnatur der badischen Vorschriften Grundsätze angewandt, die außerhalb des badischen Rechts lägen, und habe damit »keine Entscheidungen getroffen . . ., welche das Revisionsgericht bei der ihm zweifellos zustehenden Nachprüfung, ob das Berufungsurteil eine Verletzung der Normen des internationalen Privatrechts enthält, gemäß § 525 ZPO (jetzt § 562 ZPO) als maßgebend zu unterstellen hätte« [3]).

---

[1]) Ebenso Raape, Einleitung K II 1.

[2]) 7. 3. 1882, RG Bd. 6 S. 393 ff. (395).

[3]) Vgl. auch RG 20. 4. 1883, RG Bd. 9 S. 176 f. Hier ist ausgesprochen, daß durch die unrichtige Qualifikation, nämlich die unrichtige Einordnung der zu qualifizierenden Vorschriften in die Kategorien der lex fori, nicht diese zu qualifizierenden irrevisiblen Vorschriften, sondern die revisiblen international-privatrechtlichen Vorschriften der lex fori verletzt seien. Demgemäß berichtigte das Reichsgericht die Qualifikation des Berufungsgerichts. Es handelte sich um die Frage, ob eine württembergische Vorschrift im Sinne eines Staatsvertrages zwischen Württemberg und Baden die Form der Rechtsgeschäfte beträfe. Ferner RG 6. 4. 1916, RG Bd. 88 S. 191 ff. Das OLG hatte Vorschriften des katholisch-armenischen Eherechts als materiellrechtlich qualifiziert. Das RG korrigierte diese Qualifikation dahin, daß diese Vorschriften die Form der Eheschließung beträfen. Vgl. noch RG 4. 1. 1927, JW 1927 S. 1094 ff. = Z Bd. 37 S. 383 ff. = ZAIP Sonderheft 1926/27 Nr. 51 (betrifft die Frage, ob eine New-Yorker Vorschrift über die Präsentation des Schecks in reasonable time im Sinne des § 11 Abs. 2 Satz 2 ScheckG als Vorschrift über die Zeit der Vorlegung anzusehen ist).

Dagegen ist die Feststellung des materiellen Inhalts des ausländischen Rechts, die von dem unteren Gericht seiner Qualifikation zugrundegelegt ist, natürlich nicht revisibel; das sagen auch die eben zitierten Ausführungen des Reichsgerichts. Durch unrichtige Feststellung dieser Art kann das Reichsgericht gezwungen sein, einer unrichtigen Qualifikation des unteren Gerichts zu folgen [1]).

Um es bildlich auszudrücken: Was wir in den Schubladen unseres Systems unterzubringen haben, ist fremdes Recht und nicht revisibel. Aber ob dieses Recht in eine unserer Schubladen paßt und in welche, ist eine Frage deutschen Rechts und daher der Revision unterworfen.

§ 132. Auf dem Gebiete des fremden Rechts bewegt sich die Entscheidung auch, soweit sie eine für die weitere Anknüpfung (Renvoi) erforderliche Qualifikation feststellt; denn dabei handelt es sich um Anwendung des fremden internationalen Privatrechts, welches in Deutschland nicht revisibel ist. Eine Entscheidung wie die des Hanseatischen Oberlandesgerichts [2]), in der für die Prüfung, ob das englische Recht auf das deutsche zurückverwies, statt des englischen Domizilbegriffes der deutsche Wohnsitzbegriff zugrundegelegt ist, würde allerdings mit der Revision angegriffen werden können, weil das Oberlandesgericht durch die Einfügung des deutschen Wohnsitzbegriffes in die englische Kollisionsnorm den Grundsatz des deutschen internationalen Privatrechts verletzt hat, daß, wenn fremdes Recht anzuwenden ist, der deutsche Richter so zu entscheiden hat, wie der fremde Richter entscheiden würde. Würde aber das Oberlandesgericht nur den englischen Domizilbegriff verkannt haben, so ließe sich die Revision nicht hierauf stützen. Und es wäre kein Revisionsgrund, wenn ein unteres Gericht bei der Anwendung englischen internationalen Privatrechts davon ausgehen würde, daß die Frage, ob ein Gegenstand dem beweglichen oder unbeweglichen Vermögen zugehört, gemäß englischem Qualifikationsrecht nach dem englischen inneren Recht zu entscheiden sei — während in Wahrheit nach englischem Qualifikationsrecht hier gemäß der lex rei sitae qualifiziert werden muß [3]); auch in diesem Falle wäre nur eine — irrevisible — Regel des englischen Rechts, nicht eine Regel des deutschen internationalen Privatrechts verletzt worden. Dagegen wäre in demselben Falle Revisibilität anzunehmen,

---

[1]) So scheint die Prozeßlage in RG 21. 9. 1889, Bolze Bd. 8 Nr. 18, gewesen zu sein.

[2]) Vgl. oben § 121 S. 177.

[3]) Dicey S. 550 ff.

wenn das Berufungsgericht darum falsch qualifiziert hätte, weil es die Anwendung der englischen Qualifikationsgrundsätze unter Berufung auf die Maßgeblichkeit der lex fori für die Qualifikation abgelehnt haben würde. Damit wäre der Grundsatz des deutschen internationalen Privatrechts verletzt, daß bei Anwendung eines fremden internationalen Privatrechts auch dessen Qualifikationsgrundsätze zu befolgen sind.

Rück- und Weiterverweisung (Renvoi).

Regel 1 (§§ 139—143): Wo das deutsche internationale Privatrecht die Anwendung des Rechts eines fremden Gebiets vorschreibt, ist so zu entscheiden, wie die Gerichte dieses Gebiets zu entscheiden haben würden, also unter Berücksichtigung des fremden internationalen Privatrechts.

Demnach ist eine Verweisung des fremden internationalen Privatrechts auf das deutsche Recht (Rückverweisung) oder auf ein drittes Recht (Weiterverweisung) zu berücksichtigen.

Unterregel 1 (§§ 144—151): Insbesondere sind auch solche Regeln des fremden internationalen Privatrechts zu beachten, in denen dieses seinerseits darüber bestimmt, ob eine Rück- oder Weiterverweisung des von ihm berufenen Rechts zu befolgen ist.

Fälle der Rückverweisung: Wenn das fremde internationale Privatrecht das deutsche Recht für anwendbar erklärt, so ist zu unterscheiden:

(§ 147): a) wenn nach dem fremden internationalen Privatrecht die Rückverweisung seitens des deutschen Rechts unbeachtlich ist, so ist das deutsche innere Recht anzuwenden;

(§ 148): b) wenn nach dem fremden internationalen Privatrecht auf Grund der Rückverweisung seitens des deutschen Rechts das fremde innere Recht anwendbar ist, so ist dieses anzuwenden;

(§ 149): c) wenn nach dem fremden internationalen Privatrecht so zu entscheiden ist, wie die deutschen Gerichte entscheiden würden, so ist das deutsche innere Recht anzuwenden;

(§ 150): d) wenn das fremde internationale Privatrecht sein inneres Recht unter der Voraussetzung für anwendbar erklärt, daß nicht das deutsche internationale Privatrecht die Anwendung des deutschen inneren Rechts fordert, so ist das fremde innere Recht anzuwenden.

(§ 151): Fall der Weiterverweisung: wenn das fremde internationale Privatrecht ein drittes Recht für anwendbar erklärt, so ist dasjenige innere Recht anzuwenden, welches nach dem fremden internationalen Privatrecht einschließlich seiner etwaigen Vorschriften über Anerkennung der Rück- und Weiterverweisung anzuwenden ist.

Unterregel 2 (§ 152): Im Zweifel ist (wahrscheinlich) anzunehmen, daß die Verweisungen des fremden internationalen Privatrechts nur Verweisungen auf inneres Recht, nicht Gesamtverweisungen sind.

Regel 2 (§ 153): Wenn die Gerichte des fremden Rechtsgebiets, dessen Recht nach dem deutschen internationalen Privatrecht anzuwenden ist, nicht in der Lage sind, über Rechtsfälle der in Betracht kommenden Art zu erkennen, z. B. mangels Zuständigkeit dieser Gerichte, so ist zur Entscheidung dasjenige innere Recht anzuwenden, dessen Anwendung den allgemeinen Grundsätzen des Rechts des fremden Rechtsgebiets am meisten entspricht.

Bei der Prüfung, welches innere Recht gemäß dieser Regel anzuwenden ist, muß insbesondere beachtet werden:

a) welche Anknüpfungen in dem fremden internationalen Privatrecht für verwandte Rechtsfälle gelten,

b) unter welchen Voraussetzungen eine ausländische Entscheidung über den Rechtsfall in dem fremden Rechtsgebiet anerkannt werden würde.

Die Regeln 1 und 2 sind den Ausnahmen 1, 2 und 3 unterworfen.

Ausnahme 1. (§§ 154—158): Im Sinne des Art. 11 Abs. 1 Satz 2 EGBGB gelten (wahrscheinlich) die Gesetze des Ortes, wo das Rechtsgeschäft vorgenommen wird, als beobachtet, wenn entweder

a) die Formvorschriften des an diesem Orte geltenden inneren Rechts gewahrt sind — oder

b) die Formvorschriften desjenigen inneren Rechts gewahrt sind, welches nach dem am Vornahmeort geltenden internationalen Privatrecht die Form des Rechtsgeschäfts bestimmt.

Ausnahme 2 (§ 159): Soweit das anzuwendende Recht durch den wirklichen oder zu vermutenden Willen der Beteiligten bestimmt wird, ist anzunehmen, daß hierdurch unmittelbar das anzuwendende innere Recht bestimmt wird.

Ausnahme 3 (§ 160): Soweit das anzuwendende Recht durch Staatsvertrag bestimmt ist, ist hierdurch im Zweifel das anzuwendende innere Recht unmittelbar bestimmt.

§ 133. Vorbemerkung: Ein einfaches Beispiel soll — ohne daß es hier bis in alle Konsequenzen untersucht wird — erklären, um was es sich handelt, wenn man von der Anwendung des Renvoi spricht. Stirbt ein Däne mit deutschem Wohnsitz, so regelt sich seine Beerbung nach dänischem Recht. Dies schreibt Art. 25 EG vor, indem er für die Beerbung das Recht der Staatsangehörigkeit maßgebend sein läßt. Das dänische internationale Privatrecht enthält jedoch eine Bestimmung, die die Anwendung desjenigen Rechts vorschreibt, welches am Wohnsitz des Erblassers gilt. Der deutsche Richter wird nun unter Befolgung der Vorschrift des Art. 27 EG diese dänische Bestimmung beachten und auf die Beerbung des dänischen Erblassers deutsches inneres Recht anwenden. Er hat damit die Rückverweisung des dänischen Rechts auf das deutsche Recht berücksichtigt. Wenn der Däne seinen Wohnsitz in Frankreich gehabt hätte, würde der deutsche Richter französisches Recht anwenden (Anerkennung der sogenannten Weiterverweisung). Also, um die in dieser Materie gebräuchlichen termini technici zu erläutern: »Rückverweisung« heißt die Verweisung des durch das deutsche internationale Privatrecht berufenen fremden Rechts auf das deutsche Recht; »Weiterverweisung« heißt die Verweisung des durch das deutsche internationale Privatrecht berufenen fremden Rechts auf ein drittes Recht. Zur Bezeichnung beider wird in der internationalen Literatur und gelegentlich auch in Gerichtsurteilen der Ausdruck »Renvoi« verwandt, der der französischen Literatur entnommen ist. Dieser Ausdruck bezeichnet also Rück- oder Weiterverweisung seitens des in erster Linie berufenen fremden Rechts, nicht aber die »Verweisung« auf das in erster Linie berufene Recht (die erste Anknüpfung). Den Ausdruck »Gesamtverweisung« werde ich für jede Verweisung auf ein fremdes Recht verwenden — auch wenn es sich um die erste Anknüpfung handelt —, sofern auf das fremde Recht einschließlich seines internationalen Privatrecht verwiesen wird; diese Bezeichnung ist schon durch die Ausdrucksweise des Reichsgerichts in Deutschland in diesem Sinne ein technischer Begriff geworden.

§ 134. Vergleichen wir die Geschichte des internationalen Privatrechts im allgemeinen mit der des Renvoi, so sehen wir, daß die Regeln über den Renvoi erheblich jünger sind als die meisten andern Regeln dieses Rechtsgebietes.

Freilich wurde schon sehr früh fremdes internationales Privatrecht praktisch berücksichtigt: der französische Advokat Froland (17. Jahrhundert) berichtet von zwei Entscheidungen des Parlaments zu Rouen aus den Jahren 1652 und 1663, in welchen dieses Gericht die Rückverweisung des internationalen Privatrechts anderer französischer Rechtsgebiete auf das Recht der Normandie angenommen und demnach der Entscheidung das materielle Recht der Normandie zugrunde gelegt hat, obwohl nach den Konfliktsgrundsätzen, wie sie sonst vom Parlament von Rouen angewandt wurden, das Recht jener anderen Rechtsgebiete maßgebend gewesen wäre [1]. Das ist, soweit sich feststellen läßt, die erste Anwendung fremden internationalen Privatrechts. Seit dem Beginn des 19. Jahrhunderts mehren sich die Urteile, in denen auf Grund fremden internationalen Privatrechts entschieden wird. Die englische Rechtsprechung geht voran [2]. In Deutschland werden Vorschriften eines fremden inter-

[1]) Entnommen aus Niboyet, Revue 1926 S. 20 ff.

[2]) 1841 Collier v. Rivaz; 1844 Maltass v. Maltass; 1847 Frere v. Frere; 1857 Bremen v. Freeman; 1859 Crookenden v. Fuller; 1860 Laneuville v. Anderson; 1861 Onslow v. Cannon; 1877 Lacroix, in Goods of; 1887 Trufort, In re;

nationalen Privatrechts, soweit ich feststellen kann, zuerst in einer Entscheidung des Oberappellationsgerichts Lübeck vom 21. 3. 1861 angewandt [1]). Aber die Wissenschaft — wenigstens die kontinentale — beachtete dieses Rechtsphänomen lange nicht. Das änderte sich erst, als der französische Kassationshof — im Jahre 1878 — folgenden Fall entschieden hatte: Ein in Frankreich dauernd lebender, aber im Sinne des damaligen französischen Rechtes nicht zum Wohnsitz zugelassener, in Bayern unehelich geborener Bayer namens Forgo war ohne Hinterlassung eines Testamentes gestorben. Nach innerem französischem Recht hatte er keine Verwandten hinterlassen, denn nach dem code civil ist ein uneheliches Kind, wenn nicht anerkannt, mit den Verwandten der Mutter nicht verwandt. Aber nach bayrischem Recht bestand eine solche Verwandtschaft. Da Forgo in Frankreich nicht »admis à domicile« war, so war nach französischem internationalem Privatrecht für seine Beerbung das bayrische Recht maßgebend. Nach diesem aber war das französische Recht anzuwenden, weil das bayrische internationale Privatrecht für die Beerbung das Domizilprinzip zugrunde legte und nach bayrischen Rechtsbegriffen Forgos letztes Domizil in Frankreich war. Wegen dieser Rückverweisung des bayrischen Rechts hat der Kassationshof auf Forgos Beerbung französisches inneres Recht angewandt [2]). Jetzt wurde endlich die Theorie darauf aufmerksam, daß es sich bei der Frage,

1892 Queensland Mercantile and Agency Co., In re; 1894 Brown-Séguard, in Goods of; 1900 Loustalan v. Loustalan; 1906 Armitage v. Attorney-General; 1906 Beer v. Bell; 1918 Guaranty Trust Co. of N. Y. v. Hannay; 1925 Bartlett v. Bartlett; 1926 Davidson v. Annesley. Diese Entscheidungen sind zitiert bei Dicey S. 812 Anm. g. Dazu 1928 Re Achilopoulos, Johnson v. Mavromichali and others, ZAIP 1930 S. 385 f.; 1929 Roß v. Waterfield, Times Law Reports Bd. 46 S. 61 ff., ZAIP 1930 S. 824; 1930 Marjoribanks v. Askew, Times Law Reports Bd. 46 S. 539, ZAIP 1931 S. 422. 1931 Collins v. Attorney-General 12. 6. 1931, Times Law Reports Bd. 47 S. 484. Diese Rechtsprechung schließt sich an Entscheidungen an, in denen das Gericht nicht die Verweisung des zunächst berufenen Rechts selbst festgestellt, sondern das Verfahren über die streitige Rechtsfrage ausgesetzt hatte, damit erst die Entscheidung eines Gerichts des Staates, dessen Recht berufen war, eingeholt werde; auch auf diese Weise wurde im Ergebnis der Renvoi beachtet, weil natürlich das ausländische Gericht sein eigenes internationales Privatrecht zugrunde legte: 1815 Mare v. Nasmith; 1838 De Bonneval v. De Bonneval. Vgl. Westlake S. 35 f. Der Darstellung Raapes, Art. 27 G III 9, wonach die Frage der Anerkennung des Renvoi in England noch unentschieden sei, kann ich nicht zustimmen.

[1]) SA Bd. 14 Nr. 107, auszugsweise wiedergegeben bei v. Bar Bd. I S. 280 Anm. 45 (Erbfolge in den Nachlaß eines in Mainz — rheinisches Recht — ohne Staatserlaubnis wohnhaft gewesenen Frankfurter Bürgers).

[2]) Clunet 1881 S. 61; ausführlich besprochen von Lainé, Revue 1906 S. 615 bis S. 628.

ob fremdes internationales Privatrecht angewandt werden solle, um ein allgemeines Problem von größter praktischer Bedeutung handelt. Seitdem ist eine umfangreiche Literatur zur Lehre vom Renvoi entstanden, und in vielen Ländern haben Gesetzgebung und Rechtsprechung eine Stellung zu ihr eingenommen.

§ 135. In Deutschland[1]) ist der Renvoi gegenwärtig als allgemeines Prinzip anerkannt. In der Mehrzahl der großen fremden Rechtsgebiete gilt ebenfalls — in größerem oder geringerem Umfange — der Grundsatz, daß der Renvoi beachtet werden muß. Mehrfach ist dies durch Gesetz festgelegt, wenn auch nur für einzelne Rechtsmaterien[2]).

---

[1]) Vgl. unten §§ 139 ff. S. 207 ff.

[2]) Deutschland: Art. 27 EG. China: Art. 4 des chinesischen Gesetzes betreffend Anwendung ausländischer Gesetze vom 5. 8. 1918 (Clunet 1920 S. 775) bestimmt, daß chinesisches Recht dann anzuwenden ist, wenn das Heimatsrecht, welches nach chinesischem Recht zunächst berufen ist, die Anwendung des chinesischen Rechts vorschreibt, Makarov S. 20. Japan: Art. 29 des japanischen Gesetzes vom 15. 6. 1898 über internationales Privatrecht enthält dieselbe Vorschrift wie Art. 4 des obengenannten chinesischen Gesetzes, Clunet 1901 S. 639 ff., Makarov S. 86. Liechtenstein: Art. 13 Abs. 2 des Sachenrechtsgesetzes vom 31. 12. 1922, betr. Verpfändung von Rechten, Makarov S. 103, Art. 45 des Personen- und Gesellschaftsrechtsgesetzes vom 20. 1. 1926, Makarov S. 97, § 70 der Einführungsbestimmungen zu diesem Gesetze, vgl. Wahle, ZAIP 1928 S. 137. Palästina: Art. 64 der Palestine Order in Council vom 1. 9. 1922 bestimmt, daß für das Personalstatut Fremder ihr Heimatsrecht maßgebend sei, und wenn dieses auf das Recht des Wohnsitzes verweise, sei letzteres anzuwenden, Makarov S. 68. Polen: Art. 36 des Gesetzes vom 2. 8. 1926 betreffend das für internationale Privatverhältnisse geltende Recht schreibt vor, daß in den Fällen, in welchen dieses Gesetz auf ausländisches Heimatsrecht verweist und nach diesem ein anderes Recht anzuwenden ist, das andere Recht in Polen anzuwenden sei, Auslandsrecht 7. Jahrgang 1926 Spalte 244, Makarov S. 154. Einen entsprechenden Inhalt haben Art. 80 der Verordnung über das Wechselrecht vom 24. 11. 1924 und Art. 52 der Verordnung über das Scheckrecht vom gleichen Datum, Makarov S. 155, 156. Schweden: § 2 Kap. 1 des Gesetzes betreffend internationales Ehe- und Vormundschaftsrecht vom 8. 7. 1904 in der Fassung vom 6. 5. 1921 enthält die Vorschrift, daß, wenn das berufene Heimatsrecht die Anwendung eines anderen Rechts zur Bestimmung der Ehefähigkeit gestattet, dieses Recht angewendet werden kann. § 1 Kap. 2 desselben Gesetzes erklärt das Recht, dessen Anwendung das Heimatsrecht gestattet, für anwendbar, sofern nach ihm ein Ehehindernis nicht besteht, Bergmann S. 602, 604; Makarov S. 175, 177. Schweiz: Art. 28 des Bundesgesetzes betreffend die zivilrechtlichen Verhältnisse der Niedergelassenen und Aufenthalter vom 25. 6. 1891 bestimmt, daß für die personen-, familien- und erbrechtlichen Verhältnisse der Schweizer, welche im Ausland ihren Wohnsitz haben, grundsätzlich das ausländische Recht gilt, wenn diese Schweizer nach Maßgabe des Wohnsitzrechts diesem unterworfen sind. Vgl. Stauffer »Das internationale Privatrecht der Schweiz auf Grund des Bundesgesetzes vom 25. 6. 1891 und

Auch wo eine gesetzliche Regelung fehlt, befolgt die Praxis überwiegend dieselben Grundsätze. Im folgenden wird dargestellt, welche Länder den Renvoi überhaupt anerkennen und welche dies nicht tun; wie er dort, wo man ihn anerkennt, durchgeführt wird, soll später gezeigt werden.

In England hat eine lange Folge von Entscheidungen, die sich über bald hundert Jahre erstrecken [1]), den Renvoi in weitestem Umfange anerkannt. Die französische Praxis befolgt in der großen Mehrheit ihrer Entscheidungen den Renvoi im Falle der Rückverweisung [2]). Ferner wird der Renvoi in mehr oder weniger

---

10. 12. 1907« S. 117; Makarov S. 191. Über die Bedeutung dieser Vorschrift wird weiter unten gesprochen werden. Tschechoslowakei: § 60 des Entwurfs des Bürgerlichen Gesetzbuchs enthält eine dem deutschen Art. 27 EG nachgebildete Renvoiregel, Makarov S. 222. Ungarn: § 108 des Gesetzes Art. XXXI vom Jahre 1894 über das Eherecht bestimmt, daß für die Gültigkeit einer Eheschließung das Recht der Staatsangehörigkeit maßgebend ist, sofern dieses nicht die Anwendung eines anderen Gesetzes anordnet. Bergmann, Internationales Ehe- und Kindschaftsrecht Bd. II S. 712; Makarov S. 224; Rép. Bd. VI unter »Hongrie« Nr. 61 — Vgl. auch Nr. 1 des Schlußprotokolls zum österreichisch-polnischen Vertrag über den wechselseitigen rechtlichen Verkehr vom 19. 3. 1924. Hiernach ist, soweit das nach dem Vertrage maßgebende Recht auf ein anderes verweist, dieses anzuwenden, Makarov S. 281.

[1]) Vgl. § 134 S. 194 Anm. 2.

[2]) Vgl. statt vieler Niboyet Nr. 403 S. 479. Niboyet sagt u. a.: »Sur une soixantaine de décisions on en compte seulement quelques unes qui rejettent le renvoi«. Von neueren Entscheidungen haben Tribunal Civil de la Seine 14. 3. 1928, Bul. Bd. 19 Nr. 5816, und Cour d'Appel de Douai 26. 3. 1929, Revue 1929 S. 500 ff. = Clunet 1929 S. 1329, den Renvoi abgelehnt, Cour d'Appel Paris 10. 5. 1929, Clunet 1930 S. 405 ff. = Revue 1930 S. 126 = Bul. Bd. 21 Nr. 6150, ihn anerkannt. Potu S. 69 behauptet, daß die französische Rechtsprechung auch die Weiterverweisung anerkenne. Das ist, so viel ich sehe, nicht zutreffend; es ergibt sich jedenfalls nicht aus den von Potu angeführten Entscheidungen. Raape Art. 27 G III 1 b bestreitet, daß in Frankreich die Rückverweisung eines fremden Rechts auch da anerkannt werde, wo dieses als lex rei sitae berufen ist. Allein dem Urteil der Cour d'Appel Aix 19. 7. 1906, Revue 1908 S. 805 ff., das in einem solchen Falle — wie auch schon das Urteil der ersten Instanz, des Tribunal Marseille — den Renvoi anerkannt hat, steht, soviel ich sehe, keine widersprechende Entscheidung entgegen. Auch Niboyet Nr. 403 S. 480 nimmt an, daß die Rückverweisung nach dem von der Mehrheit der Entscheidungen eingenommenen Standpunkt in allen Fällen anzuerkennen sei. Schon Potu S. 75 gibt an, daß eine irgendwie vermittelnde, z. B. die verschiedenen Rechtsmaterien unterschiedlich behandelnde Meinung in der Rechtsprechung nicht vertreten worden sei. Endlich ist m. E. kennzeichnend für die Stellungnahme der französischen Rechtsprechung zum Renvoi, daß sogar in Fragen der gerichtlichen Zuständigkeit der Rückverweisung des ausländischen Rechts Folge gegeben wird. Vgl. Niboyet Nr. 404

weitem Umfange anerkannt von den Gerichten Argentiniens [1]), Belgiens [2]), Brasiliens [3]), Bulgariens [4]), Luxemburgs [5]), Norwegens [6]), anscheinend auch Portugals [7]), Spaniens [8]), Rumäniens [9]) und Venezuelas [10]). Die türkischen Gerichte werden, wenn die Frage vor sie gebracht wird, wie von türkischer Seite angenommen wird [11]), wahrscheinlich die Rückverweisung anerkennen. In Österreich hatte eine Entscheidung des Obersten Gerichtshofs von 1924 [12]) den Renvoi grundsätzlich abgelehnt. Nach einer neueren Entscheidung desselben Gerichts aber ist zwar nicht die Rückverweisung, wohl aber die Weiterverweisung zu beachten [13]). Für die Schweiz [14]) liegen einander widersprechende Entscheidungen vor. In den Niederlanden fehlt neuere Rechtsprechung zum Renvoi so gut wie völlig [15]). In Niederländisch-Indien dagegen hat ein Urteil aus dem Jahre 1925 [16])

S. 480 f. Meine Auffassung von der Bedeutung der eben angeführten Urteile teilt offenbar auch Lewald, Recueil Bd. 29 S. 541.

[1]) Weiß-Zeballos Bd. I S. 551 in der Fußnote.

[2]) Poullet Nr. 256 und Anm. 1 auf S. 311 f.; Janne, Rép. Bd. VI unter »Belgique« Nr. 40.

[3]) Bevilaqua, Revue 1920 S. 335 Nr. 27 und Rép. Bd. VI unter »Brésil« Nr. 51.

[4]) Ghénov, Rép. Bd. VI unter »Bulgarie« Nr. 56: Jeder Renvoi des Heimatsrechts wird anerkannt.

[5]) Tribunal d'Arrondissement Diekirch 22. 2. 1900, vgl. Potu S. 139.

[6]) Christiansen, Rép. Bd. VI unter »Norvège« Nr. 69.

[7]) Zivilgericht Lissabon 6. 4. 1907, Clunet 1908 S. 367.

[8]) Trias de Bes, Rép. Bd. VI unter »Espagne« Nr. 46 und ein Gericht in Barcelona 3. 9. 1900, Clunet 1901 S. 905.

[9]) Berufungsgericht Bukarest 1. 2. 1902, Clunet 1922 S. 198; Plastara, Rép. Bd. VII unter »Roumanie« Nr. 131. Dagegen Gericht Jassy 20. 7. 1921, Clunet 1922 S. 196.

[10]) Oberster Distriktshof Caracas 24. 11. 1906, Clunet 1907 S. 527.

[11]) Salem, Rép. Bd. VII unter »Turquie« Nr. 200 f.

[12]) 8. 1. 1924, vgl. Kössler JW 1931 S. 166 f.

[13]) 2. 5. 1929, JW 1931 S. 166 ff.

[14]) Meili Bd. I S. 169; Potu S. 119; Petitpierre, Rép. Bd. VII unter »Suisse« Nr 110 ff.

[15]) Aus der Rechtsprechung der ordentlichen Gerichte ist mir nur bekannt: Rechtbank Utrecht 4. 4. 1928, nicht veröffentlicht, lehnt den Renvoi ab. Vgl. ferner die Entscheidung des Schiedsgerichts des Zentralrats des Graphischen- und Buchgewerbes vom 27. 8. 1925, Arbitrale Rechtspraak 89 (vgl. Praag S. 16), welche den Renvoi anerkennt. — 1855/56 wurde der Renvoi in einer Sache in erster Instanz anerkannt, in zweiter abgelehnt. Rechtbank Zutphen 15. 2. 1855 und Hof van Gelderland 6. 5. 1856. Kosters, S. 142.

[16]) Raad van Justitie Medan 4. 12. 1925, Indisch Tydschrift van het Recht 124 S. 242; vgl. Praag S. 16.

den Renvoi angewandt. Zweifelhaft ist die Rechtslage in den Vereinigten Staaten. Nur in einer mir bekannten Entscheidung ist die Frage der Zulassung des Renvoi theoretisch untersucht worden [1]). Diese Entscheidung lehnt den Renvoi ab. Andere Urteile scheinen den Renvoi angewandt zu haben, ohne jedoch auf die Zweifelsfrage ausdrücklich einzugehen [2]). In Dänemark ist der Renvoi bisher weder in der Rechtsprechung noch in der Literatur anerkannt [3]). Die griechische Rechtsprechung lehnt die Anerkennung des Renvoi ab [4]); ebenso die Mehrheit der italienischen höchstrichterlichen Entscheidungen, insbesondere der neueren [5]) — dem neugebildeten königlichen Kassationshof hat, soviel mir bekannt, noch kein Renvoifall zur Entscheidung vorgelegen [6]). Auch in Japan [7]) und Ungarn [8]) scheint die Rechtsprechung den Renvoi außerhalb des Bereichs, in dem seine Anerkennung gesetzlich vorgeschrieben ist, zu verwerfen. Für Rußland macht die allgemeine Tendenz der Sowjetgesetzgebung es sehr wahrscheinlich, daß der Renvoi jedesmal dann beachtet wird, wenn dadurch russisches Recht zur Anwendung gebracht werden kann [9]).

§ 136. Ich halte es für ganz ausgeschlossen, daß eine international übereinstimmende Lösung in der Frage des Renvoi gefunden werden kann. Die Motive der Lösung müssen nach der Verschiedenheit des inneren Rechts, nach der Zusammensetzung der Bevölkerung,

---

[1]) Surrogate Court New York 15. 9. 1919, Z Bd. 28 S. 507 ff., insbes. S. 516. Vgl. Lorenzen Rép. Bd. VI unter »États Unis d'Amérique« Nr. 40.

[2]) Lorenzen a. a. O. Nr. 41 ff.; United States District Court, District of Massachussets 3. 7. 1923, Bul. Bd. 10 Nr. 2921. Vgl. ferner über die Rechtsprechung in den Vereinigten Staaten Potu S. 133 und Lorenzen, Clunet 1911 S. 21 ff. Nach dem amerikanischen »Restatement« Section 7 und 8 soll der Renvoi nur anerkannt werden für »a question of marital status or of title to land«.

[3]) Borum und Meyer, Rép. Bd. VI unter »Danemark« Nr. 9. Ebenso Raape Art. 27 G III 7 mit Federspiel »Den Internationale Privatrecht I Danmark« 1909 S. 218.

[4]) Streit, Recueil Bd. 20 S. 94 ff.; Carabiber, Rep. Bd. VI unter »Grèce« Nr. 60.

[5]) Diena, Recueil Bd. 17 S. 391; Udina, Rép. Bd. VI unter »Italie« Nr. 101.

[6]) Die Entscheidung vom 13. 7. 1925, ZAIP 1927 S. 650, hat keine Bedeutung für das italienische Renvoirecht.

[7]) Yamada, Rép. Bd. VI unter »Japon« Nr. 90. Danach wird jedenfalls keine Weiterverweisung anerkannt.

[8]) Rép. Bd. VI unter »Hongrie« Nr. 61.

[9]) Stoupnitzky, Revue 1927 S. 437 Anm. 1 und Rép. Bd. VII unter »Sovjets« Nr. 139, mit Pereterski »Etudes de droit international privé«, herausgegeben vom Institut für Sowjetrecht Moskau 1925 S. 40.

nach den sonstigen Grundsätzen eines Landes über internationales Privatrecht, ja schließlich nach dem, was der Gesetzgeber seinen Richtern an geistiger Arbeit zumuten will, so verschieden sein, daß eine allgemeine Beantwortung sich verbietet.

Im allgemeinen hat die Praxis den Renvoi schon darum gerne anerkannt, weil hierdurch die Anwendung fremden Rechts mit ihren Schwierigkeiten und Irrtumsgefahren verringert wird.

Die gegenteilige Tendenz, nämlich die, den Renvoi vollkommen abzulehnen, ist wohl am stärksten in Italien, wo die Lehre von der Staatsangehörigkeit am orthodoxesten bewahrt ist. Es kommt noch hinzu, daß die Vorbestimmungen zum italienischen BGB, die die Grundlagen des italienischen internationalen Privatrechts bilden, mehr sein wollen, als nur Vorschriften für den italienischen Richter zur Lösung örtlicher Rechtskonflikte. Sie sind bewußt so abgefaßt, daß sie die Grundlage für ein Weltrecht wenigstens für die Völker bilden könnten, die ein einheitliches nationales Recht haben. Sie sind eine Aufforderung an die zivilisierte Menschheit, sich demselben System anzuschließen. Ihr Verfasser, Mancini — in erster Linie Politiker und erst in zweiter Linie Jurist — hat seine Lehre deutlich genug der ganzen Welt als Grundlage des internationalen Privatrechts empfohlen [1]), nachdem schon von Beginn der sechziger Jahre des vorigen Jahrhunderts ab Italien unter Mancinis Einfluß eine internationale Regelung des internationalen Privatrechts herbeizuführen versucht hatte [2]). Es ist somit begreiflich, daß ein Recht wie das italienische internationale Privatrecht — überzeugt von seiner Vorbildlichkeit und internationalen Verwertbarkeit — wenig geneigt ist, fremdem abweichendem internationalen Privatrecht Zugeständnisse zu machen.

Die Länder, die das Personalstatut nach dem Wohnsitz bestimmen, wie England und die Vereinigten Staaten, haben ein erheblich geringeres Interesse an der Zulassung des Renvoi als die Länder mit Staatsangehörigkeitsprinzip. Wenn trotzdem in England der Renvoi im weitesten Umfang berücksichtigt wird, so erklärt sich das aus einer Eigentümlichkeit des älteren englischen internationalen Privatrechts, die die Anerkennung des Renvoi zur

---

[1]) Vgl. den berühmten Aufsatz Mancinis »De l'utilité de rendre obligatoires pour tous les États, sous la forme d'un ou de plusieurs traités internationaux, un certain nombre de règles générales du droit international privé pour assurer la décision uniforme des conflits entre les différentes législations civiles et criminelles« in Clunet 1874 S. 221 ff. und S. 285 ff.

[2]) Vgl. Laurent, Droit Civil international, 1880 Teil I S. 658 Nr. 446.

Vermeidung scharfer Unbilligkeiten erforderlich machte. Im englischen Recht galt der Grundsatz, daß ein Testament nur gültig sei, wenn es in den Formen des Wohnsitzrechtes errichtet war. Anders als in dem größten Teil der übrigen Welt ließ man die Wahrung der Form des Errichtungsortes nicht genügen. Die Folge der strikten Durchführung dieses Grundsatzes wäre die Ungültigkeit einer großen Anzahl von Testamenten gewesen, die die Erblasser in gutem Glauben an die Maßgeblichkeit der Form des Errichtungsorts errichtet hatten. Diese üblen Folgen der ausschließlichen Maßgeblichkeit des Wohnsitzrechts hat das englische Recht weitgehend dadurch gemildert, daß es eine Verweisung des Wohnsitzrechts auf das Recht des Errichtungsortes anerkannte [1]). Der Zweck dieser Anerkennung war nicht die Mehranwendung englischen Rechts, sondern der Wunsch, Härten zu vermeiden. Das englische Renvoirecht nahm also nicht die Rückverweisung auf das eigene Recht, sondern die Weiterverweisung auf ein fremdes Recht zuerst zum Gegenstand.

In den Vereinigten Staaten lag nicht dasselbe praktische Bedürfnis für die Anerkennung des Renvoi vor wie in England. Das internationale Privatrecht der Vereinigten Staaten berücksichtigt nicht in dem Maße wie das englische Recht den wirklich internationalen Verkehr; seine Hauptaufgabe ist die Bestimmung des örtlichen Rechts im Verkehr der einzelnen Staaten der Union untereinander. Innerhalb dieser aber erheben sich nicht leicht solche Konflikte wie diejenigen, die den Entstehungsgrund der englischen Renvoi-Lehre bilden. Denn die Verschiedenheit der Kollisionsnormen der Einzelstaaten geht nicht sehr weit. Daraus erklärt sich, daß ein klares Renvoi-Recht in den Vereinigten Staaten sich bisher nicht entwickelt hat.

§ 137. Gegen die Praxis, die den Renvoi beachtet, nimmt in den meisten Ländern die Theorie Stellung. Die große Mehrheit der kontinentalen Theoretiker bekämpft den Renvoi, als ob es sich um die Ausrottung einer das ganze internationale Privatrecht bedrohenden, unlogischen und verwerflichen Idee handle.

Für Deutschland müssen wir bei den einzelnen Schriftstellern genau unterscheiden zwischen ihrer Stellungnahme zum Renvoi im allgemeinen und ihrer Auffassung darüber, was im deutschen Rechte gilt. Prinzipielle Gegner des Renvoi sind Gebhard [2]), Kahn [3]),

---

[1]) Vgl. Westlake S. 35 f.

[2]) Vgl. die Gebhardschen Materialien S. 252.

[3]) Bd. I S. 6 ff., 124 ff.

Zitelmann [1]), Niedner [2]), Kuhlenbeck [3]), Barazetti [4]), Niemeyer [5]), Levis [6]), Beer [7]), Silberschmidt [8]), Habicht [9]), Neumeyer [10]), Walker [11]), Walther Lewald [12]), Ernst Isay [13]), Hans Lewald [14]) und Gutzwiller [15]). Neubecker [16]) erklärt sich gegen den Renvoi als allgemeines Prinzip, tritt aber dafür ein, daß, wo das Nationalitätsprinzip befolgt wird, der Renvoi (auch die Weiterverweisung) des Heimatsrechts anerkannt werde. Was das geltende deutsche Recht betrifft, wollen [17]) Kahn, Niedner, Kuhlenbeck, Levis, Beer und Silberschmidt die Vorschrift des Art. 27 EG nur für die Fälle gelten lassen, die im Art. 27 angeführt sind. Barazetti, Niemeyer, Habicht, Neumeyer, Walker, Hans Lewald und Gutzwiller wollen die Anwendung des Art. 27 auf alle Fälle ausdehnen, in denen die lex patriae zurückverweist [18]).

---

[1]) Bd. I S. 238 ff.

[2]) Anmerkungen zu Art. 27 EG.

[3]) Staudinger-Kuhlenbeck Art. 27 EG Anm. II.

[4]) S. 11 ff.

[5]) S. 74 ff.

[6]) S. 11 ff. und Z Bd. 20 S. 85.

[7]) Recht 1907 Sp. 103 ff., Festschrift f. Zitelmann S. 29.

[8]) Z Bd. 8 S. 101.

[9]) S. 207 ff.

[10]) Bd. I S. 412; I. Pr. R. S. 11.

[11]) S. 227 ff.

[12]) JW 1926 S. 2817; 1931 S. 117; 1932 S. 565.

[13]) JW 1928 S. 1172 ff.

[14]) Lewald Nr. 16 ff. S. 14 ff., Recueil Bd. 29 S. 519 ff. (615).

[15]) S. 1579 ff.

[16]) Jahrbuch f. d. Internat. Rechtsverk. 1912/13 S. 24 f.; Ehe-Erb-Vertrag S. 267.

[17]) Soweit im Folgenden die Stellen für die einzelnen angeführten Schriftsteller nicht zitiert sind, vgl. die vorangehenden Anmerkungen.

[18]) Lewald macht jedoch erhebliche Einschränkungen, welche m. E. der gesetzlichen Regelung des Art. 27 widersprechen. Im Erbrecht will er (Nr. 352, 355 S. 288, 290) nur die Rückverweisung auf das deutsche Recht als lex domicilii gelten lassen, nicht die Rückverweisung auf das deutsche Recht als lex rei sitae. Soviel ich sehe, begründet Lewald das zunächst damit, daß der Art. 27 nur die Kollisionen zwischen Nationalitäts- und Wohnsitzprinzip ausgleichen wolle. Diese Einschränkung widerspricht m. E. dem Wortlaut des Art. 27 und wird auch nicht durch seinen Zweck erforderlich gemacht. Zweitens führt Lewald zur Begründung an, daß bei Anerkennung der Rückverweisung auf das deutsche Recht als lex rei sitae das im deutschen internationalen Erbrecht anerkannte Prinzip der Einheitlichkeit des anwendbaren Rechts verletzt werde. Diese Einheitlichkeit kann aber auch nicht erreicht werden, wenn man die Rückverweisung auf das deutsche Recht als lex domicilii für Mobilien befolgt und die im ausländischen internationalen Privatrecht häufig damit verbundene Verweisung auf die lex rei sitae (für Immobilien) nicht beachtet. Die deutsche Rechtsprechung hat stets angenommen, daß der

Neubecker will auch im Falle der Weiterverweisung des Heimatsrechts dem Art. 27 entsprechend entscheiden. Zitelmanns [1]) Stellungnahme zum Art. 27 und der Ausdehnung seiner Vorschrift ist nicht deutlich.

Eine Mittelmeinung wird von Frankenstein vertreten, ausgehend von seinen Axiomen der primären Herrschaft des Rechts der Staatsangehörigkeit über die Menschen und des Rechts der Lage über die Sachen [2]). Dieses primär zur Herrschaft berufene Recht ist nach Frankensteins Ansicht nicht allein das materielle Recht. Dem primär herrschenden Rechtssystem gestattet er, die Personen und Sachen den materiellen Normen eines anderen Rechts durch sekundäre Anknüpfung zu unterwerfen. Aber damit endet anscheinend nach Frankensteins Ansicht der Einfluß des primär berufenen Rechts; wenigstens erklärt er es für unzulässig, daß eine weitere Rück- oder Weiterverweisung des von dem primär zuständigen Recht durch sekundäre Anknüpfung berufenen zweiten Rechts befolgt wird, ohne darauf abzustellen, ob etwa das primär berufene Recht dem sekundär berufenen Recht eine weitere Delegation gestatten will [3]). Dieselbe Auffassung wird von ihm in einer Besprechung eines Kammergerichtsurteiles vom 27. 5. 1927 vertreten [4]).

Einer der ersten Anhänger der Lehre von der Beachtlichkeit des Renvoi war v. Bar. In seinem Werke »Theorie und Praxis« von 1889 vertritt er eine Meinung, die praktisch darauf hinauskommt, daß der Renvoi des Heimatsrechts auf das Wohnsitzrecht befolgt werden solle [5]). Auch in seinem Lehrbuch von 1892 nimmt v. Bar zur Frage des Renvoi Stellung [6]). Er stimmt hier dem § 31 des Gebhardschen Entwurfs, der dem Art. 27 im wesentlichen gleich ist, zu.

Fall der Rückverweisung auf das deutsche Recht als lex rei sitae von Art. 27 unmittelbar mitbetroffen wird. Vgl. z. B. RG 31. 5. 1906, RG Bd. 63 S. 356 ff.; KG 13. 5. 1912, Soergel 1912 zu Art. 25 EG.; Bayr. ObLG 19. 6. 1913, ROLG Bd. 32 S. 88. In den beiden letztgenannten Entscheidungen wird ausdrücklich ausgeführt, daß der Grundsatz der Gesamterbfolge durch das internationale Privatrecht durchbrochen werden könne. — Auch für Fragen der Geschäftsfähigkeit will Lewald (Nr. 66 S. 54) die Rückverweisung gemäß Art. 27 nur anerkennen, wenn das deutsche Recht als lex domicilii berufen wird. Für Fragen der Eheschließung und des Ehegüterrechts macht Lewald diese Einschränkung nicht (Nr. 104, 137 S. 78, 100). Im Ehescheidungsrecht nimmt Lewald (Nr. 156 S. 110) an, daß der Art. 27 auch eingreife, wenn das Heimatsrecht auf das deutsche Recht als lex fori zurückweist.

[1]) Vgl. Bd. I S. 244 ff.

[2]) Bd. I S. 53 ff.

[3]) Bd. I S. 53 zu Anm. 14 und S. 56 zu Anm. 16a.

[4]) JW 1928 S. 918 f.

[5]) Bd. I S. 279 f.

[6]) S. 49 in Anm. 5 zu S. 48.

In einer Abhandlung aus dem Jahre 1898 [1]) spricht er sich für Anerkennung des Renvoi aus, jedoch, wie es scheint, mit einer Einschränkung für das Obligationenrecht. Ein kurzer Aufsatz von Schnell aus demselben Jahre [2]) tritt ebenfalls für die Anerkennung des Renvoi ein. Neumann nimmt praktisch in seinen Kompetenzerörterungen [3]) im wesentlichen denselben Standpunkt ein. Der Kommentar der Reichsgerichtsräte zum BGB bezeichnet Anerkennung der Rückverweisung und Weiterverweisung als grundsätzlich geboten [4]), macht aber eine Ausnahme bezüglich des Vertragsrechtes [5]). Eine ähnliche Stellung nimmt der Verfasser eines Artikels unter »Mitteilungen« in den BIIP von 1927 ein [6]). Staubs Kommentar [7]) erkennt im allgemeinen die Rückverweisung, aber nicht die Weiterverweisung an; ebenso ein Aufsatz von Hölder aus dem Jahre 1909 [8]); Raape [9]) nimmt zwar als Grundsatz an, daß die Verweisungen nur auf die Sachnormen des fremden Rechts gehen, erkennt aber Rück- und Weiterverweisungen an, wenn das fremde Recht als lex patriae berufen ist, und hält für »ernstlich zu erwägen«, ob dasselbe für das fremde Recht als lex rei sitae gelten soll. Enneccerus [10]) billigt im vollsten Umfange die Renvoilehre, wie sie vom Reichsgericht gefaßt wird. Auch Geiler [11]) stimmt der allgemeinen Durchführung des Grundsatzes der Gesamtverweisung zu.

§ 138. Im Ausland [12]) hat sich am eingehendsten die französische Literatur mit dem Renvoi beschäftigt. Auch hier ist die allge-

---

[1]) Z Bd. 8 S. 177 ff., 185 Anm. 11 a.

[2]) Z Bd. 5 S. 337 ff.

[3]) S. 49 f.

[4]) Bem. 7 vor § 1; Bem. 6 vor § 1616.

[5]) In Bem. 7 vor § 1 wird gesagt: »Ist nicht festzustellen, daß die Parteien die allgemeine einheitliche Anwendung eines der beiden in Betracht kommenden Rechte für die beiderseitigen Verpflichtungen gewollt haben, so ist in der Regel das Recht des für die streitige Verpflichtung bestehenden Erfüllungsortes als vereinbart anzusehen«. Nach der Stellung dieses Satzes innerhalb der Ausführungen des Kommentars und nach seinem Wortlaut ist anzunehmen, daß der Reichsgerichtskommentar, falls der Parteiwille nicht festzustellen ist, die Sachnormen des Erfüllungsortes als vereinbart betrachtet, also Rück- und Weiterverweisung ablehnen will.

[6]) Sp. 264 f.

[7]) Anhang zu § 372 Anm. 5, 11 (auch für das Vertragsrecht).

[8]) Z Bd. 19 S. 198 ff.

[9]) Einl. E VI 2, Art. 27 B I.

[10]) Bd. 1 § 59 II und § 60 III, IV.

[11]) Düringer-Hachenburg, Bd. 1 Allgemeine Einleitung Anm. 13.

[12]) Für die ausländische Literatur bis 1913 vgl. die Zusammenstellung bei Potu S. V ff.

meine Tendenz renvoifeindlich [1]). Von den neueren Schriftstellern tritt Weiß [2]) für die — wenn auch beschränkte — Anwendung des Renvoi ein. Lerebours-Pigeonnière [3]) folgt der Meinung, welche v. Bar in seinem Werk von 1889 [4]) vertreten hat. Von den Italienern spricht sich Fiore [5]) in gewissem Umfange für den Renvoi aus. Diena [6]) und Anzilotti [7]) erklären sich gegen den Renvoi. Ebenso die Holländer Kosters [8]), Mulder [9]), Eras [10]) und Jitta [11]), der Schweizer Petitpierre [12]), der Rumäne Plastara [13]), der Grieche Streit [14]), der Argentinier Vico [15]) und der Kubaner Bustamante [16]). Der Belgier Poullet [17]), der Spanier Torres Campos [18]), der Bulgare Ghenov [19]) und der Guatemalteke Matos [20]) sind Anhänger der Renvoilehre.

In der Methode der Behandlung des Renvoiproblems unterscheiden sich die angelsächsischen Schriftsteller — hier wie sonst — von den »kontinentalen«. Bei ihnen liegt der Schwerpunkt stets in der Prüfung der gerichtlichen Praxis Englands und Amerikas. Die allgemeinen Gesichtspunkte scheiden nicht aus, stehen aber erst in zweiter Linie. Es ist interessant zu beobachten, wie ein hervorragender englischer Schriftsteller, schon bevor die Wissenschaft

---

1) Neuere Literatur: Valéry S. 604 ff.; Pillet Bd. I S. 529 ff. und Principes S. 154; Arminjon Bd. I S. 149 ff.; Niboyet S. 484 ff.; Bartin S. 205 ff.; Labbé, zitiert in Weiß Manuel S. 387 f.; Lainé, Revue 1906 S. 605 ff., 1907 S. 43 ff., 313 ff., 1908 S. 729 ff., 1909 S. 12 ff.

2) Traité Bd. III S. 82 ff.; Manuel S. 388.

3) S. 240 ff. und Clunet 1924 S. 877 ff.

4) Bd. I S. 279 f.

5) Droit international privé (Übersetzung von Antoine) Teil III Nr. 1337 ff.

6) Principi zweiter Teil S. 69 ff. und Recueil Bd. 17 S. 391.

7) Rivista 1906 S. 574 und Corso S. 103 ff.

8) S. 135 ff.

9) S. 88 ff.

10) »De Overeenkomst in het internationale privaatrecht« Den Haag 1928 S. 59 f.

11) S. 67 ff. Jedoch meint Jitta, daß die Anerkennung des Renvoi geeignet sei, in einigen Fällen Mängel der Kollisionsvorschriften unschädlich zu machen.

12) Rép. Bd. VII unter »Suisse« Nr. 113.

13) Rép. Bd. VII unter »Roumanie« Nr. 136.

14) Recueil Bd. 20 S. 94 ff.

15) Bd. I Nr. 221 ff. S. 173 ff.

16) »La Autarquia Personal« Habana 1914 S. 114 f.

17) S. 311 f.

18) S. 117.

19) Rép. Bd. VI unter »Bulgarie« Nr. 56.

20) Nr. 77 S. 125.

den Renvoibegriff klar formuliert hatte, ihm nahegekommen ist. Zu einer Zeit, als die Entscheidung des französischen Kassationshofes im Forgo-Fall zwar schon ergangen, aber in ihrer Bedeutung noch nicht einmal in Frankreich erkannt war, hat Dicey [1]) ausgesprochen, daß es auf die fremde »rule applicable to the particular case« ankomme, und ferner: "the object of our court is to deal with such a will" (wenn es sich um Formfragen bei fremdem Wohnsitz handelt) "exactly as the court of the domicile would deal with it". Die Frage, ob ein Testament richtig vollzogen ist, muß nach dem Domizilrecht des Testators beurteilt werden. "But note that the law of the testator's domicile means the law or rule applicable to the particular case". Jeder dieser Sätze erkennt den Renvoi an; denn den Rechtsstreit so entscheiden, wie der fremde Richter denselben Fall entscheiden würde, bedeutet, den Renvoi anwenden, sobald zwischen der lex fori und dem durch sie berufenen Recht eine Verschiedenheit der örtlichen Konfliktsnormen besteht. Nachdem die kontinentale Literatur einen kleinen weiteren Schritt in der Erkenntnis des Problems gemacht und den Begriff des Renvoi ausdrücklich aufgestellt hatte, hat Dicey sich — selbstverständlich — für Anerkennung des Renvoi ausgesprochen. Ebenso Westlake [2]) Bentwich [3]) und Sewell [4]). Bate [5]) dagegen erklärt — für das engliche internationale Privatrecht — die Rückverweisung für unzulässig, aber die Weiterverweisung für zulässig, weil das englische Recht an ihr nicht beteiligt sei. In dem größten modernen Gesamtwerk der amerikanischen Literatur über das internationale Privatrecht, dem Whartonschen »Conflict of Laws«, wird der Renvoi nicht erörtert. Goodrich erwähnt das Problem und behauptet, daß der Renvoi im amerikanischen Rechte nicht angewandt werden könne; er sei »out of harmony with our principles of Conflict of Laws« [6]). Mehrere andere amerikanische Schriftsteller haben sich dahin geäußert, daß der Renvoi im amerikanischen Recht keinen Platz finden könne [7]).

---

[1]) The Law of the Domicile as a branch of the Law of England, London 1879 S. 295 ff., 299 Anm. o Erläuterungen zu Rules 68, 69.

[2]) S. 38.

[3]) The Law of Domicil in its Relation to Succession and the Doctrine of Renvoi 1911 S. 64 ff.

[4]) Revue 1913 S. 231 f.

[5]) Notes on the Doctrine of Renvoi in Private International Law 1904 S. 112 f.

[6]) S. 23 ff.

[7]) Lorenzen, Rép. Bd. VI unter »Etats Unis« Nr. 44; Edgar Holt Alles,

Die sämtlichen kontinentalen Schriftsteller, mit Ausnahme derjenigen Deutschen, die sich streng auf die Auslegung des EG zum BGB beschränken, wie Niedner, Niemeyer, Habicht, erörtern die Frage der Zulässigkeit des Renvoi in erster Linie von allgemeinen Gesichtspunkten, nicht von denen eines positiven Rechts aus. Dabei zeigt sich, daß gerade die Anhänger einer möglichst internationalistischen Auffassung Gegner des Renvoi sind. Der Grund ist offenbar vielfach ähnlich dem, der die italienische Praxis gegen den Renvoi Stellung nehmen ließ: Wer das »richtige« internationale Privatrecht lehrt, ist nicht geneigt, »falschen« Sätzen Geltung zu gestatten.

§ 139. Artikel 27 des deutschen EGBGB schreibt vor [1]): »Sind nach dem Rechte eines fremden Staates, dessen Gesetze in dem Art. 7 Abs. 1, dem Art. 13 Abs. 1, dem Art. 15 Abs. 2, dem Art. 17 Abs. 1 und dem Art. 25 für maßgebend erklärt sind, die deutschen Gesetze anzuwenden, so finden diese Gesetze Anwendung«. Ich erörtere später die genaue Tragweite dieser Vorschrift. Zweierlei ist klar: sie betrifft nur den Fall der Rückverweisung, nicht den der Weiterverweisung; und sie gebietet die Beachtung der Rückverweisung nur für einzelne aufgeführte Fälle aus dem Recht der Geschäftsfähigkeit, der Eingehung der Ehe, des ehelichen Güterrechts, der Ehescheidung und der Beerbung.

Die deutsche Rechtsprechung, insbesondere die des Reichsgerichts, hatte schon vor Inkrafttreten des EGBGB in der Mehrzahl der Entscheidungen den Renvoi grundsätzlich allgemein anerkannt [2]).

Michigan Law Review Bd. 25 (1926/27) S. 174, welcher sich auf die Ansicht Lorenzens beruft; Leighton Homer Surbeck, Yale Law Journal Bd. 36 1926/27 S. 114.

[1]) Aus der Entstehungsgeschichte dieses Artikels interessiert hier, daß die Vorschrift anscheinend hauptsächlich aus folgenden zwei Gründen geschaffen wurde: Um die Kollisionen mit abweichendem ausländischem internationalem Privatrecht zu mildern und um dem deutschen inneren Recht einen größeren Anwendungsbereich zu geben, als ihm nach den übrigen Vorschriften des deutschen internationalen Privatrechts zugeteilt war. Vgl. die Begründung zu § 31 des ersten Gebhardschen Entwurfs, die Gebhardschen Materialien S. 252.

[2]) Für das gemeine Recht: RG 4. 6. 1886, Bolze Bd. 3 Nr. 28; RG 5. 7. 1894, Bolze Bd. 19 Nr. 17; RG 23. 1. 1897, RG Bd. 38 S. 140 ff. (146) = Z Bd. 7 S. 450 ff.; RG 1. 10. 1910, DJZ 1911 Sp. 91 = Recht 1910 Nr. 4210. Für das preußische Recht: RG 25. 2. 1891, Bolze Bd. 11 Nr. 18; RG 4. 2. 1892, JW 1892 S. 170 = Z Bd. 2 S. 469 f. = Bolze Bd. 15 Nr. 4 (offenbar eine preußische Sache, vgl. den Hinweis auf RG Bd. 19 S. 316); RG 3. 10. 1896, RG Bd. 38 S. 1 ff. = Z Bd. 7 S. 448. Für das rheinische und badische Recht: RG 16. 10. 1885, Bolze Bd. 2 Nr. 20; RG 27. 1. 1888, RG Bd. 20 S. 351 ff. (bestätigt OLG Darmstadt 14. 7. 1887, Clunet 1890 S. 335 ff.); RG 30. 11. 1906,

Sie hat an diesem Standpunkt festgehalten, nachdem der Art. 27 EG Gesetz geworden war. Die Verweisungen des deutschen internationalen Privatrechts werden allgemein als Gesamtverweisungen behandelt.

Das bedeutet: Wenn dem deutschen Richter die Anwendung fremden Rechts vorgeschrieben ist, muß er so entscheiden, wie ein Richter des Landes, dessen Recht die deutsche Kollisionsnorm für anwendbar erklärt, entscheiden würde, wenn ihm derselbe Fall vorgelegt wäre. Mit diesen oder ähnlichen Worten hat das Reichsgericht wiederholt die den deutschen Gerichten durch das deutsche internationale Privatrecht gestellte Aufgabe bezeichnet [1]).

Demgemäß wird die Rückverweisung auch außerhalb der im Art. 27 EG aufgeführten Fälle beachtet [2]), und zwar nicht nur wo das Heimatsrecht auf das deutsche Recht als Wohnsitzrecht zurückverweist [3]), sondern allgemein [4]). In gleichem Umfange wird auch

---

RG Bd. 64 S. 389 ff. (393 ff.); RG 11. 10. 1907, Z Bd. 19 S. 222 ff.; dahingestellt gelassen in RG 22. 9. 1891, Z Bd. 2 S. 288 f. Vergleiche auch RG 21. 9. 1889, Bolze Bd. 8 Nr. 19; ROHG 5. 3. 1877, ROHG Bd. 22 S. 86 ff. (89).

[1]) RG 15. 2. 1906, RG Bd. 62 S. 404 ff. = Z Bd. 16 S. 298 ff. = Z Bd. 20 S. 404 ff. = JW 1906 S. 219 ff. = Recht 1906 Nr. 1503; RG 30. 11. 1906, RG Bd. 64 S. 392 f. = Z Bd. 18 S. 166; RG 27. 11. 1911, RG Bd. 78 S. 48 ff. (50) = JW 1912 S. 246 f. = Z Bd. 23 S. 344 ff.; RG 8. 11. 1917, RG Bd. 91 S. 139 = JW 1918 S. 173; ebenso KG 2. 7. 1925, JW 1925 S. 2143.

[2]) Raape Art. 27 B II meint, auf die Frage, warum es dann überhaupt des Art. 27 bedurfte, sei bisher keine befriedigende Antwort gegeben. Mit Art. 27 sollte aber wohl nur die Anerkennung der Rückverweisung für einige bestimmte Fälle festgelegt, im übrigen aber der Rechtsprechung freie Hand gelassen werden, ein Verfahren, wie es entsprechend im EG bezüglich nahezu aller Teilgebiete des internationalen Privatrechts geübt wurde.

[3]) RG 15. 2. 1906, RG Bd. 62 S. 404 ff. = JW 1906 S. 219 = Z Bd. 16 S. 298 ff. = Recht 1906 Nr. 1503; RG 29. 12. 1910, WarnRspr. 1911 Nr. 126; Bayr. ObLG 13. 3. 1912, ROLG Bd. 26 S. 257 ff. = Recht 1912 Nr. 1498; KG Beschl. 17. 4. 1914, ROLG Bd. 32 S. 31 ff.; OLG Kolmar Beschl. 30. 11. 1914, ROLG Bd. 32 S. 88; OLG München 4. 12. 1915, ROLG Bd. 32 S. 31, OLG Kiel 24. 1. 1931, BliP 1931, Sp. 209 ff. = HRR 1931 Nr. 1320 = JW 1932 S. 599 f.

[4]) RG 4. 4. 1908, RG Bd. 68 S. 203 ff. (210); RG 27. 11. 1911, RG Bd. 78 S. 48 ff. = JW 1912 S. 246 f. = Z Bd. 23 S. 344 ff.; RG 17. 12. 1912, WarnRspr. 1913 S. 185 f. = Revue 1914 S. 464 ff.; RG 25. 6. 1924, Z Bd. 34 S. 459 f. = JW 1925 S. 249; RG 24. 11. 1928, RG Bd. 122 S. 316 ff. = JW 1929 S. 926 f. = ZAIP Sonderheft 1929 Nr. 61 = HRR 1929 Nr. 633, 634 = LZ 1929 Sp. 388 = HansRGZ 1929 B Nr. 29; OLG Kolmar 24. 12. 1902, Clunet 1905 S. 1060 (nicht erkennbar ob für altes oder neues internationales Privatrecht); OLG Kolmar 1. 6. 1904, Elsaß-Lothringische J. Zeitung 1904 S. 562, entnommen aus Lewald Nr. 353; OLG Kolmar 16. 12. 1905, Els. Loth. Not. Z. Bd. 26 S. 321, entnommen aus Lewald Nr. 353; OLG Kolmar 29. 11. 1907, Z Bd. 18 S. 190 f.; OLG Karlsruhe 22. 7. 1909, Bad. Rspr. 1910 S. 89, entnommen aus Lewald

die Weiterverweisung anerkannt [1]). Man kann in dieser Hinsicht schon von einem Gewohnheitsrecht sprechen [2])[3])[4]). Für das seit dem 1. Januar 1900 geltende internationale Privatrecht haben sich

Nr. 353; OLG Kolmar 23. 3. 1911, Soergel 1912 zu Art. 25 EG; OLG Kolmar 2. 4. 1912, ROLG Bd. 25 S. 399 ff.; OLG Kolmar 3. 4. 1912, Soergel 1912 in Nr. 3 zu Art. 25 EG; KG 13. 5. 1912, Soergel 1912 S. 434 zu Art. 25; Bayr. ObLG 31. 3. 1913, Bayr. ObLG Entscheidungen Bd. 14 S. 201, entnommen aus Lewald Nr. 353; Bayr. ObLG 19. 6. 1913, ROLG Bd. 32 S. 88; OLG Kolmar 30. 11. 1914, ROLG Bd. 32 S. 88 (anscheinend ein Fall ausländischen Wohnsitzes des Erblassers); KG 7. 12. 1916, JW 1916 S. 1593 f. = ROLG Bd. 34 S. 310 f. = DJZ 1917 Sp. 903; KG 22. 3. 1922, JW 1922 S. 1130 f.; KG 2. 7. 1925, JW 1925 S. 2142 ff.; anscheinend OLG München 13. 7. 1925, LZ 1925 Sp. 1281; BayrObLG 16. 10. 1925, BayrObLG Entscheidungen Bd. 24 S. 270, entnommen aus Lewald Nr. 353; OLG Karlsruhe 3. 11. 1926, Zeitschrift des Deutschen Notarvereins 1927 S. 48, entnommen aus Frankenstein Bd. II S. 223 Anm. 70; OLG Dresden 28. 3. 1927, Rspr. Aufw. 1927 S. 345 ff. (346 Sp. 1); anscheinend BayrObLG 17. 3. 1928, Neumanns Jahrbuch 1928 S. 294 Nr. 15; HansOLG 15. 5. 1931, HansRGZ 1931 B Sp. 581 ff.; Hamburger Schiedsspruch, HansRGZ 1931 B Sp. 419 ff. (422).

[1]) RG 8. 2. 1910, mitgeteilt von Lewald Nr. 233 S. 172 (das RG hat offenbar gebilligt, daß das OLG die Weiterverweisung in einer Frage des Sachenrechts beachtet hat); RG 8. 11. 1917, RG Bd. 91 S. 139 ff. = JW 1918 S. 172 ff. = Recht 1918 Nr. 96, Erbfolge in russische Grundstücke im Nachlaß eines Belgiers; RG 5. 11. 1928, JW 1929 S. 434 f. = Hans. RGZ 1929 B S. 218 = ZAIP Sonderheft 1929 Nr. 1, Erbfolge in den Nachlaß eines mit Wohnsitz in Rangoon verstorbenen Engländers; in RG 4. 4. 1908, RG Bd. 68 S. 203 ff. (210), wird als Eventualgrund dafür, daß ein Frachtvertrag dem englischen Recht unterliege, angeführt, daß das internationale Privatrecht der nicht englischen Bestimmungshäfen auf das englische Recht verweise. Für Beachtung der Weiterverweisung offenbar auch KG 22. 3. 1922, JW 1922 S. 1130 f, ferner Hamburger Schiedsspruch, Hans. RGZ 1931 B Sp. 419 ff. (422). (Schiedsspruch betreffend eine schuldrechtliche Frage — Liegegeldanspruch.)

[2]) So ausdrücklich OLG Kiel 24. 1. 1931, HRR. 1931 Nr. 1320 = BliP 1931 Sp. 209 ff. = JW 1932 S. 599 f. Nicht zutreffend ist demnach die Bemerkung von Simons, Recueil Bd. 15 S. 507, daß die neuere deutsche Rechtsprechung sich der herrschenden Doktrin anschließe, wonach der Renvoi nur in den Fällen des Art. 27 EG zu beachten sei.

[3]) Über die besonderen Gesichtspunkte, die bei Formfragen, auf dem Gebiete der Willensautonomie und im Falle von staatsvertraglichen Kollisionsnormen in Betracht kommen, vgl. unten §§ 154 ff., 159 f. S. 230 ff., 237 ff.

[4]) Unter den Gemischten Schiedsgerichtshöfen verwendet der deutsch-englische in weitem Maße die Konstruktion des Renvoi. Vgl. außer den unten § 160 S. 240 Anm. 6 mitgeteilten Entscheidungen zu § 4 der Anlage zu Art. 296 des Versailler Vertrags, die Entscheidungen vom 15. 7. und 28. und 30. 3. 1926, Recueil des Tribunaux Bd. VI S. 564 ff. (Sachenrecht); 9. 10. und 3. 11. 1925, Recueil des Tribunaux Bd. V S. 637 ff. (Erbrecht); 19. 7. 1927, Recueil des Tribunaux 1928 S. 421 ff. = JW 1928 S. 3140 (Erbrecht). Vgl. auch die Entscheidung des deutsch-polnischen Schiedsgerichtshofs vom 20. 6. 1924, Recueil des Tribunaux Bd. V S. 919.

nur einige Oberlandesgerichtsentscheidungen gegen den Renvoi erklärt [1]), zuletzt eine Entscheidung des Kammergerichts von 1927 [2])[3]).

§ 140. Das Reichsgericht stützt sich bei der Begründung seiner Stellungnahme nur gelegentlich auf die ausdehnende Auslegung des Art. 27 [4]). Die Gründe, welche das Reichsgericht bewogen haben, auch ohne Rücksicht auf Art. 27 den Renvoi in weitem Umfange anzuerkennen, sind in einer Entscheidung vom 15. 2. 1912 [5]) besonders deutlich dargelegt. Ein katholischer Österreicher hatte auf Grund österreichischen Rechts beantragt, seine mit einer Protestantin in Deutschland geschlossene Ehe für nichtig zu erklären, weil deren früherer, von ihr geschiedener Ehemann noch am Leben war. Nach dem österreichischen Hofdekret vom 17. 7. 1835 ist eine solche Ehe im Normalfall nichtig. Aber nach § 4 des österreichischen ABGB waren die österreichischen Gesetze für den

---

1) Hans. OLG 15. 6. 1906, Z Bd. 18 S. 146; OLG Nürnberg 22. 1. 1909, Z Bd. 20 S. 540 = Clunet 1913 S. 629; OLG Kolmar 14. 7. 1910, Z Bd. 20 S. 411, und 26. 1. 1911, Soergel 1912 Nr. 2 zu Art. 27 EG; Lewald Nr. 354 S. 289 zitiert OLG Köln 30. 11. 1905, Rhein. Archiv Bd. 102 I S. 155, und 27. 8. 1907, Z. f. das Not. in Rheinpreußen Bd. 52 S. 222, als Entscheidungen, die eine »Tendenz zur restriktiven Auslegung des Art. 27 EG« zeigen. In Hans. OLG 10. 7. 1905, HansGZ 1906 Bbl. S. 299 f. = Z Bd. 16 S. 335 f., das Lewald, Nr. 379 S. 314, ebenfalls gegen die Anerkennung der Rückverweisung anführt, handelte es sich um eine verfahrensrechtliche Frage, die auf Grund der deutschen verfahrensrechtlichen Vorschriften gelöst wurde, ohne daß es einer Entscheidung der internationalprivatrechtlichen Frage bedurfte.

2) 27. 5. 1927, JW 1928 S. 73 f. = ZAIP Sonderheft 1928 Nr. 8. Das KG begründet dies nur damit, daß die Aufzählung einzelner Fälle in Art. 27 verbiete, die Anerkennung des Renvoi auf andere Fälle auszudehnen.

3) Zum alten Recht sind mehrere Entscheidungen des Reichsgerichts ergangen, die den Renvoi ablehnen. Eine von diesen, 31. 5. 1889, RG Bd. 24 S. 326 ff. (330) = Bolze Bd. 8 Nr. 10, leitet aus den positiven Bestimmungen des badischen Landrechts her, daß der Renvoi für den Bereich dieser Vorschriften ausgeschlossen sei. Später (vgl. oben S. 207 Anm. 2) hat das Reichsgericht diesen Standpunkt verlassen (gegen die Zulässigkeit des Renvoi in diesem Falle aber noch neuerdings OLG Karlsruhe 10. 4. 1924, Badische Rechtsprechung Bd. 26 S. 68, entnommen aus Lewald Nr. 23 S. 18). Andere dieser Reichsgerichtsentscheidungen verhalten sich gegenüber dem Renvoi im allgemeinen ablehnend: 24. 4. 1894, Z Bd. 5 S. 58 ff. = Bolze Bd. 18 Nr. 8; 19. 4. 1898, Z Bd. 9 S. 134 ff. (bestätigt OLG Karlsruhe 23. 10. 1897, am selben Orte, welches sich RG 24. 4. 1894 anschließt); 11. 7. 1898, JW 1898 S. 545 = Z Bd. 9 S. 116 f.; 23. 5. 1901, JW 1901 S. 486 f. Eine Bedeutung für das neue Recht kann man diesen Urteilen gegenüber den zahlreichen zum neuen Recht ergangenen nicht zuerkennen.

4) z. B. RG 29. 12. 1910, JW 1911 S. 208 = Z Bd. 23 S. 336 ff.

5) RG Bd. 78 S. 234 ff., offenbar ergangen auf Revision gegen Hans. OLG 6. 4. 1911, ROLG Bd. 24 S. 18 f.

österreichischen Mann bezüglich der Eheschließung dann nicht verbindlich, wenn seine Absicht nicht dahin gegangen war, durch den Eheschließungsakt auch in Österreich rechtliche Folgen hervorzurufen. Das Oberlandesgericht hatte eine solche Absicht nicht für dargetan erachtet und die Klage abgewiesen. Das Reichsgericht hatte Stellung zu der Frage zu nehmen, inwieweit der § 4 des österreichischen ABGB der Entscheidung zugrunde gelegt werden dürfe. Das Reichsgericht führt aus: »Sind aber durch die Vorschriften der Art. 7, 13, 15, 17, 21, 25 schlechthin »die Gesetze« des fremden Staates für maßgebend erklärt, so ist man nach einer altbewährten Auslegungsregel nicht berechtigt, Unterscheidungen hineinzutragen, den allen Kulturstaaten geläufigen, sehr allgemeinen Ausdruck »Gesetz« oder »Recht« in Gruppen zu spalten, je nachdem es sich um materielles Recht, um Sachnormen, oder um das auf den gegenseitigen Verkehr der Staaten bezügliche internationale Recht, die Kollisionsnormen, handelt, und demgemäß unter Gesetzen sprachwidrig nur die Sachnormen zu verstehen. Es kommt hinzu, daß die Unterscheidung zwischen beiden Gruppen von Normen inhaltlich meist sehr schwierig ist.

Endlich würde der Zweck der Vorschrift, dem betreffenden Staatsangehörigen auch in Deutschland die Beurteilung des Streitfalles nach seinem Personalstatute zu gewährleisten, geradezu vereitelt, wenn hierbei nur mehr oder minder lückenhafte Ausschnitte aus dem maßgebenden fremden Recht anzuwenden wären. So käme man im Streitfalle zu dem unannehmbaren Ergebnisse, daß bei gleichen tatsächlichen Feststellungen der österreichische Richter die Nichtigkeitsklage seines eigenen Staatsangehörigen abzuweisen hätte, während der deutsche Richter auf Grund des erwähnten Hofdekrets gegen die deutsche Frau auf Nichtigerklärung der Ehe erkennen müßte.

Der Berufungsrichter hat deshalb Art. 13 Abs. 1 EinfGes. zum BGB nicht verletzt, wenn er schon hierin die sogenannte Gesamtverweisung auf das fremde, im Streitfall das österreichische Recht erblickt und deshalb auch § 4 österr. BGB anwendet. Dabei kann auf sich beruhen, ob mit dieser Vorschrift eine eigentliche Kollisionsnorm erteilt werden sollte. Jedenfalls ist durch den angezogenen § 4 nach der irrevisiblen Auslegung des Berufungsrichters die Anwendbarkeit des österreichischen Rechts auf den Streitfall verneint und damit der Nichtigkeitsklage ohne weiteres der Boden entzogen.«

§ 141. Aus der Ausgestaltung, die das deutsche Renvoirecht durch die Praxis erfahren hat, ergibt sich, daß für die Frage, ob eine Rück- oder Weiterverweisung vorliegt, dem fremden Recht auch insoweit zu folgen ist, als die öffentliche Ordnung (ordre public, Vorbehaltsklausel) des fremden Rechts der Anwendung der rück- oder weiterverweisenden fremden Kollisionsnorm entgegensteht. Es ist unmöglich, die Unterlassung der Rück- und Weiterverweisung seitens des fremden Rechts anders zu behandeln, wenn sie aus Gründen seiner öffentlichen Ordnung stattfindet — also nicht die Normalbestimmungen seines internationalen Privatrechts maßgeblich sind — als wenn eine rück- oder weiterverweisende Kollisionsnorm überhaupt nicht besteht; schon darum, weil der Begriff der öffentlichen Ordnung in den verschiedenen Ländern außerordentlich verschieden ist. Bei uns ist die Ausschaltung der regulären Kollisionsregeln durch den Begriff der öffentlichen Ordnung verhältnismäßig selten. In Frankreich wird hingegen die öffentliche Ordnung (ordre public international) verwandt, um eine Reihe von Vorschriften zu begründen, die bei uns schon dem Regel-System angehören [1]). Wieweit ein Recht sein allgemeines System ausgebildet hat und inwieweit es daher auf die Zulassung von Ausnahmen von Regeln, wie sie die Berücksichtigung der öffentlichen Ordnung mit sich bringt, verzichten kann, ist lediglich eine Frage dieses Rechts. Für den fremden Richter, der es anwendet, muß es vollständig gleichgültig sein, ob im einzelnen Falle die allgemeinen Regeln oder die aus der öffentlichen Ordnung sich ergebenden Ausnahmen den Fall beherrschen sollen. Wird die Anwendbarkeit der fremden Kollisionsnorm für das fremde Kollisionsrecht dadurch aufgehoben, daß im konkreten Falle der Anwendung ausländischen Rechts der fremde ordre public entgegensteht, so liegt ein Renvoi insoweit nicht vor [2]). Hier sind dieselben Gründe maßgebend, die dazu nötigen, im Falle der Berufung eines ausländischen Rechts die weitere Qualifikation diesem fremden Recht zu überlassen. Wenn das von unseren Gerichten erstrebte Ergebnis erreicht werden soll, daß so erkannt wird, wie die ausländischen Richter erkennen würden, so muß das fremde Recht in seinen sämtlichen Einzelheiten

---

[1]) Vgl. Pillet, Principes §§ 182 f. S. 367 ff.; Pillet-Niboyet Nr. 325 S. 406; Surville Nr. 25 S. 46 ff.; Niboyet Nr. 429 ff. S. 524 ff.

[2]) Ebenso Frankenstein Bd. I S. 70 ff. (für die »sekundäre Anknüpfung«); Walther Lewald, JW 1926 S. 2818 in Anm. 5. Vgl. auch Dietz, Z Bd. 19 S. 447 ff. Auf demselben Standpunkt steht anscheinend grundsätzlich auch Niemeyer S. 151f. Aus der ausländischen Literatur vgl. Potu S. 251. Dagegen will Raape, Art. 27 E II, den fremden ordre public auch hier, weil seine Berücksichtigung zu große praktische Schwierigkeiten mache, unbeachtet lassen, soweit er nicht in unzweideutigen Vorbehalten spezialisiert ist.

berücksichtigt werden. Nirgendwo macht denn auch unsere Rechtsprechung eine Einschränkung nach der Richtung, daß die Wirkung einer ausländischen Vorbehaltsklausel in diesem Zusammenhang geringer sei als eine sonstige ausländische örtliche Kollisionsnorm. Seit kurzem ergibt sich auch aus einer Entscheidung des Reichsgerichts [1]) die Berücksichtigung des ausländischen ordre public im Renvoirecht. Ein evangelischer Österreicher hatte eine lettische Jüdin in Odessa geheiratet. Später waren beide Italiener geworden; nach österreichischem Recht können keine gültigen Ehen zwischen Christen und Nichtchristen geschlossen werden. Gestützt auf diesen Rechtssatz klagte der Mann gegen die Frau auf Nichtigkeitserklärung der Ehe. Das Reichsgericht ging davon aus, daß die Nichtigkeitsklage nach den deutschen Konfliktsnormen italienischem Recht unterlag. Nach italienischem internationalem Privatrecht richtet sich die Ehefähigkeit zur Zeit der Eheschließung nach der Staatsangehörigkeit [2]). Aber der italienische ordre public verbietet, wie das Reichsgericht angenommen hat — abweichend von der deutschen Vorbehaltsklausel —, die Berücksichtigung eines fremdrechtlichen auf Religionsverschiedenheit beruhenden Ehehindernisses. Daher verwies das italienische Recht abweichend von seinen allgemeinen Grundsätzen in diesem Falle nicht auf das österreichische und lettische Recht weiter. Mit Rücksicht auf den italienischen ordre public hat das Reichsgericht das klageabweisende Urteil der zweiten Instanz bestätigt. Als Grund führt das Reichsgericht an, daß »der deutsche Richter keine Veranlassung hat, eine Ehe für nichtig zu erklären, die im Heimatsstaat der Ehegatten als gültig behandelt wird«.

Diese Begründung ist typisch für den auf das Praktische gerichteten Geist der deutschen Renvoirechtsprechung: erstrebenswert ist eine Entscheidung, die die streitige Frage im Endergebnis so löst, wie das auf Grund der deutschen Gesamtverweisung berufene fremde Recht. Auf die Gedankengänge des Richters kommt es nicht an, sondern nur auf das Endergebnis. Dabei kann ich nicht der von Levis [3]) ausgesprochenen Ansicht zustimmen, daß der deutsche Richter zunächst ohne Berücksichtigung der fremden öffentlichen Ordnung die nach dem fremden System vorgeschriebene Verweisung vorzunehmen und dann zu prüfen hat, ob das Endergebnis der Anwendung des gemäß Renvoi berufenen Rechts mit der fremden

---

1) 16. 5. 1931, RG Bd. 132 S. 416 ff.
2) Art. 102 Codice civile; Diena S. 124.
3) Z Bd. 20 S. 90.

öffentlichen Ordnung übereinstimmt. So wird der deutsche Richter zu verfahren haben, wenn es nach dem fremden Recht nur auf das Ergebnis ankommt. Wenn aber das fremde Recht unabhängig vom Ergebnis aus Gründen der öffentlichen Ordnung die Anwendung eines fremden Rechts überhaupt verbietet, z. B. des Eherechts eines polygamischen Staates, selbst wenn es sich im konkreten Falle um die Ehe eines Mannes mit seiner ersten Frau handelt, so hat auch der deutsche Richter die Berücksichtigung der Verweisung zu unterlassen, weil das fremde Recht in solchem Falle die Anwendung des ausländischen polygamischen Eherechts schlechthin ausschließt, selbst wenn das Resultat im Einzelfalle nichts Anstößiges enthalten würde.

§ 142. Zweifelhafter kann die Frage sein, wenn das zunächst berufene Recht aus politischen Gründen eine Verweisung ablehnt, die es seinem System nach sonst anerkennen würde, oder auf nach deutscher Auffassung nicht existierendes Recht verweist. In einzelnen Staaten, die die Regierung der Sowjetrepubliken nicht anerkannt hatten, haben die Gerichte das geltende russische Recht nicht angewandt, sondern statt dessen das Recht des zaristischen Rußlands, dessen Fortgeltung sie annahmen; das ist insbesondere der Standpunkt der französischen Gerichte bis zur Anerkennung der Sowjets durch die französische Regierung gewesen [1]). M. E. hätten unsere Gerichte bei der Anwendung französischen internationalen Privatrechts für die Frage der Weiterverweisung dieser Stellungnahme folgen müssen, obwohl in Deutschland das Sowjetrecht anerkannt wurde. Der deutsche Richter hat in solchem Falle nach französischem und nicht nach russischem Recht zu urteilen. In der Nichtanwendung des Sowjetrechts, das unsere Gerichte selbst zugrunde gelegt haben würden, kann also kein Unrecht gesehen werden. Ebensowenig kann es für uns bedenklich sein, daß ein nach unserer Auffassung außer Kraft gesetztes Zivilrecht — das frühere russische — nach französischen Auffassungen fortgalt. Wenn unsere Richter die Verweisung des französischen Rechts auf ein verschwundenes russisches Recht anerkannt hätten, so würden sie keine Stellung dazu genommen haben, was in Rußland Rechtens ist, sondern was in Frankreich als russisches Recht anerkannt wurde.

Mit der Beachtung des ordre public des zur Anwendung berufenen fremden Rechts oder dessen Auffassungen über Untergang oder Fortbestehen einer dritten Rechtsordnung ist natürlich die

---

[1]) Vgl. § 58 S. 86 in Anm. 6 von S. 85.

Anwendung der deutschen Vorbehaltsklausel (Art. 30 EG) nicht ausgeschlossen, wenn deren Voraussetzungen vorliegen [1]).

§ 143. Für Fälle, in welchen die Gerichte des Staats, dessen Recht zunächst zur Entscheidung berufen ist, in bestimmten Rechtsmaterien unabhängig von irgendwelchen internationalen Beziehungen stets nur ihr eigenes Recht anwenden, wird behauptet, daß eine Rückverweisung auf das deutsche Recht als lex fori anzunehmen ist. Soweit ich das ausländische internationale Privatrecht übersehe, ist m. E. diese Annahme niemals zulässig [2]).

Daß das Kollisionsrecht eines fremden Staates seinen Gerichten vorschreibt, bestimmte Arten von Rechtsfragen stets nach ihrem eigenen Recht zu beurteilen, kann auf verschiedenen Gründen beruhen. Es ist möglich, daß nach der Auffassung des fremden Rechts die Rechtseinrichtung, um die es sich handelt, dem Verfahrensrecht angehört, so daß die einschlägigen Vorschriften in allen Prozessen vor den Gerichten des fremden Staats angewandt werden sollen, ohne daß der Rechtsfall eine materielle Beziehung zum fremden Staate enthalten muß. In solchem Falle enthält das fremde Recht keinerlei internationalprivatrechtliche Verweisung mit Bezug auf jene Rechtseinrichtung. Dies beweist gerade der Umstand, daß die in Betracht stehende Rechtseinrichtung als zum Verfahrensrecht gehörig betrachtet wird. Ein Beispiel bietet der mehrfach vom Reichsgericht entschiedene Fall, daß eine englischem oder amerikanischem Recht unterliegende Forderung in Deutschland eingeklagt und Verjährung eingewandt wird [3])[4]). Daß insbesondere eine Verweisung auf die

---

[1]) Eine Frage ähnlicher Art erörtert Niemeyer S. 151. Das amerikanische internationale Ehescheidungsrecht verlangt bei seiner Verweisung auf das domicil ein bona-fide-domicil (vgl. auch Lorenzen in Rép. unter »États Unis d'Amérique« Nr. 291). Niemeyer meint, daß »eine Berücksichtigung des in fraudem legis agere hier in Wahrheit eine Durchbrechung unserer prozessualen Kompetenzgrundsätze (§ 606 ZPO) bedeuten und gegen Art. 30 EG verstoßen würde«. M. E. ist zu dieser Annahme kein Anlaß. Wir überlassen dem fremden Recht die Entscheidung darüber, ob es die Zuständigkeit unserer Gerichte für die Ehescheidung der fremden Staatsangehörigen anerkennen will. Damit überlassen wir ihm auch die Feststellung, unter welchen Voraussetzungen diese Anerkennung erfolgt.

[2]) Das Vorliegen oder die Möglichkeit eines Renvoi auf »die lex fori«; wird für bestimmte Fälle angenommen von Kahn Bd. I S. 105 f. Anm. 39; Niemeyer S. 151; Niedner Art. 17 EG Anm. 2a; Frankenstein Bd. I S. 277; Lewald Nr. 156 S. 110 (Ehescheidungsrecht) und aus der Rechtsprechung vom LG München 1. 7. 1921, JW 1921 S. 1471 f. (Scheidung von New-Yorker Ehegatten).

[3]) Vgl. § 92 S. 131 ff.

[4]) Das RG 4. 1. 1882, RG Bd. 7 S. 21 ff. (24) sagt ausdrücklich: »Ein

jeweilige lex fori in solchen Fällen nicht vorliegt, zeigt sich deutlich darin, daß ein englisches Gericht eine Klage zugelassen hat, mit der Kläger schon von einem Gericht der Insel Man wegen Verjährung abgewiesen worden war, während sonst selbst ausländische klagabweisende Urteile in England als endgültig anerkannt werden [1]). Würde wirklich im englischen internationalen Privatrecht für Fragen der Verjährung auf die jeweilige lex fori verwiesen, so könnten englische Gerichte nicht einem nichtenglischen klagabweisenden Urteil gerade deshalb die Anerkennung versagen, weil die Klagabweisung sich auf Verjährung gemäß der lex fori des abweisenden Gerichts gründet. Für deutsche Gerichte müssen in solchen Fällen folgende Erwägungen maßgebend sein: Haben die einschlägigen fremden Rechtsregeln, die im fremden Staate als verfahrensrechtliche angesehen werden, nach Qualifikation gemäß deutschem Recht die Natur materiellrechtlicher Vorschriften, so bleibt es bei der Verweisung auf das fremde Recht; jene Vorschriften sind anzuwenden, eine Rückverweisung ist nicht anzunehmen. Sind die fremden Rechtsregeln auch nach deutscher Qualifikation als verfahrensrechtliche anzusehen, so sind sie durch das deutsche internationale Privatrecht nicht zur Anwendung berufen, so daß dem fremden Recht überhaupt keine Vorschrift zur Lösung der in Betracht stehenden Rechtsfrage zu entnehmen ist. So war die Rechtslage nach Annahme des Reichsgerichts in den erwähnten Verjährungsfällen [2]).

Daß in dem fremden Staate, dessen Recht zunächst entscheidend ist, auf Rechtsfragen der in Betracht stehenden Art nur das eigene Recht angewandt wird, kann ferner darauf beruhen, daß die einschlägigen Vorschriften im fremden Staate als zum ordre public gehörig angesehen werden. Daß in diesem Falle ein Renvoi, also auch ein Renvoi auf die jeweilige lex fori, nicht angenommen werden kann, ist schon dargelegt worden [3]).

§ 144. Ob in einem bestimmten Falle eine Rück- oder Weiterverweisung anzunehmen ist, wird schwieriger zu entscheiden, wenn auch das durch unser internationales Privatrecht berufene fremde

---

materieller Rechtssatz des in Tennessee geltenden Rechts des Inhalts, daß die Verjährung der in diesem Staat entstandenen Verbindlichkeiten nach dem Gesetze des Ortes, wo sie eingeklagt werden, zu beurteilen sei, läßt sich, wenn der dortigen Auffassung zufolge die Verjährung ein prozessuales, die Forderung selbst unberührt lassendes Institut ist, nicht annehmen«.

[1]) Vgl. oben § 92 S. 133.

[2]) Dagegen nehmen Kahn Bd. I S. 105 Anm. 39 und Frankenstein Bd. I S. 277 an, daß in diesen Fällen ein Renvoi auf die lex fori vorliege.

[3]) Vgl. oben § 141 S. 211 ff.

Recht Vorschriften über Rück- oder Weiterverweisung enthält. Welche Bedeutung haben solche Vorschriften für unser internationales Privatrecht?[1]).

Schon der Wortlaut des Art. 27 EG zwingt den deutschen Richter — für gewisse Fälle — zur Berücksichtigung fremden internationalen Privatrechts. Der Sinn des Art. 27 EG kann nur sein, daß — wenn das fremde Recht auf deutsches inneres Recht zurückweist — deutsches inneres Recht Anwendung finden soll.

Ehe ich den Beweis dafür antrete, daß der Art. 27 nur in diesem Sinne verstanden werden kann, will ich kurz erwähnen, warum ein solcher Inhalt dieses Artikels dessen Stellung zu der Berücksichtigung fremden Renvoi-Rechts klärt. Wenn der Art. 27 — wie ich einstweilen zu unterstellen bitte — die Anwendung inneren deutschen Rechts für den Fall vorschreibt, daß das in erster Linie berufene fremde Recht auf deutsches inneres Recht verweist, so kann die Feststellung, ob eine solche Verweisung seitens des fremden Rechts stattfindet, nur getroffen werden, wenn die Stellung des fremden Rechts zum Renvoi geklärt wird. Falls das fremde Recht den Renvoi nicht anerkennt, so ist jede seiner Verweisungen auf deutsches Recht als Verweisung auf deutsches inneres Recht aufzufassen. Erkennt es aber den Renvoi in irgendeiner Weise an, so ist — wenn Art. 27 EG so aufzufassen ist, wie in vorstehendem zunächst beweislos behauptet wird — für seine Anwendbarkeit zu prüfen, welchen Inhalt die fremden Renvoiregeln haben. In diesem Falle trifft Art. 27 nur zu, wenn das Endergebnis des fremden Renvois die Anwendung deutschen inneren Rechts ist, andernfalls trifft er nicht zu. Damit ist nicht gesagt, daß das Gegenteil seiner Bestimmungen gilt, sondern daß — wie so oft im EG — eine Lücke vorliegt, deren Ausfüllung auf andere Weise erfolgen muß.

§ 145. Was nun zunächst die Auslegung des Art. 27 EG angeht, so ergibt Wortlaut und Sinn mit einer jeden Zweifel ausschließenden Sicherheit, daß die deutschen Gesetze, die in den von ihm erwähnten Fällen angewendet werden sollen, die inneren deutschen Gesetze sind.

Von Gesetzen in einem anderen Sinne, d. h. von dem deutschen internationalen Privatrecht, kann in diesem Zusammenhang nicht gesprochen sein, weil eine Verweisung auf das deutsche internationale Privatrecht auf den Ausgangspunkt zurückführen würde, d. h.

---

[1]) Vgl. Melchior in Festgabe hanseatischer Juristen zum XXIV. Deutschen Anwaltstag 1929 S. 95 ff.

nochmals auf das fremde Recht verweisen würde, das zurückverwiesen hat, und weil auf diese Weise wirklich eine endlose Kette von Hin- und Herverweisungen geschaffen würde.

Auch ein anderer, von Dicey [1]) für englisches internationales Privatrecht geltendgemachter Gesichtspunkt ist durchschlagend. Eine Anordnung des eigenen internationalen Privatrechts, daß unter gewissen Voraussetzungen das eigene internationale Privatrecht Anwendung findet, würde ein »unmeaning truism« (eine sinnlose Selbstverständlichkeit) sein, weil es keiner Hervorhebung bedarf, daß Fragen des internationalen Privatrechts von einem Gericht in der Weise entschieden werden müssen, wie die Grundsätze des betreffenden Landes über die Lösung internationaler Rechtskonflikte es vorschreiben. Es ist undenkbar, daß ein Gesetz eine derartige Selbstverständlichkeit anordnet.

So herrscht denn auch in der deutschen Rechtsprechung und Literatur mit Recht kein Zweifel darüber, daß — wenn die Voraussetzungen des Art. 27 EG vorliegen — das deutsche innere Recht anzuwenden ist.

Wenn aber die Gesetze, die beim Vorliegen der Voraussetzungen des Art. 27 angewendet werden sollen, das innere deutsche Recht sind, so ist es auch — schon rein grammatisch — sicher, daß die deutschen Gesetze, welche nach Art. 27 vom Auslandsrecht für maßgebend erklärt werden müssen, damit Art. 27 Anwendung findet, die inneren deutschen Gesetze sind. Andernfalls könnte der Art. 27 die deutschen Gesetze, auf welche das Auslandsrecht verweisen muß, damit das innere deutsche Recht angewendet wird, nicht mit dem inneren deutschen Recht identifizieren, wie er es tut, indem er sagt, daß — wenn das Auslandsrecht vorschreibt, die deutschen Gesetze anzuwenden — diese Gesetze anzuwenden sind.

Gegen diese Auffassung scheinen auf den ersten — aber nicht auf den zweiten — Blick folgende Ausführungen des Reichsgerichts in einem Urteil vom 15. 2. 1912 [2]) zu sprechen: »Die Bedeutung des Art. 27 liegt darin, daß sie den deutschen Richter an das materielle deutsche Recht jedenfalls gebunden erklärt, wenn das betreffende ausländische Recht auf deutsches Recht zurückverweist. Er soll nicht weiter zu prüfen haben, ob ihn etwa Kollisionsnormen des deutschen Rechts von neuem auf fremdes Recht verweisen.« Wenn das Reichsgericht an dieser Stelle die Verweisung des fremden Rechts auf deutsches Recht als die Voraussetzung für die Anwendung inneren

[1]) S. 69 f.

[2]) RG Bd. 78 S. 237.

deutschen Rechts bezeichnet, so kann unter dem deutschen Recht, auf welches verwiesen sein muß, sowohl das deutsche innere Recht, wie das deutsche Recht in seiner Gesamtheit verstanden sein. Der Wortlaut der vom Reichsgericht gewählten Ausdrucksweise gibt hierüber keinen Aufschluß. Aber der Zusammenhang läßt schlechterdings keinen Raum für Zweifel. Das Reichsgericht erklärt es — in derselben Entscheidung [1]) — für ein unannehmbares Ergebnis, wenn bei gleichen tatsächlichen Feststellungen der fremde Richter anders zu erkennen haben würde als der deutsche, und für unzulässig, mehr oder minder lückenhafte Ausschnitte aus dem fremden Recht anzuwenden.

Die vom Reichsgericht geforderte Übereinstimmung zwischen ausländischer und deutscher Rechtsprechung kann nur erreicht werden, wenn auch fremdes Renvoirecht berücksichtigt wird. Übrigens macht der Fortgang der reichsgerichtlichen Ausführungen klar, daß solche Berücksichtigung fremden Renvoirechts nicht ausgeschlossen werden soll. Das Reichsgericht sagt in dem zweiten der oben zitierten Sätze nicht, daß irgendwelche Renvoigrundsätze des fremden Rechts unbeachtet bleiben müssen, sondern daß auf Grund deutscher Kollisionsnormen nicht noch einmal zurückverwiesen werden darf. Das Ergebnis der Prüfung von Gedankengang und Wortlaut der reichsgerichtlichen Entscheidung vom 15. 2. 1912 ist also vollinhaltliche Anwendung der fremden Renvoinormen, dagegen Ausschaltung der weiteren deutschen internationalprivatrechtlichen Normen von dem Augenblick an, in welchem feststeht, daß das in erster Linie berufene fremde Recht deutsches inneres Recht für anwendbar erklärt.

§ 146. Also: Art. 27 EG trifft nur den Fall, daß das fremde internationale Privatrecht auf das deutsche innere Recht verweist. Die Vorschrift gibt damit einen Anwendungsfall des Grundsatzes, daß fremdes Recht stets in seiner Totalität anzuwenden ist, d. h. so, wie das fremde Gericht es anwenden würde, also einschließlich der fremden Grundsätze über Rück- und Weiterverweisung. Wollten wir das fremde Renvoirecht unberücksichtigt lassen, so wäre die geforderte sachliche Übereinstimmung der Entscheidung des deutschen Gerichts mit der des fremden Gerichts vielfach nicht zu erreichen. Ein solches übereinstimmendes Ergebnis würde z. B. nicht erzielt, wenn wir die Rückverweisung stets als Verweisung auf das eigene innere Recht behandeln würden [2]). Denn es ist sehr

---

[1]) Vgl. oben § 140 S. 211.

[2]) Aus der deutschen Literatur hat Zitelmann Bd. I S. 241 ff. und 247

wohl möglich, daß das zur Entscheidung berufene fremde Recht die Rückverweisung nicht in diesem Sinne vornimmt, sondern in erster Linie auf Grundsätze des deutschen internationalen Privatrechts verweist. Eine solche Lösung ist also für das deutsche internationale Privatrecht abzulehnen, weil sie dem durch die reichsgerichtliche Rechtsprechung aufgestellten Grundsatz widerspricht, daß das fremde Recht stets in seiner Gesamtheit berufen ist, daß also der deutsche Richter entscheiden soll wie der fremde Richter entscheiden würde. Auch das fremde Renvoirecht muß angewandt werden [1]).

§ 147. Demnach ist die internationalrechtliche Frage verschieden zu lösen, je nachdem, was das internationale Privatrecht des Staates, dessen Recht berufen ist, über den Renvoi bestimmt. Eine einheitliche Lösung ist nicht möglich. Nur das Prinzip der Entscheidungsfindung ist stets dasselbe: Beachtung des fremden internationalen Privatrechts einschließlich seines Renvoirechtes. Wie dies durchzuführen ist, will ich an Fällen verschiedenartigen fremden Renvoirechts zeigen.

Die Rechte mancher fremden Staaten lehnen die Beachtung des Renvoi ganz ab [2]). Hier besteht keine Schwierigkeit. Das fremde internationale Privatrecht verweist auf das deutsche innere Recht. Das deutsche innere Recht ist anzuwenden.

§ 148. In Frankreich wird nur der Renvoi auf das französische Recht, die Rückverweisung, anerkannt [3]). Der Grund dieser begrenzten Anerkennung des Renvoi ist offenbar das Bestreben, das Geltungsgebiet des inneren französischen Rechts zu erweitern. Der Kassationshof hat in einer Entscheidung vom 1. 3. 1910 [4]) ausge-

---

diese Lösung vertreten für den Fall, daß man den Renvoi überhaupt anerkennen wolle. Ebenso Schmidt-Rost, BlIP 1931 Sp. 1 ff. Walter Lewald JW 1931 S. 118 f.; aus der Rechtsprechung OLG Kiel 24. 1. 1931, BlIP 1931 Sp. 209 ff.

[1]) Ebenso Enneccerus Bd. I § 60 III 4; Raape Art. 27 C V. Vgl. dagegen Zitelmann Bd. I S. 241: Wird überhaupt die Rückverweisung zugelassen, so muß — weil dies allein vernünftig ist — angenommen werden, daß nur die Rück- und nicht die »Rück-Rückverweisung« beachtlich sein soll; entsprechend für den Fall der Weiterverweisung. Ebenso Luxburg Z Bd. 23 S. 107 f. — Aus der ausländischen Rechtsprechung vgl. das Votum des Berichterstatters in Sachen Chadwich, entschieden vom Surrogate's Court New-York 15. 9. 1919, Z Bd. 28 S. 507 ff., worin ausgeführt wird (S. 513), daß ein Gericht, das entscheiden will wie ein Gericht des fremden Landes, auch dessen Renvoirecht befolgen muß.

[2]) Vgl. oben § 135 S. 199.

[3]) Vgl. oben § 135 S. 197.

[4]) Clunet 1910 S. 888 f.

sprochen, daß das französische internationale Privatrecht in keiner Weise unter der Zurückverweisung des fremden internationalen Privatrechts auf das französische Recht leide, und daß es nur ein Vorteil sei, wenn jeder Konflikt auf diese Weise unterdrückt werde. Diesem Urteil war ein Votum des Berichterstatters (Denis) von geradezu erfrischender Deutlichkeit vorangegangen. Darin war u. a. ausgeführt [1]: »Chacun reconnaît que le loi française, qui revendique sa souveraineté en faveur des Français qui résident à l'étranger, n'a pu pour se faire respecter, et par réciprocité, s'imposer aux étrangers. C'est la seule raison que l'on ait découverte de l'interprétation que l'on donne au silence de l'art 3 C. civ. Mais quand la loi étrangère accepte, malgré cela, pour ses nationaux la loi française, de quoi cette loi française souffre-t-elle? Nous ne le comprenons pas.« ... »J'aime mieux que les tribunaux français, quand cela leur est permis, jugent d'après la loi française que d'après une loi étrangère qu'ils ne connaissent pas. J'aime mieux la loi française que la loi étrangère«. Demgemäß ist nach der französischen Praxis die Reihe der Anknüpfungen mit der Rückverweisung auf das französische Recht zu Ende. Ob das fremde Recht einen Renvoi des französischen Rechts anerkennen würde, wird von dem französischen Richter nicht in Betracht gezogen [2].

In einem Urteil des Reichsgerichts vom 27. 11. 1911 [3] ist bei Entscheidung der Frage, nach welchem Recht deutsche Grundstücke eines Franzosen vererbt werden, zwar nur berücksichtigt, daß nach französischer Auffassung — gestützt auf Art. 3 Code civil — für die Vererbung von Grundstücken die lex rei sitae maßgebend ist. Die Frage, welche Folgerungen das französische Recht daraus zieht, daß Deutschland die Staatsangehörigkeit des Erblassers für maßgeblich erachtet, ist direkt nicht einmal aufgeworfen. Aber das Berufungsgericht hatte festgestellt, daß die Vorschriften des Code civil durch die Rechtslehre und einen festen Gerichtsgebrauch in Frankreich dahin ausgestaltet worden seien, daß sich Grundstücke im allgemeinen nach dem Recht des Landes vererben, in dem sie liegen [4]. Diese Feststellung hat das Reichsgericht unzweifelhaft dahin aufgefaßt, daß das französische Recht Vererbung nach deutschem materiellem Recht vorschreibt. Denn das Reichsgericht erklärt sich auf Grund der Feststellungen des Berufungsrichters für gezwungen, materielles deutsches Recht anzuwenden, und begründet

[1]) Clunet 1912 S. 1012 f.
[2]) Pillet Bd. I S. 534 f.; Niboyet S. 485 (Nr. 407).
[3]) RG Bd. 78 S. 48 ff.
[4]) a. a. O. S. 49.

dieses in folgender Weise: »Für die gegenwärtige Instanz steht hiernach (d. h. nach den Feststellungen der Berufungsinstanz) fest, daß der französische Richter, wenn er zur Entscheidung des vorliegenden Falles berufen wäre, kraft des französischen Rechts hinsichtlich der Erbfolge in die deutschen Grundstücke das deutsche Recht zur Anwendung zu bringen hätte [1]«. Man glaubt fast, aus dieser abgewogenen Trennung der Gründe, für welche das Reichsgericht die Verantwortung trägt, von denjenigen, für welche das Berufungsgericht verantwortlich ist, das Bedauern über die materiell unrichtige Entscheidung heraushören zu können, zu welcher das Reichsgericht sich auf Grund unserer Prozeßordnung gezwungen sah. Anders ist die Schärfe kaum zu erklären, mit der das Reichsgericht hervorgehoben hat, daß nach den Feststellungen des Berufungsgerichts der französische Richter auf den vorliegenden Fall deutsches Recht angewandt haben würde.

Für die deutsche Rechtsprechung aber ergibt sich aus diesem Urteil: obwohl hier materielles deutsches Recht angewendet ist, muß auf Grund der in diesem Urteil enthaltenen Begründung und der sonstigen reichsgerichtlichen Judikatur [2]) auf denselben Fall, wenn er sich wiederholen sollte, materielles französisches Recht angewendet werden. Denn in Wirklichkeit würde [3]) der französische Richter materielles französisches Recht seiner Entscheidung zugrundegelegt haben, und darum muß gerade nach der auf den ersten Blick gegen den hier vertretenen Standpunkt sprechenden Reichsgerichtsentscheidung vom 27. 11. 1911 auch der deutsche Richter dasselbe tun. Daß die Vorinstanz das französische Recht falsch ausgelegt hatte, ist ein reines Akzidentale dieses einen Prozesses und für die Bewertung der Reichsgerichtsentscheidung ohne jede Bedeutung.

§ 149. In England wird anders als in Frankreich fremdes Renvoirecht beachtet. Denn fremdes Recht ist vom englischen Richter — wie vom deutschen — so anzuwenden, wie der fremde Richter es anwenden würde [4]). Vier neuere Entscheidungen eng-

---

[1]) a. a. O. S. 49/50.

[2]) Vgl. § 139 S. 207 ff.

[3]) Vgl. § 135 S. 197. und Berufungsgericht Aix 19. 7. 1906, Revue 1908 S. 805 ff.

[4]) Dicey S. 811 ff. Vgl. auch schon die erste der mir bekannten englischen Entscheidungen, welche den Renvoi anerkennen; Collier v. Rivaz, 2 Curt. 863, Dicey S. 814, worin Lord Jenner die Aufgabe des Gerichts prägnant so faßt (es war gemäß englischem internationalen Privatrecht belgisches Recht anzuwenden): »The Court sitting here decides . . . as it would if sitting in Belgium«.

lischer Gerichte zeigen, wie die Beachtung des fremden Renvoirechtes durchgeführt wird.:

1. Entscheidung [1]): Nach englischem Recht unterlag ein Erbfall französischem Recht. Der französische Richter würde zwar nach seinen normalen Kollisionsregeln auf diesen Fall englisches Recht angewendet haben. Da aber nach englischem internationalen Privatrecht französisches Recht maßgebend war, und das französische internationale Privatrecht jede derartige Verweisung eines fremden Rechts als eine Verweisung auf französisches inneres Recht behandelt, würde der französische Richter den Erbfall nach französischem Recht entschieden haben. Daher hat der englische Richter französisches inneres Recht zugrunde gelegt.

2. Entscheidung [2]): Ein Erbfall unterlag nach englischer Auffassung italienischem Recht. Der italienische Richter würde auf diesen Erbfall englisches Recht angewendet haben, und zwar englisches inneres Recht, weil Italien — nach der neueren dortigen Rechtsentwicklung — fremdes internationales Privatrecht nicht berücksichtigt. Der englische Richter hat den Erbfall daher nach englischem inneren Recht beurteilt.

3. und 4. Entscheidung [3]): In zwei Fällen war für familienrechtliche Fragen nach englischer Auffassung deutsches Recht zur Entscheidung berufen. Nach deutschem internationalem Privatrecht unterlag der Fall englischem Recht, d. h. nach dem oben Ausgeführten: englischem Recht in seiner Gesamtheit einschließlich aller Bestimmungen des englischen internationalen Privatrechts. Die englischen Gerichte haben das deutsche Recht im weitesten Sinne angewendet — einschließlich des deutschen internationalen Privatrechts und der deutschen Bestimmungen über die Anerkennung des Renvoi — und sind auf Grund der letzteren zu der Überzeugung gelangt, daß der deutsche Richter deutsches inneres Recht anwenden würde. Daher haben die englischen Richter diese Fälle nach deutschem inneren Recht entschieden.

Wie haben sich deutsche Gerichte zu diesem englischen Renvoi-Recht zu stellen?

---

[1]) Davidson v. Annesley 21. 5. 1926, Law Reports Chancery Division 1926 part. 8 S. 692 ff., = ZAIP 1928 S. 253.

[2]) Roß v. Waterfield 14. 11. 1929, Times Law Reports Bd. 46 S. 61 ff. = ZAIP 1930 S. 824.

[3]) Marjoribanks v. Askew 30. 5. 1930, Times Law Reports Bd. 46 S. 539 = ZAIP 1931 S. 422; = Clunet 1931 S. 175 ff. und Collins v. Attorney General 12. 6. 1931, Times Law Reports Bd. 47 S. 484.

Für das deutsche internationale Privatrecht läßt sich die Tendenz erkennen, auf dem Wege über den Renvoi zur Anwendung gerade des deutschen inneren Rechts zu gelangen: Die wenigen Fälle, für welche die Anerkennung des Renvoi gesetzlich vorgeschrieben ist, sind solche, in denen auf deutsches inneres Recht zurückverwiesen wird. Und die Entstehungsgeschichte dieser Vorschrift zeigt [1]), daß der Wunsch, deutschem inneren Recht einen weiteren Anwendungsbereich zu verschaffen, bei der Entstehung des Art. 27 EG eine Rolle gespielt hat. Außerdem wenden wir stets deutsches Recht an, wenn wir uns sonst nicht mehr zu helfen wissen. Diese Verlegenheitslösung hat unsere Rechtsprechung für Fälle, die eine Anknüpfung gemäß den allgemeinen Grundsätzen nicht zulassen, anerkannt [2]).

Wir werden daher, wenn die völlig objektiven (in keiner Weise eine Bevorzugung des eigenen inneren Rechts erstrebenden) Renvoiregeln des englischen Rechts auf deutsches Recht zurückverweisen, nach deutschem Recht entscheiden. Denn die englischen Gerichte berücksichtigen, wo unser Renvoi halt macht und wenden in den hier in Betracht gezogenen Fällen deutsches inneres Recht an [3]). Auch in diesen Fällen, die sich der Gleichgewichtslage stark nähern, wird also eine inhaltlich übereinstimmende Rechtsprechung zwischen den beiden Ländern erreicht.

§ 150. Das schweizer internationale Privatrecht erklärt für die personen-, familien- und erbrechtlichen Verhältnisse der Schweizer mit Wohnsitz im Ausland das Wohnsitzrecht für maßgebend, wenn dieses die Anwendung verlangt, sonst das Heimatsrecht, d. i. das schweizer Recht [4]). Weil also das schweizer internationale Privatrecht die Anwendung des fremden Wohnsitzrechts nicht vorschreibt, sondern nur duldet, wird von deutschen Gerichten angenommen, daß bei deutschem Wohnsitz eines Schweizers eine Rückverweisung des schweizer Rechts auf das deutsche Recht nicht vorliegt [5]). Schweizer inneres Recht wird demgemäß in solchem Falle angewandt.

---

[1]) Vgl. oben § 139 S. 207 Anm. 1.

[2]) Vgl. darüber §§ 72 ff. S. 101 ff.

[3]) Vgl. die 3. und 4. der angeführten Entscheidungen.

[4]) Art. 28 Ziff. 2 des Bundesgesetzes betr. die zivilrechtlichen Verhältnisse der Niedergelassenen und Aufenthalter vom 25. 6. 1891.

[5]) RG 26. 10. 1912, Warn.Rspr. 1913 Nr. 37 S. 49; RG 8. 11. 1922, RG. Bd. 105 S. 342; KG 29. 12. 1902, Z Bd. 13 S. 155 ff. (157); OLG Düsseldorf 5. 5. 1909, ROLG Bd. 19 S. 43 ff.; OLG Kolmar 20. 1. 1914, Soergel 1915 Nr. 1 zu Art. 25 EG; Bayr. ObLG 12. 10, 1917, ROLG Bd. 35 S. 380 ff.; OLG

§ 151. Wenn das in erster Linie berufene fremde Recht auf ein drittes Recht verweist (Weiterverweisung), so ändert sich die Aufgabe unseres Richters nicht grundsätzlich. Er hat auch dann so zu urteilen wie der fremde Richter, dessen Recht zunächst durch unsere Konfliktsnormen zur Entscheidung berufen ist. Wenn das in erster Linie berufene fremde Recht seinerseits keine Renvoigrundsätze anerkennt, so ist die Rechtslage einfach. Das zeigt z. B. folgender Fall:

Ein ehemaliger Italiener, zuletzt staatenlos, stirbt in Albanien, wo er sich dauernd aufgehalten hatte. Vor einem deutschen Gericht entsteht ein Rechtsstreit über seine Beerbung. Das deutsche internationale Privatrecht verweist auf das italienische Recht [1]) — im Sinne einer Gesamtverweisung. Das italienische internationale Privatrecht verweist — wahrscheinlich — auf das albanische Recht [2]); es erkennt keinen Renvoi an [3]), verweist also auf das innere Recht Albaniens. Albanisches Recht ist anzuwenden. Das albanische internationale Privatrecht braucht nicht geprüft zu werden.

Wenn aber das von uns in erster Linie berufene fremde Recht seinerseits in größerem oder geringerem Umfange auf dem Standpunkt der Anerkennung des Renvoi steht, so ist dieses nach denselben Grundsätzen zu berücksichtigen, wie sie bei der Rückverweisung dargestellt sind. Nur fällt der Grund, welcher bei Rückverweisung auf deutsches Recht in gewissen Fällen zur Bevorzugung des deutschen inneren Rechts führt [4]), hier regelmäßig fort. Der deutsche Richter wird die Schwierigkeit, die dadurch entstehen kann, daß ein drittes Recht auf das in erster Linie berufene fremde Recht in seiner Gesamtheit zurückverweist, so lösen müssen wie der fremde Richter, dessen Recht in erster Linie berufen ist.

§ 152. Die bisherigen Erörterungen gehen davon aus, daß sich der Inhalt des fremden Renvoirechtes feststellen läßt. Angesichts des embryonalen Zustands, in dem das internationale Privatrecht der meisten Länder sich befindet, wird es aber oft zweifelhaft sein, ob die Konfliktsnormen eines bestimmten Landes den Renvoi aner-

---

Dresden, vgl. die Gründe der Revisionsentscheidung im selben Falle: RG 2. 10. 1930, HRR 1930 Nr. 2066; HansOLG 27. 4. 1910, Z Bd. 20 S. 243 (zu Art. 31 Abs. 1 des schweizer Gesetzes, welcher für das Ehegüterrecht Ähnliches bestimmt wie Art. 28 für die oben genannten Rechtsverhältnisse).

[1]) Vgl. Art. 25, 29 EG.

[2]) Kassationshof Florenz 13. 5. 1918, Clunet 1919 S. 1136. In der italienischen Literatur ist die Frage bestritten; vgl. Udina, Rép. Bd. VI unter »Italie« Nr. 112.

[3]) Vgl. § 135 S. 199.

[4]) z. B. in dem besprochenen Fall des Renvoi des englischen Rechts.

kennen, — und wenn ja, in welchem Sinne. Vielfach kann hierüber überhaupt nichts festgestellt werden, weil Gesetzesbestimmungen, Entscheidungen und maßgebliche Literatur vollkommen fehlen.

Es muß vorausgeschickt werden, daß diese Fragen nicht aufgeworfen zu werden brauchen, wenn wir — auch abgesehen von der Renvoifrage — den Inhalt des fremden internationalen Privatrechts nicht feststellen können. Wenn z. B. von unserem Richter nicht ermittelt werden kann, welches örtliche Recht nach dem Heimatsrecht eines Erblassers auf die Beerbung angewendet wird, so wenden wir das Heimatsrecht an, weil wir vermuten, daß das fremde internationale Privatrecht mit unseren Konfliktsnormen übereinstimmt, falls wir keine Anhaltspunkte für das Gegenteil haben [1]). Soweit wir wegen mangelnder Feststellbarkeit der fremden Konfliktsnormen Übereinstimmung zwischen fremdem internationalen Privatrecht und dem unsrigen präsumieren, ist für die Frage, ob das fremde internationale Privatrecht Renvoibestimmungen hat, kein Raum. Denn es liegt auf der Hand, daß bei der — zu unterstellenden — Identität zwischen unseren und den fremden Konfliktsnormen eine Rück- oder Weiterverweisung seitens des von uns berufenen fremden Rechts unmöglich ist, da ja von der Übereinstimmung der internationalprivatrechtlichen Regelung ausgegangen wird.

Zweifel können sich erst erheben, wenn zwar feststeht, daß in dem zu entscheidenden Falle das fremde internationale Privatrecht von unseren Grundsätzen abweicht, z. B. für die Beerbung das Wohnsitzrecht und nicht das Heimatsrecht zugrundelegt, wenn aber nicht festzustellen ist, ob es einen Renvoi des Wohnsitzrechts auf das Heimatsrecht oder ein anderes Recht (z. B. das der belegenen Sache) anerkennt. Hier wirft sich die Frage auf, ob wir etwa vermuten sollen, daß das fremde internationale Privatrecht Grundsätze enthält, die unserem Renvoirecht entsprechen, daß es also eine Rück- oder Weiterverweisung seitens des von ihm in erster Linie berufenen Wohnsitzrechts anerkennen würde. Eine derartige Vermutung muß abgelehnt werden.

Durch den Grundsatz, daß wir im Notfall die Übereinstimmung fremden Rechts — also auch fremden internationalen Privatrechts — mit dem unsrigen präsumieren, könnte man ein solches Verfahren nicht rechtfertigen. Wie schon ausgeführt, kann sich die Frage, ob ein fremdes internationales Privatrecht den Renvoi anerkennt, nur aufwerfen, wenn feststeht, daß es bezüglich der ersten Anknüpfung in der zu entscheidenden Frage von unserem internationalen Privat-

---

[1]) Vgl. oben § 74 S. 104 und Niemeyer Z Bd. 11 S. 364 f.

recht abweicht, also in erster Linie ein örtliches Recht zur Entscheidung beruft, das wir nicht berufen würden. In solchen Fällen ist es begrifflich unmöglich, daß das in dem konkreten Falle vom fremden Recht einzuschlagende Renvoiverfahren sich mit dem unsrigen decken würde. Denn die Frage kann, wie schon gesagt, überhaupt nur auftauchen, wenn das fremde Recht in erster Linie ein anderes Recht zur Entscheidung berufen würde, als wir für zuständig erachten. Folglich handelt es sich hier niemals darum, ob wir vermuten sollen, daß das fremde internationale Privatrecht die Rück- oder Weiterverweisung desjenigen Rechts anerkennt, welches durch unser Recht berufen sein würde, sondern darum, ob es den Renvoi seitens eines anderen Rechts anerkennt. Schon der Ausgangspunkt ist also von demjenigen unseres internationalen Privatrechts verschieden, eine Identität der Verweisungen ist unmöglich. Es ist daher begrifflich ausgeschlossen, daß das in bezug auf die Renvoianerkennung unbekannte fremde internationale Privatrecht genau so verfahren könnte wie das deutsche, und die Vermutung der Übereinstimmung ist für den konkreten einzelnen Fall logisch unmöglich. Es kommt hinzu, daß beispielsweise der Renvoi des Heimatsrechts auf das Wohnsitzrecht zu ganz anderen praktischen Konsequenzen führt als der umgekehrte Fall. Der erste Fall führt zu einer erhöhten Anwendung der lex fori, weil meistens am Gerichtsstand des Wohnsitzes geklagt wird, und zu einer größeren Wahrscheinlichkeit der Realisierbarkeit eines gerichtlichen Urteils. Die Verweisung des Wohnsitzrechts auf das Heimatsrecht hat die gegenteiligen Wirkungen.

Ferner muß man beachten, daß — wie die Geschichte zeigt [1]) — die bewußte Anerkennung des Renvoi aus allerneuester Zeit datiert, und daß die Art der Renvoianwendung in den verschiedenen Ländern völlig verschieden ist. Es würde daher geradezu der geschichtlichen Wirklichkeit widersprechen, wenn die Übereinstimmung eines fremden Renvoirechtes mit dem deutschen vermutet würde, obwohl sich nur ein sehr ähnliches — das englische — und kein identisches Renvoirecht feststellen läßt. Es muß also hier der Neubeckersche Satz Anwendung finden [2]), daß eine nicht feststellbare Regel des fremden Rechts als nicht vorhanden gilt.

Das Ergebnis ist: Wenn nicht festzustellen ist, daß ein fremdes Recht, welches bei Entscheidung einer internationalprivatrechtlichen

[1]) Vgl. oben § 134 S. 194 ff.

[2]) Neubecker, Internationales Privatrecht in Jahrbuch für den internationalen Rechtsverkehr 1912/13 S. 35.

Frage in der ersten Berufung eines fremden Rechts von dem unsrigen abweicht, Vorschriften enthält, die die Befolgung der Rück- oder Weiterverweisung anordnen, so ist anzunehmen, daß dort solche Vorschriften fehlen.

§ 153. Der durch die Rechtsprechung des Reichsgerichts aufgestellte allgemeine Grundsatz, daß der deutsche Richter, wenn ihm die Anwendung fremden Rechts vorgeschrieben ist, so entscheiden soll, wie der fremde Richter im gleichen Fall entscheiden würde, muß anscheinend versagen, wenn die Gerichte des fremden Staates gar nicht zum Ausdruck bringen können, nach welchem Recht sie einen Streit wie den im konkreten Fall vorliegenden entscheiden würden. Diese Lage kann insbesondere in Ehescheidungsprozessen eintreten, wenn die Ehegatten einem Staat angehören, dessen Recht sowohl für Fragen der gerichtlichen Zuständigkeit wie des internationalen Privatrechts auf den Wohnsitz abstellt. Die englischen Gerichte sind nur zuständig in Scheidungssachen, wenn die Ehegatten in England ihren Wohnsitz haben [1]. Sie wenden in diesen Fällen englisches Recht an [2]. Das argentinische Recht kennt keine Ehescheidung vom Bande [3]. In Ehesachen gilt in Argentinien für die Zuständigkeit das Wohnsitzprinzip [4]. Materiell wird also hier stets das argentinische Recht angewandt, das die Scheidung vom Bande verbietet. Welches Recht haben deutsche Gerichte anzuwenden, wenn englische oder argentinische Ehegatten, die in Deutschland ihren Wohnsitz haben, in Deutschland geschieden werden wollen?

Da in diesen Fällen nicht festgestellt werden kann, welches Recht der fremde Richter in denselben Fällen anwenden würde, kann man nur prüfen, welches Recht der deutsche Richter anzuwenden hat, um den allgemeinen Grundsätzen des fremden Rechts möglichst gerecht zu werden. Hierfür sind eine Reihe von Anhaltspunkten zu beachten.

Der wichtigste Anhaltspunkt ist die allgemeine Anerkennung des Wohnsitzrechts in beiden Ländern. Ihre Gerichte wenden, wenn der Wohnsitz in ihrem Lande liegt, in Ehesachen ihr Recht, das ist

---

[1]) Dicey S. 285 ff. Die von Dicey angeführte Ausnahme interessiert hier nicht, weil sie einen Fall betrifft, in dem die Ehe im Wohnsitzland als ungültig angesehen wird, also eine Scheidung für die Gerichte des Wohnsitzlandes gar nicht in Frage kommt.

[2]) Westlake S. 97.

[3]) Vgl. Art. 64 des argentinischen Zivilgesetzbuches, Bergmann Bd. III S. 27.

[4]) Gottschick, JW 1930 S. 1827.

das Recht des Wohnsitzes, an. Wenn englische Schriftsteller sagen, in Scheidungssachen werde die lex fori angewandt [1]), so ist damit nichts anderes gesagt, als daß das Domizilrecht angewandt wird, da eben nur die Fälle, in denen der Wohnsitz im eigenen Lande liegt, vor die englischen Gerichte kommen. Ferner ist von Bedeutung, unter welcher Voraussetzung das deutsche Scheidungsurteil im fremden Lande anerkannt werden würde. In England werden Scheidungen von Gerichten des Domizillandes stets anerkannt, andere nicht, es sei denn, daß sie auch im Domizilland anerkannt werden [2]). Diese Umstände rechtfertigen im Falle des englischen Rechts die Annahme, daß die Anwendung deutschen Rechts in den Scheidungsprozessen vor deutschen Gerichten den Grundsätzen des englischen Rechts entspricht. Die Vorschrift des Art. 27 ist auch in erster Linie gerade für Fälle dieser Art geschaffen worden [3]). Demgemäß hat die deutsche Rechtsprechung in Verfahren über die Scheidung von Engländern, die in Deutschland ihren Wohnsitz hatten, stets das deutsche Recht angewandt [4]).

Auch im Falle der argentinischen Ehegatten wird man das deutsche Scheidungsrecht anwenden müssen. Das argentinische Recht verleiht einer in Deutschland ausgesprochenen Scheidung von Argentiniern, die in Deutschland wohnen, die vollen Wirkungen einer Scheidung, wenn die geschiedene Ehe im Ausland geschlossen war. Die Eheleute können sich in diesem Falle in Argentinien wieder verheiraten [5]). Als Grund dafür wird angegeben, wer einen bestimmten Status gemäß seinem Wohnsitzrecht erworben habe, sei befugt, in Argentinien die Fähigkeiten auszuüben, die sich aus diesem Status ergeben [6]). Ist die geschiedene Ehe in Argentinien geschlossen worden, so können die geschiedenen Ehegatten mit Wirkung für Argentinien im Ausland eine neue Ehe eingehen [7]). Es ist ihnen nur durch Gesetz [8]) verboten, in Argentinien wieder zu heiraten. Das argen-

---

[1]) Westlake S. 97.

[2]) Dicey S. 418 ff.

[3]) Vgl. die Gebhardschen Materialien S. 252, 366.

[4]) RG 7. 1. 1907, JW 1907 S. 127; KG 20. 9. 1901, ROLG Bd. 3 S. 355 ff.; OLG Darmstadt 18. 5. 1906, DJZ 1907 S. 1327 = Recht 1908 Nr. 1828; HansOLG 31. 3. 1927, HansGZ 1927 Bbl. S. 139 f. = ZAIP Sonderheft 1926/27 Nr. 149; LG II Berlin 20. 5. 1927, ZAIP Sonderheft 1926/27 Nr. 75.

[5]) Vico Bd. II Nr. 338 S. 217.

[6]) Vico a. a. O.

[7]) Vico Bd. II Nr. 326 S. 201 (zitiert erstinstanzliche Urteile aus den Jahren 1917 und 1924).

[8]) Art. 7 des Gesetzes über die Zivilehe (Art. 164 BGB neuere Fassung); vgl. Gottschick, JW 1930 S. 1827.

tinische Recht betrachtet also die Unauflösbarkeit der Ehe nur bis zu einem gewissen Punkte als zum ordre public international gehörig, darüber hinaus aber lediglich als eine Frage des ordre public local [1]). Für den Fall, daß die zu scheidende Ehe außerhalb Argentiniens geschlossen ist, wird man danach zweifellos in Deutschland die Scheidung gemäß deutschem Recht zulassen müssen. Aber auch im anderen Falle wird man, obwohl die Scheidung in einer Hinsicht in ihrer Wirkung beschränkt, nämlich die Wiederverheiratung in Argentinien nicht gestattet wäre, doch annehmen müssen, daß die Zulassung der Scheidung gemäß deutschem Recht mit den Grundsätzen des argentinischen Rechts einschließlich seines internationalen Privatrechts im Einklang steht. So haben auch das Oberlandesgericht Karlsruhe in zwei Entscheidungen aus dem Jahre 1909 [2]) und das Hanseatische Oberlandesgericht in einer Entscheidung von 1930 [3]) entschieden [4]).

Unsere Gerichte nehmen also zutreffend bei Tatbeständen wie den vorliegenden einen Renvoi des englischen und argentinischen Rechts auf das Wohnsitzrecht an.

§ 154. Zweifelhaft scheint es mir zu sein, inwieweit eine Rück- oder Weiterverweisung anerkannt werden kann, wenn es sich um die Anwendung des Art. 11 Abs. 1 Satz 2 EG handelt, d. h. um die Vorschrift, daß ein Geschäft in der Form vorgenommen werden kann, die den am Orte der Vornahme geltenden Gesetzen entspricht. Der Grund dieser Vorschrift liegt nicht darin, daß die Gesetze des Ortes, an welchem eine Rechtshandlung vorgenommen wird, aus irgendwelchen inneren Gründen für zuständig zur Regelung der Formfrage erscheinen. Es handelt sich hier lediglich um Zweckmäßigkeitsgründe [5]). Die Fassung des Art. 11 EG bringt demgemäß zum Ausdruck, daß grundsätzlich das Recht maßgebend ist, dem das Rechtsverhältnis unterliegt. Dem Ort der Vornahme des Geschäftes wird nur eine sekundäre Bedeutung beigemessen. Die Beachtung der Gesetze des Orts, an dem die Handlung vorgenommen wird, wird für

---

[1]) Vico Bd. II Nr. 309 S. 189.

[2]) 16. 6. 1909, anscheinend nicht veröffentlicht, entnommen aus Dietz, Z Bd. 19 S. 454 ff.; 2. 7. 1909, Warneyers Jahrbuch 1912 Nr. 3 zu Art. 27 EG.

[3]) 16. 5. 1930, HRR 1930 Nr. 1928, für den Fall der Eheschließung außerhalb Argentiniens.

[4]) Dagegen Dietz a. a. O. S. 452, 454 ff.; Levis, Z Bd. 20 S. 86 ff.; Frankenstein Bd. I S. 71; Raape Art. 27 E III 2. Für die Zulässigkeit der Scheidung von in Deutschland wohnhaften Argentiniern in allen Fällen Gottschick, JW 1930 S. 1828.

[5]) Protokolle Bd. VI S. 32—37.

genügend erklärt. Heißt das hier auch, daß zunächst das internationale Privatrecht des Vornahmeortes zu entscheiden hat, von welchem Recht die Form bestimmt wird, oder heißt das, daß die Formvorschriften des am Vornahmeort geltenden inneren Rechts maßgebend sein sollen? Ein Beispiel wird die Frage verdeutlichen:

Nach der in den Vereinigten Staaten überwiegenden Rechtsauffassung [1]) kann ein Testament rechtsgültig nur in den Formen errichtet werden, die das Wohnsitzrecht des Erblassers vorschreibt [2]). Ein in Holland wohnender Deutscher würde also in den Vereinigten Staaten nach der dortigen Auffassung sein Testament in der holländischen Form errichten müssen. Sollen die deutschen Gerichte, wenn in einem solchen Falle die Testamentserrichtung in New-York unter Beobachtung der New-Yorker Form erfolgt, diese für unwirksam erklären, weil das New Yorker Recht die Beobachtung der holländischen Form verlangt (auf diese verweist)? Das würde in hohem Grade unbillig sein, weil man von dem Deutschen nicht erwarten kann, daß er diese Eigentümlichkeit des amerikanischen Rechts kennt. — Wenn man aus diesem Grunde die Verweisung des New-Yorker Rechts auf das holländische Recht nicht berücksichtigen würde, so würde man ebenfalls zu unbilligen Ergebnissen kommen können. Gerade wenn ein Deutscher in New-York besonders vorsichtig sein will und einen mit dortigem internationalen Privatrecht einigermaßen vertrauten Juristen konsultiert, wird dieser ihm die Errichtung des Testaments in holländischer Form anraten, weil nach dem New-Yorker internationalen Privatrecht nur bei Wahrung dieser Form das Testament gültig ist. Es wäre sehr bedauerlich, wenn man das Testament als unwirksam ansehen müßte, weil es den New-Yorker Formvorschriften nicht genügt.

Nur wenn man sowohl die Form, welche das innere Recht des Vornahmeorts vorschreibt, wie die Form des Rechts, auf welches dieses verweist, für genügend erklärt, kann man Unbilligkeiten vermeiden.

§ 155. Praktische Bedenken gegen diese Auffassung liegen nicht vor. Die Frage, welches eheliche Güterrecht in einer Ehe gilt, kann nur nach einem Recht entschieden werden, die Frage, welche Form für ein Rechtsgeschäft genügt, nach mehreren. Unser Gesetz (Art. 11 EGBGB) erklärt es im Normalfalle für ausreichend, wenn eine von zwei Formvorschriften beachtet ist, entweder die der lex causae

---

[1]) Über Ausnahmen, vorgeschrieben durch Gesetze von Einzelstaaten, vgl. Goodrich § 159 S. 373.

[2]) Wharton Bd. II § 585 S. 1304.

oder die der lex loci actus. Die Zulassung der Formen verschiedener Rechte auf denselben Fall schafft also keinen Widerspruch, wie er auf anderen Gebieten sich ergeben würde, sondern erleichtert lediglich den rechtsgeschäftlichen Verkehr.

Diese Zweckmäßigkeitsgründe allein würden nach meiner Ansicht nicht ausreichen, für das geltende Recht — nicht nur de lege ferenda — den Satz zu rechtfertigen, daß hier eine Ausnahme von der allgemeinen Regel vorliegt, nach welcher, wenn wir ein fremdes Recht zur Entscheidung berufen, diese Berufung sich auf das Recht in seiner Gesamtheit (einschließlich der örtlichen Konfliktsnormen) bezieht. Aber folgende positiv-rechtliche Gründe sprechen außerdem für diese Auffassung: Der Satz »locus regit actum« ist uraltes Gewohnheitsrecht [1]), und zwar Gewohnheitsrecht innerhalb des ganzen Reiches, nicht nur innerhalb eines Teiles Deutschlands. — Der Inhalt dieses Gewohnheitsrechts bezog sich sicher auf die Anwendung des inneren Formenrechts, wie es am Vornahmeort galt. Der erste deutsche Renvoifall, der sich ermitteln läßt, datiert erst aus dem Jahre 1861 [2]). Die Aufmerksamkeit der kontinentalen Juristen hat sich noch später, nämlich nach dem Falle Forgo, also erst in den achtziger Jahren des vorigen Jahrhunderts, auf den Renvoi gerichtet [3]). Jener Gewohnheitsrechtssatz konnte also nur die Anwendung der inneren Formvorschriften des Vornahmeorts betreffen. Das ergibt sich auch aus praktischen Erwägungen. Der Satz »locus regit actum« hatte sich durchgesetzt, weil man wußte, daß fremde Formen bei Vornahme eines Rechtsgeschäftes vielfach nicht gewahrt werden können und den Verkehr gegen die hierin liegenden Gefahren schützen [4]) wollte. Das konnte mit einiger Sicherheit nur durch Verweisung auf die Form, deren man sich am Abschlußort bediente, nicht aber durch Verweisung auf das internationale Formenrecht dieses Ortes erreicht werden. Die Vorarbeiten zum Art. 11 EG erwähnen für die Zulassung der Formen des Vollzugsortes nur Zweckmäßigkeitsgründe, die — wie gesagt — zur Anwendung des dort herrschenden inneren Formenrechts führen müssen. Die Renvoibestimmung des EG, der Art. 27, erwähnt den Art. 11 nicht. Nirgendwo war — soweit ich feststellen kann — zur

---

[1]) Wächter, Ziv. Archiv Bd. 25 S. 405; Schaeffner S. 92 ff.; Savigny S. 350; v. Bar Bd. I S. 337 und »Das Internationale Privat- und Strafrecht« 1. Auflage S. 113 Anm. 6 und S. 118 Anm. 2; Böhm S. 18.

[2]) Vgl. oben § 134 S. 195.

[3]) Vgl. oben § 134 S. 195 f.

[4]) Vgl. die in Anm. 1 zitierten Schriftsteller.

Zeit der Vorarbeiten für BGB und EG die Möglichkeit auch nur in Erwägung gezogen, daß die innere Ortsform darum nicht genügen könne, weil das internationale Privatrecht des Abschlußortes selbst eine fremde Form vorschreibe. Man kann also nicht annehmen, daß durch das EG das bestehende altehrwürdige Gewohnheitsrecht bewußt beseitigt werden sollte, soweit überhaupt noch der Satz »locus regit actum« zugelassen ist.

§ 156. Dagegen könnte man meinen, daß diese Auffassung in Widerspruch stehe zum Wortlaut des Art. 11 EG in Verbindung mit dem feststehenden deutschen Richterrecht, nach welchem die Verweisungen des deutschen internationalen Privatrechts Gesamtverweisungen sind. In Art. 11 ist die Beobachtung »der Gesetze« des Vornahmeortes für genügend erklärt. Da nach konstanter Rechtsprechung unter »den Gesetzen« eines fremden Staates im Sinne des EG das fremde Recht in seiner Gesamtheit, also einschließlich seiner örtlichen Konfliktsregeln zu verstehen ist, könnte man aus dem Wortlaut des Art. 11 EG herleiten, daß die Anwendung der Ortsform nicht zulässig ist, wenn das örtliche Recht selbst sie als nicht genügend betrachtet. Aber selbst wenn diese Schlußfolgerung zutrifft, so ist das gleichgültig. Wie oben angeführt, beruht es auf altem Reichsgewohnheitsrecht, daß die Formen des inneren Rechts des locus actus genügen. Das Reichsgewohnheitsrecht ist aber bei Inkrafttreten des neuen Rechts aufrechterhalten, soweit sich nicht das Gegenteil aus dem BGB oder dem EG ergibt (Art. 32 i. V. m. Art. 2 EG). Weder das BGB noch das EG entscheiden die hier behandelte Frage. Auch kein deutsches Gericht hat, soweit ich feststellen kann, jemals ausgesprochen, daß die Formen der lex loci actus nicht genügen, weil das internationale Privatrecht des locus actus auf fremde Formvorschriften verweist. Die Bedenken, hier ein aufrechterhaltenes Reichsgewohnheitsrecht anzunehmen, sind viel geringer als gegenüber dem unzweifelhaft aufrecht erhaltenen Reichsgewohnheitsrecht, nach welchem der Inhaber eines nicht rechtzeitig bezahlten Wechsels von dem Akzeptanten 6% Verzugszinsen fordern kann. Die Wechselordnung trifft hierüber, wenn nicht gleichzeitig Regreßpflichtige haften, keine Bestimmungen. Das am 1. 1. 1900 in Kraft getretene Reichsrecht bestimmte Abweichendes, nämlich — für den Fall, daß eine Forderung bürgerlichen Rechts vorliegt — einen Zinsfuß von 4% [1]), und für den Fall, daß ein Handelsgeschäft vorliegt, einen solchen von 5% [2]). Trotzdem — also ent-

[1]) § 246 BGB.
[2]) § 352 HGB.

gegen dem Wortlaut der neuen Gesetzgebung — war der gewohnheitsrechtliche Anspruch auf 6% Zinsen bestehen geblieben [1]). Es liegt keine Veranlassung vor, bezüglich der Form im internationalen Rechtsverkehr dem Reichsgewohnheitsrecht eine geringere Bedeutung beizumessen. Im Gegenteil: Ob der Akzeptant eines nicht rechtzeitig bezahlten Wechsels 4,5 oder 6% gesetzliche Zinsen zahlen muß, ist von verhältnismäßig geringer Bedeutung. Aber daß jemand die Formen, die das innere Recht eines Ortes für Rechtsgeschäfte vorschreibt, benutzen darf, ist eine Forderung praktischer Lebensnotwendigkeit, die seit Jahrhunderten anerkannt ist. Hier muß das alte Gewohnheitsrecht aufrechterhalten werden, umsomehr, als es in keiner Weise ein Hemmnis für die Anwendung der segensreichen, durch unsere Rechtsprechung festgestellten Renvoigrundsätze ist.

In diesem Zusammenhang sei auf zwei Reichsgerichtsentscheidungen aus den Jahren 1916 [2]) und 1925 [3]) verwiesen. Im ersten Falle hatte ein armenisch-katholischer Türke in Brasilien in brasilianischer Form, im zweiten Falle ein griechisch-orthodoxer Grieche in Norwegen in norwegischer Form eine Ehe geschlossen. In beiden Fällen war die vom Heimatsrecht zwingend vorgeschriebene Form nicht gewahrt. Das Reichsgericht hat die Ehe in beiden Fällen auf Grund des Art. 11 Abs. 1 Satz 2 EG als formgültig geschlossen angesehen, ohne zu prüfen, wie sich Brasilien und Norwegen zu der internationalprivatrechtlichen Frage stellen, d. h. ob das internationale Privatrecht dieser Länder die Wahrung der Ortsform genügen läßt und nicht etwa verlangt, daß die vom Personalstatut vorgeschriebene Form gewahrt werde [4]).

Es ist also nicht zu kühn, wenn man für das geltende deutsche internationale Privatrecht unter dem Gesichtspunkt des Art. 11 Absatz 1 Satz 2 EG als Form des Vornahmeortes ansieht:

---

[1]) KG 12. 2. 1900, ROLG Bd. 1 S. 259, bestätigt durch RG 26. 5. 1900, wie ebenda vermerkt; Staub-Stranz, Kommentar zur WO, 11. Aufl. Art. 50 Anm. 12; Staub Kommentar zum HGB, § 352 Anm. 12. Staudinger, Einfüführungsgesetz, 9. Aufl. Art. 32 Anm. III d.

[2]) 6. 4. 1916, RG Bd. 88 S. 191 ff.

[3]) 1. 10. 1925, WarnRspr. 1926 S. 17 Nr. 15 = ZAIP Sonderheft 1926/27 Nr. 27.

[4]) Allerdings scheint nach dem norwegischen internationalen Privatrecht für die Eheschließung die Ortsform zu genügen. Vgl. Bergmann Bd. II S. 373. Für Brasilien scheint mir die Rechtslage unsicher. Nach dem hier nicht in Betracht kommenden neuen brasilianischen Gesetzbuch würde zwar die Ortsform genügen. Ob dasselbe aber nach dem im Jahre 1908 in Brasilien in Geltung gewesenen Recht der Fall war, ist nach Weiß-Zeballos Bd. II S. 10 zweifelhaft.

1. die dem inneren Recht des Vornahmeortes entsprechende Form;
2. die Form desjenigen inneren Rechts, auf welche das internationale Formenrecht des Vornahmeortes verweist.

§ 157. Eine Stütze dieser Auffassung bildet auch das internationale Privatrecht Englands, dessen Renvoirecht mit dem deutschen die nächste Verwandschaft zeigt. In Sachen Goods of Lacroix (1877) handelte es sich um die Frage, ob ein in Gemäßheit der englischen aber nicht der französischen inneren Formvorschriften in Frankreich errichtetes Testament der französischen Ortsform genüge. Der englische Richter bejahte diese Frage gemäß den Vorschriften der Will's Act 1861, weil nach französischem internationalen Privatrecht die Benutzung der englischen Form im vorliegenden Falle zulässig war [1]). Auf demselben Standpunkt steht die Rechtsprechung von Kanada. In Quebec gilt der Satz »locus regit actum« als zwingendes Recht. Nach New-Yorker Recht muß — wie schon gesagt — ein Testament den Formen des Wohnsitzrechts entsprechen. Aus diesem Grunde hat der höchste kanadische Gerichtshof angenommen, daß ein von einem Einwohner Quebecs in New York unter Verletzung der innerrechtlichen New-Yorker Form, aber unter Beachtung der innerrechtlichen Quebecer Form errichtetes Testament formgültig sei, weil das New-Yorker internationale Privatrecht hier die Formfrage nach Quebecer innerem Recht entscheidet [2]). Vor dem Inkrafttreten der Will's Act war in England für die formelle Gültigkeit eines Testaments — wie noch jetzt in den meisten Staaten der Union — lediglich das Recht des letzten Wohnsitzes des Erblassers maßgebend [3]). Aus einer Reihe englischer Entscheidungen ergibt sich, daß dieser Formvorschrift nach englischer Auffassung genügt wurde, wenn diejenigen Formen beachtet waren, die das Wohnsitzrecht auf Grund von Rück- oder Weiterverweisung für ausreichend erklärte [4]). Die geschilderte Auffassung hat in keinem Falle dazu geführt, daß in England ein Rechtsgeschäft, das dem inneren Formenrecht des Errichtungsortes oder — bei Testamenten — des letzten Wohnsitzes des Testators entsprach, als formwidrig behandelt wurde, weil das Recht des Errichtungsortes oder des letzten Wohnsitzes auf die Formvorschriften eines anderen Landes verwies [5]) [6]).

[1]) Vgl. Dicey S. 815, Westlake S. 36.
[2]) Roß v. Roß (1894) 25 Case. S. C. R. 307 = Clunet 1899 S. 408; Dicey S. 813.
[3]) Westlake S. 121.
[4]) Westlake S. 35 f.
[5]) Bate, Notes on the doctrine of Renvoi S. 109.
[6]) Daß der Renvoi, wenn überhaupt anerkannt, auch im Formenrecht

Das Ergebnis — die Formvorschriften im internationalen Verkehr nicht als Fallstricke, sondern als Schutz für die Beteiligten anzuwenden und hierbei dem praktischen Bedürfnis den Vorrang vor der starren Logik einzuräumen — entspricht überhaupt dem Geiste unserer Rechtsprechung. Ich verweise in dieser Beziehung auf die außerordentlich gekünstelten Erwägungen des Reichsgerichts in seinem Urteil vom 26. 2. 1891 [1]), wo eine in der Türkei geschlossene Ehe deutscher Schutzgenossen für formgültig erklärt wurde, obwohl sie den innerrechtlichen deutschen Formen bestimmt nicht entsprach, und es höchst unsicher war, ob sie den türkischen Formen genügte. Eine ähnliche Haltung nimmt die neue französisch-belgische Rechtsprechung ein [2]).

§ 158. Alle diese Erwägungen beziehen sich — für das deutsche internationale Privatrecht — nur auf den Fall, daß zur Entscheidung steht, ob die Form des Vornahmeortes gewahrt ist. Die soeben erörterten Gesichtspunkte finden aber keine Anwendung, wenn es sich darum handelt, ob der Form des Gesetzes genügt ist, welches für das den Gegenstand des Rechtsgeschäftes bildende Rechtsverhältnis maßgebend ist (Art. 11 Abs. 1 Satz 1 EGBGB). Hier liegt kein Grund vor, von den allgemeinen Vorschriften abzuweichen. Maßgebend müssen die Formen sein, welche im einzelnen Falle nach der Gesamtheit des von uns in erster Linie berufenen fremden Rechts vorgeschrieben sind. Das allein führt zu einem verständigen Ergebnis.

Folgende Beispiele werden zur Klärung dieser Frage dienen: Nach französischem Recht geht das Eigentum — mindestens an beweglichen Sachen — durch den bloßen Schenkungsvertrag über [3]). Eine Schenkung bedarf nach französischem Recht notarieller Form [4]). Aber das französische internationale Privatrecht erkennt auch bei Schenkungen die am Ort der Vertragserrichtung geltenden Formvorschriften an, so daß eine außerhalb Frankreichs erfolgte, der notariellen Form ermangelnde Schenkung als gültig angesehen wird, wenn sie nach dem Recht des Errichtungsorts einer solchen Form nicht bedarf [5]). Durch eine solche Schenkung kann also nach französischem Recht das Eigentum an einer in Frankreich befindlichen

beachtet werden muß, scheint auch Vico anzunehmen. Vgl. die Erörterung von Beispielen Bd. II Nr. 148 S. 98 f.

[1]) RG Bd. 27 S. 100 ff.

[2]) Berufungsgericht Algiers 26. 5. 1919, Revue 1921 S. 117 ff.; Berufungsgericht Brüssel 16. 6. 1926, ZAIP 1928 S. 924.

[3]) Planiol Bd. I Nr. 2589.

[4]) Code Civil Art. 931.

[5]) Französischer Kassationshof 29. 6. 1922, Clunet 1922 S. 303 ff.

beweglichen Sache übertragen werden. Auch die deutschen Gerichte müssen in diesem Falle annehmen, daß das Eigentum übergegangen ist, obwohl die Formen des französischen inneren Rechts nicht gewahrt sind, und obwohl nach Art. 11 Abs. 2 EG die Wahrung der Ortsform vom Standpunkt des deutschen internationalen Privatrechts allein nicht ausreichen würde. Ein anderes Beispiel gibt ein vom Oberlandesgericht Karlsruhe [1]) entschiedener Fall. Ein in Deutschland wohnhafter New-Yorker Bürger testierte in einer Form, die dem deutschen Recht nicht genügte. Das Testament wurde für ungültig erklärt, da das deutsche Recht hier sowohl als lex loci actus wie auf Grund Rückverweisung von Seiten des New-Yorker Rechts als lex causae maßgebend war. Da das New-Yorker Recht nach Annahme des Gerichts die Wahrung der lex loci actus zwingend vorschrieb, kam es nicht darauf an, ob das Testament den Formerfordernissen des New-Yorker inneren Rechts genügte. Entsprechend ist im umgekehrten Falle zu entscheiden: Im argentinischen internationalen Privatrecht gilt die Regel »locus regit actum« zwingend [2]). Ein Vertrag, der argentinischem Recht unterliegt und im Ausland geschlossen ist, ist nichtig, wenn er zwar den argentinischen Formvorschriften, nicht aber denen der lex loci actus genügt. Ein solcher Vertrag muß auch in Deutschland als nichtig angesehen werden, weil das gemäß Art. 11 Abs. 1 Satz 1 anzuwendende argentinische Recht für die Frage der Formgültigkeit allein die lex loci actus maßgebend sein läßt. Es liegt keine Veranlassung vor, für solche Fälle von den allgemeinen Grundsätzen des deutschen Renvoirechts abzuweichen, d. h. das fremde Recht nicht in seiner Gesamtheit, einschließlich seines internationalen Privatrechts, anzuwenden. Nur ein solches Ergebnis ist praktisch erträglich [3]).

§ 159. Die Grundsätze über den Renvoi können keine Anwendung finden, wenn in maßgeblicher Weise die Geltung eines bestimmten inneren Rechts festgesetzt ist. Solche Fälle sind:

1. Feststellung des örtlichen Rechts durch Parteiautonomie.
2. Feststellung des maßgeblichen Rechts durch Staatsverträge.

---

[1]) 13. 12. 1919, ROLG Bd. 40 S. 159 f.

[2]) Weiß-Zeballos Bd. I S. 583 Anm. a; Roger, Rép. Bd. VI unter »République Argentine« Nr. 25 ff.

[3]) Daß man hier vielleicht mit dem unten im Abschnitt: »Selbstbeschränkung des deutschen internationalen Privatrechts,« behandelten Zurücktreten des deutschen internationalen Privatrechts vor fremder stärkerer Rechtsmacht helfen könnte, ist nicht entscheidend. Denn es ist natürlich wünschenswert, den Bereich solchen Ausnahmerechts möglichst einzuschränken.

Nach deutschem internationalen Privatrecht steht es grundsätzlich den Parteien eines schuldrechtlichen Rechtsgeschäfts frei, das anzuwendende örtliche Recht zu bestimmen [1]). Der Parteiwille braucht nicht ausdrücklich erklärt zu sein, er kann sich aus den Umständen ergeben. In der vertragsmäßigen Unterwerfung unter ein bestimmtes Recht wird fast immer die Vereinbarung zu finden sein, daß dessen Sachnormen angewendet werden sollen. Denn wenn die Parteien die Anwendung eines bestimmten Rechts vereinbaren, bringen sie hierdurch regelmäßig zum Ausdruck, daß sie die Frage der Statutenkollision selbst entscheiden, diese Entscheidung also nicht den Grundsätzen irgendeines internationalen Privatrechts überlassen wollen [2]) [3]).

Wenn ein Parteiwille weder ausdrücklich erklärt ist, noch besondere Anhaltspunkte für einen vermuteten Parteiwillen vorliegen, so ist das Recht des Erfüllungsortes maßgebend. Ob das Recht des Erfüllungsortes kraft vermuteten Parteiwillens oder kraft Rechtsnotwendigkeit anzuwenden ist, ist aus der Praxis des Reichsgerichts nicht mit Sicherheit zu entnehmen [4]). Meiner Ansicht nach ist eine einheitliche Beantwortung dieser Frage nicht möglich. Der Erfüllungsort kann unter Umständen als Grundlage für den vermutlichen Parteiwillen sehr geeignet sein, braucht es aber nicht zu sein.

[1]) Vgl. unten §§ 351 ff. S. 498 ff.

[2]) So OLG Braunschweig 7. 2. 1908, ROLG Bd. 16 S. 362 = Z Bd. 18 S. 544 ff. = Clunet 1909 S. 520; LG Hamburg 2. 1. 1903, Z Bd. 14 S. 82 ff. = HansGZ 1903 Hbl. S. 73 ff; Bayr.ObLG 24. 6. 31, JW 1931 S. 3222 f.

[3]) Aus der ausländischen Rechtsprechung vgl. abweichend: Carter v. Mutual Life Ins. Co., Supreme Court of the Hawai Islands 1896, Rep. 10 Haw. Rep. 559 = Beale Bd. II S. 87.

[4]) Der Komm. v. RG-Räten, Anm. 7 vor § 1 nimmt das Erste an. Die dort angeführten Entscheidungen rechtfertigen diese Ansicht aber nicht. Dafür, daß die Maßgeblichkeit des Erfüllungsortes nicht auf vermuteten Parteiwillen zu stützen sei, vgl. z. B. 10. 5. 1884, RG Bd. 12 S. 34 ff. (36 f.); 4. 4. 1908, RG Bd. 68 S. 203 ff. (205 f.); 19. 4. 1910, RG Bd. 73 S. 379 ff. (388); 5. 7. 1910, RG Bd. 74 S. 171 ff. (173 f.); RG 12. 3. 1928, JW 1928 S. 1196 f. = WarnRspr. 1928 Nr. 58 S. 110 ff. = Z Bd. 39 S. 261 ff. = ZAIP Sonderheft 1928 Nr. 29; RG 13. 12. 1929, WarnRspr. 1930 Nr. 43 S. 80 f. = HRR 1930 Nr. 508 steht auf dem m. E. richtigen Standpunkt, daß der Erfüllungsort ein Indiz für den Parteiwillen sein kann, und daß bei Nichtfeststellbarkeit des Parteiwillens der Erfüllungsort kraft Gesetzes maßgebend ist. Vgl. dagegen 7. 12. 1920, RG Bd. 101 S. 66; 19. 9. 1923, RG Bd. 107 S. 121 ff.; 8. 4. 1924, LZ 1924 Sp. 588 ff.; RG 12. 5. 1928, WarnRspr. 1928 Nr. 104 S. 202 ff. = HRR 1928 Nr. 1568 = LZ 1928 Sp. 1550 = Z Bd. 43 S. 87 ff. = ZAIP Sonderheft 1928 Nr. 30 S. 52 f.; 21. 2. 1930, Rspr. Aufw. 1930 S. 341; OLG Stettin 1. 12. 1925, JW 1926 S. 385 f. = Rspr. Aufw. 1926 S. 55 = ZAIP Sonderheft 1926/27 Nr. 38 S. 34 f.

Eine Begründung dieser Ansicht gehört nicht in die Renvoilehre sondern in das internationale Schuldrecht. Daher wird hier von ihr abgesehen. Es sollen nur die Grundsätze angegeben werden, nach denen im einen und im anderen Falle über den Renvoi zu entscheiden ist.

Wenn das Recht des Erfüllungsortes kraft vermutlichen Parteiwillens maßgebend ist, kann von einem Renvoi — wenigstens in der Hauptsache — keine Rede sein, weil vermutet wird, daß die Parteien kraft Willensautonomie ein bestimmtes Recht gewählt haben [1]). Wenn das Recht des Erfüllungsortes kraft Rechtsnotwendigkeit entscheidend ist, fällt dieser Gesichtspunkt fort, und es liegt keine Veranlassung vor, die von unserer Rechtsprechung ganz allgemein aufgestellten Grundsätze nicht zu Anwendung zu bringen.

So wird denn auch von unserer Rechtsprechung der Renvoi im Vertragsrecht anerkannt, wenn das örtlich maßgebende Recht nicht durch Parteiwillen bestimmt ist [2]).

§ 160. Ähnliche Erwägungen, wie sie zur Ablehnung des Renvoi bei Feststellung des örtlichen Rechts durch Parteiwillen maßgebend sind, treffen bei Feststellung des örtlichen Rechts durch Staatsverträge zu. Wenn ein Staatsvertrag Bestimmungen über das anzuwendende örtliche Recht trifft, so muß man annehmen, daß die Anwendbarkeit inneren Rechts geregelt werden soll. Denn

---

[1]) So OLG Kolmar 19. 5. 1893, Z Bd. 4 S. 151 f. = Clunet 1895 S. 141 (hier mißverständliche Wiedergabe). Aus der ausländischen Rechtsprechung für einen ähnlichen Fall aus dem französischen internationalen Privatrecht (Maßgeblichkeit des Rechts des ersten ehelichen Wohnsitzes, weil als vereinbart anzusehen, für das eheliche Güterrecht) anscheinend abweichend Cour de Cass. 18. 7. 1905, Clunet 1906 S. 446 f., dazu Mazas, Clunet 1907 S. 603 ff. Für eine Teilfrage wird der Renvoi in RG 25. 6. 1924, JW 1925 S. 249 f. anscheinend zugelassen.

[2]) RG 23. 1. 1897, RG Bd. 38 S. 140 ff. (146) = Z Bd. 7 S. 450 ff.; RG 11. 10. 1907, Z Bd. 19 S. 222 ff. (224); RG 4. 4. 1908, RG Bd. 68 S. 203 ff. (210). (Hier ist als ein Eventualgrund für die Anwendbarkeit des englischen Rechts auf einen Frachtvertrag angeführt, daß das Recht der nichtenglischen ausländischen Bestimmungshäfen auf das englische Recht verweise); RG 21. 9. 1889, Bolze Bd. 8 Nr. 19; RG 25. 6. 1924, Z Bd. 34 S. 459 f. = JW 1925 S. 249, beide die Frage betreffend, welche Formalakte zur Wahrung des Wechselregreßanspruches erforderlich sind; OLG München 13. 7. 1925, LZ 1925 Sp. 1281. (Hier ist als Eventualgrund für die Maßgeblichkeit des österreichischen Rechts für einen Kaufvertrag Renvoi des italienischen Rechts angeführt.) OLG Karlsruhe 3. 11. 1926, Zeitschrift des deutschen Notarvereins 1927 S. 48, entnommen aus Frankenstein Bd. II S. 223 Anm. 70; Hamburger Schiedsspruch, HansRGZ 1931 B Sp. 419 ff. (422); HansOLG 15. 5. 1931, HansRGZ 1931 B Sp. 581 ff.

der Zweck eines solchen Staatsvertrages ist die Herbeiführung einer gleichmäßigen örtlichen Rechtsanwendung zwischen den Vertragsstaaten. Die Zulassung des Renvoi würde diesem Zwecke abträglich sein, schon wegen der verschiedenen Stellung, die die einzelnen Rechte zum Renvoi einnehmen. Bei einem derartigen Staatsvertrag sind, soweit sich nicht aus ihm das Gegenteil ergibt, die Bestimmungen über die Zuständigkeit eines der örtlichen Rechte der Vertragsstaaten als Bestimmungen über die Anwendung inneren Rechts anzusehen. Das ist auch der Standpunkt unserer Rechtsprechung [1]).

Selbstverständlich können Staatsverträge ausdrücklich die Anerkennung des Renvoi für bestimmte Fragen vorschreiben. So unter den vom Deutschen Reich abgeschlossenen Staatsverträgen, das Haager Abkommen über die Eheschließung [2]) in Art. 1 und das Haager Abkommen über die Ehewirkungen [3]) in Art. 6 Abs. 2. Art. 1 und 2 des Haager Ehescheidungsabkommens [4]) beschränken Art. 27 EG in seiner Wirkung, indem sie auch bei Rückverweisung des ausländischen Rechts auf das deutsche die alleinige Anwendung deutschen Rechts ausschließen [5]). Auch mangels einer ausdrücklichen Vorschrift kann ein Staatsvertrag unter Umständen dahin auszulegen sein, daß der Renvoi des durch seine Kollisionsnormen berufenen Rechts anerkannt werden solle [6]). Im Zweifel ist jedoch das Gegenteil anzunehmen.

§ 161. Aus dem im § 139 beigebrachtem Material ergibt sich, daß eine vollständig feststehende Praxis des Reichsgerichts die Anerkennung des Renvoi vorschreibt. Aber angesichts des dauernden Widerspruchs in der deutschen und ausländischen kontinentalen

---

[1]) RG 8. 11. 1922, RG Bd. 105 S. 340 ff.; OLG Stuttgart 27. 12. 1912, Recht 1913 Nr. 702. Übereinstimmend: Deutsche Denkschrift zu den Haager Konventionen von 1905, Z Bd. 18 S. 579 und 582 f.; Komm. v. RG Räten Vorb. 7 vor § 1 BGB; Neubecker, Ehe- und Erbvertrag S. 348; Raape Art. 27 F.

[2]) RGBl. 1904 S. 221 ff.

[3]) RGBl. 1912 S. 453 ff.

[4]) RGBl. 1904 S. 231 ff.

[5]) Vgl. dazu RG 8. 11. 1922, RG Bd. 105 S. 340 ff.; RG 27. 11. 1919, WarnRspr. 1920 Nr. 46.

[6]) Vgl. die Rechtsprechung des deutsch-englischen Gemischten Schiedsgerichts zu § 4 der Anlage zu Art. 296 des Versailler Vertrags. Entscheidungen vom 19. und 28. 3. 1924, Rec. d. Trib. Bd. IV S. 73 = Bul. Bd. 12 Nr. 3798; 31. 5. 1926, Rec. d. Trib. Bd. VI S. 540 ff. = JW 1928 S. 2048; vom gleichen Tage, Rec. d. Trib. Bd. VI S. 633 = JW 1928 S. 2047 f.; 24. 11. 1926, Recht 1927 Nr. 876; 21. 6. 1927, JW 1928 S. 2047. Das Schiedsgericht nimmt — in erster Linie wegen des Zwecks der Vorschrift — an, daß § 4 auch das internationale Privatrecht des Schuldnerlandes für anwendbar erklärt. Gegen diese Auslegung: Walther Lewald, JW 1926 S. 2815 ff.; Isay, JW 1928 S. 1173.

Literatur, der sich auch einige deutsche Oberlandesgerichte angeschlossen haben [1]), scheint die Gefahr nicht ganz ausgeschlossen, daß die deutschen Gerichte ihren Standpunkt ändern könnten. Darum soll gezeigt werden, daß die erhobenen theoretischen Einwände unbegründet sind, und daß allgemeine Anerkennung des Renvoi höchst zweckmäßig ist. Auf den letzteren Gesichtspunkt kommt es darum an, weil beim Fehlen eines klaren Gesetzestextes anzunehmen ist, daß der deutsche Gesetzgeber das Vernünftige und praktisch Zweckmäßige gewollt hat.

Gegen jedwede Anwendung des Renvoi werden zwei Einwendungen immer wieder erhoben:

Die erste ist theoretischer Art und wird vor allem von französischen Schriftstellern geltend gemacht. Man behauptet, der Richter verletze die Souveränität seines Gesetzgebers, wenn er die Entscheidung darüber, welches innere Recht angewendet werden soll, einem fremden internationalen Privatrecht überläßt [2]).

Aber Souveränitätsfragen kommen hier gar nicht in Betracht, sondern einfach die Pflicht des Richters, die Gesetze seines Landes anzuwenden. Wo es klar ist, daß die lex fori, wenn sie fremdes Recht zur Entscheidung beruft, die Anwendung fremden inneren Rechts vorschreibt, da hat es selbstverständlich hierbei sein Bewenden. Wenn es aber zweifelhaft ist, ob die lex fori auch das fremde internationale Privatrecht zur Entscheidung beruft, so muß der Richter diesen Zweifel lösen, im Sinne seiner Gesetzgebung und nach den in seinem Lande sonst angewandten Auslegungsgrundsätzen, also auch unter Anwendung von Zweckmäßigkeitsgesichtspunkten, soweit diese in seinem Lande für die Gesetzesauslegung eine Rolle spielen. Die Behauptung, daß die Souveränität der lex fori durch Anwendung des Renvoi verletzt werde, enthält eine petitio principii. Sie nimmt voraus, daß die lex fori den Renvoi nicht will. Aber wenn das feststeht, ist jede weitere Diskussion überflüssig. Der Richter, der solchenfalls den Renvoi doch anwendet, verletzt zwar

---

[1]) Zuletzt m. W. die schon erwähnte Entscheidung des KG vom 27. 5. 1927, JW 1928 S. 73 f., und bezüglich der Weiterverweisung OLG Stuttgart 4. 12. 1930, JW 1932 S. 601 f.

[2]) Labbé, Clunet 1885 S. ff.; Valéry Nr. 372, 374; Pillet Bd. 1 S. 532; Surville S. 65 f.; Jordan, Rép. Bd. V S. 329 Nr. 19; Bartin S. 205 ff.; ebenso Walther Lewald, JW 1931 S. 114 ff., 1932 S. 565 f.; Vico Bd. I Nr. 222 S. 174; Plastara, Rép. Bd. VII unter »Roumanie« Nr. 136. Auch in der französischen Rechtsprechung wird diese Einwendung erhoben, wenn die Gerichte den Renvoi ablehnen. Vgl. die drei von Archibald, BliP 1930 Sp. 13 ff., mitgeteilten erst- und zweitinstanzlichen Urteile.

auch nicht die Souveränität seines Landes, wohl aber seine Pflichten als Richter.

Gewichtiger als dieser Einwand ist der andere: die Durchführung der Gesamtverweisung sei unmöglich. Da Unmögliches weder von einem Gesetz noch von Gerichten mit Wirksamkeit vorgeschrieben werden kann, bedarf dieser Teil der renvoifeindlichen Theorie auch vom Standpunkt der Praxis aus einer Prüfung.

Die angebliche Unmöglichkeit einer Gesamtverweisung wird — an einem Beispiel dargelegt — immer in folgender Weise begründet: Da das deutsche internationale Privatrecht für die gegenseitigen Unterhaltsansprüche englischer Ehegatten, auch wenn sie in Deutschland leben, das Heimatsrecht für maßgebend erklärt, so ist bei einer Gesamtverweisung zunächst das englische internationale Privatrecht zur Entscheidung berufen. Dieses verweist auf das deutsche Recht als Recht des Wohnsitzes zurück und zwar ebenfalls in der Form der Gesamtverweisung. Es ist hiernach wiederum das deutsche internationale Privatrecht zur Entscheidung berufen. Dies verweist auf das englische Recht in seiner Gesamtheit usw. in infinitum[1]).

Diejenigen, welche durch dieses Beispiel oder ähnliche den logischen Widersinn des Renvoi beweisen wollen, haben, um durch Bilder die angebliche Unsinnigkeit eines solchen Verfahrens zu verdeutlichen, die trockne Rechtssprache um eine Reihe drastischer Ausdrücke bereichert: logisches Spiegelkabinett [2]), circulus vitiosus[3]), circulus inextricabilis [4]), geschlossener Kreis ohne Ausgang und Anwendung des Lawn Tennis auf internationales Recht [5]), internationales Federballspiel [6]).

Tatsächlich hat natürlich noch niemals ein Gericht unter den vielen, die den Renvoi angewandt haben, das von den Renvoigegnern konstruierte perpetuum mobile benutzt, um jede Entscheidung über das anzuwendende Recht abzulehnen. Was die Vertreter jener Meinung den Anhängern des Renvoi vorwerfen, ist also, daß sie nicht folgerichtig handeln, wenn sie trotz Anerkennung des Renvoi das eine oder das andere innere Recht im Ergebnis für anwendbar er-

[1]) Diese Argumentation bringt — soviel ich sehe — zuerst das RG in der Entscheidung vom 27. 1. 1888, RG Bd. 20 S. 351. Aus der deutschen Literatur vor allem Kahn Bd. I S. 20 ff.

[2]) Kahn a. a. O.

[3]) Lainé, Clunet 1896 S. 257 und Revue 1907 S. 48; Valéry, S. 608.

[4]) v. Bar Bd. I S. 280 Anm. 45; Bartin, Revue du Droit international et de législation comparée Bd. 30 S. 155; Lewald Nr. 22 S. 17.

[5]) Buzzatti, Rinvio S. 77; Streit, Recueil Bd. 20 S. 101; Surrogate's Court New York, in Sachen Chadwich 15. 9. 1919, Z Bd. 28 S. 507 ff. (513).

[6]) Niboyet S. 483.

klären. Daß dies nicht richtig ist, jedenfalls nicht für das deutsche internationale Privatrecht, haben die vorangehenden Ausführungen gezeigt, in denen dargelegt ist, wie gemäß dem Grundsatz, daß fremdes Renvoirecht zu beachten ist, in den verschiedenen Fällen verfahren werden muß. Der Einwand der Undurchführbarkeit des Renvoi setzt voraus, daß die beiden in Betracht stehenden Rechte in gleicher Weise den Renvoi in weitestem Umfange anerkennen. Das ist im Verhältnis des deutschen Rechts zu anderen Rechten niemals der Fall. Wie oben gezeigt, besteht im deutschen Renvoirecht eine gewisse Tendenz, zur Anwendung des deutschen inneren Rechts zu gelangen. Wenn daher dem deutschen Recht ein Renvoirecht gegenübersteht, das, wie das englische, den Grundsatz der Gesamtverweisung vollkommen tendenzlos durchführt, so ist die Folge nicht ein perpetuum mobile, sondern ein bestimmtes Ergebnis, nämlich die Anwendung des deutschen inneren Rechts.

§ 162. Die Mehranwendung deutschen inneren Rechts, welche sich aus der Anerkennung des Renvoi ergibt, ist natürlich ein praktischer Vorteil, schon darum, weil anzunehmen ist, daß deutsche Gerichte deutsches Recht richtiger anwenden können als fremdes Recht.

Ferner aber kann durch die Anerkennung des Renvoi oft eine Rechtsprechung, die mit den tatsächlichen Verhältnissen in Widerspruch steht, vermieden werden. Ich werde das an einigen Beispielen erläutern. Dazu will ich nicht das Gebiet wählen, das die übliche Arena des Streits um den Renvoi darstellt — den Konflikt zwischen Wohnsitzrecht und Heimatsrecht. Auf diesem kommen die praktischen Wirkungen nicht voll zur Geltung, weil der Staatsangehörigkeitsgrundsatz sich da, wo er gilt, in bewußter Vernachlässigung gewisser praktischer Interessen gegenüber idealen Werten durchgesetzt hat, und daher praktische Vorteile auf diesem Gebiet nicht schlechthin als Beweisgründe angesehen werden können. Es gibt Rechtsmaterien, bei denen ihrer Natur nach praktische Gesichtspunkte die überwiegenden sein müssen, und die daher im allgemeinen der Herrschaft des Heimatsrechts nicht unterworfen werden: Dies sind in erster Linie das Sachen- und das Obligationenrecht. Hier kann man, wenn man den Renvoi in seiner weitesten Form nicht anerkennt, zu geradezu verhängnisvollen Ergebnissen geraten, weil man dann statt der wirklichen Rechtslage, d. h. der, die mit gerichtlicher Hilfe durchgesetzt werden kann, Fiktionen schafft, die mit dieser Wirklichkeit in krassem Widerspruch stehen und dementsprechend überflüssige ungerechte Schädigungen der Beteiligten hervorrufen.

Unsere Gerichte wenden auf rein dingliche Fragen, wie z. B.

die des Eigentumsübergangs, das Recht der Lage der Sache an. Sie werden also, wenn es sich fragt, ob eine in Argentinien befindliche Sache durch einen bloßen Vertrag zu Eigentum übertragen ist, die Beantwortung dem argentinischen Recht überlassen. Aber dieses erklärt unter Umständen das Recht des Wohnsitzes des Eigentümers für maßgebend [1]). Wenn nun infolge eines über eine in Argentinien befindliche Sache geschlossenen Rechtsgeschäftes zwar nach innerem argentinischen Recht das Eigentum übergehen würde, nach dem Recht aber, das der argentinische Richter wirklich anwendet, nämlich nach dem Wohnsitzrecht des Eigentümers, der Eigentumsübergang nicht stattgefunden hat, würden alle Befugnisse fehlen, die das Eigentum wirklich verleiht: denn das Land, welches allein in der Lage ist, Schutz zu gewähren, würde ihn demjenigen versagen, der nach innerem argentinischen Recht Eigentümer sein würde und ihn demjenigen gewähren, der diese Stellung nach argentinischem internationalem Privatrecht innehat. Soll jemand, der zur Übertragung einer solchen argentinischen Sache verpflichtet war und sie in einer dem argentinischen internationalen Privatrecht entsprechenden, also in Argentinien wirksamen Weise übertragen hat, als vertragsbrüchig behandelt werden, weil der Eigentumsübergang nach argentinischem inneren Recht nicht stattgefunden haben würde? Oder soll umgekehrt ein Vertrag auf Eigentumsverschaffung an einer in Argentinien befindlichen Sache als erfüllt gelten, weil nach innerem argentinischen Recht, das der argentinische Richter hier nicht anwendet, das also hier praktisch nicht mitspricht, das Eigentum übergegangen ist? Soll vielleicht sogar derjenige, welcher auf Grund des argentinischen internationalen Privatrechts erworben hat, als bösgläubiger Besitzer angesehen werden, wenn er die abweichende internationalprivatrechtliche Norm der lex fori gekannt hat, oder wenn nach innerem argentinischem Recht Rechtsirrtümer unentschuldbar sind? Im Obligationenrecht kommen nicht selten ähnliche Gesichtspunkte in Betracht [2]). Wir brauchen hier nur an die Stelle der Übereignung einer Sache die Abtretung einer Forderung zu setzen [3]). Nach französischem Recht ist eine Zession Dritten gegenüber nur wirksam, wenn eine »signification« an den Schuldner stattgefunden oder dieser die Zession in bestimmter Form

---

[1]) Art. 11 des argentinischen Zivilgesetzbuches von 1869, vgl. Makarov S. 4.

[2]) Vgl. Melchior, JW 1925 S. 1571 ff.

[3]) Nach deutscher Auffassung gehört die Forderungsabtretung im Gegensatz zu manchen anderen Rechten zum Obligationenrecht, nicht zum Sachenrecht.

anerkannt hat [1]). Nach deutschem Recht genügt ein formloser Vertrag. Das deutsche Recht läßt über die Frage, ob die »signification« oder Anerkennung erforderlich ist, das Recht entscheiden, dem die zedierte Forderung unterliegt [2]). Das französische Recht hingegen beurteilt die Notwendigkeit einer »signification« nach dem Wohnsitz des Schuldners [3]). Wenn eine aus irgendwelchen Gründen französischem Recht unterliegende Forderung gegen einen in Deutschland wohnhaften Schuldner in Deutschland zediert wird, wäre es dann vernünftig, wenn die deutschen Richter, zum Erstaunen aller nicht mit den Geheimnissen des internationalen Privatrechts intim vertrauten Beteiligten eine solche Zession auf Grund des französischen Rechts für unwirksam erklärten, obwohl, wenn ein französisches Gericht die Sache zu beurteilen hätte, die Zession wegen des deutschen Wohnsitzes des Schuldners als gültig angesehen würde?

Natürlich liegt in der überwiegenden Mehrzahl der Fälle der praktische Vorteil der Anerkennung des Renvoi nicht so auf der Hand wie bei den hier skizzierten. Aber jedenfalls bewirkt sie, daß der einzelne Fall eine größere Aussicht hat, von den verschiedenen in Betracht kommenden Rechten gleichmäßig beurteilt zu werden, und daß der technische Vorteil einer umfangreicheren Anwendung der den Richtern bekannten lex fori erreicht wird [4]).

Vorfrage.

Regel 1 (§§ 166—172): Demjenigen Recht, welches nach deutschem internationalen Privatrecht für die Entscheidung der Hauptfrage maßgebend ist, steht grundsätzlich auch die Entscheidung über das auf praejudizielle Rechtsverhältnisse (die Vorfragen) anzuwendende Recht zu.

Regel 2 (§§ 173—175): Begriffsnotwendige Voraussetzungen des streitigen Rechtsverhältnisses sind Teile der Hauptfrage, nicht der Vorfrage.

Regel 3 (§ 176): Die Vorbehaltsklausel kann auch in einer Vorfrage zur Nichtanwendung des nach allgemeinen Grundsätzen berufenen Rechts führen.

Regel 4 (§ 177): Wenn durch Parteiwillen ein Rechtsverhältnis dem Recht eines Staates unterworfen wird, so sind im Zweifel Vorfragen unter Zugrundelegung des internationalen Privatrechts dieses Staates zu entscheiden.

---

[1]) Art. 1690 Code civil.

[2]) Vgl. die bei Lewald Nr. 328 ff. zitierten Entscheidungen.

[3]) Niboyet Nr. 703 S. 821.

[4]) Walther Lewald, JW 1932 S. 565, bekämpft die von mir vertretene Ansicht, indem er sie — zutreffenderweise — als positivistisch und opportunistisch (das bedeutet doch wohl: Zweckmäßigkeitsgründe berücksichtigend) bezeichnet. Meiner Auffassung nach muß das internationale Privatrecht auf positivistische und opportunistische Weise behandelt werden.

Regel 5 (§ 178): **Wenn durch Staatsvertrag ein Rechtsverhältnis dem Recht eines Staates unterworfen wird, so sind Vorfragen unter Zugrundelegung des internationalen Privatrechts dieses Staates zu entscheiden.**

§ 163. Die Anwendung (vielfach nicht die Auffindung) der Regeln des internationalen Privatrechts ist verhältnismäßig einfach, wenn bei einem Rechtsverhältnis alle in Betracht kommenden Fragen nach einem inneren Recht zu beantworten sind. Weitere Probleme tauchen aber auf, wenn die Entscheidung über ein Rechtsverhältnis oder dessen unmittelbare Folgen (die Hauptfrage) von der Entscheidung über das Bestehen, Nichtbestehen oder den Inhalt eines anderen Rechtsverhältnisses abhängt (Vorfrage).

Beispielsweise: Ein Verstorbener wird grundsätzlich nach seinem Heimatsrecht beerbt. Ein Deutscher wird also nach den deutschen Gesetzen beerbt. Über die Frage, ob ein Neffe eines Deutschen als Intestaterbe berufen ist, entscheidet demnach deutsches inneres Recht. Ob aber jemand ein Kind eines verstorbenen Bruders des Erblassers ist, richtet sich bei einem deutschen Erbfall zweifellos nach dem Recht des verstorbenen Bruders und nicht nach demjenigen des Erblassers. Für diese Frage kann deutsches inneres Recht nicht in Betracht kommen, wenn der Bruder kein Deutscher war.

Die Maßgeblichkeit deutschen Rechts für die Entscheidung kann daher grundsätzlich nur bedeuten: Maßgeblichkeit des deutschen inneren Rechts in der Hauptfrage und Maßgeblichkeit des nach deutschem internationalen Privatrecht berufenen Rechts in den Vorfragen.

Daß nur die hier gegebene Antwort möglich ist, wird von niemandem bezweifelt. Denn deutsches internationales Privatrecht muß unter jedem denkbaren Gesichtspunkt für die Entscheidung dieser Vorfragen maßgebend sein. Es ist hier gleichgültig, ob für die Vorfragen deutsches internationales Privatrecht unmittelbar oder unter dem Gesichtspunkt angewandt wird, daß die Hauptfrage nach deutschem inneren Recht zu entscheiden ist. Das Ergebnis ist in beiden Fällen dasselbe.

Aber wenn deutsche Gerichte die Hauptfrage nach einem fremden Recht zu entscheiden haben, muß Stellung dazu genommen werden, ob für die Vorfragen das deutsche internationale Privatrecht maßgebend ist oder das internationale Privatrecht desjenigen Landes, dessen innerem Recht die Hauptfrage unterliegt.

§ 164. Diese Frage deckt sich nicht mit derjenigen nach der Zulässigkeit des Renvoi. Weil wir den Renvoi grundsätzlich anerkennen, haben wir, wenn wir die Entscheidung einer Frage nach fremdem Recht stattfinden lassen, auch das fremde internationale Privatrecht zu berücksichtigen. Aber ob wir bei Unterstellung der Hauptfrage unter fremdes Recht, auch die Beantwortung der Vorfragen den Konfliktsnormen des fremden Rechts überlassen, oder ob wir bezüglich jeder Vorfrage von neuem selbständig nach unserem internationalen Privatrecht das örtlich zuständige Recht feststellen, wird hierdurch nicht entschieden. Anerkennung des Renvoi heißt Berücksichtigung des fremden internationalen Privatrechts für ein Rechtsverhältnis, das wir fremdem Recht unterstellen. Dafür aber, ob wir es dem fremden Recht unterstellen, ist die Renvoilehre ohne Bedeutung. Diese Frage muß gelöst sein, ehe die Zulassung des Renvoi überhaupt in Betracht gezogen wird.

Ein zwingender logischer Zusammenhang zwischen Anerkennung des Renvoi und Entscheidung von Vorfragen nach dem internationalen Privatrecht des Landes, dessen Gesetzen wir die Entscheidung in der Hauptfrage zuweisen, besteht also nicht. Aber die Stellung unseres Rechts zum Renvoi gibt zum mindesten ein sehr erhebliches Indiz dafür, daß Vorfragen im Zweifel nach den örtlichen Konfliktsnormen des in der Hauptfrage berufenen Rechts zu entscheiden sind. Wir erstreben durch den Renvoi u. a. inhaltliche Übereinstimmung zwischen der Entscheidung des deutschen Richters und derjenigen, welche der ausländische Richter fällen würde. Diesem Bestreben würde es widersprechen, wenn durch Anwendung unseres internationalen Privatrechts auf Vorfragen im Endergebnis unser Richter doch zu einer anderen Entscheidung kommen würde als der ausländische Richter.

Auch hier sei ein Beispiel aus dem Erbrecht verwendet: Nehmen wir an, der Erblasser sei Franzose. Er wird also nach französischem Recht beerbt. Nehmen wir ferner an, es handele sich um die Frage, ob jemand, der Adoptivkind des Erblassers zu sein behauptet, ein Intestaterbrecht hat. Nach deutschem Recht ist für die Gültigkeit der Annahme an Kindesstatt das Recht des Annehmenden maßgebend [1]. Nach der französischen Gerichtspraxis ist das Recht des Angenommenen entscheidend [2]. Wenn in dem hier vorausgesetzten Falle das Recht des Annehmenden und des Angenommenen in der Frage, ob die Adoption gültig ist, voneinander abweichen, so würden wir, wenn wir die Vorfrage nach der Gültigkeit der Adoption in Gemäßheit unseres internationalen Privatrechts entscheiden

[1]) Art. 22 EG.

[2]) Niboyet Nr. 659 S. 775 und die dort befindlichen Zitate.

wollten, jemanden als Erben des französischen Erblassers behandeln, der nach französischem Recht nicht Erbe geworden ist; aber indem wir das nationale Recht des Erblassers für die Beerbung für maßgeblich erklärt haben, haben wir ihm die Entscheidung übertragen wollen, wer Erbe ist [1]). Wir würden den gewollten Erfolg nicht erreichen, wenn wir auf Vorfragen Konfliktsnormen, welche dem internationalen Privatrecht des Erbstatuts widersprechen, anwenden und dadurch dessen Bestimmungen vereiteln würden. Wir müssen uns also in der Vorfrage den Konfliktsnormen des in der Hauptfrage berufenen Rechts fügen.

§ 165. In der deutschen Literatur ist, soweit ich sehe, die international-privatrechtliche Behandlung der Vorfrage in ihrer Allgemeinheit nicht erörtert. Aus Ausführungen von Kahn [2]) und Raape [3]) ergibt sich aber mit hinreichender Deutlichkeit, daß es nach ihrer Auffassung gleichgültig ist, welchem Recht die Hauptfrage unterliegt, daß sie vielmehr für die Vorfrage eine Feststellung des örtlichen Rechts nach denselben Grundsätzen für richtig halten, wie sie der Richter bei der Hauptfrage anzuwenden hat.

Dagegen spricht Anzilotti [4]) von dem »principio generale, secondo cui, nel dubbio e salvo disposizioni in contrario, la competenza a decidere il rapporto principale controverso implica la competenza a decidere altresi tutte le questioni pregiudiziali o incidentali ad

---

[1]) RG 28. 2. 1899, Z Bd. 10 S. 60 ff. (62); KG 30. 9. 1926, Z Bd. 39 S. 301 ff. (303) = ZAIP Sonderheft 1926/27 Nr. 90.

[2]) Bd. I S. 22 f. Kahn beruft sich m. E. zu Unrecht auf Wächter, Ziv. Arch. Bd. XXV S. 364 ff. Wächter führt aus, daß, wenn in einem Erbfall für die Beerbung württembergisches Recht anwendbar ist, die Vorfragen von dem württembergischen Richter nach württembergischem internationalen Privatrecht zu entscheiden sind — was selbstverständlich ist.

[3]) Raape behandelt die internationalprivatrechtlichen Vorfragen für das Erbrecht eingehend. Vgl. Anm. D II zu Art. 20 S. 501; G II 3 zu Art. 21, S. 531; D III 3 a zu Art. 22 S. 592; B XI zu Art. 24 S. 653 ff. Aus der Gesamtheit seiner Ausführungen ergibt sich, daß er die internationalprivatrechtliche Frage nach Verwandtschaft oder Verwandtschaftssurrogaten (z. B. Annahme an Kindesstatt) nicht nach den Kollisionsnormen des Erbstatutes, sondern nach dem — auf Grund der deutschen internationalprivatrechtlichen Vorschriften — für das Verwandtschaftsverhältnis jeweils maßgeblichen Personalstatut entscheiden will. Die von Raape Art. 24 XI 1 zitierte Entscheidung des KG vom 13. 3. 1908, ROLG Bd. 18 S. 374, ist zur Klärung der hier behandelten Frage ungeeignet. Es handelte sich um einen deutschem innerem Recht unterliegenden Erbfall. Hier ist selbstverständlich auf die Entscheidung der Vorfrage deutsches internationales Privatrecht angewandt.

[4]) Il diritto internazionale nei giudizi interni (1905) S. 192 f.

esso connesse« [1]). Er ist der Ansicht, daß die Rechtsprechung aller Staaten stillschweigend dieses Prinzip anerkannt und angewandt habe [2]).

§ 166. Nunmehr soll dargestellt werden:

1. wann wir dem fremden Recht diese Befugnis einräumen,
2. wann wir ihm diese Befugnis versagen.

Wir überlassen grundsätzlich, das heißt, wenn nicht besondere Gegengründe vorhanden sind, dem von uns in der Hauptfrage berufenen fremden Recht die international-privatrechtliche Entscheidung über die Vorfragen.

Die Rechtsprechung ergibt hierüber das Folgende:

Die Vorschrift des Art. 11 Satz 1 Abs. 2 EG, nach welcher — von hier nicht in Betracht kommenden Ausnahmen abgesehen — für die Form eines Rechtsgeschäfts die Beachtung der lex loci actus genügt, ist eine selbständige vollkommene Kollisionsnorm. Sie findet unabhängig von der Frage Anwendung, ob das dem Rechtsgeschäft zugrundeliegende materielle Recht die Ortsform anerkennt oder nicht [3]). Das gilt auch für die Form der Eheschließung. Demnach ist auf Grund deutschen internationalen Privatrechts eine von einem Italiener in London in englischer Form abgeschlossene Ehe formgültig, unabhängig davon, wie sich das italienische internationale Privatrecht hierzu stellt. Aber wenn es sich darum handelt, ob solcher Italiener zum zweitenmal rechtswirksam geheiratet hat, ist die Vorfrage für seine Ehefähigkeit (bezüglich der zweiten Ehe), ob die in englischer Form vollzogene erste Trauung eine Ehe begründete, nach italienischem internationalen Privatrecht zu entscheiden — sofern nicht Art. 30 EG eingreift. Das ergibt sich als Ansicht des Kammergerichts aus einem Urteil vom 13. 3. 1911 [4]). Die Sache gelangte ans Reichsgericht. Das Reichsgericht hat die Unterstellung dieser Formfrage unter italienisches Recht gebilligt [5]).

---

[1]) »Allgemeines Prinzip, nach welchem im Zweifel und vorbehaltlich gegenteiliger Bestimmungen die Zuständigkeit, die Hauptfrage zu entscheiden, die Zuständigkeit zur Entscheidung der Vorfragen und Inzidentalfragen mitumfaßt.«

[2]) a. a. O. S. 193 Anm. 1.

[3]) Vgl. § 128 S. 184 f. und § 168 S. 252 f.

[4]) ROLG Bd. 24 S. 19 ff.

[5]) RG 21. 3. 1912 JW 1912 S. 642 f. = WarnRspr. 1912 S. 350 Nr. 313: »Nach den gemäß §§ 549, 562 ZPO für das Revisionsgericht maßgebenden Feststellungen des BG war nach italienischem Rechte die vom Beklagten in England mit Agnes geborenen L. geschlossene Ehe gültig«.

Ein Versicherungsvertrag über einen Rheintransport unterlag auf Grund des Parteiwillens holländischem Recht. Es waren Leichterkosten entstanden, die nach dem Recht des Dispacheortes — Mannheim — zur großen Haverei gehörten. Die Verantwortlichkeit des Versicherers für die Havarie-grosse-Beiträge der Versicherten zu den Leichterkosten war streitig. Der Fall wurde vom Reichsgericht entschieden. Aus den nicht sehr glücklich abgefaßten Urteilsgründen ergibt sich, daß, wenn das holländische internationale Privatrecht auf die große Haverei in diesem Falle holländisches inneres Recht anwenden würde, die Vorfrage nach dem Vorliegen von großer Haverei nach dem holländischen Recht entschieden worden wäre [1]).

§ 167. Der bereits erwähnten Entscheidung des Reichsgerichts vom 21. 3. 1912 [2]) lag folgender Tatbestand zugrunde: Ein in Preußen wohnhafter Italiener war vor dem 1. 1. 1900 durch ein preußisches Urteil rechtskräftig geschieden, obwohl das italienische Recht eine Scheidung nicht anerkennt [3]). Nach dem 1. 1. 1900 heiratete dieser Italiener eine andere Frau. Diese erhob später gegen ihn Anfechtungsklage, weil die erste Ehe des Italieners nach italienischem Recht zur Zeit der zweiten Eheschließung noch bestanden habe, so daß er nach seinem nationalen Recht die zweite Ehe nicht habe schließen können. Das Reichsgericht erklärte grundsätzlich den Art. 13 EG für maßgeblich, nach welchem eine gültige Ehe nur geschlossen werden kann, wenn nach dem Heimatsrecht jedes der Verlobten Ehefähigkeit vorliegt. Die Ehefähigkeit des Italieners habe sich daher nach italienischem Recht

---

[1]) Vgl. RG 3. 10. 1896, RG Bd. 38 S. 1 ff. = Z Bd. 7 S. 448 ff. Der Gedankengang des Urteils ist der folgende: Es gibt einen allgemeinen — mangels gegenteiliger gesetzlicher Bestimmungen überall geltenden — Satz des internationalen Privatrechts, daß darüber, welche Opfer und Kosten als Havarie-grosse anzusehen sind, auch für das Verhältnis des Versicherers zum Versicherten das Recht des Dispacheortes entscheidet. Wenn das holländische Recht abweichend von diesem allgemeinen Satz die Maßgeblichkeit des den Versicherungsvertrag im allgemeinen beherrschenden holländischen Rechts auch für die Havarie-grosse Frage vorschreiben würde, so würde es hierbei sein Bewenden haben. Eine solche Bestimmung fehlt im holländischen Recht. Im Gegenteil ergibt sich aus dem holländischen Handelsgesetzbuch, daß auch in Holland der vom Reichsgericht vorausgesetzte allgemeine Satz des internationalen Privatrechts gilt. Daher ist für die Havarie-grosse-Frage das Recht des Dispacheortes anzuwenden.

[2]) JW 1912 S. 642 f. = WarnRspr. 1912 S. 350 Nr. 313.

[3]) Diese Entscheidung war dadurch gerechtfertigt, daß nach früherem preußischem internationalen Privatrecht die Frage der Ehescheidung nach dem Wohnsitzrecht oder der lex fori beurteilt wurde.

gerichtet; die Sachnorm, die das Rechtsverhältnis selbst beherrsche, also das italienische Recht, müsse an sich sogar für die Wirkung des deutschen Urteils maßgebend sein. Nur auf Grund des Art. 30 EG (Verstoß gegen den Zweck eines deutschen Gesetzes) ist in dem konkreten Fall die Anfechtungsklage abgewiesen worden, da deutsche Gerichte die Nichtbeachtung eines zur Zeit seines Erlasses richtigen deutschen Urteils nicht anerkennen könnten [1]). Hier ist deutlich ausgesprochen, daß — von dem in diesem Zusammenhang nicht interessierenden Art. 30 EG abgesehen — das für die Beurteilung der Ehefähigkeit zuständige italienische Recht auch über die internationalprivatrechtliche Vorfrage zu entscheiden hatte, unabhängig davon, ob die Entscheidung mit dem (im maßgeblichen Zeitpunkt in Geltung befindlichen) deutschen Recht übereinstimmte.

Auf demselben Standpunkt steht eine Entscheidung des Kammergerichts vom 17. 10. 1930 [2]). Eine tschechoslowakische Ehe war durch deutsche Gerichte rechtskräftig geschieden. Das Urteil war aber insofern zu Unrecht ergangen, als — wenigstens nach der Annahme des Kammergerichts — die Tschechoslowakei die von ausländischen Gerichten über tschechoslowakische Staatsangehörige ausgesprochenen Scheidungsurteile grundsätzlich nicht anerkennt [3]). Einer der geschiedenen Ehegatten wollte sich in Deutschland wiederverheiraten. Das Kammergericht hat auf Grund des Art. 13 EG ausgesprochen, daß für die Ehefähigkeit der geschiedenen Ehegatten tschechoslowakisches Recht maßgebend sei und hieraus — mit Recht — gefolgert, »daß für den Beschwerdeführer trotz der von einem deutschen Gericht rechtskräftig ausgesprochenen Scheidung seiner früheren Ehe das Ehehindernis der bestehenden Ehe vorliegt, weil nach dem für die Eingehung der neuen Ehe maßgeblichen Rechte seines Landes die alte Ehe noch fortdauert«. Obwohl also angesichts der Rechtskraft des deutschen Scheidungsurteils für den deutschen Richter an der Scheidung dieser tschechoslowakischen Ehe kein Zweifel bestehen konnte, ist sie doch auf Grund des tschechoslowakischen internationalen Privatrechts als fortbestehend angesehen, soweit sie als Vorfrage für die Ehefähigkeit eines der geschiedenen Ehegatten in Betracht kam.

---

[1]) Ein deutsches rechtskräftiges Urteil in der Hauptfrage ist dagegen schlechthin — ohne daß es auf seine materielle Richtigkeit ankommt — für den deutschen Richter bindend, also auch im internationalen Rechtsverkehr. Vgl. RG 12. 5. 1915, JW 1915 S. 1264.

[2]) HRR 1931 Nr. 544.

[3]) § 606 Abs. 4 ZPO.

§ 168. Das Reichsgericht hatte folgenden Fall zu entscheiden [1]: Ein griechisch-katholischer Bulgare hatte eine protestantische Deutsche vor dem Standesamt in Dresden geheiratet, sodann hatte eine Trauung in einer protestantischen Kirche stattgefunden. Der Ehemann klagte gegen seine Frau auf Herausgabe einer minderjährigen Tochter. Zum Klagegrund gehörte selbstverständlich, daß das Kind ehelich war. Die Mutter bestritt die Ehelichkeit des Kindes, weil das bulgarische Recht weder eine Zivilehe, noch die von einem anderen als einem griechisch-katholischen Geistlichen vollzogene Trauung zwischen einem griechisch-katholischen bulgarischen Staatsangehörigen und einem andersgläubigen Ausländer anerkenne. Für die Frage der Ehelichkeit war gemäß dem in Art. 18 EG zum Ausdruck kommenden Grundsatz bulgarisches Recht maßgebend. Vorfrage war, ob eine gültige Eheschließung stattgefunden hatte. Nach deutschem Recht ist die Frage, ob eine Ehe vor Staatsorganen oder vor Geistlichen vollzogen werden muß, eine Formfrage — erst recht die Frage, zu welcher Konfession solche Geistliche gehören müssen. Die Form einer in Deutschland geschlossenen Ehe richtet sich nach Art. 13 Abs. 2 EG ausschließlich nach den deutschen Gesetzen. Wenn die Gültigkeit der zwischen den Prozeßparteien bestehenden Ehe die zu entscheidende Frage — und nicht nur die Vorfrage in einem nach bulgarischem Recht zu entscheidenden Streit — gewesen wäre, wäre es auf die Prüfung des bulgarischen Rechts nicht angekommen. Tatsächlich aber hat das Reichsgericht und wie sich aus dem reichsgerichtlichen Urteil ergibt, auch das Berufungsgericht die Frage, ob eine Ehe zustande gekommen sei, unter Berücksichtigung der bulgarischen Vorschriften über religiöse Trauung entschieden, und hat das Vorhandensein einer Ehe nicht etwa wegen der nach deutschem Recht allein in Betracht kommenden standesamtlichen Trauung, sondern wegen der religiösen Trauung angenommen.

Das Prozeßrecht ist in weit höherem Grade territorial als das materielle Recht. Wir weichen unter Umständen sogar von den Vorschriften unseres internationalen Prozeßrechts ab, wenn es sich um eine Vorfrage einer fremdem Recht unterliegenden Hauptfrage handelt, und müssen daher a majore ad minus den Schluß ziehen, daß dies in unserem internationalen Privatrecht um so mehr geboten ist:

Eine protestantische Deutsche war mit einem protestantischem

[1]) RG 23. 5. 1927, WarnRspr. 1927 Nr. 121 = ZAIP Sonderheft 1926/27 Nr. 79.

Russen; eine jüdische Deutsche war mit einem jüdischen Türken, eine jüdische Ungarin war mit einem jüdischen Russen lediglich standesamtlich in Deutschland getraut. Nach deutschem internationalen Privatrecht waren diese Ehen gültig [1]. Mangels geistlicher Mitwirkung galten aber diese Ehen in Rußland und der Türkei als überhaupt nicht geschlossen und hatten die Frauen die Staatsangehörigkeit des Mannes nicht erworben. Sie würden, wie das Reichsgericht annahm und wie, wenigstens bezüglich Rußlands, auch unzweifelhaft ist, im Falle einer nach dem Heimatrecht des Ehemannes gültigen Ehe dessen Staatsangehörigkeit erworben haben. Wenn sie aber die Staatsangehörigkeit ihres Ehemannes nicht erworben hatten, waren sie staatenlos, da sie nach ihrem früheren Heimatsrecht, das diese Ehen anerkannte, die alte Staatsangehörigkeit durch Heirat mit einem Ausländer verloren hatten.

§ 169. Deutsche Gerichte hatten über Ehescheidungsklagen zwischen diesen Ehegatten zu entscheiden. Nach § 606 Abs. 4 ZPO. waren die deutschen Gerichte für diese Ehescheidungsklagen unzuständig, falls beide Ehegatten Ausländer waren und das Heimatsrecht des Ehemannes ein deutsches Ehescheidungsurteil nicht anerkannte. Die Heimatsrechte der Ehemänner behandelten diese Ehen als nicht bestehend, erkannten also auch die Zuständigkeit der deutschen Gerichte zur Ehescheidung nicht an. Es kam daher darauf an, ob die beiden Ehegatten Ausländer waren, eine Voraussetzung, die nur vorlag, wenn die Frauen die Staatsangehörigkeit ihrer Ehemänner erworben hatten. Wenn das nicht der Fall war, waren nicht beide Ehegatten Ausländer, sondern die Ehefrauen staatenlos — also nicht Ausländer im Sinne des § 606 Abs. 4 ZPO.

Auf Grund Art. 11 Abs. 1 Satz 2 EG waren die deutschen Gerichte gezwungen, im Widerspruch zu den Heimatsrechten der Ehemänner von dem Bestehen dieser Ehen auszugehen. Sollten sie auch im Widerspruch zu den Heimatsrechten davon ausgehen, daß die Ehefrauen — soweit die anhängigen Prozesse in Betracht kamen — die Staatsangehörigkeit ihrer Ehemänner erworben hatten? Diesen Schritt haben die deutschen Gerichte nicht getan. Sie haben sich zwar auf den Standpunkt gestellt, daß die Ehen bestanden, also geschieden werden konnten. Insofern haben sie die deutsche internationalprivatrechtliche Vorschrift des Art. 11 Abs. 1 Satz 2 EG zugrundegelegt. Aber sie haben nicht angenommen, daß diese Bestimmung die deutschen Gerichte veranlassen dürfe, den Erwerb einer

[1] EG Art. 11 Abs. 1 Satz 2 und Art. 13 Abs. 3.

Staatsangehörigkeit anzunehmen, den das Recht des betroffenen fremden Staates nicht zuläßt. Mit Recht. Aus Art. 11 Abs. 1 Satz 2 ergab sich die Notwendigkeit für den deutschen Richter, den Widerspruch, den das Heimatsrecht der Ehemänner gegen die Anerkennung der Ehen erhob, nicht zu beachten. Denn die Frage, ob die Ehen formgültig geschlossen waren, war auf Grund positiver internationalprivatrechtlicher Vorschrift des deutschen Rechts bejahend zu beantworten. Anders lag es mit der Frage, ob die Ehefrauen eine neue Staatsangehörigkeit erworben hatten. Hierüber hatten nach völkerrechtlichen und in Deutschland anerkannten Grundsätzen[1]) die Gesetze des Staates zu entscheiden, dessen Staatsangehörigkeit in Frage kam. Da dem so war, mußte auch die internationalprivatrechtliche Vorfrage, ob die Ehen in zulässiger Form geschlossen waren, nach den fremden Rechten beantwortet werden, soweit der Erwerb der neuen Staatsangehörigkeit in Betracht kam. Da nach den fremden Rechten die Frage zu verneinen war, wurde von den deutschen Gerichten richtig angenommen, daß die Ehefrauen eine neue Staatsangehörigkeit nicht erworben hatten, also staatenlos geworden waren, und somit die Bestimmung des § 606 Abs. 4 ZPO der deutschen Gerichtszuständigkeit nicht entgegenstand [2]).

§ 170. Nach § 328 Abs. 1 No. 5 ZPO ist die Anerkennung eines ausländischen Urteils ausgeschlossen, wenn die Gegenseitigkeit nicht verbürgt ist. Die Gegenseitigkeit ist im Verhältnis zu Belgien nicht verbürgt. Trotzdem hat das Reichsgericht [3]) in folgendem Falle die Wirksamkeit eines belgischen Urteils anerkannt: In einem Kaufvertrag zwischen einer belgischen und einer deutschen Firma war bestimmt, daß über Streitigkeiten ein in Antwerpen zu bildendes Schiedsgericht entscheiden sollte. Die Schiedsrichter hielten vor Beginn ihrer Tätigkeit noch die Unterzeichnung eines »compromis« durch die Streitteile für erforderlich. Da die Beklagte die Unterzeichnung verweigerte, wurde sie auf Antrag der Verkäuferin durch Versäumnisurteil des Tribunal de Commerce in Antwerpen vom 17. Juli 1922 verurteilt, den »compromis« binnen 48 Stunden von der Urteilszustellung an zu unterzeichnen, widrigenfalls das Urteil

---

[1]) Vgl. § 303 S. 441 f.

[2]) RG 17. 12. 1908, RG Bd. 70 S. 139 ff.; RG 16. 12. 1920, Warn Rspr. 1921 Nr. 35 S. 40 ff. = LZ 1921 Sp. 309 ff.; RG 16. 11. 1922, RG Bd. 105 S. 363 ff. Abweichend für den analog liegenden Fall des Erwerbs der Staatsangehörigkeit durch Legitimation eines unehelichen Kindes: Zitelmann Bd. II S. 878 f.

[3]) 28. 1. 1927, RG Bd. 116 S. 76 ff. = HansGZ Hbl. 1927 S. 101 f. = JW 1927 S. 2312 = ZAIP Sonderheft 1926/27 Nr. 172.

an Stelle des »compromis« treten würde. Die Beklagte unterzeichnete auch jetzt nicht, so daß die Schiedsrichter auf Grund des Urteils in Tätigkeit traten. Ein von den Schiedsrichtern in Gemäßheit der Bestimmungen des Schiedsvertrages erwählter Obmann verurteilte die deutsche Beklagte zur Zahlung eines gewissen Betrages. Die Klägerin verlangte vor den deutschen Gerichten Erfüllung des Schiedsspruchs. Das Oberlandesgericht München wies die Klage ab, weil angesichts des § 328 Abs. 1 Nr. 5 ZPO das Antwerpener Urteil, welches das »compromis« ersetzen sollte, in Deutschland nicht anerkannt werden könne. Das Reichsgericht hat das Berufungsurteil unter anderem mit folgender Begründung aufgehoben: Für die Klage auf Erfüllung eines ausländischen Schiedsspruches komme es nur darauf an, »ob nach ausländischem Recht ein wirksamer Schiedsspruch vorliegt und ob, soweit dies von der Zulässigkeit des Schiedsverfahrens abhängt, das Verfahren nach ausländischem Recht zulässig und wirksam war. Deshalb ist lediglich nach diesem Recht zu beurteilen, ob das Antwerpener Urteil eine ordnungsmäßige Grundlage des Schiedsverfahrens und damit auch des Schiedsspruches gewesen ist, ohne daß geprüft zu werden braucht, ob dem Urteil nach deutschem Recht die Anerkennung zu gewähren oder zu versagen wäre«.

§ 171. Auch die Verwaltungspraxis bietet Anhaltspunkte dafür, daß Vorfragen nach dem internationalen Privatrecht der Hauptfrage zu beurteilen sind:

§ 1315 Abs. 2 BGB verbietet, daß Ausländer, für die nach den Landesgesetzen zur Eingehung einer Ehe ein Zeugnis erforderlich ist, die Ehe ohne dieses Zeugnis eingehen. In Preußen müssen Ausländer und Ausländerinnen nach § 1315 Abs. 2 BGB in Verbindung mit Art. 43 AGBGB ein Ehefähigkeitszeugnis ihres Heimatsstaates oder den Nachweis erbringen, daß sie von der inländischen Behörde von dieser Verpflichtung befreit sind. Preußen fordert derartige Zeugnisse, gerade um den Standesbeamten die für sie »mit großen, kaum überwindbaren Schwierigkeiten verbundene Prüfung abzunehmen«, ob nach dem Heimatsrecht die Eheschließung zulässig ist [1]). Der Standesbeamte darf von der Richtigkeit des ausländischen Ehefähigkeitszeugnisses ausgehen [2]). Die ausländische Behörde, die das Zeugnis erteilt, legt bezüglich aller Vorfragen, wie z. B. Verwandtschaft, Bestehen einer anderen gültigen Ehe usw. natürlich ihr eigenes

---

[1]) Vgl. KG 27. 10. 1902, Z Bd. 13 S. 415 = ROLG Bd. 5 S. 413, und die dort mitgeteilte Verfügung des preußischen Ministers des Innern und der Justiz vom 4. 12. 1899.

[2]) Vgl. die vorstehend erwähnte Entscheidung.

internationales Privatrecht zugrunde. Sie stellt ein Ehefähigkeitszeugnis nicht aus, wenn durch ein von dem Heimatsstaat nicht anerkanntes deutsches Urteil eine frühere Ehe eines der Verlobten geschieden ist (was nach § 606 Abs. 4 ZPO nicht geschehen sollte, aber leicht geschieht, z. B. wegen falscher Auslegung des fremden Rechts). Wenn die ausländische Behörde die Ausstellung des Ehefähigkeitszeugnisses verweigert, so wird in Preußen regelmäßig auch die Befreiung von dem Ehefähigkeitszeugnis verweigert, da die abzuschließende Ehe der Gefahr der Nichtigkeit ausgesetzt [1]) ist.

Wir können also die Regel aufstellen, daß Vorfragen grundsätzlich nach dem internationalen Privatrecht des Staats, dessen Recht auf die Hauptfrage anzuwenden ist, zu entscheiden sind [2]).

§ 172. Wenn das Recht, welches nach dem Wirkungsstatut für die Vorfrage zuständig ist, seinerseits auf ein anderes Recht verweist,

---

[1]) Bergmann, Internationales Ehe- und Kindschaftsrecht Bd. I S. 46 f.

[2]) Man könnte versucht sein, aus der Entstehungsgeschichte des § 328 Abs. 1 Nr. 3 ZPO ein Argument gegen die hier vertretene Auffassung herzuleiten. Die ZPO schreibt an der angegebenen Stelle vor, daß die Anerkennung eines ausländischen Urteils ausgeschlossen ist, wenn in gewissen Statusfragen das Urteil zum Nachteil einer deutschen Partei oder der Ehefrau eines nach Art. 9 Abs. 3 EG für tot erklärten Ausländers von den international-privatrechtlichen Vorschriften des EG abweicht. Soweit es sich hier um Vorschriften zu Gunsten einer deutschen Partei handelt, sind ähnliche Bestimmungen bereits in den Gebhardschen Entwürfen des internationalen Privatrechts enthalten. In den Motiven zum ersten Gebhardschen Entwurf kommt deutlich zum Ausdruck, daß hiermit der Schutz eines Deutschen gegen Verletzungen des deutschen internationalen Privatrechts nicht nur für den Fall bezweckt wurde, daß die Entscheidung eines ausländischen Gerichts unmittelbar den Status betraf, sondern auch für den Fall, daß in einer den Familienstand betreffenden Vorfrage von Grundsätzen des deutschen internationalen Privatrechts zum Nachteil eines Deutschen abgewichen ist. Die Begründung sagt (S. 276) ausdrücklich, daß die Anerkennung eines solchen den deutschen Normen widersprechenden Urteils auch dann ausgeschlossen sein soll, wenn es sich nur um eine Vorfrage handelt, z. B. bei einem Erbschaftsprozeß um die Frage der ehelichen Abstammung des deutschen Erbprätendenten. Wenn der Sinn des § 328 Abs. 1 Nr. 3 ZPO nach der Begründung des ersten Gebhardschen Entwurfes festzustellen wäre, so müßte angenommen werden, daß von der im Text aufgestellten Regel mindestens Ausnahmen für die Fälle zu machen sind, daß die in § 328 Abs. 1 Nr. 3 ZPO erwähnten Statusfragen im konkreten Fall Vorfragen sind, und eine Abweichung von den Regeln des deutschen internationalen Privatrechts eine Entscheidung zu Ungunsten eines Deutschen oder einer Ehefrau eines nach Art. 9 Abs. 3 EG für tot erklärten Ausländers zur Folge haben würde. Denn wir verweigern fremden Urteilen — mit Rücksicht auf den Urteilsinhalt — die Anerkennung natürlich nur dann, wenn sie von dem abweichen, was deutsche Urteile im gleichen Falle bestimmen würden. Wenn wir das Urteil eines fremden Richters nicht anzuerkennen hätten, weil

so hängt es von dem Wirkungsstatut ab, ob diese Verweisung zu berücksichtigen ist.

Im Jahre 1899 — also vor Inkrafttreten des EGBGB — war jemand (offenbar ein Rheinpreuße) mit Wohnsitz in der preußischen

in einer Vorfrage von den allgemeinen Grundsätzen des deutschen internationalen Privatrechts über Statusfragen abgewichen ist, so würden wir einen sicheren Schluß dahin ziehen können, daß auch der deutsche Richter, wenn er zu einer unmittelbaren Entscheidung des Falles berufen ist, in solchen Vorfragen die allgemeinen deutschen Konfliktsnormen zu beachten hat. Aber dieser Teil der Motive zum ersten Gebhardschen Entwurf kann nicht zur Auslegung des § 328 Abs. 1 Nr. 3 ZPO herangezogen werden. Nach dem ersten Gebhardschen Entwurf (§ 37 Nr. 4) war die Anerkennung eines ausländischen Urteils über Statusfragen ausgeschlossen, wenn gegen die Grundsätze des deutschen internationalen Privatrechts in Statusfragen verstoßen war. In dem zweiten Gebhardschen Entwurf (§ 37 Nr. 5) ist diese Fassung dahin geändert, daß gegen die Bestimmungen des deutschen Gesetzes verstoßen sein muß. Das ist ein Unterschied von einer gewissen Bedeutung. »Grundsatz« ist sicher der allgemeinere Begriff gegenüber »Gesetzesbestimmung«. Man kann sehr wohl in der Anwendung des Wohnsitzprinzips auf die Frage der Ehelichkeit eines Erbprätendenten einen Verstoß gegen deutsche Grundsätze, nicht aber gegen deutsche Gesetzesbestimmungen finden, weil über die Frage, nach welchem Recht Vorfragen zu entscheiden sind, das Gesetz schweigt. Es kommt hinzu, daß der zweite Gebhardsche Entwurf (Die Gebhardschen Materialien S. 384) sich zur Unterstützung der vorgeschlagenen Gesetzesfassung auf § 5 des ungarischen Gesetzartikels LX über das Exekutionsverfahren vom 1. Juni 1881 beruft, und dieser nur bestimmt, daß in Fragen bezüglich des persönlichen Standes eines ungarischen Staatsbürgers Beschlüsse eines ausländischen Gerichts in keinem Falle vollstreckbar sind (Leske-Löwenfeld Bd. I S. 459; Schwartz, Z Bd. 41 S. 182). Entscheidend ist aber der Umstand, daß die Motive zur Zivilprozeßnovelle von 1898, welche die Nr. 3 des § 328 Abs. 1 eingeführt hat, davon ausgehen, daß es sich hier um ausländische Urteile in Ehesachen oder um Streitigkeiten über die eheliche Abstammung eines Kindes usw. handelt (Begründung S. 111 f.). Der Ausdruck »in Ehesachen« ist völlig eindeutig und macht es klar, daß auch in den anderen in den Motiven erwähnten Fällen nicht von irgendwelchen den Status betreffenden Fragen, sondern von Statusprozessen — d. h. von Prozessen, in denen die Hauptfrage den Status betrifft — die Rede ist. Überdies waren einem der gesetzgebenden Faktoren, nämlich dem Reichstag, die Gebhardschen Entwürfe unbekannt. — Die Begründung zum ersten Gebhardschen Entwurf kann daher gegenüber der Begründung zur Zivilprozeßnovelle keine Rolle spielen.

In diesem Zusammenhang ist auch noch folgender Gesichtspunkt zu beachten: Aus § 328 Abs. 1 Nr. 3 ZPO ergibt sich argumento e contrario, daß z. B. die Anerkennung eines ausländischen Urteils in einem Erbschaftsprozeß nicht darum abgelehnt werden darf, weil in der Hauptfrage, d. h. bezüglich des Erbrechts selbst, vom deutschen internationalen Privatrecht abgewichen ist. Man kann ohne zwingende Gegengründe nicht annehmen, daß, wenn sogar eine den deutschen Rechtsauffassungen widersprechende Anwendung eines örtlichen Rechts

Rheinprovinz gestorben. In einem Prozeß über seine Beerbung [1]) kam es auf die Frage an, ob in Rußland außerehelich geborene Kinder eines Neffen des Erblassers darum als eheliche Kinder dieses Neffen anzusehen waren, weil der Neffe die Mutter der Kinder später geheiratet hatte. Dieser Neffe war ursprünglich Rheinpreuße gewesen und war dann nach Rußland ausgewandert, wo er die Kinder erzeugt hatte. Ob er seinen letzten inländischen (preußischen) Wohnsitz im Gebiete des rheinischen Rechts oder des preußischen allgemeinen Landrechts gehabt hatte, war streitig. Der Prozeß war in erster Instanz vor rheinischen Gerichten geführt (LG Bonn, OLG Köln). Das Reichsgericht hat nach rheinischen Kollisionsnormen für den Fall, daß der Neffe seinen letzten inländischen Wohnsitz im Gebiete des preußischen Landrechts gehabt hatte, ausgesprochen, daß das preußische Landrecht für die Ehelichkeit oder Unehelichkeit entscheidend sei, da aber das preußische Landrecht auf das russische Recht »weiterverweise«, sei diese Vorfrage nach russischem Recht zu entscheiden.

Hier ist also, obwohl der Erblasser zweifellos nach rheinischem Recht beerbt wurde, die Vorfrage, ob Kinder dieses Neffen dessen eheliche Kinder waren, kraft »Weiterverweisung« des in erster Linie berufenen preußischen Landrechts nach russischem Recht entschieden worden [2]).

§ 173. Hauptfrage und Vorfrage unterliegen hiernach einer verschiedenen internationalprivatrechtlichen Behandlung: Während in der Hauptfrage die erste Anknüpfung lediglich durch unser internationales Privatrecht bestimmt wird, überlassen wir in der Vorfrage diese Bestimmung dem fremden internationalen Privatrecht, wenn für die Hauptfrage fremdes Recht zur Entscheidung berufen ist. Da dieses Rechtsphänomen bisher — soweit ich sehe — nirgendwo eine eingehende Behandlung erfahren hat, halte ich es für angebracht,

---

in der Hauptfrage (der Beerbung selbst) die Anerkennung eines ausländischen Urteils nicht ausschließt, die Abweichung vom deutschen internationalen Privatrecht in einer Vorfrage eine solche Wirkung haben sollte (im Ergebnis übereinstimmend Stein-Jonas § 328 VI; anderer Ansicht Francke, Zeitschrift für Zivilprozeß Bd. 27 S. 129).

[1]) RG 30. 11. 1906, RG Bd. 64 S. 389 ff. = Z Bd. 18 S. 164 ff.

[2]) Das Reichsgericht prüft in seinem vorstehend zitierten Urteil die Frage, ob »die Weiterverweisung« anzuerkennen sei, erstaunlicherweise nicht nach rheinischem Recht — Statut der Hauptfrage und lex fori — sondern nach preußischem Recht, obwohl vom Standpunkt des preußischen Rechts gar nicht die Anerkennung eines Renvoi, sondern einfach die Berufung des russischen Rechts zur Entscheidung in Frage kam.

die Grenzen zwischen Hauptfrage und Vorfrage möglichst genau festzulegen: Eine Hauptfrage liegt vor, wenn es sich um das streitige Rechtsverhältnis selbst handelt. Es ist nicht erforderlich, daß die Frage dieses Rechtsverhältnis in seiner Gesamtheit betrifft. Es genügt, daß es sich um einen begriffsnotwendigen Bestandteil handelt. Begriffsnotwendige Bestandteile — also Teile der Hauptfrage — liegen z. B. in folgenden Fällen vor: Wenn ein Anspruch einer Frau gegen einen Mann oder umgekehrt die persönlichen ehelichen Beziehungen betrifft, oder auf das zwischen ihnen angeblich bestehende eheliche Güterrecht gestützt wird, so ist das Bestehen einer Ehe zwischen beiden eine begriffsnotwendige Voraussetzung. Denn sonst kann keine persönliche eheliche Beziehung, kein eheliches Güterrecht vorliegen. Die Frage nach dem Bestehen einer Ehe ist hier also ein Teil der Hauptfrage. Wenn es sich hier darum handelt, ob die Ehe formgültig zustande gekommen ist, so ist also das für diese Teilfrage maßgebende Recht nicht nach dem internationalen Privatrecht des Heimatstaates des Mannes zu bestimmen, dessen Recht die persönlichen Rechtsverhältnisse der Ehegatten und das eheliche Güterrecht unterliegen (Art. 14 und 15 EG), sondern nach Art. 11 und 13 EG, mag auch das internationale Privatrecht des Heimatsstaates des Mannes eine andere internationalprivatrechtliche Regelung treffen.

Die Scheidung einer Ehe setzt das Bestehen einer solchen begriffsnotwendig voraus. Die Frage nach dem Bestehen der Ehe ist also auch hier Teil der Hauptfrage. Aus diesem Grunde muß das Bestehen der Ehe nicht auf Grund des internationalen Privatrechts des Staates beurteilt werden, dem der Ehemann zur Zeit der Erhebung der Scheidungsklage angehört (Art. 17 EG), sondern auf Grund der Art. 11 und 13 EG [1]).

In den vorstehend erwähnten Fällen ist also das Bestehen einer Ehe nicht als Vorfrage im internationalprivatrechtlichen Sinne anzusehen.

Zu den begrifflichen Voraussetzungen eines Anspruchs wegen irrtümlicher Zahlung einer Nichtschuld (condictio indebiti) gehört, daß die bezahlte Schuld nicht bestand. Auch hier handelt es sich daher nicht um eine Vorfrage im internationalprivatrechtlichen Sinne, sondern um einen Teil der Hauptfrage. Nach welchem Recht das Bestehen der angeblichen Nichtschuld zu beurteilen ist, bestimmt

---

[1]) Vgl. die § 169 S. 254 Anm. 2 besprochenen Entscheidungen des RG v. 17. 12. 1908, 16. 12. 1920 und 16. 11. 1922.

sich daher nicht nach den Kollisionsnormen des Staats, dessen Recht die condictio unterliegt (Erfüllungsort der Kondiktionsschuld [1]), sondern nach dem deutschen internationalen Privatrecht.

Wer wegen Verletzung seines Rechts durch unerlaubte Handlung Schaden- oder Unterlassungsansprüche geltend macht, muß begriffsnotwendig behaupten, daß ihm das verletzte Recht zustand. Ob ihm das Recht zustand, ist also keine von der lex delicti commissi zu entscheidende Vorfrage, sondern ein Teil der Hauptfrage selbst und daher nicht abhängig von den Konfliktsnormen des Deliktsortes, sondern von denen der lex fori. Wenn wir ein Recht nicht schützen, beachten wir auch die Schadensersatzansprüche nicht, die wegen Verletzung dieses Rechts das Gesetz des Tatortes gewährt [2]. Erst recht können wir den Gesetzen des Tatortes nicht die Befugnis zuerkennen, jemandem Schadensersatz- oder Unterlassungsansprüche wegen Verletzung eines Rechts zuzusprechen, das ihm nach unserer Auffassung überhaupt nicht zusteht. Wir müssen daher die Frage, wem das verletzte Recht zusteht, selbständig prüfen, bei dinglichen Rechten also z. B. die lex rei sitae zur Zeit des angeblichen Erwerbs des verletzten Rechts, nicht aber das Recht des Verletzungsorts entscheiden lassen.

Wenn es sich jedoch um die Beziehungen zwischen dem angeblichen ehelichen Vater und einem Kinde handelt, ändert sich das Bild. Die Stellung als eheliches Kind ist nicht begrifflich notwendig davon abhängig, daß die Eltern miteinander gültig verheiratet waren [3] [4]. Das EGBGB hat keine ausdrücklichen Kollisionsnormen bezüglich der Frage, nach welchem Recht über die Ehelichkeit eines Kindes zu entscheiden ist, dessen Eltern nicht miteinander verheiratet waren. Bei dieser Rechtslage ist, wenn jemand gegen ein Kind Rechte als ehelicher Vater geltend macht, die Frage, ob er mit der Mutter des Kindes verheiratet war, eine wirkliche Vorfrage, die nach den örtlichen Konfliktsnormen des Rechts zu beurteilen ist, dem der Anspruch des angeblichen Vaters gegen sein angebliches Kind unterliegt [5].

---

[1]) Vgl. ROHG 14. 6. 1877, ROHG Bd. 22 S. 296 ff.; RG 5. 7. 1910, RG Bd. 74 S. 171 ff. = Z Bd. 21 S. 64 ff. = JW 1910 S. 845 f.; RG 27. 1. 1928, RG Bd. 120 S. 76 ff. = Z Bd. 39 S. 251 ff. = ZAIP Sonderheft 1928 Nr. 68; RG 16. 3. 1928, ZAIP Sonderheft 1928 Nr. 37 = SA Bd. 82 Nr. 121. Vielleicht abweichend: RG 8. 11. 1906, Z Bd. 18 S. 159 ff. (160). Anscheinend abweichend für einen besonders liegenden Fall: RG 3. 7. 1899, RG Bd. 44 S. 136 ff.

[2]) RG 18. 6. 1890, JW 1890 S. 282 Nr. 26.

[3]) § 1699 BGB.

[4]) KG 9. 12. 1921, ROLG Bd. 42 S. 97.

[5]) RG 23. 5. 1927, Warn Rspr. 1927 S. 212 Nr. 121 = ZAIP Sonderheft 1926/27 Nr. 79.

§ 174. Der Grund, aus dem wir begriffsnotwendige Voraussetzungen eines Rechts nicht nach den das schließlich streitige Rechtsverhältnis beherrschenden Normen, sondern nach den für solche Voraussetzungen gegebenen besonderen Normen beurteilen müssen, ergibt sich mit zwingender Notwendigkeit aus der folgenden Erwägung: Wenn eine Konfliktsregel unseres internationalen Privatrechts anordnet, daß ein Rechtsverhältnis den Gesetzen eines bestimmten Rechtsgebietes unterliegt, so kann diese Regel nur angewandt werden, falls nach den Vorschriften unseres internationalen Privatrechts ein solches Rechtsverhältnis überhaupt vorhanden ist. Liegt nach den Vorschriften unseres internationalen Privatrechts ein solches Rechtsverhältnis im konkreten Fall nicht vor, so fehlt es an den Voraussetzungen für die Anwendung der für den Fall des Bestehens eines solchen Rechtsverhältnisses gegebenen Konfliktsregel. Beziehungen zwischen Mann und Frau, welche wir nicht als Ehe betrachten, können die Voraussetzungen unserer Kollisionsnormen für die persönlichen Verhältnisse der Ehegatten, das eheliche Güterrecht oder die Ehescheidung nicht schaffen. Sobald aber eine Frage nicht ein begriffsnotwendiger Bestandteil der Hauptfrage ist, sondern mit ihr in einem anderen — man darf wohl sagen: weniger engen — Zusammenhang steht, fällt der Grund zur Prüfung der Voraussetzungen nach unserem eigenen internationalen Privatrecht fort. Wenn ein Angehöriger eines fremden Staates gestorben ist, und die Gesetze seines Heimatlandes überhaupt eine Beerbung für seinen Todesfall anordnen, so ist es für die Frage, ob hier eine Beerbung stattfindet, offenbar völlig gleichgültig, nach welchen Grundsätzen das Heimatsrecht des Erblassers bestimmt, ob jemand mit ihm verwandt war.

§ 175. Vielfach wird auf eine noch einfachere Weise der Unterschied zwischen Hauptfrage und Vorfrage im internationalprivatrechtlichen Sinne erkannt werden können:

Soweit feststeht, daß wir einem fremden Recht die materielle Regelung von Rechtsverhältnissen überlassen, steht im Zweifel fest, daß unser Recht die Beantwortung der Rechtsfragen in ihrer Gesamtheit dem fremden Gesetz überläßt. Wenn wir z. B. fremdem Erbrecht die Bestimmung der Erben überlassen, erklärt sich das deutsche Recht — abgesehen von dieser internationalprivatrechtlichen Feststellung — für uninteressiert an der Frage, wer Erbe ist. Es ist für uns daher bedeutungslos, ob die Berufung der Erben durch innerrechtliche oder internationalprivatrechtliche Vorschriften des fremden Gesetzgebers erfolgt. Er kann also innerhalb der Befugnisse, die ihm unser Recht einräumt, sein internationales Privatrecht anwenden, nicht nur in der Hauptfrage, was sich durch Rück- und Weiterverweisung äußert, sondern auch in der Vorfrage.

Umgekehrt: Soweit sich aus unserem Recht ergibt, daß wir dem von uns berufenen fremden Recht die volle internationalprivatrechtliche Entscheidung nicht überlassen wollen, liegt nicht eine Vorfrage, sondern ein Bestandteil der Hauptfrage vor. Weil wir dem Recht, das die persönlichen Rechtsbeziehungen der Ehegatten, das eheliche Güterrecht oder die Ehescheidung regelt, nicht auch die Entscheidung der Frage überlassen, ob überhaupt eine Ehe zustandegekommen ist [1]), ist es sicher, daß das Vorliegen einer Ehe keine internationalprivatrechtliche Vorfrage für die Fragen der persönlichen Rechtsbeziehungen der Ehegatten, des ehelichen Güterrechts und des Ehescheidungsrechts ist, sondern ein Teil der Hauptfrage [2]) [3]).

Wo ausdrückliche Gesetzesbestimmungen fehlen, können die praktischen Folgen erkennen lassen, ob eine Rechtsfrage eine Vorfrage sein kann, oder ob sie internationalprivatrechtlich als ein Teil der Hauptfrage anzusehen ist. Wenn wir bei der condictio indebiti die Frage, ob die gezahlte angebliche Schuld bestanden hat oder nicht, nach den Konfliktsnormen des die condictio indebiti beherrschenden Rechts beurteilen würden, so würde das Ergebnis sein können, daß unsere Richter sowohl die ursprüngliche »Schuld«, wie die condictio indebiti für begründet halten müßten. Sie würden

---

[1]) Art. 14, 15, 17 EG einerseits, Art. 13 EG andrerseits.

[2]) RG 16. 5. 1931, RG Bd. 132 S. 416 ff. widerspricht den Ausführungen im Text nicht. Dort ist freilich auf die Frage, ob ein Christ, der als Österreicher eine lettische Jüdin geheiratet hatte und dann Italiener geworden war, auf Grund des österreichischen Ehehindernisses der Religionsverschiedenheit eine Ehenichtigkeitsklage anstellen konnte, italienisches Recht einschließlich des italienischen internationalen Privatrechts (italienische Vorbehaltsklausel) angewendet worden. Aber diese Anwendung ist nur bezüglich der Frage erfolgt, ob die Ehenichtigkeitsklage zulässig sei, nicht bezüglich der Frage, ob die Ehe materiell gültig sei. Hierfür hat das Reichsgericht österreichisches Recht einschließlich des österreichischen internationalen Privatrechts (§ 4 ABGB) für maßgeblich erklärt, wie solches den Grundsätzen des deutschen internationalen Privatrechts entspricht (Art. 13 Abs. 1 EG).

[3]) Um in diesem Zusammenhang Mißverständnisse zu vermeiden, sei darauf hingewiesen, daß es sich in dem vom Reichsgericht am 28. 1. 1927 entschiedenen Falle (vgl. § 170 S. 254 Anm. 3) nicht darum handelte, daß ein privatrechtliches Rechtsverhältnis von einem anderen abhängig war, sondern um die prozeßrechtlichen Voraussetzungen einer Klage aus einem ausländischen Schiedsspruch. Auf diesen nur der Analogie wegen in Betracht kommenden Fall treffen die im Text angegebenen Unterschiede zwischen Hauptfrage und Vorfrage nicht zu.

also zur Zahlung der ursprünglichen Schuld verurteilen, wenn diese eingeklagt ist, aber, wenn sie freiwillig bezahlt ist, zur Rückzahlung. Der ursprüngliche Schuldner würde es daher in der Hand haben, sich durch Zahlung und Rückforderung von einer begründeten Schuld zu befreien, also im Endergebnis nichts zu leisten.

Daß es unmöglich ist, dem Recht des Tatortes auch die Entscheidung darüber zu überlassen, wem das verletzte Recht zusteht, ergibt sich auch daraus, daß nach deutschem Recht der Geschädigte die Wahl zwischen dem Recht verschiedener Tatorte haben kann, z. B. wenn der Täter in einem anderen Rechtsgebiet tätig geworden ist, als in demjenigen, in dem der schädigende Erfolg eingetreten ist [1]). Wollte man die Frage, wem das verletzte Recht zusteht, durch das Recht des Tatortes entscheiden lassen, so könnten bei dieser Rechtslage möglicherweise verschiedene Personen wegen Verletzung desselben Rechts von dem Täter vollen Schadensersatz verlangen, obwohl nur einem von ihnen das Recht zustehen kann.

§ 176. Die für die Vorfrage aufgestellte Regel unterliegt natürlich — wie jede Regel des internationalen Privatrechts — Ausnahmen auf Grund der Vorbehaltsklausel (Art. 30 EG). In dem bereits erwähnten Urteil vom 21. 3. 1912 [2]) hat das Reichsgericht die Vorschrift des italienischen Rechts, nach welchem eine vorangehende Ehe ein Ehehindernis ist, selbst wenn sie durch ein zu Recht ergangenes deutsches Urteil geschieden war, auf Grund des Art. 30 EG für unbeachtlich erklärt (an sich wäre Art. 13 EG auf Grund analoger Ausdehnung anwendbar gewesen): Die erste Ehe eines Italieners war vor 1900 durch ein preußisches Gericht geschieden worden, in dessen Bezirk der Italiener damals wohnte. Nach den Grundsätzen des früheren preußischen internationalen Privatrechts war für die Ehescheidung das Recht des Wohnsitzes oder die lex fori maßgebend — unabhängig von der Staatsangehörigkeit der Beteiligten. Aus dieser Rechtslage hat das Reichsgericht gefolgert, daß nach damaligem Recht mit der Rechtskraft des Scheidungsurteils endgültig und mit Wirkung für jeden Dritten die Lösung der Ehe dem Bande nach eintrat, und damit jeder der geschiedenen Ehegatten die Befugnis erlangte, eine neue Ehe einzugehen. Diese Rechtswirkungen seien auch nach Inkrafttreten des neuen deutschen internationalen Privatrechts bestehen geblieben [3]). Da die erste Ehe demnach zu Recht

[1]) Vgl. z. B. RG 21. 12. 1900, Z Bd. 11 S. 284; RG 22. 12. 1902, Z Bd. 13 S. 171; RG 30. 3. 1903, RG Bd. 54 S. 198 ff.; RG 8. 11. 1906, SA Bd. 62 S. 257; RG 16. 5. 1925, Recht 1925 Nr. 1274.

[2]) Vgl. § 167 S. 250.

[3]) Arg. e. contrar. Art. 201 EG.

geschieden worden sei, könne nach Art. 30 EG ein auf der Annahme des Fortbestehens der Ehe beruhendes italienisches Heiratsverbot nicht berücksichtigt werden.

Das Oberlandesgericht München [1]) hatte folgenden Fall zu entscheiden: Ausländische Juden, deren Heimatsrecht die religiöse Trauung zur Gültigkeit einer Ehe anerkannte (und forderte), waren in Deutschland lediglich durch einen Rabbiner (im Widerspruch zu Art. 13 Abs. 3 EG) getraut worden. Streitig war, ob die Kinder aus dieser Verbindung eheliche waren. Nach dem für diese Frage im allgemeinen maßgeblichen Heimatsrecht des Vaters (und der Kinder) wäre die Frage zu bejahen gewesen. Das Gericht hat trotzdem angenommen, daß bei diesem Tatbestand die Kinder aus solcher, nach deutschem Recht nichtigen, nach Heimatsrecht der Ehegatten gültigen Ehe als uneheliche zu betrachten seien. Die Entscheidung ist leider falsch begründet [2]). Sie behauptet, daß die unvollkommene einseitige Kollisionsnorm des Art. 18 auf den vorliegenden Fall nicht zutrifft, und berücksichtigt dabei nicht, daß nach feststehender deutscher Praxis die das Personalstatut betreffenden Kollisionsnormen des EG, soweit sie nicht deutlich als Exklusivsätze erkennbar sind, zu vollkommenen Kollisionsnormen ausgedehnt sind [3]). Das Gericht hätte sich eher auf Art. 30 EG berufen und erwägen können, daß es ungenügend sein würde, wenn die Wirkungen des Gebots der standesamtlichen Trauung (Art. 13 Abs. 3 EG) sich nur auf das Verhältnis der Ehegatten zueinander und nicht auf dasjenige zu ihren Kindern erstrecken würden [4]).

§ 177. Besondere Gesichtspunkte kommen in Betracht auf dem dem Parteiwillen überlassenen Gebiet und bei Regelung des internationalen Privatrechts durch Staatsverträge.

Wenn in zulässiger Weise durch Parteiwillen das örtlich maßgebende Recht festgestellt ist, ist dieses (innere) Recht anzuwenden. Ein Renvoi findet nicht statt [5]). Das heißt genauer gesagt: eine Rück- oder Weiterverweisung in der Hauptsache ist ausgeschlossen. Aber für die Beurteilung von Vorfragen kann trotzdem das internationale

---

[1]) 10. 3. 1921, ROLG Bd. 42 S. 98.

[2]) Sie ist wahrscheinlich auch im Ergebnis unrichtig, weil aus dem schon erwähnten Urteil des RG vom 23. 5. 1927, WarnRspr. 1927 Nr. 121 = ZAIP Sonderheft 1926/27 Nr. 79, erhebliche Bedenken gegen sie hergeleitet werden müssen. Vgl. zu dieser Entscheidung auch Frankenstein Bd. I S. 235 f.

[3]) Vgl. § 34 S. 57 Anm. 1.

[4]) Vgl. dazu § 217 S. 331 f.

[5]) Vgl. oben § 159 S. 237 ff.

Privatrecht des durch Parteiwillen zuständig gewordenen fremden Rechts entscheidend sein, außer wenn die Parteien auch das örtliche Recht der Vorfrage durch Parteiwillen in zulässiger Weise festgestellt haben. Diese Grundsätze ergeben sich mit aller Deutlichkeit aus der bereits in einem anderen Zusammenhang behandelten Entscheidung des Reichsgerichts vom 3. 10. 1896 [1]).

§ 178. Wenn durch Staatsverträge die Anwendung eines örtlichen Rechts vorgeschrieben ist, so bedeutet das im Zweifel eine Vorschrift über die Anwendung inneren Rechts. Auf die örtliche Konfliktsnorm des zur Entscheidung berufenen Rechts kommt es nicht an [2]). Auch dieses bedeutet nur, daß der Staatsvertrag für die örtliche Rechtsanwendung in der Hauptfrage die einzige Rechtsquelle ist, und kann nicht bedeuten, daß Vorfragen nach dem im Staatsvertrag für zuständig erklärten fremden inneren Recht zu entscheiden sind. Zum Beispiel ist nach dem Haager Eheschließungsabkommen vom 12. 6. 1902 für das Recht zur Eingehung einer Ehe für jeden Verlobten das Gesetz seines Heimatsstaates maßgebend, wenn nicht eine ausdrückliche Vorschrift dieses Gesetzes auf ein anderes Gesetz verweist. Renvoi auf Grund Gewohnheitsrechts (Richterrechts) ist also unzulässig. Aber niemand wird die Ansicht verteidigen wollen, daß hier auch für Vorfragen die Anwendung eines anderen als des Heimatsrechts von einer ausdrücklichen Gesetzesbestimmung des Heimatsrechts abhängig gemacht ist. Eine Vorfrage für die Ehefähigkeit kann z. B. die Frage nach der Auflösung einer früheren Ehe des Nupturienten durch eine ausländische Todeserklärung sein, sei es, daß der Nupturient früher einem anderen Staat angehört hat, sei es, daß der Heimatsstaat ausländische Todeserklärungen seiner Staatsangehörigen — etwa mit Rücksicht auf einen ausländischen Wohnsitz — anerkennt. Ausdrückliche Gesetzesbestimmungen über die Wirkung fremder Todeserklärungen fehlen in den meisten oder in allen Vertragsstaaten. Trotzdem wird die Ehefähigkeit bei einem Angehörigen eines Vertragsstaates vorliegen, wenn die Todeserklärung seines früheren Gatten außerhalb des jetzigen Heimatsstaates erfolgt ist, und diese Todeserklärung in dem Heimatsstaat anerkannt wird. Das ist so selbstverständlich, daß — soweit ich sehe — über derartige Fragen noch nicht einmal Prozesse geführt sind.

---

[1]) RG Bd. 38 S. 1 ff. = Z Bd. 7 S. 448 ff.

[2]) Vgl. § 160 S. 239 f.

Einwirkung öffentlichen Rechts.

Regel 1 (§§ 179—181): Das nach den örtlichen Kollisionsnormen maßgebliche Wirkungsstatut hat darüber zu entscheiden, wie weit es fremdes öffentliches Recht berücksichtigt.

Regel 2 (§§ 182, 183): Das bezieht sich besonders auch auf die Frage, wie weit es die nachträgliche Veränderung fremden öffentlichen Rechts gegenüber bestehenden Rechtsverhältnissen berücksichtigt.

§ 179. Die Kenntnis der Bestimmungen des fremden öffentlichen Rechts kann unter den verschiedensten Gesichtspunkten für den Richter, der bürgerlich-rechtliche Streitigkeiten mit internationalem Einschlag zu entscheiden hat, notwendig werden. Wenn es zweifelhaft ist, ob ein »Gesetz« eines fremden Staates ordnungsgemäß erlassen ist, kann es für den deutschen Richter erforderlich werden, die fremden Verfassungsbestimmungen über die gesetzgebenden Gewalten und die Veröffentlichung von Gesetzen zu prüfen — oder auch nur letztere, wenn nach der Verfassung des fremden Staates ein ordnungsgemäß veröffentlichtes Gesetz den Richter ohne weiteres bindet.

Der wichtigste Anknüpfungspunkt unseres internationalen Privatrechts ist die Staatsangehörigkeit. Wenn eine ausländische Staatsangehörigkeit in Frage kommt, wird der Richter über diese sich immer nach dem fremden öffentlichen Recht ein Urteil zu bilden haben.

Diese Selbstverständlichkeiten erwähne ich nur, um klarzustellen, daß derartige Fragen hier nicht als Einwirkung öffentlichen Rechts auf das internationale Privatrecht behandelt werden sollen. Denn die Anwendung ausländischen Verfassungsrechts auf die Frage, ob ein ausländisches Gesetz zustandegekommen ist, ausländischen öffentlichen Rechts auf die Frage, ob ein Mensch einem ausländischen Staat angehört, wird unmittelbar durch das deutsche internationale Privatrecht angeordnet, welches die Berücksichtigung fremder Gesetze, fremder Staatsangehörigkeit befiehlt. In beiden Fällen handelt es sich in Wirklichkeit nicht um die Frage, ob und wieweit bürgerliches Recht durch öffentliches Recht beeinflußt wird, sondern nur um die Frage, wie das maßgebliche bürgerliche Recht aufzufinden ist.

Aber wenn es gefunden ist, kann in einem anderen Zusammenhang die Beachtung von Sätzen des öffentlichen Rechts erforderlich sein. Das öffentliche Recht will in den verschiedensten Gestaltungen, durch Vorschriften über Maß und Gewicht, Zeitbestimmungen und Währung, Verbote und Gebote das Privatrecht beeinflussen. Welche

Stellung hat im internationalen Privatrecht der deutsche Richter zu diesen Funktionen des öffentlichen Rechts einzunehmen? Hier ist zu unterscheiden: Soweit deutsches öffentliches Recht herrschen will, hat vor ihm jede andere Regel des internationalen Privatrechts zurückzutreten. Das wird bei Behandlung der Vorbehaltsklausel näher ausgeführt werden [1]. Soweit jedoch fremdes öffentliches Recht Einfluß auf privates Recht ausüben will, fehlen direkte Kollisionsnormen. Wir wenden fremdes öffentliches Recht — falls wir nicht durch Staatsverträge hierzu verpflichtet sind — niemals unmittelbar an [2]. Was wir an fremdem Recht unmittelbar anwenden, ist bürgerliches Recht. Wie weit dieses durch Verwaltungsrecht — eigenes oder fremdes — sich beeinflussen lassen will, ist dessen Sache. Im deutschen internationalen Privatrecht kommt das fremde öffentliche Recht also nur auf dem Umwege über das zivilrechtliche Wirkungsstatut in Betracht. Daraus ergibt sich der Satz, daß wir das öffentliche Recht, soweit nicht die Vorbehaltsklausel eingreift, genau in dem Umfange berücksichtigen, wie dieses vom bürgerlichrechtlichen Wirkungsstatut vorgeschrieben wird. Das ist der Standpunkt unserer Rechtsprechung.

§ 180. Das Kammergericht hat folgenden Fall entschieden [3]: Eine deutsche Versicherungsgesellschaft hatte mit einem in der Schweiz ansässigen Schweizer einen Versicherungsvertrag geschlossen. Dieser Vertrag war in der Schweiz nichtig, weil der Versicherungsgesellschaft dort die Konzession zum Versicherungsgeschäft fehlte. Das Gericht hat zunächst festgestellt, daß auf den Vertrag deutsches Recht anzuwenden sei, und hat auf Grund deutschen Rechts entschieden, daß derartige fremde Verwaltungsverbote nicht berücksichtigt werden, wenn es sich nur um wirtschaftspolitische Gesetze und nicht um das Verbot sittenwidriger Geschäfte handelt.

In Braunschweig war für alle außerhalb des Herzogtums domizilierten Versicherungsgesellschaften die Zulassung durch das Staatsministerium erforderlich. Versicherungsverträge, welche von derartigen, der Konzession bedürftigen, aber nicht konzessionierten Versicherungsanstalten in Braunschweig abgeschlossen waren, waren nach braunschweigischem Recht nichtig. Die erstere Vorschrift war zweifellos eine Vorschrift des Verwaltungsrechts, die letztere eine solche des Privatrechts. Eine hamburgische Versicherungsge-

---

[1] Vgl. § 225 S. 338.

[2] Vgl. § 91 S. 130 Anm. 1.

[3] 10. 10. 1928, HansRGZ 1928 Abt. A Sp. 730 f. = Clunet 1930 S. 436 ff. = ZAIP Sonderheft 1928 Nr. 21.

sellschaft, die in Braunschweig nicht zugelassen war, hatte dort einen Versicherungsvertrag geschlossen. Das Hanseatische Oberlandesgericht [1]) hat geprüft, ob das Versicherungsverhältnis dem Rechte Hamburgs, das derartige Bestimmungen nicht kannte, oder dem Rechte Braunschweigs unterlag. Nachdem es die Frage dahin entschieden hatte, daß braunschweigisches Privatrecht zur Anwendung kam, hat es auf Grund des angegebenen Satzes des braunschweigischen Verwaltungsrechts die Unzulässigkeit des Geschäfts festgestellt und es dementsprechend als gemäß dem braunschweigischen Privatrecht nichtig behandelt [2]).

Dagegen hat das Reichsgericht [3]), als es sich um die Rechtsgültigkeit eines Vertrages über die Lieferung von Wurzelgummi aus dem französischen Sudan handelte, die Berücksichtigung eines angeblich dort bestehenden Verbotes der Gewinnung von und des Handels in Wurzelgummi abgelehnt, weil der Vertrag deutschem Recht unterstand und weil nach deutschem Recht keine Veranlassung vorlag, dieses Verbot zu berücksichtigen. Das Reichsgericht [4]) und das Kammergericht [5]) haben bei Geschäften, die in Rußland abgeschlossen waren, russisches Verwaltungsrecht (nämlich die russische Devisengesetzgebung) für unanwendbar erklärt, weil die betreffenden Verträge wegen deutschen Erfüllungsortes deutschem Recht unterlagen. Dagegen ist vom HansOLG [6]) die Nichtigkeit eines gegen die russische Devisenordnung verstoßenden Geschäftes angenommen, weil dieses russischem Recht unterlag.

§ 181. Auch die Rechtsprechung des Auslandes gibt Beispiele dafür, daß die Einwirkung von Verwaltungsrecht auf bürgerlichrechtliche Verhältnisse nach der lex causae beurteilt wird. Hier sollen nur ein holländischer und ein französischer Fall angeführt werden.

---

[1]) 23. 5. 1907, LZ 1908 Sp. 249 ff.

[2]) Das Urteil ist m. E. im Ergebnis richtig, in der Begründung unrichtig. Das Gericht hätte, weil der Vertrag in Hamburg geschlossen und zu erfüllen war, hamburgisches Recht als lex causae ansehen müssen und doch den Vertrag wegen Verstoßes gegen eine von einem deutschen Einzelstaat zuständigerweise erlassene Verbotsnorm für nichtig erklären müssen (vgl. § 232 S. 347 ff.). Aber in dem im Text behandelten Zusammenhang kommt es nicht auf die Frage an, welchem Recht der Vertrag wirklich unterlag, sondern darauf, daß das Gericht die Wirkung einer öffentlich-rechtlichen Vorschrift davon abhängig gemacht hat, ob eine Verletzung derselben nach der lex causae die Nichtigkeit des Vertrages begründete.

[3]) 16. 4. 1912, WarnRspr. 1912 S. 276 Nr. 241.

[4]) 3. 10. 1921, RG Bd. 108 S. 241 ff.

[5]) 1. 4. 1926, JW 1926 S. 2002 = ZAIP Sonderheft 1926/27 Nr. 14.

[6]) 16. 5. 1929, HansRGZ 1930 B Sp. 743 ff. (749).

In Holland hat der Hooge Raad [1]) erkannt: Der Umstand, daß ein fremdes Gesetz die Postversendung gewisser Gegenstände verbietet und im Falle der Verletzung die Zerstörung dieser Gegenstände ohne Entschädigung bestimmt, ist kein Grund, eine diese Gegenstände betreffende Versicherung über einen Transport von Holland in dieses fremde Land für nichtig zu erklären, wenn die Versicherung in Holland geschlossen ist und nicht dem fremden Recht unterliegt. Hierfür wäre es nötig, daß das holländische Recht derartige Geschäfte als nichtig ansieht.

In Frankreich ist die religiöse Freiheit vollständig unbeschränkt. Der Austritt aus einer religiösen Gemeinschaft ist unter allen Umständen gestattet. Der Staat läßt grundsätzlich jede einseitige Lösung des Verhältnisses von seiten des Bekenntnisangehörigen gelten, sofern sie nur erkennbar in Erscheinung tritt [2]). Aber doch hat der französische Kassationshof, als es sich in einem von Österreichern, die ihren Wohnsitz in Frankreich hatten, geführten Ehescheidungsprozeß darum handelte, ob die Ehegatten Juden oder konfessionslos waren — nach österreichischem Recht gilt für diese beiden Klassen ein verschiedenes Ehescheidungsrecht —, die Frage, ob die Ehegatten aus dem Judentum ausgetreten waren, lediglich auf Grund österreichischen Verwaltungsrechts beantwortet und einen möglicherweise durch konkludente Handlungen vorgenommenen Austritt nicht in Betracht gezogen, weil das österreichische Recht eine ausdrückliche Erklärung vor einer Verwaltungsbehörde forderte [3]) [4]). Dem Wirkungsstatut bleibt also die Entscheidung darüber überlassen, welchem Gesetzgeber es die Befugnis geben will,

---

[1]) 22. 2. 1924, Bul. Bd. 11 S. 348 Nr. 3533.

[2]) Vgl. Neumeyer Bd. I § 35 Nr. 7 S. 402 und § 34 Nr. 3 S. 386.

[3]) 30. 10. 1905, Clunet 1906 S. 410 f. = Revue 1906 S. 737 f.

[4]) Diese Entscheidung bekämpft Neumeyer a. a. O. § 35 Nr. 7 S. 403, weil sie mit den französischen Grundsätzen über Gewissensfreiheit im Widerspruch stehe. Das soll wohl heißen, daß es nach französischem Recht jedem frei steht, in beliebiger Form seinen Austritt aus einer Religionsgemeinschaft zu erklären, der er nicht länger anzugehören wünscht. Aber es war nicht generell zu entscheiden, ob die Parteien Juden waren — hierüber würde sicher jedes französische Gericht die Fällung eines Urteils abgelehnt haben —, sondern es handelte sich darum, welche der verschiedenen österreichischen Scheidungsvorschriften anzuwenden waren. Wenn die nach französischem Recht zu beurteilende Frage zu entscheiden gewesen wäre, ob die Ehegatten Beiträge zu einer Pariser jüdischen Gemeinde zu zahlen hätten oder durch konkludente Handlungen aus dieser Gemeinde ausgetreten seien, hätte der Kassationshof vermutlich französisches Recht zugrunde gelegt.

über öffentlich-rechtliche Verhältnisse zu bestimmen, die für den zu entscheidenden bürgerlich-rechtlichen Fall von Bedeutung sind.

Öffentliches Recht des urteilenden Richters (der lex fori) spielt außerdem für die Anwendung der Vorbehaltsklausel eine erhebliche Rolle. Diese Funktionen des eigenen öffentlichen Rechts sollen nicht hier, sondern bei der Darstellung der Vorbehaltsklausel [1]) behandelt werden.

§ 182. Die Feststellung, daß es, soweit die deutsche Vorbehaltsklausel nicht in Betracht kommt, von dem Wirkungsstatut abhängt, inwieweit es durch öffentliches Recht und durch welches öffentliche Recht es beeinflußt wird, genügt noch nicht, um den wirklichen Einfluß des öffentlichen Rechts festzustellen. Denn es sind zwei Möglichkeiten für diesen Einfluß vorhanden: Maßgeblichkeit des öffentlichen Rechts, wie es zu der Zeit galt, als die für die Entstehung des zu beurteilenden Rechtsverhältnisses maßgeblichen Tatsachen verwirklicht wurden, und Einfluß des jeweiligen öffentlichen Rechts — unabhängig von diesem Zeitpunkt —. Auch die Frage, ob die eine oder die andere dieser Einwirkungen eintritt, entscheidet allein das Wirkungsstatut.

Obwohl hierdurch die international-privatrechtliche Frage eigentlich erledigt ist, soll in folgendem auf diese beiden Arten der Wirkung näher eingegangen werden.

Wenn in Handelsgeschäften Maß oder Gewicht bestimmt ist, so gilt nach deutschem Recht im Zweifel Maß oder Gewicht des Erfüllungsortes als vereinbart [2]). Wenn Maß oder Gewicht durch Gesetz des Erfüllungsortes geändert wird, so hat bei deutschem Wirkungsstatut selbstverständlich eine Umrechnung stattzufinden. Irgendwelche Änderungen der Maße und Gewichte am fremden Erfüllungsort sind also ohne praktische Bedeutung. Denn der Inhalt des Vertrages ist, wenn ich mich so ausdrücken darf, bei seinem Abschluß in der hier fraglichen Beziehung stabilisiert. Das fremde öffentliche Recht ist zugrunde gelegt, so wie es zur Zeit des Vertragsabschlusses bestand; seinen Änderungen haben sich die Vertragschließenden nicht unterworfen. Der Grund ist offensichtlich. Das fremde Maß- und Gewichtssystem wird verwandt, um eine natürliche Größe ziffernmäßig zu bestimmen. Das Maß- oder Gewichtssystem des Erfüllungsortes hat seine Rolle ausgespielt, wenn auf seiner Grundlage die physikalischen Raum- oder Gewichtsmengen feststellbar geworden sind.

---

[1]) § 225 S. 337 f.

[2]) § 361 HGB.

Es ist sehr wahrscheinlich, daß nach dem Recht aller Kulturstaaten die Veränderungen des Maß- oder Gewichtssystems eines Staates für bestehende Ansprüche praktisch bedeutungslos sind, weil durch solche Änderung nicht die Menge, welche der in Frage stehende Anspruch betrifft, sondern nur dessen Bezeichnung verändert wird. Aber das internationale Privatrecht schweigt zu dieser Frage. So kann ihm nur die Regel entnommen werden, daß auch hierfür die lex causae maßgebend ist — vorbehaltlich der Anwendung des Art. 30 EG im einzelnen.

§ 183. Sobald auf fremdes öffentliches Recht für andere Punkte als für die Feststellung natürlicher Einheiten verwiesen wird, ändert sich das Bild: Feiertage z. B. sind nicht einfache Zeiteinheiten, sondern durch Verbote oder Gebote des Staats oder einer staatlich anerkannten Kirche besonders qualifiziert. Die deutsche Seemannsordnung enthält in den §§ 37 und 38 Bestimmungen darüber, in welchem Umfang von der Schiffsmannschaft an Sonn- und Festtagen Arbeiten gefordert werden dürfen und wie diese Arbeiten zu vergüten sind. Außerdem wird bestimmt, daß, soweit nicht dringende Gründe entgegenstehen, an Sonn- und Festtagen im Hafen und auf der Reede der Schiffsmannschaft Gelegenheit zur Teilnahme am Gottesdienst ihrer Konfession zu geben und der hierzu erforderliche Urlaub zu erteilen ist [1]).

§ 39 der Seemannsordnung bestimmt: »Als Festtage im Sinne der §§ 37, 38 gelten im Inlande die von der Landesregierung des Liegeortes bestimmten Tage, im Ausland und auf See die Festtage des inländischen Heimathafens; in Ermangelung eines solchen werden die Festtage durch Anordnung des Reichskanzlers bestimmt. Im Sinne des § 37 Abs. 4 gelten als Festtage im Ausland auch die kirchlich gebotenen Festtage des Liegeortes.«

Die hier erwähnten Paragraphen sind nur zur Regelung deutschrechtlicher Verhältnisse bestimmt. Die Seemannsordnung konnte daher ohne jedes Bedenken festsetzen, was in ihrem Sinn Festtag ist, und dem inländischen und ausländischen öffentlichen Recht die ihr geeignet erscheinende Wirkung anweisen.

Soweit die Seemannsordnung von ausländischen Festtagen spricht, handelt es sich selbstverständlich um Tage, die im Ausland gefeiert werden, während das Schiff sich dort im Hafen oder auf der Reede befindet. Ein Wechsel der Bestimmungen über Festtage kann also auf ein der deutschen Seemannsordnung unterliegendes Rechts-

---

[1]) § 37 Abs. 4 der deutschen Seemannsordnung.

verhältnis einwirken, auch wenn solche Änderungen nach Abschluß des Heuervertrages eingetreten sind. Das ist aber nur ein Beispiel von vielen, in welchen inhaltlich wechselndes öffentliches Recht auf zivilrechtliche Verhältnisse eines anderen Landes einwirken kann. Eine Darstellung der Einzelheiten liegt außerhalb des Bereichs dieses Buches. Es muß in dieser Beziehung auf die eingehenden Ausführungen von Neumeyer [1]) verwiesen werden.

Nur zwei Gebiete sollen wegen ihrer Wichtigkeit und Aktualität in diesem Zusammenhang erörtert werden: Währung und Aufwertung.

Währung.

Regel 1 (§ 184): Währungsrecht ist öffentliches Recht. Daher finden grundsätzlich die im vorstehenden behandelten Regeln über die Einwirkung öffentlichen Rechts Anwendung, soweit hier nicht völkerrechtliche Grundsätze in Betracht kommen.

Regel 2 (§ 185): Ob das bei Entstehung eines Anspruchs geltende oder das jeweilige Währungsrecht maßgebend ist, richtet sich grundsätzlich nach dem Wirkungsstatut.

Im Falle des Souveränitätswechsels über ein Gebiet sind Personen, die diesem Gebiete angehörten, in ihrer eigenen Währung vor dem Souveränitätswechsel eine Schuld begründet hatten und zur Zeit der Währungsänderung durch den neuen Souverän örtlich dessen Machtbereich unterstanden, auf Grund Völkerrechts dem Währungswechsel unterworfen.

Regel 3 (§§ 186—189): Maßgeblichkeit des Wirkungsstatuts für die Währung bedeutet, daß das Wirkungsstatut bestimmt, in welcher Währung zu leisten ist (also nicht ohne weiteres, daß in der Währung des Wirkungsstatuts zu leisten ist).

Regel 4 (§§ 190—192): Wenn für eine in ausländischer Währung ausgedrückte Forderung ein deutscher Erfüllungsort besteht, so kann mangels gegenteiliger ausdrücklicher oder stillschweigender Vereinbarung der Schuldner in deutscher Währung zahlen.

Regel 5 (§§ 193, 194): Wenn keine besonderen Gründe dafür vorliegen, eine Zahlung in fremder Währung zuzusprechen, insbesondere wenn die Stellung des Wirkungsstatuts zur Währungsfrage nicht festzustellen ist, hat der deutsche Richter (wahrscheinlich) zur Zahlung in deutscher Währung zu verurteilen.

Regel 6 (§§ 195, 196): Wenn nach dem Recht eines fremden Staates Geldansprüche nur in eigener Währung zugesprochen werden können, so ist dieser Rechtssatz als prozessualer von den deutschen Gerichten nicht zu berücksichtigen.

Wenn dagegen nach dem fremden Wirkungsstatut ein Anspruch bei Vorliegen bestimmter örtlicher Beziehungen zu dem fremden Staat in der Währung dieses Staates erfüllt werden kann oder muß, so ist das fremde Wirkungsstatut maßgebend, soweit nicht § 244 BGB entgegensteht.

---

[1]) Neumeyer Bd. III 2 §§ 90 ff.

§ 184. Die Erwägungen der vorangehenden Paragraphen geben die Lösung der Frage, welches Recht auf Währung und Aufwertung anzuwenden ist. Im folgenden soll zunächst von der Währung gesprochen werden, und zwar sollen hier lediglich die Fälle in Betracht gezogen werden, in welchen eine Geldverpflichtung im gewöhnlichen Sinne vorliegt — also unter Außerachtlassung der Fälle, in welchen bestimmte Geldsorten oder Münzen einer bestimmten Art zu leisten sind. Selbstverständlich werden hier nur — der Aufgabe des Buches entsprechend — Geldverpflichtungen in Betracht gezogen, die auf privatrechtlicher Grundlage beruhen. Gleichgültig ist es aber hierbei, ob die Verpflichtung eine schuldrechtliche, eine sachenrechtliche, eine familienrechtliche oder eine erbrechtliche ist.

Obwohl es sich also hier nur um privatrechtliche Verpflichtungen (und dementsprechend privatrechtliche Ansprüche) handelt, kommen auch Gesichtspunkte des öffentlichen Rechts in Frage. Denn die Währung selbst ist nach deutscher Systematik ein Bestandteil des öffentlichen Rechts. Das hat das Reichsgericht in einer Entscheidung vom 18. 11. 1923 [1]) ausdrücklich ausgesprochen und damit begründet, daß die Währungsvorschriften als Gebote an die Staatsglieder im allgemeinen staatlichen Interesse zur Regelung und Aufrechterhaltung einer gesunden Volkswirtschaft gegeben sind, wenn auch mittelbar durch sie die rechtlichen Beziehungen der einzelnen Staatsangehörigen betroffen werden. Das Reichsgericht stützt seine Ansicht mit Recht außerdem auf die Reichsverfassung vom 16. April 1871 und die jetzige Reichsverfassung [2]). In einer Entscheidung vom 8. 12. 1930 [3]) hat das Reichsgericht wiederum ausgesprochen, daß Währungsgesetze öffentlich-rechtlicher Natur sind, dieses Mal ohne nähere Begründung. Auch in der deutschen Wissenschaft wird die öffentlich-rechtliche Natur des Währungsrechts von hervorragender Seite anerkannt [4]). Man braucht bei dieser Sachlage nicht zu unter-

[1]) RG Bd. 107 S. 82.

[2]) Wörtlich: »Damit (das heißt mit der Auffassung der Währungsvorschriften als Bestandteil des öffentlichen Rechts) stimmt es überein, daß in Art. 4 der Reichsverfassung vom 16. April 1871 bei der Bestimmung der Aufsichts- und Gesetzgebungsbefugnisse des Reichs die Ordnung des Münzwesens und die Festsetzung der Grundsätze über die Ausgabe von Papiergeld besonders unter Nr. 3 aufgeführt war, also getrennt von dem unter Nr. 13 behandelten Obligationen-, Handels- und Wechselrecht, später dem gesamten bürgerlichen Rechte; ebenso in der jetzigen Reichsverfassung einerseits Art. 6 Nr. 5 (Münzwesen) und Art. 7 Nr. 14 (Ausgabe von Papiergeld), andererseits Art. 7 Nr. 1 (bürgerliches Recht).«

[3]) RG Bd. 131 S. 41 ff. (43) = JW 1931 S. 612 ff. (612 Sp. 2).

[4]) Vgl. Neumeyer, JW 1928 S. 137 ff., besonders S. 137 und 141 Text zu

suchen, ob sich aus der Natur des Währungsrechts — abstrakt und international betrachtet — seine Zugehörigkeit zum öffentlichen Recht oder zum Privatrecht ergibt. Für das deutsche internationale Privatrecht genügt — nach Qualifikationsgrundsätzen — die Tatsache, daß nach deutscher Auffassung die Währung einen Teil des öffentlichen Rechts bildet. Da das der Fall ist und da wir fremdes öffentliches Recht, d. h. solches fremdes Recht, welches nach unserer Qualifikation öffentliches Recht ist, in Deutschland niemals als unmittelbare Rechtsquelle privatrechtlich verwenden, kann es im deutschen Recht einschließlich des internationalen Privatrechts nur Sätze geben, die sich mit der Wirkung fremden Währungsrechts auf deutschrechtliche Ansprüche und der Feststellung des für die Währungsbestimmung maßgeblichen Wirkungsstatuts oder mit der Wirkung deutschen Währungsrechts auf irgendwelche Ansprüche befassen, nicht aber Sätze, welche die Wirkung fremden Währungsrechts auf fremdrechtliche Ansprüche regeln [1]), es sei denn, daß

Anm. 12; Neumeyer Bd. III 2 S. 125 und passim; Schlegelberger, ZAIP 1929 S. 874; Staub Bd. III § 361 Anm. 6. Für sonstige Äußerungen aus der Literatur vgl. Neumeyer Bd. III 2 S. 125 Anm. 10.

[1]) Aus dieser Rechtslage folgt, daß schon die allgemeine (nicht auf ein bestimmtes Zivilrecht beschränkte) Frage, wie weit ein Anspruch in fremder Währung Änderungen dieser Währung unterworfen ist, internationalprivatrechtlich falsch gestellt ist, so interessant die Beantwortung vom rechtsvergleichenden Standpunkt aus auch sein mag.

Nußbaum, Das Geld S. 139, lehrt, daß, »wer eine fremde Währung wählt, sich damit dem Einfluß der Schwankungen aller sonstigen Währungen, namentlich auch der heimischen, bewußt entzieht und sein Schicksal, soweit es sich um dieses Geschäft handelt, an das der gewählten Währung bindet«. Neumeyer Bd. III 2 S. 170, lehrt für den Fall einer rechtsgeschäftlichen Verweisung auf eine Währung: »Was für die bezeichnete Währung selbst rechtens ist, bestimmt nicht Parteiwille, sondern bestimmt deren Staat. Seine Rechtssätze über die Währung werden mit zwingender Kraft ausgelöst, sobald einmal diese Währung gelten soll, und es ist deshalb auch mißverständlich, von einer ‚Unterwerfung' der Parteien unter das die Währung regelnde Recht zu sprechen, als könnten ohne solche Unterwerfung für dieselbe Währung auch andere Rechtssätze verbindlich sein. Darum werden auch Währungsänderungen, welche die zuständige Gesetzgebung vorsieht, ohne weiteres wirksam. . . . Die Wirkungen der rechtsgeschäftlichen Bestimmung einer Währung und der Unterstellung unter eine solche kraft Gesetzes sind die gleichen.«

Das sind Sätze, die, selbst wenn sie in dem Recht aller Staaten enthalten sein sollten, als allgemeine internationalprivatrechtliche Regeln doch unrichtig sein würden, weil sie ihre allgemeine Bedeutung sofort verlieren würden, wenn irgendein Staat für seinem Recht unterliegende Verhältnisse abweichendes bestimmen würde.

Sehr vorsichtig ist der Internationale Gerichtshof im Haag (12. 7. 1929,

völkerrechtliche Grundsätze entscheidend sind. Völkerrechtliche Grundsätze werden von den deutschen Gerichten befolgt und wurden schon befolgt, als der Art. 4 der jetzigen Reichsverfassung noch nicht vorhanden war.

§ 185. Bis in die zweite Hälfte des 19. Jahrhunderts war es keineswegs selbstverständlich, daß ein Staat mit Wirkung außerhalb seines Gebietes seine Währung ändern konnte. Die neuere Entwicklung, insbesondere die Entwertung der Währungen vieler Staaten infolge des Weltkrieges, hat dazu geführt, daß tatsächlich im allgemeinen die Gesetze, durch welche Staaten ihre Währungen geändert haben, anerkannt sind, gleichgültig, ob die Währungseinheit bei verändertem Werte dieselbe Bezeichnung behielt oder ob auch der Name der Währungseinheit geändert wurde. Diese Anerkennung bezieht sich auch auf Zahlungsverpflichtungen, die vor der Währungsänderung entstanden sind, und auf solche Verpflichtungen, die materiellrechtlich nicht den Gesetzen des Währungsstaates, sondern eines anderen Staates unterliegen [1]). Es fragt sich, ob diese meistens als ganz selbstverständlich betrachtete Anerkennung bereits einen völkerrechtlichen Satz des Inhaltes geschaffen hat, daß Währungsänderungen eines Staates mit Wirkung auf bestehende Verpflichtungen von dem Recht der anderen Staaten anerkannt werden müssen. Ich bin überzeugt, daß zurzeit eine solche völkerrechtliche Bindung noch nicht besteht. Es besteht keine völkerrechtliche Verpflichtung, eine Verurteilung in der Währung eintreten zu lassen, auf welche die Schuld lautet. In England und den Vereinigten Staaten z. B. finden Verurteilungen zu Geldzahlungen lediglich in der Landeswährung statt. Daß ein solches Verfahren völkerrechtswidrig sei, ist, soweit ich sehe, noch nicht einmal behauptet worden. Es könnte also höchstens die Frage aufgeworfen werden, ob bei einer Verurteilung zur Bezahlung einer auf fremde Währung lautenden Schuld in Landeswährung eine

Publications Série A Nr. 20/21 S. 44 und 122 f. = Clunet 1929 S. 1005 und 1027). Es handelte sich um die Frage, ob auf Goldfranken lautende, in Frankreich zahlbare jugoslawische und brasilianische Anleihen in Goldfranken oder in der stark entwerteten französischen Währung zu zahlen waren. Der Gerichtshof hat das französische Recht für die Währungsfrage für maßgeblich erklärt, obwohl nach seiner Auffassung die Forderung selbst jugoslawischem bzw. brasilianischem Recht unterlag, weil Frankreich seine Währung bestimmen könne und weil die Anwendung des französischen Rechts die Substanz der Schuld nicht berühre und nicht in Widerspruch zu dem Gesetze trete, welches die Schuld beherrscht.

[1]) Vgl. hierzu Nußbaum, Das Geld S. 64 ff. und S. 117 bis S 120; Neumeyer Bd. III 2. S. 286 ff. und KG 25. 9. 1928, JW 1929 S. 446 ff. = ZAIP Sonderheft 1929 Nr. 108.

völkerrechtliche Verpflichtung dahin besteht, die Verurteilung in Höhe des jeweiligen Wertes der fremden Währung stattfinden zu lassen. Auch diese Frage ist zu verneinen. In einem Urteil des Reichsgerichts vom 6. 6. 1928 [1]) wird ex cathedra geprüft, ob eine völkerrechtliche Bindung in bezug auf die Stellungnahme zu fremdem Währungsrecht besteht, wenn durch dieses die fremde Währung entwertet ist. Die Frage wird auf Grund der außerdeutschen Rechtsprechung verneint. Nicht nur dieses Ergebnis, sondern sogar der Ausgangspunkt der vom Reichsgericht angestellten Untersuchung beweist, daß von einer völkerrechtlichen Bindung an fremde Währungsverschlechterungen keine Rede sein kann. Vom Revisionskläger war die Existenz eines völkerrechtlichen Satzes behauptet worden, der die Rückzahlung von Darlehensschulden mit dem Goldwert vorschreibt, den das Geld bei der Hingabe gehabt hat. Die Behauptung ging also geradezu dahin, daß gesetzliche Eingriffe des Währungsstaates in seine Währung wenigstens im wirtschaftlichen Ergebnis nicht anzuerkennen seien. Das Reichsgericht hat die Auffassung des Revisionsklägers gemißbilligt. Zu diesem Ergebnis ist das Reichsgericht aber nicht etwa dadurch gekommen, daß es eine im Völkerrecht begründete Herrschaft des Währungsstaates über die Zahlweise der auf seine Währung lautenden Schulden angenommen hat. Vielmehr ist das Reichsgericht den umgekehrten Weg gegangen. Es hat festgestellt, daß nach der Gerichtspraxis einzelner außerdeutscher Staaten Schulden in Markwährung mit dem Nominalbetrag zurückzuzahlen sind. Die Mark war durch Eingriffe der deutschen Gesetzgebung (Aufhebung der Pflicht zur Goldzahlung) entwertet worden. Das Reichsgericht hat hier also nicht einmal in Betracht gezogen, ob das Völkerrecht dem Währungsland die Bestimmung darüber einräumt, wieviel auf Grund von Ansprüchen in seiner Währung zu zahlen ist, sondern es hat lediglich geprüft, ob etwa das Völkerrecht dem Währungsland eine solche Bestimmung untersagt.

Und in einem Urteil vom 8. 12. 1930 [2]) hat das Reichsgericht ausgesprochen: »Wenn Personen . . . in fremder Währung Verträge geschlossen haben, die fremde Währung also die Schuldwährung ist, würde ein Schuldverhältnis . . . den Währungsänderungen des fremden Landes folgen, sofern der eigene Souverän diese Unterwerfung nach seinem Rechte gelten läßt.«

Selbst in dieser Beschränkung will das Reichsgericht das Be-

[1]) RG Bd. 121 S. 203 ff. = Rspr. Aufw. 1928 S. 606 ff. = JW 1928 S. 2024 ff. = BliP 1928 Sp. 260 = Z Bd. 40 S. 277 ff. = ZAIP Sonderheft 1928 Nr. 71.

[2]) RG Bd. 131 S. 41 ff. = JW 1931 S. 612 ff.

stimmungsrecht des Währungsstaates über Währungsänderungen nicht als völkerrechtlichen Grundsatz, sondern als einen Satz des deutschen Rechts aufstellen. Das ergibt sich aus dem Fehlen einer völkerrechtlichen Begründung zu diesem Satz, während dasselbe Urteil für einen bestimmten Fall das Recht eines Staates, auf Grund seiner Währungshoheit bindende Währungsbestimmungen mit rückwirkender Kraft zu erlassen, unter völkerrechtlichen Gesichtspunkten anerkennt. Das Reichsgericht erklärt nämlich in demselben Urteil, daß auf Grund des Völkerrechts Währungsänderungen des neuen Souveräns anerkannt werden müssen, wenn Personen, die einem abgetretenen Gebiet angehörten, in ihrer eigenen Währung vor der Abtretung eine Schuld begründet hatten und wenn außerdem Gläubiger und Schuldner zur Zeit der Währungsänderung durch den neuen Souverän örtlich dessen Machtbereich unterstanden [1] [2].

§ 186. Bei den folgenden Betrachtungen sollen die seltenen Sonderfälle, in welchen nach der Auffassung des Reichsgerichts eine allgemeine völkerrechtliche Bindung in bezug auf Währungsfragen vorliegt, außer Betracht gelassen werden, ebenso die völkerrechtliche Bindung durch Staatsverträge, z. B. durch den Versailler Vertrag. Für die übrigen Fälle kommen die Regeln zur Anwendung, die im allgemeinen gegenüber fremdem öffentlichem Recht gelten. Daraus ergibt sich als Grundsatz: Das Recht, welches den Anspruch selbst beherrscht — das Wirkungsstatut, die lex causae — bestimmt, in welcher Währung ein Anspruch entsteht. Dieses den Anspruch materiell beherrschende Recht kann also die eigene oder eine fremde Währung bestimmen. Dagegen gibt es keinen Rechtssatz des In-

[1]) Frühere Urteile des Reichsgerichts über ähnliche Fragen ziehen bei der Entscheidung darüber, ob die Parteien dem Währungswechsel unterworfen sind, in Betracht, ob sich die Parteien an Ort und Stelle befinden (RG 19. 9. 1923, RG Bd. 107 S. 121 ff. [123]), ob die Zahlung in dem abgetretenen Gebiet tatsächlich stattfand oder stattfinden sollte (RG 8. 4. 1924, LZ 1924 Sp. 588, und 27. 6. 1928, RG Bd. 121 S. 344 = ZAIP Sonderheft 1928 Nr. 138), ohne sich jedoch auf völkerrechtliche Gesichtspunkte zu berufen.

[2]) Aus dem — bereits in einem anderen Zusammenhang zitierten — Urteil des Haager Internationalen Gerichtshofes vom 12. 7. 1929 (vgl. oben § 184 S. 274 Anm. 1) ergibt sich meiner Ansicht nach mit genügender Deutlichkeit, daß nach dem Völkerrecht ein Staat befugt ist, die Währung von Zahlungen zu bestimmen, die in seinem Gebiet zu erfolgen haben, wenn dadurch die Substanz der Schuld nicht berührt wird, und die Währungsgesetzgebung nicht im Widerspruch zu dem Recht steht, welches die Schuld beherrscht. Diese Sätze dürften praktisch kaum von Bedeutung sein, weil unter solchen Voraussetzungen niemand die Maßgeblichkeit der Währungsbestimmungen des Währungsstaates bezweifeln wird. Jedenfalls sind diese Sätze für das internationale Privatrecht ganz selbstverständlich.

haltes, daß ein Anspruch in der Währung desjenigen Staats entsteht, dessen Recht die lex causae ist [1]).

Der hier vertretene Standpunkt ist derjenige der deutschen Praxis.

Vorauszuschicken ist, daß ein Teil der Währungsentscheidungen in diesem Zusammenhange nicht verwertbar ist. Wenn in einem Urteil festgestellt ist, daß der Anspruch selbst deutschem Recht unterliegt, und dann eine Verurteilung in deutscher Währung erfolgt, so lassen die Urteile vielfach ihrem Wortlaut nach nicht erkennen, ob aus der bloßen Tatsache, daß die lex causae deutsch ist, die Maßgeblichkeit der deutschen Währung hergeleitet wird oder ob auf Grund des deutschen inneren Rechts festgestellt ist, daß im vorliegenden Fall der Anspruch auf deutsche Währung lautet.

Die Unsicherheit nach dieser Richtung wird besonders dadurch hervorgerufen, daß nach deutschem internationalem Privatrecht eine Forderung im Zweifel dem Recht des Erfüllungsortes unterliegt und daß außerdem im Handelsrecht eine entsprechende Bestimmung für die Währung gilt (§ 361 HGB). Es liegt also sehr nahe, in handelsrechtlichen Fällen, in welchen auf Grund des Erfüllungsortes die Anwendung deutschen Rechts festgestellt ist, ohne nähere Begründung auszusprechen, daß auch die Währung des Anspruchs die deutsche sei. Für deutsche Juristen bedarf es eines besonderen Hinweises darauf nicht, daß die Anwendbarkeit des deutschen inneren Rechts auf eine Geldschuld zur Anwendung des deutschen Währungsrechts bei deutschem Erfüllungsort führt — insbesondere dann nicht, wenn schon durch die Untersuchungen über das auf das Schuldverhältnis anzuwendende örtliche Recht festgestellt ist, daß der Erfüllungsort ein deutscher ist.

Diese Gesichtspunkte scheiden aus, wenn die Geldschuld fremdem Recht unterliegt. Aber auch dann kommt es vor, daß die Währungsfrage von deutschen Gerichten entschieden wird, ohne daß die Stellung der fremden lex causae zur Währungsfrage erörtert wird. Das ist insbesondere dann der Fall, wenn die Maßgeblichkeit eines bestimmten Währungsrechts aus dem Parteiwillen abgeleitet wird, also als vertraglich vereinbart behandelt wird. Die Entscheidung über die Zulässigkeit einer derartigen Verein-

[1]) Diese Ansicht vertritt Neumeyer Bd. III 2 S. 158 ff., und vielleicht auch Frankenstein Bd. II S. 202. Der Unterschied zwischen der Neumeyerschen Auffassung und der hier vertretenen ist nicht so groß, wie er auf den ersten Blick scheint. Denn Neumeyer erkennt offenbar an, daß das Wirkungsstatut Abweichendes bestimmen könne. Der praktische Unterschied zeigt sich dann, wenn unklar ist, welche Währung das Wirkungsstatut vorschreibt.

barung würde in solchem Fall der lex causae obliegen. Aber es ist nur natürlich, wenn beim Fehlen aller Anhaltspunkte dafür, daß die lex causae die Vertragsfreiheit auf diesem Gebiete einschränkt, ein Gericht die Möglichkeit nicht in Betracht zieht, daß die lex causae über die Vertragsfreiheit andere Grundsätze enthält als in normalen Zeiten die Rechte fast aller Kulturvölker einschließlich Deutschlands.

Von Bedeutung für die hier erörterte Frage sind dagegen diejenigen Entscheidungen, welche nach Feststellung der Maßgeblichkeit des deutschen Rechts noch besondere Gründe dafür anführen, daß der Anspruch auf die deutsche oder eine fremde Währung lautet. Denn sie lassen erkennen, daß die Beherrschung des Anspruchs durch deutsches Recht nicht ohne weiteres die Verpflichtung zur Zahlung in deutscher Währung, sondern die Anwendbarkeit der deutschen Regeln über das Auffinden der maßgeblichen Währung zur Folge hat. Aber eine ausdrückliche Bestätigung der hier vertretenen Meinung, nach welcher die lex causae nicht die Währung, sondern die Sätze zu ergeben hat, welche für die Auffindung der Währung maßgeblich sind, kann hauptsächlich in denjenigen Währungsentscheidungen gesucht — und glücklicherweise gefunden — werden, welchen ein fremdrechtlicher Anspruch zugrundelag. Bei der Darstellung der deutschen Rechtsprechung beginne ich daher mit diesen Entscheidungen.

§ 187. Die Stadt Wien hatte im Jahre 1902 Schuldverschreibungen im Betrage von Kronen 285 000 000 gleich Mark 242 250 000 gleich Francs 299 250 000 gleich holländische Gulden 143 355 000 gleich Pfund Sterling 11 827 500 gleich Vereinigte-Staaten-Münze Golddollars 57 000 000 ausgegeben. Nach dem Text der auf den Überbringer lautenden Schuldverschreibungen fand sowohl die Zahlung der Zinsen als auch die Rückzahlung des Kapitals bei der Hauptkasse der Stadt Wien sowie bei den sonstigen, durch besondere Kundmachung zu bezeichnenden Stellen statt, und zwar im Inland in Kronenwährung, im Ausland nach Wahl des Überbringers in Berlin, Frankfurt a. M., Paris, Lyon, Amsterdam, Brüssel, Zürich, Basel, Genf, London und New York in der Währung des Zahlungsortes zu den festen Umrechnungssätzen von 100 Kr. = 85 M. = 105 Franken = 4 Pfund Sterling 3 Sh. = 50,30 fl. holl. = 20 Vereinigte-Staaten-Golddollars. Auf Grund eines österreichischen Gesetzes vom 27. 1. 1922 war der Stadt Wien das Recht verliehen, die Schuldverschreibungen zur Rückzahlung zum Nennwert in österreichischen Kronen vorzeitig aufzurufen und sich durch Hinterlegung der entsprechenden Kronenbeträge von jeder etwaigen Verbindlichkeit in fremder Währung zu befreien. Die Stadt Wien hatte von dieser Befugnis Gebrauch gemacht und die Nennbeträge in den so gut wie wertlos gewordenen österreichischen Kronen hinterlegt. Ein österreichischer Inhaber solcher Wiener Teilschuldverschreibungen klagte in Deutschland auf Zahlung des Nennbetrages seiner Schuldverschreibungen in schweizer Franken (in Zürich) oder deren Gegenwert in deutscher Reichswährung. Die Stadt Wien machte geltend, daß ihre Verpflichtung österreichischem Recht unterliege und sie sich nach diesem durch Hinterlegung des Kronenbetrages von ihren Verpflichtungen befreit habe. Das Kammergericht hatte die Beklagte antragsgemäß verurteilt. Die Revision ist vom Reichsgericht verworfen [1]). Die Abhängigkeit der Währung von den Anwendungsnormen der lex causae ergibt sich aus folgendem:

Das Kammergericht hatte angenommen, daß die Schuldverschreibungen in der Hauptsache österreichischem Recht unterlagen und nach diesem auszulegen waren [2]). In Anwendung des österreichischen Rechts hatte das Kammergericht ferner angenommen, daß die Eigenschaft des Klägers als Österreicher sein Forderungsrecht nicht auf österreichische Währung beschränke [3]). Das Reichsgericht hat die Anwendung österreichischen Rechts auf diese Fragen gebilligt. Es hat ausgesprochen, daß, wenn es an bestimmten gegenteiligen Anhaltspunkten fehlen würde, weiterhin anzunehmen sein würde, daß — ohne Rücksicht auf außerösterreichische Zahlungsorte — das österreichische Recht, auf dem die verpflichtende Wirkung der Obligationen beruhe, mit Wirkung gegen alle Gläubiger darüber entscheiden könne, ob der Anspruch auf Zahlung außerösterreichischer Währung weiterbestehe oder nicht. Für den vorliegenden Fall ist das Reichsgericht zu der Ansicht gekommen, daß solche gegenteiligen Anhaltspunkte vorhanden seien. Da es sich um eine internationale Anleihe handele, sei anzunehmen, daß sich die Parteien für das Zahlungsgeschäft dem Recht des Orts unterworfen hätten, in welchem der Gläubiger in Gemäßheit der Anleihebedingungen Zahlung verlangen würde. Da verlangt wurde, daß die Zahlung in Zürich erfolge, ist daher das Zahlungsgeschäft auf Grund der Feststellung des örtlichen Rechts durch Parteiwillen vom Reichsgericht dem schweizer Recht unterstellt.

---

1) 14. 11. 1929, RG Bd. 126 S. 196 ff. = Z Bd. 42 S. 442 ff. = Rspr. Aufw. 1930 S. 129 ff.

2) RG Bd. 126 S. 200 ff. = Z Bd. 42 S. 447 ff. = Rspr. Aufw. 1930 S. 131 ff.

3) RG Bd. 126 S. 202 = Z Bd. 42 S. 450 = Rspr. Aufw. 1930 S. 132.

Das Reichsgericht hat allerdings nicht ausgesprochen, daß nach schweizer Recht eine in Zürich zahlbare Frankenschuld in schweizer Franken zu zahlen ist. Aber eine derartige Selbstverständlichkeit brauchte nicht ausdrücklich erwähnt zu werden.

Noch deutlicher spricht sich eine Entscheidung des Reichsgerichts vom 13. 7. 1929 [1]) im Sinne der hier vertretenen Auffassung aus. Es war streitig, ob ein Deutscher auf Grund von Zeichnungen österreichischer und ungarischer Kriegsanleihen, die in den Jahren 1916 und 1917 erfolgt waren, und auf Grund der von ihm wegen Irrtums und Täuschung angefochtenen Anerkennung einer Abrechnung seiner Schuld in Tschechokronen die Zeichnungsbeträge für Anleihen in Tschechokronen oder in einer anderen Währung — offenbar der entwerteten österreichischen Kronenwährung — schuldete. Das Berufungsgericht hatte deutsches Recht für anwendbar gehalten, das Reichsgericht aber erklärte die Prüfung für erforderlich, ob etwa österreichisches Recht das Rechtsverhältnis beherrsche. Wenn diese Frage zu bejahen sei, müsse auch die Frage, ob Tschechokronen geschuldet werden, nach österreichischem Recht entschieden werden [2]).

Auf demselben Standpunkt stehen drei spätere Entscheidungen des Reichsgerichts [3]).

Hier ist also mit klaren Worten dem materiell maßgebenden Recht die Entscheidung darüber überlassen, in welcher Währung eine Forderung begründet ist.

Das Kammergericht [4]) hatte zu folgender Frage Stellung zu nehmen: In den Jahren 1903 bis 1913 hatte eine belgische Gesellschaft Frankenobligationen mit Erfüllungsort unter anderem in Köln ausgegeben. Es handelte sich darum, ob die seit August 1914 in Belgien erfolgte gesetzliche Änderung der Frankenwährung, die die Entwertung auf etwa $^1/_7$ des Vorkriegswertes zum Endergebnis gehabt hat, anzuerkennen sei. Das Kammergericht hat in einem überaus sorgfältig begründeten Urteil zunächst geprüft, wie die Rechtslage

---

[1]) LZ 1930 Sp. 306 ff.

[2]) LZ 1930 Sp. 308—309. »Nach dem maßgebenden Rechtssystem wird dann der Klaganspruch zu prüfen, insbesondere auch der behauptete Anerkenntnisvertrag zu würdigen sein. Es wird ferner gegebenenfalls zu der Frage Stellung zu nehmen sein, wie sich das anzuwendende Rechtssystem zur tschechoslowakischen Währungsgesetzgebung verhält, insbesondere welche Tragweite es diesem (offenbar Druckfehler statt: »dieser«) beimißt.«

[3]) 14. 1. 1931, SA Bd. 85 Nr. 57 S. 99; 30. 4. 1931, Rspr. Aufw. 1931 S. 417 ff. (419); 16. 12. 1931, Rspr. Aufw. 1931/32, S. 552 f. = Recht 1932 Nr. 95.

[4]) 25. 9. 1928, JW 1929 S. 446 ff. = ZAIP Sonderheft 1929 Nr. 108.

ist, wenn das Schuldverhältnis deutschem Recht untersteht, und sodann, wie die Rechtslage ist, wenn die Schuld vom belgischen Recht beherrscht wird. Für den ersteren Fall hat es — im wesentlichen auf Grund der deutschen Literatur — die deutsche Auffassung über die Wirkungen von Währungsänderungen zugrunde gelegt. Für den Fall der Anwendbarkeit belgischen Schuldrechts hat das Kammergericht diese Frage nach den positiven Vorschriften des Code Civil (Art. 1895) entschieden.

Das deutsche Seeschiedsgericht hat in einem Spruch vom 6. 5. 1916 [1]) auf eine Forderung für Hilfe in Schiffahrtsnot, die in den Territorialgewässern von Uruguay geleistet war, das Recht von Uruguay angewendet und doch nicht zur Zahlung von Pesos, sondern von englischen Pfunden verurteilt, offenbar weil in Uruguay allgemein Hilfslohn in englischer Währung zugesprochen wird [2]) [3]).

Nach allen diesen Entscheidungen hat das die Schuld beherrschende Recht darüber zu bestimmen, in welcher Währung zu leisten ist. Die Währung der lex causae ist also nicht ohne weiteres maßgebend.

§ 188. Die Urteile der deutschen Gerichte, die Währungsstreitigkeiten beim Vorliegen deutschrechtlicher Ansprüche zu entscheiden hatten, geben aus den im § 186 hervorgehobenen Gründen oft kein völlig klares Bild über die international-privatrechtliche Frage.

---

[1]) HansGZ Hbl. 1917 S. 97 ff. Nr. 58.

[2]) Vgl. das a. a. O. S. 103 vom Seeschiedsgericht beigebrachte Material über die Entscheidung von Hilfslohnfällen in Montevideo.

[3]) In einer Entscheidung des Reichsgerichts vom 29. 9. 1919 (RG. Bd. 96 S. 270 ff. (272) = JW 1920 S. 42 f. = Z Bd. 29 S. 403 f.) findet sich freilich ein Satz, der — isoliert betrachtet — so verstanden werden kann, als ob aus der Anwendbarkeit des österreichischen Rechts auf ein Zahlungsversprechen unmittelbar folge, daß die Zahlung in österreichischer Währung zu leisten sei. Das Gericht nimmt zunächst zu der Frage Stellung, welchem Recht nach den deutschen Konfliktsnormen dieses in Österreich abgegebene, auf Kronen lautende Zahlungsversprechen unterlag, stellt fest, daß es hier auf den Erfüllungsort ankomme, und erörtert die Tatsachen, welche für die Annahme eines österreichischen Erfüllungsortes sprechen. Das Urteil fährt sodann fort: »Nach alledem kann nicht bezweifelt werden, daß der für die geschuldete Zinszahlung gedachte Erfüllungsort in Österreich zu suchen, mithin österreichisches Recht und die österreichische Währung anzuwenden ist.« Aus diesem Satz könnte man folgern, daß die Anwendung österreichischen Rechts die Anwendung der österreichischen Währung zur unmittelbaren Folge habe. Aber nichts zwingt zu dieser Folgerung. Denn in unmittelbarem Anschluß an den zitierten Satz setzt das Reichsgericht auseinander, daß nach österreichischem Recht (ABGB § 905) für die Währung der Ort der Übergabe maßgebend ist. Diese hatte ebenfalls in Österreich stattgefunden. Ein Licht auf die hier erörterte Frage wirft dieses Urteil also nicht.

Wo nach Feststellung der deutschrechtlichen Natur des Anspruchs auf Zahlung fremder Währung erkannt ist [1]), ist selbstverständlich stets dem deutschen inneren Recht die Begründung dafür entnommen, daß in fremder Valuta zu zahlen sei [2]). Aber auch verhältnismäßig viele Urteile, welche unter Zugrundelegung deutschen materiellen Rechts zur Anwendbarkeit der deutschen Währung gelangen, sprechen dafür, daß die Währung nicht ohne weiteres diejenige der lex causae ist [3]). Hier wird ausdrücklich oder durch Bezugnahme auf Bestimmungen des deutschen inneren Rechts (z. B. §§ 326 oder 818 BGB) festgestellt, daß der Anspruch ein deutschrechtlicher ist, und es werden trotzdem noch besondere Gründe dafür angeführt, daß die Währung die deutsche sei [4]).

Jedes einzelne dieser Urteile würde — isoliert betrachtet —

---

[1]) RG 29. 3. 1922, WarnRspr. 1922 Nr. 81 S. 98 ff. (für den vom RG in Betracht gezogenen Fall, daß die Forderung selbst deutschem Recht unterliegen sollte); RG 17. 3. 1924, JW 1924 S. 1590 f.; Schiedsspruch eines Senatspräsidenten des HansOLG und zweier Direktoren des LG Hamburg vom 16. 4. 1921, HansGZ Hbl. 1921 Nr. 50 S. 105 ff.

[2]) Wenn es sich um einen Vertrag in fremder Währung handelt, wird der in normalen Zeiten selbstverständliche Rechtssatz nicht erwähnt, daß nach deutschem Recht Verträge auch in fremder Währung geschlossen werden können.

[3]) RG 14. 11. 1923, RG Bd. 107 S. 282 ff.; RG 7. 12. 1923, JW 1924 S. 672; RG 27. 1. 1928, JW 1928 S. 1204 Sp. 2; HansOLG 15. 3. 1922, JW 1922 S. 1143; HansOLG 19. 1. 1923, HansGZ Hbl. 1923 S. 55 f. Nr. 34; LG Hamburg 30. 6. 1921, JW 1922 S. 1146; RG 15. 11. 1921, WarnRspr. 1922 Nr. 4 S. 5, falls diese Entscheidung nicht dahin auszulegen ist, daß im Zweifel auf deutsche Währung zu erkennen ist, vgl. § 193 S. 290 ff. Deutsches Seeschiedsgericht 30. 9. 1922, HansRZ 1922 Sp. 885 ff.

[4]) Neumeyer Bd. III 2 S. 159 Anm. 14 zitiert die folgenden, in der vorangehenden Anmerkung aufgeführten Urteile für seine Ansicht, daß ein Anspruch in der Währung der lex causae entstehe: RG 14. 11. 1923, HansOLG 15. 3. 1922, und Deutsches Seeschiedsgericht 30. 9. 1922. Diese Urteile sprechen aber für die hier vertretene Auffassung, weil sie nach Feststellung der Maßgeblichkeit deutschen Rechts nicht ohne weiteres, sondern auf Grund fernerer Erwägungen das Vorhandensein von Markansprüchen feststellen, die an dritter Stelle erwähnte Entscheidung übrigens auch darum, weil sie sich auf den vorstehend zitierten Spruch des Seeschiedsgerichts vom 6. 5. 1916 beruft, in welchem eine dem Rechte von Uruguay unterliegende Hilfslohnforderung in englischen Pfunden zugesprochen war. Unter der Überschrift »Anwendungen« zitiert Neumeyer a. a. O. S. 159 Anm. 15 als Materialien für seine Auffassung die Entscheidungen des LG Hamburg vom 30. 6. 1921, JW 1922 S. 1146, des HansOLG vom 15. 3. 1922, JW 1922 S. 1143, und des Reichsgerichts vom 24. 10. 1925, JW 1926 S. 360. Die beiden ersterwähnten Entscheidungen sprechen m. E. gegen die Neumeyersche Auffassung und das dritte Urteil ist in seinem entscheidenden Teil hier interesselos, weil in diesem Fall zwischen den Parteien über die Währung Übereinstimmung herrschte; vgl. die Nußbaumsche Note zu dieser Entscheidung JW 1926 S. 360.

allenfalls die Auslegung zulassen, daß hier nicht eigentlich die Anwendung deutschen Währungsrechts begründet, sondern die für die Anwendung fremden Währungsrechts vorgebrachte Begründung widerlegt werden soll. Aber da sich keines dieser Urteile darauf beruft, daß die deutsche lex causae mangels besonderer Gegengründe die Anwendung deutscher Währung zur Folge habe, sondern es für nötig erachtet, diese Anwendung besonders zu begründen, so spricht die Gesamtheit dieser Urteile dafür, daß die Währung nicht diejenige der lex causae, sondern diejenige des Landes ist, dessen Währung die lex causae für maßgeblich erklärt.

§ 189. Die Frage, welche Währung die lex causae vorschreibt, ist keine Frage des internationalen Privatrechts, sondern eine solche des inneren (Privat-) Rechts, des Wirkungsstatuts [1]).

Dieser Grundsatz gilt auch bei Verträgen. Das Wirkungsstatut entscheidet daher darüber, welche Währung von den Parteien als vertraglich gewählt gilt. Nur ist hier zu berücksichtigen, daß nach deutscher Auffassung ein Vertrag nicht notwendig einem einheitlichen Recht zu unterliegen braucht, sondern für das Zahlungsgeschäft einem besonderen Recht unterliegen kann [2]).

Die hiernach maßgebende lex causae entscheidet über die Währungsfrage [3]). Sie entscheidet darüber, welche Währung nach dem Inhalt des Vertrages gewählt ist [4]). Sie entscheidet auch darüber, ob die Parteien eine Währung, z. B. eine ausländische, ihrem Vertrage zugrunde legen durften [5]).

---

1) Für das deutsche innere Recht kann gesagt werden, daß eine ihm unterliegende Geldschuld in deutscher Währung zu entrichten ist, sofern nicht aus besonderen Umständen etwas Gegenteiliges zu entnehmen ist (KG vom 4. 4. 1922, JW 1922 S. 1134 ff. [1135]). Soweit glaube ich mich mit Neumeyer Bd. III 2 S. 159 ff., in Übereinstimmung zu befinden. Darüber, wann solche Gründe vorliegen, vgl. Neumeyer Bd. III 2 S. 162 ff., und Nußbaum, Das Geld S. 243 ff.

2) RG 23. 6. 1927, RG Bd. 118 S. 370 ff. = Rspr. Aufw. 1927 S. 585 ff. = LZ 1927 Sp. 1391 = Z Bd. 38 S. 385 = ZAIP Sonderheft 1928 S. 100 = JW 1927 S. 2289 ff.; RG 14. 11. 1929, RG Bd. 126 S. 196 ff. = Z Bd. 42 S. 442 ff. = Rspr. Aufw. 1930 S. 129 ff.

3) Vgl. die in der vorigen Anmerkung zitierten Entscheidungen und aus der früheren Rechtsprechung zahlreiche Entscheidungen über die sogenannten österreichischen Kuponprozesse: ROHG 19. 2. 1878, ROHG Bd. 23 S. 208; ROHG 28. 6. 1878, ROHG Bd. 24 S. 168 ff. (188 f.); ROHG 8. 4. 1879, ROHG Bd. 25 S. 41 ff.; RG 12. 12. 1879, RG Bd. 1 S. 23 ff.; RG 1. 3. 1882, RG Bd. 6 S. 125 ff.

4) RG 23. 6. 1927, vgl. Anm. 2.

5) RG 3. 10. 1923, RG Bd. 108 S. 241 ff. = JW 1924 S. 667 ff. = Z Bd. 33 S. 400 ff.; KG 1. 4. 1926, JW 1926 S. 2002 = ZAIP Sonderheft 1926/27 Nr. 14; HansOLG 16. 5. 1929, HansRGZ 1930 B Sp. 743 ff.

Hieraus ergibt sich:

Der Parteiwille als international-privatrechtlicher Anknüpfungspunkt, die Parteiautonomie im technischen international-privatrechtlichen Sinne [1]), spielt für die Bestimmung der Währung niemals eine unmittelbare Rolle. Der Parteiwille als international-privatrechtlicher Anknüpfungspunkt kann die Währung nur mittelbar durch seinen Einfluß auf Feststellung des örtlichen Wirkungsstatutes beeinflussen [2]).

§ 190. Von den in vorstehendem entwickelten Grundsätzen wird in Deutschland in sehr bescheidener Weise zugunsten der deutschen Währung abgewichen. Es handelt sich hier im Grunde um die Erscheinung, daß deutsches Währungsrecht, also öffentliches Recht, über die allgemeinen international-privatrechtlichen Grundsätze hinaus Geltung beansprucht. Die Erscheinung könnte daher unter die Vorbehaltsklausel subsumiert werden [3]). Aber die Behandlung unter diesem Gesichtspunkt entspricht der in Deutschland allgemein üblichen Systematik so wenig, daß die Einengung der international-privatrechtlichen Regeln durch das geltende deutsche Währungsrecht an dieser Stelle eine gesonderte Behandlung finden soll.

Die wesentlichste einschlägige Bestimmung des deutschen Rechts ist der § 244 BGB:

»Ist eine in ausländischer Währung ausgedrückte Geldschuld im Inlande zu zahlen, so kann die Zahlung in Reichswährung erfolgen, es sei denn, daß Zahlung in ausländischer Währung ausdrücklich bedungen ist.

Die Umrechnung erfolgt nach dem Kurswerte, der zur Zeit der Zahlung für den Zahlungsort maßgebend ist.«

§ 191. Der Wortlaut läßt nicht erkennen, ob es sich hier um eine Vorschrift des innerdeutschen Rechts handelt, d. h. um eine Vorschrift, die nur anzuwenden ist, wenn der Anspruch selbst deutschem Recht unterliegt, oder ob diese Bestimmung unabhängig von der lex causae gilt. Auf Grund der Entstehungsgeschichte des § 244 BGB ist diese

---

[1]) Vgl. unten §§ 351 ff.

[2]) RG vom 14. 11. 1929, RG Bd. 126 S. 196 ff. = Z Bd. 42 S. 442 ff. = Rspr. Aufw. 1930 S. 129 ff. Die auf einem entgegengesetzten Standpunkt stehende Entscheidung des RG vom 9. 2. 1887, RG Bd. 19 S. 47 ff. (53), ist zu einer Zeit ergangen, als das Reichsgericht die öffentlichrechtliche Natur des Währungsrechts noch nicht festgestellt hatte, und ist durch die spätere Rechtsprechung überholt.

[3]) Der Einfluß der Devisengesetzgebung wird bei Besprechung der Vorbehaltsklausel erörtert werden. Vgl. § 231 S. 346 f.

Frage aber mit genügender Sicherheit im Sinne der letzteren Alternative zu beantworten. § 215 Abs. 1 und 2 des ersten Entwurfes des BGB bestimmten:

»Die Zahlung einer im Inlande zahlbaren Geldschuld ist in Reichswährung auch dann zu bewirken, wenn die Schuld in ausländischer Währung ausgedrückt ist.

Bei der erforderlichen Umrechnung der Geldschuld in die Reichswährung entscheidet der Kurswert zur Zeit und am Orte der Zahlung.«

Die Motive zu dem ersten Entwurf heben hervor [1]), daß sich diese und weitere in diesem Zusammenhang nicht interessierende Bestimmungen nur auf im Inland zahlbare Geldschulden einschließlich Zinsen beziehen. Die Motive fahren fort [2]):

»Handelt es sich um im Auslande zu erfüllende Geldschulden und steht demgemäß der Einfluß der betreffenden ausländischen Münzgesetzgebung in Frage, so kommen wesentlich Normen des internationalen Privatrechts mit in Frage. Insbesondere vermeidet aus diesem Grunde der Entwurf, dasjenige als eine allgemeine Rechtsregel auszusprechen, was die Münzgesetze auszusprechen pflegen, daß nämlich bei Zahlungen, welche nach dem Rechte des betreffenden Staates beurteilt werden, die gesetzmäßige Münze zu leisten sei.« Die Kommission für die zweite Lesung des Entwurfs des BGB hat den § 215 des ersten Entwurfs dahin gemildert, daß bestimmt wurde, »die Zahlung einer in ausländischer Währung ausgedrückten, im Inlande zahlbaren Geldschuld kann in Reichswährung bewirkt werden, wenn nicht die Zahlung in ausländischer Währung bedungen ist« [3]).

Der § 208 des nach den Beschlüssen der Redaktionskommission festgestellten Entwurfes zweiter Lesung lautete dementsprechend:

»Ist eine in ausländischer Währung ausgedrückte Geldschuld im Inlande zu zahlen, so kann die Zahlung in Reichswährung erfolgen, es sei denn, daß Zahlung in ausländischer Währung ausdrücklich bedungen ist.

Die Umrechnung erfolgt nach dem zur Zeit der Zahlung für den Zahlungsort maßgebenden Kurswerte.«

Auf Grund der zweiten Lesung ist also bereits ein Wortlaut hergestellt, der sich inhaltlich genau mit dem § 244 BGB deckt. Irgendein Widerspruch gegen den Verzicht auf Währungsvorschriften für Zahlungen, die im Auslande erfolgen, oder gegen die Begründung der Motive des ersten Entwurfs für diesen Verzicht sind in der zweiten

---

[1]) Bd. II S. 13.

[2]) a. a. O.

[3]) Prot. Bd. I S. 289 f.

Kommission nicht erhoben. Man muß also annehmen, daß der Standpunkt der Motive in dieser Beziehung gebilligt ist. Dann ist der Gegensatz klar. Für die Frage, in welcher Währung im Ausland zahlbare Geldschulden erfüllt werden müssen, soll internationales Privatrecht maßgebend sein. Für den Geltungsbereich des § 215 des ersten Entwurfs, des § 208 des Entwurfs zweiter Lesung (inhaltlich gleich § 244 BGB) sollen aber deren Vorschriften schlechthin Anwendung finden, also unabhängig davon, ob es sich um einen deutschrechtlichen Anspruch handelt oder nicht.

Das ist auch die überwiegende Meinung der deutschen Literatur [1]). Die deutsche Rechtsprechung gewährt leider keine Klarheit.

In einer Entscheidung des 6. Senats des Reichsgerichts [2]) ist § 244 BGB mit der Begründung angewandt, daß sich die Schuld nach deutschem Recht richte.

In einem Urteil des 1. Senats des Reichsgerichts [3]) ist für die Entscheidung der Frage, ob die Voraussetzungen des § 244 BGB zutreffen, geprüft worden, welchem Recht die Forderung unterlag — dem belgischen oder dem deutschen —, und dann die Anwendung dieses Paragraphen abgelehnt, weil das belgische Recht eine solche Bestimmung nicht kenne und weil nach deutschem Recht der Erfüllungsort in Belgien lag.

Dagegen hat der 6. Senat wenige Tage nach Fällung seines in Anm. 2 erwähnten Urteils angenommen, daß eine Geldforderung, die österreichischem Recht unterlag, ohne weiteres unter den § 244 BGB fallen würde, »wenn die eingeklagte Zinsschuld im Inlande zu zahlen, das heißt wenn ein in Deutschland gelegener Erfüllungsort gegeben wäre« [4]).

Meines Erachtens ist das letzterwähnte Urteil für die hier vorliegende Frage von größerer Bedeutung als die beiden erstgenannten. Denn es hat unmittelbar zu der hier aufgeworfenen Frage Stellung genommen. Die beiden erstgenannten Urteile hingegen lassen die Auffassung zu, daß sie der Entscheidung dieser Fragen aus dem Weg gegangen sind: In der Entscheidung des 6. Senats vom 25. 9. 1919 sind als Gründe für die Anwendbarkeit des § 244 BGB sowohl der deutsche Erfüllungsort wie die deutschrechtliche Natur

---

1) Nußbaum, Das Geld S. 216; Neumeyer Bd. III 2 S. 318 ff; Planck, Bd. II 1 § 244 Anm. 6; Staudinger Bd. II 1 § 244 Anm. 3; Staub Bd. III § 361 Anm. 7 b (argumento e contr.). Anderer Ansicht Zitelmann Bd. II S. 396 und Enneccerus Bd. II, § 7, II 1 Anm. 5.

2) 25. 9. 1919, RG Bd. 96 S. 262 ff.

3) 22. 4. 1922, JW 1922 S. 1324.

4) 29. 9. 1919, RG Bd. 96 S. 270 ff. (272).

des Schuldverhältnisses angegeben, und es steht dahin, wie das Gericht entschieden haben würde, wenn nur der erste Grund vorgelegen hätte. Und das Urteil des 1. Senats vom 22. 4. 1922 läßt die Auslegung mindestens zu, daß eine Stellungnahme zu der hier behandelten Frage vermieden ist, weil ihre Entscheidung angesichts der materiellen Übereinstimmung der beiden einzigen hier in Betracht kommenden Rechte überflüssig war.

Wenn sonst öfters ausgesprochen ist, daß § 244 BGB bei deutschem Erfüllungsort oder Zahlungsort Anwendung findet [1]), so sind diese Urteile für die hier aufgeworfene international-privatrechtliche Frage nicht entscheidend, weil es sich offenbar um Ansprüche mit deutscher lex causae handelte.

Die deutsche Rechtsprechung steht also wenigstens nicht im Widerspruch zu dem Ergebnis, das aus der Entstehungsgeschichte des § 244 BGB m. E. folgt und das von der Mehrzahl der deutschen Schriftsteller anerkannt wird, nämlich daß § 244 BGB unabhängig von der lex causae gilt, also eine Vorschrift zugunsten der deutschen Währung und eine Abweichung von den allgemeinen international-privatrechtlichen Regeln darstellt.

§ 192. Um den Umfang dieser Bestimmungen abgrenzen zu können, muß man wissen, was es bedeutet, daß die in ausländischer Währung ausgedrückte Geldschuld im Inlande zu zahlen ist.

Von Neumeyer [2]) wird gelehrt, daß es auf den Ort der tatsächlichen Zahlung ankomme, nicht auf den Erfüllungsort im Sinne des deutschen Rechts [3]). Für diese Auffassung beruft sich Neumeyer [4]) auf Nußbaum [5]). Aber m. E. mit Unrecht. Nach Nußbaum ist nicht entscheidend, ob im Inlande gezahlt wird, sondern ob im Inlande zu zahlen ist. Allerdings ist Nußbaum der Ansicht, daß die Frage, ob der Ort, an dem zu zahlen ist, Erfüllungsort im technischen Sinne sei, gleichgültig ist. Die Mehrzahl der deutschen Schriftsteller vertritt die Auffassung, daß es für die Anwendung des § 244 Abs. 1 BGB darauf ankomme, ob der Erfüllungsort in Deutschland liegt [6]). Das ist auch der Standpunkt der deutschen Gerichte.

---

[1]) Ver. Zivilsenate 24. 1. 1921, RG Bd. 101 S. 312 ff. (316); RG 1. Senat 20. 12. 1922, RG Bd. 106 S. 99 f.; OLG Dresden 11. 10. 1917, JW 1918 S. 279.

[2]) Neumeyer Bd. III 2 S. 320.

[3]) Vgl. §§ 269/270 BGB.

[4]) S. 320 Anm. 6 a. a. O.

[5]) Das Geld S. 215 f.

[6]) Vgl. Staudinger Bd. II 1 § 244 Anm. 6 b; Planck Bd. II 1 § 244 Anm. 2;

Den Erfüllungsort erklären für entscheidend: RG vom 25. 9. 1919, 29. 9. 1919, 22. 4. 1922, 20. 12. 1922, vielleicht auch OLG Dresden vom 11. 10. 1917 [1]). Neumeyer [2]) beruft sich für seine Auffassung auf die Entscheidung der Vereinigten Zivilsenate des Reichsgerichts vom 24. 1. 1921 [3]). Dieses Urteil beschäftigt sich aber garnicht mit der Frage, wann eine Forderung im Sinne des § 244 Abs. 1 BGB im Inland zahlbar ist, sondern führt an hier Interessierendem nur aus, daß, wenn im Inland an einem anderen Ort als dem Erfüllungsort gezahlt wird und nach der besonderen Sachlage ein Widerspruch des Gläubigers gegen die Leistung am anderen Ort mit Treu und Glauben nicht vereinbar wäre, für den in § 244 Abs. 2 behandelten Umrechnungskurs der Ort der tatsächlichen Zahlung maßgeblich ist [4]).

Meines Erachtens liegt durchaus kein Grund vor, die geschilderte Praxis der deutschen Gerichte als unrichtig anzusehen. Die Frage, wo eine Zahlung im internationalen Verkehr zu erfolgen hat, ist noch schwerer zu beantworten als die Frage, wo der Erfüllungsort einer Schuld ist [5]). Der Einwand, daß unter Zugrundelegung des Erfüllungsortes der § 244 BGB die Befugnis zur Leistung deutschen Geldes für Zahlungen, die tatsächlich im Auslande zu bewirken sind, festsetzen und hierdurch einen sachwidrigen Eingriff in den ausländischen Geldverkehr herbeiführen würde [6]), ist m. E. unberechtigt. Das deutsche Recht trägt auch sonst keine Bedenken, Bestimmungen zugunsten der Währung des Erfüllungsortes zu treffen, ohne daß ein Unterschied zwischen ausländischem und inländischem Erfüllungsort gemacht wird und ohne daß eine Ausnahme für den Fall der tatsächlichen Zahlung an einem anderen Orte als dem Erfüllungsort angeordnet ist [7]).

Düringer-Hachenburg Bd. 4 Anh. zu § 361 Anm. 16; anscheinend auch Wolff in Ehrenbergs Handbuch des gesamten Handelsrechts Bd. IV 1 S. 640.

[1]) RG Bd. 96 S. 262 ff.; RG Bd. 96 S. 270 ff. (272); JW 1922 S. 1324; RG Bd. 106 S. 99 ff.; JW 1918 S. 279.

[2]) S. 320 a. a. O.

[3]) RG Bd. 101 S. 312 ff.

[4]) a. a. O. S. 316.

[5]) Vgl. die sich widersprechenden Entscheidungen RG VI 11. 1. 1912, RG Bd. 78 S. 140, und HansOLG 14. 2. 1924, ROLG Bd. 45 S. 120 f., einerseits und RG I 25. 4. 1903, RG Bd. 54 S. 332, RG I. 19. 3. 1913, RG Bd. 82 S. 97, HansOLG 7. 10. 1912, HansGZ 1913 Bbl. Nr. 31, und HansOLG 25. 4. 1923, HansGZ 1923 Bbl. Nr. 88, andererseits.

[6]) Vgl. Nußbaum, Das Geld S. 216, gebilligt von Neumeyer Bd. III 2 S. 320 f.

[7]) § 361 HGB.

Die in diesem Paragraphen bezeichneten Vorschriften zugunsten der deutschen Währung finden nach dem Wortlaut des Gesetzes keine Anwendung, wenn Zahlung in ausländischer Währung ausdrücklich bedungen ist. Das hier vom Gesetz gebrauchte Wort »ausdrücklich« darf nicht wörtlich ausgelegt werden. Es genügt die Feststellung, daß sich die Parteien in konkludenter, aber zweifelsfreier Weise über die effektive Zahlung in fremder Währung geeinigt hatten [1]).

§ 193. Weiter enthält wahrscheinlich das deutsche Währungsrecht den Satz, daß im Zweifel — also mangels besonderer Gegengründe — in Deutschland Zahlungsurteile auf deutsche Währung lauten müssen.

Der § 1 des Münzgesetzes vom 30. 8. 1924 [2]) bestimmt: »Im Deutschen Reich gilt die Goldwährung. Ihre Rechnungseinheit bildet die Reichsmark, welche in 100 Reichspfennige eingeteilt wird.«

Das bedeutet dem Wortlaut nach nicht, daß für Geldansprüche, welche deutschem Recht unterliegen, die deutsche Währung gilt, sondern daß sie innerhalb der Grenzen des Deutschen Reichs gilt. Diese territoriale Abgrenzung steht im Einklang mit der Natur des Währungsrechts als öffentlichen Rechts [3]). Wenn man die Währungsbestimmungen territorial auffaßt, so enthalten sie Anweisungen an jeden deutschen Richter und jeden deutschen Beamten, Geldansprüche als Markansprüche zu behandeln, wenn nicht besondere Gegengründe vorliegen. Die Bestimmung, daß die deutsche Währung die Markwährung ist, gilt, wenn man diese Auffassung zugrunde legt, als Teil jedes Gesetzes, jeder Verordnung, jeder Dienstanweisung, die sich mit Geldansprüchen beschäftigt. Aus der deutschen Rechtsprechung ist ein sicherer Beweis dafür, daß in Deutschland im Zweifel auf deutsche Währung zu erkennen ist, nicht zu gewinnen. Nur einzelne Anhaltspunkte dafür sind vorhanden, daß auch über die Vorschrift des § 244 BGB hinaus dem deutschen Geld in Deutschland — unabhängig von der lex causae — eine bevorzugte Stellung eingeräumt wird. Es ist zulässig, daß bei einem in ausländischem Geld entstandenen Anspruch der deutsche Richter zur Zahlung in deutscher Währung verurteilt, wenn vom Kläger Verurteilung in deutscher

---

[1]) RG 6. 7. 1923, RG Bd. 107 S. 110 f.; 25. 10. 1923, Recht 1924 Nr. 444; 5. 2. 1924, Recht 1924 Nr. 451; Nußbaum, Das Geld S. 250; Staudinger Bd. II 1 § 244 Anm. 5 und das dort beigebrachte Material.

[2]) RGBl. 1924 II S. 254.

[3]) Vgl. § 184 S. 273 f.

Währung beantragt wird und der Beklagte gegen die Maßgeblichkeit deutscher Währung keine Einwendungen erhebt [1]).

Sogar wenn eine Verurteilung zur Zahlung fremder Währung erfolgt ist, wird deutsches Geld zur Erfüllung der Pflicht, in fremdem Gelde zu zahlen, für geeignet erachtet. Durch die deutsche Rechtsprechung steht fest, daß auf Grund eines auf fremde Währung ergangenen Urteils der Gerichtsvollzieher deutsches Geld im Werte der fremden Valuta pfänden darf, und wenn er das nicht vorfindet, solche Pfändungshandlungen vorzunehmen hat, die voraussichtlich die Erzielung eines dem Valutaurteil im Wert entsprechenden Betrages deutscher Währung zur Folge haben werden [2]). Der Gläubiger erhält also solchenfalls nicht das ausländische Geld, wie es der Fall sein würde, wenn gemäß § 887 ZPO verfahren würde. Die Zahlung in deutscher Währung gilt hier als unmittelbare Erfüllung des Anspruches auf fremdes Geld, während bei einer Verurteilung zu Leistungen, die nicht in Geld bestehen, der Gläubiger, falls der Gerichtsvollzieher den geschuldeten Gegenstand nicht beim Schuldner vorfindet, auf die Umwege der §§ 883 ff. ZPO, insbesondere der §§ 887 und 893 ZPO, in Verbindung mit § 283 BGB angewiesen ist.

Vom wirtschaftlichen Gesichtspunkt aus ist mindestens für Zahlungen in Deutschland der Satz anzuerkennen, daß im Zweifel

---

[1]) In einem Falle, in welchem holländische Schiffe einem französischen Schiff auf hoher See Hilfe in Seenot geleistet hatten, wo also für die Anwendung deutschen Rechts keinerlei Veranlassung vorlag, hat das HansOLG den Bergelohn in Mark zugesprochen (24. 3. 1920, HansRZ 1920 Sp. 317 = HansGZ Hbl. 1920 Nr. 89 S. 178 ff.), allerdings unter Benutzung der französischen Währung als Rechnungsfaktor. Eine Note von Mittelstein zu diesem Urteil bemängelte die Verurteilung in Mark und erklärte, daß es wünschenswert gewesen wäre, die Klägerinnen auf die Notwendigkeit der Änderung des Klaganspruches in einen Frankenanspruch hinzuweisen. Das Reichsgericht hat trotz der großen Autorität Mittelsteins seinen Standpunkt nicht einmal berücksichtigt und hat die gegen das Urteil des HansOLG eingelegte Revision zurückgewiesen (RG 29. 1. 1921, HansRZ 1921 Sp. 461 ff. [463]). In der Währungsfrage hat das Gericht seinen Standpunkt einfach damit begründet, daß die Klägerinnen die Festsetzung des Bergelohnes in deutscher Währung beantragt hätten (daß die Beklagte nicht widersprochen hat, wird nicht ausdrücklich erwähnt, ergibt sich aber aus dem Tatbestand). Vgl. auch RG 4. 6. 1919, RG Bd. 96 S. 121 ff. (123) = JW 1920 S. 44, und RG 16. 3. 1920, JW 1920 S. 704 f. = WarnRspr. 1920 Nr. 136 S. 163.

[2]) KG 27. 4. 1920, JW 1920 S. 657 f.; OLG Köln 6. 10. 1920, JW 1920 S. 910 ff.; OLG Frankfurt 25. 5. 1921, JW 1921 S. 1328; KG 27. 1. 1923, JW 1923 S. 188 f.; KG 10. 3. 1923, JW 1924 S. 411 ff.; vgl. auch RG 16. 12. 1922, RG Bd. 106 S. 74 ff. (76).

Zahlungen in Deutschland in deutscher Währung zu leisten sind. Das Geld eines Staates ist dessen allgemeiner und subsidiärer Wertmesser. Man wird innerhalb eines Staates daher Geldschulden in der Staatswährung fordern können und leisten müssen, wenn nicht besondere Gründe für das Gegenteil vorhanden sind.

§ 194. Die im vorangehenden Paragraphen verteidigte Auffassung ist darum von erheblicher praktischer Bedeutung, weil durch den Satz, daß in der Währung zu leisten ist, welche die lex causae vorschreibt, in vielen Fällen keine Klarheit geschaffen wird. Schon wenn die lex causae das deutsche Recht ist, ist es nach dem jetzigen Zustand unserer Rechtsprechung und Wissenschaft im Einzelfall höchst unsicher, was sie in dieser Beziehung bestimmt [1]). Bei fremder lex causae wird über deren Stellung zu Währungsfragen in vielen Fällen nicht leicht etwas Zuverlässiges festzustellen sein. Dann wird man, wenn der im vorangehenden verteidigte Satz von der subsidiären Maßgeblichkeit der Inlandswährung nicht anerkannt wird, gezwungen sein, mit Neumeyer [2]) anzunehmen, daß im Zweifel die Währung eines Anspruches diejenige der lex causae ist. Die Folge würde zum Beispiel sein, daß, wenn ein Ausländer unter Hinterlassung von Pflichtteilsberechtigten stirbt und nach seinem Recht (wie nach deutschem Recht) der Pflichtteilsanspruch in einer Wertquote des Nachlasses besteht, der Erbe zur Zahlung des Pflichtteils in der heimatlichen Währung des Erblassers zu verurteilen sein würde [3]). Ich glaube, daß die Folgerung nur in den Fällen zutreffen würde, in denen wirklich eine solche Stellung des Heimatsrechts des Erblassers zur Währungsfrage festgestellt werden kann. Nach der hier vertretenen Auffassung müßte, wenn die Stellungnahme des Erbstatutes unklar ist, der deutsche Richter zur Zahlung deutscher Währung verurteilen. Das wird in der Mehrzahl der Fälle das verständigste Ergebnis sein. Derartige Prozesse werden vielfach vor ein deutsches Gericht gelangen, weil der Erblasser seinen letzten Wohnsitz — also vermutlich den Mittelpunkt seiner Interessen — in Deutschland gehabt hat [4]). In diesem Fall kann es höchst unbillig sein, die Höhe des Pflichtteilsanspruches von dem Schwanken einer fremden Währung, zu der das Vermögen des Erblassers vielleicht gar keine Beziehungen gehabt hat, abhängig zu machen. Unsere Gerichte würden um so weniger Veranlassung haben, in dem

[1]) Vgl. einerseits Nußbaum, Das Geld S. 228 ff. und besonders S. 243; andererseits Neumeyer Bd. III 2 S. 158 ff.

[2]) Neumeyer a. a. O. S. 158 ff.

[3]) Das lehrt Neumeyer a. a. O. S. 160.

[4]) § 27 ZPO.

fremden Wirkungsstatut den Satz zu vermuten, daß Pflichtteilsansprüche in der Heimatswährung des Erblassers ausbezahlt werden müssen, als nicht einmal vom Standpunkt des deutschen inneren Rechts aus mit Bestimmtheit behauptet werden kann, daß der Pflichtteilsanspruch gegen den Erben eines Deutschen, der im Ausland seinen Wohnsitz gehabt hat und dort sein Vermögen angelegt hat, in deutscher Währung zu berechnen ist. Zwar würde der deutsche Richter schon wegen der vorhandenen Zweifel nach der hier vertretenen Ansicht den Pflichtteilsanspruch in deutscher Währung zuzusprechen haben, wenn auf Zahlung des Pflichtteils geklagt ist. Es kann sich aber zum Beispiel, wenn der Pflichtteil in fremder, gegenüber der deutschen Währung schwankender Währung bezahlt ist, die Frage aufwerfen, ob die Zahlungen zu hoch oder zu niedrig waren. Wie hierüber der deutsche Richter zu entscheiden haben würde, ist äußerst zweifelhaft. Da es sich in dem vorausgesetzten Fall lediglich um deutsches inneres Recht handeln würde, kann auf die Frage, wie in diesem Fall ein deutsches Gericht zu entscheiden haben würde, nicht weiter eingegangen werden.

Daß in der hier verteidigten bescheidenen Bevorzugung der deutschen Währung durch den deutschen Richter nichts international Bedenkliches liegen kann, ergeben die Ausführungen des folgenden Paragraphen.

§ 195. Selbst wenn es feststeht, daß die Gerichte des fremden Staates, dessen materiellem Recht die Geldschuld unterliegt, zur Zahlung in eigener Währung verurteilen würden, hat der deutsche Richter nicht ohne weiteres so zu verfahren. Es muß weiter festgestellt werden, daß es sich um einen privatrechtlichen Satz handelt, der zur Anwendung des fremden Währungsrechts führt. In England und den Vereinigten Staaten verurteilen die Gerichte niemals zur Zahlung in einer anderen Währung als der eigenen [1]). Die Vorschrift muß als prozessuale angesehen werden. Sie gilt ganz allgemein, unabhängig von dem Schuldgrund, insbesondere auch von dem örtlichen Recht, welches die Forderung beherrscht. Die angelsächsischen Gerichte gehen keineswegs davon aus, daß eine Geldsumme stets von vornherein in der Landeswährung geschuldet werde, sondern sie rechnen die Schuldwährung nach dem Zeitpunkt gewisser prozessualer Vorgänge in die Landeswährung um [2]).

---

[1]) Vgl. für England: Dicey S. 682 ff.; für England und die Vereinigten Staaten: Nußbaum, Das Geld S. 218 ff., und Neumeyer Bd. III 2 S. 191 ff., sowie das an den angegebenen Stellen zitierte Material.

[2]) Vgl. für England: Dicey S. 682 ff.; für die Vereinigten Staaten: Story S. 425 ff., Wharton Bd. II S. 1230.

In diesem Zusammenhang dürfte auch der Umstand von erheblicher Bedeutung sein, daß z. B. der englische Richter durchaus keine Bedenken haben wird, ein von einem nach seiner Auffassung zuständigen ausländischen Gericht erlassenes auf außerenglische Währung lautendes Urteil anzuerkennen — natürlich unter Umrechnung der Urteilssumme (nicht der ursprünglichen Schuldsumme) in englische Währung.

§ 196. In vielen fremden Rechten finden sich Bestimmungen, welche dem § 244 unseres BGB ähneln oder gleichen und dem Schuldner gestatten, schlechthin oder unter gewissen Umständen in seiner Währung zu zahlen, oder dem Gläubiger gestatten, Zahlung in dieser Währung zu verlangen, auch wenn die Schuld an sich eine andere Währung zum Inhalt hat[1]). Das sind keine prozessualen Bestimmungen. Sie gelten unabhängig davon, ob ein Prozeß schwebt oder nicht. Für den deutschen Richter hängt die Anwendung dieser Bestimmungen lediglich davon ab, was das fremde Wirkungsstatut anordnet.

Zu diesem Ergebnis muß man gelangen, gleichgültig, ob derartige Vorschriften in dem fremden Recht so ausgestaltet sind, daß sie als Beeinflussung des fremden bürgerlichen Rechts durch fremdes öffentliches Recht anzusehen sind, oder ob es sich um reines privates (materielles) fremdes Recht handelt[2]). Für die letztere Möglichkeit bedarf es keiner Begründung. Falls die erstere Möglichkeit vorliegt, folgt die Maßgeblichkeit der fremden Bestimmungen daraus, daß wir den Einfluß fremden öffentlichen Rechts auf fremdes bürgerliches Recht in dem Maße anerkennen, wie die fremde lex causae solches vorschreibt[3]). Natürlich können die Vorschriften des § 244 BGB nicht durch fremdes Recht außer Kraft gesetzt werden.

Aufwertung.

Regel 1 (§§ 198—201): Die Aufwertung von Geldansprüchen richtet sich nach dem materiellen Recht, dem der Anspruch unterliegt (also nicht nach dem Recht des Staates, dessen Währung geschuldet wird).

---

[1]) Eine Zusammenstellung der wichtigsten Länder, in welchen der Schuldner dieses Recht hat, findet sich bei Nußbaum, Das Geld S. 209 ff.; Neumeyer Bd. III 2 S. 194 ff.

[2]) Für die erstere Auffassung grundsätzlich Neumeyer Bd. III 2 S. 195, für die letztere Nußbaum, Das Geld S. 211.

[3]) Vgl. §§ 179 ff. S. 266 ff.

Regel 2 (§ 202): Die Vorbehaltsklausel des deutschen internationalen Privatrechts kann unter dem Gesichtspunkt eingreifen, daß das ausländische Recht oder ein ausländisches Urteil dem Zweck eines deutschen Gesetzes widerspricht. Die bloße Tatsache, daß es sich um eine Forderung in deutscher Währung handelt, genügt für das Eingreifen der Vorbehaltsklausel nicht.

§ 197. Die im vorstehenden über die Wirkung öffentlichen Rechts, insbesondere des Währungsrechts, dargelegten Grundsätze geben die Möglichkeit, im internationalen Aufwertungsrecht, einem der bösartigsten Fragenkomplexe des deutschen internationalen Privatrechts, zum Teil eine völlig sichere Stellung einzunehmen und im übrigen die Gesichtspunkte genau zu formulieren, welche für die international-privatrechtliche Behandlung der Aufwertung entscheidend sind. In der deutschen Literatur herrscht weitgehende Meinungsverschiedenheit [1]). Hier sollen nur die beiden Auffassungen besprochen werden, welche im schärfsten Widerspruch zueinander stehen, weil nur sie einen Anhalt in der deutschen Rechtsprechung finden. Diese Auffassungen sind die folgenden:

1. Die Aufwertung richtet sich nach dem Zivilrecht, welches den Anspruch beherrscht [2]).

2. Die Aufwertung richtet sich nach der Währung, auf welche der Anspruch lautet. — Innerhalb der letzteren Theorie herrscht Meinungsverschiedenheit darüber, ob das Aufwertungsrecht ein Teil des Währungsrechts selbst ist [3]) (Währungstheorie) oder ob das Aufwertungsrecht zwar Zivilrecht ist, aber doch nur ein Anhängsel des öffentlichen Währungsrechts darstellt und sich diesem als dem stärkeren fügen muß [4]) (Währungsreflextheorie).

§ 198. Da nach deutscher Qualifikation das Währungsrecht selbst öffentliches Recht ist [5]) und da wir fremdes öffentliches Recht als solches nicht anwenden, sondern nur insoweit für maßgebend erachten, wie die lex causae seine Anwendung will, so kann weder die Währungstheorie noch die Währungsreflextheorie richtig sein, soweit es sich um die Aufwertung fremden Geldes handelt. Denn es gibt in unserem internationalen Privatrecht keinen Weg zur An-

---

[1]) Sehr eingehende Literaturangabe bei Neumeyer Bd. III 2 S. 357 ff.

[2]) Insbesondere Frankenstein Bd. II S. 106 f., 198 ff., 214 ff.; Reichel, Festschrift, dem 24. Anwaltstag gewidmet von Hanseatischen Juristen, 1929 S. 441 ff.; Schlegelberger, ZAIP 1929 S. 869 ff.

[3]) Insbesondere Nußbaum, Geld S. 142 f., Bilanz S. 35, JW 1925 S. 1986, JW 1928 S. 327; grundsätzlich auch wohl Mügel 5. Aufl. § 23.

[4]) Neumeyer, JW 1928 S. 137 ff.; Neumeyer Bd. III 2 S. 356 ff.

[5]) Vgl. § 184 S. 273 f.

wendung fremden öffentlichen Rechts außer demjenigen über die lex causae, mag diese nun eine deutsche oder eine fremde sein.

Wenn das Aufwertungsrecht ein Teil des Währungsrechts ist (Währungstheorie), so ist fremdes Aufwertungsrecht bei dieser Rechtslage nur insoweit zu beachten, wie die lex causae diese Beachtung vorschreibt.

Wenn aber die Aufwertung Zivilrecht ist, wie die Währungsreflextheorie lehrt, so kann niemals angenommen werden, daß fremdes, von der lex causae nicht berufenes Währungsrecht die normalen international-privatrechtlichen Regeln ändert. Denn ein solcher Einfluß könnte nur unter dem Gesichtspunkt der Vorbehaltsklausel, des ordre public, denkbar sein. Aber einem ausländischen ordre public, der von der lex causae nicht berücksichtigt wird, versagen wir jeden Einfluß [1]).

Dementsprechend haben unsere Gerichte — trotz des später zu zeigenden sonstigen Schwankens in der international-privatrechtlichen Behandlung der Aufwertung — über Ansprüche in fremder Währung stets nach der lex causae und niemals nach dem Recht des Währungslandes entschieden [2]).

§ 199. Nur über die Frage sollte nach meiner Ansicht Meinungsverschiedenheit möglich sein, ob das deutsche Währungsrecht

---

[1]) Vgl. § 246 S. 371 f.

[2]) RG 3. 3. 1925, WarnRspr. 1925 S. 134 Nr. 105 (Aufwertung einer Forderung in holländischen Gulden lediglich auf Grund deutschen Rechts abgelehnt); RG 6. 4. 1925, JW 1925 S. 1986 f. (die in französischen Franken bestehende Forderung unterlag offenbar deutschem Recht. Vgl. hierzu auch die Note von Nußbaum a. a. O. Die Aufwertung ist aus materiellrechtlichen Gründen ohne jede Berücksichtigung der Stellungnahme des französischen Rechts zur Aufwertung abgelehnt); RG 25. 2. 1926, WarnRspr. 1926 S. 90 ff. = JW 1926 S. 1323 = LZ 1926 Sp. 482 f. = ZAIP Sonderheft 1926/27 Nr. 2; RG 27. 1. 1928, RG Bd. 120 S. 70 ff. = JW 1928 S. 1197 = Z Bd. 39 S. 330 ff. = HRR 1928 Nr. 820 = Rspr. Aufw. 1928 S. 145 = Clunet 1930 S. 1062 = ZAIP Sonderheft 1928 Nr. 75; RG 22. 2. 1928, RG Bd. 120 S. 193 ff. (197 a. E.) = HRR 1928 Nr. 1091 = ZAIP Sonderheft 1928 Nr. 76; RG 30. 5. 1929, RG Bd. 125 S. 3 = JW 1929 S. 2585 = HRR 1929 Nr. 1818 = Rspr. Aufw. 1929 S. 728 ff. = ZAIP Sonderheft 1929 Nr. 114; RG 13. 12. 1929, WarnRspr. 1930 S. 78 ff. Nr. 43; RG 13. 12. 1929, RG Bd. 127 S. 20 ff. = Z Bd. 43 S. 81 ff. = JW 1930 S. 3635 ff. = Rspr. Aufw. 1930 S. 166 ff. (167); RG 2. 6. 1930, LZ 1931 Sp. 384 f. (385 a. E.) unvollständig abgedruckt in HRR 1930 Nr. 1435, betreffend eine Rubelforderung; RG 14. 1. 1931, SA Bd. 85 S. 99 Nr. 57; RG 30. 4. 1931, Rspr. Aufw. 1931 S. 417 ff. (420); RG 16. 12. 1931, Recht 1932 Nr. 95 = Rspr. Aufw. 1931/32 S. 552 ff. = JW 1932 S. 1048 ff.; KG 25. 9. 1928, JW 1929 S. 446 ff. = ZAIP Sonderheft 1929 Nr. 108; KG 20. 2. 1929, ZAIP Sonderheft 1929 Nr. 45; KG 31. 5. 1930,

da, wo es in Betracht kommt, nämlich bei Markschulden, unabhängig von der lex causae die Anwendung deutschen Aufwertungsrechts erzwingt. Das wäre denkbar, wenn nach deutscher Qualifikation das Aufwertungsrecht ein Teil des Währungsrechts (Währungstheorie) oder ein vor dem Währungsrecht zurückweichender Teil des bürgerlichen Rechts (Währungsreflextheorie) wäre. Das Gegenteil ist aber der Fall. Die Aufwertung in Deutschland beruht nicht auf dem Einfluß des Währungsrechts auf das bürgerliche Recht, sondern umgekehrt auf einer Beeinflussung des Währungsrechts durch das bürgerliche Recht, und zwar durch den § 242 BGB:

»Der Schuldner ist verpflichtet, die Leistung so zu bewirken, wie Treu und Glauben mit Rücksicht auf die Verkehrssitte es erfordern.«

In der grundlegenden Entscheidung über die Zulassung der Aufwertung hat das Reichsgericht [1]) ausgesprochen, daß infolge der Entwertung der Papiermark ein Widerstreit entstanden sei zwischen den Währungsvorschriften und sonstigen Gesetzesbestimmungen, »die verhüten wollen, daß der Schuldner in der Lage sei, sich seiner Verbindlichkeiten in einer Weise zu entledigen, die mit den Anforderungen von Treu und Glauben und mit der Verkehrssitte nicht vereinbar ist, also namentlich mit der das Rechtsleben beherrschenden Vorschrift des § 242 BGB«. »Bei diesem Widerstreit«, fährt das Reichsgericht fort, »muß die letztere Vorschrift den Vorrang haben, und müssen die Währungsvorschriften zurücktreten« [2]).

Diese Entscheidung ist die Grundlage des ganzen deutschen Aufwertungsrechts geworden, soweit es nicht für Einzelfälle gesetzlich geregelt ist. Die Aufwertung nach § 242 BGB findet bei international gelagerten Fällen besonders häufig statt, weil auf sie die Einzelvorschriften des Aufwertungsgesetzes vielfach nicht anwendbar sind.

Angesichts einer überaus reichhaltigen Rechtsprechung der deutschen Gerichte und der Stellungnahme der deutschen Literatur kann es als vollständig feststehend angesehen werden, in welchen Teil des Systems deutsches Recht das Aufwertungsrecht einreiht: das ist unter die Vorschrift des § 242 BGB. Ein Blick auf die Er-

---

Rspr. Aufw. 1930 S. 477 ff. (482 f.); OLG Kiel 10. 5. 1930, JW 1931 S. 156 f.; Amtsgericht Hamburg 15. 12. 1926, HansRZ 1927 Sp. 149 ff. = Z Bd. 39 S. 324 ff. = ZAIP Sonderheft 1926/27 Nr. 44.

[1]) 28. 11. 1923, RG Bd. 107 S. 78 ff. (88) = JW 1924 S. 38 ff.

[2]) Vgl. auch Schlegelberger, ZAIP 1928 S. 878.

läuterungen zu § 242 BGB in den großen Kommentaren zum BGB [1]) und das dort zusammengestellte überaus reiche Material genügt, um jeden Zweifel auszuschließen. Auf demselben Standpunkt steht Staubs Kommentar zum Handelsgesetzbuch [2])[3]). Enneccerus [4]) sagt mit Recht, daß die Aufwertung auf Grund des § 242 BGB so allgemein in der Rechtsprechung anerkannt ist, daß man wohl berechtigt ist, bereits ein Gewohnheitsrecht anzunehmen.

Für das innere deutsche Recht liegt keine Streitfrage mehr vor. Das internationale Privatrecht muß sich aber in einer Qualifikationsfrage einfach dem inneren Recht fügen.

Da die Vorschrift des § 242 BGB Zivilrecht und nicht Währungsrecht ist, kann unter diesen Umständen die Währungstheorie nicht zutreffen. Aber auch die Währungsreflextheorie nicht. Denn wie die geschilderte Entstehungsgeschichte der deutschen Aufwertung beweist, ist hier nicht das Währungsrecht stärker gewesen als das bürgerliche Recht und hat dieses zur Gefolgschaft gezwungen, sondern ist umgekehrt das Währungsrecht aus einem Teil seines normalen Herrschaftsgebietes durch das bürgerliche Recht verdrängt worden.

Gegen diese Beweisführung ist von dem Schöpfer der Währungsreflextheorie eingewandt worden: »Treu und Glauben sind keine Einrichtungen des Schuldrechts, sondern Richtpunkte einer zweifelhaften Auslegung und Richtpunkte der Auslegung, die in allen Teilen der Rechtsordnung Beachtung heischen, im Völkerrecht wie im innerstaatlichen Recht, für das Finanzrecht wie für das Privatrecht, bei Leistungen aus Familienrecht, Sachenrecht oder Schuldrecht. Die Auslegung nach Treu und Glauben war der Geburtshelfer bei Entstehung der Aufwertungslehre, aber die Aufwertung ist eine Rechtseinrichtung für sich« [5]).

Hierzu ist zu sagen: Es ist richtig, daß sich das deutsche Aufwertungsrecht nicht auf das Schuldrecht beschränkt. Aber darauf kommt es in diesem Zusammenhang nicht an, sondern darauf, daß das Aufwertungsrecht (soweit es sich um die Aufwertung bürgerlich-rechtlicher Ansprüche handelt) bürgerliches Recht ist, vor dem das Währungsrecht zurückweicht. Außerdem handelt es sich bei dem § 242 BGB nicht, wie in der vorstehend zitierten Stelle angenommen wird, nur um eine Auslegungsregel. Das ergibt sich schon daraus,

---

1) Komm. v. RGRäten; Staudinger; Sörgel.
2) Anhang zu § 374 Anm. 206 ff.
3) Ebenso Schlegelberger, ZAIP 1929 S. 874 ff.
4) Lehrbuch des bürgerlichen Rechts 23.—27. Aufl. Bd. I 2 § 231 a IV.
5) Neumeyer Bd. III 2 S. 371.

daß sich § 242 BGB nicht auf Verträge, ja nicht einmal auf Rechtsgeschäfte beschränkt, und daß sich eine mit § 242 BGB inhaltlich übereinstimmende Auslegungsregel für Verträge an einer anderen Stelle des BGB befindet, nämlich im § 157. Übrigens würde — selbst wenn § 242 BGB nur eine Auslegungsregel enthalten würde — diese grundsätzlich nur Anwendung finden, soweit der Anspruch deutschem Recht unterliegt [1]). Anders würde die Sache nur liegen können, soweit die Vorbehaltsklausel eingreift. Diese könnte unter Umständen die Anwendung des § 242 BGB erzwingen. Aber für diesen Fall würde es sich wiederum nur um eine zwingende Vorschrift des deutschen bürgerlichen Rechts handeln, die gänzlich unbeeinflußt von dem Aufwertungsrecht des Währungslandes eingreifen würde.

Und schließlich ist es auch unrichtig, daß die Aufwertung eine Rechtseinrichtung für sich ist. Die Aufwertbarkeit ist nach deutschem Recht vielmehr eine unselbständige Eigenschaft des Anspruches selbst. In vielen Fällen hat das Reichsgericht über die Frage zu urteilen gehabt, ob wegen unrichtiger Entscheidung der Aufwertungsfrage bei Markansprüchen, die dem irrevisiblen Recht eines deutschen Landes unterlagen, Revision zulässig sei. Diese Frage ist stets verneint worden, da die Aufwertungsfähigkeit nur eine Eigenschaft des Anspruches selbst und nichts Selbständiges sei, zum Teil unter ausdrücklicher Hervorhebung dieses Umstandes [2]).

§ 200. Ganz überwiegend, wenn auch nicht geschlossen, steht denn auch die deutsche Rechtsprechung in den eigentlich inter-

---

[1]) Vgl. die in § 290 S. 429 Anm. 4 zitierten Entscheidungen, dazu RG 5. 1. 1911, WarnRspr. 1911 S. 141 Nr. 128; RG 7. 11. 1928, RG Bd. 122 S. 233 ff. = ZAlP Sonderheft 1929 Nr. 32.

[2]) Vgl. RG 17. 2. 1925, RG Bd. 109 S. 10 = WarnRspr. 1925 S. 160 Nr. 123 (Braunschweiger Enteignungsentschädigung irrevisibel, auch wenn sich das Berufungsgericht bei Berechnung der Entschädigungssumme die allgemeinen Grundsätze über die Aufwertung zu eigen gemacht haben sollte); RG 18. 5. 1926, LZ 1926 Sp. 1012 f. (Entscheidung über Aufwertung einer Sicherheit nach Hamburger Hinterlegungsordnung nicht revisibel); RG 1. 4. 1927, LZ 1927 Sp. 1408 f. (braunschweigische Enteignung; Frage als Aufwertungsfrage behandelt); RG 14. 6. 1927, HansRGZ 1928 B Sp. 32 (nach Aufwertungsgrundsätzen geprüfte Frage des Zahlungsverzuges bei Auszahlung einer Enteignungssumme); RG 6. 12. 1927, HansRGZ 1928 B Sp. 127 f. = HansRZ 1927 Nr. 102 Sp. 294; RG 19. 1. 1928, HRR 1928 Nr. 779; RG 10. 10. 1928, WarnRspr. 1928 S. 357 Nr. 178 = HansRGZ 1929 A Sp. 43 = SA Bd. 83 S. 38 f. Nr. 25 (hier ist ausdrücklich die schuldrechtliche Theorie ausgesprochen); RG 16. 6. 1930, RG Bd. 129 S. 216 ff. (224) (betrifft die Aufwertung eines Bergzehnten).

national-privatrechtlichen Entscheidungen auf dem Standpunkt, daß — vorbehaltlich selbstverständlich des Art. 30 EGBGB und des § 328 Abs. 1 Ziff. 4 ZPO — die Frage »internationales Privatrecht oder Währungsrecht bei Aufwertung von Markforderungen« zugunsten des ersteren zu beantworten ist.

Gegenüber den vielen Entscheidungen, aus denen sich international-privatrechtlich die Maßgeblichkeit der lex causae für die Aufwertung von Markforderungen ergibt [1]), steht eine erheblich

---

1) RG I 14. 12. 1927, RG Bd. 119 S. 259 ff. = JW 1928 S. 656 f. = Rspr. Aufw. 1928 S. 81 ff. = ZAIP Sonderheft 1928 Nr. 11 = Z Bd. 39 S. 232 ff.; RG IV 19. 1. 1928, HRR 1928 Nr. 779; RG VI 23. 1. 1928, JW 1928 S. 1207 f.; RG IV 22. 3. 1928, WarnRspr. 1928 S. 109 ff. Nr. 57 = JW 1928 S. 1447 = HRR 1928 Nr. 1224. (Dieses Urteil wird zitiert von RG IV 5. 7. 1928, Rspr. Aufw. 1928 S. 729 ff. Nr. 359, für den währungsrechtlichen Standpunkt, tatsächlich steht es aber auf dem Standpunkt der schuldrechtlichen Theorie.) RG I 6. 6. 1928, RG Bd. 121 S. 203 ff. = JW 1928 S. 2024 ff. = Rspr. Aufw. 1928 S. 606 ff. = BliP 1928 Sp. 260 = Z Bd. 40 S. 277 ff.; RG V 10. 10. 1928, WarnRspr. 1928 S. 357 Nr. 178 = HansRGZ 1929 A Sp. 43 = SA Bd. 83 S. 38 f. Nr. 25; RG IV 15. 10. 1928, HRR 1929 Nr. 131; RG VI 25. 10. 1928, JW 1928 S. 3108 = Rspr. Aufw. 1928 S. 969 ff. = HRR 1929 Nr. 132/133 = Z Bd. 40 S. 291 f. (auf dem Umwege über die Parteiautonomie); RG IV 1. 11. 1928, WarnRspr. 1929 S. 1 Nr. 1 = SA Bd. 83 S. 97 Nr. 59; RG V 16. 1. 1929, RG Bd. 123 S. 130 ff. = JW. 1929 S. 1584 ff. (1586) = Rspr. Aufw. 1929 S. 209; RG IV 21. 2. 1929, Rspr. Aufw. 1929 S. 367 ff. = SA Bd. 83 S. 209 f. Nr. 130; RG. VII 20. 9. 1929, JW. 1930 S. 1587 ff. und S. 3636 f. = WarnRspr. 1930 S. 1 Nr. 1 = BliP 1930 Sp. 19 = HansRGZ 1929 B Sp. 795 ff.; RG IV 14. 10. 1929, Rspr. Aufw. 1929 S. 993 f. = ZAIP Sonderheft 1929 Nr. 41; RG II 13. 12. 1929, WarnRspr. 1930 S. 78 ff. Nr. 43 = HRR 1930 Nr. 508 = LZ 1930 Sp. 771 Nr. 5; RG VII 15. 12. 1929, HansRGZ 1930 A Sp. 217 ff.; RG VI 6. 2. 1930, Rspr. Aufw. 1930 S. 281 f. = LZ 1930 Sp. 1502 (zu Unrecht in RG vom 9. 2. 1931, Rspr. Aufw. 1931 S. 126, für die währungsrechtliche Auffassung zitiert); RG IV 24. 2. 1930, LZ 1931 Sp. 375 f.; RG VI 16. 6. 1930, RG Bd. 129 S. 216 ff. (224); RG IV 8. 12. 1930, RG Bd. 131 S. 41 ff. = JW 1931 S. 612 ff.; RG IV 5. 3. 1931, Recht 1931 Nr. 401; OLG Breslau 8. 7. 1925, Recht 1925 Nr. 1625; OLG Karlsruhe 3. 11. 1926, Zeitschrift des Deutschen Notarvereins 1927 S. 48, entnommen aus Frankenstein Bd. II S. 223 Anm. 70; OLG Karlsruhe 24. 11. 1926, JW 1927 S. 3016 = ZAIP Sonderheft 1926/27 Nr. 119; KG 2. 12. 1926, Rspr. Aufw. 1927 S. 64 = BliP 1927 Sp. 109 = ZAIP Sonderheft 1926/27 Nr. 39; OLG Dresden 28. 3. 1927, Rspr. Aufw. 1927 S. 345 ff. = Clunet 1930 S. 1058; HansOLG 22. 7. 1927, Rspr. Aufw. 1927 S. 594 ff. = HansRZ 1927 Sp. 942 ff. = ZAIP Sonderheft 1926/27 Nr. 58 = Z Bd. 39 S. 294 ff. = Clunet 1930 S. 1060; KG 4. 8. 1927, JW 1927 S. 2316 = ZAIP Sonderheft 1926/27 Nr. 62; Bayr. ObLG 17. 3. 1928, ZAIP Sonderheft 1929 Nr. 43; OLG Kiel 26. 9. 1928, ZAIP Sonderheft 1929 Nr. 40; HansOLG 16. 1. 1929, HansRGZ 1929 A Sp. 179 = ZAIP Sonderheft 1929 Nr. 115; OLG München 15. 4. 1929, ZAIP Sonderheft 1929 Nr. 118;

geringere Anzahl von Urteilen, die sich für die Maßgeblichkeit der Währung aussprechen [1]) und eine noch geringere Anzahl, welche die Frage dahingestellt sein lassen oder eine völlig unklare Stellung einnehmen [2]).

Aber die bloße zahlenmäßige Vergleichung dieser Gruppen von Entscheidungen gibt ein noch ganz ungenügendes Bild von der Stellungnahme der Gerichte zu der hier behandelten Frage. Den Urteilen, die die Aufwertbarkeit von Markforderungen im eigentlichen internationalen Privatrecht von der lex causae abhängig machen, müssen die sämtlichen Entscheidungen hinzugezählt werden, welche die Aufwertbarkeit von Markforderungen, die deutschem Landesrecht unterliegen, diesem Landesrecht unterstellen [3]). Denn die Frage, um welche es sich bei beiden Kategorien handelt, ist genau

---

OLG Jena 22. 6. 1929, Rspr. Aufw. 1929 S. 944 f.; OLG Kiel 10. 5. 1930, JW 1931 S. 156 f.; BayrObLG 24. 6. 1931, JW 1931 S. 3222 ff.; LG Königsberg 18. 2. 1927, JW 1927 S. 3019 ff.

[1]) RG IV 18. 2. 1926, RG Bd. 113 S. 42 ff. = JW 1926 S. 1321 = Rspr. Aufw. 1926 S. 437 ff. = ZAIP Sonderheft 1926/27 Nr. 36 = Z Bd. 37 S. 369 ff.; RG IV 5. 3. 1928, RG Bd. 120 S. 277 ff. = JW 1928 S. 1208 = Rspr. Aufw. 1928 S. 257 ff. = BliP 1928 Sp. 180; RG IV 5. 7. 1928, Rspr. Aufw. 1928 S. 729 f.; RG I 13. 3. 1929, Recht 1929 Nr. 1109 = SA Bd. 83 S. 224 Nr. 140 = LZ 1929 Sp. 1274 ff. = ZAIP Sonderheft 1929 Nr. 164; RG IV 2. 2. 1931, RG Bd. 131 S. 250 ff.; RG VIII 9. 2. 1931, Rspr. Aufw. 1931 S. 125 ff. = LZ 1931 Sp. 809 = JW 1932 S. 582 ff.; hier werden zu Unrecht die Reichsgerichtsentscheidungen vom 23. 6. 1927, 27. 6. 1928, 6. 2. 1930 für die Währungstheorie zitiert. KG 2. 6. 1927, JW 1927 S. 3015 f. = ZAIP Sonderheft 1926/27 Nr. 40 = Z Bd. 37 S. 386 = Rspr. Aufw. 1927 S. 500 f.; KG 21. 9. 1927, JW 1928 S. 2032 f. (nicht ganz deutlich); KG 16. 8. 1928, Rspr. Aufw. 1928 S. 881 f. (anscheinend); HansOLG 30. 11. 1928, HRR 1929 Nr. 583 = HansRGZ 1929 B Nr. 194 Sp. 476 f. = ZAIP Sonderheft 1929 Nr. 76; KG 24. 9. 1931, LZ 1931 Sp. 1407 f. = HRR 1931 Nr. 2076.

[2]) RG IV 25. 2. 1926, WarnRspr. 1926 S. 90 ff. = JW 1926 S. 1323 = ZAIP Sonderheft 1926/27 Nr. 2 = LZ 1926 Sp. 482 f. (zweifelnd); RG IV 23. 6. 1927, RG Bd. 118 S. 370 ff. = Rspr. Aufw. 1927 S. 585 ff. = JW 1927 S. 2289 f. (hierzu Note von Heinrici auf S. 3004) = LZ 1927 Sp. 1391 = ZAIP Sonderheft 1926/27 Nr. 121 = Z Bd. 38 S. 385, für die Währungstheorie zitiert vom RG VIII 9. 2. 1931, Rspr. Aufw. 1931 S. 126; RG IV 16. 2. 1928, HRR 1928 Nr. 1029 = ZAIP Sonderheft 1928 Nr. 35; RG VI 10. 5. 1928, Rspr. Aufw. 1928 S. 449 f. = JW 1928 S. 1790; nichtssagend RG V 27. 6. 1928, RG Bd. 121 S. 337 ff. (344) = Rspr. Aufw. 1928 S. 620 = Recht 1928 Nr. 2239 S. 566 ff., für die Währungstheorie zitiert vom RG VIII 9. 2. 1931, Rspr. Aufw. 1931 S. 126; KG 2. 2. 1928, JW 1928 S. 1462 ff. (unbestimmt); KG 13. 12. 1928, JW 1929 S. 1599 = Rspr. Aufw. 1929 S. 73 f.; HansOLG 8. 1. 1930, HansRGZ 1930 B Sp. 250 ff.

[3]) Vgl. § 199 S. 299 Anm. 2.

dieselbe: »Ist die lex causae oder ist die Währung entscheidend?« Und auch dieser Vergleich ergibt für die Währungs- oder Währungsreflextheorie noch ein zu günstiges Bild. Denn diese Theorien wollen nicht nur für Markforderungen, sondern für Forderungen in jeder Währung gelten und sind, wie oben gezeigt, durch unsere Rechtsprechung für Forderungen in ausländischer Währung eindeutig abgelehnt.

§ 201. Schließlich ist auch die ausländische Rechtsprechung für die hier behandelte Frage von Interesse. Sie ergibt, daß nirgendwo die Gerichte ihren Entscheidungen die Währungs- oder Währungsreflextheorie zugrunde gelegt haben, sondern daß da, wo die Frage nach dem anzuwendenden Recht klar gestellt wurde, stets die lex causae zugrunde gelegt wird.

Der Österreichische Oberste Gerichtshof hat in konstanter Rechtsprechung die Aufwertungsfragen nach der lex causae entschieden [1].

Der Tschechoslowakische Oberste Gerichtshof hat bereits durch Urteil vom 11. 11. 1924 [2] die Aufwertung von Markforderungen davon abhängig gemacht, ob der materielle Anspruch selbst deutschem Recht unterlag [3]. Das Bezirksgericht Mährisch-Ostrau steht auf demselben Standpunkt [4]. Dieses Urteil ist vom Berufungsgericht am 21. 1. 1930 bestätigt worden [5].

Die schweizer Gerichte haben über Aufwertungsfragen stets nach den allgemeinen Grundsätzen des internationalen Privatrechts und nicht nach Währungsrecht entschieden. Für Markforderungen haben sie allerdings mehrfach dem deutschen Aufwertungsrecht in gewissem Umfange einen tatsächlichen Einfluß eingeräumt, aber nicht, weil das deutsche Recht die Aufwertung beherrsche, sondern kraft vermuteten Parteiwillens [6].

---

[1]) 17. 2. 1926, vgl. Neumeyer, JW 1928 S. 139; 24. 4. 1927, JW 1927 S. 1899; 3. 3. 1929, Clunet 1930 S. 750; 11. 9. 1929, JW 1929 S. 3519 = Clunet 1930 S. 750; 12. 3. 1930, Z Bd. 43 S. 94 ff. = JW 1930 S. 2480 ff. = BliP 1930 Sp. 212; 12. 3. 1930, Bul. Bd. 24 Nr. 6700. — Vgl. auch Entscheidung vom 27. 3. 1929, JW 1929 S. 3521 ff., wo für die Vollstreckbarkeit einer deutschen Aufwertungsentscheidung Wert darauf gelegt ist, daß die Sache nach deutschem Recht zu entscheiden war.

[2]) JW 1925 S. 514.

[3]) Vgl. auch Entscheidung vom 30. 5. 1929, mitgeteilt von Geißer in LZ 1929 Sp. 1260.

[4]) 15. 11. 1929, JW 1931 S. 168.

[5]) Siehe die Bemerkung a. a. O. zu dem vorstehend genannten Urteil.

[6]) Bundesgericht: 3. 6. 1925, JW 1925 S. 1818; 17. 2. 1927, JW 1927 S. 2349 f., vgl. auch ZAIP 1928 S. 544 und 599; 3. 7. 1928, JW 1928 S. 3145 ff.

Die holländische Rechtsprechung hat anfangs aus allgemeinen Erwägungen die Aufwertung von Markforderungen teils anerkannt [1]) und teils abgelehnt [2]). Die neueste Rechtsprechung, u. a. ein Urteil des höchsten Gerichts, stellt die Entscheidung darauf ab, welchem Recht die Forderung selbst unterliegt [3]). In keinem Fall ist deutsches Aufwertungsrecht als Währungsrecht zugrunde gelegt [4]).

Der Polnische Oberste Gerichtshof hat sich in Entscheidungen vom 23. 2. 1924, 28. 10. 1925, 13. 4. 1927 auf den materiellrechtlichen Standpunkt gestellt [5]).

Auch die ungarische Kgl. Kurie wertet in zwei Urteilen nach bürgerlichem Recht und nicht nach Währungsrecht auf [6]). (Der in erster Linie diese Urteile stützende fremdenrechtliche Gesichtspunkt der fehlenden Gegenseitigkeit ist in dem hier behandelten Zusammenhang interesselos.)

In England hat der Court of Appeal die Aufwertung einer Markforderung abgelehnt, weil der Vertrag, um den es sich handelte, englischem Recht unterlag [7]). Man muß annehmen, daß in England

---

= BliP 1929 Sp. 90 ff.; 28. 2. 1930, JW 1930 S. 1900 = Bul. Bd. 23 Nr. 6566. und die in BliP 1931 Sp. 111 f. abgedruckte Entscheidung. Appellationshof Bern 23. 9. 1927, Recht 1928 Nr. 765; Bezirksgericht Zürich 18. 2. 1926, JW 1927 S. 2351 f.; Kantongericht St. Gallen 20. 2. 1930, Z Bd. 43 S. 102 ff. = JW 1930 S. 2482 ff. = Recht 1930 Nr. 1226; ebenso auch Tribunal Civ. Genf 31. 5. 1930, Revue 1930 S. 395 f. Daß die letzterwähnte Entscheidung schließlich rückwirkendem deutschem Aufwertungsrecht wegen Verstoßes gegen den schweizer Ordre public die Anerkennung versagt, ist in diesem Zusammenhang gleichgültig.

[1]) Gerechtshof Haag 4. 11. 1929, Bul. Bd. 23 Nr. 6421; Rechtbank Amsterdam 27. 2. 1928, Bul. Bd. 19 Nr. 5750; Rechtbank Maastricht 28. 11. 1929, Bul. Bd. 23 Nr. 6564.

[2]) Rechtbank Almelo 27. 6. 1928, Bul. Bd. 20 Nr. 6037.

[3]) Rechtbank Maastricht 15. 5. 1930, Weekblad v. het Recht 12 266 = BliP 1931 Sp. 213; Rechtbank Rotterdam 30. 6. 1930, Weekblad van het Recht 12 266 = BliP 1931 Sp. 212; Hooge Raad 2. 1. 1931, Weekblad van het Recht 12 259 = BliP 1931 Sp. 213.

[4]) In dem in der Anmerkung 1 zitierten Urteil der Rechtbank Maastricht vom 28. 11. 1929 wird festgestellt, daß die Forderung deutschem Recht und somit deutschem Aufwertungsrecht unterliege, dann aber hinzugefügt, daß dies nicht von Rechts wegen, sondern kraft Parteiwillens der Fall sei.

[5]) Vgl. Neumeyer Bd. III 2 S. 361 Anm. 43 und Ostrecht 1928 S. 547 ff.

[6]) 10. 10. 1928, Clunet 1930 S. 520 letzter Absatz. Nach der diesem Urteil beigefügten Note hat die Kgl. Kurie am 5. 2. 1929 noch einmal in demselben Sinne entschieden.

[7]) Anderson v. Equitable Life Assurance Society of the United States (1926) 42 T. L. R. (C. A.) 302.

Aufwertungsfragen — wenigstens bei Verträgen — nach dem Recht entschieden werden, dem der Vertrag unterliegt [1]).

In den Vereinigten Staaten hat die Rechtsprechung anfangs einfach die Aufwertung abgelehnt, sich aber später auf den schuldrechtlichen Standpunkt gestellt [2]).

Das ägyptische Berufungsgericht hat über die Aufwertung einer Markforderung auf Grund des vermutlichen Parteiwillens ohne jede Berücksichtigung des deutschen Währungsrechts entschieden [3]).

In Ländern, in welchen die Gerichte eine Aufwertung überhaupt nicht zulassen, auch wenn es sich um fremdes materielles Recht und fremde Währung handelt, ist aus der Judikatur natürlich wenig Material für die Beantwortung der hier behandelten Frage zu entnehmen. Denn wenn die Aufwertung grundsätzlich abgelehnt wird, gleichgültig, ob es sich um fremdrechtliche Ansprüche oder um fremde Währung handelt, haben die Gerichte kaum Veranlassung, Aufwertungsansprüche näher zu qualifizieren. So ist z. B. die Lage in Frankreich [4]). Aber doch hat sich ein französisches Gericht in einem Urteil über die Aufwertung polnischer Währung über die Frage geäußert, welches Recht für die Aufwertung maßgeblich sei und zwar im Sinne der Zuständigkeit der lex causae [5]). Das Gericht hat dann die Anwendung polnischen Rechts auf Grund des französischen ordre public abgelehnt.

§ 202. Aus der in § 200 angeführten Rechtsprechung ergibt sich, daß die Vorbehaltsklausel (Art. 30 EGBGB und § 328 Abs. 1 Ziffer 4 ZPO) nicht schon darum eingreift, weil es sich um einen Anspruch in deutscher Währung handelt. Aber sie kann selbstverständlich auch hier dazu führen, daß von der normalen Anerkennung fremder Urteile oder fremden Rechts abgewichen wird.

In der deutschen Rechtsprechung ist in einer Reihe von Fällen einem die Aufwertung ablehnenden fremden Recht (oder fremden Urteil) die Anerkennung versagt worden. Zwischen diesen deutschen Entscheidungen bestehen aber Widersprüche nach der Richtung, ob die Vorbehaltsklausel hier lediglich unter dem Gesichtspunkt des Verstoßes gegen den Zweck eines deutschen Gesetzes oder auch unter dem Gesichtspunkt des Verstoßes gegen die guten Sitten eingreift.

---

[1]) Dicey S. 684.

[2]) Vgl. das von Blumenthal, JW 1929 S. 470, und Großmann, JW 1929 S. 1621, beigebrachte Material.

[3]) 4. 3. 1925, Bul. Bd. 13 Nr. 4206.

[4]) Vgl. Neumeyer Bd. III 2 S. 364 und das auf S. 301 Anm. 19 beigebrachte Material.

[5]) Trib. Civ. de la Seine 15. 1. 1929, Bul. Bd. 22 Nr. 6281.

Die Frage, ob die Unterlassung der Aufwertung unsittlich ist oder nur gegen den Zweck eines deutschen Gesetzes verstößt, ist darum von praktischer Bedeutung, weil im ersteren Falle die Wirkungen der Vorbehaltsklausel umfassender sind als im letzteren. Denn wegen Verstoßes gegen den Zweck eines deutschen Gesetzes könnte das normalerweise maßgebliche fremde Recht oder Urteil nur beim Vorhandensein genügender Anknüpfungspunkte zu Deutschland oder zu Deutschen unbeachtet bleiben [1]).

In einem Urteil vom 25. 6. 1926 [2]) hat der 6. Zivilsenat des Reichsgerichts ausgesprochen, daß ein dänisches Urteil, welches von dem Grundsatz »Mark gleich Mark« ausging und darum jede Aufwertung einer Forderung auf deutsche Mark versagte, auf unsittlicher Grundlage beruhe und gegen den Zweck eines deutschen Gesetzes verstoße [3]). Der zweite Teil der Begründung: Verstoß gegen den Zweck eines deutschen Gesetzes ist zweifellos richtig. Die Forderung, um welche es sich handelte, unterlag offenbar deutschem Recht. Die durch die Versagung der Aufwertung geschädigte Partei hatte — wie ich aus der Urteilsabschrift festgestellt habe — ihren Wohnsitz in Deutschland — Husby in Angeln. Da die Aufwertungsgrundsätze von höchster wirtschaftlicher und sozialer Bedeutung für Deutschland sind, hätte das Reichsgericht seinen Standpunkt vollkommen ausreichend damit begründen können, daß das dänische Urteil den Zwecken des deutschen Rechts widerspreche. Es hätte ihn auch so begründen sollen [4]). Denn die deutschen Gerichte einschließlich des Reichsgerichts haben bis in das Jahr 1923 selbst den Grundsatz »Mark gleich Mark« angewandt und jede Aufwertung versagt. Und noch in einer Entscheidung vom 6. 4. 1925 [5]) hat das Reichsgericht ausgesprochen: »Es ist kein Grund abzusehen, der es rechtfertigen würde, die Notmaßnahmen, die die katastrophale Geldentwertung in Deutschland erforderlich gemacht hat, nun auch auf Forderungen auszudehnen, die mit der Entwertung der deutschen Mark nichts zu tun haben.« Für den dänischen Richter hat es sich genau wie für das Reichsgericht in dem Urteil vom 6. 4. 1925 um die Aufwertung einer Forderung in ausländischer Währung gehandelt.

Die deutsche Rechtsprechung hat denn auch die Auffassung auf-

---

1) Vgl. §§ 229 ff. S. 343 ff.

2) RG Bd. 114 S. 171 ff. = Rspr. Aufw. 1926 S. 517 ff. = JW 1926 S. 2367 f. = Z Bd. 37 S. 371 = ZAIP Sonderheft 1926/27 Nr. 6.

3) **Urteile zuständiger dänischer Gerichte werden in Deutschland grundsätzlich anerkannt, da die Gegenseitigkeit mit Dänemark verbürgt ist.**

4) **So auch Nußbaum, Bilanz S. 33.**

5) **4. Senat, JW 1925 S. 1986.**

gegeben, daß die Versagung der Aufwertung vollständig entwerteter Währungen unsittlich sei.

Das OLG München hat in einem Urteil vom 18. 11. 1926 [1]) ausgesprochen, es könne schon bei Berücksichtigung der Entwicklung, welche die deutsche Rechtsprechung und Gesetzgebung in der Aufwertungsfrage aufweist, im Ernst keine Rede davon sein, daß in der Anwendung des aufwertungsfeindlichen österreichischen Rechts ein Verstoß gegen die guten Sitten liege; und in einem Urteil vom 19. 5. 1927 [2]) hat dasselbe Gericht die Unanwendbarkeit des österreichischen grundsätzlichen Verbots der Aufwertung damit begründet, daß die Aufwertung der Aufrechterhaltung des deutschen Staats- und Wirtschaftslebens diene (daß dieses Verbot gegen den Zweck eines deutschen Gesetzes verstoße).

Das Hanseatische Oberlandesgericht [3]) hat sich freilich gegenüber englischem Recht, das die Aufwertung nicht kennt, darauf berufen, daß nach dem Reichsgerichtsurteil vom 25. 6. 1926 die Anwendung solchen Rechts gegen die guten Sitten und den Zweck eines deutschen Gesetzes verstoße. Aber die Gründe, welche das Oberlandesgericht selbst für die Anwendung der Vorbehaltsklausel bringt, beschränken sich lediglich auf den Verstoß gegen den Zweck eines deutschen Gesetzes. Außerdem hat das OLG für nötig gehalten, festzustellen, daß eine hinlängliche Beziehung zwischen dem deutschen Wirtschaftsleben und der Klagforderung vorlag (deutscher Wohnsitz und deutsche Abstammung des Gläubigers).

Der 1. Senat des Reichsgerichts hat in einer Entscheidung vom 14. 12. 1927 [4]) die Anwendung tschechoslowakischen Rechts, das die Aufwertung von Markforderungen versagt, für zulässig erklärt. Die Gläubiger waren in diesem Fall in der Tschechoslowakei wohnende Tschechoslowaken. Und in einem Urteil vom 13. 12. 1929 [5]) hat der 2. Senat ausdrücklich ausgesprochen, daß die Versagung der Aufwertung durch fremdes Recht nicht unter dem Gesichtspunkt der Sittenwidrigkeit, sondern nur des Verstoßes gegen den Zweck eines deutschen Gesetzes in Frage komme. Ein

---

[1]) Inhaltlich wiedergegeben bei Nußbaum, Bilanz S. 32 Anm. 2.

[2]) ZAIP Sonderheft 1926/27 Nr. 8.

[3]) 22. 7. 1927, HansRZ 1927 Sp. 942 = Z Bd. 39 S. 294 ff. = ZAIP Sonderheft 1926/27 Nr. 58 = Rspr. Aufw. 1927 S. 594 ff. = Clunet 1930 S. 1060.

[4]) RG Bd. 119 S. 259 ff. = JW 1928 S. 656 f. = Z Bd. 39 S. 323 ff. = Rspr. Aufw. 1928 S. 81 ff. = ZAIP Sonderheft 1928 Nr. 11.

[5]) WarnRspr. 1930 Nr. 43 S. 78 ff. (83).

solcher Verstoß liege nicht vor, wenn die Aufwertung einer nicht im Deutschen Reich begründeten Forderung eines Ausländers an einen anderen Ausländer in ausländischer Währung durch das fremde Recht versagt werde. Daß hier von einer Forderung in ausländischer Währung gesprochen wird, liegt nur daran, daß es sich im konkreten Fall um eine Rubelschuld handelte. Der 2. Senat verweist nämlich für seine Ansicht auf die vorstehend zitierte Entscheidung vom 14. 12. 1927, in welcher es sich um die Aufwertung einer Markschuld handelte.

Und schließlich hat das Reichsgericht in einer Entscheidung vom 5. 3. 1931 [1]) die Frage, ob einem Danziger Urteil auf Grund des § 328 Abs. 1 Nr. 4 ZPO die Anerkennung zu versagen sei, weil das Danziger Recht im konkreten Fall die Aufwertung ablehnte, während das deutsche Recht sie bewilligt haben würde, nur unter dem Gesichtspunkt des Verstoßes gegen den Zweck eines deutschen Gesetzes geprüft. Ein Verstoß gegen die guten Sitten ist überhaupt nicht in Betracht gezogen, und zwar weder vom Reichsgericht noch — wie sich aus dem reichsgerichtlichen Urteil ergibt — vom Berufungsgericht, dem Oberlandesgericht Stettin [2]).

Auch das OLG Kiel [3]) nimmt an, daß vom Standpunkt des deutschen Richters aus jeder Staat die Aufwertung nach seinen Bedürfnissen regeln könne, daß für die Anwendung der Vorbehaltsklausel auf ein fremdes Aufwertungsverbot nur der Verstoß gegen den Zweck eines deutschen Gesetzes in Betracht komme und daß ein solcher Verstoß beim Mangel genügender Anknüpfungen zu Deutschland nicht vorliege.

Aus inneren Gründen und nach dem jetzigen Stand der deutschen Rechtsprechung kann daher angenommen werden, daß Versagung der Aufwertung durch fremdes Recht bei genügender deutscher Anknüpfung unbeachtet bleiben muß, weil ein Verstoß gegen den Zweck eines deutschen Gesetzes vorliegt, daß der deutsche Richter aber nicht solches fremdes Recht als unsittlich behandeln und die sich daraus ergebenden weitergehenden Konsequenzen ziehen darf.

---

[1]) 4. Senat, RG Bd. 132 S. 193 ff. = Rspr. Aufw. 1931 S. 213 ff. = HRR 1931 Nr. 1970 = Recht 1931 Nr. 401

[2]) Auch der Verstoß gegen den Zweck eines deutschen Gesetzes ist nach Lage des Falles verneint, obwohl — wie sich aus RG a. a. O. ergibt — die Gläubigerin eine deutsche Versicherungsgesellschaft war.

[3]) 10. 5. 1930, JW 1931 S. 156 f.

Ausländische Staatsakte.

Regel 1 (§ 203): Die materiellrechtlichen Wirkungen ausländischer Staatsakte sind mit den aus Regeln 2 bis 5 ersichtlichen Ausnahmen nach demjenigen Recht zu beurteilen, welchem das Rechtsverhältnis unterliegt, das durch die Wirkungen des Staatsaktes betroffen wird.

Regel 2 (§ 204): Die Anerkennung der materiellrechtlichen Wirkungen ausländischer Urteile bestimmt sich nach § 328 ZPO. (Urteile im Sinne dieser Regel sind solche gerichtlichen Entscheidungen, welche einen bürgerlichen Rechtsstreit auf Grund eines beiden Parteien Gehör gewährenden, ordentlichen oder summarischen prozessualen Verfahrens erledigen.)

Ausnahme (§ 205): Dies gilt nicht für ausländische Urteile, welche in einer Angelegenheit ergangen sind, die in Deutschland nicht durch Urteil erledigt werden würde.

Regel 3 (§ 206): Die materiellrechtlichen Wirkungen ausländischer Staatsakte, welche nicht Urteile sind, aber in einer Angelegenheit ergangen sind, die in Deutschland durch Urteil erledigt werden würde, sind nur anzuerkennen, wenn

a) sie nach dem für das betroffene Rechtsverhältnis maßgebenden Recht begründet sind und

b) die Voraussetzungen vorliegen, unter denen ein ausländisches Urteil anzuerkennen wäre.

Regel 4 (§ 207): Die materiellrechtlichen Wirkungen von Staatsakten, die einem ausländischen Konkursverfahren oder verwandten Verfahren angehören, werden ohne Rücksicht auf das Recht, dem das fragliche Rechtsverhältnis unterliegt, nicht anerkannt. Dies gilt mit folgenden Ausnahmen:

(§ 208): a) Massegegenstände, die vom Verwalter eines ausländischen Konkurses nach Deutschland gebracht oder von ihm während des Konkurses für die Konkursmasse erworben worden sind, sind dem Zugriff einzelner Gläubiger entzogen, wie wenn sie der Masse eines deutschen Konkurses angehörten.

b) Die Ersetzung der Organe einer juristischen Person, über die im Ausland ein Konkurs eröffnet worden ist, durch Organe der Konkursverwaltung wird anerkannt.

Regel 5 (§ 209): Die Wirksamkeit ausländischer behördlicher Beschlagnahmen und ähnlicher behördlicher Maßnahmen ist nach dem Recht des Staates zu beurteilen, in dem sich der Gegenstand solcher Maßnahmen befindet.

Regel 6 (§ 210): Eine auf Grund eines ausländischen Titels im Ausland betriebene Vollstreckung ist nicht darum rechtswidrig, weil der Titel in Deutschland nicht anzuerkennen ist. Eine auf Grund eines ausländischen Titels durch Vollstreckung erwirkte oder wegen der drohenden Vollstreckung geleistete Zahlung ist nicht darum ohne Rechtsgrund, weil der Titel in Deutschland nicht anzuerkennen ist.

Regel 7 (§ 211): Unbeschadet der Regeln 2, 4 a, 4 b, 5 und 6 sind ausländische Staatsakte, wenn das Rechtsverhältnis, in welches sie einzugreifen bestimmt sind, dem deutschen Recht unterliegt, grundsätzlich ohne materiellrechtliche Wirkung.

§ 203. Der Staat regelt die Privatrechtsverhältnisse nicht nur, indem er Normen erläßt, durch die generell bestimmten Tatbeständen bestimmte Rechtsfolgen gegeben werden, sondern auch durch rechtsgestaltende Anordnungen für Einzelfälle. Zu letzteren gehören, um einige Beispiele zu nennen, die Volljährigkeitserklärung und die Entmündigung, die Todeserklärung, die gerichtliche Vertragsauflösung, die Ehescheidung, die Bestellung eines Vormundes oder eines Testamentsvollstreckers, die Pfändung einzelner Vermögensstücke, die Konkurseröffnung. Staatsakte können auch mittelbar in Rechtsverhältnisse des Privatrechts eingreifen. Strafurteile z. B. können die Rechts- oder Geschäftsfähigkeit beschränken[1]), einen Grund zur Ehescheidung geben [2]), die väterliche Gewalt verändern [3]) oder jemanden unfähig machen, Vormund, Gegenvormund, Pfleger oder Beistand zu sein [4]). Nach welchen Regeln bestimmen sich die Wirkungen, welche deutsche Gerichte ausländischen Staatsakten dieser rechtsgestaltenden Art beizulegen haben?

Grundsätzlich entscheidet über diese Wirkungen — damit sind im folgenden stets nur die materiellrechtlichen Wirkungen des Staatsakts gemeint — dasjenige Recht, welchem das Rechtsverhältnis, in das der Staatsakt eingreift, unterliegt. Dies ist die Stellungnahme unserer Rechtsprechung.

Das Reichsgericht hat in einer Entscheidung von 1912 [5]) die Entmündigung einer Französin durch ein französisches Gericht (Bestellung eines conseil judiciaire) anerkannt, weil es vom Standpunkt der Maßgeblichkeit des Heimatsrechts aus gleichgültig sei, »aus welchem Grunde das ausländische Recht seinen Staatsangehörigen im einzelnen Falle die Geschäftsfähigkeit ganz oder teilweise versagt, insbesondere, ob die mangelnde oder geminderte Geschäftsfähigkeit auf natürlichen Anlagen der Person (Alter, Geschlecht, Geisteszustand) oder auf einer behördlichen Anordnung (Entmündigung, Beistandsbestellung) beruht«.

Auf demselben Standpunkt steht eine Entscheidung des Reichsgerichts vom 28. 3. 1931 [6]).

Das Hanseatische Oberlandesgericht [7]) und das Oberlandes-

[1]) Vgl. Art. 29, 34 Code civil.

[2]) Vgl. Art. 264 des holländischen Burgerlijk Wetboek.

[3]) Vgl. franz. Gesetz von 1889, Pillet, Recueil Bd. 8 S. 517.

[4]) Vgl. § 34 Nr. 6 des deutschen StrGB.

[5]) 24. 10. 1912, RG Bd. 80 S. 262 ff. (265) = Revue 1913 S. 892.

[6]) SA Bd. 85 Nr. 103 S. 193 ff. (194 ff.) = HRR 1931 Nr. 1321 = JW 1932 S. 588 ff. (590).

[7]) 21. 3. 1894, SA Bd. 49 Nr. 230 = Z Bd. 4 S. 571 ff.

gericht München [1]) haben wie das Reichsgericht die im Heimatsstaat ausgesprochene Entmündigung eines Ausländers anerkannt.

Andere Entscheidungen deutscher Gerichte gehen offenbar von demselben Rechtsgedanken aus. So eine Reichsgerichtsentscheidung vom 8. 1. 1881 [2]) über die Wirksamkeit der von einem österreichischen Gericht vorgenommenen Bestellung eines Kurators für Obligationen einer österreichischen Eisenbahngesellschaft. Es war geltend gemacht, das österreichische Gericht sei zu der Bestellung nicht befugt gewesen. Das Reichsgericht erklärte zur notwendigen Voraussetzung für die Anerkennung der Wirksamkeit der Bestellung, »daß nach Inhalt ... der Gesetze, denen jenes Rechtsverhältnis (das Obligationsverhältnis) unterworfen erscheint, der Kuponbesitzer auch an eine solche Dispositionsentziehung und Vertretungsauferlegung in bezug auf den geltend gemachten Anspruch für gebunden zu erachten ist.« Also Beurteilung der Wirkungen des ausländischen Staatsaktes nach dem Recht, dem das betroffene Rechtsverhältnis unterliegt.

Das Bayrische Oberste Landesgericht [3]) hat erklärt, daß die tschechoslowakische Ehelichkeitserklärung des deutschen Kindes eines tschechoslowakischen Vaters — unter den in Art. 22 Abs. 2 EG aufgestellten weiteren Erfordernissen — anzuerkennen sei, weil nach Art. 22 Abs. 1 EG das tschechoslowakische Recht für die Legitimation materiell maßgeblich sei.

Vor allem aber hat das Oberlandesgericht München [4]) die Anerkennung der Entmündigung eines Russen in Italien darauf abgestellt, ob die Entmündigung in Rußland anerkannt werde, da nach Art. 7 EG für die Geschäftsfähigkeit des Russen das russische Recht maßgebend ist.

In einem vom Reichsgericht entschiedenen Falle [5]) hatte das OLG Karlsruhe für die Wirkungen der Erteilung eines schweizer »Verlustscheins infolge Pfändung« das schweizer Recht mit der Begründung für grundsätzlich maßgeblich erklärt, daß die fragliche Forderung schweizer Recht unterlag. Diesen Standpunkt hat das Reichsgericht offenbar gebilligt.

Auch in der Literatur wird die Regel, daß grundsätzlich über die

---

[1]) 18. 4. 1907, Seufferts Blätter Bd. 72 S. 845 (entnommen Lewald Nr. 79 S. 61).

[2]) Blum Bd. 3 S. 219 ff.

[3]) 8. 6. 1921, ROLG Bd. 42 S. 105 ff.

[4]) 16. 3. 1927, ZAIP Sonderheft 1928 Nr. 55.

[5]) 19. 12. 1922, RG Bd. 106 S. 82 ff.

Wirkungen ausländischer Staatsakte das für das betreffende Rechtsverhältnis maßgebende Recht entscheide, anerkannt [1]).

Die Regel unterliegt aber weitreichenden Ausnahmen.

§ 204. Für die Frage der Anerkennung ausländischer Urteile gelten besondere Regeln. § 328 ZPO bestimmt:

»Die Anerkennung des Urteils eines ausländischen Gerichts ist ausgeschlossen:

1. wenn die Gerichte des Staates, dem das ausländische Gericht angehört, nach den deutschen Gesetzen nicht zuständig sind;

2. wenn der unterlegene Beklagte ein Deutscher ist und sich auf den Prozeß nicht eingelassen hat, sofern die den Prozeß einleitende Ladung oder Verfügung ihm weder in dem Staate des Prozeßgerichts in Person noch durch Gewährung deutscher Rechtshilfe zugestellt ist;

3. wenn in dem Urteil zum Nachteil einer deutschen Partei von den Vorschriften des Art. 13 Abs. 1, 3 oder der Art. 17, 18, 22 des Einführungsgesetzes zum Bürgerlichen Gesetzbuch oder von der Vorschrift des auf den Art. 13 Abs. 1 bezüglichen Teiles des Art. 27 desselben Gesetzes oder im Falle des Art. 9 Abs. 3 zum Nachteil der Ehefrau eines für tot erklärten Ausländers von der Vorschrift des Art. 13 Abs. 2 abgewichen ist;

4. wenn die Anerkennung des Urteils gegen die guten Sitten oder gegen den Zweck eines deutschen Gesetzes verstoßen würde;

5. wenn die Gegenseitigkeit nicht verbürgt ist.

Die Vorschrift der Nr. 5 steht der Anerkennung des Urteils nicht entgegen, wenn das Urteil einen nicht vermögensrechtlichen Anspruch betrifft und nach den deutschen Gesetzen ein Gerichtsstand im Inland nicht begründet war.«

Das gilt nicht nur für die Frage, ob auf Grund ausländischer Urteile ein Vollstreckungsurteil erlassen werden darf — für dieses werden in § 723 ZPO die in § 328 ZPO aufgestellten Voraussetzungen noch ausdrücklich in Bezug genommen —, sondern auch für die materiellrechtlichen Urteilswirkungen. Rechtsgestaltende Urteile

---

[1]) Vgl. Zitelmann Bd. II S. 92 ff., 102 ff., 735 ff., 818 f. (für die Entmündigung, Todeserklärung, Scheidung, Aberkennung der Ehelichkeit; vom Standpunkt des von ihm gelehrten völkerrechtlichen internationalen Privatrechts aus); Krug, DJZ 1905 S. 838, 840 (für Todeserklärung und Entmündigung); Frankenstein Bd. I S. 341 ff.; Neumeyer I. Pr. R. § 11 S. 10 f.; Raape Art. 8 D I und II (für die Entmündigung), Art. 9 E I und II (für die Todeserklärung). — Abweichend Levis u. a. S. 83 ff. (für die Entmündigung von Ausländern in einem dritten Staat).

sind von der Regelung des § 328 ZPO nicht ausgenommen [1]). Auch anderen Urteilen als den eigentlichen rechtsgestaltenden können materiellrechtliche Wirkungen zukommen. Nach englischem Recht z. B. läßt das einfache verurteilende Erkenntnis eines »court of record« den ursprünglichen Anspruch untergehen und einen neuen entstehen [2]).

Hier gilt also nicht der allgemeine Grundsatz, nach dem das für das Rechtsverhältnis maßgebende Recht darüber entscheidet, welche Einwirkung auf die Rechtslage dem ausländischen Staatsakt zukommt. Nach diesem Grundsatz müßte zum Beispiel die eheauflösende Wirkung einer irgendwo erfolgten gerichtlichen Scheidung in Deutschland anerkannt werden, wenn sie nur nach dem Heimatsrecht des Ehemannes diese Wirkung hat. Aber auf Grund des § 328 ZPO ist nicht die Stellungnahme des Heimatsrechts, sondern allein der Umstand maßgebend, ob § 328 ZPO die Anerkennung des Scheidungsurteils verhindert [3]). Hierbei ist folgendes zu berücksichtigen:

§ 328 ZPO bestimmt ausdrücklich nur, wann ausländische Urteile nicht anerkannt werden dürfen. Allein die Vorschrift ist so zu verstehen, daß für alle anderen Fälle die Anerkennung geboten ist. Diesen Standpunkt vertritt die Rechtsprechung regelmäßig ohne es ausdrücklich auszusprechen [4]). Die weit überwiegende Mehrheit der Schriftsteller ist derselben Meinung [5]).

Trotz Widerspruchs des ausländischen Wirkungsstatuts ist also, wenn die in § 328 ZPO aufgezählten Fälle der Nichtanerkennung eines ausländischen Urteils nicht vorliegen, ein fremdes Urteil anzu-

---

[1]) So ausdrücklich Zitelmann Bd. II S. 769 f., 825, 899; Stein-Jonas § 328 I.

[2]) Vgl. Halsbury, The Laws of England, Bd. 7 1909 Nr. 935 S. 458; Schirrmeister-Prochownik, Kommentar zur Kodifikation des Bürgerlichen Rechts Englands von Jenks u. anderen, 2. Bd. 1929 S. 248.

[3]) Vgl. z. B. RG 16. 12. 1920, WarnRspr. 1921 Nr. 35 S. 40 ff.; RG 5. 1. 1925, Z Bd. 34 S. 439 = ZAIP Sonderheft 1926/27 Nr. 165; RG 30. 4. 1928, WarnRspr. 1928 Nr. 109 S. 215 ff. = JW 1928 S. 3044 ff. = ZAIP Sonderheft 1928 Nr. 123.

[4]) Ausdrücklich ausgesprochen in KG 26. 10. 1903, ROLG Bd. 7 S. 412 ff. (413).

[5]) Vgl. z. B. Seufferts Kommentar zur ZPO Bd. I § 328 2 a; Stein-Jonas § 328 I. Ebenso auch Zitelmann Bd. II S. 771, obwohl diese Auslegung zu den Grundsätzen des von ihm gelehrten völkerrechtlichen internationalen Privatrechts in scharfem Widerspruch steht. — Dagegen nimmt Frankenstein Bd. I S. 346 f. an, daß auch außerhalb der im § 328 aufgezählten Fälle ein Urteil nicht anzuerkennen sei, wenn es nach dem für das Rechtsverhältnis maßgebenden Recht nicht anzuerkennen ist.

erkennen. Umgekehrt ist es entgegen dem Wirkungsstatut nicht anzuerkennen, wenn einer der im § 328 ZPO aufgezählten Fälle des Anerkennungsverbotes vorliegt.

Wegen dieser Sonderbehandlung ausländischer Urteile ist es erforderlich, die Merkmale zu finden, die ausländische Urteile von anderen ausländischen Staatsakten unterscheiden. Das Reichsgericht versteht unter Urteilen im internationalrechtlichen Sinne »solche gerichtlichen Entscheidungen . . ., welche einen Rechtsstreit zwischen Parteien auf Grund eines beiden Parteien Gehör gewährenden, ordentlichen oder summarischen prozessualen Verfahrens erledigen [1]«. Das Vorliegen eines solchen Staatsaktes wird in § 328 ZPO vorausgesetzt. Zu beachten ist, daß diese Definition nicht alles deckt, was in der ZPO als »Urteil« bezeichnet wird. Im Aufgebotsverfahren der ZPO z. B. ergeht »Ausschlußurteil« (§§ 952ff. ZPO). Dennoch sind ausländische Staatsakte, die dem deutschen »Ausschlußurteil« entsprechen, nicht Urteile im Sinne des § 328 ZPO; denn ihnen fehlen die in der Definition des Reichsgerichts angegebenen Merkmale.

§ 205. Aber die Art des Zustandekommens des ausländischen Staatsakts, auf die die Definition des Reichsgerichts abstellt, ist nicht allein entscheidend dafür, ob sich die Anerkennung seiner Wirkungen nach § 328 ZPO richtet. Nicht auf alle diejenigen ausländischen Staatsakte, auf welche jene Definition zutrifft, ist § 328 ZPO anzuwenden.

Das ergibt die schon angeführte Reichsgerichtsentscheidung über die Anerkennung der durch ein französisches Gericht ausgesprochenen Entmündigung einer Französin [2]). In den Gründen dieser Entscheidung wird ausgeführt, die »Prodigalitätserklärung« sei »ihrer Natur nach auch da, wo sie in den Formen des Prozeßverfahrens und durch Urteil ausgesprochen wird, im Grunde ein Akt der freiwilligen Gerichtsbarkeit«. Nun ist aber die »Natur« der Entscheidung kaum geeignet, Urteile, die »im Grunde« Akte der freiwilligen Gerichtsbarkeit sind, von anderen Urteilen zu unterscheiden. Denn der Begriff der freiwilligen Gerichtsbarkeit, wenn er wie hier nicht allein nach der deutschen Verfahrensordnung bestimmt werden soll, steht durchaus nicht fest. Die Trennung nach konstitutiver (rechtsgestaltender) und deklaratorischer Wirkung der Entscheidung kann gerade in der hier erörterten Beziehung, nämlich

---

[1]) RG 30. 6. 1886, RG Bd. 16 S. 427 ff., wiederholt in HansOLG 20. 12. 1907, ROLG Bd. 18 S. 392 ff.

[2]) RG 24. 10. 1912, RG Bd. 80 S. 262 ff. = Revue 1913 S. 892.

für die Frage der Anerkennung ausländischer Staatsakte, nicht verwendet werden. Das wichtigste rechtsgestaltende Urteil, das Scheidungsurteil, wird vom Reichsgericht selbst, wie eben dargelegt, unter die Regelung des § 328 ZPO gebracht. Den Anhalt zur richtigen Würdigung gibt meines Erachtens der Umstand, daß die Entmündigung in Deutschland nicht in kontradiktorischem Verfahren erfolgt [1]) (nicht in einem Verfahren, das mit einem Urteil im Sinne der oben mitgeteilten reichsgerichtlichen Definition schließt). Der die Entmündigung aussprechende Staatsakt wird dementsprechend als Beschluß bezeichnet [2]). Auch ist zu beachten [3]), daß bei der deutschen Entmündigung anders als bei rechtsgestaltenden Urteilen wie dem Scheidungsurteil nicht über einen bestehenden Anspruch entschieden wird. Das zeigt sich insbesondere daran, daß der Entmündigung keine Rechtskraft in dem Sinne zukommt, wie sie Gestaltungsurteile besitzen. Die Klage auf Wiederaufhebung der Entmündigung muß nicht auf eine Veränderung der Sachlage seit der Entmündigung gestützt werden. Die bei der Entmündigung geschehene rechtliche Beurteilung des damals vorliegenden Tatbestandes kann auf ihre Richtigkeit nachgeprüft werden [4]).

Ein anderes Beispiel dafür, daß § 328 ZPO nicht für alle ausländischen Staatsakte gilt, die an den vom Reichsgericht aufgestellten Merkmalen des Urteilsbegriffs gemessen als Urteile anzusehen sind, bietet das schiedsgerichtliche Verfahren. In Deutschland erfolgen die gerichtlichen Anordnungen, welche die Konstituierung eines vereinbarten Schiedsgerichts erzwingen, durch gerichtlichen Beschluß (§§ 1029 Abs. 2, 1031 Satz 2 ZPO). Dieses Verfahren ähnelt mehr dem Verfahren der freiwilligen Gerichtsbarkeit als dem des Prozesses. Wenn für die Konstituierung eines ausländischen Schiedsgerichts ein Urteil erforderlich ist und ergeht, so finden auf solches Urteil die Vorschriften des § 328 ZPO keine Anwendung. Für die Wirkung dieses Urteils ist allein entscheidend, wie sich das das Schiedsgerichtsverfahren beherrschende fremde Recht zu ihm stellt [5]).

Aus diesen Entscheidungen läßt sich meines Erachtens die Regel ableiten, daß ein fremder Staatsakt, der in einer Sache ergeht, die

---

[1]) Vgl. §§ 645 ff. ZPO.

[2]) Vgl. §§ 645, 680 ZPO.

[3]) Vgl. die Argumentation von Levis S. 87 ff.

[4]) Vgl. Levis S. 94; Stein-Jonas § 675 I und die von diesen angeführten Entscheidungen.

[5]) Vgl. RG 28. 1. 1927, RG Bd. 116 S. 76 ff. = ZAIP Sonderheft 1926/27 Nr. 172 = JW 1927 S. 2312 = HansGZ Hbl. 1927 S. 101 f.

in Deutschland nicht durch Urteil entschieden werden würde, nicht unter § 328 ZPO fällt, mag er auch wie ein Urteil erlassen sein [1]).

§ 206. Aus dieser Stellungnahme unserer Gerichte ergibt sich meines Erachtens auch die Entscheidung des umgekehrten Falles, nämlich desjenigen, in welchem durch einen ausländischen Akt der freiwilligen Gerichtsbarkeit oder der Verwaltung eine Entscheidung getroffen ist, die bei uns durch Urteil erfolgen würde. Hier müssen für die Anerkennung des ausländischen Aktes die Voraussetzungen vorliegen, die § 328 ZPO für die Anerkennung eines ausländischen Urteils erfordert. Für diese Stellungnahme spricht schon die Erwägung, daß wir da, wo wir fremde Urteile nicht beachten, keine Veranlassung haben, Entscheidungen desselben Inhaltes anzuerkennen, wenn sie in einem Verfahren ergangen sind, das geringere Garantien für eine richtige Erledigung bietet als Verfahren, die mit einem Urteil abschließen [2]). Es wäre geradezu sinnlos, wenn wir in Fällen, in welchen wir fremden Ehescheidungsurteilen die Anerkennung versagen, eine Scheidung durch fremden Verwaltungsakt, z. B. durch Streichung der Ehe seitens eines Beamten des Zivilstandsregisters, anerkennen würden.

Für die Fälle aber, wo nach § 328 ZPO ein ausländisches Urteil anzuerkennen wäre, ist nun nicht anzunehmen, daß auch der ausländische Verwaltungsakt notwendig als wirksam anzusehen ist. Die Heranziehung des § 328 ZPO gegenüber ausländischen Staatsakten, die nicht Urteile sind, hat nur die Bedeutung, daß da, wo ein Urteil nicht anerkannt würde, ein Staatsakt anderer Art auch nicht anerkannt wird. Im übrigen aber muß es bei der Regel bleiben, daß das Wirkungsstatut über die materiellrechtlichen Wirkungen solcher ausländischer Staatsakte entscheidet. Wenn der Fall so liegt, daß ein Urteil nach § 328 anzuerkennen wäre, ist also zur Anerkennung des Staatsaktes anderer Art weiter erforderlich,

---

[1]) Auf die Reichsgerichtsentscheidung vom 24. 10. 1912 beruft sich KG 13. 1. 1925, JW 1925 S. 2146, worin angenommen wird, daß eine Ehe von Deutschen durch Scheidung in den Vereinigten Staaten aufgelöst wurde, obwohl das Scheidungsurteil nach § 328 ZPO nicht anzuerkennen war. Die Entscheidung stützt sich in Wahrheit darauf, daß die entgegengesetzte Stellungnahme zu »untragbaren Ergebnissen« führen würde, und findet ihre Erklärung aus dem Gesichtspunkt der Selbstbeschränkung des deutschen internationalen Privatrechts. Vgl. § 279 S. 414. Die Berufung auf RG 24. 10. 1912 ist nicht gerechtfertigt.

[2]) Vgl. RG 20. 2. 1913, RG Bd. 81 S. 373 ff. (376), ausführlich weiter unten § 211 S. 322 f.

daß ihm nach dem für das betroffene Rechtsverhältnis maßgebenden Recht die gewollten Wirkungen zukommen [1]).

§ 207. Eine zweite Ausnahme von dem Grundsatz, daß nach dem für das Rechtsverhältnis maßgebenden Recht auch die Wirkungen des ausländischen Staatsaktes zu beurteilen sind, gilt im Konkursrecht. Materiellrechtliche Wirkungen der verschiedensten Art knüpfen sich an die Eröffnung des Konkurses, die Bestellung eines Konkursverwalters, die Bestätigung eines Zwangsvergleichs, die Beendigung des Konkurses und andere im Konkurs vorkommende Akte der Staatsgewalt, die in den verschiedenen Ländern sehr verschieden ausgebildet sind.

Die Anerkennung der materiellrechtlichen Wirkungen ausländischer Staatsakte dieser Art wird verhindert durch das Prinzip der Territorialität des Konkurses, das sich in der Rechtsprechung des Reichsgerichtes gegen das Prinzip der Universalität durchgesetzt hat. Nach dem gegenwärtigen Standpunkt unserer Rechtsprechung sind Rechtsänderungen auf Grund Gesetzes oder staatlicher Einzelanordnung, die infolge der Eröffnung oder Durchführung eines ausländischen Konkurses stattfinden, beim Fehlen von Staatsverträgen [2]) grundsätzlich niemals anzuerkennen. Dabei kommt es nicht auf das Recht an, dem das Rechtsverhältnis unterliegt, in welches der ausländische Konkurs eingreifen will. So hat das Reichsgericht mehrfach einer englischen order of discharge (einer gerichtlichen Anordnung, durch die der Gemeinschuldner nach Verteilung der Masse von seinen Schulden befreit wird) die Anerkennung versagt ohne Rücksicht darauf, ob die Forderung, um die es sich in casu handelte, materiell dem englischen Recht unterlag [3]). Ferner hat das Reichsgericht einem französischen Konkursvergleich die schuldvernichtende Wirkung versagt, ohne Wert darauf zu legen, welchem Recht die Forderung unterlag [4]); nach dem Tatbestand war das sehr wahrscheinlich das französische. Und ebenfalls hat das

---

[1]) Vgl. die in der vorangehenden Anmerkung erwähnte Entscheidung des RG vom 20. 2. 1913.

[2]) Einschlägige Staatsverträge des Reichs bestehen nicht. Nach RG 1. 7. 1889, RG Bd. 24 S. 12, sind die Verträge der Länder in Kraft geblieben. Es sind (nach Jaeger § 237 Anm. 6) namentlich die Verträge von Württemberg mit schweizer Kantonen (1825/26), von Bayern mit schweizer Kantonen (1834), von Preußen mit Österreich (1844) und von Sachsen mit Österreich (1854).

[3]) RG 20. 3. 1888, RG Bd. 21 S. 7 ff.; RG 18. 5. 1889, RG Bd. 24 S. 383 ff. = Bolze Bd. 8 Nr. 13.

[4]) RG 11. 7. 1902, RG Bd. 52 S. 155 f. Vgl. auch OLG Düsseldorf 26. 11. 1891, Z Bd. 4 S. 360 ff.

Reichsgericht die materiellrechtlichen Wirkungen der von Gläubigern in schweizer Konkursen erlangten konkursrechtlichen »Verlustscheine« nicht anerkannt, sowohl zugunsten wie zuungunsten des Gläubigers, ohne Rücksicht darauf zu nehmen, welchem Recht die streitige Forderung unterlag [1][2][3][4].

Dieselben Erwägungen, die zur grundsätzlichen Nichtbeachtung eines ausländischen Konkurses führen, müssen auch die Nichtbeachtung ausländischer staatlicher Einzelakte zur Folge haben, welche das Recht eines Gläubigers auf Einzelbefriedigung beschränken, z. B. ein ausländisches Vergleichsverfahren zur Abwendung des Konkurses [5], die holländische Surséance van betaling und dergleichen.

§ 208. In wenigen Beziehungen hat das Reichsgericht dennoch, auch nachdem es den Grundsatz der Territorialität der Konkurse angenommen hatte, Wirkungen ausländischer Konkurse anerkannt: Massegegenstände, die vom Verwalter des ausländischen Konkurses nach Deutschland gebracht oder erst von ihm während des Konkurses für die Konkursmasse erworben worden sind, fallen nicht unter § 237 KO, d. h. sie sind dem Zugriff einzelner Gläubiger entzogen [6]. Und die Ersetzung der Organe einer in Konkurs geratenen juristischen Person durch Organe der Konkursverwaltung wird anerkannt [7].

---

[1]) 13. 3. 1929, SA Bd. 83 Nr. 140 = LZ 1929 S. 1274 = ZAIP Sonderheft 1929 Nr. 164.

[2]) Den entgegengesetzten Standpunkt hatten HansOLG 7. 5. 1906, Z Bd. 18 S. 144 ff., und LG Mannheim 11. 5. 1928, ZAIP Sonderheft 1928 Nr. 9 eingenommen.

[3]) Übereinstimmend: Jaeger § 193 Anm. 19, Menzel § 237 Anm. 2.

[4]) Das RG hatte früher vom Standpunkt des Universalitätsprinzips aus die entgegengesetzte Stellung zur Wirkung ausländischer Konkurse eingenommen. Vgl. RG 11. 12. 1884, RG Bd. 14 S. 405 ff. = HansGZ 1885 Hbl. S. 25 ff. (Anerkennung der Befristung einer englischem Recht unterliegenden Forderung infolge eines englischen Konkurses); RG 28. 9. 1885, RG Bd. 16 S. 337 ff. (Anerkennung der Vertretung des Gemeinschuldners eines ausländischen Konkurses durch den Konkursverwalter). Beide Entscheidungen erklären ausdrücklich, daß die Wirkung eines ausländischen Konkurses auf ein ausländischem Recht unterliegendes Rechtsverhältnis nach dem ausländischen Recht zu beurteilen sei. Vgl. auch Anm. 6 u. 7.

[5]) LG Königsberg 2. 11. 1931, JW 1932 S. 207 f. mit Note von Kiesow.

[6]) RG 13. 4. 1915, LZ 1915 Sp. 1588; RG 11. 6. 1926, RG Bd. 114 S. 83 ff. = ZAIP Sonderheft 1926/27 Nr. 179. Ebenso früher vom Universalitätsgrundsatz aus RG 13. 1. 1885, RG Bd. 14 S. 424 ff.

[7]) RG 7. 11. 1916, RG Bd. 89 S. 183. Ebenso vom aufgegebenen Standpunkt der Universalität aus: RG 21. 1. 1885, RG Bd. 14 S. 412 ff.; RG 18. 2. 1885, Bolze Bd. 1 Nr. 42; RG 28. 9. 1885, RG Bd. 16 S. 337 ff. Darüber, daß

§ 209. Eine dritte wichtige Ausnahme von dem an den Anfang gestellten Grundsatz gilt für Beschlagnahmen und ähnliche behördliche Maßnahmen.

Der praktisch bedeutsamste der hierher gehörigen Fälle ist wohl der der Forderungsbeschlagnahme, also insbesondere der Forderungspfändung und Überweisung zur Einziehung. Durch diesen Akt der Zwangsvollstreckung wird die materielle Rechtslage bezüglich der Forderung verändert. Als solche Veränderungen kommen hauptsächlich in Betracht: der Ausschluß der Tilgungswirkung im Falle der Leistung des Drittschuldners an den Schuldner und die Ermächtigung des Gläubigers zur Einziehung der Forderung. Nach dem Grundsatz der Maßgeblichkeit des Rechts, dem das betreffende Rechtsverhältnis unterliegt, müßte auch über diese Wirkungen ausländischer Vollstreckungsmaßnahmen gemäß dem Statut der Forderung entschieden werden. Das Reichsgericht hat in zwei Entscheidungen [1]) die Beschlagnahme einer Forderung am Wohnsitz des Drittschuldners anerkannt und dabei für unerheblich erklärt, ob der Erfüllungsort der Forderung in einem anderen Lande lag, die Forderung also möglicherweise materiell unter einem anderen Rechte als dem des Schuldnersitzes stand [2])[3]). Den Grund für diese Stellungnahme gab die entsprechende Anwendung der Regeln des deutschen Prozeßrechts über den Gerichtsstand des Vermögens, wonach eine Forderung grundsätzlich als am Wohnsitz des Schuldners befindlich anzusehen ist (§ 23 Satz 2 ZPO).

Dazu kommen mehrere Entscheidungen des Reichsgerichts über die Wirksamkeit von Kriegsmaßnahmen der ehemaligen Feindmächte, insbesondere von Forderungsbeschlagnahmen [4]). Für

---

das Festhalten an dieser Stellungnahme aus dem Gesichtspunkt der Selbstbeschränkung des deutschen internationalen Privatrechts zu erklären ist, vgl. § 273 S. 411.

[1]) 6. 11. 1895, RG Bd. 36 S. 355 ff. = Z Bd. 6 S. 58 ff.; 18. 6. 1907, SA Bd. 63 Nr. 27 = Clunet 1908 S. 1188. (In RG 24. 10. 1906, JW 1906 S. 810, wird eine in Agram erfolgte Forderungspfändung anerkannt, aus der Mitteilung in der JW ist aber nicht zu ersehen, aus welchen Gründen.)

[2]) Vgl. auch HansOLG 10. 10. 1900, Z Bd. 11 S. 278: Ein »Embargo« (Art Beschlagnahme) einer Forderung in Ecuador wird anerkannt, weil der Drittschuldner dort einen dauernden Gewerbebetrieb unterhielt. Auf die Frage, welchem Recht die Forderung unterlag, wird kein Gewicht gelegt; es war offenbar deutsches Recht.

[3]) Vgl. auch Stein-Jonas § 829 Anm. 93, der anscheinend diesen Standpunkt billigt.

[4]) 2. 6. 1923, RG Bd. 107 S. 44 ff.; 2. 5. 1924, RG Bd. 108 S. 265 ff.; 25. 6. 1924, JW 1925 S. 248 f.; 22. 9. 1930, RG Bd. 130 S. 23 ff.

diese Fragen war in erster Linie der Versailler Vertrag maßgebend. Allein das Reichsgericht schickt den Erörterungen, die an diese besondere Rechtsquelle anknüpfen, Ausführungen voraus, die, wie in ihnen ausdrücklich gesagt wird, allgemeine Grundsätze des deutschen Rechts angeben. In drei der angeführten Entscheidungen [1]) wird erklärt, daß die Wirksamkeit gerichtlicher oder sonstiger behördlicher Maßnahmen in bezug auf Forderungen nach dem Recht des Sitzes des Schuldners zu bestimmen sei. Schließlich hat das Reichsgericht in einer Entscheidung vom 18. 3. 1931 [2]) die Beschlagnahme eines deutschen Giroguthabens bei einer Londoner Zweigniederlassung einer schweizer Bank unabhängig von den Bestimmungen des Versailler Vertrages und ohne Entscheidung der Frage, ob diese Beschlagnahme zu Recht erfolgt ist, als verbindlich für den deutschen Gläubiger erklärt, weil die Zweigniederlassung in dem Machtbereich der englischen Behörden lag und — wenn freiwillige Zahlung unterblieben wäre — Zwangsmaßnahmen erfolgt sein würden. In einem dieser Urteile [3]) wird dargelegt, daß die Frage der Anerkennung solcher Beschlagnahmen zu unterscheiden sei von der, nach welchem Recht ein schuldrechtliches Verhältnis zu beurteilen ist, wofür andere Anknüpfungspunkte, der Erfüllungsort und der Parteiwille, maßgebend sind. Zwei dieser Entscheidungen [4]) nehmen für eine Wechselforderung an, daß nicht der Wohnsitz des Wechselschuldners, sondern der Ort, wo sich der Wechsel befindet, das Recht bestimme, nach dem die Wirkungen solcher Maßnahmen auf die Wechselforderung zu beurteilen sind. Der Grund war, daß die Wechselurkunde die Trägerin des Wechselrechts ist [5]).

§ 210. Über die Bedeutung, die wir der vorgenommenen oder drohenden Vollstreckung auf Grund ausländischer, eine Leistungspflicht festsetzender Staatsakte zuzuerkennen haben, geben einige Entscheidungen näheren Aufschluß:

Das Reichsgericht hat über folgenden Fall entschieden [6]): A. hatte den B. in Rußland verklagt, in erster Instanz eine Verurteilung erlangt und daraus mit Erfolg die vorläufige Zwangsvollstreckung betrieben. In zweiter Instanz wurde seine Klage rechtskräftig abgewiesen. B. verlangte von A. Rückzahlung der durch

---

[1]) Die vom 2. 6. 1923, 2. 5. 1924 und 22. 9. 1930.

[2]) RG Bd. 132 S. 128 ff. = JW 1932 S. 346 ff.

[3]) In dem vom 2. 6. 1923.

[4]) Die vom 2. 6. 1923 und die vom 25. 6. 1924.

[5]) Vgl. § 831 ZPO, nach welchem eine Wechselforderung dadurch gepfändet wird, daß der Gerichtsvollzieher den Wechsel in Besitz nimmt.

[6]) Mitgeteilt von Richard, Z Bd. 3 S. 27 f. ohne Datumsangabe.

die Zwangsvollstreckung beigetriebenen Summe, indem er sich lediglich auf die beiden russischen Urteile berief. Das Reichsgericht hat die Klage abgewiesen, weil das rechtskräftige russische Urteil zweiter Instanz in Deutschland mangels Verbürgung der Gegenseitigkeit keinen Wert habe und die auf Grund des ausländischen Urteils erster Instanz erfolgte Zwangsvollstreckung als solche keine widerrechtliche, die condictio ex injusta causa begründende Abnötigung sei. Das Reichsgericht fügt hinzu, B. hätte seinen Kondiktionsanspruch auf das ursprüngliche Sach- und Rechtsverhältnis gründen müssen.

In einem vom Kammergericht [1]) entschiedenen Prozesse verlangte der Kläger Rückzahlung einer Summe, die der deutsche Beklagte auf Grund eines englischen Anerkenntnisurteils durch Vollstreckung von ihm beigetrieben hatte. Die Klage stützte sich in erster Linie auf unerlaubte Handlung. Der Anspruch war nach englischem Recht als dem Recht des Tatorts und auf Grund des Art. 12 EG nach deutschem Recht zu beurteilen. Das Kammergericht nahm an, daß das Urteil für den Beklagten das Recht begründet habe, die zuerkannte Summe beizutreiben. Mindestens hätte der Beklagte bei der Vollstreckung das Bewußtsein haben müssen, daß der anerkannte Anspruch materiell unbegründet sei, wenn die Annahme einer unerlaubten Handlung in Betracht kommen solle.

Das Hanseatische Oberlandesgericht [2]) hat folgenden Rechtsfall entschieden: Der ungarische Gläubiger eines Ungarn hatte eine Forderung des letzteren gepfändet. Der angebliche Drittschuldner wurde auf Grund der Pfändung zur Zahlung verurteilt und befriedigte den Gläubiger. Nach der Auffassung des Hanseatischen Oberlandesgerichts war der angebliche Drittschuldner in Wahrheit nicht der Schuldner der gepfändeten Forderung. Daß die ungarischen Gerichte anders entschieden hatten, erklärte das Oberlandesgericht für bedeutungslos [3]). Es hat aber angenommen, daß der angebliche Drittschuldner nicht ohne Rechtsgrund gezahlt habe, weil er zur Zahlung verurteilt worden war. Auf Grund dieser Annahme gewährte ihm das Oberlandesgericht gegen den wirklichen Schuldner der gepfändeten Forderung in Anwendung ungarischen Rechts einen Ersatzanspruch wegen ungerechtfertigter Bereicherung, nämlich grundloser Befreiung von der Schuld.

---

[1]) 27. 9. 1907, ROLG Bd. 18 S. 55 ff.

[2]) 21. 11. 1913, HansGZ 1914 Bbl. Nr. 105.

[3]) Mit Ungarn war die Gegenseitigkeit nicht verbürgt. Vgl. Stein-Jonas § 328 VIII E 26.

Diese Rechtsprechung ergibt, daß eine Vollstreckung auf Grund eines ausländischen Staatsakts (Titels) nicht darum als rechtswidrig angesehen werden darf, weil der Titel als solcher nicht anzuerkennen ist, und daß ebenso eine auf Grund eines solchen Titels durch Vollstreckung erwirkte oder wegen der drohenden Vollstreckung geleistete Zahlung [1]) nicht darum ohne Rechtsgrund ist, weil dem Titel die Anerkennung versagt werden muß [2]).

§ 211. Die Regel, daß über die Wirkungen ausländischer Staatsakte das für das betroffene Rechtsverhältnis maßgebende Recht entscheidet, läßt die Frage offen, wie es mit der Anerkennung ausländischer Staatsakte steht, wenn das Rechtsverhältnis dem deutschen Recht unterliegt.

Diese Frage ist im vorstehenden schon beantwortet worden, soweit es sich um die Fälle handelt, in denen in Abweichung von jener Regel nicht das für das Rechtsverhältnis maßgebende Recht über die Wirkungen des ausländischen Staatsaktes entscheidet. Für die Anerkennung der materiellrechtlichen Wirkungen ausländischer Urteile, ausländischer Konkurse und ausländischer behördlicher Eingriffe in Forderungsrechte ist, wie dargelegt, unerheblich, welchem Wirkungsstatut das Rechtsverhältnis unterliegt, in welches der Staatsakt eingreifen will. Es macht daher hier keinen Unterschied, ob dieses Recht das deutsche oder ein ausländisches ist. In jedem Falle gilt, daß die Frage der Anerkennung eines ausländischen Urteils nach § 328 ZPO zu entscheiden ist, daß ein ausländischer Konkurs — von den oben dargelegten wenigen Ausnahmen abgesehen — nicht anerkannt wird und daß für die Wirksamkeit von Beschlagnahmen und ähnlichen behördlichen Maßnahmen maßgebend ist, wo sich der Vermögensgegenstand nach unserer Rechts-

[1]) Vgl. zu dieser Möglichkeit die angeführte Entscheidung des HansOLG.

[2]) Unrichtig ist die in der angeführten Entscheidung des KG gegebene weitere Begründung, das englische Urteil bilde »einen selbständigen Schuldgrund«, demgegenüber jede Kondiktion ohne weiteres ausgeschlossen sei. Die Erwägung des KG, die Parteien hätten »selbst den Prozeß . . . vor dem englischen Gerichte geführt und sich durch diese übereinstimmende Willensbetätigung der Entscheidung des englischen Richters unterworfen«, daher sei das englische Urteil für das materielle Rechtsverhältnis der Parteien maßgebend, ist m. E. unzutreffend. Vgl. RG 22. 2. 1894, Z Bd. 4 S. 580 ff.; RG 22. 11. 1895, RG Bd. 36 S. 381 ff. = Z Bd. 6 S. 178 und Bd. 7 S. 255 ff.; RG 16. 3. 1926, Recht 1926 Nr. 918 = ZAIP Sonderheft 1926/27 Nr. 145; KG 11. 11. 1921, KG-Blätter 1922 S. 13; KG 27. 11. 1929, JW 1930 S. 652 f. Alle diese Entscheidungen gehen davon aus, daß ein ausländisches Urteil nicht darum anzuerkennen ist, weil sich die Parteien dem Spruche des Gerichts durch Vereinbarung seiner Zuständigkeit unterworfen haben.

auffassung befindet. Im übrigen fehlt ein gesetzlicher Anhalt zur Beantwortung der Frage, ob das deutsche Recht als Wirkungsstatut andere ausländische Staatsakte als die vorstehend erwähnten anerkennt. Aus der Rechtsprechung ist eine klare Antwort nicht zu entnehmen. Immerhin bietet sie Anhaltspunkte nach der Richtung, daß derartige ausländische Staatsakte deutschem Wirkungsstatut gegenüber unbeachtlich sind.

Das Reichsgericht [1]) hat über folgenden Fall zu entscheiden gehabt: Eine russische Ehe war durch ein Urteil des evangelisch-lutherischen Konsistoriums in Mitau geschieden. Der Ehemann war für allein schuldig erklärt. Das Konsistorium hatte eine Vereinbarung der Ehegatten dahin, daß ihr Sohn vom 8. Lebensjahre an beim Vater erzogen werden sollte, während die übrigen Kinder bei der Mutter verbleiben sollten, genehmigt. Der Vater klagte gegen die Mutter, nachdem der Sohn das 8. Lebensjahr vollendet hatte, auf Vollstreckbarerklärung dieses »Urteils«, eventuell auf Herausgabe des Sohnes. Die geschiedene Ehefrau hatte einen Deutschen geheiratet und war dadurch Deutsche geworden. Das Reichsgericht hat angenommen, daß sie infolgedessen unter dem Schutz der deutschen Gesetze stehe und daß dies namentlich auch in Ansehung der sich aus der Sorge für die Person der Kinder ergebenden Rechte gelte [2]). Das Reichsgericht hat die Möglichkeit in Betracht gezogen, daß in der Genehmigung des Konsistoriums ein »Verwaltungsakt« — »Akt staatlicher Fürsorge für die Kinder« — zu erblicken sei, und ausgesprochen, »daß ein derartiger Verwaltungsakt einer ausländischen Behörde die deutschen Gerichte noch weniger als ein etwa erlassenes Urteil — nämlich grundsätzlich überhaupt nicht — bindet«. [3])

Wichtig ist an diesem Gedankengang die Differenzierung zwischen ausländischen Urteilen, die wenigstens unter den Voraussetzungen des § 328 ZPO anerkannt werden würden, und »derartigen Verwaltungsakten«, welche auch nicht nach Maßgabe des § 328 ZPO für den deutschen Richter maßgebend sind, sondern ihn überhaupt nicht binden, wenn die lex causae das deutsche Recht ist.

[1]) 20. 2. 1913, RG Bd. 81 S. 373 ff.

[2]) A. a. O. S. 375.

[3]) Die Ausdrucksweise am Schluß des vorletzten Absatzes auf S. 376 des Urteils kann — isoliert betrachtet — dahin mißverstanden werden, als ob ausländische Verwaltungsakte den deutschen Richter überhaupt nicht binden. Daß eine solche Auffassung unzulässig ist, wird in dem Urteil des Reichsgerichts vom 28. 3. 1931, SA Bd. 85 Nr. 103 S. 193 ff. (196 f.) = HRR 1931 Nr. 1321 = JW 1932 S. 588 ff. (590) ausgesprochen.

Es läßt sich natürlich nicht mit Bestimmtheit sagen, wie weit das Reichsgericht den Begriff »derartiger Verwaltungsakt« aufgefaßt hat. Aber da aus der besonderen Natur gerade dieses Verwaltungsaktes nichts vom Reichsgericht hergeleitet wird, wird man es als wahrscheinlich ansehen müssen, daß alle ausländischen Verwaltungsakte — und wegen Gleichheit des Grundes alle ausländischen Akte freiwilliger Gerichtsbarkeit — im Zweifel ebenso zu behandeln sind.

Zur Entmündigung und Todeserklärung liegen einige gerichtliche Entscheidungen vor. Das Bayrische Oberste Landesgericht [1]) erklärt ganz allgemein, die Entmündigung eines Deutschen im Ausland sei nicht anzuerkennen. Auch das Oberlandesgericht Karlsruhe [2]) hat abgelehnt, einer solchen Entmündigung Wirksamkeit zu gewähren [3]). Das Oberlandesgericht Dresden hat über die Wirksamkeit der durch ein österreichisches Gericht ausgesprochenen Todeserklärung eines Deutschen entschieden [4]). Die Todeserklärung wurde nicht anerkannt. Allein der für tot Erklärte hatte seinen letzten Wohnsitz in Paris gehabt, und ich kann nicht ersehen, ob vielleicht nur dieser Umstand den Grund für die Nichtanerkennung gegeben hat [5]). Die Auffassung, daß Deutsche nur in Deutschland entmündigt und für tot erklärt werden könnten, kommt auch in den Protokollen der Kommission für die zweite Lesung des Entwurfs des BGB zum Ausdruck [6]).

---

[1]) 19. 5. 1920, BayrObLG Bd. 20 S. 216 = Recht 1920 Nr. 2463.

[2]) 15. 3. 1921, Badische Rechtspr. Bd. 21 S. 97.

[3]) In der Literatur gehen die Meinungen beträchtlich auseinander. Vgl. Zitelmann Bd. II S. 103; Niedner Art. 8 2 c; Neumann Art. 8 II 2; Neubecker § 16 S. 66; Niemeyer S. 124; Habicht Art. 8, 5; Levis S. 79 ff.; Neumeyer I. Pr. R. § 23 S. 19; Frankenstein Bd. I S. 442; Lewald Nr. 81 S. 62; Raape Art. 8 C I 2; Stein-Jonas § 648 III; Soergel, Komm. zum BGB und EG zu Art. 8 EG Anm. 4.

[4]) 11. 11. 1908, mitgeteilt von Lewald Nr. 52 S. 44 f. Vgl. auch die ebenfalls von Lewald a. a. O. mitgeteilte Entscheidung des AG Leipzig von 1906.

[5]) In der Literatur sind auch bezüglich der Todeserklärung die Meinungen sehr geteilt. Jedoch ist die Mehrheit für grundsätzliche Nichtanerkennung. Vgl. v. Bar Bd. I S. 375; Zitelmann Bd. II S. 109; Habicht Art. 9 III 2; Barazetti S. 33; Niemeyer S. 120 f.; Niedner Art. 9 2 a; Neumann Art. 9 III 3; Neubecker § 17 S. 68; Frankenstein Bd. I S. 391; Lewald Nr. 52 S. 44; Raape Art. 9 D I 2; Komm. v. RG Räten § 13 Anm. 3; Soergel Komm. zum BGB und EG zu Art. 9 EG Anm. 1.

[6]) Protokolle Bd. VI S. 32.

Vorbehaltsklausel.

Regel 1 (§ 212): Ausländisches Recht, das nach den übrigen Regeln des deutschen internationalen Privatrechts anzuwenden wäre, ist nicht anzuwenden, wenn seine Anwendung gegen die guten Sitten oder den Zweck eines deutschen Gesetzes verstoßen würde.

Regel 2 (§§ 216, 217): Für das Vorliegen der Voraussetzungen der Vorbehaltsklausel ist nicht das ausländische Gesetz als solches, sondern seine Anwendung auf den konkreten Fall entscheidend, insbesondere ist der Geltungsbereich der Vorbehaltsklausel größer, wenn das ausländische Gesetz in der Hauptfrage, als wenn es in einer Vorfrage anzuwenden wäre.

Regel 3 (§ 218): a) Der Begriff der guten Sitten im Sinne der Vorbehaltsklausel ist gemäß den Grundsätzen auszulegen, die für die Auslegung des Begriffs der guten Sitten im deutschen inneren Recht gelten.

(§ 219): b) Für die Frage, ob die Anwendung ausländischen Rechts zur Verwirklichung eines Anspruchs gegen die guten Sitten verstößt, sind die zur Zeit der Entscheidung in Deutschland geltenden Anschauungen maßgeblich.

(§§ 220—224): c) Ein nach dem zuständigen ausländischen Recht begründeter Anspruch, dessen Durchführung gegen die guten Sitten verstoßen würde, darf von den deutschen Gerichten in keinem Falle zuerkannt werden; ein nach dem zuständigen ausländischen Recht nicht begründeter Anspruch darf, wenn der Tatbestand keine Beziehung zu Deutschland enthält, nicht darum zuerkannt werden, weil seine Aberkennung gegen die guten Sitten verstoßen würde.

Regel 4 (§§ 225, 226): a) Soweit sich aus dem Zwecke eines deutschen Gesetzes ergibt, daß es angewandt werden will, muß es der deutsche Richter stets anwenden, also auch im Widerspruch zu den allgemeinen international-privatrechtlichen Normen. Daher können z. B. Spielforderungen einschließlich derjenigen aus Differenzgeschäften niemals vor deutschen Gerichten geltend gemacht werden.

(§ 227): b) Außer im Falle der Regel 4 a verstößt die Anwendung ausländischen Rechts gegen den Zweck eines deutschen Gesetzes, wenn der Unterschied zwischen den staatspolitischen und sozialen Anschauungen, auf welchen das ausländische und auf welchen das konkurrierende deutsche Recht beruhen, so erheblich ist, daß die Anwendung des ausländischen Rechts die Grundlagen des deutschen staatlichen oder wirtschaftlichen Lebens angreifen würde.

(§§ 228—231): c) Ein nach dem zuständigen ausländischen Recht begründeter Anspruch darf wegen Verstoßes gegen den Zweck eines deutschen Gesetzes regelmäßig nur abgewiesen werden, wenn der Tatbestand eine genügende Beziehung zu Deutschland enthält; ein nach dem zuständigen ausländischen Recht nicht begründeter Anspruch darf, wenn der Tatbestand keine genügenden Beziehungen zu Deutschland enthält, nicht darum zuerkannt werden, weil seine Aberkennung gegen den Zweck eines deutschen Gesetzes verstoßen würde.

(§ 232): d) Ein deutsches Gesetz im Sinne der Vorbehaltsklausel ist auch jede nicht reichsrechtliche, von einer zuständigen deutschen Stelle erlassene Rechtsnorm.

Regel 5 (§ 233): Dafür, daß Völkerrechtswidrigkeit fremden Rechts schlechthin dessen Anwendbarkeit ausschließt, ist im deutschen Recht kein genügender Anhalt gegeben.

Regel 6 (§ 234): Abweichungen fremden Rechts oder fremder Urteile von den Regeln des deutschen internationalen Privatrechts begründen nur innerhalb der Grenzen des § 328 Abs. 1 Nr. 3 ZPO das Eingreifen der Vorbehaltsklausel, es sei denn, daß es sich um ein Verfahren vor deutschen Konsulargerichten handelt.

Regel 7 (§ 235): Der Geltungsbereich der Vorbehaltsklausel wird durch keine Einzelbestimmung des EGBGB eingeschränkt.

Regel 8 (§ 236): a) Ausländisches Recht darf nicht auf Grund der Vorbehaltsklausel darum von der Anwendung ausgeschlossen werden, weil es von den im § 61 des Börsengesetzes nicht in Bezug genommenen Verboten gewisser Börsentermingeschäfte abweicht.

(§ 237): b) Dagegen beschränkt diese Gesetzesbestimmung nicht das Eingreifen der Vorbehaltsklausel zugunsten des Differenzeinwands gegenüber ausländischen Börsentermingeschäften.

Regel 9 (§ 238): Im Zweifel darf ausländisches Recht nicht gemäß der Vorbehaltsklausel von der Anwendung ausgeschlossen werden, wenn es auf Grund Staatsvertrages zur Entscheidung berufen ist.

Regel 10 (§ 239): Eine Einschränkung der Vorbehaltsklausel kann durch Änderung des inneren Rechts auch für verwandte Gebiete eintreten.

(§§ 240, 241): Eine Einschränkung der Vorbehaltsklausel kann durch deutsche Staatsverträge auch gegenüber den Angehörigen von Staaten eintreten, die nicht Vertragsstaaten sind. Hier ist zu unterscheiden:

a) Kommt in den staatsvertraglichen Vorschriften eine allgemeine deutsche Rechtsüberzeugung zum Ausdruck, so gilt die Einschränkung auch gegenüber anderen Staaten.

b) Beruht die Vereinbarung der staatsvertraglichen Vorschriften deutscherseits lediglich auf politischen Gründen, so gilt die Einschränkung nicht gegenüber anderen Staaten.

Regel 11 (§§ 242, 243): An Stelle der gemäß der Vorbehaltsklausel unanwendbaren Vorschriften des ausländischen Rechts sind in erster Linie die übrigen einschlägigen Vorschriften dieses Rechts anzuwenden, mangels solcher diejenigen Vorschriften des deutschen Rechts, die dem Rechtsgedanken des ausländischen Rechts am nächsten kommen. Von dem ausländischen Recht darf nicht weiter abgewichen werden, als solches dem deutschen inneren Recht entspricht.

Regel 12 (§ 244): Ein deutsches Urteil, welches auf Grund der Vorbehaltsklausel von den allgemeinen international-privatrechtlichen Grundsätzen abweicht, hat für das deutsche Recht dieselbe Bedeutung wie jedes andere in der Sache selbst entscheidende deutsche Urteil.

Regel 13 (§ 245): Ausländisches Recht, dessen Anwendung auf Grund der Vorbehaltsklausel ausgeschlossen ist, kann wegen seiner tatsächlichen Wirkungen vom deutschen Richter berücksichtigt werden.

Regel 14 (§ 246): Vorbehaltsklauseln eines ausländischen Rechts sind unbeachtlich, soweit nicht auf das streitige Rechtsverhältnis dieses ausländische Recht anzuwenden ist.

Regel 15 (§§ 249—251): Ausländisches Recht kann auf Grund der Vorbehaltsklausel unanwendbar sein, wenn seine Anwendbarkeit durch Umgehung eines deutschen Gesetzes herbeigeführt werden sollte. Dies gilt nicht im Falle der Umgehung deutscher Formvorschriften.

§ 212. Art. 30 EGBGB bestimmt:

»Die Anwendung eines ausländischen Gesetzes ist ausgeschlossen, wenn die Anwendung gegen die guten Sitten oder gegen den Zweck eines deutschen Gesetzes verstoßen würde.«

§ 328 Abs. 1 ZPO bestimmt:

»Die Anerkennung eines Urteils eines ausländischen Gerichts ist ausgeschlossen, ...

4. wenn die Anerkennung des Urteils gegen die guten Sitten oder gegen den Zweck eines deutschen Gesetzes verstoßen würde.«

Die allgemeinen Voraussetzungen dieser beiden Bestimmungen sind also dem Wortlaut nach gleich. Irgendeine Differenzierung zwischen diesen beiden Voraussetzungen ergibt sich auch aus der deutschen Rechtsprechung nicht. Man kann beide Vorschriften mit dem von Zitelmann geschaffenen treffenden Ausdruck »Vorbehaltsklausel« [1]) bezeichnen.

Für besondere Rechtsmaterien erscheint die Vorbehaltsklausel gelegentlich in etwas abgeänderter Form. So bestimmt § 1044 Abs. 2 Nr. 2 der ZPO in der nach der Novelle vom 25. 7. 1930 [2]) geltenden Fassung, daß der Antrag auf Vollstreckbarerklärung eines ausländischen Schiedsspruches abzulehnen ist, »wenn die Anerkennung des Schiedsspruchs gegen die guten Sitten oder die öffentliche Ordnung verstoßen würde, insbesondere wenn der Spruch eine Partei zu einer Handlung verurteilt, deren Vornahme nach den deutschen Gesetzen verboten ist«.

Diese »Vorbehaltsklausel« des deutschen Rechts formuliert den Rechtsgedanken, daß die Vorschriften des nach den allgemeinen Kollisionsnormen anzuwendenden Rechts ausnahmsweise nicht angewandt werden sollen, wenn ihre Anwendung besonders wichtigen Grundsätzen der lex fori widerspricht.

§ 213. Urteile, welche auf diesem Rechtsgedanken beruhen, scheinen anfangs hauptsächlich im internationalen Vertragsrecht ergangen zu sein. Story [3]) berichtet von zahlreichen angelsächsischen Entscheidungen, in denen Verträge gegen das Recht des Abschlußortes, das man als die lex contractus ansah, ausnahmsweise für ungültig erklärt wurden, weil ihre Anerkennung gemäß dem fremden Recht den guten Sitten oder gewissen Grundsätzen der lex fori widersprach. In einer der von Story [4]) angeführten Entscheidungen heißt es z. B.:

---

[1]) Zitelmann Bd. I S. 317.

[2]) RGBl. 1930 I S. 361.

[3]) §§ 244 ff., 328, S. 327 ff., 475.

[4]) S. 475 f. § 328, Case of Mrs. Levett, Schottland.

"The application of the lex loci to contracts, although general, is not universal. It does not take place ... where the lex loci is in itself unjust, or contra bonos mores, or contrary to the public law of the state, as regarding the interests of religion or morality, or the general well-being of society."

Savigny vertritt den Grundsatz, daß der Richter stets dasjenige örtliche Recht anzuwenden habe, dem das streitige Rechtsverhältnis seiner Natur nach angehöre, ohne Unterschied, ob dieses örtliche Recht das einheimische Recht des Richters oder ein fremdes Recht sei. Diesen Grundsatz beschränkt er in einer allgemeinen Regel [1]) »mit Rücksicht auf manche Arten von Gesetzen, deren besondere Natur einer so freien Behandlung der Rechtsgemeinschaft unter verschiedenen Staaten widerstrebt«. Als solche Gesetze bezeichnet er:

»A. Gesetze von streng positiver, zwingender Natur, die eben wegen dieser Natur zu jener freien Behandlung, unabhängig von den Grenzen verschiedener Staaten, nicht geeignet sind;

B. Rechtsinstitute eines fremden Staates, deren Dasein in dem unsrigen überhaupt nicht anerkannt ist, die also deswegen auf Rechtsschutz in unsrem Staat keinen Anspruch haben.« [2])

Der zweite Teil dieser Lehre (über die fremden Rechtsinstitute, deren Dasein im Staate des Richters überhaupt nicht anerkannt ist) hat im geltenden Recht keine Aufnahme gefunden [3]). Dagegen hat die deutsche Praxis zum alten internationalen Privatrecht im Anschluß an den Lehrsatz unter A die Regel aufgestellt, daß fremde Rechtsvorschriften nicht angewandt werden dürften, »wenn nach Geist und Zweck der Rechtsnormen des Inlandes die Anwendung des betreffenden ausländischen Rechts zu einem Ergebnis führen würde, welches den absolut gebietenden oder verbietenden Normen des inländischen Rechts widerspricht.« [4])

---

[1]) § 349 S. 32 ff.

[2]) Als Beispiel zu B führt Savigny an: Die Sklaverei (die auch unter A falle), den bürgerlichen Tod der französischen oder russischen Gesetzgebung (beide S. 37), das preußische dingliche Miet- oder Pachtrecht für Länder des römischen Rechts (S. 190).

[3]) Ich verweise für Beispiele aus der neueren Praxis auf die RG-Entscheidung zu der marokkanischen Einrichtung des Schrâ-Machens, 13. 12. 1911, RG Bd. 78 S. 190 ff., und die Entscheidungen zum einseitigen Verstoßungsrecht des Ehemanns: RG 15. 2. 1926, RG Bd. 113 S. 38 ff. = ZAIP Sonderheft 1926/27 Nr. 150 = Z Bd. 37 S. 367 ff.; BayrObLG 29. 9. 1905, Z Bd. 16 S. 286 ff. = SA Bd. 61 S. 463.

[4]) ROHG 28. 4. 1879, ROHG Bd. 25 S. 53 ff. (55); RG 7. 10. 1884, RG Bd. 12 S. 309 ff. (311).

§ 214. Die neue italienische Schule hat die Regel, daß die Anwendung des an sich maßgebenden fremden Rechts in gewissen Fällen auf Grund widerstreitender inländischer Rechtsgrundsätze auszuschließen sei, zu einem wichtigen Prinzip erhoben. Nach Mancini [1]) gibt es eine große Klasse von Gesetzen, die der Anwendung ausländischen Rechts in allen Fällen entgegenstehen. Der ordre public — um die französische Bezeichnung zu gebrauchen — erfordert ausnahmslos ihre Berücksichtigung. Zum ordre public gehört auch «le respect des principes supérieurs de la morale humaine et sociale tels qu'ils sont entendus et professés dans ce pays, les bonnes mœurs, les droits primitifs inhérents à la nature humaine, et les libertés auxquelles ni les institutions positives, ni aucun gouvernement, ni les actes de la volonté humaine ne pourraient apporter de dérogations valables et obligatoires pour ces Etats», ferner auch die Grundsätze der wirtschaftlichen Ordnung des Staates [2]). Die Mancinische Lehre vom ordre public findet ihren gesetzgeberischen Ausdruck in Art. 12 der einleitenden Bestimmungen des italienischen Zivilgesetzbuches: »Unbeschadet der Bestimmungen der vorhergehenden Artikel können Gesetze, Akte und Erkenntnisse eines ausländischen Staates wie auch private Verfügungen und Übereinkünfte weder die zwingenden Vorschriften der Gesetze des Königreiches über Personen, Güter oder Rechtsgeschäfte noch Gesetze, welche die öffentliche Ordnung oder die guten Sitten betreffen, außer Geltung setzen.«

Bei den Nachfolgern Mancinis, den Anhängern der neuen romanischen Schule, hat diese Lehre noch eine mannigfache Weiterentwicklung und zum Teil auch Abänderung erfahren. Man unterschied [3]) einen ordre public interne und einen ordre public international. Diese Terminologie ist von vielen späteren Schriftstellern verwendet worden. Mit »ordre public interne« bezeichnet man das zwingende innere Recht im Gegensatz zum nachgiebigen, mit »ordre public international« diejenigen Rechtsnormen, die auch gegenüber dem nach den allgemeinen Kollisionsregeln anwendbaren fremden Recht Geltung beanspruchen.

Man hat ferner die Lehre vom Vorrang der Vorschriften des ordre public dahin entwickelt, daß es nicht darauf ankomme, ob die fremden Vorschriften, die nach den allgemeinen Kollisionsregeln anwendbar wären, an sich mit den Grundsätzen des ordre public

---

1) Vgl. Clunet 1874 S. 295 ff.

2) a. a. O. S. 297.

3) Brocher, Droit international Bd. I, allgemeine Einführung und § 44.

unverträglich sind, sondern ob die Anwendung des fremden Rechts im Einzelfall zu einer Verletzung dieser Grundsätze führt. So heißt es bei Fiore[1]: «Il faut que le fait juridique qu'on veut accomplir en vertu d'une loi étrangère sur le territoire soumis à une autre souveraineté viole le droit public territorial ou une loi d'ordre public, ou bien que les effets d'un fait juridique dont on se prévaut à l'étranger puissent, sur le territoire étranger, être en opposition avec le droit public territorial et avec les lois d'ordre public qui y sont en vigueur.»

Gelegentlich hat man auch dem Begriff des ordre public eine viel weitere Ausdehnung gegeben, als diesem Begriff ursprünglich nach der Mancinischen Lehre zukam. Bei Weiß[2]) dient der Gedanke des ordre public zur Begründung von Kollisionsnormen, die nach dem Mancinischen System wie auch nach dem unseres geltenden Rechts zu den allgemeinen, im Regelfall anwendbaren Vorschriften gehören. Das Prinzip der Wahrung des ordre public international modifiziert nach Weiss den obersten Grundsatz, das Nationalitätsprinzip, und bildet mit ihm zusammen die Grundlage der speziellen Vorschriften des internationalen Privatrechts, so daß z. B. als Normen des ordre public die Vorschriften des Liegenschaftsrechts erscheinen[3]).

§ 215. In Deutschland hat nach Savigny besonders Kahn die Lehre vom ordre public behandelt[4])[5]). Kahn vertritt den Standpunkt, daß es für die Anwendbarkeit der Rechtsnormen des ordre public, der Prohibitivgesetze — wie überall im internationalen Privatrecht — darauf ankomme, ob bestimmte Anknüpfungen an die inländische Rechtsordnung vorliegen. Den »verbesserten Prohibitivgedanken«, das ist die Lehre vom ordre public, wie sie z. B. von Fiore gefaßt worden ist, erklärt Kahn für unzulänglich, für nichts anderes als »eine platte Selbstverständlichkeit in einer möglichst komplizierten und prätenziösen Form«.[6]) Es komme darauf an, die maßgebende inländische Anknüpfung festzulegen. Hierin ist ihm die deutsche Rechtsprechung, wie weiter unten gezeigt werden wird, in großem Umfange gefolgt. Aber er geht weiter: »Was man unter den ‚Gesetzen der öffentlichen Ordnung', der ‚Vorbehalts-

[1]) Übersetzung Antoine Bd. I Nr. 257 S. 275 f.

[2]) Bd. III S. 94 ff.

[3]) a. a. O. S. 103.

[4]) Bd. 1 S. 161 ff.

[5]) Ich verweise auf diesen Aufsatz besonders auch für die Kahn vorangehende Literatur und Praxis auf dem Gebiete des ordre public.

[6]) Bd. I S. 177.

klausel' und ähnlichem zusammenzufassen pflegt, ist im allgemeinen der noch unerkannte und der noch unfertige Teil des internationalen Privatrechts. Jede Ausnahme von einer sonst geltenden Regel, jede speziellere sich neu bildende Kollisionsnorm, jede Abänderung, Umformung einer bestehenden pflegt eingeführt zu werden mit jenem passe-partout des ordre public. Diese Ausnahmen und Schranken der geltenden Kollisionsnormen, diese ihre Umbildungen, Neubildungen, Ergänzungen heißt es zu erkennen und festzustellen« [1]).

§ 216. Im geltenden deutschen Recht ist für die Anwendung der Vorbehaltsklausel im allgemeinen »nicht das (ausländische) Gesetz als solches, sondern seine Anwendung auf den konkreten Fall« entscheidend [2]). Bei Art. 30 EG folgt dieses unmittelbar aus dem Wortlaut. Auch bei § 328 Nr. 4 ZPO handelt es sich nur darum, ob im Einzelfall die Anerkennung gegen die guten Sitten oder den Zweck eines deutschen Gesetzes verstößt. Daß es sich hier nur um den Einzelfall handeln kann, ergibt sich schon daraus, daß die Anwendbarkeit des § 328 Nr. 4 ausdrücklich von den Folgen der Anerkennung des in Frage stehenden ausländischen Urteils — also eines obrigkeitlichen Einzelaktes — abhängig gemacht ist. Für die Wirkung der Vorbehaltsklausel gegenüber fremden Urteilen kommt in diesem Zusammenhang auch noch der folgende Gesichtspunkt in Betracht: Es ist möglich, daß der fremde Richter überhaupt kein bestehendes Recht — ausländisches oder deutsches —, sondern seine falschen Vorstellungen von dem Inhalt solchen Rechts seinem Urteil zugrunde gelegt hat. Dann kann die Anwendbarkeit der Vorbehaltsklausel überhaupt nicht auf die Erträglichkeit eines bestehenden Rechtssatzes, sondern nur auf die Erträglichkeit des Urteilsergebnisses abgestellt werden. Prüfung der Frage, ob das falsche Bild, welches sich der fremde Richter von den von ihm vorausgesetzten Rechtssätzen gemacht hat, als allgemeine Regel erträglich wäre, würde einem fremden Urteil, also einem bloßen Einzelakt, eine ganz unangemessene Bedeutung geben. Soweit ein Urteil wirkliches deutsches Recht anwendet, kann § 328 Nr. 4 ZPO ihm gegenüber nie eingreifen. Denn offenbar darf der deutsche Richter nie annehmen, daß die Anwendung deutschen Rechts zu einem Ergebnis führt, welches gegen die guten Sitten oder den Zweck eines deutschen Gesetzes verstößt. Sowohl nach Art. 30 EG wie nach § 328 Nr. 4 ZPO handelt es sich also stets darum, ob fremdes Recht

---

[1]) a. a. O. S. 251 f.

[2]) RG 6. 10. 1927, WarnRspr. 1928 S. 25 f. = ZAIP Sonderheft 1926/27 Nr. 68 und Sonderheft 1928 Nr. 22 = BliP 1928 Sp. 130 = Revue 1930 S. 129f.

im Einzelfall zu Resultaten führt, die das deutsche Recht nicht dulden kann. Das ist auch der Standpunkt der deutschen Rechtsprechung.

In einem Falle, der dem Reichsgericht vorgelegt wurde, war streitig, ob ein russisches Ehescheidungsurteil anerkannt werden sollte. In dem Urteil war als Scheidungsgrund nur festgestellt, daß unter den Ehegatten Einverständnis über die Scheidung bestand. Das genügt nach russischem Scheidungsrecht. Das Reichsgericht ließ es dahingestellt, ob dieses russische Recht etwa für die deutsche Rechtsauffassung den guten Sitten widerspräche oder mit anderen wichtigen Grundsätzen der deutschen Rechtsordnung unvereinbar sei. Da im konkreten Fall Ehebruch vorlag, also ein Tatbestand, der auch nach deutschem Recht die Scheidung rechtfertigt, erklärte das Reichsgericht die Vorbehaltsklausel für unanwendbar [1]).

Das Kammergericht hat freilich wegen Verstoßes gegen den Zweck deutscher Gesetze gemäß § 328 Abs. 1 Ziff. 4 ZPO einmal [2]) einer von einem österreichischen Gericht ausgesprochenen Trennung von Tisch und Bett einer deutschen Ehe die Anerkennung versagt, weil sie sich nur auf das gegenseitige Einverständnis der Ehegatten stützte [3]). Dieselbe Stellung hat das Kammergericht [4]) einem New Yorker Urteil gegenüber eingenommen, durch das eine deutsche Ehe geschieden war, weil es in einem Verfahren ergangen war, dem die für die Erforschung des scheidungsbegründenden Tatbestands notwendigen Sicherungsmittel, wie sie die deutsche ZPO vorschreibt [5]), fehlten, das also tatsächlich auch die Scheidung aus bloßem gegenseitigem Einverständnis zuließ. In beiden Fällen bot der Tatbestand aber keinen Anhalt für das Vorliegen eines von deutschem Recht anerkannten Ehescheidungsgrundes.

§ 217. Für die Frage, ob die Anwendung eines ausländischen Gesetzes gegen Art. 30 verstößt, ist es insbesondere wichtig, ob das ausländische Gesetz in der Hauptfrage oder in einer Vorfrage anzuwenden wäre. In vielen Fällen wird man zur Beantwortung einer Vorfrage ausländische Vorschriften anwenden dürfen, deren Anwen-

---

1) RG 4. 4. 1928, RG Bd. 121 S. 24 ff. = Z Bd. 40 S. 270 ff. = JW 1928 S. 2028 = ZAIP Sonderheft 1928 Nr. 122; vgl. auch HansOLG 27. 12. 1930, HansRGZ 1931 B Sp. 471 ff. für Vorschriften des jüdischen Ehescheidungsrechtes.

2) 3. 3. 1908, ROLG Bd. 18 S. 374 f. = Z Bd. 19 S. 521.

3) Die Entscheidung beruft sich außer auf § 328 Abs. 1 Ziff. 4 auch auf andere Gründe.

4) 16. 2. 1909, Z Bd. 20 S. 228.

5) Unwirksamkeit von Anerkenntnis und Geständnis, Prüfung der Sachlage von Amts wegen, Möglichkeit der Mitwirkung der Staatsanwaltschaft.

dung in der Hauptfrage auf Grund der Vorbehaltsklausel unzulässig wäre. Ein bekanntes Beispiel geben ausländische Rechtssätze, die die Mehrehe gestatten. Wollte ein Ausländer, dessen Heimatsrecht ihm die Mehrehe erlaubt, in Deutschland während Bestehens seiner ersten Ehe eine zweite Ehe schließen, so würde der Standesbeamte die Eheschließung auf Grund des Art. 30 ablehnen, obwohl nach deutschem internationalem Privatrecht die materiellen Voraussetzungen der Eheschließung grundsätzlich nach dem Heimatsrecht der Eheschließenden zu beurteilen sind. Die Gerichte würden ihm Recht geben. Würden aber Kinder aus einer im Ausland unter im Ausland wohnhaften Ausländern geschlossenen, nach dem Heimatrecht gültigen zweiten Ehe in Deutschland einen Erbanspruch am Nachlaß ihres doppelt vermählten Vaters geltend machen, so würde man wahrscheinlich ihr Erbrecht gemäß dem Heimatsrecht anerkennen und ihnen nicht in Anwendung des Art. 30 die Rechtsstellung von Kindern des Erblassers absprechen [1][2].

Die Rechtsprechung des Reichsgerichts betreffend Anerkennung ausländischer Urteile ergibt, daß die Vorbehaltsklausel stets die Anerkennung eines solchen Urteils verhindert, wenn es in der Hauptfrage einer rechtskräftigen deutschen Entscheidung widerspricht [3]. Wenn dagegen eine Vorfrage streitig ist, wird die Anwendbarkeit der Vorbehaltsklausel zugunsten einer rechtskräftigen deutschen Entscheidung nur dann angenommen, wenn diese Entscheidung inhaltlich richtig ist [4].

§ 218. Die Anwendung des fremden Rechts muß nach Art. 30 entweder gegen »die guten Sitten« oder gegen »den Zweck eines deutschen Gesetzes« verstoßen. Einen speziell international-privatrechtlichen Begriff des Verstoßes gegen die guten Sitten, eine nur gerade für die Vorbehaltsklausel gültige Auslegung des Begriffes der guten Sitten hat die Praxis nicht entwickelt. Nach Qualifika-

---

[1]) Ebenso v. Bar Bd. I S. 129; Niemeyer S. 98; Habicht S. 238; Staudinger-Kuhlenbeck Art. 30 I B 3.

[2]) Aus der deutschen Rechtsprechung sind mir Entscheidungen über einen Fall dieser Art nicht bekannt. Aus der ausländischen Rechtsprechung vgl. Privy Council 20. 11. 1919, Bul. Bd. 5 Nr. 1041 und Cour d'Appel d'Algers 9. 2. 1910, Revue 1913 S. 103 ff.

[3]) RG 12. 5. 1915, JW 1915 S. 1264 f. Vgl. auch HansOLG 3. 1. 1923, SA Bd. 78 S. 57 f.

[4]) RG 21. 3. 1912, WarnRspr. 1912 S. 350 = JW 1912 S. 642 f. (bestätigt KG 13. 3. 1911, Z Bd. 21 S. 526 ff., welches auf demselben Standpunkt steht). Anscheinend übereinstimmend, wenn auch nicht mit ganz bestimmter Ausdrucksweise HansOLG 3. 1. 1923, SA Bd. 78 S. 57 f.

tionsgrundsätzen muß dieser Begriff daher gemäß den für das deutsche innere Recht maßgebenden Regeln ausgelegt werden. Das Reichsgericht verweist gelegentlich auf die dem § 138 BGB gegebene Auslegung [1]). Dieselben Gesichtspunkte gelten hier wie dort [2])[3]).

§ 219. Für die Frage, ob die Realisierung eines auf ausländisches Recht gestützten Anspruches wegen Verstoßes gegen die guten Sitten abzulehnen ist, sind die Anschauungen maßgebend, die hinsichtlich der guten Sitten in Deutschland zu dem Zeitpunkt gelten, in dem die Entscheidung über den Anspruch gefällt wird. Man kann sich nicht darauf berufen, daß zur Zeit der Entstehung des Anspruchs oder zu einem sonstigen in der Vergangenheit liegenden Zeitpunkt in Deutschland oder anderswo eine andere Auffassung über die Erfordernisse der guten Sitten herrschte. Das Reichsgericht [4]) hat einem dänischen Urteil, das einen Markanspruch nicht aufgewertet hatte, die Anerkennung versagt, weil sie gegen die guten Sitten verstoßen würde. Dabei hat es ausgeführt: »Unerheblich ist, ob zur Zeit des Urteils oder früher in Deutschland andere Auffassungen herrschten, denn maßgebend ist die deutsche Auffassung zur Zeit des Vollstreckungsurteils.« [5])

Diese Regel schließt natürlich nicht aus, daß bei der Bewertung der zu beurteilenden Vorgänge gemäß der gegenwärtigen deutschen Auffassung zu berücksichtigen sein kann, daß zur Zeit und am Orte unter den beteiligten Verkehrskreisen andere Anschauungen bestanden; denn dieser Umstand kann den Tatbestand in ganz anderm Lichte erscheinen lassen. Maßstab der Beurteilung bleibt aber die deutsche Auffassung zur Zeit der Entscheidung.

§ 220. Daraus, daß es für Art. 30 nicht auf das fremde Gesetz als solches, sondern auf seine Anwendung im Einzelfall ankommt, folgt (außer der schon erörterten, für den ganzen Bereich des Art. 30 gleichmäßig geltenden Unterscheidung zwischen dessen Anwendung

---

1) RG 25. 10. 1909, RG Bd. 72 S. 124 ff. (126).

2) Vgl. im selben Sinne Habicht S. 233; Niedner Art. 30 Anm. 2; Stein-Jonas § 328 VII 1.

3) Über den Begriff des Verstoßes gegen die guten Sitten vgl. aus der Literatur zu Art. 30 insbesondere Niemeyer S. 99 ff.; Habicht S. 233 f.; Staudinger-Kuhlenbeck Art. 30 I B 1.

4) 25. 6. 1926, RG Bd. 114 S. 171 ff. = JW 1926 S. 2367 f. = Rspr. Aufw. 1926 S. 517 ff. = Z Bd. 37 S. 371 = Clunet 1930 S. 1055 f. = ZAIP Sonderheft 1926/27 Nr. 6. Vgl. auch oben § 41 S. 67.

5) Daß der Verstoß gegen die guten Sitten m. E. zu Unrecht angenommen ist (vgl. § 202 S. 305), vermindert die Bedeutung dieser grundsätzlichen Stellungnahme nicht.

in einer Vorfrage oder in der Hauptfrage) eine weitere Unterscheidung: die deutschen Gerichte dürfen niemals ihre Mitwirkung dazu verleihen, die Durchsetzung von Ansprüchen zu ermöglichen, die von der deutschen Rechtsordnung durchaus gemißbilligt werden. Andrerseits sieht es der deutsche Gesetzgeber nicht als Aufgabe der deutschen Gerichte an, alles fremde Recht, welches nach unserer Auffassung Unrecht ist, zu korrigieren. Die Folge ist, daß die Vorbehaltsklausel in größerem Umfange zur Abweisung von Ansprüchen führt, die nach deutscher Auffassung fremdes Recht zu Unrecht gewährt, als zur Zuerkennung von Ansprüchen, die nach deutscher Auffassung fremdes Recht zu Unrecht versagt. Dieser Unterschied zeigt sich in der Reaktion unseres internationalen Privatrechts sowohl gegenüber sittenwidrigem fremdem Recht wie gegenüber fremdem Recht, dessen Anwendung gegen den Zweck eines deutschen Gesetzes (die öffentliche Ordnung) verstößt. Aber die Grenze wird in dem ersten Fall (Verstoß gegen die guten Sitten) anders gezogen als in dem zweiten Fall (Verstoß gegen den Zweck eines deutschen Gesetzes, die öffentliche Ordnung). An dieser Stelle soll der Unterschied bei einem Verstoß gegen die guten Sitten behandelt werden [1]).

§ 221. Die deutschen Gerichte dürfen niemals zu einer Leistung verurteilen, wenn der geltend gemachte Anspruch gegen die guten Sitten verstößt. Diese Regel trifft auch dann zu, wenn jede deutsche Anknüpfung fehlt. »Unsere Gerichte sind nicht in der Lage, Rechtsverhältnissen, die nach den Gesetzen ihres Landes (das heißt im Zusammenhang des Urteils: nach der lex fori) aus Gründen . . . der Sittlichkeit für unstatthaft angesehen werden, rechtlichen Schutz zu verleihen [2]).« Nach dieser Entscheidung wirkt die Vorbehaltsklausel prohibitorisch (anspruchsversagend) schlechthin, soweit es sich um einen Verstoß gegen die guten Sitten handelt. Auf diesem Standpunkt steht auch die Entscheidung des Reichsgerichts vom 28. 4. 1900 [3]).

Aber offensichtlich ist unter dem Sittlichkeitsgesichtspunkt der Wirkungskreis der Vorbehaltsklausel nach der permissiven (anspruchsgewährenden) Richtung weniger umfangreich. Wir sind gar nicht in der Lage, ohne die internationale Stellung Deutschlands zu gefährden, Ansprüche zu gewähren, die das grundsätzlich

---

[1]) Über den Unterschied im Falle eines Verstoßes gegen den Zweck eines deutschen Gesetzes vgl. § 228 S. 341 ff.

[2]) RG 26. 5. 1900, RG Bd. 46 S. 112 ff. (114).

[3]) RG Bd. 46 S. 193 ff. (196). Über den sonstigen Inhalt der Entscheidung vgl. weiter unten.

zuständige örtliche Recht versagt, wenn alle Beziehungen zu Deutschland und Deutschen fehlen. Wir können, wenn die Gesetze eines Landes dem Ehemann ein körperliches Züchtigungsrecht gegenüber seiner Frau geben (wie es in Hamburg noch bis zur Einführung des BGB der Fall war), einer Schadenersatzklage der Frau wegen einer derartigen Züchtigung keine Folge geben, wenn es sich um eine Handlung von Ausländern im Ausland handelte, die dort erlaubt war. Die Kinderehe der Hindus verletzt unsere moralischen Empfindungen aufs tiefste. Dennoch würde kein deutscher Richter der Schadenersatzklage einer Inderin gegen ihren Vater wegen gesundheitlicher Schäden infolge der Verheiratung im Kindesalter stattgeben können, wenn es sich um Vorgänge zwischen Indern in Indien handeln würde.

In Österreich hat der Oberste Gerichtshof eine Entscheidung gefällt, die geeignet ist, die richtige internationale Abgrenzung, soweit es sich um die Berücksichtigung der guten Sitten handelt, zu zeigen. Er hat ausgesprochen, daß auch diejenigen Ehehindernisse des österreichischen Rechts, denen nach österreichischer Auffassung ethische Erwägungen zugrunde liegen, nicht dazu führen können, daß die im Ausland geschlossene Ehe von Ausländern von den österreichischen Gerichten dahin geprüft werden könne, ob ihr ein derartiges Ehehindernis des österreichischen Rechts entgegensteht. Denn »daraus würde sich eine mit allen Grundsätzen des internationalen Rechts im Widerspruch stehende Weltjudikatur der österreichischen Gerichte ergeben.« [1]) Diese Grundsätze sind in Deutschland nicht mit derselben Bestimmtheit ausgesprochen, gelten hier aber auch zweifellos [2]).

§ 222. Daß unsittliche Ansprüche niemals zugesprochen werden dürfen, ergibt sich auch aus deutschen Urteilen über intertemporale Rechtskonflikte, in denen altem deutschem Recht, das nach den geltenden intertemporalen Regeln zuständig war, die Kraft der Anspruchsbegründung abgesprochen ist, weil es mit den Sittlichkeitsanschauungen des neuen Rechts im Widerspruch stand. Die Begründung dieser Urteile zeigt mit zweifelloser Klarheit, daß deutsche Gerichte zur Erreichung von sittenwidrigen Ergebnissen nicht mitwirken dürfen. Im § 138 BGB wird als besonderer Fall eines gegen

---

[1]) Entscheidung vom 18. 6. 1907, entnommen aus Walker S. 280.

[2]) Ähnlicher Auffassung Zitelmann Bd. I S. 350 ff.; Niedner Art. 30 Anm. 4; Habicht S. 234; Staudinger-Kuhlenbeck Art. 30 I B 3; Lewald Nr. 38 S. 35.

die guten Sitten verstoßenden Rechtsgeschäftes das wucherische hervorgehoben. Obwohl sich nach Art. 170 EG ein vor Inkrafttreten des BGB begründetes Forderungsrecht nach den alten Gesetzen richtet, hat das Reichsgericht doch einen vor dem 1. Januar 1900 rechtswirksam begründeten Anspruch, der nach neuem Recht als wucherisch anzusehen gewesen wäre, aus diesem Grunde abgewiesen. Das Reichsgericht beruft sich darauf, daß § 138 BGB das wucherische Geschäft als ein Beispiel eines gegen die guten Sitten verstoßenden Geschäfts aufführt, und fährt fort: »Damit ist ein solches Geschäft vom Gesetzgeber ausdrücklich als gegen die guten Sitten verstoßend erklärt, und nach Erklärung eines solchen Satzes kann der Gesetzgeber unmöglich noch zur Durchführung eines solchen gegen die guten Sitten verstoßenden Geschäfts seinen Rechtsschutz haben hergeben wollen.« [1]) Diesen Standpunkt bringt das Reichsgericht auch in einer Entscheidung vom 2. 7. 1901 [2]) zum Ausdruck.

§ 223. Das Urteil des Reichsgerichts vom 28. 1. 1907 [3]) wiederholt denselben Gedankengang, fügt aber hinzu, daß in Zweifel gezogen werden könne, ob dieser Grundsatz auch zur Beseitigung eines unter der Herrschaft des früheren Rechts eingetretenen Rechtszustandes verwendet werden könne. Der Zweifel ist vom Bayrischen Obersten Landesgericht gelöst. Dieses hat die Rückforderung einer vor dem Inkrafttreten des BGB auf Grund eines nach altem Recht gültigen, nach neuem Recht wegen Wuchers nichtigen Geschäfts gemachten Leistung für ausgeschlossen erklärt [4]).

§ 224. In einer Entscheidung vom 28. 4. 1900 [5]) hat das Reichsgericht freilich ausgesprochen: »Daß sich der Verkäufer im Falle eines Betruges mit der Versäumung einer rechtzeitigen Mängelanzeige nicht verteidigen kann, ist ein absolut gebietender, mit den bei uns herrschenden sittlichen Grundsätzen in engem Zusammenhange stehender Rechtssatz, der von dem deutschen Prozeßrichter immer anzuwenden ist, also auch dann, wenn das ausländische Recht, das sonst für den Kontrakt maßgebend ist, den gleichen Rechtssatz etwa nicht enthalten sollte.« Eine rein wörtliche Auslegung dieses Teils der reichsgerichtlichen Urteilsgründe müßte zu der Ansicht führen, daß der deutsche Richter verpflichtet sei, einer auf die arglistige

---

[1]) RG 30. 11. 1900, RG Bd. 47 S. 103 f.
[2]) JW 1901 S. 639.
[3]) JW 1907 S. 167.
[4]) Vgl. Staudinger-Keidel Bd. VI Art. 170 IV 1 b.
[5]) RG Bd. 46 S. 193 ff. (196).

Verschweigung von Mängeln gestützten Klage auf Rückzahlung des Kaufpreises auch dann Folge zu geben, wenn es sich um Beziehungen zwischen Ausländern handelt, die ausländischem Recht unterliegen, wenn sich alle für das Kaufgeschäft in Betracht kommenden Vorgänge im Ausland abgewickelt haben und das den Kaufvertrag beherrschende ausländische Recht solchen Anspruch nicht gewährt. Eine solche Auffassung würde aber unzulässig sein. In dem hier mitgeteilten Falle handelte es sich um eine Klage des angeblich arglistigen Verkäufers gegen den Käufer auf Zahlung des Kaufpreises. Es handelte sich tatsächlich also nur um die prohibitorische Wirkung des Art. 30. Man kann nicht annehmen, daß das Reichsgericht die permissive Funktion des Art. 30 hier überhaupt in Betracht gezogen hat. Wenn eine arglistige Verschweigung von Mängeln im Kaufrecht unter allen Umständen — unabhängig von allen deutschen Anknüpfungen — positive Ansprüche gewähren würde, so würde die Verschweigung von Mängeln eine einzigartige Behandlung im deutschen Recht erfahren, die durch nichts gerechtfertigt sein würde. Wir versagen — abweichend von der Savignyschen Lehre — sogar für Handlungen, die nach unseren Begriffen unerlaubt sind — auch für die schwersten —, Schadenersatzansprüche, wenn solche nach dem Recht des Deliktortes nicht bestehen und eine deutsche Anknüpfung fehlt. Daß gerade die arglistige Verschweigung von Sachmängeln weitergehende Wirkungen haben sollte als die schwersten Eingriffe gegen das menschliche Leben, die menschliche Gesundheit und sonstige persönliche Rechtsgüter, ist ausgeschlossen.

§ 225. Die Anwendung ausländischen Rechts ist ferner nach Art. 30 EG ausgeschlossen, wenn sie gegen den Zweck eines deutschen Gesetzes verstoßen würde.

Der deutsche Rechtssatz, dessen Zweck die Anwendung des ausländischen Rechts widersprechen würde, braucht kein privatrechtlicher zu sein [1]). Im Gegenteil wird der Zweck öffentlich-rechtlicher deutscher Vorschriften am leichtesten zur Abweichung von den allgemeinen Normen des internationalen Privatrechts im Einzelfalle führen. In vielen Fällen ist die Anwendung ausländischen Rechts wegen Verstoßes gegen den Zweck einer Vorschrift des deutschen öffentlichen Rechts abgelehnt worden. Hierunter fallen z. B. die Entscheidungen, welche gegen die Anerkennung ausländischer Enteignungsgesetze den Art. 153 Reichsverfassung heranziehen [2]), und

---

[1]) Ebenso Raape, Einl. E IV 3.

[2]) Unten § 262 S. 396.

die Urteile über Verträge zum Zwecke verbotswidriger Einfuhr nach Deutschland [1]).

Läßt sich für eine bestimmte deutsche Rechtsvorschrift feststellen, in welchem Bereiche ihr Zweck ihre Anwendung erfordert, so ist in diesem Bereiche die Anwendung abweichenden ausländischen Rechts, das nach den allgemeinen Kollisionsregeln anzuwenden wäre, ausgeschlossen, ohne daß es darauf ankommt, ob ein schwerwiegender oder ein geringer Gegensatz zwischen der in Betracht kommenden ausländischen Rechtsvorschrift und der deutschen besteht. Der Verstoß gegen den Zweck der deutschen Vorschrift ergibt sich hier unmittelbar aus dieser Vorschrift selber. Es bedarf nicht der Heranziehung einer allgemeinen Regel über die Erfordernisse des Begriffs »Verstoß gegen den Zweck eines deutschen Gesetzes«. [2]) Daß es sich hier überhaupt um einen Anwendungsfall des Art. 30 handelt, ergibt sich aus der Rechtsprechung des Reichsgerichts über den Geltungsbereich der Devisenhandelsverbote der Devisenordnung vom 8. 2. 1917 [3]). Hier hat das Reichsgericht den örtlichen Anwendungsbereich lediglich nach den besonderen Zwecken dieser Devisenordnung bestimmt und doch die Durchbrechung der allgemeinen international-privatrechtlichen Regelung bisweilen mit Art.30 EG gerechtfertigt.

§ 226. Ein anderes Beispiel für das Eingreifen der Vorbehaltsklausel auf Grund des Geltungswillens eines deutschen Gesetzes bildet die Behandlung der Spielforderungen (einschließlich der Forderungen aus Differenzgeschäften) im deutschen internationalen Privatrecht. Diese sind vor deutschen Gerichten unklagbar, einerlei, welchem Recht sie im allgemeinen unterliegen. Schon das ROHG [4]) hat den Grundsatz des rheinischen Rechts über die Unklagbarkeit der Differenzgeschäfte [5]) schlechthin für anwendbar erklärt, auch gegen das abweichende Recht des Erfüllungsortes der eingeklagten Obligation. Das Reichsgericht hat sogar einmal in einer älteren Entscheidung [6]), die ebenfalls das rheinische Recht betraf, ausgesprochen, die Klagbarkeit der Forderungen aus Differenzgeschäften »beurteilt sich nach den Gesetzen des Ortes, wo geklagt wird«. Auch für das preußische

---

[1]) Unten § 262 S. 397 f.

[2]) Dieselbe Unterscheidung machen die Motive zum 1. Gebhardschen Entwurf; vgl. die Gebhardschen Materialien S. 259.

[3]) Vgl. unten § 231 S. 346 f.

[4]) 12. 6. 1874, ROHG Bd. 14 S. 273 ff.

[5]) Vgl. Art. 1965 C. c.

[6]) 23. 6. 1885, Bolze Bd. 2 Nr. 30.

Recht hat das Reichsgericht [1]) entschieden, daß der Grundsatz der Unklagbarkeit der Differenzgeschäfte abweichendes ausländisches Recht, das nach den allgemeinen Regeln anzuwenden war, außer Kraft setze. Diesen Standpunkt hat das Reichsgericht auch für das geltende Recht eingenommen. In einer Reihe von Entscheidungen [2]) ist gegen Ansprüche aus Termingeschäften an einer ausländischen Börse der Differenzeinwand gemäß §§ 762, 764 BGB zugelassen worden. In diesen Entscheidungen ist nicht festgestellt, daß die zu beurteilenden Geschäfte nach den allgemeinen Regeln ausländischem Recht unterlagen. Aber da sie an ausländischen Börsen geschlossen waren, war die Wahrscheinlichkeit ganz überwiegend, daß diese Geschäfte von fremdem Recht beherrscht wurden. Das Reichsgericht hat dieser sich geradezu aufdrängenden Wahrscheinlichkeit keine Beachtung geschenkt. Man muß daraus schließen, daß das Reichsgericht die Frage, welches Recht diese Geschäfte beherrschte, für gleichgültig hielt. Ausdrücklich auf Grund des Art. 30 haben das Bayrische Oberste Landesgericht [3]) und das Oberlandesgericht München [4]) die Anwendung ausländischen Rechts, das die Klage zuließ, abgelehnt.

In diesen Fällen handelt es sich nicht um einen Verstoß gegen die guten Sitten. Zwar hat das ROHG in der angeführten Entscheidung erklärt, die Klage sei nicht zulässig, »weil nach den Landesgesetzen des Klagortes dem Rechtsgeschäft aus Gründen der Sittlichkeit die Klagbarkeit entzogen ist«, und ähnlich sagt das Reichsgericht in einer der älteren Entscheidungen [5]): Im preußischen Landrecht sei das Differenzgeschäft »aus Gründen der guten Sitte und des öffentlichen Wohls für unklagbar erklärt«. Aber diese Auffassung läßt sich für die Gegenwart nicht aufrechterhalten. Spiel- und Wettvertrag verstoßen nach der gegenwärtigen deutschen Auffassung nicht gegen die guten Sitten [6]). Man muß einen Testamentsvollstrecker für verpflichtet halten, Spielschulden im Ausland einzuklagen, wenn das nach dem ausländischen Recht möglich ist, während

---

[1]) 1. 4. 1896, RG Bd. 37 S. 266 ff. = Z Bd. 7 S. 446 ff.

[2]) 23. 12. 1903, Bankarchiv Bd. 3 S. 115 f.; 14. 6. 1911, RG Bd. 76 S. 371 ff.; 14. 12. 1911, SA Bd. 67 S. 314; 4. 6. 1912, RG Bd. 79 S. 381 ff.; 15. 10. 1915, WarnRspr. 1916 Nr. 68 S. 113 f.; 30. 1. 1917, RG Bd. 89 S. 358 ff.

[3]) 6. 6. 1904, SA Bd. 60 S. 267 ff.

[4]) 9. 2. 1907, Soergel 1907 zu Art. 30 EG.

[5]) Die soeben zitierte Entscheidung vom 1. 4. 1896.

[6]) RG 19. 12. 1898, RG Bd. 43 S. 148 ff. (152); ebenso Komm. v. RG-Räten § 762 Anm. 3; Staudinger § 762 I (mit weiteren Zitaten).

man ihn nicht zwingen würde, Ansprüche, die nach deutscher Auffassung auf wirklich sittenwidrigen Geschäften beruhen, mit Hilfe ausländischer Gerichte, die etwa über die Sittenwidrigkeit anders denken, durchzusetzen. Dem entspricht, daß das Reichsgericht die Vorschrift des § 762 Abs. 1 Satz 1 BGB für intertemporal nicht zwingend erklärt [1]), während es zu § 138 BGB den entgegengesetzten Standpunkt einnimmt [2]).

Die Vorschriften des BGB über Spiel, Wette und Differenzgeschäft beruhen auf dem Gedanken, daß gerade der gerichtliche Beistand den Gläubigern aus solchen Geschäften nicht gewährt werden soll. Nach Ansicht der Motive zum ersten Entwurf eines BGB [3]) sind »Prozesse über Spiel- und Wettschulden, gleichviel ob die Leistung schon erfolgt ist oder nicht, überhaupt nicht zuzulassen«. »Die Unklagbarkeit dürfte in dem Mangel eines ernsten sittlichen oder wirtschaftlichen Zweckes ihre Rechtfertigung finden.« [4]) Die Gerichte sollen sich nicht dazu hergeben müssen, solchen Geschäften zur Durchführung zu verhelfen. Der Zweck des deutschen Gesetzes, gegen den die Zulassung einer Klage aus Spiel (oder Differenzgeschäften) verstoßen würde, ist hier also: die Freihaltung der Gerichte von Ansprüchen, die eines gerichtlichen Schutzes nicht würdig sind. Daher schneidet hier der Gesetzeszweck alle solchen Klagen vor deutschen Gerichten ab, ohne daß es auf irgendeine andere Anknüpfung ankommt [5]).

Was im vorstehenden vom Spiel gesagt ist, gilt wegen Gleichheit des Grundes auch von der Wette.

§ 227. Für die Fälle, in denen sich nicht feststellen läßt, wie weit der Zweck des in Betracht kommenden deutschen Rechtssatzes dessen ausschließliche Anwendung fordert, ergeben sich die Voraussetzungen der Annahme eines Verstoßes gegen den Zweck eines deutschen Gesetzes aus einer vom Reichsgericht aufgestellten [6]) und ständig

---

[1]) 30. 12. 1902, JW 1903 Beilage S. 31.

[2]) 2. 7. 1901, JW 1901 S. 638; 30. 11. 1909, JW 1910 S. 62; 17. 12. 1912, LZ 1913 Sp. 291 f.

[3]) Bd. II S. 644.

[4]) So Staudinger § 762 I.

[5]) Ebenso im Ergebnis Kahn Bd. I S. 184, Lewald Nr. 38 S. 35, welche die Nichterforderlichkeit einer besonderen Anknüpfung in dem zu beurteilenden Tatbestand damit erklären, daß hier der Gerichtsort die maßgebliche Anknüpfung gebe; Frankenstein Bd. 2 S. 347.

[6]) 21. 3. 1905, RG Bd. 60 S. 296 = JW 1905 S. 320 f. = Z Bd. 15 S. 305 ff. und Bd. 19 S. 278 ff. = Clunet 1910 S. 615.

wiederholten [1]) Formel. Danach liegt ein solcher Verstoß des ausländischen Rechts nur dann vor, wenn »der Unterschied zwischen den staatspolitischen oder sozialen Anschauungen, auf welchen dieses und auf welchen das konkurrierende deutsche Recht beruht, so erheblich ist, daß die Anwendung des ausländischen Rechts direkt die Grundlagen des deutschen staatlichen oder wirtschaftlichen Lebens angreifen würde«.

§ 228. Für die Frage, ob die Vorbehaltsklausel wegen Verstoßes gegen den Zweck eines deutschen Gesetzes eingreift, ist, ähnlich wie bei einem Verstoß gegen die guten Sitten, ein Unterschied zwischen einer prohibitorischen (anspruchsversagenden) und einer permissiven (anspruchsbegründenden) Wirkung vorhanden. Der Unterschied zwischen prohibitorischer und permissiver Seite kann hier jedoch nicht einfach dahin gefaßt werden, daß für die prohibitorische Seite irgendeine deutsche Anknüpfung überflüssig ist, während sie für die permissive Seite nötig ist. Vielmehr besteht der Unterschied darin, daß es hier Fälle geben kann (z. B. Spiel und Wette [2])), bei welchen die prohibitorische Wirkung absolut, d. h. unabhängig von einer deutschen Anknüpfung, eintritt, während — wie beim Verstoß gegen die guten Sitten — für die permissive Wirkung stets eine deutsche Anknüpfung erforderlich ist.

Zwei Urteile aus neuester Zeit — des Hanseatischen Oberlandesgerichts vom 16. 5. 1929 [3]) und des Reichsgerichts vom 20. 5. 1930 [4]) — zeigen, daß ein Verstoß gegen den Zweck eines deutschen Gesetzes leichter die prohibitorische Wirkung der Vorbehaltsklausel als die permissive auslöst. Im ersteren Fall handelte es sich um eine Klage aus einem — nach Annahme des Gerichts — sowjetrussischem Recht unterliegenden Geschäft, das zwei in Rußland wohnende Russen miteinander geschlossen hatten, und das nach russischem Recht wegen Verstoßes gegen die russische Devisenordnung (oder das russische Kapitalfluchtgesetz) nichtig war. Sittenwidrigkeit konnte hier gar nicht in Betracht kommen, um so weniger, als sich Deutschland in

---

[1]) 3. 3. 1906, RG Bd. 63 S. 18 ff. = JW 1906 S. 219 = Z Bd. 16 S. 329 ff. = DJZ 1906 S. 542; 27. 5. 1910, RG Bd. 73 S. 366 ff.; 2. 10. 1912, RG Bd. 80 S. 129 ff.; 28. 6. 1918, RG Bd. 93 S. 182 ff.; 12. 12. 1918, RG Bd. 95 S. 268 ff. (272); 12. 6. 1922, WarnRspr. 1923/24 Nr. 21 S. 24; 19. 2. 1924, JW 1924 S. 1710; 9. 2. 1925, RG Bd. 110 S. 173 = Z Bd. 34 S. 430 ff.; 14. 12. 1927, RG Bd. 119 S. 259 ff. = JW 1928 S. 656 f. = Z Bd. 39 S. 232 ff. = ZAIP Sonderheft 1928 Nr. 11; 25. 5. 1928, JW 1928 S. 2013 f. = ZAIP Sonderheft 1928 Nr. 13.

[2]) Vgl. § 226 S. 338 ff.

[3]) HansRGZ 1930 B S. 743 ff. (747).

[4]) RG Bd. 129 S. 98 ff. = JW 1931 S. 141 ff.

der Nachkriegszeit sehr ähnliche Gesetze gegeben hat. Das Gericht hat gegenüber dem klägerischen Verlangen, daß mit Rücksicht auf Art. 30 die russische Devisenordnung (das russische Kapitalfluchtgesetz) außer Betracht zu bleiben habe, darauf hingewiesen, daß es sich hier nicht um die Anwendung dieser russischen Gesetze handele, sondern darum, ob ein nach russischem Recht nichtiger Vertrag vom deutschen Richter als gültig behandelt werden solle. »Diese negative Frage«, sagt das Gericht, »ist anderer Art als die positive.« Das heißt: Auch für den Fall, daß die genannten russischen Gesetze vom deutschen Standpunkt aus wegen Verstoßes gegen den Zweck deutscher Gesetze durchaus zu mißbilligen sein sollten, ist das noch kein genügender Grund, ein nach solchen Gesetzen nichtiges Geschäft als gültig zu behandeln, selbst wenn deutsche Gerichte Ansprüche, die auf Grund dieser Gesetze erhoben würden, gemäß Art. 30 zurückweisen würden.

In dem vom Reichsgericht entschiedenen Fall handelt es sich um die Klage früherer Aktionäre einer ehemaligen russischen Aktiengesellschaft gegen einen deutschen Schuldner dieser Gesellschaft. Gegen die Klage war die Vernichtung der Rechtspersönlichkeit der Aktiengesellschaft durch die russische Gesetzgebung eingewandt worden. Die Kläger hatten mit einer Bezugnahme auf Art. 30 EG (wegen der in Rußland erfolgten entschädigungslosen Enteignung) geantwortet. Das Reichsgericht hat die Anwendbarkeit des Art. 30, auch unter dem Gesichtspunkt eines Verstoßes gegen den Zweck eines deutschen Gesetzes, geprüft und, abgesehen von anderen, in diesem Zusammenhang nicht interessierenden Gründen, das Eingreifen der Vorbehaltsklausel aus folgenden Erwägungen verneint: »Es handelt sich hier gar nicht um die Herbeiführung einer Rechtswirkung durch Anwendung eines ausländischen Gesetzes, sondern um die Beachtung einer im Ausland durch eine anerkannte Regierung bei einer ausländischen juristischen Person bewirkten Änderung ihres Rechtszustandes im Sinne der Beendigung ihrer Rechtspersönlichkeit [1].« Hier wird, wenn auch nicht mit ausdrücklichen Worten, ebenfalls zwischen der prohibitorischen und der permissiven Wirkung unterschieden. Das heißt in diesem Falle: Ein Recht der durch die Eingriffe der russischen Gesetzgebung vernichteten Aktiengesellschaft besteht nicht mehr; eine permissive Wirkung des Art. 30 wird hier nicht anerkannt. Damit ist aber noch nicht entschieden, ob etwa der Art. 30 einem Klagebegehren der Sowjetregierung entgegenstehen

---

[1]) RG Bd. 129 S. 102 = JW 1931 S. 142 f.

würde, wenn sie auf Grund ihrer Gesetzgebung die Forderung gegen den deutschen Schuldner für sich selbst geltend machen würde. Die Frage nach der prohibitorischen Wirkung des Art. 30 ist also offengelassen [1]).

§ 229. In der Regel muß, auch wenn der Zweck eines deutschen Gesetzes nur nach seiner prohibitorischen Seite in Betracht kommt, ein besonderer Anknüpfungsgrund für das Eingreifen der deutschen Vorbehaltsklausel vorliegen. Denn der deutsche Gesetzgeber will keine Weltgesetzgebung schaffen. Soweit er nicht Rechtsverhältnisse überhaupt vom Rechtsschutz durch unsere Gerichte ausschließt, wie im Falle des Spiels und der Wette, gibt er keine Vorschriften für Fälle, die mit Deutschland gar keine Berührung haben. Wenn in der Anwendung ausländischen Rechts ein Verstoß gegen den Zweck eines deutschen Gesetzes gesehen werden soll, muß daher — von den erwähnten Ausnahmefällen abgesehen — der Tatbestand, auf den der ausländische Rechtssatz anzuwenden wäre, eine gewisse Beziehung zu Deutschland, zum deutschen Staatsgebiet oder zum deutschen Volk enthalten. Für die Fälle, wo sich nicht schon aus dem Inhalt eines deutschen Rechtssatzes dessen örtlicher oder personeller Herrschaftswille feststellen läßt, ergibt sich das aus der mitgeteilten reichsgerichtlichen Definition. Denn wenn eine solche besondere Beziehung nicht vorliegt, kann die Anwendung ausländischen Rechts — mag dieses auch noch so sehr vom deutschen abweichen — nicht »direkt die Grundlagen des deutschen staatlichen oder wirtschaftlichen Lebens angreifen«. Im allgemeinen wird das von den Gerichten, die wegen eines Verstoßes gegen den Zweck eines deutschen Gesetzes die Anwendung ausländischen Rechts ausschließen, nicht ausdrücklich ausgesprochen [2]). Die Praxis läßt aber erkennen, daß sie sich von diesem Grundsatz, dessen vornehmster Verfechter in der Literatur Kahn [3]) ist, leiten läßt.

---

[1]) Dem naheliegenden Einwand, daß der Schuldner bei Anerkennung der prohibitorischen Wirkung der Vorbehaltsklausel in einem solchen Falle überhaupt nicht zu zahlen brauche, könnte Deutschland in derselben Weise entgegentreten, wie Frankreich es in ähnlichen Fällen getan hat, nämlich durch Bestellung von Sequestern bis zur gesetzlichen Regelung.

[2]) Anders in den Entscheidungen des OLG München vom 24. 3. 1905, Z Bd. 16 S. 34 ff., und vom 22. 11. 1909, Z Bd. 20 S. 529 ff.; des HansOLG vom 22. 7. 1927, ZAIP Sonderheft 1926/27 Nr. 58 = Z Bd. 39 S. 294 ff. = HansRZ 1927 Sp. 942 ff. = Rspr. Aufw. 1927 S. 594 ff.; des OLG Kiel vom 10. 5 1930, JW 1931 S. 156 f.

[3]) Vgl. die oben zitierte Abhandlung. Vgl. ferner v. Bar Bd. I S. 128 ff.; Niemeyer S. 100 f.; Niedner Art. 30 Anm. 4, 5; Staudinger-Kuhlenbeck Art. 30 I B 3; Lewald Nr. 38 S. 35; Raape, Einl. E IV 2.

§ 230. Vielfach wird auf deutsche Staatsangehörigkeit oder deutschen Wohnsitz abgestellt.

In einer Reichsgerichtsentscheidung von 1926 [1]) ist auf Grund von Art. 30 EG, §§ 123, 124 BGB die Prüfung abgelehnt, ob das türkische Recht die Anfechtung wegen Drohung ausschließt. Die Bedrohten waren Deutsche.

Die Wirkung der Vorbehaltsklausel bei der Aufwertung — insbesondere die Notwendigkeit einer deutschen Anknüpfung — ist an anderer Stelle dieses Buches [2]) behandelt.

Auch in der umfangreichen Rechtsprechung zur Anwendung des Art. 30 gegen das polnische Valutagesetz hat die Frage der Vorbehaltsanknüpfung eine erhebliche Rolle gespielt. Eine feste Regel läßt sich jedoch dieser Rechtsprechung nicht entnehmen. In der Entscheidung vom 27. 1. 1923 [3]) hat das Reichsgericht den Art. 2 des polnischen Gesetzes für anwendbar erklärt [4]). Es sei »nicht abzusehen, warum dieser in Polen unter dort wohnhaften polnischen Staatsangehörigen eingetretenen Rechtsfolge die Anerkennung lediglich deshalb versagt werden sollte, weil die Klägerin (Gläubigerin) nachträglich nach Deutschland verzogen ist«. Auch der Umstand, daß die Klägerin noch die Möglichkeit habe, für die deutsche Staatsangehörigkeit zu optieren, reiche nicht aus, die Anwendung des polnischen Rechts wegen Verstoßes gegen den Zweck eines deutschen Gesetzes auszuschließen. Bei der neuen Verhandlung in der Berufungsinstanz sei aber zu prüfen, ob die Gläubigerin inzwischen von der Optionsmöglichkeit Gebrauch gemacht habe; gegebenenfalls müsse die Anwendbarkeit des Art. 30 von neuem untersucht werden unter Beachtung des Umstandes, daß die Gläubigerin nunmehr Deutsche sei. Eine Entscheidung des Kammergerichts [5]) hält die Anwendung der polnischen Vorschrift gegen »deutsche Gläubiger innerhalb Deutschlands« für unzulässig. Eine andere Kammergerichtsentscheidung [6]) sieht in der Anwendung einen Verstoß gegen den Zweck eines deutschen Gesetzes, weil der Gläubiger für Deutschland optiert und

---

[1]) 30. 10. 1926, ZAIP Sonderheft 1928 Nr. 10 = Z Bd. 39 S. 276 ff. = Revue 1928 S. 523.

[2]) Vgl. § 202 S. 304 ff.

[3]) WarnRspr. 1923/24 Nr. 42 S. 50 ff.

[4]) Dieser Artikel bestimmte, daß in deutscher Mark entstandene Schulden in gleichem Nominalbetrage mit polnischer Mark zu bezahlen seien. Derzeit war die polnische Mark erheblich mehr entwertet als die deutsche Mark.

[5]) 4. 4. 1922, JW 1922 S. 1134 f.

[6]) 28. 10. 1922, JW 1923 S. 128 ff.

Polen verlassen habe. Das Oberlandesgericht Frankfurt [1]) hat als Merkmal der Vorbehaltsanknüpfung nur die Staatsangehörigkeit genannt. Dagegen hat das Oberlandesgericht Jena [2]) die polnische Vorschrift in einem Falle angewandt, wo der Schuldner und anscheinend auch der Gläubiger die deutsche Staatsangehörigkeit besaßen und in Deutschland wohnhaft waren. Im vorliegenden Falle sei der Gläubiger erst vor kurzem aus dem abgetretenen Gebiet nach Deutschland verzogen, ein Verstoß gegen ein deutsches Gesetz sei daher nicht anzunehmen. Hätte der Fall etwas anders gelegen, so hätte das OLG anders entschieden. Es sagt nämlich: »Unter Deutschen, die schon längst ihren Wohnsitz und ihre Niederlassung aus dem abgetretenen Gebiet verlegt hatten, wird kein anständig und gerecht gesinnter Schuldner eine alte Darlehnsschuld mit polnischer Mark begleichen wollen.« Den Art. 4 des polnischen Gesetzes, der Schuldnern im abgetretenen Gebiet für Zahlungen nach dem Ausland ein Moratorium gewährt, erklärte das Reichsgericht [3]) für unanwendbar, wo eine Zahlung nach Deutschland in Betracht käme, »ohne Rücksicht auf die Staatsangehörigkeit des Gläubigers«.

Das HansOLG [4]) hat die Anwendung ausländischen Rechts, das Abmachungen in einem Dienstvertrag zuließ, die den späteren Erwerb des Dienstverpflichteten übermäßig beschränkten, wegen Verstoßes gegen den Zweck eines deutschen Gesetzes ausgeschlossen. Der Dienstverpflichtete war ein Deutscher. Das OLG Dresden [5]) bezeichnet die Vorschriften des § 67 Abs. 1—4 HGB, die den Handlungsgehilfen vor ungünstigen Abreden über die Kündigung schützen, als international zwingend, »wenigstens für deutsche Handlungsgehilfen«.

Das OLG Stuttgart [6]) hat gegen österreichisches Recht auf Grund des Art. 30 eine Eheherstellungsklage trotz vorangegangener Scheidung von Tisch und Bett zugelassen, weil die Anwendung des österreichischen Rechts, das sowohl die endgültige Scheidung wie die Herstellung der ehelichen Gemeinschaft dauernd versagt, gegen den Zweck eines deutschen Gesetzes verstoße. Der klagende Ehemann war zur Zeit der Klageerhebung Deutscher.

In den Fällen der beiden schon mitgeteilten Entscheidungen des

---

[1]) 9. 11. 1922, JW 1923 S. 130 f. Diese Entscheidung nimmt an, daß das polnische Gesetz in die deutsche Währungshoheit eingreife und daß der Artikel 30 hier analog anwendbar sei.

[2]) 17. 7. 1922, JW 1923 S. 131 f.

[3]) 27. 1. 1923, WarnRspr. 1923/24 Nr. 42 S. 50 ff.

[4]) Soergel 1907 zu Art. 30 (ohne Datum).

[5]) 25. 1. 1907, ROLG Bd. 14 S. 345.

[6]) 31. 1. 1905, ROLG Bd. 11 S. 287 = Z Bd. 16 S. 283 ff.

Kammergerichts [1]), in denen einer österreichischen gerichtlichen Trennung von Tisch und Bett und einem New Yorker Scheidungsurteil die Anerkennung wegen Verstoßes gegen den Zweck deutscher Gesetze versagt worden ist, waren die Ehegatten Deutsche.

Das Bayrische Oberste Landesgericht [2]) rechtfertigt mit Art. 30 die Anwendbarkeit des § 1666 BGB auch zugunsten ausländischer Kinder gegen ausländische Eltern [3]). Ausdrücklich beschränkt es die Anwendbarkeit des Art. 30 auf den Fall, daß sich das Kind in Deutschland befindet.

§ 231. Bei anderen Rechtsfragen kann die Lage von Vermögensgegenständen für die Anwendbarkeit oder Nichtanwendbarkeit des Art. 30 entscheidend sein. Das OLG Frankfurt [4]) hat englisches Recht wegen des Art. 30 für unanwendbar erklärt, wonach — anders als nach § 302 Abs. 4 HGB — die Rechtspersönlichkeit der Aktiengesellschaft drei Monate nach Eintragung der Liquidationsbeendigung unter allen Umständen erlischt. Die Anwendung dieser Vorschrift verstoße gegen den Zweck des § 302 Abs. 4 HGB, der die Gesellschaft, soweit noch zu verteilendes Vermögen vorhanden ist, als fortbestehend gelten läßt »bezüglich des deutschen Vermögens«.

In ständiger Rechtsprechung hat das Reichsgericht die Verbote der deutschen Devisenordnung vom 8. 2. 1917 [5]) auf Grund des Art. 30 (Verstoß gegen den Zweck eines deutschen Gesetzes) auf Verträge angewandt, die nach den allgemeinen Regeln des deutschen internationalen Privatrechts fremdem Recht unterlagen [6]). Mehrere dieser Entscheidungen erklären, die Voraussetzung der Nichtanwendbarkeit des ausländischen Rechts sei, daß das Geschäft unmittelbar

---

[1]) Vgl. oben § 216 S. 331.

[2]) 16. 5. 1923, Soergel 1925 zu Art. 19 u. 23 EG.

[3]) Ebenso Neumeyer Bd. I S. 233 f. mit Habicht S. 177 gegen KG 5. 4. 1906, Jahrbuch des KG Bd. 32 a S. 23.

[4]) 1. 11. 1907, ROLG Bd. 16 S. 100 ff.

[5]) RGBl. 1917 S. 105 ff.

[6]) 19. 12. 1921, WarnRspr. 1922 Nr. 33; 29. 6. 1923, Recht 1923 Nr. 1333 (in diesen beiden Entscheidungen ist zwar Art. 30 nicht ausdrücklich angeführt, aber auf den Zweck der Vorschriften der deutschen Devisenordnung abgestellt); 19. 12. 1923, JW 1924 S. 672 f.; 21. 6. 1924 V 835/23, JW 1924 S. 1516 ff.; 21. 6. 1924 V 829/23, LZ 1924 Sp. 470 f. (diese vom selben Senat am selben Tage ergangene Entscheidung geht offenbar — ohne es ausdrücklich zu sagen — von demselben Grundsatz aus wie die zuerst zitierte); 16. 1. 1926, ZAIP Sonderheft 1926/27 Nr. 12; 7. 7. 1926, ZAIP Sonderheft 1926/27 Nr. 13 (auch hier ist zwar Art. 30 nicht ausdrücklich genannt, aber wegen des Zweckes der Devisenordnung die Anwendbarkeit des ausländischen Rechts verneint).

auf das deutsche Rechts- und Wirtschaftsleben einwirkt [1]). Eine speziell den Fall des Verstoßes gegen den Zweck der Devisenordnung treffende Vorbehaltsanknüpfung ist in den zwei Entscheidungen vom 21. 6. 1924 gegeben. Hier wird darauf abgestellt, ob das Geschäft einem inländischen Geschäftsbetrieb angehört [2]).

§ 232. Das deutsche Gesetz, von dem Art. 30 EG spricht, braucht nicht ein reichsrechtliches zu sein. Es ist jede von einer zuständigen deutschen Stelle erlassene Rechtsnorm. Das bedarf keiner besonderen Begründung, soweit es sich um Partikularrecht handelt, das in casu lex fori ist. Es gilt aber auch für die Vorschriften, die nicht im Gerichtsbezirk in Kraft stehen, also nicht lex fori sind.

Dies entspricht der Verbundenheit der deutschen Einzelstaaten, welche als Glieder des Reichs in einer Gemeinschaft stehen, die viel enger ist als die allgemeine Völkerrechtsgemeinschaft aller Staaten [3]).

Von besonderer Wichtigkeit ist in diesem Zusammenhang die Bedeutung, welche nichtreichsrechtlichen deutschen Vorschriften auf Grund von § 134 BGB zukommt. Diese Bestimmung ist keine Kollisionsnorm. Sie betrifft nicht ausländische Verbotsgesetze. Das zeigen ihre Stellung im BGB und die Rechtsprechung [4]). Andrerseits betrifft § 134 BGB aber nicht nur reichsrechtliche Verbote, sondern alle von einer deutschen Stelle innerhalb ihrer Zuständigkeit erlassenen Verbote. Ein Vertrag, der gegen ein solches Verbot verstößt, ist im Zweifel nichtig. Dabei kommt es nicht darauf an, welchem örtlichen Rechte der Vertrag nach den allgemeinen Kollisionsregeln unterliegt und was für ein deutsches Gericht zu entscheiden hat.

---

1) Die zitierten Entscheidungen vom 29. 6. 1923, 16. 1. 1926, 7. 7. 1926.

2) Vgl. zur Frage des Anwendungsbereichs der Verbote der Devisenordnung Neumeyer, Bd. III Abt. 2 § 113 S. 326 ff. Neumeyer will den Verboten der Devisenordnung als Vorschriften verwaltungsrechtlicher Natur eine besondere, von den Regeln des deutschen internationalen Privatrechts ganz unabhängige Anknüpfung geben. Demgemäß erklärt er die Heranziehung des Art. 30 für »entbehrlich«. Hinsichtlich der Frage, welches die Anknüpfung sein soll, stimmt Neumeyer den zuletzt zitierten zwei Reichsgerichtsentscheidungen zu.

3) Vgl. Staatsgerichtshof 17. und 18. 6. 1927, RG Bd. 116 Anhang S. 18 ff. (30), wo hieraus wichtige Folgerungen für die völkerrechtlichen Verpflichtungen der deutschen Länder untereinander gezogen werden.

4) Z. B. RG 16. 4. 1912, WarnRspr. 1912 Nr. 241; RG 3. 10. 1923, RG Bd. 108 S. 241 ff. = JW 1924 S. 667 ff.; HansOLG 27. 5. 1922, HansGZ 1922 Bbl. S. 174; KG 10. 10. 1928, ZAIP Sonderheft 1928 Nr. 21.

Das Reichsgericht [1]) hatte über die Gültigkeit eines von zwei Hamburgern in Preußen geschlossenen Vertrages zu urteilen, in dem dem einen Teil dafür, daß er in einer öffentlichen Versteigerung nicht mitbot, eine bestimmte Geldsumme versprochen wurde. Das Reichsgericht erklärte den Vertrag für nichtig nach § 134 BGB in Verbindung mit einer preußischen Vorschrift, die das Abhalten vom Bieten verbot und unter Strafe stellte. Ob der Vertrag nach den allgemeinen Kollisionsregeln dem in Hamburg oder in Preußen geltenden Recht unterlag, wurde nicht untersucht. Ebensowenig wurde Gewicht darauf gelegt, daß gerade preußische Gerichte in den unteren Instanzen entschieden hatten. Die Anwendbarkeit des preußischen Verbotsgesetzes wurde nur damit begründet, daß der Vertrag in Preußen, also im Geltungsbereich des Verbotsgesetzes, abgeschlossen war.

Eine in Braunschweig nicht zum Geschäftsbetrieb zugelassene Versicherungsgesellschaft hatte mit einem in Braunschweig Ansässigen über in Braunschweig befindliche Pferde einen Versicherungsvertrag geschlossen, der nach dem Willen der Parteien Hamburger Recht unterliegen sollte. Das HansOLG [2]) hat den Vertrag wegen Verstoßes gegen das Braunschweiger Verbot des Versicherungsbetriebes für nichtig [3]) erklärt.

Nach einer Reichsgerichtsentscheidung von 1917 [4]) konnte eine Beschlagnahmeverordnung des deutschen Gouverneurs von Antwerpen ein gesetzliches Verbot im Sinne des § 134 BGB für ein württembergisches Gericht darstellen [5]).

Hiernach greift also jede von einer zuständigen deutschen Stelle

---

[1]) 2. 6. 1902, RG Bd. 51 S. 401 ff.

[2]) 23. 5. 1907, LZ 1908 Sp. 249 ff.

[3]) Die Begründung nimmt allerdings an, daß der Vertrag Braunschweiger Recht unterlag. Aber diese Annahme widerspricht den allgemeinen Kollisionsregeln und erklärt sich offenbar nur aus dem Wunsche, das Braunschweiger Verbot, ohne Rücksicht auf diese allgemeinen Regeln, zur Anwendung zu bringen. Die Bedeutung dieser Entscheidung wird deutlich durch Vergleich mit der Entscheidung des KG vom 10. 10. 1928, ZAIP Sonderheft 1928 Nr. 21 = HansRGZ 1929 A Sp. 730. Hier lag der Fall ganz ähnlich. Ein schweizer Verbot des Versicherungsbetriebes wurde aber nicht angewandt, da nach den allgemeinen Regeln des deutschen internationalen Privatrechts deutsches Recht für den Vertrag maßgebend war.

[4]) 22. 10. 1917, Recht 1917 Nr. 1130 Sp. 591.

[5]) Es handelte sich wahrscheinlich um die in RG 5. 2. 1918, WarnRspr. 1918 Nr. 44, mitgeteilte »Bekanntmachung« vom 18. 10. 1914. Daß dieses Veräußerungsverbot nicht die Bedeutung eines Reichsgesetzes hatte, wird in der Entscheidung vom 5. 2. 1918 festgestellt.

erlassene Rechtsnorm, die ein Verbot bestimmter Rechtsgeschäfte enthält, gegenüber der allgemeinen kollisionsrechtlichen Regelung durch, vorausgesetzt nur, daß die Anknüpfung vorliegt, welche sich aus der Verbotsnorm für ihre Anwendbarkeit ergibt, z. B. wie in dem Falle der Reichsgerichtsentscheidung vom 2. 6. 1902, Abschluß des Rechtsgeschäftes im Geltungsbereich des Verbotes.

Für internationale Rechtskollisionen kann man daraus nur folgern, daß auch hier unter den angegebenen Voraussetzungen jedes in Deutschland, wenn auch nicht im Gerichtsbezirk, geltende Verbot der fremden lex contractus gegenüber beachtet werden muß. Denn wenn ein solches deutsches Verbot einer deutschen lex contractus vorgeht, muß es erst recht der ausländischen vorgehen. Ein Hamburger Gericht muß also z. B. einen nach den allgemeinen Regeln englischem Recht unterliegenden, nach diesem gültigen Vertrag für nichtig erklären, wenn er in Preußen abgeschlossen und sein Abschluß in Preußen durch eine preußische Vorschrift verboten ist, während bei entsprechender Sachlage das Verbot eines ausländischen Staates unbeachtet bleiben müßte. Es handelt sich hier um einen Fall der Nichtanwendung des nach den allgemeinen Regeln anwendbaren ausländischen Rechts, weil dessen Anwendung gegen den Zweck einer deutschen Rechtsnorm verstoßen würde. Die Vorbehaltsanknüpfung muß in diesem Falle nicht gemäß der reichsgerichtlichen Definition des Begriffs des Verstoßes gegen den Zweck eines deutschen Gesetzes festgestellt werden, sondern sie ergibt sich unmittelbar aus dem Geltungsbereich, den sich die partikularrechtliche Vorschrift zulässigerweise — d. h. ohne Überschreitung der Zuständigkeit — beilegt [1]).

Von dieser Berücksichtigung landesrechtlicher deutscher Verbotsgesetze bis zur Beachtung der Vorbehaltsklausel eines anderen deutschen Landes, selbst wenn das vorliegende Rechtsverhältnis dessen Recht nicht unterliegt, ist nur ein Schritt. Das Bayrische Oberste Landesgericht hat ihn getan. Es hat die Wirksamkeit einer unter altem türkischem Recht erfolgten türkischen sogenannten Willkürscheidung von der Stellung nicht des bayrischen Rechts,

---

[1]) Die Möglichkeit, ausländisches Recht wegen Verstoßes gegen den Zweck einer deutschen Partikularrechtsnorm von der Anwendung auszuschließen, scheint mir besonders für das deutsche internationale Vertragsrecht von Bedeutung. Denn nach dessen Regeln ist oft ein anderes Recht als das des Ortes, an dem der Vertrag geschlossen ist, für die Vertragsverhältnisse im allgemeinen maßgeblich. Die Möglichkeit, daß ein nach dem Vertragsstatut zulässiges Geschäft am Abschlußort verboten ist, ist daher verhältnismäßig groß.

sondern des preußischen Landrechts zu der Frage abhängig gemacht, ob der ordre public verletzt sei, weil die für die Vorbehaltsklausel maßgebliche deutsche Anknüpfung nicht in Bayern, sondern im Gebiete des preußischen Landrechts (Berlin) lag. Dorthin war der Scheidebrief, der die Scheidung bewirken sollte, von der Türkei aus übersandt worden [1]).

§ 233. In der Literatur ist die Ansicht vertreten worden, es gäbe außer den bisher aufgeführten noch einen weiteren Grund, im Widerspruch zu den allgemeinen Kollisionsnormen ausländisches Recht von der Anwendung auszuschließen: den der Völkerrechtswidrigkeit des ausländischen Rechts [2]). Als Hauptfall wird der angeführt, daß das ausländische Recht Fremde den Einheimischen gegenüber unbillig benachteiligt. Ferner wird auf den Fall verwiesen, daß das Recht des fremden Staates einer Deutschland gegenüber übernommenen staatsvertraglichen Verpflichtung widerspricht. Von anderer Seite wird behauptet, diese Fälle würden durch Art. 30 mitgetroffen, da die in Betracht kommenden völkerrechtlichen Normen stets auch Normen des deutschen Rechts seien und darum ein Verstoß gegen ihren Zweck einen Verstoß gegen den Zweck eines deutschen Gesetzes im Sinne des Art. 30 darstelle [3]). Insbesondere wird zur Stützung dieser Ansicht Art. 4 der Reichsverfassung angeführt [4]). Dagegen steht eine dritte Meinung, nach der der Gesichtspunkt der Völkerrechtswidrigkeit fremden Rechts nur im Rahmen des Art. 31 EG, nicht durch Anwendung des Art. 30 oder auf Grund einer selbständigen Regel beachtet werden soll [5]). Hierfür wird unter anderem aus der Entstehungsgeschichte des EG geltend gemacht, daß eine Klausel, welche ausländisches Recht von der Anwendung ausschließt, weil es die Rechte der Fremden unbillig beschränkt, in dem 2. Entwurf enthalten war [6]), aber in das Gesetz nicht aufgenommen wurde, und daß die Vorschrift über die Anwendung eines Vergeltungsrechts, jetzt Art. 31, im Laufe ihrer Entstehung eine Veränderung zu größerer Wirksamkeit erfahren habe [7]).

---

[1]) Urteil vom 29. 9. 1905, Z Bd. 16 S. 286 ff. = SA Bd. 61 S. 463. Die Entscheidung betrifft internationales Privatrecht aus der Zeit vor dem Inkrafttreten des BGB.

[2]) Zitelmann Bd. I S. 378 ff.; ihm folgend Barazetti, Z Bd. 8 S. 126 ff.

[3]) Klein, Z Bd. 14 S. 146 ff.; Frankenstein Bd. I S. 221 f.

[4]) Frankenstein a. a. O.

[5]) Niedner Anm. 7 zu Art. 30; Niemeyer S. 99.

[6]) § 2264 der vorläufigen, § 2389 der endgültigen Fassung des 2. Entwurfs.

[7]) Vgl. Zitelmanns synoptische Zusammenstellung der vorbereitenden Fassungen und des Gesetzes.

Irgendwelche deutsche Praxis über die Frage besteht, soviel ich sehe, nicht [1]). Die Entstehungsgeschichte der Art. 30 und 31 EG gibt m. E. keinen beachtlichen Anhalt [2]). Insbesondere läßt sich nicht feststellen, daß mit dem Fallenlassen des § 2264 E II der Gesichtspunkt der unbilligen Benachteiligung Fremder für die Anwendung des Art. 30 ausgeschieden werden sollte [3]). Meines Erachtens besteht kein Anlaß, hier eine besondere Kategorie zu schaffen. Soweit völkerrechtliche Grundsätze nach Art. 4 der Reichsverfassung Bestandteile des deutschen Reichsrechts oder Staatsverträge Deutschlands deutsche Gesetze geworden sind, greift die zweite Alternative des Art. 30 ein, wenn die übrigen Voraussetzungen dafür vorliegen. Auch die Annahme eines Verstoßes gegen die guten Sitten könnte unter Umständen in Betracht kommen. Im übrigen hängt die Beantwortung der gestellten Frage davon ab, ob fremde völkerrechtswidrige Normen überhaupt als Recht anzusehen sind. Soweit es sich nicht um allgemein anerkannte Sätze des Völkerrechts im Sinne des Art. 4 der Reichsverfassung handelt, muß als die zurzeit bestehende deutsche Auffassung angesehen werden, daß das Völkerrecht Verpflichtungen der Staaten untereinander — aber nicht ohne weiteres inneres Recht — schafft [4]). Das ergibt sich insbesondere aus unserer Rechtsprechung über die Stellung des deutschen Richters zu Staatsverträgen, an denen Deutschland beteiligt ist [5]).

Darüber hinausgehend, hat das OLG Hamburg Ausländer auf Grund der bloßen Tatsache, daß sie von Polen als Polen angesehen wurden, als solche behandelt, obwohl nach der Ansicht des Gerichts diese polnische Auffassung möglicherweise dem zwischen Rußland und Polen geschlossenen Rigaer Abkommen von 1921 widersprach [6]).

---

[1]) Aus der ausländischen Rechtsprechung mag auf die Entscheidung des französischen Kassationshofs 11. 11. 1908, Revue 1909 S. 227 ff., verwiesen werden, worin einer amerikanischen Ehescheidung mit Berufung auf das Völkerrecht die Anerkennung versagt wurde. Vgl. dazu Niboyet Nr. 19 S. 33 f.

[2]) Ebenso Klein, Z Bd. 14 S. 146 f.

[3]) Vgl. Protokolle Bd. VI S. 81 ff.

[4]) Vgl. hierzu Triepel, Völkerrecht und Landesrecht, insbesondere S. 438 ff.

[5]) RG 23. 1. 1884, SA Bd. 42 Nr. 144; RG 8. 10. 1895, RG Bd. 36 S. 183 ff. = Z Bd. 6 S. 449 ff.; RG 22. 2. 1919, RG Bd. 95 S. 36; RG 19. 4. 1921, RG Bd. 102 S. 106 ff.; RG 8. 12. 1926, RG Bd. 115 S. 97 ff.; RG 18. 6. 1927, RG Bd. 117 S. 284 = ZAIP Sonderheft 1926/27 Nr. 203; RGStr 2. 6. 1881, RGStr. Bd. 4 S. 271 ff. (274); Reichswirtschaftsgericht, Großer Senat 16. 9. 1920, JW 1921 S. 186 f.; HansOLG 5. 4. 1898, HansGZ 1899 Bbl. S. 72 = Z Bd. 9 S. 308 ff. Vgl. auch Belg. Kassationshof 26. 11. 1925, Clunet 1930 S. 757 = Bul. Bd. 23 Nr. 6555.

[6]) 27. 12. 1930, HansRGZ 1931 B Sp. 471 ff. (472).

Bei dieser Rechtslage fehlt es an einem Anhalt dafür, daß jede völkerrechtswidrige ausländische Norm die deutsche Vorbehaltsklausel auslöst — insbesondere dann, wenn die Völkerrechtswidrigkeit nur in der Verletzung eines internationalen Staatsvertrages besteht.

§ 234. Die Kollisionsnormen selbst können für den Geltungsbereich der Vorbehaltsklausel in folgenden Richtungen von Bedeutung sein:

1. Sie können so schwerwiegend sein, daß unter gewissen Umständen ihre Verletzung stets die Vorbehaltsklausel in Wirkung treten läßt; solchenfalls würde dem Richter nicht freistehen, aus besonderen Gründen ein den Kollisionsnormen widersprechendes Ergebnis als annehmbar zu behandeln.

2. Sie können so vollständig sein, daß neben ihnen für die Anwendung des ordre public kein Raum mehr ist; solchenfalls würde es dem Richter nicht freistehen, ein den Kollisionsnormen entsprechendes Ergebnis als unannehmbar zu behandeln.

Im ersteren Falle würde also die Anwendung der Vorbehaltsklausel über den normalen Umfang hinaus ausgedehnt, im letzteren Falle gegenüber dem normalen Umfang eingeschränkt werden. Im folgenden sollen beide Möglichkeiten besprochen werden; die Fälle zu 1 in diesem Paragraphen, die Fälle zu 2 im folgenden.

In mehreren Sondervorschriften des EG wird eine Spezialisierung des dem Art. 30 zugrunde liegenden Rechtsgedankens gefunden, so vor allem in Art. 12 [1]), 16 Abs. 2 [2]), 17 Abs. 4 [3]), 21 Halbsatz 2 [4]) EG [5]). Für die unmittelbare Anwendung dieser Vorschriften durch deutsche Gerichte in Deutschland ist diese Annahme natürlich ohne praktische Bedeutung, da deutsche Gerichte stets die Vorschriften des deutschen internationalen Privatrechts anwenden müssen. Dennoch muß zu der Frage Stellung genommen werden, ob diese Kollisionsnormen selbst ein Stück öffentlicher Ordnung enthalten.

---

[1]) Niemeyer S. 102; Lewald Nr. 326 S. 268; Raape Art. 12 Bd. I.

[2]) Niemeyer S. 102; Niedner Art. 16 Anm. 2; Lewald Nr. 146 S. 104.

[3]) RG 26. 10. 1912, WarnRspr. 1913 Nr. 37; RG 17. 10. 1918, WarnRspr. 1919 Nr. 100 = SA Bd. 74 S. 73 = LZ 1919 Sp. 374; Niemeyer S. 102; Lewald Nr. 153 S. 108; Raape Art. 17 E I.

[4]) OLG Frankfurt 3. u. 17. 12. 1925, JW 1926 S. 2858 = ZAIP Sonderheft 1926/27 Nr. 77; Kahn Bd. I S. 448; Niemeyer S. 161; Lewald Nr. 206 ff. S. 148; Raape Einl. E IV 1.

[5]) Vgl. für noch andere Vorschriften des EG Niemeyer S. 101 ff.; Niedner Art. 30 Anm. 5.

Sind die genannten Vorschriften »Kollisionsnormen des ordre public« [1]), so könnte man meinen, daß durch sie nicht nur die Anwendung ausländischen Rechts durch deutsche Gerichte zugunsten der Anwendung des deutschen Rechts eingeschränkt sei, sondern daß auch fremde Urteile, die in solchen Fällen eine diesen deutschen Kollisionsnormen widersprechende Entscheidung gegeben haben, wegen Verstoßes gegen den ordre public (§ 328 Abs. 1 Ziff. 4 ZPO) niemals anerkannt werden dürften. Auf die Umstände des Einzelfalls, die sonst für das Eingreifen des § 328 Abs. 1 Ziff. 4 ZPO entscheidend sind, könnte es nicht ankommen, da die Erwägung des ordre public vom Gesetzgeber in der entsprechenden Vorschrift des EG vorweggenommen wäre. Ein ausländisches Urteil z. B., durch das ein Deutscher wegen unerlaubter Handlung zu mehr verurteilt wird, als er nach deutschem Recht zu leisten hätte, dürfte danach auf Grund des Art. 12 EG unter keinen Umständen anerkannt werden.

Solche Annahme würde m. E. nicht zulässig sein. Durch § 328 Abs. 1 Ziff. 3 ZPO wird schon — in Anwendung der allgemeinen Regel des § 328 Abs. 1 Ziff. 4 ZPO [2]) — für eine Anzahl bestimmter Fälle die Anerkennung des ausländischen Urteils wegen Verletzung deutscher Kollisionsnormen verboten mit der Wirkung, daß es, wenn die in § 328 Abs. 1 Ziff. 3 angegebenen Voraussetzungen vorliegen, auf die im allgemeinen für die Anwendbarkeit der Vorbehaltsklausel (Ziff. 4 a. a. O.) maßgebenden Umstände des Einzelfalles nicht mehr ankommt. Das Gesetz würde sich sehr verleitlich ausgedrückt haben, wenn doch andere international-privatrechtliche Vorschriften als die im § 328 Abs. 1 Ziff. 3 aufgeführten für die Anerkennung ausländischer Urteile dieselbe Wirkung haben sollten.

Das Reichsgericht hat in einem schuldrechtlichen Fall ausgesprochen [3]), daß, wenn ein ausländisches Gericht auf Grund seiner örtlichen Kollisionsnormen ausländisches Recht angewandt hat, während auf Grund der deutschen Kollisionsnormen deutsches Recht anzuwenden gewesen wäre, »von Fall zu Fall durch Vergleichung der nach den zwischenstaatlichen Rechtsnormen anzuwendenden Rechtssätze« ermittelt werden muß, ob die Voraussetzungen des § 328 Abs. 1 Ziff. 4 ZPO vorliegen. Die Prüfung hat also grundsätzlich nicht bei der fremden Kollisionsnorm, sondern bei der

---

[1]) Vgl. Lewald Nr. 206, 207 S. 148, 149 und an anderen Stellen.

[2]) Vgl. z. B. OLG München 15. 10. 1927, Z Bd. 40 S. 302 ff. = ZAIP Sonderheft 1928 Nr. 119; Protokolle Bd. VI S. 89; Stein-Jonas § 328 VI.

[3]) 5. 3. 1931, Rspr. Aufw. 1931 S. 213 ff.

fremden materiellen Norm einzusetzen, welche auf Grund der fremden Kollisionsnorm von dem ausländischen Gericht angewandt worden ist.

Diesen Standpunkt teilt bezüglich des Art. 21 Halbsatz 2 EG das Oberlandesgericht München [1]), das eine österreichische Gerichtsentscheidung anerkannt hat, durch die einem Deutschen Unterhaltspflichten gegenüber seinem unehelichen Kinde auferlegt worden waren, die nach deutschem Recht nicht begründet gewesen wären. Das Oberlandesgericht hat sich dabei ausdrücklich auch darauf berufen, daß Art. 21 Halbsatz 2 in § 328 Abs. 1 Ziff. 3 ZPO nicht angeführt ist.

Deutsche Konsulargerichte müssen unter besonderen Gesichtspunkten prüfen, ob deutsche Konfliktsnormen als »Kollisionsnormen des ordre public« anzusehen sind. Denn die internationalprivatrechtlichen Grundsätze des deutschen Rechts gelten nicht ohne weiteres für die Konsulargerichte, erst recht dann nicht, wenn es sich um Prozesse von Schutzgenossen handelt. Das Reichsgericht [2]) hat in zwei Ehescheidungsprozessen von Ausländern (Schutzgenossen) die Anwendbarkeit des Art. 17 Abs. 4 vor deutschen Konsulargerichten damit begründet, daß diese Vorschrift eine Anwendung des dem Art. 30 zugrunde liegenden Gedankens darstelle, also für jeden deutschen Richter, auch den im Ausland urteilenden, gelten müsse. Wegen der geringen Bedeutung der gegenwärtig noch bestehenden deutschen Konsulargerichtsbarkeit soll hier nicht untersucht werden, auf welche anderen Vorschriften des EG die vom Reichsgericht zu Art. 17 Abs. 4 angestellte Erwägung noch zutrifft.

§ 235. In mehrfacher Hinsicht fragt sich, ob die Anwendbarkeit des Art. 30 durch spezielle Kollisionsnormen beschränkt wird.

Man behauptet eine solche Beschränkung für die Materien, für welche spezielle »Kollisionsnormen des ordre public« [3]) bestehen. Durch diese leges speciales sei ein »Zurückgreifen« auf die allgemeine Vorbehaltsklausel, die lex generalis, ausgeschlossen [4]). Danach wäre es z. B. niemals zulässig, auf Grund des Art. 30 eine nach dem Recht

---

[1]) 15. 10. 1927, Z Bd. 40 S. 302 ff = ZAIP Sonderheft 1926/27 Nr. 119.

[2]) 26. 10. 1912, WarnRspr. 1913 Nr. 37 S. 46 ff.; 17. 10. 1918, WarnRspr. 1919 Nr. 100 S. 154 ff. = LZ 1919 Sp. 374 = SA Bd. 74 S. 73.

[3]) Vgl. den vorangehenden Paragraphen.

[4]) Niedner Art. 16 Anm. 2; Lewald Nr. 30, 153 S. 25 f., 108 f., anders dagegen für den Fall des Unterhaltsanspruchs des unehelichen Kindes in Nr. 202 S. 144. Auf demselben Gedanken beruht offenbar auch die Erwägung des OLG Kiel 28. 2. 1923, SA Bd. 78 S. 267 ff. (270): Die Zulassung einer Scheidung auf Grund des Art. 30 gegen das Heimatsrecht widerspreche dem Art. 17 Abs. 4. Lewald Nr. 153 S. 109 zitiert im gleichen Sinne OLG Düsseldorf 6. 7. 1911, Rhein. Archiv Bd. 110 S. 158 ff.

des Tatorts begründete Haftung aus unerlaubter Handlung abzulehnen, wenn der in Anspruch Genommene nicht Deutscher ist. Denn nach dieser Ansicht beschränkt Art. 12 das Eingreifen des Vorbehalts des deutschen Rechts gegen haftungbegründende ausländische Vorschriften auf den Fall des deutschen Täters.

Diese Ansicht ist m. E. nicht zutreffend. In Betracht kommen als »Kollisionsnormen des ordre public«, denen die angegebene Wirkung zugeschrieben werden könnte, insbesondere die im vorangehenden Paragraphen in anderem Zusammenhang erörterten Art. 12, 16 Abs. 2, 17 Abs. 4, 21 Halbsatz 2.

Zu Art. 12 sagt das Reichsgericht [1]): »In den Grenzen des Art. 30 ist . . . das Recht des Tatorts . . . maßgebend«, lehnt also jene Ansicht von der Beschränkung des Art. 30 ab [2]). Im Ehescheidungsrecht (vgl. Art. 17 EG) kommt ein Eingreifen des Art. 30 im prohibitiven Sinne, d. h. Abweisung des nach dem Heimatsrecht begründeten Scheidungsbegehrens wegen des Art. 30 nicht in Betracht; denn schon nach Art. 17 Abs. 4 ist die Scheidung durch die deutschen Gerichte verboten, wenn sie im einzelnen Falle nicht auch nach deutschem Recht zulässig ist [3]). Aber auch die permissive Funktion des Art. 30, Zulassung der Scheidung gegen das Heimatsrecht, kommt nach der Praxis nicht mehr in Frage. Denn das Heimatrecht wird sogar dann angewandt, wenn es die Scheidung völlig verbietet [4]). Ausländische Ehegatten, deren Heimatsrecht nur die Trennung von Tisch und Bett, nicht aber die Scheidung gestattet, können in Deutschland nicht vom Bande geschieden werden [5]). Und auch ein Heimatsrecht, das die beiden Ehegatten so ungleich behan-

---

[1]) 8. 11. 1906, SA Bd. 62 S. 257.

[2]) Ebenso Habicht S. 98.

[3]) Nicht erforderlich waren daher z. B. die Untersuchungen über die Anwendbarkeit des Art. 30 in OLG Frankfurt 11. 7. 1929, JW 1929 S. 3507 = ZAIP Sonderheft 1929 Nr. 11 (soweit es sich um die Scheidungsklage des Mannes handelte), und LG III Berlin vom 30. 6. 1921, JW 1922 S. 45. Dagegen ist die Anwendbarkeit des Art. 30 zu Recht gar nicht geprüft in RG 15. 2. 1926, RG Bd. 113 S. 38 ff. = ZAIP Sonderheft 1926/27 Nr. 150 = Z Bd. 37 S. 367 ff., und LG München 22. 4. 1921, JW 1921 S. 1472 f., grundsätzlich abgelehnt in HansOLG 27. 12. 1930, HansRGZ 1931 B Sp. 471 ff. (473).

[4]) Vgl. OLG München, Beschluß vom 9. 4. 1918, zitiert in ROLG Bd. 36 S. 222 Anm. 1; OLG Köln 29. 3. 1902, Rheinisches Archiv Bd. 98 I S. 211, und LG Freiburg 28. 10. 1924, Badische Rechtsprechung Bd. 26 S. 192 (beide entnommen Lewald Nr. 159 S. 112); ferner folgende Anmerkung.

[5]) Sie können aber auch in Deutschland nicht von Tisch und Bett getrennt werden. Vgl. außer den in der vorigen Anmerkung zitierten Entscheidungen RG, Plenarbeschluß vom 12. 10. 1903, RG Bd. 55 S. 345 ff. = Clunet 1904 S. 961, und die Zusammenstellung bei Lewald Nr. 165 S. 121.

delt, daß es der Frau gar kein Scheidungsrecht gewährt, dem Manne dagegen die Lösung des Ehebandes nach Belieben gestattet, wird von unseren Gerichten nicht auf Grund des Art. 30 von der Anwendung ausgeschlossen [1]).

Im Falle des Unterhaltsanspruches des unehelichen Kindes gegen seinen Vater ist ebenfalls ein Eingreifen des Art. 30 zur Ablehnung des nach Heimatsrecht begründeten Anspruchs schon dadurch ausgeschlossen, daß die Kollisionsnorm, Art. 21 Halbsatz 2, Ansprüche nicht zuläßt, die über das hinausgehen, was das deutsche Recht gewährt [2]).

Auch für die übrigen in Betracht kommenden Fälle ist die Ansicht, daß die Anwendung des Art. 30 EG durch die auf dem Gedanken des ordre public beruhenden Spezialvorschriften eingeschränkt werde, abzulehnen [3]). Soweit nicht besondere Gründe für die Annahme des Gegenteils vorliegen, muß man das Verhältnis der lex specialis zur lex generalis dahin auffassen, daß außerhalb des Anwendungsbereichs der ersteren die letztere anwendbar bleibt, wenn nur ihre Tatbestandsvoraussetzungen vorliegen.

§ 236. In gewissem Maße aber wird die Anwendbarkeit des Art. 30 beschränkt durch die Vorschriften des Börsengesetzes über den Terminhandel. § 50 Abs. 3 des Börsengesetzes in der alten Fassung (vom 22. 6. 1896) verbot den börsenmäßigen Terminhandel in Getreide und Mühlenfabrikaten. Das Reichsgericht [4]) erklärte diese Vorschrift für unanwendbar im Falle eines Auftrags zur Vornahme von Termingeschäften in Getreide an einer ausländischen Börse, weil die Kollisionsnorm des § 68 des Börsengesetzes die Anwendbarkeit des deutschen Rechts ausdrücklich nur bezüglich anderer Vorschriften des Börsengesetzes auf Auslandsgeschäfte ausdehnte. Demgegenüber erscheine es »auch unzulässig, hier die Vorschrift des Art. 30 EG herbeizuziehen. Die Kollisionsnorm, welche das Börsen-

---

[1]) Vgl. RG 15. 2. 1926, RG Bd. 113 S. 38 ff. = ZAIP Sonderheft 1926/27 Nr. 150 = Z Bd. 37 S. 367 ff.; OLG Frankfurt 11. 7. 1929, JW 1929 S. 3507 = ZAIP Sonderheft 1929 Nr. 11.

[2]) Gegen die von Habicht S. 162 und Lewald Nr. 208 S. 150 vertretene Meinung, Art. 21 Halbsatz 2 gelte entgegen seinem Wortlaut nur zugunsten Deutscher, vgl. OLG Frankfurt 3. und 17. 12. 1925, JW 1926 S. 2858 = ZAIP Sonderheft 1926/27 Nr. 77; LG Frankfurt a. M. 20. 4. 1928, ZAIP Sonderheft 1928 Nr. 51 = BliP 1928 S. 259 f. (auch in diesem Falle war der Vater offenbar Ausländer).

[3]) So für den Fall des Unterhaltsanspruchs des unehelichen Kindes Frankenstein Bd. I S. 207; Lewald Nr. 202 S. 144.

[4]) 15. 6. 1903, RG Bd. 55 S. 183 ff. = Z Bd. 14 S. 94 ff.

gesetz im § 68 gibt, ist die allein maßgebliche.«[1]) Für das neue Börsengesetz muß man danach annehmen, daß es nicht zulässig ist, auf Grund des Art. 30 ausländisches Recht von der Anwendung auszuschließen, soweit es sich um die im § 61 des neuen Gesetzes nicht in Bezug genommenen Verbote gewisser Börsentermingeschäfte handelt (vgl. §§ 63 ff. Börsengesetz)[2]).

§ 237. Eine andere Frage ist, ob ausländischen Börsentermingeschäften gegenüber auf Grund des Art. 30 der Differenzeinwand zugelassen werden kann. Ein Börsentermingeschäft braucht kein Differenzgeschäft zu sein; was für die Verbote bestimmter Termingeschäfte gilt, gilt darum nicht notwendig auch für das Verbot des Differenzgeschäfts. Es wird behauptet[3]), durch die Spezialbestimmung des § 61 Börsengesetz sei auch die Anwendbarkeit des Art. 30 EG zur Gewährung des Differenzeinwandes gegenüber ausländischem Recht, das das Differenzgeschäft für gültig ansieht, ausgeschlossen. Allein durch § 61 in Verbindung mit § 58 des Börsengesetzes ist hinsichtlich des Differenzeinwandes nur bestimmt, daß dieser Einwand bei Termingeschäften an einer deutschen Börse[4]) unter gewissen Voraussetzungen ausgeschlossen ist. Dagegen enthält das Börsengesetz keine positiven Bestimmungen darüber, wann der Differenzeinwand eingreift. Es besteht kein Grund zu der Annahme, daß durch § 61 die Anwendbarkeit des Art. 30 in dieser Beziehung irgendwie beschränkt werden sollte. Demgemäß hat auch das Reichsgericht[5]) den Differenzeinwand bei Geschäften an ausländischen Börsen zugelassen, ohne überhaupt die überwiegende Wahrscheinlichkeit in Betracht zu ziehen, daß das Geschäft dem Recht der fremden

---

[1]) Vgl. auch RG 23. 12. 1903, Bankarchiv S. 115 f. (Kommissionsgeschäft zwischen einer deutschen und einer belgischen Partei zu Termingeschäften an der Antwerpener Börse). Hier lag die Annahme, daß das Geschäft im allgemeinen belgischem Recht zu unterstellen war, sehr nahe. — Das RG hat sich über diese Frage nicht ausgesprochen. Es wurde zwar § 66 des alten Börsengesetzes (entsprechend § 762 BGB) auf das Geschäft angewandt, aber nicht § 50 (in casu ein vom Bundesrat gemäß § 50 Abs. 1 erlassenes Verbot).

[2]) Ebenso offenbar Nußbaum, Kommentar zum Börsengesetz § 51 III (der den Art. 30 zu dieser Frage nicht erwähnt, während er seine Anwendbarkeit in anderem Zusammenhang in § 61 III und IV erörtert); Staub, Anhang zu § 376 Anm. 125 (mit weiteren Zitaten).

[3]) Brändl a. a. O. S. 159, 171; Lewald Nr. 30 S. 26.

[4]) Über dieses Erfordernis vgl. RG 14. 6. 1911, RG Bd. 76 S. 371 ff.; HansOLG 14. 12. 1911, SA Bd. 67 S. 314 ff.; RG 4. 6. 1912, RG Bd. 79 S. 381 ff.; RG 15. 10. 1915, WarnRspr. 1916 Nr. 68 S. 113 f.; RG 30. 1. 1917, RG Bd. 89 S. 358 ff.

[5]) Die in den vorigen Anmerkungen zitierten Entscheidungen.

Börse unterlag. Mehrere Entscheidungen des OLG Dresden [1]) haben den Differenzeinwand auf Grund des Art. 30 gegen das Recht der Auslandsbörse zugelassen [2]). Es bleibt also für die Anwendbarkeit des Art. 30 zugunsten der Unklagbarkeit von Differenzgeschäften auch im Bereiche des Börsenterminhandels bei dem früher Ausgeführten [3]).

§ 238. Die Frage, ob durch spezielle international-privatrechtliche Vorschriften die Anwendbarkeit des Art. 30 beschränkt wird, wirft sich ferner allgemein gegenüber international-privatrechtlichen Vorschriften aus Staatsverträgen auf. Kann im Bereich staatsvertraglicher Regelung des internationalen Privatrechts auf die Vorbehaltsklausel zurückgegriffen werden, um fremdes Recht von der Anwendung auszuschließen? Die Meinungen hierüber gehen auseinander [4]). In erster Linie kommt es darauf an, wie der Staatsvertrag auszulegen ist [5]). Ergibt der Staatsvertrag in der einen oder anderen Richtung eine Lösung, so hat es dabei sein Bewenden. Das ist insbesondere der Fall, wenn der Staatsvertrag selbst schon Vorschriften enthält, die dem Rechtsgedanken des ordre public Ausdruck geben, wie z. B. Art. 2, 3 des Haager Eheschließungsabkommens und Art. 2 des Haager Ehescheidungsabkommens [6]). In solchen Fällen muß

[1]) 8. 12. 1910, 31. 3. 1913 und 29. 10. 1913, Annalen des OLG Dresden, Bd. 33 S. 287, Bd. 35 S. 218 und Bd. 35 S. 460.

[2]) Ebenso für das alte Börsengesetz BayrObLG 6. 6. 1904, SA Bd. 60 S. 268. Für das alte Gesetz war noch weniger Anlaß anzunehmen, daß die Anwendbarkeit des Art. 30 hinsichtlich des Differenzeinwandes durch die Vorschriften des Gesetzes beschränkt sei. Denn im alten Gesetz war die Vorschrift über den Differenzeinwand (§ 69) in der Kollisionsnorm (§ 68) nicht mit angezogen.

[3]) Vgl. § 226 S. 338 ff. Ebenso Nußbaum a. a. O. § 61 IV. Lewald a. a. O. zitiert für seine abweichende Ansicht zwei Reichsgerichtsentscheidungen. Die erste von diesen ist die oben besprochene vom 15. 6. 1903. Die andere (vom 24. 6. 1903, JW 1903 S. 318) betrifft einen Fall, in dem sich aus den Vorschriften des Börsengesetzes unmittelbar die Ungültigkeit des Geschäftes ergab, und sagt nur, daß es für diesen Fall der Heranziehung des Art. 30 nicht bedürfe.

[4]) Auf der 7. Jahresversammlung der Deutschen Gesellschaft für Völkerrecht (1926) hat sich Lewald (Mitteilungen der deutschen Gesellschaft für Völkerrecht 1926 Heft 7 S. 24) grundsätzlich dahin ausgesprochen, daß der ordre public eines einzelnen Vertragsstaates nicht zur Abweichung von Bestimmungen eines Staatsvertrages führen dürfe, außer, wenn im Vertrag entsprechende Vorbehalte gemacht sind. Ebenso Niemeyer: »Ein Staatsvertrag, der nichts über den ordre public sagt, hat trotz des Schweigens der Klausel schon gesprochen«. Fleischmann hat auf dieser Versammlung die gegenteilige Ansicht vertreten.

[5]) Ebenso Lewald Nr. 31 S. 28.

[6]) Vgl. RG 29. 9. 1930, HRR 1930 Nr. 2153: »Art. 2 Haag. Ehescheidungs-

ein Rückgreifen auf die vielleicht in casu weiterreichende allgemeine Vorbehaltsklausel des deutschen internationalen Privatrechts als ausgeschlossen gelten. Zu Art. 2 des Haager Ehescheidungsabkommens hat das Reichsgericht [1]) ausgesprochen, daß es unzulässig sei, im Widerspruch zu dem nach dem Abkommen anzuwendenden Heimatsrecht der Ehegatten auf Grund des Art. 30 das Vorliegen eines Scheidungsgrundes anzunehmen; denn durch den Art. 2 sei Art. 30 EG »überhaupt ausgeschaltet.« [2]) Fraglich ist aber, was gelten soll, wenn aus dem Staatsvertrage selber nichts zu entnehmen ist. Die deutsche Rechtsprechung gibt sehr wenig Anhalt. Das OLG Kolmar [3]) hat die Berufung auf den ordre public gegenüber dem französisch-badischen Staatsvertrag vom 16. 4. 1846 in der Frage der Anerkennung französischer Urteile für unzulässig erklärt, weil dieser Staatsvertrag die Voraussetzungen der Anerkennung erschöpfend aufzähle und darum nicht gestatte, noch den § 328 Abs. 1 Ziff. 4 ZPO heranzuziehen [4]).

Meines Erachtens ist im Zweifel anzunehmen, daß im Bereich staatsvertraglicher Regelung des internationalen Privatrechts die Anwendung der Vorbehaltsklausel ausgeschlossen sein soll. Regelmäßig werden die an einem internationalen Abkommen beteiligten Staaten beabsichtigten, eine gleichmäßige übersehbare Bindung her-

---

abkommen beugt ... der Gefahr vor, daß der deutsche Richter eine Ehe scheidet auf Grund eines ausländischen Gesetzes, das nach deutscher Anschauung möglicherweise gegen die guten Sitten oder gegen den Zweck eines deutschen Gesetzes verstoßen, also dem deutschen Rechtsgefühl widersprechen könnte.«

[1]) Die soeben zitierte Entscheidung.

[2]) Ebenso Lewald Nr. 31 S. 26 f. für das Haager Eheschließungsabkommen. Lewald a. a. O. nimmt ferner für das deutsch-russ. Nachlaßabkommen vom 12. 10. 1925 (RGBl. 1926 II S. 72 ff.) insbesondere aus dessen § 13 an, daß der Art. 30 für den Bereich des Abkommens völlig ausgeschaltet sei.

[3]) 18. 10. 1910, Els. Lothr. JZ Bd. 36 S. 245, entnommen aus Lewald a. a. O.

[4]) Zu dem deutsch-österreichischen Vertrag über Rechtsschutz und Rechtshilfe vom 21. 6. 1923 (RGBl. 1924 II S. 55 ff.) erklärt das OLG Frankfurt 12. 9. 1928, Z Bd. 41 S. 401 ff. = BliP 1929 Sp. 150 = ZAIP Sonderheft 1929 Nr. 156, gegen österreichische Gerichtsentscheidungen könne nicht geltend gemacht werden, ihre Anerkennung verstoße gegen den Zweck eines deutschen Gesetzes, weil ein derartiger Versagungsgrund im Art. 25 des Vertrages nicht angeführt sei. Art. 25 enthält eine Vorschrift, welche dem Gedanken der Wahrung des odre public Ausdruck gibt, eine »Vorbehaltsklausel«. Daß, wo die Voraussetzungen dieser Vorschrift nicht vorliegen, nicht auf eine allgemeinere, vielleicht weitere Vorbehaltsklausel des deutschen Rechts (§ 328 Abs. 1 Ziff. 4 ZPO) zurückgegriffen werden darf, ist allerdings nicht zweifelhaft.

beizuführen. Wenn man aber auf Grund der Vorbehaltsklausel Ausnahmen zuläßt, muß das in die staatsvertragliche Regelung in erheblichem Maße eingreifen und zwar in einer Weise, die beim Vertragsschluß kaum vorausgesehen werden kann. Denn der Tatbestand der Vorbehaltsklausel ist weniger klar begrenzt als der anderer Kollisionsnormen. Wollte man den Gerichten im Bereiche der staatsvertraglichen Regelung die Anwendung der Vorbehaltsklausel gestatten, so müßte man wohl auch spätere Gesetze eines Vertragsstaates, die zum Schutze des ordre public der staatsvertraglichen Regelung Abbruch tun, für zulässig halten. Im Zweifel wird das nicht gewollt sein [1]).

§ 239. Die Anwendung des Art. 30 setzt stets eine Vergleichung des ausländischen Rechts mit dem deutschen voraus. Dabei muß das deutsche innere Recht nicht nur insoweit in Betracht gezogen werden, wie seine Sätze gerade den vorliegenden Fall betreffen. Auch andere Vorschriften müssen unter Umständen bei Prüfung der Anwendbarkeit des Art. 30 berücksichtigt werden, besonders natürlich solche, die verwandte Fälle regeln.

Die Rechtsprechung des RG gibt hierfür Belege in Entscheidungen zu Partikularrechten. Nach bayrischem Recht liefen von Zinsen nicht wieder Zinsen, und dieser Rechtssatz galt nach bayrischem internationalem Privatrecht als zwingend. Das Gesetz vom 5. 12. 1867 aber gestattete das Ausbedingen von Zinseszinsen. Das Reichsgericht [2]) nahm an, daß seit Inkrafttreten dieses Gesetzes auch das bloße Nehmen von Zinseszinsen (außerhalb vertraglicher Ausbedingung) nicht mehr der öffentlichen Ordnung oder den guten Sitten gemäß bayrischer Rechtsauffassung widerpreche.

Im Gebiet des rheinischen Rechts galt das Verbot der recherche de la paternité, und zwar ebenfalls als international-zwingende Norm. Das Reichsgericht hat entschieden [3]), daß das Verbot mit dem Inkrafttreten des BGB den Charakter einer Norm des ordre public verloren habe. In der Begründung dieser Entscheidung heißt es, es folge »aus der Natur und dem Rechtsgrunde solcher zwingenden Verbotsgesetze, soweit dieselben wie hier als Kollisionsnormen des Rechts des Prozeßgerichts in Betracht kommen, daß sie im Zweifel das Prozeßgericht für die Zeit nicht mehr binden und nicht mehr

[1]) Vgl. hierzu die Entscheidung des schweizer Bundesgerichts vom 6. 12. 1917, Kosters-Bellemans S. 696 ff.

[2]) 20. 2. 1880, RG Bd. 1 S. 59 ff.

[3]) 10. 5. 1901, JW 1901 S. 477 ff. = Z Bd. 11 S. 255 ff. = Clunet 1903 S. 188.

binden wollen, in der das Verbotsgesetz für das Recht des Prozeßgerichts seine allgemeine Bedeutung verloren hat, und sonach, wenn es weiter fortbestände, das Prozeßgericht zur Versagung einer Tätigkeit zwingen würde, die es zur gleichen Zeit nach dem neuen Rechte für Ansprüche dieser Art anstandslos zu gewähren hätte. Es kann zwar zugegeben werden, daß der Gesetzgeber eine Zwiespaltigkeit des zwingenden Rechts auch in dessen Anwendung auf das Recht des Prozeßgerichts zulassen kann, im Zweifel ist aber eine solche Annahme zu verneinen.«

§ 240. Vor allem aber sind es staatsvertragliche Vorschriften, die für Fälle, in denen der Staatsvertrag selbst nicht anwendbar ist, die Anwendbarkeit des Art. 30 beschränken können.

Oft enthalten Staatsverträge Bestimmungen, die den am Staatsvertrag beteiligten Staaten gegenüber die Anwendbarkeit des Art. 30 beschränken. Es entsteht dann die Frage, ob diese Beschränkung in entsprechend liegenden Fällen auch anderen Staaten gegenüber gelten soll. Ein bekanntes Beispiel aus dem Ausland gibt die italienische Rechtsprechung zum Haager Ehescheidungsabkommen. Durch Annahme dieses Abkommens hatte sich Italien verpflichtet, unter bestimmten Voraussetzungen Scheidungen der Vertragsstaaten anzuerkennen. Bis dahin hatte man eine solche Anerkennung abgelehnt, weil sie gegen den ordre public verstoße. Seit Inkrafttreten des Abkommens haben die italienischen Gerichte vielfach unter den Voraussetzungen, wie sie das Haager Abkommen aufstellt, auch die Scheidungsurteile von Staaten anerkannt, mit denen Italien nicht im Vertragsverhältnis stand [1]). Diese Stellungnahme wird damit begründet, daß Italien durch die Annahme des Abkommens zum Ausdruck gebracht habe, daß die Anerkennung ausländischer Scheidungsurteile nicht mehr gegen den italienischen ordre public verstoße; daher müßten nunmehr auch außerhalb des

[1]) Kassationshof Rom 30. 12. 1911, Kosters-Bellemans S. 388 ff.; neun Entscheidungen italienischer Berufungsgerichte aus den Jahren 1908 bis 1918, mitgeteilt von Kosters-Bellemans auf S. 345 ff., 410 ff., 460 ff., 462 ff., 484 ff., 490 ff., 493 ff., 508 ff., 514 ff.; Berufungsgericht Genua 26. 1. 1922, Giur. ital. Rep. 1922 s. v. Matrimonio Nr. 26 S. 220 (entnommen Lewald, Vortrag auf der 7. Jahresversammlung der Deutschen Gesellschaft für Völkerrecht 1926, Mitteilungen dieser Gesellschaft Heft 7 S. 64 Anm. 30). Anders anscheinend Berufungsgericht Turin 9. 3. 1908, Kosters-Bellemans S. 326 ff. Es scheint, als ob die neuere italienische Rechtsprechung diesen Standpunkt verlassen will: Berufungsgericht Turin 30. 7. 1924, Giur. ital. Rep. 1924 s. v. Matrimonio Nr. 24 (entnommen Lewald a. a. O.), verweigert einem deutschen Urteil, durch das deutsche Ehegatten geschieden waren, die Anerkennung, weil das Haager Abkommen zwischen Italien und Deutschland nicht mehr in Kraft sei.

Bereichs des Abkommens ausländische Scheidungsurteile anerkannt werden.

Meines Erachtens muß der deutsche Richter zur Beantwortung der Frage, ob eine solche mittelbare Wirkung staatsvertraglicher Vorschriften anzunehmen ist, danach unterscheiden, ob in dem Staatsvertrag eine allgemeine Rechtsüberzeugung zum Ausdruck kommt oder ob die vertragliche Vereinbarung der in Betracht stehenden Vorschriften aus Gründen geschah, die nur gerade für das Verhältnis Deutschlands zu seinem Vertragspartner gelten, insbesondere aus politischen Gründen.

Für die Haager Abkommen wird man das erste annehmen müssen. So ist der Art. 3 des Haager Eheschließungsabkommens für das Bayrische Oberste Landesgericht [1]) eine Veranlassung zu »gewichtigen Bedenken« dagegen gewesen, daß auf Grund des Art. 30 dem österreichischen Ehehindernis des Katholizismus die Anerkennung versagt wird. Das Gericht führt aus: Wäre Österreich Vertragsstaat, so dürfte die Eheschließung nicht zugelassen werden [2]). »Es würde nun die Frage entstehen, ob das, was im Verhältnis zu einem Vertragsstaat verbrieften Rechts ist, im Verhältnis zu einem anderen Staat gegen den Zweck eines deutschen Gesetzes verstößt, ob also anzunehmen ist, daß sich der deutsche Gesetzgeber vertragsmäßig zu etwas verpflichtet hat, das an sich gegen den Zweck eines deutschen Gesetzes verstößt.« [3])[4]) Zum Haager Ehescheidungsab-

---

[1]) 18. 1. 1918, ROLG Bd. 36 S. 222 ff. (224).

[2]) Das Ehehindernis des Katholizismus gehört nicht zu den ausschließlich auf Gründen religiöser Natur beruhenden Verboten, die der Staat des Eheschließungsortes gegen das Heimatsrecht unbeachtet lassen darf (Art. 3 des Abkommens, insbesondere in Gegenüberstellung mit Art. 2 Abs. 3).

[3]) Das Gericht hat diese Frage nicht entschieden, weil andere Erwägungen ergaben, daß österreichisches inneres Recht überhaupt nicht anzuwenden war.

[4]) Das HansOLG 6. 10. 1908, Z Bd. 18 S. 541 ff. = Revue 1910 S. 471, hat sich für die Nichtbeachtung des österreichischen Ehehindernisses der Religionsverschiedenheit auf Art. 30 berufen und diese Entscheidung mit Art. 2 Abs. 3 des Haager Eheschließungsabkommens begründet, obwohl das Abkommen Österreich gegenüber nicht in Geltung war: »Ist das Abkommen auch von Österreich nicht ratifiziert, so beweist es doch, wie der deutsche Gesetzgeber über die zu entscheidende Frage denkt, und wie sie gegenüber einer großen Reihe von Kulturstaaten . . . zu beantworten ist.« In diesem Falle war die Beweisführung aus dem Abkommen allerdings schwerlich richtig, denn der Art. 2 Abs. 3 des Abkommens bestimmt nur, daß der Eheschließungsstaat die Eheschließung, soweit es sich um Ehehindernisse religiöser Natur handelt, gegen das Heimatsrecht zulassen kann. Überdies lassen sich gerade die Erklärungen des deutschen Vertreters in den Verhandlungen der Haager Konferenzen gegen das HansOLG anführen. Vgl. hierüber sowie überhaupt gegen

kommen ist hier eine Entscheidung des Oberlandesgerichts München anzuführen [1]). Es handelte sich um die Frage, ob Art. 30 der Anwendung österreichischen Rechts entgegenstand, nach welchem das Band der Ehe trotz Scheidung von Tisch und Bett und Dispenserteilung zur Eingehung einer neuen Ehe bestehen blieb (wie wenigstens das Gericht annahm). Das Gericht hat das Ehehindernis des Ehebandes anerkannt; es hat unter anderem ausgeführt: »Es kann auch noch darauf hingewiesen werden, daß das Deutsche Reich durch die Bereitschaft, das Haager Ehescheidungsabkommen mit seinem Art. 1 Abs. 2 und Art. 2 Abs. 2 auch mit Österreich einzugehen, die österreichisch-rechtliche Scheidung von Tisch und Bett anerkannt hat.«

§ 241. Diese über ihren Anwendungsbereich hinausgehende Bedeutung, die man den Haager Abkommen zuerkennt, muß man Verträgen der zweiten Art absprechen, d. h. solchen Staatsverträgen, für deren Abschluß Gründe maßgebend gewesen sind, die nur für das Verhältnis Deutschlands zu den Vertragspartnern gelten, insbesondere politische Gründe. Zu diesen Staatsverträgen gehören der Vertrag von Rapallo vom 17. 7. 1922 [2]) und der Konsularvertrag mit der U. d. S. S. R. vom 12. 10. 1925 [3]). Beide Verträge sind von deutscher Seite in erheblichem Maße aus politischen Gründen eingegangen worden. Daher darf man die in diesen Verträgen enthaltenen Beschränkungen der Anwendbarkeit des Art. 30 nicht anderen Staaten gegenüber entsprechend gelten lassen.

In Art. 2 des Vertrages von Rapallo verzichtet das Deutsche Reich für sich, die Länder und die Reichsangehörigen auf alle Rechte, die ihnen aus der Anwendung der Sowjetgesetze oder sonstigen Maßnahmen der Sowjetbehörden zustehen könnten. Das Reichsgericht hat entschieden [4]), daß man wegen dieser Vorschrift den Art. 30 nicht dazu anwenden dürfe, um der Nationalisierung russischer Aktiengesellschaften — Vernichtung ihrer Rechtspersönlichkeit — die Anerkennung zu versagen: »Die Nationalisierungsgesetzgebung ist eine Grundlage der gesamten privaten und öffentlichen Rechts-

---

die Berufung auf das Haager Abkommen Beer, Z Bd. 19 S. 17 ff. Das Ehehindernis der Religionsverschiedenheit wird auch von der Praxis überwiegend anerkannt. Vgl. darüber unten § 255 S. 387.

[1]) 12. 7. 1927, ZAIP Sonderheft 1928 Nr. 49 = Z Bd. 40 S. 296 ff. (299).

[2]) RGBl. 1922 II S. 678.

[3]) RGBl. 1926 II S. 60 ff.

[4]) 20. 5. 1930, RG Bd. 129 S. 98 ff. (101 f.) = JW 1931 S. 141 ff. = LZ 1930 Sp. 1491.

ordnung des heutigen Rußlands ... Das Deutsche Reich, das sich durch seinen Rechtsverzicht damit abgefunden hat, ist im besonderen gebunden, die Frage ihrer Wirksamkeit nicht wieder aufzuwerfen.« Was in dieser Entscheidung über die Vernichtung der Rechtspersönlichkeit der Aktiengesellschaften bestimmt ist, muß auch für die entschädigungslosen Enteignungen gelten [1]), und zwar nicht nur, soweit Deutsche durch sie betroffen sind, sondern erst recht, soweit die Folgen Russen [2]) oder Angehörige dritter Staaten [3]) treffen. Aber sollten andere Staaten, mit denen wir gleichartige Verträge nicht geschlossen haben, solche Nationalisierung nachmachen, so würden unsere Gerichte wohl eine andere Stellung einnehmen.

Nach dem Schlußprotokoll zu Art. 19 des Konsularvertrages zwischen Deutschland und der U. d. S. S. R. [4]) können die Generalkonsuln, Konsuln und Vizekonsuln der U. d. S. S. R. im Deutschen Reiche, so weit sie nach ihren Gesetzen dazu befugt sind, die Ehescheidung von Personen, die vor ihnen die Ehe geschlossen haben, auf deren übereinstimmenden Antrag bekunden. Sonst gilt der Grundsatz, daß in Deutschland Scheidungen nur im Wege des Prozesses gemäß der ZPO möglich sind. Gelegentlich wird das mit Art. 30 begründet [5]). Wenn diese Begründung zutrifft, und sich die Unzulässigkeit der Scheidung in anderer Weise nicht schon unmittelbar aus unserer Prozeßordnung ergibt, so könnte die Frage aufgeworfen werden, ob die Anwendung des Art. 30 hier nicht auch anderen Staaten gegenüber ausgeschlossen ist, nachdem Angehörigen der U. d. S. S. R. die Scheidung durch privaten Akt und Beurkundung durch den Konsul der U. d. S. S. R. gestattet wurde. Das ist aus den angegebenen Gründen zu verneinen.

Noch nach einer anderen Richtung gibt die Bestimmung des Schlußprotokolles zu Art. 19 des Konsularvertrages Veranlassung, die Frage einer allgemeinen Einschränkung der Anwendbarkeit des Art. 30 EG zu erwägen. Aus dem Schlußprotokoll ergibt sich,

---

[1]) So HansOLG 12. 5. 1923, HansRZ 1923 Sp. 850 f.; LG Hamburg 13. 6. 1924, HansRZ 1924 Sp. 749 f.; Amtsgericht Berlin-Schöneberg 5. 11. 1928, ZAIP 1928 S. 791 und Sonderheft 1928 Nr. 16. Anders KG 25. 10. 1927, JW 1928 S. 1232 f. = ZAIP Sonderheft 1928 Nr. 14.

[2]) Vgl. die eben zitierte Entscheidung des Amtsgerichts Berlin-Schöneberg.

[3]) Vgl. die eben zitierten Entscheidungen des HansOLG und des LG Hamburg.

[4]) RGBl. a. a. O. S. 82.

[5]) Vgl. OLG Dresden 18. 1. 1927, ZAIP Sonderheft 1926/27 Nr. 10 = Z Bd. 38 S. 390 ff.

daß die einverständliche Ehescheidung von Angehörigen der U. d. S. S. R., so weit sie von dem Konsul der U. d. S. S. R. in Gemäßheit des Schlußprotokolles zulässigerweise registriert wird, in Deutschland anerkannt wird. Insoweit kann also der einverständlichen Scheidung von Sowjetangehörigen nicht die Vorbehaltsklausel entgegengesetzt werden. Soll entsprechendes nun auch gegenüber anderen Staaten gelten? Meines Erachtens nicht. Das scheint auch die Meinung des Reichsgerichts zu sein. Dieses sagt in einer neueren Entscheidung [1]), wenn im estnischen Scheidungsprozeßrecht — anders als im deutschen — die Verhandlungsmaxime gelte und darum praktisch die einverständliche Scheidung möglich sei, dann könne man gegen die Anerkennung eines estnischen Scheidungsurteils Bedenken aus § 328 Abs. 1 Ziff. 4 ZPO herleiten [2]) [3]).

§ 242. Werden ausländische Rechtssätze auf Grund des Art. 30 von der Anwendung ausgeschlossen, so steht damit noch nicht fest, daß an die Stelle des durch die Vorbehaltsklausel ausgeschlossenen fremden Rechts deutsches inneres Recht tritt.

In einer Reichsgerichtsentscheidung von 1921 [4]) wird schon gesagt, daß »die durch Anwendung des Art. 30 geschaffene Lücke, soweit der Zweck des deutschen Gesetzes es erfordert, durch dieses ausgefüllt werden muß« [5]). Eine Reichsgerichtsentscheidung aus dem folgenden Jahr gibt genaue Richtlinien dafür, wie zu verfahren ist. In Deutschland wurde eine Forderung eingeklagt, die schweizer Recht unterlag. Der Gläubiger hatte in der

---

[1]) 30. 4. 1928, WarnRspr. 1928 Nr. 109 S. 215 ff. = JW 1928 S. 3044 ff. = ZAIP Sonderheft 1928 Nr. 123. Daß die Scheidung, um die es sich hier handelt, vor Inkrafttreten des deutsch-russischen Vertrages erfolgt war, beeinträchtigt die Bedeutung der Entscheidung für die Frage der Beschränkung des § 328 Abs. 1 Ziff. 4 ZPO nicht, denn ohne Rücksicht auf den Zeitpunkt der Scheidung könnte die Anerkennung nach Inkrafttreten des deutsch-russischen Vertrages nicht auf Grund der Vorbehaltsklausel versagt werden, wenn in der Vorschrift dieses Vertrages eine allgemeine Rechtsüberzeugung zum Ausdruck käme.

[2]) Die Note zu dieser Entscheidung von Wieruszowski, JW a. a. O., hält es für sehr zweifelhaft, ob angesichts jener Bestimmung des deutsch-russischen Vertrages § 328 Abs. 1 Ziff. 4 ZPO noch herangezogen werden kann.

[3]) In RG 4. 4. 1928, RG Bd. 121 S. 24 ff. = JW 1928 S. 2028 = Z Bd. 40 S. 270 ff. = ZAIP Sonderheft 1928 Nr. 122, wo die Anwendung der Vorbehaltsklausel gegen die Anerkennung einer einverständlichen Scheidung nur wegen der besonderen Lage des Falles abgelehnt wurde, handelte es sich um deutsche Ehegatten.

[4]) 21. 10. 1921, WarnRspr. 1921 Nr. 136.

[5]) Dieselbe Formel wurde auch schon in den Beratungen zu Art. 30 zur Annahme vorgeschlagen. Vgl. Protokolle Bd. VI S. 82, 85.

Schweiz für die Forderung einen vollstreckbaren Titel erlangt, fruchtlos die Zwangsvollstreckung betrieben und vom Beitreibungsamt einen »Verlustschein infolge Pfändung« erhalten. Nach schweizer Recht war die Forderung, nachdem für sie der Verlustschein erwirkt worden war, unverjährbar. Das Berufungsgericht erklärte die schweizer Vorschrift, nach der die Forderung unverjährbar geworden war, auf Grund des Art. 30 für unanwendbar, beurteilte die Verjährung nach den diesen Fall regelnden deutschen Vorschriften (§§ 196, 197 BGB) und wies die Klage ab, weil die kurze Verjährungsfrist des deutschen Rechts abgelaufen war. Das Reichsgericht [1]) billigte die Anwendung des Art. 30 zur Verhinderung der Unverjährbarkeit, mißbilligte aber die Anwendung der §§ 196, 197 BGB: »Nachdem der Berufungsrichter diejenige Einzelvorschrift des schweizer Rechts, die an sich maßgebend gewesen wäre, auf Grund des Art. 30 EGBGB für unanwendbar erklärt hat, mußte er sich in erster Linie die Frage vorlegen, ob mit der Ausschaltung der zunächst maßgebenden Einzelvorschrift zugleich die Maßgeblichkeit des schweizer Rechts im ganzen beseitigt und nicht vielmehr die Ausfüllung der entstehenden Lücken wiederum dem schweizer Recht zu entnehmen sei ... Erst wenn der Berufungsrichter fand, daß die Lücke nicht aus dem schweizer Recht ergänzt werden könne, durfte er deutsches Recht zur Anwendung bringen« [2]). Das heißt: Enthält das schweizer Recht eine allgemeine Verjährungsregel, die etwa der des § 195 BGB entspricht, so mußte das Berufungsgericht prüfen, ob diese Vorschrift an Stelle der durch Art. 30 ausgeschlossenen angewandt werden konnte. Es lag nahe, diese Frage zu bejahen, insbesondere, da das Reichsgericht [3]) schon einmal die Anwendung des Art. 30 in einem Falle abgelehnt hatte, wo nach fremdem Recht eine 30jährige Verjährungsfrist galt, nach deutschem nur eine zweijährige. Bei Annahme einer Verjährungsfrist von einigen Jahrzehnten wäre dem Klagantrag zu entsprechen gewesen [4]).

Aber auch wenn festgestellt ist, daß man in die durch das Eingreifen des Art. 30 geschaffene Lücke nicht in sachgemäßer Weise

---

[1]) 19. 12. 1922, RG Bd. 106 S. 82 ff.

[2]) Das RG beruft sich dafür auch auf RG II 245/21 vom 21. 10. 1921, Gruchot Bd. 66 S. 105.

[3]) 22. 11. 1912, LZ 1913 Sp. 550 ff.

[4]) Der Entscheidung zustimmend Frankenstein Bd. I S. 231. Denselben Grundsatz lehren Habicht S. 240, Raape Einl. E IV 5 und für einen besonderen Fall Neumeyer Bd. II § 77 S. 694 f.

Grundsätze des fremden Rechts treten lassen kann, dürfen noch nicht ohne weiteres diejenigen Vorschriften des deutschen Rechts angewandt werden, die gerade den zu entscheidenden Fall betreffen. In den Gründen der Reichsgerichtsentscheidung vom 19. 12. 1922 heißt es weiter: »Erst wenn der Berufungsrichter fand, daß die Lücke nicht aus dem schweizer Recht ergänzt werden könne, durfte er deutsches Recht zur Anwendung bringen. Auch dann aber blieb er verpflichtet, innerhalb der deutschen Bestimmungen diejenige Einzelvorschrift zu ermitteln, die dem Rechtsgedanken des fremden Rechts am nächsten kommt.« Dann wird ausgeführt, möglicherweise sei nach diesen Grundsätzen eine 30jährige Verjährung anzunehmen, insbesondere im Hinblick auf § 218 BGB, »welche Vorschrift schon oben als ein Seitenstück zu der schweizer Vorschrift bezeichnet worden ist und unverkennbar eine gewisse Verwandtschaft mit ihr aufweist.« Also wenn das schweizer Recht keine Vorschrift enthält, die eine sachgemäße Ergänzung der Lücke aus dem schweizer Recht ermöglichte, etwa, wie schon erwähnt, eine dem § 195 BGB entsprechende allgemeine Verjährungsregel, so mußte im deutschen Recht nach der Vorschrift gesucht werden, deren Anwendung die geringste Abweichung von den Grundsätzen des schweizer Rechts bedeuten würde. Diese Vorschrift — das Reichsgericht erwägt, ob es die des § 218 BGB sei — war anzuwenden, mochte sie auch ihrem Tatbestande nach auf den zu entscheidenden Fall nicht unmittelbar zutreffen.

§ 243. Niemals darf man sich bei der Anwendung des Art. 30 von den Grundsätzen des ausländischen Rechts weiter entfernen als es dem deutschen inneren Recht entspricht. Das bedarf keiner Rechtfertigung, soll doch der Art. 30 nur Übelständen abhelfen, die daraus entstehen, daß das nach den allgemeinen Regeln anzuwendende Recht vom deutschen zu sehr abweicht. Nicht immer aber ist ohne weiteres ersichtlich, welche Grenze hiernach der Abweichung vom fremden Recht gezogen ist. Das sowjetrussische Zivilgesetzbuch hat eine allgemeine dreijährige Verjährung eingeführt. Nach Art. 7 des Einführungsgesetzes zum russischen Zivilgesetzbuch hat diese Vorschrift rückwirkende Kraft und zwar — nach der Auslegung durch die Praxis — in dem Sinne, daß man alle Ansprüche, unabhängig von ihrer Entstehungszeit, drei Jahre nach ihrer Entstehung als verjährt ansieht. Art. 3 desselben Einführungsgesetzes enthält die allgemeinere Regel, daß alle Ansprüche denjenigen Gesetzen unterliegen, die zur Zeit ihrer Entstehung in Geltung waren. Ein Berliner Landgericht, das über die Verjährung eines russischem Recht unterliegenden, vor Inkrafttreten des neuen russischen Zivilgesetzbuches entstandenen Anspruches zu entscheiden hatte, hat die Anwendung jenes Art. 7 auf Grund des Art. 30 EG abgelehnt [1]). Rabinowitsch [2]) billigt diese Auffassung und fügt hinzu, die Frage der Verjährung der alten Ansprüche sei also gemäß Art. 3 des russischen Einführungsgesetzes nach den alten Gesetzen zu beurteilen. Das ist meines Erachtens nicht ohne Einschränkung richtig. Die deutschen Vorschriften über die zeitliche Kollision der Gesetze lassen für den entsprechenden Fall die neue kürzere Verjährungsfrist auch für alte Ansprüche von Inkrafttreten des neuen Gesetzes an laufen (Art. 169 Abs. 2 EG). Man darf daher dem russischen zeitlichen Kollisionsrecht auch höchstens soweit Abbruch tun, als es bestimmt, daß die neue kurze Verjährungsfrist für die alten Ansprüche nicht erst vom Inkrafttreten des neuen Gesetzes, sondern schon von der Entstehung der Ansprüche an laufe [3]).

§ 244. Für die Wirkungen eines deutschen Urteils macht es keinen Unterschied, ob die Entscheidung mit Art. 30 begründet ist oder mit irgendwelchen anderen Sätzen deutschen oder ausländischen Rechts [4]). Das Reichsgericht hat freilich in einer vor Inkrafttreten des neuen Rechts gefällten Entscheidung [5]), in der es eine auf ausländisches Recht gestützte Klage auf Grund der deutschen Vorbehaltsklausel abwies, dieser Entscheidung eine geringere Wirkung beigelegt als sonstigen Entscheidungen deutscher Gerichte. Es handelte sich um folgenden Fall:

In russischen Territorialgewässern hatte durch Verschulden des Zwangslotsen eines englischen Schiffes ein Zusammenstoß zwischen diesem Schiff, einem russischen und einem holländischen Schiff stattgefunden. In dem in Deutschland geführten Prozeß handelte es sich um die Frage, ob die englische Reederei für den Zusammenstoß verantwortlich gemacht werden könne. Das Reichsgericht hat angenommen, daß nach dem am Ort des Zusammenstoßes geltenden Recht eine Reederhaftung für das Verschulden eines Zwangslotsen begründet sei, hat aber die Klage abgewiesen,

---

[1]) Rabinowitsch, JW 1928 S. 3092 f.

[2]) a. a. O.

[3]) Im Ergebnis ebenso eine Entscheidung des LG III Berlin, mitgeteilt von Rabinowitsch a. a. O., die jedoch zur Begründung den angreifbaren Weg wählt, das russische Gesetz — Art. 7 des EG zum russischen ZGB — gegen die russische Praxis im Sinne des Art. 169 Abs. 2 des deutschen EGBGB auszulegen.

[4]) Vgl. auch Zitelmann Bd. I S. 368.

[5]) 25. 6. und 9. 7. 1892, RG Bd. 29 S. 90 ff. (96).

weil nach zwingenden Grundsätzen des deutschen Rechts die Haftung eines Reeders für einen Zwangslotsen ausgeschlossen sei und das deutsche Recht diese Haftung als ungerecht und verwerflich betrachte. Der Wortlaut der Begründung nähert sich der Feststellung, daß ein derartiger Anspruch (oder seine Geltendmachung) gegen die guten Sitten verstoße. Aber das kann kaum die Ansicht des Gerichts gewesen sein. Denn das deutsche Recht erkannte schon damals in gewissen Fällen eine Schadenshaftung ohne Verschulden an [1]. Die vom Reichsgericht vorgenommene Beurteilung der russischen Rechtsnorm, welche die Haftung des Reeders für den Zwangslotsen vorschreibt, als »ungerecht und verwerflich« stand schon auf der Grenze dessen, was bei dieser Rechtslage an ungünstiger Kritik überhaupt noch möglich war. Deutsche Interessen kamen hier nicht in Frage, da alle Beteiligten Ausländer waren und der Schaden im Ausland zugefügt war. Diese Gesichtspunkte sind offenbar dafür bestimmend gewesen, daß das Reichsgericht seinem Urteil eine höchst auffallende lokale Einschränkung seiner Wirkung gegeben hat. Das Gericht spricht aus, daß durch die Klagabweisung nur die Unrealisierbarkeit des Anspruchs in Deutschland zum Ausdruck gebracht werden solle. Die Geltendmachung des Anspruchs in anderen Staaten, welche den von den deutschen Gerichten erteilten rechtskräftigen Entscheidungen sonst Folge geben, werde durch dieses Urteil nicht ausgeschlossen.

Darüber, ob sich diese lokale Einschränkung aus dem Wesen der Vorbehaltsklausel oder aus den besonderen Umständen gerade dieses Falles ergibt, ist aus dem Urteil, isoliert betrachtet, nichts zu entnehmen. Aber man muß berücksichtigen, daß trotz der bis dahin vorliegenden großen Anzahl von Entscheidungen, in denen die deutschen Gerichte die Vorbehaltsklausel angewandt hatten, eine derartige Einschränkung noch niemals ausgesprochen war. Man muß weiter berücksichtigen, daß schon angesichts des damaligen Rechtszustandes in Deutschland die Behandlung der Haftung für Zwangslotsen als »ungerecht und verwerflich« äußerst fragwürdig erscheinen mußte. Man muß daher annehmen, daß die Besonderheiten gerade dieses Falles die Veranlassung zu solcher Einschränkung gegeben

[1]) Vgl. z. B. Reichshaftpflichtgesetz vom 7. 6. 1871 § 1 und die Vorschriften des deutschen Rechts über die große Haverei. — Vgl. auch Mittelstein-Sebba Bd. I § 485 Anm. 29, wo hervorgehoben wird, daß in Deutschland seit langer Zeit Stimmen laut geworden waren, welche die Haftung des Reeders für Verschulden des Zwangslotsen als für Deutschland de lege ferenda empfehlenswert bezeichneten.

haben. Die fremde Rechtsnorm war eben nicht so mißbilligenswert, daß die Vorbehaltsklausel mit ihrer vollen Wirkung trotz des Fehlens deutscher Interessen eingreifen durfte. Man versuchte daher zu mildern. Richtiger wäre es m. E. gewesen, auszusprechen, daß wir nicht für alle Tatbestände, die sich unter fremdem Recht ereignen, Kollisionsnormen haben: in casu concreto, daß zwar für unerlaubte Handlungen solche Kollisionsnormen vorhanden sind, nicht aber für alle Quasidelikte, und daß aus diesem Grunde der deutsche Richter die Klage abweisen mußte. Wenn die Klage mit solcher Begründung abgewiesen worden wäre, so wäre die ausgesprochene örtliche Beschränkung der Urteilswirkung berechtigt gewesen.

Das OLG München hat aus der vorerwähnten reichsgerichtlichen Entscheidung anscheinend den Satz entnommen, daß die deutsche Vorbehaltsklausel — auch vom Standpunkt des deutschen Richters aus — nur in Deutschland Wirkung beanspruche [1]).

Im Anschluß an die Entscheidung des Reichsgerichts behaupten einige namhafte Lehrer des internationalen Privatrechts, eine Klagabweisung auf Grund des Art. 30 habe nur die Bedeutung einer Klagabweisung »angebrachtermaßen« [2]). Diese Meinung ist meines Erachtens unzutreffend. Würde die Klage auf Grund des Art. 30 nur »angebrachtermaßen« abgewiesen, so müßte der ihr zugrunde liegende Anspruch noch mit Erfolg vor deutschen Gerichten geltend gemacht werden können, wenn er nur in anderer Weise »angebracht« würde. Das wäre der Fall, wenn für den Anspruch nachträglich im Ausland ein Urteil erstritten und aus diesem Urteil die Vollstreckung in Deutschland begehrt würde. Einem solchen Verlangen würde sicher die Rechtskraft des früheren deutschen klagabweisenden Urteils entgegenstehen. Auch wäre es, wenn auf Grund des Art. 30 nur »angebrachtermaßen« abgewiesen würde, nicht zu rechtfertigen, daß sich die deutschen Gerichte, unter ihnen das Reichsgericht, in zahlreichen Fällen mit der Feststellung begnügen, daß ausländisches Recht, wenn es den von einer Partei behaupteten Inhalt haben sollte, auf Grund des Art. 30 nicht angewandt werden könne [3]). Die Gerichte

---

1) 24. 3. 1905, Z Bd. 16 S. 34 ff. (42).

2) Kahn Bd. I S. 448 (nicht gerade für Art. 30, aber für andere Vorschriften des deutschen internationalen Privatrechts, von denen er annimmt, daß sie eine »spezielle Anwendung des Prohibitivgedankens« darstellen); Niemeyer S. 98, Neumann Art. 30 Anm. 4; Lewald Nr. 39 S. 37.

3) Z. B. ROHG 12. 6. 1874, ROHG Bd. 14 S. 273 ff.; RG 28. 4. 1900, JW 1900 S. 557 = Z Bd. 10 S. 286; RG 26. 5. 1900, RG Bd. 46 S. 112 ff. = Z Bd. 11 S. 420; RG 30. 10. 1926, ZAIP Sonderheft 1928 Nr. 10 = Z Bd. 39 S. 276 ff. = Revue 1928 S. 523; HansOLG 30. 4. 1921, HansRZ 1921 Sp. 456 ff.;

müßten vom Standpunkt jener, m. E. unrichtigen Meinung aus in allen Fällen den Inhalt des fremden Rechts feststellen, um keine Zweifel darüber zu lassen, ob die Klage auf Grund des ausländischen Rechts oder auf Grund des Art. 30 abgewiesen wird.

§ 245. Ein ausländischer Rechtssatz, dessen Anwendung durch Art. 30 EG ausgeschlossen ist, kann doch noch insofern für die Entscheidung erheblich sein, als sein Bestehen tatsächliche Wirkungen äußert, die der deutsche Richter beachten muß. Musterbeispiele für solche Fälle gibt die Rechtsprechung des Reichsgerichts zu den Kriegsgesetzen der ehemaligen feindlichen Mächte. Ein Deutscher erhob gegen eine englische Gesellschaft Klage auf Schadensersatz wegen Nichtlieferung. Die Beklagte berief sich darauf, daß das englische Verbot des Handels mit den Feinden ihr die Lieferung unmöglich gemacht habe. Das Reichsgericht [1]) erklärte das englische Kriegsgesetz für unanwendbar auf Grund des Art. 30 EG, wies aber trotzdem die Klage ab, weil das englische Gesetz mit seinen schweren Strafdrohungen in Verbindung mit der strengen Zensur und den scharfen Kontrollmaßregeln der englischen Regierung im Sinne des deutschen Rechts die Erfüllung tatsächlich unmöglich gemacht habe [2]).

§ 246. Eine andere Vorbehaltsklausel als die des deutschen internationalen Privatrechts ist für den deutschen Richter unbeachtlich, soweit er nicht fremdes internationales Privatrecht anzuwenden hat. Wenn fremdes (außerdeutsches) Recht anzuwenden ist, muß der deutsche Richter zu demselben Ergebnis gelangen wie der fremde Richter. Es macht keinen Unterschied, ob dieses Ergebnis auf Grund des fremden ordre public oder auf sonstige Weise erreicht wird [3]). Andrerseits kommen für die Beurteilung von Rechtsverhältnissen, die der lex fori nach den allgemeinen Kollisionsnormen unterliegen, Grundsätze des ausländischen ordre public als solche nicht in

---

HansOLG 30. 5. 1923, HansGZ 1923 Hbl. S. 179; OLG Frankfurt 3. u. 17. 12. 1925, JW 1926 S. 2858 = ZAIP Sonderheft 1926/27 Nr. 77; BayrObLG 5. 11. 1927, JW 1928 S. 2030 = ZAIP Sonderheft 1928 Nr. 15; HansOLG 4. 5. 1928, HansRGZ 1928 A Sp. 406 ff. (408) = ZAIP Sonderheft 1928 Nr. 17; KG 2. 7. 1928, ZAIP Sonderheft 1928 Nr. 18 = Z Bd. 41 S. 405 ff. = BliP 1929 Sp. 85 ff.

[1]) 28. 6. 1918, RG Bd. 93 S. 182 ff.

[2]) Vgl. ferner RG 19. 10. 1917, RG Bd. 91 S. 46 f.; 13. 11. 1917, RG Bd. 91 S. 260 ff.; 15. 3. 1918, DJZ 1918 Sp. 449 f.; 14. 5. 1918, DJZ 1918 Sp. 513 f.

[3]) Vgl. RG. 16. 5. 1931, RG Bd. 132 S. 416 ff. und die Ausführungen oben § 141 S. 211 ff.

Betracht [1][2]). Diese Ansicht wird bestritten. Es wird gesagt [3]), zwar werde sich der einheimische Richter in der Regel auf den Standpunkt zu stellen haben, daß die öffentliche Ordnung des Auslands als territorial begrenzt ihn nichts angehe; doch gebiete die »Solidarität der Staaten« Ausnahmen; unter Umständen wiesen die gemeinsamen Interessen der Staaten darauf hin, Rechtsgeschäfte, die nach inländischem Recht zu beurteilen sind, wegen Verstoßes gegen eine ausländische öffentliche Ordnung für ungültig zu erklären; der maßgebende Gesichtspunkt sei hier § 138 BGB. Als Beispiele werden unter diese Kategorie Fälle gebracht, in denen deutschem Recht unterliegende Geschäfte als sittenwidrig angesehen wurden, weil sie die Umgehung ausländischer Verbotsgesetze — insbesondere ausländischer Einfuhrverbote oder Zollgesetze — bezweckten. Meines Erachtens ist es irreführend, hier den Begriff des Verstoßes gegen die ausländische öffentliche Ordnung einzuführen. Die ausländischen Vorschriften werden hier gar nicht »angewandt«, in dem Sinne, daß ihnen — allein oder in Verbindung mit anderen Vorschriften — entnommen wird, welche Rechtsfolgen an den zu beurteilenden Tatbestand geknüpft werden sollen. Grundlage der Entscheidung ist nur das deutsche innere Recht: § 138 BGB. Die ausländischen Vorschriften kommen nur als Tatbestandsmoment in Betracht. Dabei kommt es für den deutschen Richter gar nicht darauf an, ob diese ausländischen Vorschriften im Ausland als Normen des ordre public gelten [4]). Die von dem Verfechter jener Ansicht angeführten Ur-

---

[1]) Ebenso Frankenstein Bd. I S. 227 ff., 237.

[2]) Ein gutes Beispiel für die Befolgung dieses Grundsatzes durch die ausländische Rechtsprechung geben Tribunal Civil Antwerpen 9. 3. 1911, Kosters-Bellemans S. 113 ff. und Berufungsgericht Brüssel 15. 12. 1913, Kosters-Bellemans S. 124 ff. Es handelte sich hier um die Frage der Anerkennung einer von Spaniern in Frankreich in nur religiöser Form geschlossenen Ehe. Die Gerichte sagen, die Anerkennung würde zwar gegen den belgischen ordre public verstoßen, wenn die Ehe in Belgien geschlossen gewesen wäre; sie verstoße aber, da sie in Frankreich geschlossen sei, nur gegen den französischen, nicht gegen den belgischen ordre public, und darauf allein komme es an. Ähnlich bezüglich der Anerkennung einer in Frankreich nur in religiöser Form vorgenommenen Scheidung von Russen, Tribunal Civil Brüssel 16. 6. 1928, Revue 1929 S. 135 ff. (Das Gericht geht von der Maßgeblichkeit des alten russischen Rechts aus, nach dem die Ehescheidung in religiöser Form möglich war.) Diese Rechtsprechung ist umso bemerkenswerter, als in Frankreich und Belgien derselbe Code civil gilt.

[3]) Düringer-Hachenburg-Geiler, Allgemeine Einleitung Anm. 10C, b S. 29 f.

[4]) Das Reichsgericht hat mehrfach ausgesprochen, daß ein Vertrag wegen Verstoßes gegen die guten Sitten nichtig ist, wenn er auf besonders qualifizierte (von Mehreren auf Grund eines gemeinschaftlichen Planes auszu-

teile sind niemals mit der Verletzung eines ausländischen ordre public begründet.

§ 247. In der international-privatrechtlichen Literatur — in der ausländischen mehr noch als in der deutschen — spielt die Frage der Gesetzesumgehung eine erhebliche Rolle. Sie wirft sich auf, wenn die an einem Rechtsverhältnis Beteiligten eine nach den allgemeinen Regeln des internationalen Privatrechts maßgebende Anknüpfung herstellen, gerade zu dem Zwecke, die für sie vorteilhaften Folgen dieser Anknüpfung herbeizuführen [1]). Es begeben sich z. B. Deutsche, die ein deutschem Recht unterliegendes Rechtsgeschäft abschließen wollen, ins Ausland, um einer Formvorschrift des deutschen Rechts zu entgehen, und das Geschäft in der im Ausland geltenden erleichterten Form abzuschließen. Kommt das Geschäft formgültig zustande, oder soll von der Regel des Art. 11 Abs. 1 Satz 2 EG eine Ausnahme gemacht werden, weil die Parteien nur gerade in der Absicht, die deutschen Formvorschriften unanwendbar zu machen, den Abschlußort ins Ausland verlegt haben? Ähnliche Fälle sind besonders häufig im Zusammenhang mit Fragen des Eherechts vorgekommen. Es gibt Staaten, die ihren Angehörigen die Scheidung der Ehe vom Bande verweigern, die aber die Ehescheidung von Ausländern zulassen oder doch wenigstens, wenn sie im Ausland geschehen ist, anerkennen. Ehegatten, die einem solchen

---

führende oder, mit Rücksicht auf den gesetzwidrigen Zweck mit besonderen Vorteilen verbundene oder die Volksgesundheit gefährdende) Verletzung ausländischer Zollgesetze oder Einfuhr- oder Ausfuhrverbote gerichtet ist. Vgl. Urteile vom 5. 11. 1898, RG Bd. 42 S. 295 ff. (297); 2. 12. 1903, RG Bd. 56 S. 179 ff. (181); 4. 12. 1916, Recht 1917 Beilage Nr. 155/156; 30. 11. 1919, RG Bd. 96 S. 282 ff.; 21. 10. 1920, JW 1920 S. 1027; 9. 2. 1926, JW 1926 S. 2169 = ZAIP Sonderheft 1926/27 Nr. 16 = Clunet 1930 S. 430 f.; 24. 6. 1926, JW 1927 S. 2288 ff. = LZ. 1927 Sp. 1397 f. = ZAIP Sonderheft 1926/27 Nr. 15 = Clunet 1930 S. 428 ff.; 26. 10. 1928, JW 1929 S. 244 = LZ 1929 Sp. 463 = ZAIP Sonderheft 1928 Nr. 20 = Clunet 1930 S. 432 f; 17. 10. 1930, JW 1931 S. 928 ff.

Diese Entscheidungen sind niemals auf Grund eines ausländischen ordre public ergangen, sondern auf Grund des inneren deutschen Rechtes, welches unsittliche Geschäfte für nichtig erklärt. Dieser Satz kann unter dem Gesichtspunkt der deutschen Vorbehaltsklausel eine Rolle spielen, weil deutsche Gerichte unsittliche Forderungen nicht zusprechen dürfen. Aber der fremde ordre public spielt hier keine Rolle.

[1]) Ähnlich wird der Tatbestand der Frage z. B. angegeben von Vetsch, »Umgehung des Gesetzes« Zürich 1917 S. 169, von Niboyet Nr. 462 S. 578 und von Arminjon Bd. 1 Nr. 99 S. 226. Frankenstein nennt eine zu Umgehungszwecken erfolgende Änderung der Staatsangehörigkeit arglistigen Statutenwechsel und sieht das Kennzeichen solchen Statutenwechsels darin, daß er nicht ernst gemeint sei, Bd. I S. 162.

Staat angehören, lassen sich in einem Staat, dessen Recht die Ehescheidung gestattet, naturalisieren, nur um auf Grund des Rechts dieses zweiten Staates die Scheidung ihrer Ehe zu erlangen. Hat die Naturalisierung die international-privatrechtliche Wirkung bezüglich des anzuwendenden Scheidungsrechts, die ihr im allgemeinen zukommt? [1]).

§ 248. Im Ausland bestehen einige gesetzliche Bestimmungen gegen die Gesetzesumgehung. Auch hat die Praxis in vielen ausländischen Staaten zu einzelnen Fällen der Gesetzesumgehung Stellung genommen, ohne daß, so viel ich sehe, irgendwo eine allgemeine Regel klar ausgebildet wäre. Der Umfang, in dem man die mit Arglist herbeigeführte Anknüpfung für unwirksam erklärt, ist in den verschiedenen Ländern sehr verschieden.

Im österreichischen internationalen Privatrecht scheint die Gesetzesumgehung wenig Beachtung zu finden. Der bekannteste Fall aus der österreichischen Praxis war der der sogenannten siebenbürgischen (ungarischen) Ehe. Von Tisch und Bett geschiedene Ehegatten österreichischer Staatsangehörigkeit und katholischen Bekenntnisses erwarben die ungarische Staatsangehörigkeit, um dann in Siebenbürgen (später irgendwo in Ungarn), in Übereinstimmung mit dem dortigen Recht, die Scheidung vom Bande zu erwirken [2]) und sich wieder zu verheiraten. Seit 1907 hat der Österreichische Oberste Gerichtshof diese Ehen für gültig erklärt [3]). Das schweizer Recht enthält die Vorschrift: »Eine Ehe, die im Ausland nach dem dort geltenden Recht abgeschlossen worden ist, wird in der Schweiz als gültig betrachtet, wenn ihr Abschluß nicht in der offenbaren Absicht, die Nichtigkeitsgründe des schweizerischen Rechts zu umgehen, ins Ausland verlegt worden ist [4]).« Ob in der Schweiz der

[1]) Ähnliche Fragen warfen sich in dem berühmten Falle Bauffremont auf. Aus diesem Falle ist nur das Folgende hier von Interesse: Die Prinzessin Bauffremont — eine von Tisch und Bett getrennte Französin — ließ sich in Sachsen-Altenburg naturalisieren, um alsbald einen Nicht-Deutschen zu heiraten, wodurch die soeben infolge der Naturalisation erworbene Staatsangehörigkeit verloren gehen mußte. Nach dem französischen Recht wäre die zweite Heirat unmöglich gewesen. Der französische Kassationshof (Urteil vom 18. 3. 1878, Sirey 1878 I 193 = Clunet 1878 S. 505) erklärte die zweite Ehe für ungültig, weil es sich um eine arglistige Naturalisation handele, der man nicht die Wirkungen zuerkennen könne, die Prinzessin der Herrschaft des französischen Rechts zu entziehen. Vgl. über diesen Fall u. a. v. Bar Bd. I S. 212 ff.; Niboyet Nr. 463 S. 580; Lerebours-Pigeonnière Nr. 275 S. 245.

[2]) Hierzu war bis 1894 auch noch der Übertritt zum Protestantismus erforderlich (Walker S. 554).

[3]) Walker S. 557; Kunz, Rép. Bd. VI unter »Autriche« Nr. 213.

[4]) Art. 7 f des Bundesgesetzes vom 25. 6. 1891 in der Fassung gemäß Art. 59 des ZGB von 1907; Makarov S. 194.

fraus legis auch außerhalb dieser gesetzlichen Vorschrift eine die Anknüpfung vereitelnde Wirkung zuerkannt wird, vermag ich nicht festzustellen [1]). In den Niederlanden gibt es weder Gesetz noch Rechtsprechung über die Frage der Gesetzesumgehung im internationalen Privatrecht [2]). In Dänemark, wo die Gültigkeit der Eheschließung im allgemeinen nach der lex loci beurteilt wird, macht man eine Ausnahme im Falle der Gesetzesumgehung [3]). In England erkennt man anscheinend nur in einem besonderen Falle der fraus legis eine Bedeutung zu: Der durch die Mutter eines Minderjährigen als dessen »guardian« bewirkte Domizilwechsel des Minderjährigen ist — möglicherweise — ungültig, wenn er in einer arglistigen Absicht geschah, z. B. um die Erbfolge nach dem Minderjährigen zu beeinflussen [4]). Das Zivilgesetzbuch von Niederkanada enthält eine Vorschrift, die der angeführten schweizer Gesetzesbestimmung inhaltlich ähnlich ist [5]). Im internationalen Privatrecht der Vereinigten Staaten kennt man den Begriff der Gesetzesumgehung nur innerhalb der Fragen des ordre public und der Umgehung des Domizilrechtes [6]). Die Eheschließung wird im allgemeinen nach dem Recht des Eheschließungsortes beurteilt. Gegen die Umgehung der Vorschriften des Domizilrechts durch Verlegung der Eheschließung in ein anderes Rechtsgebiet verwendet man in gewissem Maße, verschieden in den verschiedenen Einzelstaaten, den Begriff der fraus legis [7]). In einigen Staaten der Union ist dieser Grundsatz gesetzlich festgelegt, z. T. durch gleichlautende Vorschriften [8]). In weitem Umfang verwendet man in Frankreich in der Rechtsprechung den Begriff der »fraude à la loi«. Ein »siège social frauduleux« begründet nicht die Zugehörigkeit einer Gesellschaft zum Staate dieses Sitzes [9]). Eine zum Zwecke der Umgehung der französischen Vorschriften über die Publikation und Eintragung ins Ausland verlegte Eheschließung ist ungültig [10]). Als das französische Recht die Scheidung der Ehe vom

[1]) Bemerkenswert ist, daß, wie Meili Bd. I S. 190 berichtet, der schweizer Bundesrat einmal eine Ermächtigung zur Einbürgerung widerrufen hat, weil sich herausgestellt habe, daß die Einbürgerung nur zum Zwecke der Erlangung der Scheidung nachgesucht worden war.

[2]) Mulder S. 95 f.; van Praag S. 23.

[3]) Borum u. Meyer, Rép. Bd. VI unter »Danemark« Nr. 37.

[4]) Dicey S. 122.

[5]) Art. 135. Makarov S. 63.

[6]) Lorenzen, Rép. Bd. VI unter »États Unis« Nr. 34.

[7]) Lorenzen a. a. O. Nr. 264 ff.

[8]) Lorenzen a. a. O. Nr. 270 f.; Makarov S. 246 ff.

[9]) Niboyet Nr. 302 S. 358.

[10]) Niboyet Nr. 616 f. S. 726 f.

Bande noch nicht zuließ, wurde eine Ehescheidung von ehemaligen Franzosen, die Ausländer geworden waren, nicht anerkannt, wenn der Nationalitätswechsel zur Umgehung des französischen Scheidungsverbotes vorgenommen worden war [1]). In Italien, das keine Ehescheidung kennt, hat man gelegentlich einem Nationalitätswechsel die Wirkung für das internationale Ehescheidungsrecht versagt, wenn der Italiener nur Ausländer geworden war, um auf Grund des ausländischen Rechts eine Ehescheidung vom Bande zu bewirken, auch wenn der Nationalitätswechsel an sich rechtsgültig geschehen war [2]). Im Falle der Umgehung italienischer Formvorschriften, z. B. wenn der Abschlußort eines Rechtsgeschäftes zum Zwecke des Abschlusses in erleichterter Form ins Ausland verlegt wurde, erkennt die italienische Praxis die Wirksamkeit der neuen Anknüpfung an [3]). In Nikaragua ist gesetzlich, in einer sehr weitreichenden Formel, festgelegt, daß Geschäfte, die von Angehörigen dieses Landes zur Umgehung eines heimischen Gesetzes im Ausland vorgenommen werden, unwirksam sind [4]). Vorschriften, die für bestimmte Fälle eine unter Gesetzesumgehung geschlossene Ehe anerkennen, bestehen im Recht Argentiniens [5]) und Paraguays [6]). Danach soll, von bestimmten Ausnahmen abgesehen, eine Eheschließung nach dem Recht des Eheschließungsortes beurteilt werden, »auch dann, wenn die Eheschließenden ihren Wohnsitz verlassen haben, um nicht den daselbst geltenden Formen und Gesetzen unterworfen zu sein«.

§ 249. In Deutschland fehlt es für die hier behandelte Frage an gesetzlichen Bestimmungen; die Praxis ergibt wenig.

Immerhin wird man für die Umgehung deutscher Formvorschriften durch Verlegung des Abschlußortes eines Rechtsgeschäftes ins Ausland eine bestimmte Lösung als feststehend annehmen müssen. Das Reichsgericht [7]) hatte über die Formgültigkeit einer Verbürgung, von der es annahm, daß sie im Ausland geschehen sei, zu befinden. Die Verbürgungserklärung war von Deutschland ins Ausland gesandt worden. Das Landgericht hatte angenommen, daß die Form der Erklärung den Vorschriften des deutschen Rechts hätte genügen müssen.

---

[1]) Niboyet Nr. 472 S. 588 f.

[2]) Udina, Rép. Bd. VI unter »Italie« Nr. 151.

[3]) Udina a. a. O. Nr. 119.

[4]) Art. 6 Nr. 22 des ZGB von 1903. Makarov S. 130.

[5]) Art. 159 des ZGB von 1869. Makarov S. 5.

[6]) Art. 2 des Gesetzes über die Zivilehe von 1898; gleichlautend der argentinischen Vorschrift. Makarov S. 145.

[7]) 12. 2. 1906, RG Bd. 62 S. 384 ff. = Z Bd. 16 S. 326 ff.

Diese Annahme erklärte das Reichsgericht für unrichtig, indem es u. a. ausführte: »Das Gegenargument des Landgerichts, daß, wenn die Beachtung der vom Gesetze des Empfangsortes vorgeschriebenen Form genügen sollte, die strengere Formvorschrift des Personalstatuts des die Erklärung Abgebenden ‚umgangen' werden könnte, ist ganz verfehlt. Vielmehr ist für einen solchen Fall diese strengere Formvorschrift nach Art. 11 Abs. 1 Satz 2 EG von vornherein nicht gegeben, und von einer Umgehung kann daher gar nicht die Rede sein. Es wäre auch nicht abzusehen, weshalb es einen Unterschied machen sollte, ob der inländische Kontrahent sich persönlich ins Ausland begibt, um dort das Geschäft abzuschließen, oder ob er seinen Antrag durch Zusendung einer schriftlichen Erklärung dorthin gelangen läßt.« Wenn auch der Fall, der dieser Entscheidung zugrunde lag, für die Annahme einer wirklichen »Umgehung« der deutschen Vorschriften gar keinen Anhalt gab — die Versendung der Erklärung nach dem Ausland war hier das Natürliche — kann man doch m. E. dem Urteil einen Rechtsgrundsatz auch für den Fall entnehmen, daß eine solche Umgehung wirklich vorliegt: Auch in solchem Falle soll die Wahrung der Form des ausländischen Rechts genügen [1]). Hierfür kann man auch aus der Entstehungsgeschichte der internationalprivatrechtlichen Vorschriften des EG die Begründung des ersten Gebhardschen Entwurfs zu § 9 (entspricht dem gegenwärtigen Art. 11 Abs. 1) anführen [2]). Ferner stimmt mit dieser Auffassung die fast einmütige Ansicht der deutschen Literatur überein [3]).

§ 250. Für andere Fälle als die der Umgehung von Formvorschriften fehlt es an einem gleichwertigen Anhalt. Eine Reihe von Entscheidungen zieht die Gesetzesumgehung in den Kreis ihrer Erwägungen, ohne eine klare Stellung dazu einzunehmen.

In einer Entscheidung von 1899 [4]) hat das Reichsgericht eine Vereinbarung der Maßgeblichkeit preußischen Rechts für einen Ehemaklervertrag, der in allen Beziehungen in Sachsen lokalisiert war,

---

[1]) Ebenso schon Oberappellationsgericht Oldenburg 4. 1. 1859, SA Bd. 19 S. 5, und bezüglich der Form der Eheschließung Obertribunal zu Berlin 15. 1. 1855, Sammlung der Entscheidungen dieses Gerichts Bd. 29 S. 380 ff. (entnommen aus Lewald Nr. 117 S. 87).

[2]) Die Gebhardschen Materialien S. 100.

[3]) von Bar Bd. I S. 350; Meyerowitz, Z Bd. 10 S. 15; Niemeyer S. 116 und Vorschläge und Materialien S. 101; Niedner Anm. 10 zu Art. 11; Habicht S. 91; Walker S. 198; Soergel Anm. zu Art. 11; Lewald Nr. 91 S. 68; Raape Art. 11 B X. Dagegen Vetsch a. a. O. S. 167 ff.

[4]) 21. 9. 1899, RG Bd. 44 S. 300.

für unwirksam erklärt. Nachdem die Unwirksamkeit der Abrede mit anderen Erwägungen begründet ist, fährt das Reichsgericht fort, es brauche daher die Frage nicht erörtert zu werden, ob zu demselben Ergebnis auch die Erwägung führen müsse, daß in der Abrede eine Gesetzesumgehung liege.

Ferner sind hier die Entscheidungen der bayrischen Gerichte zum Falle Helene Böhlau anzuführen [1]). Hier hatte ein deutscher Ehemann die türkische Staatsangehörigkeit erworben, war zum Islam übergetreten, hatte türkischem Recht gemäß in der Türkei die Zustimmung des Scheich ül Islam (des höchsten geistlichen und weltlichen Richters) zur Scheidung erlangt, der Frau nach Berlin einen Scheidebrief zugesandt, in der Türkei eine neue Ehe mit einer Deutschen geschlossen und darauf mit dieser seinen Aufenthalt wieder in Deutschland genommen, alles in weniger als zwei Jahren — m. E. ein Musterbeispiel einer Umgehung deutscher Vorschriften; der Wechsel der Staatsangehörigkeit und des Bekenntnisses war ja offenbar nur geschehen, um die Scheidung möglich zu machen. Dennoch haben die Gerichte den Gesichtspunkt der Gesetzesumgehung nicht herangezogen, um der Anknüpfung an das türkisch-islamische Recht die international-privatrechtliche Wirksamkeit zu versagen. Die Anwendbarkeit der Vorbehaltsklausel wurde verneint und die Scheidung für gültig erklärt [2]).

Anlaß, die Frage der Gesetzesumgehung zu prüfen, boten auch die Fälle der sogenannten Gothaer Kaufgewerkschaften. Hier hat das Reichsgericht [3]) ständig die Begründung eines Gesellschaftssitzes in Gotha durch bloße statutarische Bestimmungen für ausreichend zur Erlangung der Gothaer Staatszugehörigkeit erklärt, obwohl es sich meistens um Gesellschaften handelte, die in allen erheblichen Beziehungen außerhalb Gothas lokalisiert waren und ihren Sitz offenbar nach Gotha gelegt hatten, um der Anwendung der außergothaischen Gesetze zu entgehen. In einer dieser Entscheidungen [4]) ist die Frage, welche Bedeutung vom Standpunkt des preußischen Rechts der Gesetzesumgehung zukomme, ausdrücklich gestellt, aber offengelassen, weil in casu aus den vorliegenden Um-

---

[1]) LG München 28. 9. und 26. 10. 1904; OLG München 24. 3. 1905; Bayr. ObLG 29. 9. 1905; OLG München 22. 11. 1909. Die Urteile sind wiedergegeben in Z Bd. 14 S. 585 ff., Bd. 16 S. 38 ff., 286 ff., Bd. 20 S. 529 ff.

[2]) So das BayrObLG und ihm folgend das OLG München in seiner zweiten Entscheidung gegen die Entscheidungen der beiden ersten Instanzen.

[3]) Über diese Entscheidungen s. §§ 322 f. S. 466 ff.

[4]) 19. 6. 1920, RG Bd. 99 S. 218 ff.

ständen nicht mit Sicherheit auf den Zweck der Gesetzesumgehung geschlossen werden könne.

Mit dieser Rechtsprechung des Reichsgerichts steht eine Entscheidung des Oberlandesgerichts Dresden [1]) im Widerspruch. Hier ist angenommen, daß ein »fingierter« Sitz in Gotha nicht die sächsische Staatszugehörigkeit einer Gewerkschaft beeinträchtige, die sich »tatsächlich« in Sachsen befindet.

In einer Entscheidung des Reichsgerichts [2]) war die Gültigkeit einer Ehe zu beurteilen, die ein Deutscher und eine Österreicherin in England geschlossen hatten. Gegen die Anerkennung der Ehe war geltend gemacht, das englische Recht treffe keine so weitgehenden Vorsichtsmaßregeln wie das deutsche Personenstandsgesetz (§ 45, 46) dafür, daß vor der Eheschließung die persönlichen Verhältnisse der Brautleute klargestellt werden. Dazu sagt das Reichsgericht: »Es mögen Fälle denkbar sein, in denen hierdurch eine Umgehung der deutschen Gesetze in einer Weise ermöglicht wird, daß die Anerkennung der in England geschlossenen Ehe gegen den Zweck eines deutschen Gesetzes verstoßen würde. Aber im vorliegenden Falle kann das nicht angenommen werden.« Das Reichsgericht prüfte also die Frage der Wirkung der Gesetzesumgehung unter dem Gesichtspunkt, ob die Anerkennung der Ehe gegen den Zweck eines deutschen Gesetzes verstoße, das heißt auf der Grundlage des Art. 30.

In einer Reichsgerichtsentscheidung [3]) wird eine in Rußland erfolgte Scheidung deutscher Ehegatten anerkannt. In der Begründung heißt es: »Der Kläger meint, die Anerkennung sowjetrussischer Scheidungsurteile würde die Möglichkeit herbeiführen, daß auf diese Weise deutsche Staatsangehörige durch Begründung eines vorübergehenden Wohnsitzes in Rußland eine Scheidung auf Grund Übereinkommens erlangten. Die Gefahr eines solchen Mißbrauches wird aber durch den Grundsatz ausgeschlossen, daß die Frage der Anerkennung eines ausländischen Urteils unter dem Gesichtspunkt des § 328 Nr. 4 ZPO von Fall zu Fall zu prüfen ist.«

§ 251. Die beiden letztgenannten Entscheidungen des Reichsgerichts zeigen m. E. den Weg, auf dem nach dem deutschen internationalen Privatrecht die unerwünschten Wirkungen der Gesetzesumgehung ausgeschlossen werden können: die maßgebende Norm

---

[1]) 25. 9. 1917, LZ 1918 Sp. 408 ff.

[2]) 21. 12. 1916, JW 1917 S. 364 ff. (366).

[3]) 4. 4. 1928, RG Bd. 121 S. 24 ff. = JW 1928 S. 2026 ff. = Z Bd. 40 S. 270 ff. = ZAIP Sonderheft 1928 Nr. 122.

ist die Vorbehaltsklausel, der Art. 30 EG [1]). Diese Auffassung unterscheidet sich in den praktischen Folgen erheblich von der, die dem Gesichtspunkt der Gesetzesumgehung eine selbständige Bedeutung geben will [2]).

Vom Standpunkt der Vorbehaltsklausel genügt zur Annahme der Unwirksamkeit der Anknüpfung nicht, daß die Anknüpfung mit Arglist geschehen ist; es kommt vielmehr darauf an, ob die Anwendung der fremden Vorschriften an Stelle der umgangenen deutschen gegen die guten Sitten oder gegen den Zweck eines deutschen Gesetzes verstoßen würde.

Die Umgehung fremden Rechts zugunsten des deutschen bleibt unbeachtet. Hierfür kann man auch auf das Beispiel der französischen Rechtsprechung verweisen, die, soviel ich sehe, vom Begriff der Gesetzesumgehung den weitesten Gebrauch macht: auch dort legt man der fraus legis extraneae zugunsten des französischen Rechts keine Bedeutung bei [3]).

Im Falle der Umgehung der Vorschriften eines ausländischen Rechts zugunsten eines anderen ausländischen ist die Anwendung des Art. 30 ebenfalls ausgeschlossen.

Dagegen findet im Falle der unzulässigen Umgehung eines deutschen Partikularrechts zugunsten eines ausländischen Rechts eine wirksame Anknüpfung an das ausländische Recht nicht statt. Das ergibt sich daraus, daß das »deutsche Gesetz«, von dem in Art. 30 die Rede ist, auch eine Partikularrechtsnorm sein kann, die nicht der lex fori angehört. Außer auf die zum Beweise hierfür angeführten Entscheidungen [4]) sei hier noch auf die Reichsgerichtsentscheidung vom 21. 9. 1899 [5]) verwiesen, die in einem preußischen Prozeß ergangen ist und in der für erwägenswert gehalten worden ist, sogar der Anknüpfung an das preußische Recht wegen Umgehung des sächsischen die Wirksamkeit zu versagen.

---

[1]) Aus der deutschen Literatur für Anwendung des Art. 30 auf die Frage der Gesetzesumgehung: Habicht S. 91; Helene Bertram, »Gesetzesumgehung im internationalen Privatrecht«, insbesondere S. 84 ff.; Düringer-Hachenburg-Geiler, Allgemeine Einleitung Anm. 10 e S. 30; Raape Art. 17 B III 1. Dagegen will Brändl, LZ 1925 Sp. 822, den Gesichtspunkt des agere in fraudem legis selbständig verwenden, und auch Gutzwiller, JW 1929 S. 3474 f., hält die Verwendung des Art. 30 nicht für ausreichend, die Frage der Behandlung der Gesetzesumgehung zu lösen.

[2]) Vgl. z. B. Kosters S. 169 ff.; Niboyet Nr. 456 ff. S. 571 ff.

[3]) Vgl. Niboyet Nr. 472 S. 589 f. u. Revue 1930 S. 276; dazu Kassationshof 5. 2. 1929, Revue 1929 S. 684.

[4]) Vgl. oben § 232 S. 347 ff.

[5]) Vgl. oben § 250 S. 377 f.

Darüber, in welchen Einzelfällen die Vorbehaltsklausel zur Vereitelung einer Gesetzesumgehung führt, lassen sich keine bestimmten Regeln aufstellen. Jedenfalls aber läßt die deutsche Rechtsprechung die Tendenz erkennen, dem Gesichtspunkt der fraus legis im deutschen internationalen Privatrecht keinen erheblichen Raum zu geben.

§ 252. Im vorangehenden sind unter Heranziehung der deutschen Praxis die Grundsätze geschildert, nach denen in Deutschland die Vorbehaltsklausel ihre Wirkung ausübt. In folgendem soll ein systematischer Überblick über die Praxis gegeben werden. Hierbei werden auch Urteile von geringerer grundsätzlicher Bedeutung und solche Urteile in Betracht gezogen, in denen der Tatbestand nicht deutlich ergibt, wie weit Beziehungen zu Deutschland oder Deutschen gegeben sind.

Ferner wird auch die deutsche Rechtsprechung über intertemporales Kollisionsrecht in gewissem Umfange verwertet werden. Diese Rechtsprechung hat in vielen Fällen angenommen, daß die Anwendung des neuen Rechts im Widerspruch zu intertemporalen Regeln, insbesondere den Übergangsvorschriften des EG, stattzufinden habe, wenn es sich um prohibitive, absolut zwingende Vorschriften des neuen Rechts handelt. Sie hat für das intertemporale Privatrecht eine Vorbehaltsklausel geschaffen, ähnlich der des internationalen Privatrechts. Bei Beantwortung der Frage, wie weit diese Entscheidungen für die international-privatrechtliche Vorbehaltsklausel im Einzelfalle von Gewicht sind, muß man davon ausgehen, daß ein deutscher Gesetzgeber altem deutschem Recht mindestens dieselbe Toleranz entgegenbringt wie ausländischem Recht. Daraus wird man schließen können: Macht die Rechtsprechung in einer Frage des intertemporalen Rechts von der Vorbehaltsklausel Gebrauch, so ist regelmäßig für die entsprechende Frage des internationalen Privatrechts die Anwendung des Art. 30 geboten. Soweit unter diesem Gesichtspunkt Entscheidungen über intertemporales Recht von Bedeutung sind, werden sie im folgenden berücksichtigt werden.

§ 253. Eine Entscheidung des Reichsgerichts zur Anwendbarkeit des Art. 30 betrifft das Namensrecht [1]). Ein Schweizer darf nach schweizer Recht einen Namen führen, der aus seinem eigenen Familiennamen und dem hinzugefügten Familiennamen seiner Frau gebildet ist. Das Reichsgericht hat angenommen, daß ein Verstoß gegen den Zweck eines deutschen Gesetzes in der Anwendung dieser schweizer

---

[1]) 12. 12. 1918, RG Bd. 95 S. 268 ff. = Z Bd. 29 S. 401 = LZ 1919 Sp. 688.

Vorschrift nicht vorliege, selbst wenn dieser Namensgebrauch in Deutschland stattfindet.

Das Reichsgericht [1]) und das Kammergericht [2]) haben entschieden, daß die Vernichtung der Rechtspersönlichkeit russischer Gesellschaften durch die russische Nationalisierung in Deutschland anzuerkennen sei; Art. 30 stehe dem nicht entgegen. Das Reichsgericht hat sich dafür in erster Linie auf Art. 2 des Vertrags von Rapallo berufen. Das Kammergericht stützt seine Stellungnahme, wie es scheint, auf die Erwägung, daß die Organisation der russischen Gesellschaften infolge der Nationalisierungsgesetzgebung tatsächlich zu bestehen aufgehört habe.

Die Entscheidung des Reichsgerichts, nach der türkisches Recht, falls es die Anfechtung einer Willenserklärung wegen Drohung nicht zuließ, insoweit von der Anwendung auszuschließen war, wurde schon mitgeteilt [3]).

Bei einem in Deutschland unter Deutschen geschlossenen, schweizer Recht unterliegenden Vertrage entschied das Reichsgericht [4]), der Vertrag sei — falls nicht schon nach schweizer Recht — jedenfalls nach deutschem Recht wegen Wuchers nichtig gemäß § 138 BGB in Verbindung mit der deutschen Vorbehaltsklausel. Aus der Rechtsprechung zum intertemporalen Recht seien hier erwähnt drei Entscheidungen des Reichsgerichts aus dem Jahre 1886 [5]), nach denen die Vorschriften des Reichsgesetzes vom 24. 5. 1880 über den Wucher nicht rückwirkten, d. h. nicht intertemporal zwingend waren, und fünf nach dem 1. 1. 1900 ergangene Entscheidungen des Reichsgerichts, nach welchen dem § 138 BGB intertemporal zwingende Bedeutung zukommt [6]).

Eine Reichsgerichtsentscheidung von 1928 [7]) erklärt Art. 30 für unanwendbar gegenüber estnischem Recht, nach dem die Vertretung beider Parteien eines Rechtsgeschäftes durch ein und dieselbe Person auch außerhalb des nach § 181 BGB Zulässigen möglich ist.

Zum Recht der Verjährung hat das Reichsgericht holländisches

---

[1]) 20. 5. 1930, RG Bd. 129 S. 98 ff. (101).

[2]) 25. 10. 1927, JW 1928 S. 1232 ff. = ZAIP Sonderheft 1928 Nr. 14.

[3]) Oben § 230 S. 344.

[4]) 26. 5. 1900, RG Bd. 46 S. 112 ff. (114) = Z Bd. 11 S. 420.

[5]) 16. 4. 1886, Bolze Bd. 3 Nr. 33; 2. und 9. 5. 1886, Bolze Bd. 2 Nr. 794 f.; 19. 10. 1886, Bolze Bd. 3 Nr. 33.

[6]) 30. 11. 1900, RG Bd. 47 S. 103 f.; 2. 7. 1901, JW 1901 S. 630; 28. 1. 1907, JW 1907 S. 167 f; 30. 11. 1909, JW 1910 S. 62; 17. 12. 1912, LZ 1913 Sp. 291 f.

[7]) 25. 5. 1928, JW 1928 S. 2013.

Recht, das eine dreißigjährige Verjährung anordnet, während die Verjährungsfrist nach deutschem Recht zwei Jahre betrug, für anwendbar erklärt [1]). Hingegen hat das Reichsgericht wegen Verstoßes gegen den Zweck deutscher Gesetze die Anwendung schweizer Rechts abgelehnt, das eine Forderung unverjährbar sein läßt [2]), für die ein »Verlustschein« erwirkt ist. Das OLG Kolmar [3]) erklärte fremdes Recht, das die Unterbrechung der Verjährung in anderer Weise regelte als das deutsche, für anwendbar.

§ 254. Für die Rechtsprechung in Aufwertungsfragen ist auf die Spezialdarstellung [4]) zu verweisen.

In den ersten Nachkriegsjahren hat die deutsche Rechtsprechung vielfach zu der Frage Stellung nehmen müssen, ob und inwieweit die Anwendung des polnischen sogenannten Valutagesetzes vom 20. 11. 1919 [5]) mit Art. 30 vereinbar sei. Artikel 2 dieses Gesetzes bestimmte, daß in den an Polen abgetretenen Gebieten (die genaue Abgrenzung des Geltungsbereiches ist zweifelhaft) alle in deutscher Mark eingegangenen Verpflichtungen in polnischer Mark zum gleichen Nominalbetrag zu erfüllen seien. Solange die polnische Mark auf niedrigerem Kurse stand als die deutsche, bedeutete diese Regelung eine — zeitweise sehr schwere — Benachteiligung des Gläubigers. In einem Urteil von 1922 [6]) erklärte das Reichsgericht, die Anwendung des Art. 30 gegen diese polnische Vorschrift sei »sehr zu erwägen«. In einer Entscheidung aus dem folgenden Jahre hat das Reichsgericht [7]) die Berufung auf Art. 30 zurückgewiesen, weil die notwendige Beziehung zu Deutschland fehlte. Eine Reihe von Entscheidungen von Oberlandesgerichten, insbesondere des Kammergerichts, hat die Anwendbarkeit der Vorbehaltsklausel angenommen [8]), einige haben sie verneint [9]) [10]) [11]).

---

[1]) 22. 11. 1912, LZ 1913 Sp. 550 ff.

[2]) 19. 12. 1922, RG Bd. 106 S. 82 ff. = Revue 1926 S. 278. Vgl. über diese Entscheidung auch oben § 242 S. 365 ff.

[3]) 26. 1. 1911, Rhein. Z Bd. 3 S. 495 (entnommen Lewald Nr. 33 S. 29).

[4]) Vgl. oben § 202 S. 304 ff.

[5]) Text mitgeteilt in Z Bd. 29 S. 220 f.

[6]) 28. 2. 1922, JW 1922 S. 1122.

[7]) 27. 1. 1923, WarnRspr. 1923/24 Nr. 42 S. 50 ff.

[8]) KG 25. 2. 1922, JW 1922 S. 398 f.; KG 4. 3. 1922, JW 1922 S. 1131 ff.; KG 4. 4. 1922, JW 1922 S. 1134 ff.; KG 28. 4. 1922, JW 1922 S. 1137; KG 28. 10. 1922, JW 1923 S. 128 ff. In der ersten dieser Entscheidungen stützt sich das KG auch darauf, daß die Anwendung gegen die guten Sitten verstoßen würde, sonst nur auf die Annahme eines Verstoßes gegen den Zweck eines deutschen Gesetzes. OLG Frankfurt 9. 11. 1922, JW 1923 S. 130 f.; diese Entscheidung nimmt an, daß ein Eingreifen in die deutsche Währungshoheit vorliege und daß Art. 30 daher a n a l o g anwendbar sei.

Die Stellungnahme des Reichsgerichts zur Anwendbarkeit des Art. 4 des polnischen Valutagesetzes wurde schon mitgeteilt [1]).

Mehrfach ist entschieden worden, daß die Vorschrift des § 313 BGB nicht auf Grund des Art. 30 auf Verträge angewandt werden dürfe, die im Ausland geschlossen sind und dessen Formvorschriften entsprechen: vom Reichsgericht für den Fall des Verkaufs eines ausländischen Grundstückes [2]), vom Kammergericht für den Fall des Verkaufs eines deutschen Grundstückes durch einen ausländischen Verkäufer [3]) [4]) und in anderen Entscheidungen des Reichsgerichts [5]) ebenfalls für den Fall des Verkaufs eines deutschen Grundstücks ohne Rücksicht auf Nationalität oder Wohnsitz des Verkäufers.

§ 343 BGB (betreffend das richterliche Recht, eine Vertragsstrafe zu ermäßigen) wurde auf Grund des Art. 30 vom Hanseatischen Oberlandesgericht [6]) angewandt.

Der Satz des deutschen Rechtes, daß der Verkäufer im Falle arglistiger Täuschung von seiner Seite nicht die Verspätung der Mängelrüge geltend machen kann, steht, wie das Reichsgericht [7]) ausführt, »mit sittlichen Grundsätzen in engem Zusammenhang«. Das Reichsgericht erklärte ihn daher für anwendbar gegenüber etwa abweichendem englischem Recht.

Das Hanseatische Oberlandesgericht [8]) hat ausländisches Recht nicht angewandt, nach dem ein Dienstvertrag gültig war, in dem sich

---

9) OLG Jena 17. 7. 1922, JW 1923 S. 131 f.; KG 10. 2. 1923, JW 1924 S. 713 f.

10) Darüber, was diese Entscheidungen für die Frage der Vorbehaltsanknüpfung ergeben, vgl. oben § 230 S. 344 f.

11) Vgl. auch LG Schneidemühl 17. 10. 1922, JW 1923 S. 135. In dieser Entscheidung wird die Anwendung des polnischen Gesetzes auf Grund des Art. 30 abgelehnt, aber angenommen, daß sich der Gläubiger durch sein Verhalten mit der Umwandlung seiner Forderung in eine Forderung auf polnische Mark einverstanden erklärt habe.

1) Vgl. § 44 S. 70.

2) RG 3. 3. 1906, RG Bd. 63 S. 18 ff. (20) = JW 1906 S. 219 = DJZ 1906 Sp. 542 = Z Bd. 16 S. 329 ff.

3) 19. 3. 1925, ROLG Bd. 44 S. 152 ff.

4) Im Ergebnis ebenso LG Freiburg 1. 6. 1926, JW 1926 S. 2860 = ZAIP Sonderheft 1926/27 Nr. 25. Hier wird hervorgehoben, daß der Verkäufer Ausländer war. Die Anwendbarkeit des Art. 30 wird gar nicht erörtert.

5) 16. 5. 1928, RG Bd. 121 S. 154 ff. = JW 1928 S. 2454 f. = ZAIP Sonderheft 1928 Nr. 24; 20. 11. 1930, JW 1931 S. 572 ff. (hier ist Art. 30 EG gar nicht in Betracht gezogen).

6) 23. 12. 1902, Z Bd. 14 S. 79 = SA Bd. 59 S. 63.

7) 28. 4. 1900, RG Bd. 46 S. 193 ff. = JW 1900 S. 557 = Z Bd. 10 S. 286; vgl. oben § 224 S. 336 f.

8) Soergel 1907 zu Art. 30 (ohne Datum).

der Dienstverpflichtete übermäßigen Beschränkungen seines späteren Erwerbs unterwarf.

Zum Maklerrecht lassen sich einige Entscheidungen anführen. Das Reichsgericht [1]) erklärte in einer älteren Entscheidung die Vorschrift der Kurhessischen Verordnung vom 20. 8. 1800, die die Belohnung des Maklers auf höchstens 2% festsetzte, für ein Prohibitivgesetz. Die Frage des übermäßig hohen Maklerlohnes betrifft auch eine Entscheidung des Hanseatischen Oberlandesgerichts [2]). Es handelte sich um die Anerkennung eines dänischen Urteils. In diesem Urteil war ein Maklervertrag für gültig erklärt, in dem dem Makler eine 10%ige Abgabe von allen von dem Vertragsgegner in bestimmten Ländern zu verdienenden Gagen versprochen wurde, einerlei, ob die einzelnen Engagements ohne oder durch Vermittlung des Maklers zustande kommen würden. Das Hanseatische Oberlandesgericht erklärte den Einwand, daß die Anerkennung des Urteils gegen die guten Sitten verstoßen würde, für unbegründet.

Die Rechtsprechung über die Anwendbarkeit der Vorbehaltsklausel auf Spiel- und Differenzgeschäfte wurde schon mitgeteilt [3]).

Die im Gesetz betreffend die Abzahlungsgeschäfte vom 16. 5. 1894 zum Schutz des Käufers getroffenen Bestimmungen können sich auf Grund der Vorbehaltsklausel gegenüber fremdem Recht durchsetzen [4]). Zum Recht der unerlaubten Handlung hatte das Hanseatische Oberlandesgericht [5]) entschieden, die deutschen Vorschriften über diese Materie seien sämtlich »absolut geltende Rechtsnormen«. Das entsprach der Lehre Savignys [6]). Das Reichsgericht [7]) erklärte dagegen, daß grundsätzlich das Recht des Tatortes maßgebend sei. An diesem Grundsatz kann heute kein Zweifel mehr sein.

Aus dem neuen Recht der einzelnen Schuldverhältnisse wurden für intertemporal zwingend erklärt die Vorschriften der §§ 533 [8]), 624 [9]), 723 Abs. 3 [10]), 817 Satz 2 Halbsatz 1 [11]) BGB.

---

[1]) 4. 12. 1891, Z Bd. 3 S. 295.

[2]) 6. 11. 1917, ROLG Bd. 17 S. 157 f.

[3]) Oben § 226 S. 338 ff.

[4]) RG 28. 3. 1930, JW 1932 S. 591 f.

[5]) Die Berufungsentscheidung in dem vom Reichsgericht am 8. 11. 1906, SA Bd. 62 S. 257, entschiedenen Falle.

[6]) S. 278 ff.

[7]) Die eben zitierte Entscheidung vom 8. 11. 1906.

[8]) RG 25. 1. 1906, RG Bd. 62 S. 328.

[9]) RG 14. 6. 1907, RG Bd. 66 S. 216 ff. (219).

[10]) RG 9. 10. 1905, RG Bd. 61 S. 328 ff.; RG 14. 6. 1907, RG Bd. 66 S. 216 ff. (219).

[11]) OLG Kolmar 14. 6. 1901, Recht 1901 Nr. 1323.

§ 255. Das Verlöbnisrecht betrifft eine Entscheidung des Oberlandesgerichts Köln [1]), in der ausländisches Recht, das einen Anspruch wegen Verlöbnisbruches versagte, nicht angewandt wurde, weil die abweichenden Vorschriften des deutschen Rechts »seiner sittlichen Auffassung entsprungen« und daher entgegenstehende Bestimmungen des ausländischen Rechtes nicht anwendbar seien [2]) [3]). Intertemporal zwingend sind nach der Rechtsprechung das Verbot der Klage auf Eheschließung (§ 1297 Abs. 1 BGB) [4]), die Nichtigkeit des Strafversprechens für den Fall, daß die Eingehung der Ehe unterbleibt [5]), und die Vorschriften über die Ersatzpflicht wegen Rücktritts vom Verlöbnis (§ 1298 BGB) [6]).

Eine Reihe von Entscheidungen prüft die Anwendbarkeit des Art. 30 in Fragen des Eheschließungsrechtes. In einer Reichsgerichtsentscheidung [7]) wird ausgeführt, die Anwendung der Vorschriften des englischen Rechtes, nach der Männer vom 14., Frauen vom 12. Jahre ab eine anfechtbare Ehe schließen können, verstoße nicht gegen Art. 30, da solche anfechtbare Eheschließung nach deutschem Recht schon vom 7. Jahre ab möglich sei [8]). Das Ehehindernis des Ehebandes nach Trennung von Tisch und Bett wird anerkannt [9]), fällt also nicht unter die Vorbehaltsklausel. Das österreichische Ehehindernis des Katholizismus (Verbot, eine geschiedene Person zu

---

[1]) 4. 12. 1925, Recht 1926 Nr. 454.

[2]) Art. 30 wird nur zu einer Eventualbegründung herangezogen. In erster Linie stützt sich das OLG darauf, daß für die Verpflichtungen des deutschen Verlobten das deutsche Recht schon nach den allgemeinen Regeln des I. Pr.-R. anzuwenden sei.

[3]) Den umgekehrt liegenden Fall hatte ein holländisches Gericht zu entscheiden: Rechtbank Almelo 2. 12. 1925, ZAIP 1929 S. 531 = Weekblad voor het recht Nr. 11 568 = Nederlandsche Jurisprudentie 1926 S. 391: Die Vorschrift des holländischen Rechts, nach der ein Verlöbnisbruch keinerlei Anspruch begründet, wurde als Vorschrift öffentlicher Ordnung angewandt, obwohl nach den allgemeinen Regeln des holländischen internationalen Privatrechts deutsches Recht (§ 1298 BGB) maßgebend war.

[4]) RG 20. 9. 1900, JW 1900 S. 726 ff.; RG 31. 1. 1901, JW 1901 S. 138 f.; RG 30. 4. 1901, JW 1901 S. 384 f.; KG 23. 1. 1901, Z Bd. 11 S. 99.

[5]) Die in der vorigen Anmerkung zitierten Reichsgerichtsentscheidungen.

[6]) HansOLG 12. 1. 1901, ROLG Bd. 2 S. 148 f.

[7]) 21. 12. 1916, JW 1917 S. 364 ff. = LZ 1917 Sp. 923 ff.

[8]) Die genannten englischen Vorschriften waren, wie der Fall lag, m. E. nach den Regeln des deutschen internationalen Privatrechts nicht anwendbar.

[9]) RG 19. 9. 1912, WarnRspr. 1912 S. 481; BayrObLG 28. 12. 1921, ROLG Bd. 42 S. 86; KG 5. 11. 1926, ROLG Bd. 46 S. 166 f. = Z Bd. 39 S. 305 ff. = ZAIP Sonderheft 1926/27 Nr. 65; OLG München 12. 7. 1927, ZAIP Sonderheft 1928 Nr. 49 = Z Bd. 40 S. 296 ff. (299); BayrObLG 23. 4. 1928, ZAIP Sonderheft 1928 Nr. 47 = Z Bd. 39 S. 309 ff. (311 f.).

heiraten, während deren früherer Ehegatte lebt) wurde von der Rechtsprechung im allgemeinen anerkannt [1]). Jedoch hat das Bayrische Oberste Landesgericht in einer neueren Entscheidung [2]) die Beachtung dieses Ehehindernisses auf Grund des Art. 30 EG abgelehnt [3]). Auch Vorschriften, die die Eheschließung wegen Religionsverschiedenheit verbieten, werden von der Praxis im allgemeinen angewandt [4]). Den entgegengesetzten Standpunkt hat mit Berufung auf Art. 30 EG eine Entscheidung des Hanseatischen Oberlandesgerichts vertreten [5]).

Die Form der Eheschließung betrifft eine Entscheidung des Reichsgerichts [6]), in der eine in New-York gemäß New-Yorker Recht formlos mündlich geschlossene Ehe anerkannt wird. In einem anderen Falle war gegen die Anerkennung einer Eheschließung in England geltend gemacht, die englischen Formvorschriften seien, weil Bestimmungen nach Art der §§ 45, 46 Personenstandsgesetz fehlten, so lax, daß sie wegen des Art. 30 in Deutschland nicht anerkannt werden könnten. Das Reichsgericht hat im entgegengesetzten Sinne entschieden [7]). In zwei Reichsgerichtsentscheidungen ist abgelehnt worden, einem Ehegatten auf Grund des Art. 30 die Anfechtung der Ehe wegen Irrtums zu gestatten, wo das Heimatsrecht ihm kein Anfechtungsrecht gewährte [8]), weil in der

---

[1]) RG 15. 2. 1912, RG Bd. 78 S. 234 = Revue 1913 S. 528; HansOLG 7. 4. 1905, Z Bd. 15 S. 343 ff. (352) = Clunet 1906 S. 117, und 6. 4. 1911, Z Bd. 22 S. 177 ff. In allen drei Entscheidungen ist die Frage der Anwendbarkeit des Art. 30 EG nicht erwogen. Sie ist dahingestellt gelassen in BayrObLG 18. 1. 1918, JW 1918 S. 375 ff.

[2]) 28. 12. 1921, ROLG Bd. 42 S. 86 f.

[3]) Inzwischen hat der Österreichische Oberste Gerichtshof in einer Plenarentscheidung (11. 12. 1924, JW 1925 S. 1687 f.) seinen Standpunkt dahin geändert, daß das Ehehindernis des Katholizismus für Ehen von Österreichern mit Ausländern, deren erste Ehe im Ausland geschieden worden ist, nicht gelte.

[4]) OLG Karlsruhe 28. 3. 1917, LZ 1917 Sp. 1012 f.; LG München 28. 12. 1905, BayrZ Bd. 2 S. 167 (entnommen Lewald Nr. 36 S. 32); Erklärung des Beauftragten des preußischen Justizministers im Rechtsausschuß des Preußischen Landtages über die Praxis der preußischen Justizverwaltung, ZAIP 1930 S. 398 f. Mit ausführlicher Begründung ebenso Beer, Z Bd. 19 S. 1 ff.

[5]) 6. 10. 1908, Z Bd. 18 S. 541 ff. = Revue 1910 S. 471. Die Entscheidung stützt sich auch auf Art. 2 Abs. 3 des Haager Eheschließungsabkommens. Vgl. dazu oben § 240 S. 362 Anm. 4. Zustimmend Lewald Nr. 36 S. 32.

[6]) 1. 5. 1902, JW 1902 S. 361 = Z Bd. 14 S. 70.

[7]) 21. 12. 1916, JW 1917 S. 364 ff. = LZ. 1917 Sp. 923 ff. Vgl. über dieses Urteil auch oben § 250 S. 379.

[8]) 6. 10. 1927, WarnRspr. 1928 S. 25 f. = ZAIP Sonderheft 1926/27 Nr. 68 = BliP 1928 Sp. 130 = Revue 1930 S. 129 f. (betr. russisches Recht); 23. 6. 1930, HRR 1930 Nr. 1736 (betr. österreichisches Recht).

Anwendung des ausländischen Rechts weder ein Verstoß gegen die guten Sitten noch ein Verstoß gegen den Zweck eines deutschen Gesetzes liege. In dem zweiten Falle handelte es sich um österreichisches Recht, das die Anfechtung auf den Irrtum in der Person beschränkt. Die Nichtanwendung der Vorbehaltsklausel wird damit begründet, daß diese Beschränkung der Aufrechterhaltung der Ehe diene.

§ 256. Im Recht der persönlichen Beziehungen der Ehegatten ist die Anwendbarkeit des Art. 30 wiederholt untersucht worden, insbesondere in Fragen, welche den Anspruch auf Herstellung der ehelichen Gemeinschaft und den Unterhaltsanspruch betreffen.

Das Reichsgericht [1]) hat abgelehnt, sowjetrusisches Recht anzuwenden, nach dem ein Anspruch auf Herstellung der ehelichen Gemeinschaft nicht besteht, weil die Anwendung gegen den Zweck eines deutschen Gesetzes verstoßen würde. Ebenso haben das Oberlandesgericht Kiel gegenüber dänischem Recht [2]) und das Oberlandesgericht Stuttgart gegenüber österreichischem Recht [3]) erkannt. Die letztere Entscheidung betraf eine von Tisch und Bett getrennte Ehe. Dagegen ist in anderen Entscheidungen, die ähnliche Fälle betrafen, Art. 30 für unanwendbar gehalten worden [4]).

Auch im entgegengesetzten Sinne lassen einige Entscheidungen den Art. 30 eingreifen, d. h. zur Ausschließung des Anspruchs auf Herstellung der ehelichen Gemeinschaft, den das Personalstatut gewährt. Es handelt sich hier um Fälle, in denen die Geltendmachung des Herstellungsanspruches einen Mißbrauch darstellen würde und daher gemäß § 1353 Abs. 2 BGB unzulässig ist. In einer Entscheidung des Oberlandesgerichts Kolmar [5]) ist dem § 1353 Abs. 2 BGB zuwiderlaufendes waadtländisches Recht auf Grund des Art. 30 nicht angewandt worden. In einem vom Landgericht Frankfurt a. M. [6]) entschiedenen Falle war nach der allgemeinen Regel ungarisches Recht für die Frage des Herstellungsanspruches maßgebend. Es lag ein Tatbestand vor, der nach deutschem Recht einen Scheidungs-

---

[1]) 6. 10. 1927, WarnRspr. 1928 S. 25 f. = ZAIP Sonderheft 1926/27 Nr. 68 = BliP 1928 Sp. 130 = Revue 1930 S. 129 f.

[2]) 10. 1. 1912, Schleswig-Holsteinische Anzeigen 1912 S. 35.

[3]) 31. 3. 1905, ROLG Bd. 11 S. 287 = Z Bd. 16 S. 283 ff.

[4]) OLG Köln 4. 12. 1907, Archiv für das Zivil- und Kriminalrecht der Rheinprovinz Bd. 105 I S. 128; OLG Stuttgart 26. 10. 1926 (offenbar die von der letzterwähnten RG-Entscheidung vom 6. 10. 1927 aufgehobene Berufungsentscheidung); LG Gießen 1. 11. 1920, Hessische Rechtsprechung Bd. 22 S. 1. (Alle drei Entscheidungen Lewald Nr. 127 S. 92 entnommen.)

[5]) 2. 4. 1912, Juristische Zeitung für Elsaß-Lothringen Bd. 38 S. 249 (entnommen Lewald Nr. 36 S. 33).

[6]) 29. 10. 1901, Z Bd. 12 S. 609 ff.

anspruch, daher eine Einwendung gegen den Herstellungsanspruch (§ 1353 Abs. 2) begründete, nämlich Ehebruch auf seiten des die Herstellung der Gemeinschaft verlangenden Ehegatten. Das Gericht wies den Anspruch zurück, ohne überhaupt zu untersuchen, wie die Rechtslage nach ungarischem Recht war. Dagegen hat das Reichsgericht [1]) tschechoslowakisches Recht angewandt, das — nach Feststellung des Berufungsgerichts — die Einwendung gegen den Herstellungsanspruch auf den Fall des Vorliegens eines Trennungsgrundes beschränkt; ebenso hat das Kammergericht [2]) österreichisches Recht angewandt, das — nach Ansicht des Gerichts — diese Einwendung nur bei körperlicher Gefahr und bei dauernder Trennung von Tisch und Bett gewährt.

Das Hanseatische Oberlandesgericht vertrat früher [3]) den Standpunkt, daß für familienrechtliche Unterhaltsansprüche in Deutschland lebender Ausländer stets deutsches Recht auf Grund des ordre public maßgebend sei. Das Reichsgericht [4]) hat in einer Entscheidung, die ein Urteil des Hanseatischen Oberlandesgerichts aufhob, diese Ansicht für unrichtig erklärt. In einer Entscheidung des Bayrischen Obersten Landesgerichts [5]) wird österreichisches Recht angewandt, nach dem eine Frau, die befugt vom Manne getrennt lebt, von ihm den Unterhalt ohne Rücksicht auf ihr eigenes Vermögen fordern kann. Dieser Grundsatz weicht erheblich von § 1361 Abs. 2 BGB ab, welcher Ausnahmen von der Unterhaltspflicht des Mannes gestattet, wenn solche der Billigkeit entsprechen. Das Gericht hat angenommen, daß die Anwendung des österreichischen Rechts nicht durch Art. 30 ausgeschlossen wird, selbst wenn bei einer deutschen Ehe der Mann nach § 1361 Abs. 2 BGB nicht unterhaltspflichtig sein würde. Für den Fall, daß nach polnischem Recht während des Scheidungsprozesses jede Unterhaltspflicht mangelt, meint das Landgericht Mainz [6]), die Anwendung dieses Rechtes würde »nach deutscher Anschauung gegen die guten Sitten verstoßen«. Aus der Rechtsprechung zum intertemporalen Recht sei eine Reichsgerichtsentscheidung angeführt [7]), nach der das Verbot des Unterhaltsverzichtes intertemporal zwingend ist.

---

[1]) 12. 6. 1922, WarnRspr.. 1923/24 Nr. 21 S. 24.
[2]) 18. 2. 1914, DJZ 1916 Sp. 994 f.
[3]) 28. 10. 1904, HansGZ 1904 Bbl. S. 303; 9. 6. 1905, HansGZ 1905 Bbl. S. 267 f. = Z Bd. 19 S. 261 = Clunet 1910 S. 226.
[4]) 15. 2. 1906, RG Bd. 62 S. 400 ff.
[5]) 3. 3. 1913, ROLG Bd. 30 S. 165 f.
[6]) 2. 9. 1925, JW 1925 S. 2163 f.
[7]) 28. 9 1905, JW 1905 S. 682.

§ 257. Eine sehr erhebliche Rolle spielt die Vorbehaltsklausel im Scheidungsrecht. Soweit es sich um die Anwendung fremden Rechtes zur Beurteilung eines vor einem deutschen Gericht erhobenen Scheidungsanspruches handelt, ist die einschlägige Rechtsprechung schon bei Erörterung der Beschränkung des Art. 30 durch Art. 17 Abs. 4 EG [1]) mitgeteilt worden. Was das Verfahren einer Scheidung betrifft, so ist ohne Rücksicht auf Nationalität oder andere Anknüpfungsmomente in Deutschland grundsätzlich nur die Scheidung im Wege des gerichtlichen Verfahrens gemäß der Zivilprozeßordnung möglich [2]). Vereinzelt wird hierfür außer § 15 Abs. 3 GVG und § 76 des Personenstandsgesetzes auch der Art. 30 zur Begründung herangezogen [3]).

Die Anwendung der Vorbehaltsklausel kommt außerdem in Betracht, wenn es sich um die Anerkennung einer im Ausland erfolgten Scheidung handelt. Hierher gehört der berühmte Fall der Schriftstellerin Helene Böhlau, in dem auf Grund des Revisionsurteils des Bayrischen Obersten Landesgerichtes [4]) eine durch die Übersendung eines Scheidebriefes von Konstantinopel nach Berlin der Frau mitgeteilte einseitige Scheidungserklärung des Ehemannes gemäß türkischem Recht anerkannt wurde. Die Gründe der fremden Scheidungsurteile waren es, welche in einem vom Reichsgericht [5]) und einem vom Kammergericht [6]) entschiedenen Falle die Anwendbarkeit der Vorbehaltsklausel (§ 328 Abs. 1 Ziff. 4 ZPO) prüfen ließen [7]). Die Anerkennung einer im Ausland erfolgten Eheauflösung betrifft eine Entscheidung des Bayrischen Obersten Landesgerichts [8]). Hier wird gesagt: Wenn nach österreichischem Recht eine von Tisch und Bett getrennte Ehe durch die Erteilung eines Dispenses vom Ehehindernis des Ehebandes auch dem Bande nach aufgelöst werde, so sei gegen die Anwendung dieses Rechts aus Art. 30 EG kein Bedenken herzuleiten.

Zum Recht der Scheidungsfolgen hat das Landgericht Altona

---

1) Oben § 235 S. 355.

2) Über die einzige auf Grund eines Staatsvertrages mit der U. d. S. S. R. bestehende Ausnahme vgl. § 241 S. 364.

3) OLG Dresden 18. 1. 1927, ZAIP Sonderheft 1926/27 Nr. 10 = Z Bd. 38 S. 390 ff.

4) Über diesen Fall und die dazu ergangenen Entscheidungen s. oben § 250 S. 378.

5) 4. 4. 1928, RG Bd. 121 S. 24 ff. = JW 1928 S. 2028 = Z Bd. 40 S. 270 ff. = ZAIP Sonderheft 1928 Nr. 122.

6) 3. 3. 1908, ROLG Bd. 18 S. 374 f. = Z Bd. 19 S. 521.

7) Der Inhalt dieser beiden Entscheidungen ist in § 216 S. 331 wiedergegeben.

8) 23. 4. 1928, ZAIP Sonderheft 1928 Nr. 47 = Z Bd. 39 S. 309 ff. (311 f.).

entschieden [1]), Art. 30 hindere nicht die Anwendung dänischen Rechts, das von den §§ 1578 ff. BGB insofern abweicht, als es die Regelung der Unterhaltspflicht der Ehegatten von Fall zu Fall durch verwaltungsmäßige Anordnung vorschreibt. In einem Urteil des Reichsgerichts [2]) wird ausgeführt, es lasse sich sehr wohl sagen, daß eine ausländische behördliche Anordnung, durch die einem nichtschuldig geschiedenen Ehegatten zugunsten des schuldigen aus anderen Gründen als gemäß § 1635 Satz 2 BGB die Fürsorge für die Kinder entzogen wird, nach Art. 30 EG oder § 328 Abs. 1 Ziff. 4 ZPO nicht anerkannt werden dürfe.

Maßnahmen gemäß den §§ 1666, 1838 BGB (vom Vormundschaftsgericht zu treffende Anordnungen zum Schutze des Kindes oder Mündels gegen die Gefahren schlechter Erziehung) sind nach einer Entscheidung des Bayrischen Obersten Landesgerichts [3]) auf Grund des Art. 30 EG auch gegenüber Ausländern zulässig.

Das Kammergericht [4]) hat entschieden, daß österreichisches Recht, soweit ihm eine Vorschrift wie die des § 1701 BGB (wonach bei einer Putativehe dem bösgläubigen Vater keine Rechte aus der Vaterschaft zustehen) fehlt, nicht auf Grund des Art. 30 unanwendbar sei.

Die Entscheidung des Reichsgerichts aus dem Jahre 1901 betreffend das rheinische Verbot der Vaterschaftserforschung wurde schon mitgeteilt [5]).

Nach § 1829 Abs. 2 BGB hat der Vormund auf Aufforderung die erforderliche vormundschaftsgerichtliche Genehmigung dem anderen Vertragsteil bis zum Ablauf von zwei Wochen mitzuteilen, widrigenfalls die Genehmigung als verweigert gilt. Das Reichsgericht hat in einer neueren Entscheidung [6]) abgelehnt, den § 1829 Abs. 2 BGB auf Grund des Art. 30 EG gegen polnisches (österreichisches) Recht anzuwenden.

§ 258. Zum Erbrecht ist unter dem neuen internationalen Privatrecht, soviel mir bekannt, vom Reichsgericht nur in einer Entscheidung die Anwendbarkeit der Vorbehaltsklausel erörtert. Die Anwendung des Art. 30 gegen ausländisches Recht, das kein Pflichtteilsrecht kennt,

---

[1]) 19. 3. 1926, JW 1926 S. 1357 f. = ZAIP Sonderheft 1926/27 Nr. 76.

[2]) 20. 2. 1913, RG Bd. 81 S. 373 ff. (377).

[3]) 16. 5. 1923, Soergel 1925 zu Art. 19 und 23 EG. Vgl. auch oben § 231 S. 346.

[4]) 9. 12. 1921, ROLG Bd. 42 S. 97 f.

[5]) Oben § 239 S. 360 f.

[6]) 9. 2. 1925, RG Bd. 110 S. 173 ff. = Z Bd. 34 S. 430 ff. = ZAIP Sonderheft 1926/27 Nr. 11.

ist abgelehnt worden [1]. In einer späteren Reichsgerichtsentscheidung [2] wird amerikanisches Recht, wonach es keinen Pflichtteilsanspruch gibt, angewandt, ohne daß die Möglichkeit des Eingreifens des Art. 30 überhaupt erwogen wird [3].

Zum intertemporalen Recht hat das Reichsgericht [4] die Nichtigkeit der Verpflichtung zur Errichtung oder Aufhebung einer letztwilligen Verfügung für zwingend erklärt.

Das Urheberrecht betrifft eine Entscheidung des Reichsgerichts [5]; in dieser wird § 16 des österreichischen Urhebergesetzes, der den Autor vor langfristigen Verlagsverträgen über zukünftige Werke schützen will, für anwendbar gehalten.

§ 259. Oft ist in handelsrechtlichen Fragen das Eingreifen der Vorbehaltsklausel geprüft worden. Das Bayrische Oberste Landesgericht [6] hat das Verbot täuschender Firmenzusätze (§ 18 HGB) auch auf ein ausländisches Unternehmen angewandt. Das Oberlandesgericht Dresden — die Entscheidung wurde schon mitgeteilt [7] — hat die Vorschriften des § 67 HGB auf einen ausländischem Recht unterliegenden Anstellungsvertrag für anwendbar erklärt. Die Grundsätze des § 25 HGB über die Haftung des Erwerbers eines Handelsgeschäftes gegenüber den Geschäftsgläubigern wurden vom Reichsgericht [8] abweichendem englischem Recht gegenüber nicht auf Grund des Art. 30 zur Anwendung gebracht.

---

[1] 23. 10. 1911, WarnRspr. 1912 S. 38 = JW 1912 S. 22 f. = Z Bd. 24 S. 317 = Revue 1914 S. 262.

[2] 4. 3. 1915, WarnRspr. 1915 S. 455 ff.

[3] Über die Anwendbarkeit des sowjetrussischen Erbrechts, das zuerst (nach den Dekreten vom 14. und 27. 4. 1918) jedes private Erbrecht ausschloß, später (Dekret vom 22. 5. 1922) nur ein sehr beschränktes privates Erbrecht anerkannte, vgl. Freund, JW 1921 S. 1448 ff., 1922 S. 1117 ff., 1924 S. 634, Clunet 1924 S. 51 ff., 1925 S. 331 ff.; Rabinowitsch, JW 1922 S. 385 f., 1924 S. 633 f.; Frankenstein Bd. I S. 232; Lewald Nr. 37 S. 34. In Clunet 1924 S. 59, 60 wird eine Entscheidung des Amtsgerichts Berlin-Mitte zitiert, die russisches Erbrecht wegen Art. 30 EG nicht angewandt hat; ferner werden drei Entscheidungen desselben Gerichts zitiert, in denen in Rußland unter altem Recht errichtete Testamente von Russen, die unter dem neuen Recht gestorben waren, auf Grund des neuen russischen Rechts für ungültig erklärt worden sind. Durch das Inkrafttreten des deutsch-russischen Nachlaßabkommens ist die Anwendung des Art. 30 EG gegenüber russischem Erbrecht ausgeschlossen. Ebenso Lewald Nr. 31, 37, S. 27, 34.

[4] 14. 6. 1907, RG Bd. 66 S. 216 ff. (219); 7. 12. 1910, RG Bd. 75 S. 34 ff.

[5] 28. 10. 1911, JW 1912 S. 79.

[6] 2. 5. 1913, Warn. Jahrbuch 1913 zu Art. 30.

[7] § 230 S. 345 Anm. 5.

[8] 21. 3. 1905, RG Bd. 60 S. 296 ff. = JW 1905 S. 320 f. = Z Bd. 19 S. 278 ff.

Zwei Entscheidungen betreffen die Frage, ob im Einzelfall die Anwendung ausländischen Aktienrechts auf deutsche Zweigniederlassungen ausländischer Aktiengesellschaften wegen Art. 30 EG unzulässig sei. Das Reichsgericht [1]) hat entschieden, daß die Vorschrift des § 289 Abs. 3 HGB über die Befriedigung und Sicherstellung der Gläubiger im Falle der Kapitalsherabsetzung nicht auf Grund des Art. 30 EG gegenüber abweichenden holländischen Vorschriften anzuwenden sei. Das Kammergericht [2]) hat die nach holländischem Recht — anders als nach deutschem Recht — mögliche Beschränkung der Vertretungsmacht des Vorstandes mit Wirkung gegen Dritte anerkannt.

Die Entscheidung des Oberlandesgerichts Frankfurt über das Erlöschen der Rechtspersönlichkeit einer englischen Aktiengesellschaft mit deutschem Vermögen wurde oben mitgeteilt [3]).

Das Recht der Gesellschaft mit beschränkter Haftung betrifft ein Urteil des Oberlandesgerichts Karlsruhe [4]), in dem entschieden ist, daß die im G. m. b. H.-Gesetz vorgeschriebene Form der Abtretung von Anteilen einer deutschen Gesellschaft mit beschränkter Haftung auch zu beachten sei, wenn die Abtretung im Ausland geschieht und nach dem Recht des Auslands eine leichtere Form ausreicht [5]).

§ 260. In einer Frage des Seerechts zeigt sich eine von dem Gewöhnlichen stark abweichende Wirkung der Vorbehaltsklausel: Für die Ansprüche des Konnossementsinhabers gegen den aus dem Konnossement Verpflichteten müßte nach den allgemeinen Regeln des deutschen internationalen Vertragsrechts in erster Linie der erklärte oder zu vermutende Parteiwille maßgebend sein. Nach zwei Entscheidungen des Reichsgerichts [6]) ist aber wegen der zwingenden Natur der einschlägigen deutschen Vorschriften für Konnossemente mit deutschem Bestimmungshafen, das ist deutschem Erfüllungsort, stets das deutsche Recht anzuwenden [7]). Dies gilt nach anderen Ent-

[1]) 27. 5. 1910, RG Bd. 73 S. 366 ff.

[2]) 8. 3. 1929, LZ 1929 Sp. 785 = HRR 1929 Nr. 1664, 1665 = ZAIP Sonderheft 1929 Nr. 21.

[3]) § 231 S. 346 Anm. 4.

[4]) 11. 7. 1901, Z Bd. 11 S. 458 f.

[5]) In casu hätte m. E. die Entscheidung darauf gestützt werden können, daß das ausländische Recht (das schweizer Recht) eine G. m. b. H., also auch eine Form der Abtretung von G. m. b. H.-Anteilen gar nicht kannte. Ebenso Frankenstein Bd. I S. 201 Anm. 156; Lewald Nr. 92 S. 69 f.

[6]) 2. 5. 1894, RG Bd. 34 S. 72 ff. = Z Bd. 5 S. 391 ff. = HansGZ 1895 Hbl. S. 277 ff.; 29. 4. 1903, Z Bd. 14 S. 86 ff.

[7]) In ROHG 30. 5. 1879, ROHG Bd. 25 S. 194 f. ist derselbe Satz für den Fall ausgesprochen, daß es sich um die Ansprüche einheimischer Konnossementsinhaber handelt.

scheidungen nicht, wenn im Konnossement ausdrücklich die Maßgeblichkeit eines anderen Rechts bestimmt ist [1]). Die Vorbehaltsklausel tut hier also den allgemeinen Regeln des deutschen internationalen Privatrechts insoweit Abbruch, als zwar nicht der ausdrücklichen Vereinbarung, aber dem aus den Umständen zu schließenden oder zu vermutenden Parteiwillen im Falle deutschen Bestimmungshafens die international-privatrechtliche Bedeutung versagt wird. Nach der jüngsten Stellungnahme des Reichsgerichts ist hier für Fragen von geringerer Bedeutung sogar die Anwendung nicht ausdrücklich vereinbarten ausländischen Rechts zulässig [2]) [3]).

Das Hanseatische Oberlandesgericht hat mehrfach [4]) wegen des Art. 30 EG gegen abweichendes ausländisches Recht angenommen, daß ein Schiff für die Handlungen des Ausrüsters wie für die des Reeders hafte (vgl. § 510 HGB).

Nach französischem Seeversicherungsrecht erlischt die Klagbarkeit der Forderungen gegen den Ladungsversicherer in Monatsfrist (Art. 435 Code de Commerce). Das Hanseatische Oberlandesgericht [5]) hat die Anwendbarkeit dieser Bestimmung wegen Verstoßes gegen den Zweck des § 242 BGB verneint, falls es den Inhalt haben sollte, daß diese Frist auch während der Zeit läuft, in welcher zwischen den Beteiligten friedliche Verhandlungen über den Versicherungsanspruch geführt werden.

Auch bei den Rechtsfolgen des Zusammenstoßes von Schiffen im allgemeinen und des durch einen Zwangslotsen angerichteten Schadens insbesondere wird über die sonst der Anwendung deutschen Rechts gesetzte Grenze hinaus von deutschen Gerichten deutsches Recht angewandt. Hier handelt es sich aber nicht um die Vorbehaltsklausel sondern um andere Gesichtspunkte [6]).

---

[1]) RG 26. 6. 1895, Bolze Bd. 21 Nr. 2; HansOLG 22. 1. 1926, HansRZ 1926 Sp. 220 ff.; ebenso Lewis-Boyens »Das Deutsche Seerecht« Bd. I 1897 S. 55.

[2]) RG 24. 11. 1928, RG Bd. 122 S. 316 ff. = HansRGZ 1929 B Sp. 67 ff. = HRR 1929, Nr. 633/34 = JW 1929 S. 926 f. = ZAIP Sonderheft 1929 Nr. 61.

[3]) Auf den Ladeschein der Binnenschiffer (Binnenkonnossement) finden die im Text angegebenen Grundsätze keine Anwendung. Vgl. RG 8. 12. 1927, RG Bd. 119 S. 215 ff. = JW 1928 S. 227 f. = ZAIP Sonderheft 1928 Nr. 46.

[4]) 30. 4. 1921, HansRZ 1921 Sp. 456 ff.; 30. 5. 1923, HansGZ 1923 Hbl. S. 179 (bestätigend Landgericht Hamburg 13. 3. 1923, HansRZ 1923 Sp. 376).

[5]) 4. 5. 1928, ZAIP Sonderheft 1928 Nr. 17 = HansRGZ 1928 A Sp. 406 ff. (408).

[6]) Vgl. § 51 S. 79 und § 244 S. 368 f.

§ 261. Im Zusammenhang mit dem Verfahrens-(Prozeß-)Recht wirkt die Vorbehaltsklausel nach zwei Richtungen: Durchsetzung des Inhaltes deutscher Urteile und Ablehnung der Anerkennung ausländischer Urteile, wenn letztere in einem dem deutschen Rechtsempfinden widersprechenden Verfahren ergangen sind.

Für die Durchsetzung deutscher Urteile auf Grund der Vorbehaltsklausel kann lediglich auf frühere Ausführungen verwiesen werden [1]).

Für die Auslösung der Vorbehaltsklausel durch ausländisches Prozeßrecht gibt eine Entscheidung des Kammergerichts [2]) ein Beispiel, in der einem New-Yorker Ehescheidungsurteil die Anerkennung versagt wurde, weil diese gegen den Zweck der deutschen Gesetze über das Scheidungsverfahren verstoßen würde. In der Begründung wird angeführt: »Deutschland hat ein Interesse an möglichster Aufrechterhaltung der Ehe. Deshalb ist die Mitwirkung der Staatsanwaltschaft und die Möglichkeit eines Vorgehens des Gerichts von Amts wegen, der Ausschluß des Versäumnisverfahrens und jeder durch geheimes Einvernehmen der Parteien sonst noch herbeizuführenden Beeinträchtigung der Wahrheitserforschung angeordnet worden. Jede ohne Wahrung dieses gesetzlichen Vorbeugungsmittels ergangene Entscheidung, wie die vorliegende, gefährdet jene gesetzlichen Zwecke.« [3]) [4]) [5])

§ 262. Aus den Entscheidungen unserer Gerichte zu sonstigem ausländischem öffentlichem Recht abgesehen vom Prozeßrecht sind die folgenden bemerkenswert:

Mehrfach hat die Erwägung, daß eine nicht zu billigende Ent-

---

1) Vgl. § 176 S. 263 und § 217 S. 332.

2) 16. 2. 1909, Z Bd. 20 S. 228.

3) Über die Anknüpfung des Vorbehalts in diesem Falle vgl. § 230 S. 346.

4) Vgl. ferner Oberlandesgericht Frankfurt 12. 9. 1928, Z Bd. 41 S. 401 = BliP 1929 Sp. 150 = ZAIP Sonderheft 1929 Nr. 156. Hier ist abgelehnt, die Vorbehaltsklausel gegen die Anerkennung einer österreichischen, gemäß dem österreichischen Verfahrensrecht im Außerstreitverfahren ergangenen Entscheidung über familienrechtliche Unterhaltsansprüche anzuwenden, »weil von Widerspruch zwischen einem österreichischen Gesetz und dem Zwecke eines deutschen Gesetzes keine Rede sein kann, wenn die Gesetze beider Staaten den gleichen Zweck auf verschiedenen Wegen erreichen«. (Daneben beruft sich das OLG auf staatsvertragliche Regelung.)

5) Eine andere Frage ist die, ob einem fremden Urteil auf Grund der deutschen Vorbehaltsklausel die Anerkennung versagt werden kann, weil es sein Verfahrensrecht nicht richtig angewandt habe. Diese Frage hat das Reichsgericht 30. 4. 1928, WarnRspr. 1928 Nr. 109 S. 215 = JW 1928 S. 3044 ff. = ZAIP Sonderheft 1928 Nr. 123 verneint.

eignung vorliege, Anlaß gegeben, die Anwendbarkeit des Art. 30 zu prüfen. Das Kammergericht hatte darüber zu entscheiden, ob die bei Begebung einer Anleihe begründete Verpflichtung der Stadt Wien, die Zahlungen unter bestimmten Voraussetzungen in ausländischer Währung zu leisten, durch eine nachfolgende Änderung des österreichischen Rechts aufgehoben sei [1]). Das Kammergericht erklärte, eine solche Rechtsänderung würde gegen den Zweck des Art. 153 der deutschen Reichsverfassung verstoßen und daher nicht zu beachten sein. In der Revisionsentscheidung über diesen Fall hat das Reichsgericht [2]) die Frage der Anwendbarkeit des Art. 30 EG in Verbindung mit Art. 153 Reichsverfassung nicht entschieden. Beachtenswert ist aber, daß das Reichsgericht doch bemerkt, das Kammergericht sei zur Anwendung des Art. 30 EG unter Außerachtlassung der Behauptung gelangt, daß das in Betracht stehende österreichische Gesetz »der Beseitigung eines Notstandes der Stadt Wien und daher dem österreichischen Allgemeinwohl zu dienen bestimmt und geeignet gewesen sei«. Das Reichsgericht hält also mindestens für erwägenswert, ob einem ausländischen Enteignungsgesetz die Anerkennung auch dann auf Grund des Art. 30 EG und des Art. 153 Reichsverfassung versagt werden darf, wenn es unter Voraussetzungen erlassen ist, die den im Art. 153 Reichsverfassung für die Zulässigkeit von Enteignungen aufgestellten Voraussetzungen entsprechen.

Die sowjetrussischen Gesetze, durch die der russische Staat den Privatbanken ihr Vermögen fortnahm, hielt das Kammergericht [3]) für unanwendbar wegen Verstoßes gegen den Grundsatz des Art. 153 Reichsverfassung [4]). In dieser Entscheidung ist die Annahme der Anwendbarkeit des Art. 30 EG in Verbindung mit Art. 153 Reichsverfassung ausdrücklich damit begründet, daß die Voraussetzungen fehlten, unter denen Art. 153 Reichsverfassung Enteignungen zuläßt. Das Reichsgericht steht in der Frage der Anwendbarkeit der russischen Enteignungsgesetze, wie man aus der Entscheidung vom 20. 5. 1930 [5]) schließen muß, auf dem entgegengesetzten Standpunkt,

---

[1]) 2. 7. 1928, ZAIP Sonderheft 1928 Nr. 18 = Z Bd. 41 S. 405 ff. = BliP 1929 Sp. 85 ff.

[2]) 14. 11. 1929, RG Bd. 126 S. 196 ff. (204).

[3]) 25. 10. 1927, JW 1928 S. 1232 f. = ZAIP Sonderheft 1928 Nr. 14.

[4]) Ebenso BayrObLG 5. 11. 1927, JW 1928 S. 2030 = ZAIP Sonderheft 1928 Nr. 15 bez. etwaigen russischen Rechtes, nach dem alle Rechte aus der Zeit vor der Revolution aufgehoben wären.

[5]) RG Bd. 129 S. 98 ff. (101 f.).

und zwar weil es annimmt, die Anwendung des Art. 30 widerspreche Art. 2 des Rapallo-Vertrages [1]) [2]).

Über die Rechtsprechung zur Anwendung der Devisengesetzgebung in Verbindung mit Art. 30 EG und die Vorbehaltsanknüpfung in diesem Falle ist auf das schon Ausgeführte zu verweisen [3]).

Das Hanseatische Oberlandesgericht [4]) hat abgelehnt auf Grund des Art. 30 russisches Recht von der Anwendung auszuschließen, nach dem ein Geschäft über nichtrussische Währung wegen Verstoßes gegen ein russisches Devisengesetz nichtig war. Es nahm an, daß sich die deutschen guten Sitten und die deutschen Gesetze zu dem Falle indifferent verhielten [5]). Es handelte sich um ein Geschäft, das in Rußland und unter Russen geschlossen war, die nicht die Absicht alsbaldiger Auswanderung hatten.

In zwei Entscheidungen hat das Reichsgericht [6]) einen ausländischem Recht unterliegenden Kauf, dessen Zweck die verbotswidrige Einfuhr nach Deutschland war, auf Grund des Art. 30 in Verbindung mit den die Einfuhr verbietenden deutschen Vorschriften für nichtig erklärt. Das Hanseatische Oberlandesgericht [7]) hat dagegen in einer älteren Entscheidung für einen ähnlichen Fall die Gültigkeit des Vertrages angenommen, weil nur festgestellt sei, daß der am Ge-

---

[1]) Wie das RG: LG Hamburg 13. 6. 1924, HansRZ 1924 Sp. 749 ff., im Ergebnis auch AG Berlin-Schöneberg 5. 11. 1928, ZAIP 1928 S. 791 und Sonderheft 1928 Nr. 16. Zur Anwendbarkeit des Art. 30 gegenüber russischem Recht, das Emigranten jeden Rechtsschutz versagt, vgl. ferner Rabinowitsch, JW 1925 S. 1235; Klien, BliP 1929 Sp. 259 ff.

[2]) Aus der ausländischen Rechtsprechung über die Anwendbarkeit der russischen Enteignungsgesetze: High Court 3. 12. 1928, JW 1929 S. 160 und Court of Appeal, Entscheidung in derselben Sache, mitgeteilt von Höchst, DJZ 1929 Sp. 633 f., wenden diese Gesetze an, wofür sie sich auch auf die amerikanische Rechtsprechung berufen. Der französ. Kassationshof 5. 3. 1928, Revue 1929 S. 288, erklärt das russ. Dekret vom 26. 1. 1918 über die Nationalisierung der russischen Handelsflotte für unanwendbar. Vgl. ferner die in Revue 1929 S. 289 weiter zitierte französische Rechtsprechung.

[3]) Oben § 231 S. 346 f.

[4]) 16. 5. 1929, HansRGZ 1930 B Spalte 743 ff. (749).

[5]) Hier setzt sich das Hanseatische Oberlandesgericht zu einer im gleichen Falle ergangenen Kammergerichtsentscheidung und vielleicht auch zu der Reichsgerichtsentscheidung vom 3. 10. 1923, RG Bd. 108 S. 241 ff., dadurch in Widerspruch, daß es annimmt, die Parteien hätten sich für ihr in Rußland vorgenommenes Geschäft über ausländische Währung nicht außerrussischem Recht unterworfen. Von diesem Standpunkt aus kam für das Hanseatische Oberlandesgericht die Anwendung des Art. 30 in Betracht.

[6]) 13. 12. 1922, JW 1923 S. 287 f.; 19. 2. 1924, JW 1924 S. 1710 f. Vgl. dazu auch oben § 225 S. 337 f.

[7]) 10. 6. 1903, HansGZ 1903 Hbl. S. 212 = Z Bd. 14 S. 81 f.

schäft beteiligte Ausländer von der verbotswidrigen Einfuhr gewußt habe, nicht, daß er dazu habe Vorschub leisten wollen. Umgekehrt hat das Reichsgericht [1]) in folgendem Falle auf Grund des Art. 30 die Gültigkeit eines wegen Verstoßes gegen ein fremdes Ausfuhrverbot an sich nichtigen Vertrages angenommen: Während des Weltkrieges war von einem Holländer in Verletzung eines holländischen Ausfuhrverbotes an einen deutschen Käufer Vieh geliefert worden, das offenbar zur Verwendung in Deutschland bestimmt war. Der Käufer verweigerte die Zahlung mit der Behauptung, daß der Vertrag holländischem Recht unterliege und wegen des holländischen Ausfuhrverbotes nichtig sei. Diesen Einwand hat das Reichsgericht zurückgewiesen. Es handelte sich um ein Geschäft, das angesichts des zur Zeit des Kaufs in Deutschland herrschenden Lebensmittelmangels dem deutschen Interesse in höchstem Maße förderlich war. Daher sagt das Reichsgericht: »Es würde geradezu unsittlich sein, wollte sich der Beklagte auf das Ausfuhrverbot berufen, um sich der Bezahlung des Kaufpreises zu entziehen.«

§ 263. Ein Beispiel der Anwendung des Art. 30 gegen ausländische Rechtsgrundsätze über die zeitliche Kollision der Gesetze gibt eine Entscheidung des Oberlandesgerichts Frankfurt [2]). Für die Beurteilung der ehelichen oder außerehelichen Abstammung eines unter dem alten russischen Recht Geborenen ist nach dieser Entscheidung zunächst nicht das alte, sondern das gegenwärtige russische Recht maßgebend. Sollten nach diesem Recht aber auch die materiellen Vorschriften des gegenwärtigen russischen Rechts maßgebend sein, so würde Art. 30 eingreifen, mit der Wirkung, daß die Abstammung, wie es den Grundsätzen des deutschen intertemporalen Rechts entspricht, nach den materiellen Vorschriften des alten russischen Rechts zu beurteilen wäre.

Die Selbstbeschränkung des deutschen internationalen Privatrechts.

Vorbemerkung: (§§ 264, 265): Den allgemeinen Grundsätzen des deutschen internationalen Privatrechts entspricht es, sich auf praktisch durchführbare Vorschriften zu beschränken.

Regel 1 (§§ 266—268): Die deutschen international-privatrechtlichen Vorschriften über eheliches Güterrecht, Recht der Eltern an dem Vermögen ehelicher Kinder und Erbrecht finden keine Anwendung auf Gegenstände, die sich nicht in dem Gebiet des Staates befinden,

---

[1]) 21. 10. 1921, Z Bd. 32 S. 452.

[2]) 17. 12. 1925, JW 1926 S. 2858 = ZAIP Sonderheft 1926/27 Nr. 77.

dessen Recht nach jenen Vorschriften maßgeblich ist, wenn diese Gegenstände nach dem Recht des Staates, in dessen Gebiet sie sich befinden, aus dem Gesamtvermögen, auf welches sich die deutschen international-privatrechtlichen Vorschriften beziehen, ausgeschieden sind, oder auf Grund der international-privatrechtlichen Vorschriften des Belegenheitsstaates einer besonderen international-privatrechtlichen Behandlung unterliegen. Die deutschen international-privatrechtlichen Bestimmungen werden in diesen Fällen durch die Vorschriften des Belegenheitsstaates ersetzt.

Regel 2 (§ 269): Eine analoge Ausdehnung dieser Bestimmungen auf andere als die im vorstehenden genannten familienrechtlichen Beziehungen findet nicht statt.

Regel 3 (§§ 270—282): In anderen als den in Regel 1 Satz 1 genannten Fällen pflegt die deutsche Rechtsprechung von der Anwendung der deutschen international-privatrechtlichen Vorschriften Abstand zu nehmen, wenn Entscheidungen, die in Gemäßheit dieser Vorschriften ergehen würden, auf Grund abweichenden ausländischen Rechts ohne genügende praktische Bedeutung sein würden.

Einzelne Beispiele (§§ 271—281):

§ 271: Revolution und feindliche Besetzung.
§ 272: Inländischer Konkurs.
§ 273: Ausländischer Konkurs.
§ 274: Eintragung in deutsche Konsulatsregister.
§ 275: Jagdpachtvertrag (Form).
§ 276: Rechtsänderungen bei Souveränitätswechsel.
§ 277: Feindliche Kriegsgesetze.
§ 278: Schuldverschreibungen auf den Inhaber.
§ 279: Ehescheidung im Ausland.
§ 280: Ausländische Zwangsvollstreckungen.
§ 281: Ausländische Steuern.

§ 264. Vorbemerkung. Wo nicht Staatsverträge entgegenstehen, ist jedes Land in der Lage, seinen Richtern beliebige Vorschriften über internationales Privatrecht zu geben.

Der Staat braucht bei den Anweisungen, die er durch seine Gesetze seinen Richtern gibt, keine Rücksicht darauf zu nehmen, ob das Recht, das er sie sprechen läßt, durchführbar ist oder nicht. Der Staat handelt, wenn er einmal ein System des internationalen Privatrechts als das beste erkannt und sich zu eigen gemacht hat, vielleicht konsequent, wenn er sich um die Realisierbarkeit seiner Richtersprüche außerhalb der Landesgrenze nicht kümmert. Er handelt aber praktisch, wenn er den gegenteiligen Standpunkt einnimmt.

Die Wirklichkeit zeigt, daß es unduldsame und duldsame internationale Privatrechte gibt. Die Versuchung zur Intoleranz ist für ein nach allgemeinen Grundsätzen geschaffenes, folgerichtig systematisiertes internationales Privatrecht, z. B. das italienische, bei weitem größer als für internationale Privatrechte, die mit ganz geringen Ausnahmen von der Praxis gebildet sind, wie das englische, oder die, wie das deutsche, neben einem lückenhaften, den Stempel des Opportunismus offen zur Schau tragenden Gesetz auf der Praxis beruhen.

Das italienische internationale Privatrecht, das von seinen Schöpfern als Grundlage eines Weltrechtes angesehen wurde [1]), ist seiner Natur nach unduldsam. Der Turiner Kassationshof hat in einem Urteil vom 20. Februar 1905 [2]) die Frage, auf wen das Eigentum an einem in Peru belegenen Grundstück durch Erbfall übergegangen sei, nach italienischem Recht, dem nationalen Recht des Erblassers, beantwortet, obwohl die peruanischen Gerichte in solchem Falle das peruanische Recht — als lex rei sitae — anwenden. Dieselbe Geistesrichtung führt das italienische Recht dazu, in seinen neuesten Entscheidungen die Zurück- und Weiterverweisung abzulehnen [3]).

Für das englische internationale Privatrecht spielt dagegen die Frage der »effectiveness« — der Durchführbarkeit — eine sehr wichtige Rolle [4]). Auch erkennt das englische Recht nicht nur die Rück- und Weiterverweisung an, sondern hat die Grundsätze des Revoi bis zu dem höchsten Grade der Feinheit und der Toleranz gegen fremde internationale Privatrechte durchgebildet [5]).

Da das EG kein fertiges Gebäude des internationalen Privatrechts darstellt, sondern nur einzelne Bausteine zu einem solchen liefert, und das Fehlende durch Theorie und Praxis zu ergänzen ist, liegt es schon an sich nahe, bei Anwendung des Gesetzes Zweckmäßigkeitsgründen den Vorrang vor starrer juristischer Folgerichtigkeit zu geben.

Das ist der Standpunkt, von dem aus die an die Grundlagen des gesamten internationalen Privatrechts rührende Frage beantwortet werden muß, ob der Richter von den Regeln seines internationalen Privatrechts abweichen soll, wenn dieses sich gegenüber anderem, tatsächlich stärkeren Recht nicht durchsetzen kann.

---

[1]) Vgl. Mancini, Clunet 1874 S. 224 ff.

[2]) Rivista di diritto internazionale 1906 S. 570.

[3]) Vgl. §§ 135, 136; S. 199, 200.

[4]) Vgl. Dicey S. 34, und von älteren Entscheidungen: Court of Appeal in Cammel v. Sewel, referiert bei Westlake S. 201 f., und House of Lords in Harvey v. Farnie vom 30. 11. 1882, Clunet 1884 S. 197, und von neueren Urteilen des High Court of Justice: Tallack v. Tallack and Broekema vom 8. 4. 1927, Bul. Bd. 19 Nr. 5650, und Re Franke et Rasche vom 26. 2. 1918, I. Ch. 470 = Clunet 1920 S. 706 f., in Verbindung mit Friedrich Krupp A. G. in re vom 10. 5. 1917, 2. Ch. 188 = Clunet 1920 S. 704 f.

[5]) Vgl. § 149 S. 222 f.

§ 265. Den deutschen Konfliktsnormen liegt nichts ferner als der Ehrgeiz, Fundament für ein Weltrecht zu werden. Das ergibt sich aus zahlreichen Bestimmungen des EGBGB [1]) und aus der Stellung des deutschen Rechts zum Renvoi.

Abweichungen von allgemeinen Regeln mit Rücksicht auf die Wirkungsmöglichkeit unseres internationalen Privatrechts finden wir an mehreren Stellen des EG. So in Art. 11 Abs. 2, der offenbar mit Rücksicht auf die tatsächliche Herrschaft eines Staates über die in seinem Gebiet befindlichen Sachen für diese eine Ausnahme von der Regel locus regit actum festsetzt. In diesen Zusammenhang gehört auch der Art. 26 EGBGB, welcher bestimmt: »Gelangt aus einem im Auslande eröffneten Nachlasse für die nach den dortigen Gesetzen berechtigten Erben oder Vermächtnisnehmer durch Vermittlung deutscher Behörden Vermögen ins Inland, so kann ein anderer der Herausgabe nicht aus dem Grunde widersprechen, daß er als Erbe oder Vermächtnisnehmer einen Anspruch auf das Vermögen habe«. Der normale Fall, welcher dem Gesetzgeber vor Augen geschwebt hat, ist sicher die Aushändigung ausländischer Nachlässe (oder Nachlaßteile) durch fremde Behörden an deutsche Konsuln, damit diese die Nachlaßobjekte den — nach den fremden Gesetzen berechtigen — Deutschen (oder Einwohnern Deutschlands) zukommen lassen [2]). Nach den bestehenden Dienstvorschriften haben die deutschen Konsuln die ihnen so anvertrauten Vermögensstücke dem Auswärtigen Amt zur Zuführung an den von der ausländischen Behörde Bestimmten zu übermitteln. Der Art. 26 enthält nach zwei Richtungen ein Zurücktreten der deutschen Konfliktsnormen vor fremden. Er setzt voraus, daß deutsche Konsuln und eventuelle sonstige deutsche öffentliche Stellen die Vorschriften des deutschen internationalen Privatrechts nicht beachten, indem sie sich zu einer derartigen Übermittlung von Nachlaßgegenständen an Personen bereitfinden, die nach deutscher Auffassung zur Empfangnahme materiell nicht berechtigt sind (weil sie nach deutscher Auffassung nicht Erben oder nicht Vermächtnisnehmer sind). Fernerhin werden nach unserem Rechte wirklich Berechtigten Sicherungsmöglichkeiten genommen, die sonst zum Schutz jedes Privatrechts vorhanden sind. Es wird nämlich den (vom deutschen Recht berufenen) Erben oder Vermächtnisnehmern unmöglich gemacht, die Auslieferung von Nachlaßobjekten an (nach deutschem Recht) nicht

[1]) Vgl. § 23 S. 32 ff.

[2]) Niedner Art. 26 Anm. 2; Habicht Art. 26 I 4; Neumann Art. 26 Anm. 1.

berechtigte Erbschafts- oder Vermächtnisprätendenten durch gerichtliches Vorgehen zu hindern.

Warum ordnet unser Gesetz derartiges an?

Die Entstehungsgeschichte des Art. 26 gibt keinen Anhalt (Er zeigt sich zuerst in der Reichstagsvorlage). Aber auch ohne das sind die Gründe augenscheinlich. Der ausländische Staat, in welchem sich die Nachlaßobjekte befinden, hat zunächst Macht über sie. Wenn die deutschen Behörden die Aushändigung nach den Vorschriften des Auslandsrechts ablehnen würden, würde die Gefahr bestehen, daß eine Versendung nach dem Inlande unterbleiben würde. Die Interessen der (nach deutscher Auffassung) wirklich Berechtigten werden besser gewahrt, wenn sie, nachdem die Nachlaßstücke an den inländischen Empfänger auf Grund eines ihm günstigen internationalen Privatrechts ausgeliefert worden sind, gegen diesen vorgehen können, als wenn der Nachlaß im Auslande verbleibt, wo die dort herrschenden Konfliktsnormen jedes Vorgehen aussichtslos machen [1]).

Vorstehende Ausführungen geben jedoch nur Schlaglichter, die kein auch nur annäherndes Bild von dem Einfluß gewähren, den höhere Gewalt in Gestalt fremden Rechts auf die Selbstbeschränkung unseres internationalen Privatrechts ausübt.

§ 266. Als eigentliche sedes materiae, und zwar als eine ziemlich dürftige, muß Art. 28 EG angesehen werden.

Dieser Artikel erklärt die in den vorangehenden Bestimmungen des EG ausgesprochenen Konfliktsregeln über das eheliche Güterrecht, das Recht der Eltern am Vermögen der Kinder und das Erbrecht für unanwendbar, soweit es sich um Gegenstände handelt, die sich nicht in dem Gebiete des Staates befinden, dessen Gesetze nach diesen Bestimmungen des Einführungsgesetzes maßgebend sein würden, und die nach den Gesetzen des Staates, in dessen Gebiet sie sich befinden, besonderen Vorschriften unterliegen.

Es ist klar, daß, wenn auf Grund unseres internationalen Privat-

---

[1]) Nach Staudinger-Kuhlenbeck 2 vor Art. 24—26 EGBGB und Raape Art. 26 I sind Befürchtungen vor internationalen Verwicklungen oder Erwägungen diplomatischer Art für die Einfügung des Art. 26 maßgebend gewesen. Das erscheint mir nicht sehr wahrscheinlich, weil eine dem Art. 26 EG. entsprechende Bestimmung, soweit ich sehe, in anderen Ländern nicht vorhanden ist, das Fehlen einer solchen Vorschrift also kaum Deutschland zum Vorwurf gemacht werden könnte. Aber selbst, wenn die vorerwähnten Gesichtspunkte zutreffen sollten, würde es sich um Rücksichten handeln, die auf den Belegenheitsstaat wegen seiner ursprünglichen Macht über die Erbschaftsobjekte genommen werden.

rechts A. als Eigentümer eines im Auslande belegenen Grundstücks anzusehen ist, während nach dem Recht des Belegenheitsstaates B. Eigentümer ist, wir im allgemeinen unseren Standpunkt nicht durchsetzen können, und es wäre verlockend, anzunehmen, daß für solchen Fall das Gesetz den Verzicht unseres internationalen Privatrechts auf seine Geltung ausgesprochen hätte. Eine derartige Bestimmung ist aber im Art. 28 nicht enthalten, sondern ergibt sich aus ihm nur indirekt für gewisse Fälle. Art. 28 behandelt das eheliche Güterrecht, das Eltern- und Kindesrecht, das Erbrecht, aber nicht das Sachenrecht. Das folgt aus dem klaren Wortlaut dieses Artikels und aus seiner eindeutig feststellbaren Absicht. Was den Wortlaut angeht, so genügt ein Hinweis darauf, daß die in Art. 28 zitierten Artikel des EGBGB, von welchen Ausnahmen angeordnet werden, familienrechtliche und erbrechtliche, aber nicht sachenrechtliche Vorschriften enthalten. Und was die Absicht des Gesetzes betrifft, so liefert die Entstehungsgeschichte folgendes Material: Alles Wesentliche des Art. 28 EGBGB ist bereits in § 30 des ersten Entwurfs (des Gebhardschen) enthalten. Soweit der § 30 sich mit ehelichem Güterrecht beschäftigt, ist die Meinung des Verfassers offenbar die gewesen, daß § 30 keine sachenrechtliche Regelung beabsichtige, daß vielmehr in dieser Beziehung die (vom Bundesrat inzwischen aus den früheren Entwürfen entfernten) Bestimmungen über Sachenrecht maßgebend seien [1]).

Auch noch auf einem anderen Wege läßt sich beweisen, daß Art. 28 nicht den Zweck verfolgt, die dingliche Herrschaft des Belegenheitsstatuts im allgemeinen auszusprechen. Art. 28 beschränkt die von ihm vorgeschriebenen Ausnahmen auf den Fall, daß die durch ihn betroffenen Gegenstände nach den Gesetzen des Staates, in dessen Gebiet sie sich befinden, besonderen Vorschriften unterliegen. Das wäre eine ganz sinnlose Einschränkung, wenn einfach die Herrschaft des Belegenheitsstatuts hätte anerkannt werden sollen. Denn für dessen tatsächlichen Herrschaftsbereich ist es offensichtlich vollkommen gleichgültig, ob z. B. eine von den deutschen örtlichen Konfliktsnormen abweichende Erbfolge in ein Grundstück darauf beruht, daß für die Beerbung in Immobilien überhaupt oder wenigstens in international-privatrechtlicher Beziehung besondere Grundsätze gelten (England, Frankreich, Österreich) [2]), oder daß allgemein für

---

[1]) Vgl. die »Gebhardschen Materialien« S. 252 der Begründung, wo auf andere Teile der Begründung verwiesen wird, und von diesen Verweisungen S. 198 und den dort in bezug genommenen § 10 des Gebhardschen Entwurfes.

[2]) Vgl. den folgenden Paragraphen.

Immobilien und Mobilien der Beerbung nicht das Staatsangehörigkeits-, sondern das Wohnsitzprinzip zurgundegelegt wird (Dänemark, Norwegen). Der Art. 28 deckt aber nur den ersteren Fall. Der Grund dieser auf den ersten Blick verwunderlichen Einschränkung liegt offenbar darin, daß der Art. 28 EG nicht ausschließlich wirklich internationale Beziehungen regeln will, sondern daß mit ihm auch der Zweck verfolgt wurde, die Anwendung deutschen partikularen Ehegüterrechts und Erbrechts auf Fideikommisse, Lehn- und Stammgüter und bäuerliche Erbgüter zu sichern [1]). Hierzu aber genügte der Vorrang des Gebietsrechts für den Fall, daß dieses Grundeigentum besonderen Vorschriften unterlag.

§ 267. Der Art. 28 EG bestimmt, wie sich aus Vorstehendem ergibt, nicht, daß bei gewissen oder bei allen Konflikten zwischen Sachstatut und Vermögensstatut das erstere vorgeht [2]). Der Art. 28 vermeidet diese Konflikte, indem er das Vermögensstatut mit Rücksicht auf das Sachstatut ändert [3]). Der Unterschied besteht darin, daß die Anerkennung des Familien- und Erbrechts des Belegenheitsstaates Ersatzansprüche ausschließt, während die Anerkennung der lediglich dinglichen Wirkung der lex rei sitae sie offengelassen haben würde [4]). Wenn das österreichische Recht beispielsweise für ein österreichisches Grundstück einen anderen zum Erben eines deutschen Erblassers beruft als das deutsche Recht, so fügt sich das deutsche Recht nicht nur in die österreichischen Bestimmungen bezüglich der Eigentumsverhältnisse an diesem Grundstück, sondern es erkennt auch die erbrechtliche Regelung des österreichischen Gesetzes an, d. h. es gibt dem nach deutschem inneren Recht berufenen Erben keinen Ersatzanspruch wegen des Wertes des österreichischen Grundstückes gegen den vom österreichischen inneren Recht berufenen Erben [5]). Oder: Der mit seiner Frau im deutschen gesetzlichen Güterrecht lebende Ehemann wird angesichts der in England bestehenden Gütertrennung die Einkünfte aus einem englischen Grundstück seiner Frau, auf die er nach der englischen lex rei sitae

---

[1]) Vgl. Gebhard, Motive S. 197 f. und Melchior, ZAIP 1929 S. 737 f.

[2]) Vgl. auch § 129 S. 185 ff.; abweichend Frankenstein Bd. I S. 512 ff., Raape Art. 28 D II S. 769, wohl auch Lewald Nr. 235 S. 174.

[3]) Vgl. RG 2. 10. 1930, HRR 1930 Nr. 2066 = SA Bd. 85 Nr. 18 S. 33 ff.

[4]) Vgl. Habicht S. 224, Art. 28 IV; Staudinger-Kuhlenbeck Art. 28 II S. 142; Walker S. 872; Raape Art. 24 G III, 3, S. 686.

[5]) Das französische Gesetz vom 14. 7. 1819 gewährt in einem solchen Falle dem nach französischen Recht berufenen Erben französischer Staatsangehörigkeit ein Vorwegbefriedigungsrecht an dem in Frankreich belegenen Teil des Nachlasses. Vgl. Niboyet Nr. 739 (mit Wortlaut des Gesetzes).

ein dingliches Recht nicht hat, auch nicht kraft obligatorischen Rechts von seiner Frau beanspruchen können, weil in bezug auf dieses Grundstück die familienrechtliche Regelung des englischen Rechts vom deutschen Recht anerkannt wird.

Auf die vorstehend geschilderten Wirkungen beschränkt sich die unmittelbare Bedeutung des Art. 28 EGBGB.

Über die Regelung des Sachenrechts oder des sonstigen Rechts an einem einzelnen Vermögensstück sagt er nichts Direktes. Das Schicksal des einzelnen Vermögenstücks ergibt sich nur indirekt aus den familien- und erbrechtlichen Bestimmungen des Art. 28 EGBGB. Einer allgemeinen Beeinflussung des Familien- und Erbrechts durch das Belegenheitsstatut ist schon durch das in Art. 28 EG ausgesprochene Erfordernis besonderer Vorschriften ein Riegel vorgeschoben.

§ 268. Was bedeutet es, wenn Art. 28 EG davon spricht, daß Gegenstände nach den Gesetzen des Staates, in dessen Gebiet sie sich befinden, besonderen Vorschriften unterliegen?

Die Meinungen sind geteilt. Nach einer Ansicht ist diese Voraussetzung nur gegeben, wenn diese Gegenstände nach der lex rei sitae nicht zum Gesamtvermögen gehören. Nach dieser Ansicht ist es nicht genügend, daß nach dem internationalen Privatrecht des Belegenheitsstaates für derartige Gegenstände besondere Vorschriften gelten [1]). Es handelt sich insbesondere um die Frage, ob Art. 28 EG Anwendung findet, wenn das Belegenheitsstatut eine Vererbung der Grundstücke nach der lex rei sitae, eine Vererbung des beweglichen Nachlasses nach dem Personalstatut (oder dem Wohnsitzrecht) stattfinden läßt. Die Mehrheit der deutschen Schriftsteller macht hier keinen Unterschied zwischen Normen, welche gewisse Gegenstände aus einem Gesamtvermögen ausscheiden, und Kollisionsnormen [2]). Aus der Entstehungsgeschichte des Art. 28 ergibt sich m. E., daß ein solcher Unterschied nicht gemacht werden darf.

Nach den Gebhardschen Entwürfen (§ 30) war das Recht des Belegenheitsstaates insoweit anzuwenden, wie Gegenstände nach dem Recht dieses Staates »als von dem Gesamtvermögen ausgesonderte Vermögensgegenstände zu betrachten sind, o d e r s o n s t unter ihnen

[1]) Soergel BGB Art 28 EG Anm. 1. So verstehe ich auch Lewald S. 295 c. Das dort erwähnte Heimatsrecht des Erblassers kann nicht auf Grund des Art. 28 EG, wohl aber auf Grund des Renvoi zur Anwendung der lex rei sitae führen.

[2]) Niedner Art. 28 Nr. 2; Niemeyer S. 88 ff.; Habicht S. 222; Frankenstein Bd. I S. 512 ff.; Raape S. 766, Art. 28 V 1.

eigentümlichen eine abweichende Beurteilung erheischenden Vorschriften stehen«. Hier läßt die Fassung keinen Zweifel darüber, daß die Vorschriften nicht nur dann Anwendung finden sollen, wenn es sich um Gegenstände handelt, die aus dem Gesamtvermögen ausgesondert sind (erste Alternative der Entwürfe). Unter den sonstigen für Vermögensgegenstände eigentümlichen eine abweichende Beurteilung erheischenden Vorschriften (zweite Alternative) sind sicherlich hauptsächlich die besonderen Kollisionsnormen des Belegenheitsstaates zu verstehen [1]).

Der dem § 30 der Gebhardschen Entwürfe entsprechende § 22 des vorläufigen Kommissionsentwurfes erster Lesung spricht seinem Wortlaut nach dafür, daß seine Ausnahmevorschriften in erster Linie Fälle betreffen sollen, die infolge von Kollisionsvorschriften des Belegenheitsstaates eine besondere Behandlung erfahren [2]).

Der erste Kommissionsentwurf in seiner endgültigen Fassung (ebenfalls § 22) hat, wie alle späteren Entwürfe und wie das Gesetz, einen Wortlaut, aus dem sich nicht mehr mit Bestimmtheit schließen läßt, daß unter den besonderen Vorschriften auch Kollisionsnormen zu verstehen sind, auf Grund deren gewisse Gegenstände einer besonderen Behandlung unterliegen. Aber hier geben die Kommissionsprotokolle ein sicheres Bild. Die Kommission hat, als sie diesen Paragraphen annahm, gerade das französische internationale Privatrecht berücksichtigt, nach welchem Grundstücke nach der lex rei sitae vererbt werden, während die Beerbung in den beweglichen Nachlaß nach einem anderen Recht stattfindet [3]), Daß zu den besonderen Vorschriften, von denen Art. 28 EG spricht, auch fremde Kollisionsnormen gehören, nimmt das Reichsgericht an [4]) [5]).

Unter diesen Umständen kann mit genügender Bestimmtheit der Satz aufgestellt werden, daß die besonderen Vorschriften, von

---

[1]) Vgl. Motive zum 1. Gebhardschen Entwurf S. 198 Absatz 1.

[2]) Vgl. Raape, Art. 28 B V S. 766 f.

[3]) Protokolle Bd. VI S. 80 f.

[4]) 4. 10. 1911, WarnRspr. 1911 S. 484 f. Nr. 437.

[5]) Von den von Lewald a. a. O. für seine gegenteilige Auffassung zitierten Entscheidungen ist aus OLG München vom 23. 10. 1915, ROLG Bd. 32 S. 50, nichts zu entnehmen. OLG Stuttgart 19. 5. 1893, Z Bd. 4 S. 567, kann m. E. für die Entscheidung der hier aufgeworfenen Frage nicht verwertet werden, weil damals das EG noch nicht bestand, und weil Art. 28 EG nicht etwa die Formulierung eines bis dahin in Deutschland schon allgemein anerkannten Rechtssatzes darstellt. Die Gesetzesmaterialien berufen sich nicht, wie vielfach an anderen Stellen, darauf, daß hier bestehendes Recht kodifiziert werde, sondern nur auf Zweckmäßigkeitsgründe.

welchen Art. 28 EG spricht, auch die örtlichen Kollisionsnormen des Belegenheitsstaates umfassen [1]).

§ 269. Streitig ist, ob Art. 28 sich auch auf familienrechtliche Verhältnisse bezieht, die in ihm nicht erwähnt sind, z. B. auf etwaige Rechte einer Mutter an dem Vermögen ihres unehelichen Kindes [2]). Für eine solche Ausdehnung besteht kein Anhalt. Bei der Auslegung des Art. 28 darf zweierlei nicht vergessen werden:

1. daß er über die Regelung des Einzelstatuts hinausgeht, und in das Gesamtstatut eingreift,

2. daß bei seiner Entstehung die Rücksicht auf deutsches partikularrechtlichen Vorschriften unterworfenes Grundeigentum eine entscheidende Rolle gespielt hat.

Wenn der Art. 28 EG die Bedeutung hätte, daß er das Zurücktreten des Gesamtstatuts vor dem Einzelstatut vorschreibt, so würde man seine Bestimmungen wegen Gleichheit des Grundes wohl auch auf familienrechtliche Verhältnisse ausdehnen müssen, die im Art. 28 nicht ausdrücklich erwähnt sind. Aber der Art. 28 hat diesen Inhalt keineswegs [3]). Er gibt ausnahmsweise dem Belegenheitsstatut das Recht, direkt in das Personalstatut — in das eheliche Güterrecht, das Rechtsverhältnis zwischen Eltern und Kindern, das Erbrecht — einzugreifen. Diese überaus weitgehenden Ausnahmen gegenüber der allgemeinen Regel noch weiter auszudehnen als es der Wortlaut erfordert, liegt keine Veranlassung vor. Man kann mangels irgendeines Grundes für solche Annahme nicht davon ausgehen, daß in Art. 28 EG die Erwähnung des Art. 20 EG einfach vergessen sei. Vermutlich ist der Art. 20 EG im Art. 28 EG nicht erwähnt, weil die deutschen partikularrechtlichen Bestimmungen über Fideikommisse usw. eine Berücksichtigung der Rechtsverhältnisse zwischen einem unehelichen Kind und dessen Mutter nicht nötig machten [4]).

---

[1]) Durch die Praxis unserer Gerichte steht fest, daß aus der vom Einführungsgesetz vorgeschriebenen Behandlung Deutscher nach deutschem Personalstatut die Behandlung der Ausländer nach ausländischem Recht folgt, soweit es sich um deren Personalstatut handelt (vgl. § 34 S. 57). Eheliches Güterrecht, Recht am Kindesvermögen und Erbrecht gehören nach deutscher Auffassung zum Personalstatut. Soweit Art. 28 deutsches Personalstatut auf Grund der lex rei sitae modifiziert, muß man also annehmen, daß für die Beeinflussung ausländischen Personalstatuts durch das Belegenheitsrecht dasselbe gilt.

[2]) Das nehmen an: Habicht S. 224; Zitelmann, Sondergut S. 265 ff; Neumeyer IPrR. § 13 S. 12; Frankenstein Bd. I S. 512; Raape Art. 28 D II 2 S. 769, Art. 20 B II S. 495.

[3]) Vgl. die Ausführungen in §§ 266 f. S. 402 ff.

[4]) Durch die vorstehenden Erwägungen wird natürlich nicht ausge-

§ 270. Art. 28 EGBGB ist hiernach, isoliert betrachtet, kein sehr wichtiges Erkenntnismittel für die Entscheidung der Frage, wie weit wir bereit sind, fremdrechtlicher Übermacht zu weichen. Es ergibt sich aus ihm, daß in gewissen, aber nicht in allen Fällen Familien- und Erbrecht auf Grund des Belegenheitsstatuts geändert wird. Die Fälle, in denen trotzdem noch eine Kollision zwischen Vermögensstatut und Einzelstatut verbleibt, d. h. die Fälle, in denen das Vermögensstatut trotz entgegenstehenden Sachstatuts wegen Fehlens besonderer Vorschriften unverändert aufrechterhalten wird (z. B. der Fall eines Deutschen, der mit dänischem Wohnsitz und Hinterlassung dänischen Grundeigentums stirbt), werden in Art. 28 EGBGB nicht geregelt. Die Bedeutung des Art. 28 EGBGB für die hier behandelte Frage beschränkt sich also darauf, daß er in gewissen Fällen — auf dem Umweg über die Veränderung des ehelichen Güterrechts, des Elternrechts, des Erbrechts, — die tatsächliche Übermacht eines fremden Rechts berücksichtigt, während er nirgendwo ausspricht, daß es in den anderen Fällen auch nicht als Einzelstatut berücksichtigt werden solle.

So können wir in der hier besprochenen Frage dem Einführungsgesetz nur einzelne Andeutungen entnehmen.

Es war die Aufgabe unserer Rechtsprechung, zu klären, wie weit unsere örtlichen Konfliktsnormen vor der Unmöglichkeit zurücktreten. Diese Aufgabe ist im Geiste und im Sinne der Entstehungsgeschichte unseres EGBGB nach praktischen Gesichtspunkten gelöst worden. Auch die durch Revolution und Kriegsfolgen hervorgerufene Notwendigkeit, unter Durchbrechung der Kontinuität entstandenes revolutionäres oder aufgezwungenes fremdes Recht in gewissem Umfange zu berücksichtigen, hat hierzu beigetragen.

Die Lösung ist insofern noch nicht völlig deutlich, als nicht generell gesagt werden kann, daß auch außer in den Fällen des Art. 28 unser internationales Privatrecht seine Geltung nur bis an die Grenzen des Möglichen verlangt. Aber eine Untersuchung unserer Judikatur bringt als Mindestergebnis die Erkenntnis einer sehr starken Abneigung unsrer Gerichte gegen Entscheidungen, die durch die Macht fremder, stärkerer Vorschriften einfach bedeutungslos werden. Da es sich hier um allgemeine Gesichtspunkte handelt,

---

schlossen, daß auch hier nach den unten angegebenen Grundsätzen im Einzelfall praktisch unerträgliche Ergebnisse vermieden werden können, indem das stärkere Einzelstatut sich gegenüber einem Gesamtstatut durchsetzt.

ist es erforderlich, die Prüfung nicht auf das internationale Privatrecht im technischen Sinne zu beschränken. Im folgenden werden also auch Entscheidungen aus den dem internationalen Privatrecht benachbarten Gebieten angeführt, soweit aus ihnen ein Ergebnis zu gewinnen ist, das für das internationale Privatrecht unmittelbar verwendbar ist.

§ 271. Daß unsere Gerichte, nachdem die deutsche Revolution sich durchgesetzt hatte, die durch die Revolution geschaffenen Regierungen und gesetzgebenden Körperschaften anerkannt haben, mag vielleicht nur für inneres Recht von Bedeutung sein. Aber der Staatsgerichtshof für das Deutsche Reich hat diese Wirkung auch für eine Frage bejaht, die nach seiner eigenen Ausdrucksweise Bindungen, die in internationalen Staatsverträgen festgesetzt sind, betrifft. Es handelte sich darum, ob das Mitverwaltungsrecht des Landes Mecklenburg-Strelitz an drei in Mecklenburg-Schwerin belegenen Klöstern von Mecklenburg-Schwerin mit Recht beseitigt war. Mecklenburg-Schwerin hatte die Klöster aufgehoben und ihr Vermögen eingezogen. Der Staatsgerichtshof hat anerkannt, daß — weil die Revolution sich gerade auch gegen die hier in Frage kommende landesständische Bindung des Vermögens gerichtet habe — durch den Erfolg der Revolution ein neues, dem tatsächlichen Machtverhältnis entsprechendes Recht geschaffen sei. Dieses habe Mecklenburg-Schwerin in die Lage gesetzt, die Klöster einzuziehen. Über die Frage, ob aus diesem Grund Mecklenburg-Strelitz gegen Mecklenburg-Schwerin Entschädigungs- und Bereicherungsansprüche habe, hat der Staatsgerichtshof nicht entschieden, weil sie ihm nicht vorgelegt war [1]).

Der zweite Senat des Reichsgerichts hat nach anfänglichem Schwanken [2]) ausgesprochen, daß durch die Außerkraftsetzung von deutschen Einfuhrverboten durch die feindlichen Militärbefehlshaber diese Bestimmungen im besetzten Gebiet tatsächlich nicht mehr galten. Es komme daher auf eine Prüfung der Frage, ob diese Aufhebung völkerrechtlich berechtigt gewesen sei, nicht an [3]). Inhaltlich auf demselben Standpunkt stehen spätere Urteile des ersten [4]) und des sechsten Senates [5]). (Die in diesem Zusammenhang zitierten

---

[1]) Urteil des Staatsgerichtshofs für das Deutsche Reich vom 16. 10. 1926, JW 1927 S. 2223 ff.

[2]) Urteil vom 10. 5. 1921, JW 1921 S. 1454.

[3]) 7. 6. 1921, RG 102 S. 255 ff.

[4]) 12. 12. 1922, JW 1923 S. 287, und 17. 12. 1927, Recht 1928 Nr. 495 = SA Bd. 82 S. 65 ff. Nr. 36 = ZAIP Sonderheft 1928 Nr. 12.

[5]) 23. 2. 1922, RG 104 S. 105 ff. (109 ff.).

Urteile erwähnen zum Teil nebenbei den Umstand, daß deutsche Verwaltungsstellen sich dem fremden Zwang gefügt hätten. Auch das ist nur eine Tatsache, und zwar eine solche, die besonders geeignet ist, die Unwiderstehlichkeit des fremden Drucks darzutun).

§ 272. Ähnliche Erwägungen sind für unsere Gerichte im Konkursrecht maßgebend. Es besteht kein Zweifel darüber, daß die Konkursordnung das ausländische Vermögen eines deutschen Gemeinschuldners der Konkursmasse zuspricht [1]). Das Reichsgericht [2]) hat trotzdem ganz allgemein ausgesprochen: »Nur die Frage, ob der Konkurs das gesamte Vermögen des Gemeinschuldners, wo immer es sich befindet, umfassen soll, richtet sich nach der Gesetzgebung des Landes, in welchem das Konkursverfahren eröffnet wird, wogegen die Frage, ob und inwieweit der Konkurs auch auf das außerhalb des Landes befindliche Vermögen des Gemeinschuldners erstreckt werden kann, davon abhängt, wie sich zu dieser Frage die Gesetzgebung des Staates verhält, in dessen Gebiet sich diese Vermögensteile befinden«. Aus diesem Grunde hat das Reichsgericht den Ersatzanspruch einer deutschen Konkursmasse gegen einen deutschen Konkursgläubiger abgewiesen, der holländische Aktiva des Gemeinschuldners in Holland hatte pfänden lassen. Holland erkennt nämlich die exterritoriale Wirkung ausländischer Konkurse nicht an.

Prozesse einer Lippe-Detmolder Konkursmasse haben zu zwei weiteren reichsgerichtlichen Entscheidungen geführt, in denen dieselben Gesichtspunkte stark betont werden [3]). In einer Entscheidung vom 30. 4. 1914 [4]) wird die Frage, ob österreichischer Grundbesitz des Gemeinschuldners zu einer deutschen Konkursmasse gehört, verneint, weil nach österreichischem Recht fremde Konkurse österreichisches Grundeigentum nicht ergreifen. Im Gegensatz dazu hat das Reichsgericht auf das österreichische Recht keine Rücksicht genommen, als es sich darum handelte, ob ein Anspruch gegen einen deutschen Nachlaßverwalter auf Abrechnung des Erlöses für verkauftes österreichisches Grundeigentum zur deutschen Konkursmasse gehöre, »da es sich lediglich um einen im Inlande zu verwirklichenden Anspruch auf Rechnungslegung handelt«. [5]) In der

[1]) §§ 1, 50, 56 und arg. e contr. § 238 Abs. 1 KO.; RG 28. 3. 1903, RG Bd. 54 S. 193 = Z Bd. 13 S. 433; RG 23. 4. 1914, LZ 1914 Sp. 1763 ff.; RG 13. 7. 1916, WarnRspr. 1916 S. 379 ff.; RG 2. 4. 1917, RG Bd. 90 S. 127.

[2]) 28. 3. 1903, RG 54 S. 193.

[3]) Lippe-Detmold hat nicht wie Preußen und Sachsen mit Österreich eine Vereinbarung über internationales Konkursrecht geschlossen.

[4]) LZ 1914 Sp. 1763 f.

[5]) Nachdem diese Feststellung getroffen ist, erörtert das Reichsgericht

zwischen denselben Parteien ergangenen Entscheidung vom 2. 4. 1917 [1]) wird die Frage, ob der Nachlaßverwalter durch den deutschen Konkurs gehindert war, den Erlös des österreichischen Grundeigentums an den deutschen Gemeinschuldner direkt (oder für ihn an Dritte), also nicht an den deutschen Konkursverwalter, zu zahlen, bezüglich der in Deutschland gemachten Zahlungen bejaht, weil diese im Bereich der inländischen Zwangsvollstreckungsgewalt zur Ausführung gekommen seien.

§ 273. Über die Frage, wie weit unser Recht die Exterritorialität eines Auslandskonkurses anerkennt, hat unsere Rechtsprechung geschwankt. Nach anfänglicher Anerkennung wird jetzt grundsätzlich einem Auslandskonkurse keine Wirkung in Deutschland zuerkannt [2]).

Für die Stellung des deutschen Rechts zu fremdem Recht als Machtfaktor ist es charakteristisch, daß auch in solchen Entscheidungen, welche grundsätzlich die Wirkungen eines Auslandskonkurses nicht beachten, doch Rücksicht auf die Beseitigung der früheren Organe einer ausländischen Aktiengesellschaft infolge des Konkursausbruches und auf ihre Ersetzung durch einen Konkursverwalter oder eine Liquidationskommission genommen wird. Diese Entscheidungen werden — ein typischer Fall für die Anerkennung nicht zu beseitigender Rechtstatsachen — damit begründet, daß infolge des Konkursausbruches eine Organisation außerhalb der Konkursorgane nicht vorhanden sei [3]).

§ 274. Eine ähnliche Auffassung kommt in einem Beschluß des Reichsgerichts vom 30. August 1907 zum Ausdruck [4]). Es war streitig, ob eine in Ägypten aus einem deutschen Komplementar und einem österreichischen Kommanditisten bestehende Kommanditgesellschaft in das Gesellschaftsregister des deutschen Konsulats einzutragen sei. Das Reichsgericht hat diese Frage nicht lediglich nach dem die Eintragung in klarster Weise vorschreibenden Wortlaut des Gesetzes vom 7. April 1900 betreffend die Konsulargerichtsbarkeit beantwortet, sondern geprüft, ob, wie der Beschwerdeführer behauptete, die Ein-

---

auch die Stellungnahme des österreichischen Rechts zu der zu entscheidenden Frage — ganz richtig vom Standpunkt eines Gerichtes, das seine Entscheidung durch alle sachdienlichen Gründe rechtfertigen will, unnötig vom Standpunkt der theoretischen Behandlung aus.

[1]) RG Bd. 90 S. 124 ff.

[2]) Vgl. § 207 S. 316 f.

[3]) RG 21. 1. 1885, RG Bd. 14 S. 417; RG 7. 11. 1916, RG Bd. 89 S. 183.

[4]) JW 1907 S. 681 ff.

tragung nur »lettre morte« sei. Erst nach Verneinung dieser Frage hat das Reichsgericht die Eintragung für erforderlich erklärt.

§ 275. Im innerdeutschen zwischenstaatlichen Privatrecht, das, von wenigen, hier nicht in Betracht kommenden Ausnahmen abgesehen, nach denselben Grundsätzen behandelt wird wie das wirkliche internationale Privatrecht, hat das Hanseatische Oberlandesgericht [1]) in einer im Ergebnis — wenn auch nicht in der Begründung — sehr anerkennenswerten Entscheidung die Außerkraftsetzung hanseatischer Kollisionsnormen infolge ihrer praktischen Undurchführbarkeit angenommen. Im Gebiet einer der Hansestädte war ein Jagdpachtvertrag [2]) über ein in Preußen liegendes Jagdgebiet in einer Form abgeschlossen worden, die zwar dem hanseatischen, aber nicht dem preußischen Recht entsprach. Infolge der Nichtbeachtung der preußischen Formen hätte der Jagdpachtvertrag dem Pächter nicht das Recht zur freien Jagdausübung gegeben. Das Hanseatische Oberlandesgericht ist — ob mit Recht oder Unrecht, kann hier dahingestellt bleiben — von der Ansicht ausgegangen, daß auf die Formen eines solchen Vertrages der Grundsatz: »Locus regit actum« [3]) an sich Anwendung finde. Aber wenn der Vertrag als gültig behandelt worden wäre, würde das unerfreuliche Ergebnis eingetreten sein, daß auf Grund eines solchen gültigen Jagdpachtvertrages der Pächter in Preußen nicht hätte jagen dürfen. Unter diesen Umständen hat das Hanseatische Oberlandesgericht die Unwirksamkeit des Vertrages angenommen. Als Grund hat es — bedauerlicherweise — nicht angegeben, daß die Anwendung seines internationalen Privatrechts daran scheitere, daß die das Jagdgebiet beherrschende Rechtsordnung Abweichendes bestimme, sondern angenommen, daß die Parteien sich stillschweigend den preußischen Formen unterworfen hätten — eine Auffassung, die sicher unzutreffend ist, weil die Parteien tatsächlich in einer anderen Form abgeschlossen und damit deutlich zum Ausdruck gebracht hatten, daß sie diese andere Form gewählt hatten.

§ 276. In den Deutschland verloren gegangenen Gebieten wurden durch die neuen Machthaber vielfach Änderungen des Zivilrechts vorgenommen. Die Frage mußte entschieden werden, inwieweit diese Rechtsänderungen für Gläubiger und Schuldner einer vor

---

[1]) 26. 2. 1909, Recht 1909 Nr. 1537.

[2]) Jagdpachtverträge unterliegen auch nach Inkrafttreten des BGB der landesgesetzlichen Regelung. Art. 69 EG, Enneccerus in Enn., Kipp und Wolff Bd. I 2, § 349 Anm. 10; und RG 9. 5. 1902, RG Bd. 51 S. 280.

[3]) Vgl. Art. 11 Abs. I Satz 2 EGBGB.

der Gebietsabtretung entstandenen Forderung bindend sind, wenn der Erfüllungsort in dem abgetretenen Gebiet liegt. Wenn nicht anzunehmen war, daß die Parteien sich dem neuen Recht unterworfen hatten, haben unsere Gerichte diese Frage unter Berücksichtigung der tatsächlichen Machtverhältnisse beantwortet, indem die Entscheidung davon abhängig gemacht worden ist, ob die Parteien örtlich unter der Herrschaft des neuen Rechts standen [1]). Dieselben Grundsätze finden Anwendung, wenn ein Gebiet, das niemals deutsch war, einer neuen Souveränität unterworfen wird [2]).

§ 277. Im Kriege hat das Reichsgericht fremdes — und zwar feindliches — Recht wieder unter dem Gesichtspunkt tatsächlicher Macht sogar mehr berücksichtigt als die Gerichte neutraler Staaten. Wegen der Gewalt, die die feindlichen Staaten über die in ihrem Gebiet ansässigen Handeltreibenden und die nach ihrem Recht bestehenden Handelsgesellschaften hatten, hat das Reichsgericht die gegen Deutschland gerichteten feindlichen Handelsverbote gegenüber der Verpflichtung zur käuflichen Lieferung von Waren als hinreichenden Grund für die Erfüllungsverweigerung der feindlichen Verkäufer betrachtet [3]). Die schweizer, die holländische, die norwegische, die schwedische und dänische Rechtsprechung haben den zu Zwecken des Wirtschaftskriegs seitens kriegführender Mächte erlassenen Handelsverboten hingegen die exterritoriale Wirkung abgesprochen [4]). Indem wir den in den feindlichen Handelsverboten liegenden tatsächlichen Zwang auf Feinde berücksichtigt haben, sind wir in der Anerkennung grundsätzlich nicht anzuerkennender feindlichen Kriegsrechts (Art. 30 EGBGB) weiter gegangen als neutrale Länder.

§ 278. Wenn in Deutschland ausländische Schuldverschreibungen auf den Inhaber gehandelt werden und es sich dann herausstellt, daß ein derartiges in Deutschland gehandeltes Wertpapier in dem fremden Schuldnerstaat außer Kurs gesetzt ist, so könnten für die Wirkungen dieser Außerkurssetzung zwischen Käufer und Verkäufer nach den allgemeinen deutschen Konfliktsnormen grundsätzlich nur die folgenden Rechte in Betracht kommen: Das deutsche Recht, als das Recht, dem Käufer und Verkäufer unterliegen, und

---

[1]) Vgl. die in § 47 S. 73 beigebrachten Entscheidungen.

[2]) RG 30. 4. 1931, RsprAufw. 1931, S. 417 ff. (419).

[3]) RG 14. 5. 1918, DJZ 1918 Sp. 513 ff.; RG 28. 6. 1918, RG Bd. 93 S. 182 ff. = JW 1918 S. 611 ff.; RG 7. 12. 1921, RG Bd. 103 S. 262 = JW 1922 S. 1121; ähnlich RG 15. 3. 1918, DJZ 1918 Sp. 449 f.

[4]) Vgl. das oben § 53 S. 80 Anm. 2 zitierte Material.

das Recht des Erfüllungsortes des ausländischen Schuldners. Aber dieses Ergebnis würde ein höchst unbefriedigendes sein. Wenn der ausländische Schuldner nach seinem Recht dem Recht des Erfüllungsortes nicht unterworfen ist, so wird es dem deutschen Käufer wenig nützen, daß das nach den deutschen Konfliktsnormen maßgebliche Recht die Außerkurssetzung nicht anerkennt. Daher wird die Frage nach der Berechtigung und Wirkung der Außerkurssetzung von den deutschen Gerichten nach dem Recht des fremden Schuldners beantwortet [1]).

§ 279. Das Kammergericht [2]) hat ein amerikanisches Urteil, durch das eine deutsche Ehe geschieden wurde, obwohl nach dem Wortlaut des § 328 ZPO die Anerkennung des Urteils ausgeschlossen war, doch als ehezerstörend angesehen, nachdem der Ehemann Amerikaner geworden war und den Gesetzen seiner neuen Staatsangehörigkeit und seines Wohnsitzes entsprechend eine neue Ehe geschlossen hatte. Das Gericht hat auf die unerträglichen Folgen einer anderweitigen Auffassung hingewiesen und sich schließlich mit der resignierten Bemerkung begnügt: »Dem deutschen Richter muß die Tatsache genügen, daß in unbeanstandetem Verfahren durch das amerikanische Urteil vom 21. September 1903 die Scheidung der Ehe ausgesprochen ist« [3]) [4]).

§ 280. In das durch die bisher erwähnten Entscheidungen geschaffene Bild paßt das Verhalten unserer Gerichte gegenüber ausländischen Zwangsvollstreckungsmaßregeln. Von dem geringen Rest des Savignyschen internationalen Privatrechts, den wir noch anerkennen, ist vielleicht der wichtigste die Maßgeblichkeit der Gesetze des Erfüllungsortes für das Obligationenrecht [5]) (soweit es sich nicht um Ansprüche aus unerlaubten Handlungen handelt), weil

---

[1]) RG 27. 4. 1895, Z Bd. 6 S. 52 ff.; RG 10. 12. 1924, RG Bd. 109 S. 295 ff.

[2]) 13. 1. 1925, JW 1925 S. 2146; hierzu Note von Wieruszowski, a. a. O. S. 2490 f., der den hier behandelten Gesichtspunkt nicht prüft.

[3]) Die schwachen Versuche, die das Kammergericht gemacht hat, das Urteil außer auf die Macht der Tatsachen noch auf positive deutsche Rechtsvorschriften zu stützen, sind aussichtslos, wie von Wieruszowski in JW 1925 S. 2490 f. mit Recht betont wird, und verblassen völlig neben der Begründung des Urteils mit der »Macht der Tatsachen«.

[4]) In Fällen, die in mancher Beziehung ähnlich liegen, haben das Tribunal Civil de la Seine am 11. 7. 1918, Clunet 1919 S. 286 ff., und der Oberste tschechoslowakische Gerichtshof am 9. 2. 1927, BliP 1927 Sp. 267 ff., in demselben Sinne entschieden.

[5]) Vgl. die Zusammenstellung bei Brändl, LZ 1925 Sp. 820; Staub Bd. III § 372 S. 763/764; Frankenstein Bd. II S. 132 Anm. 31; Lewald Nr. 281 S. 224ff.; ferner Melchior, JW 1925 S. 1574 Anm. 38.

angenommen wird, daß die Obligationen ihren Sitz dort haben. Das steht trotz gelegentlicher Abweichungen durch eine überwältigende Mehrzahl reichsgerichtlicher Entscheidungen fest [1]). Die Zuständigkeit ausländischer Vollstreckungsbehörden ist in der deutschen ZPO nicht geregelt [2]). Man sollte also annehmen, daß, soweit wir überhaupt Zwangsvollstreckungsmaßregeln des Auslands anerkennen, wir in erster Linie die Gerichte und Behörden des Erfüllungsortes, des Sitzes der Obligation, für zuständig halten. Das Reichsgericht aber erklärt nicht den Ort, dessen Recht ein Anspruch materiell unterliegt — das ist nach deutscher Auffassung normalerweise der Erfüllungsort —, sondern den Wohnsitz des Schuldners für maßgebend [3]). Der Grund ist klar. Ob die Vollstreckungsorgane gegen den Schuldner am Erfüllungsort vorgehen können, ist ungewiß und hängt von Zufällen ab. Am Wohnsitz aber kann gegen den Schuldner normalerweise der stärkste Zwang einschließlich der Konkurseröffnung ausgeübt werden. Auch das Hanseatische Oberlandesgericht hält es für entscheidend, wo der Sitz des Schuldners — sei es auch nur in der Form einer Zweigniederlassung — ist [4]).

Im übrigen sei an dieser Stelle auf die Ausführungen über ausländische Staatsakte (Beschlagnahme und ähnliche Maßnahmen) [5]) verwiesen.

Die theoretisch sehr bestrittene Frage, ob deutsche Gerichte Forderungen gegen ausländische Drittschuldner pfänden können, wird von der deutschen Praxis bejaht [6]). Hierin könnte auf den

---

[1]) Vgl. Böhm S. 7; Staub Bd. III Anhang zu § 372 Anm. 7, Haudek S. 19 ff. und die dort dort befindlichen Zitate. Die Frage, inwieweit der Erfüllungsort kraft Gesetzes oder kraft vermutlichen Parteiwillens das Vertragsverhältnis beherrscht (vgl. § 159 S. 238), ist für die Frage, ob ein Vertragsverhältnis im Zweifel seinen Sitz am Erfüllungsort hat, nicht ohne weiteres entscheidend (vgl. Haudek a. a. O.). Übrigens ist vielfach bei quasikontraktlichen Schuldverhältnissen die Annahme eines für die Rechtskürung maßgeblichen Parteiwillens ausgeschlossen. Vgl. Lewald Nr. 282 S. 225.

[2]) Vgl. die auf eine ähnliche Frage sich beziehende Entscheidung des RG vom 5. 4. 1921, RG Bd. 102 S. 86.

[3]) RG 18. 6. 1907, Jurist. Zeitschrift für Elsaß-Lothringen 1908 S. 58 = Clunet 1908 S. 1188; RG 2. 6. 1923, RG Bd. 107 S. 46; RG 2. 5. 1924, RG Bd. 108 S. 267. Vgl. auch RG 6. 11. 1895, Z Bd. 6 S. 59 f., und RG 3. 11. 1911, RG Bd. 77 S. 251 f.

[4]) Urteil vom 10. 10. 1900, Z Bd. 11 S. 278.

[5]) Vgl. § 209 S. 318 f.

[6]) Vgl. Stein-Jonas § 829 I, 3; neuestens OLG Karlsruhe 15. 10. 1931 JW 1932 S. 667 f., wo die Pfändung für zulässig, das Ersuchen einer ausländischen Behörde um Zustellung des Pfändungsbeschlusses aber für unzulässig erklärt wird, mit Anm. von Jonas.

ersten Blick ein Verlassen des Machtprinzips gefunden werden. Doch liegt das so wenig im Sinne deutscher Rechtsanschauungen, daß das Reichsgericht die Zulässigkeit tatsächlich auf die Frage der Erzwingbarkeit abgestellt hat. Es führt aus: »Mit der Betätigung der diesseitigen Vollstreckungsgewalt werden keine anderen Wirkungen beansprucht als solche, die auch diesseits erzwungen werden können. Dabei kommt es auch nicht darauf an, ob die Erzwingung im Augenblick wahrscheinlich ist. Es genügt, daß sie überhaupt möglich ist, und dies läßt sich bei der insbesondere gemäß § 24 (§ 23 der jetzigen) ZPO diesseits auch gegen Ausländer zustehenden Gerichtsbarkeit, die zu einer Vollstreckung in das hier befindliche Vermögen des Ausländers führen kann, nicht bestreiten«[1]).

§ 281. Für die Frage, ob ein ausländischer Schuldner, der auf Grund einer von ihm ausgegebenen Anleihe in Deutschland Zinsen (auf Coupons) zu zahlen hat, berechtigt ist, von seinem Heimatstaat für diese Zinsen den Gläubigern auferlegte Einkommensteuer abzuziehen, die bei dem Anleiheschuldner erhoben wird, hat das Reichsgericht [2]) rein auf die Machtverhältnisse abgestellt. Es hat ausgesprochen: »Als der richtige rechtliche Gesichtspunkt für den Umfang, in welchem wir eine Steuerhoheit des fremden Staates in zur hiesigen Entscheidung stehenden Privatrechtsstreitigkeiten anzuerkennen haben, kann nur erachtet werden, daß nur insoweit der Staat jemandem wirksam eine Steuer auferlegen kann, als er auch die Machtmittel besitzt, sie von ihm einzuziehen. Demnach wird die Begründung der Steuerpflicht gegen einen Staat sowohl für denselben Angehörige in engerem wie in weiterem Sinne wie in bezug auf die Einkünfte aus dem Besitze eines Grundstücks oder dem Betriebe eines Gewerbes auch für Fremde, wenn das Grundstück in dem Staate liegt, oder für ihre Rechnung daselbst das Gewerbe betrieben wird, anzuerkennen sein, und unter den Gewerbebetrieb für Rechnung des Fremden wird jede gesellschaftliche Beteiligung desselben daran, diesen Begriff im weitesten Sinne genommen, so daß auch der Aktionär darunter fällt, zu begreifen sein. Von einer Steuerpflicht, die lediglich auf ein Forderungsrecht, das jemand als Gläubiger gegen den Staat oder einen in demselben eine Wirtschaft oder ein Gewerbe betreibenden Schuldner hat, gegen diesen Staat begründet würde, kann aber nur dann die Rede sein, wenn nach der Natur des Schuldverhältnisses der Gläubiger die Zinsen innerhalb des besteuernden Staates einziehen muß. Alsdann kann man davon aus-

[1]) 24. 10. 1888, RG Bd. 22 S. 404 ff.

[2]) 21. 6. 1888, RG Bd. 22 S. 19 ff., (27 f.).

gehen, daß der betreffende Staat auch die Machtmittel haben werde, dem Gläubiger bei dem Einziehungsgeschäft den Steuerbetrag abzunehmen, auch wenn dies nur in der Weise geschieht, daß der Betrag dem im Machtbereiche des Staates befindlichen Schuldner abgenommen wird, die Gerichte des Staates aber, vor welche der Gläubigeranspruch, eben weil der Betrag in jenem Staate selbst einzuziehen, naturgemäß gehört, entsprechend dem für sie maßgebenden Steuergesetze die Zahlung als eine für Rechnung des Gläubigers als des Steuerpflichtigen erfolgte anerkennen. Dagegen trifft dies nicht zu, wenn nach dem Inhalte des Rechtsverhältnisses die Zinszahlungspflicht beim Gläubiger in dessen Lande zu erfüllen ist. Alsdann vermag der fremde Staat dem Gläubiger den Steuerbetrag nicht abzunehmen, und er vermag die Entnahme des Steuerbetrages beim Schuldner als eine vom Schuldner für Rechnung des Gläubigers erfolgende Zahlung mit Wirkung nur insoweit zu qualifizieren, als der Zinsanspruch bei seinen Gerichten verfolgt wird, während er bei einer der Erfüllungspflicht beim Gläubiger entsprechenden Verfolgung des Anspruches vor den Gerichten des Landes des Gläubigers auf die Anerkennung jener Qualifizierung seitens dieses Landes angewiesen ist«. [1]) [2])

§ 282. Wir können hiernach aus unserer Rechtsprechung die clausula generalis entnehmen, daß unsere örtlichen Konfliktsregeln nur gelten, wenn sie mindestens bis zu einem gewissen Grade durchsetzbar sind. Ob sich später einmal auch diese Ausnahmen konkret fassen lassen, oder ob die Abgrenzung dauernd im wesentlichen dem Gericht überlassen werden muß, wie bei unserem Art. 30 EGBGB und bei dem ordre public international der Romanen, kann jetzt noch nicht gesagt werden.

Die heutige Lage unseres Rechts ermöglicht uns nur die Rich-

---

[1]) Der Umstand, daß Deutschland selbst Einkommensteuer erhoben hat, die im Widerspruch zu dieser international-privatrechtlichen Abgrenzung steht — vgl. z. B. § 3 Abs. 2 Nr. 9 des Einkommensteuergesetzes vom 10. 8. 1925 — schließt keineswegs aus, daß fremden Schuldnern gegenüber nach wie vor die vom Reichsgericht geltendgemachten rechtlichen Gesichtspunkte angewendet werden. Hingegen werden natürlich die deutschen Gerichte — soweit deutsche Steuern in Frage kommen — dem Steuergesetz entsprechend davon ausgehen, daß die Steuern den Zinsgläubiger belasten, ein Standpunkt, den das Reichsgericht — wie seine Gründe ergeben — als einen für die Gerichte des Steuerstaates selbstverständlichen betrachtet.

[2]) Abweichend das englische Recht, welches hier den Machtgesichtspunkt weniger berücksichtigt als das deutsche Recht. Vgl. Dicey S. 638 f. Nr. 4 und die S. 639 Anm. u. zitierten Entscheidungen.

tung zu erkennen, die dahin geht, der Wirklichkeit den Vorrang vor der starren Rechtskonsequenz einzuräumen. Insbesondere ist es, soweit ausdrückliche gesetzliche Bestimmungen fehlen, noch unklar, wieweit die durch ein tatsächlich stärkeres Recht erzwungene Undurchführbarkeit einer Einzelwirkung, welche das nach unserer Auffassung berufene Recht vorschreibt, noch Ersatzansprüche übrig läßt (das kausale Rechtsverhältnis bestehen läßt).

Ich glaube, es ist angesichts der Unmöglichkeit aprioristischer Grenzziehung auf unserem Gebiete richtig, daß wir hier dem englischen Beispiel folgen und uns hüten, werdendes — noch undeutlich umrissen in gerichtlichen Entscheidungen zu Tage tretendes — Recht bereits als geeigneten Gegenstand für scharf formulierte Rechtsregeln zu behandeln [1]).

Die Anwendung ausländischen Rechts im gerichtlichen Verfahren.

Regel 1 (§ 283): Das nach dem deutschen internationalen Privatrecht anzuwendende ausländische Recht ist von Amts wegen anzuwenden.

Regel 2 (§ 284): Der Inhalt des anzuwendenden ausländischen Rechts ist von Amts wegen zu ermitteln.

In welcher Weise das Gericht sich die Kenntnis des ausländischen Rechts verschaffen will, ist Sache seines pflichtmäßigen Ermessens. Im Prozesse kann das Gericht die Unterstützung der Parteien in der Weise in Anspruch nehmen, daß es sie zu Nachweisen auffordert.

Regel 3 (§ 285): Können die den einzelnen Fall treffenden Vorschriften des anzuwendenden ausländischen Rechts nicht ermittelt werden, so sind

---

[1]) Eine sehr vorsichtige Formulierung für gewisse Spezialfälle findet sich in Neumeyer Bd. I S. 402. Neumeyer beruft sich an dieser Stelle auf Art. 28 EGBGB nur in zweiter Linie und nur als »vielleicht« in Betracht kommend. Schon in den Motiven zu dem Gebhardschen Entwurf war betont, daß ein nicht durchsetzbares, dingliches Recht in Wirklichkeit nicht bestehe (Die Gebhardschen Materialien S. 197). Gebhard hat an dieser Stelle die Worte eines seiner großen Vorgänger, nämlich Wächters, beinahe wiederholt, der — übrigens wie Gebhard teilweise im Widerspruch mit seinen Endergebnissen — den Satz ausgesprochen hat, daß auch ein fremder Richter die erbrechtlichen Bestimmungen des inländischen Rechts über inländische Grundstücke berücksichtigen müsse, und zwar mit der Begründung: Wir haben ja das Exekutionsobjekt in Händen (Arch. f. d. ziv. Praxis Bd. 25 S. 364 Anm. 347). In der führenden international-privatrechtlichen Literatur Deutschlands war auch sonst seit der Mitte des 19. Jahrhunderts die Ansicht herrschend, daß das internationale Privatrecht Undurchführbares nicht zu bestimmen habe. Das wurde zwar nicht als allgemeiner Satz gelehrt, aber bei der Behandlung einzelner Materien als selbstverständliche Voraussetzung angesehen. Vgl. Schaeffner, Entwicklung des Internationalen Privatrechts S. 174 § 132, und v. Bar, Lehrbuch des Internationalen Privat- und Strafrechts S. 96 § 29, Anm. 2, abweichend Kahn in Bd. I S. 34 ff.

wenn möglich andere einschlägige Vorschriften des ausländischen Rechts zur Entscheidung heranzuziehen, mangels solcher die Grundsätze verwandter Rechtsordnungen.

Regel 4 (§ 286): Die Revision kann darauf gestützt werden, daß die Entscheidung auf einer Verletzung der Vorschriften des deutschen internationalen Privatrechts beruhe.

Regel 5 (§ 287): Die Feststellung des anzuwendenden Rechts darf in den unteren Instanzen nicht aus dem Grund unterlassen werden, daß die Anwendung jedes der in Betracht kommenden Rechte zu demselben Ergebnis führen würde. Ein solches Verfahren berechtigt das Revisionsgericht zur Aufhebung des Urteils, wenn es zur Folge hat, daß das Revisionsgericht nicht erkennen kann, ob und wie weit ihm ein Recht der Nachprüfung überhaupt zusteht.

Regel 6 (§ 288): Soweit nicht Regel 8 entgegensteht, kann die Revision nicht darauf gestützt werden, daß die Entscheidung auf der Verletzung ausländischen Rechts beruhe und ist die Entscheidung des Berufungsgerichts über den Inhalt ausländischen Rechts für die auf die Revision ergehende Entscheidung maßgebend.

Eine Ausnahme gilt für die Anwendung ausländischen Rechts auf Grund der Übereinkunft von Montevideo vom 11. 1. 1889 zum Schutz von Werken der Literatur und Kunst nach Art. 3 des Zusatzprotokolles vom 13. 2. 1889.

Ausländisches Recht im Sinne des ersten Absatzes dieser Regel sind insbesondere

(§ 289): a) ausländisches internationales Privatrecht;

(§ 290): b) ausländische Rechtsgrundsätze ganz allgemeiner Art, insbesondere Regeln über die Auslegung von Willenserklärungen;

(§ 291): c) ausländische Gesetze, die mit inländischen gleich lauten;

(§ 292): d) Vorschriften aus Staatsverträgen, die im Ausland und in Deutschland gelten, sofern nach dem deutschen internationalen Privatrecht ausländisches Recht anzuwenden ist.

Regel 7 (§ 293): Feststellungen darüber, welche Tatsachen im gegebenen Falle nach dem anzuwendenden ausländischen Recht für die Entscheidung erheblich sind, sind vom Revisionsgericht nicht nachzuprüfen.

Wenn das Berufungsgericht Tatsachen nicht oder nicht ordnungsgemäß festgestellt hat, deren Feststellung nach dem vom Berufungsgericht festgestellten Inhalt des fremden Rechts notwendig war, so kann hierauf die Revision gestützt werden.

Regel 8 (§ 294): Wegen der Art und Weise der Ermittlung des Inhalts des ausländischen Rechts ist die Revision nur dann begründet, wenn das Gericht von seinem Ermessen bei dieser Ermittlung pflichtwidrigen Gebrauch gemacht hat.

Regel 9 (§ 295): Hat das Berufungsgericht anzuwendendes ausländisches Recht nicht angewandt, so kann das Revisionsgericht nach seinem Ermessen entweder den Inhalt dieses Rechts selbst ermitteln, um das Berufungsurteil aufrechtzuerhalten, wenn sein Ergebnis dem anzuwendenden Recht entspricht, oder das Berufungsurteil aufheben und die Sache zur Ermittlung des Inhalts des anzuwendenden ausländischen Rechts und dementsprechender Entscheidung an das Berufungsgericht zurückverweisen.

§ 283. Ausländisches Recht steht in seiner Anwendung im gerichtlichen Verfahren nicht ganz dem deutschen gleich. Das folgt einerseits einfach aus dem Umstand, daß es den deutschen rechtsanwendenden Behörden weniger bekannt ist als das deutsche, andrerseits aus gewissen positiven Vorschriften der deutschen ZPO. Hieraus ergeben sich eine Reihe von Fragen.

Hat das deutsche Gericht von Amts wegen zu untersuchen, ob und welches ausländische Recht anzuwenden ist, oder kann es von der Anwendbarkeit des deutschen Rechts ausgehen, wenn keine Partei sie bestreitet?

Das Reichsgericht entscheidet nach anfänglichem Schwanken [1]) jetzt ständig im Sinne der ersten Alternative [2]) [3]). Durch das Verhalten der Parteien im Prozesse wird das anzuwendende Recht nicht bestimmt. Es kann aber innerhalb der Grenzen der Willensautonomie der Parteien zur Ermittlung dieses Willens beitragen. Berufen die Parteien sich im Streit über ein Vertragsverhältnis ausschließlich auf deutsches Recht, so kann dies ein Anhaltspunkt dafür sein, daß die Vertragschließenden beim Vertragsschluß ihr Rechtsverhältnis dem deutschen Recht unterstellen wollten [4]).

---

[1]) Für die Annahme einer Amtspflicht: 10. 5. 1884, RG Bd. 12 S. 34 ff. (36); 6. 10. 1886, Bolze Bd. 3 Nr. 1303. Ebenso ROHG 2. 3. 1875, ROHG Bd. 17 S. 165 ff.; ROHG 9. 4. 1879, ROHG Bd. 25 S. 53 ff. (54 f.). Dagegen: 2. 12. 1884, Bolze Bd. 1 Nr. 29; 21. 6. 1886, Bolze Bd. 3 Nr. 15; 27. 1. 1887, SA Bd. 42 S. 304. Ebenso ROHG 28. 6. 1875, SA Bd. 32 S. 1.

[2]) 30. 1. 1889, RG Bd. 23 S. 33 f.; 22. 11. 1901, JW 1902 S. 36 f.; 24. 3. 1909, RG Bd. 71 S. 8 ff.; 10. 2. 1911, JW 1911 S. 361 = LZ 1911 Sp. 705; 5. 7. 1913, LZ 1913 Sp. 776 ff.; 17. 2. 1914, WarnRspr. 1914 Nr. 303; 27. 2. 1917, WarnRspr. 1917 Nr. 151; 19. 5. 1928, SA Bd. 82 S. 289 f. = ZAIP Sonderheft 1928 Nr. 31; 30. 4. 1930, BliP 1931 Sp. 14 ff. (17) = LZ 1930 Sp. 1444. Ebenso Reichsarbeitsgericht 18. 1. 1930, JW 1931 S. 159. Dem entgegengesetzten Standpunkt will sich noch RG 1. 3. 1905, Z Bd. 15 S. 308 ff., anschließen. Der Hauptgrund für die Anwendung des deutschen Rechts war aber hier, daß die zu beurteilenden Vorgänge sich wirklich unter deutschem Recht abgespielt hatten. Aus der Rechtsprechung der Oberlandesgerichte für Annahme der Amtspflicht: OLG Rostock 20. 11. 1901, ROLG Bd. 4 S. 75 f.; OLG Stuttgart 21. 12. 1916, Recht 1917 Nr. 424. Dagegen HansOLG 14. 10. 1901, HansGZ 1902 Hbl. S. 13 ff. (15); anscheinend auch 19. 6. 1929, HansRGZ 1929 B Sp. 758 ff.

[3]) Ebenso Habicht S. 43; Niedner, V vor Art. 7 EG; Walker S. 207 ff.

[4]) Vgl. RG 7. 6. 1910, Recht 1910 Nr. 3021; RG 10. 1. 1911, Z Bd. 24 S. 322 ff.; RG 10. 2. 1911, LZ 1911 Sp. 704 f. = Recht 1911 Nr. 1854 = JW 1911 S. 361; RG 12. 5. 1911, LZ 1911 Sp. 616 Nr. 41; RG 25. 2. 1919, RG Bd. 95 S. 41 ff. = Z Bd. 29 S. 402 f.; RG 29. 10. 1927, RG Bd. 118 S. 282 ff. = Z Bd. 38 S. 384 ff. = ZAIP Sonderheft 1928 Nr. 60 = LZ 1928 Sp. 110 Nr. 15; RG 19. 5. 1928, SA Bd. 82 S. 289 = ZAIP Sonderheft 1928 Nr. 31.

Daß die deutschen Gerichte nicht in jedem ihnen unterbreiteten Falle die international-privatrechtliche Frage zu untersuchen und etwa Erörterungen darüber in ihre Entscheidungsgründe aufzunehmen haben, versteht sich von selbst. Wenn keinerlei Anhaltspunkte für die mögliche Anwendbarkeit ausländischen Rechts vorliegen — wie es in den allermeisten vor deutsche Gerichte gebrachten Prozessen der Fall ist —, so wird selbstverständlich ohne Begründung deutsches Recht angewandt. Die Amtspflicht zur Prüfung der Kollisionsfrage wird nur praktisch, wenn Umstände vorliegen, die eine »Kollision« möglich scheinen lassen [1]).

§ 284. Steht fest, daß ausländisches Recht anzuwenden ist, so bedarf es zu seiner Anwendung der Feststellung seines Inhalts. Keine Schwierigkeit besteht, wenn dem deutschen Richter der Inhalt des fremden Rechts bekannt ist. Wie aber, wenn das nicht der Fall ist?

Das deutsche Recht [2]) nimmt grundsätzlich den Standpunkt ein, daß der deutsche Richter sich die Kenntnis auch des fremden Rechts verschaffen müsse, macht aber aus Zweckmäßigkeitsgründen gewisse Konzessionen.

§ 293 ZPO bestimmt: »Das in einem anderen Staate geltende Recht, die Gewohnheitsrechte und Statuten bedürfen des Beweises nur insofern, als sie dem Gericht unbekannt sind. Bei Ermittlung dieser Rechtsnormen ist das Gericht auf die von den Parteien beigebrachten Nachweise nicht beschränkt; es ist befugt, auch andere Erkenntnisquellen zu benutzen und zum Zwecke einer solchen Benutzung das Erforderliche anzuordnen.«

Hier ist nur von einem Recht, nicht von einer Pflicht die Rede, den Inhalt fremden Rechts mangels Nachweises von Seiten der Parteien von Amtswegen zu erforschen. Das Reichsgericht hat auch hier nach anfänglichem Schwanken [3]) das Bestehen einer solchen Pflicht in ständiger Rechtsprechung angenommen [4]) [5]). Es gilt daher jetzt

1) Ebenso Habicht S. 43.

2) Über andere Rechte vgl. oben § 72 S. 102 Anm. 3.

3) Für die Annahme einer solchen Pflicht RG 16. 6. 1882, Blum Bd. 6 S. 100 ff. a. E. Dagegen 2. 12. 1884, Bolze Bd. 1 Nr. 29. ROHG 28. 4. 1879, ROHG Bd. 25 S. 53 ff. (56), nahm eine Ehrenpflicht, keine »absolute Amtspflicht« an.

4) RG 23. 3. 1897, RG Bd. 39 S. 371 ff. (375 f.); 22. 6. 1900, JW 1900 S. 589; 25. 11. 1911, JW 1912 S. 196 f.; 24. 10. 1912, RG Bd. 80 S. 262 ff. (267 f.); 2. 6. 1918, WarnRspr.. 1918 Nr. 147, und die in diesen Entscheidungen zitierten weiteren Entscheidungen, die vorwiegend Partikularrecht betreffen. Abweichend HansOLG 4. 4. 1922, HansGZ 1922 Hbl. S. 206 ff. (208).

5) Ebenso Habicht S. 44; Niedner V vor Art. 7 EG; Neumeyer IPrR.

der Satz, daß der Prozeßrichter die in Anwendung zu bringenden Normen des in einem anderen Staate geltenden Rechts selbständig zu ermitteln hat. »Sogar übereinstimmende Erklärungen der Parteien können ihn in dieser Hinsicht weder binden noch beschränken oder der eigenen Prüfung entheben. Auch von einer Darlegungspflicht oder Beweislast der einen oder anderen Partei kann keine Rede sein« [1]). Der Richter kann nur die Unterstützung der Parteien in der Weise in Anspruch nehmen, daß er sie zu Nachweisen auffordert [2]). Die Bedeutung dieser Bestimmung ist: Wenn der Richter angemessene Bemühungen zur Feststellung des fremden Rechtssatzes erfolglos angewendet hat, und wenn eine von ihm gemachte Auflage der angegebenen Art von den Parteien nicht befolgt ist, oder die von den Parteien vorgenommenen Darlegungen den behaupteten Rechtssatz nicht ergeben, so darf der Richter zum Nachteil der (bezüglich des behaupteten Rechtssatzes) »beweispflichtigen« Partei erkennen [3]).

Eine Amtspflicht zur Ermittlung des Inhalts des ausländischen Rechts muß erst recht im Verfahren der freiwilligen Gerichtsbarkeit gelten [4]), wo eine Vorschrift wie § 293 ZPO fehlt, die dem Richter das Recht gibt, die Unterstützung der Parteien bei der Feststellung der fremden Rechtssätze zu fordern.

In welcher Weise sich der Richter die Kenntnis des ausländischen Rechts verschaffen will, ist Sache seines pflichtmäßigen Ermessens [5]). Nicht pflichtmäßig würde er z. B. verfahren, wenn er ablehnte, eine einschlägige Entscheidung des ausländischen höchsten Gerichtes als Erkenntnisquelle zu benutzen [6]). Mehr als ein verständiges Maß von Bemühungen kann man von ihm nicht verlangen. Insbesondere

---

§ 8. Walker S. 211 nimmt mit ROHG 28. 4. 1879 (vgl. oben S. 421 Anm. 3) nur an, es bestehe »eine aus der Würde des Richteramts entspringende Pflicht, die vom Gesetz gegebenen Befugnisse auch angemessen auszuüben«.

[1]) Die zitierte Entscheidung vom 2. 6. 1918.

[2]) Die zitierten Entscheidungen vom 23. 3. 1897 und 2. 6. 1918; Stein-Jonas § 293 IV.

[3]) Vgl. RG 25. 5. 1888, RG Bd. 21 S. 175 ff.; RG 5. 5. 1891, JW 1891 S. 331.

[4]) Für Annahme dieser Amtspflicht z. B.: KG 6. 6. 1900, ROLG Bd. 1 S. 412 f. = Z Bd. 11 S. 289 f.; OLG Rostock 20. 11. 1901, ROLG Bd. 4 S. 75 f.; KG 21. 12. 1903, ROLG Bd. 8 S. 222 = Z Bd. 14 S. 89 ff. (91); KG 27. 4. 1908, ROLG Bd. 18 S. 211 = Z Bd. 20 S. 229; KG 12. 12. 1929, HRR 1930 Nr. 884. Ebenso Schlegelberger, Kommentar zum Gesetz über die Freiwillige Gerichtsbarkeit, 3. Aufl. Bd. I 1927 § 12 Anm. 29.

[5]) RG 24. 10. 1912, RG Bd. 80 S. 262 ff. (267 f.).

[6]) RG 14. 11. 1929, RG Bd. 126 S. 196 ff. (202).

schließt der Grundsatz der Amtspflicht »bei der freien Stellung, die § 293 dem Richter einräumt, nicht aus, daß das Gericht im einzelnen Falle nach dessen besonderer Lage von der Anstellung weiterer Ermittlungen auch darum Abstand nimmt, weil die Partei, die sich auf ausländisches Recht beruft, selbst gar nicht behauptet, daß es in Abweichung von dem einheimischen Rechtssatz einen ihr günstigen oder günstigeren Rechtssatz enthalte«. [1])

§ 285. Vermag der deutsche Richter trotz pflichtmäßiger Ermittlungsversuche nicht festzustellen, wie eine bestimmte Frage nach dem für die Lösung maßgeblichen ausländischen Recht zu entscheiden ist, so muß er sich fragen, wie ein Richter des betreffenden ausländischen Staats vermutlich entscheiden würde, wenn er sich in derselben Frage vor einer Lücke in seinem Recht fände [2]).

Er muß zunächst versuchen, aus anderen feststellbaren Sätzen des fremden Rechts die Lösung zu finden, wobei er sich aller Rechtsfindungsmethoden bedienen muß, von denen er annehmen kann, daß sie der ausländische Richter anwenden würde.

Läßt sich aus dem ausländischen Recht selbst kein ausreichender Anhalt gewinnen, so sind die Vorschriften verwandter Rechtsordnungen heranzuziehen [3]). Das amerikanische common law wird man aus dem englischen ergänzen können [4]); denn die englische Rechtsprechung zum common law besitzt in den Vereinigten Staaten große Autorität als Anhalt für die Auslegung des amerikanischen common law. Ein entsprechendes Verfahren ist geboten, wenn es sich um Auslegung eines Gesetzes handelt, das außer in dem Staate, dessen Recht anzuwenden ist, gleichlautend in einem anderen gilt. Zum Beispiel wird man bei Auslegung des in casu als belgisches oder luxemburgisches Recht anzuwendenden code civil mangels genügender Anhaltspunkte aus dem belgischen oder luxemburgischen Recht der Lösung folgen, die die streitige Frage in Frankreich gefunden hat [5]) [6]).

---

[1]) Die zitierte Entscheidung des RG vom 2. 6. 1918. Ähnlich OLG Rostock 3. 5. 1893, Z Bd. 5 S. 282 f.

[2]) Vgl. Neubecker »Internationales Privatrecht« S. 35 f.

[3]) Ebenso Neubecker »Internationales Privatrecht« S. 36; Neumeyer IPrR. S. 9.

[4]) Vgl. HansOLG 30. 4. 1929, HansRGZ 1929 B Sp. 371 ff. (375, 377) = ZAIP Sonderheft 1929 Nr. 63, wo ausgeführt wird, für die Auslegung eines Vertragsformulars amerikanischer Interessentenverbände sei nächst der amerikanischen die englische Rechtsprechung maßgebend.

[5]) Vgl. KG 22. 3. 1922, JW 1922 S. 1130 f.

[6]) Darüber, was im allgemeinen zu geschehen hat, wenn auf keinem der

§ 286. Der wichtigste Unterschied in der prozessualen Behandlung deutschen und fremdem Rechts liegt in der Beschränkung des Revisionsgerichts — also in erster Linie des Reichsgerichts — in bezug auf die Feststellung fremden Rechts.

Für die Unterscheidung revisiblen und irrevisiblen Rechts gibt die Zivilprozeßordnung folgende Vorschriften: § 549 Abs. 1: »Die Revision kann nur darauf gestützt werden, daß die Entscheidung auf der Verletzung eines Reichsgesetzes oder eines Gesetzes, dessen Geltungsbereich sich über den Bezirk des Berufungsgerichts hinaus erstreckt, beruhe«. § 562: »Die Entscheidung des Berufungsgerichts über das Bestehen und den Inhalt von Gesetzen, auf deren Verletzung die Revision nach § 549 nicht gestützt werden kann, ist für die auf die Revision ergehende Entscheidung maßgebend.«

Die Regeln des deutschen internationalen Privatrechts sind in ganz demselben Umfange revisibel wie andere Vorschriften deutschen Rechts, die reichsrechtlichen also stets [1]), die partikularrechtlichen, wenn ihr Geltungsbereich sich über den Bezirk des Berufungsgerichts hinaus erstreckt [2]). Dies gilt für die durch Wissenschaft und Praxis gewonnenen wie für die durch Gesetz aufgestellten Kollisionsnormen [3]) [4]), und auch für die in ratifizierten und verkündeten Staatsverträgen Deutschlands festgelegten Kollisionsnormen, da diese Staatsverträge mit ihrer Verkündung deutsches Recht geworden sind [5]).

---

angegebenen Wege ein Anhalt über das fremde Recht zu gewinnen ist, vgl. §§ 72 ff. S. 101 ff.

[1]) Vgl. die hier im folgenden und die bei Stein-Jonas § 549 IV C zitierten Reichsgerichtsentscheidungen.

[2]) Vgl. z. B. RG 21. 6. 1919, JW 1920 S. 49 ff. (51).

[3]) Vgl. z. B. RG 15. 2. 1906, RG Bd. 62 S. 400 ff. (402 f.); RG 25. 6. 1914, LZ 1914 Sp. 1847; 19. 5. 1917, WarnRspr. 1917 Nr. 254.

[4]) Das holländische und das belgische Revisionsgericht vertreten dagegen den Standpunkt, daß die Verletzung nicht geschriebener Vorschriften des internationalen Privatrechts den Kassationsrekurs nicht begründe. Hooge Raad 2. 12. 1926, ZAIP 1929 S. 531 = Weekblad van het Recht Nr. 11 606 = Nederlandsche Jurisprudentie 1927 S. 321; vgl. auch van Hasselt, Rép. Bd. VI unter »Pays Bas« Nr. 52; Belg. Kassationshof 21. 2. 1907, Revue 1909 S. 951, und 26. 11. 1908, Clunet 1909 S. 1178; vgl. auch Poullet Nr. 339 und Marty »La distinction du fait et du droit« 1929 S. 124. Ebenso ist die Rechtslage anscheinend in Rumänien. Vgl. Plastara, Rép. Bd. VII unter »Roumanie« Nr. 139.

[5]) Vgl. z. B. RG 17. 12. 1897, RG Bd. 40 S. 109 ff. (112); RG 8. 3. 1910 und 11. 3. 1910, JW 1910 S. 485 f. und 486 f.; RG 30. 4. 1930, BlIP 1931 Sp. 14 ff.

Die Revision kann also damit begründet werden, daß in dem angefochtenen Urteil im Widerspruch zu den Grundsätzen des deutschen internationalen Privatrechts statt des deutschen Rechts ein fremdes oder statt eines fremden Rechts das deutsche oder statt des einen fremden Rechts ein anderes angewandt worden ist. Dazu muß nach mehreren Entscheidungen dargelegt werden, daß und inwiefern der Revisionskläger bei Anwendung des anzuwendenden Rechts günstiger gestellt wäre, da sonst nicht ersichtlich ist, daß die Verletzung der Grundsätze des deutschen internationalen Privatrechts ihn beschwert [1]).

Eine solche Rechtsverletzung braucht natürlich ebensowenig wie die Verletzung irgendwelcher anderen deutschen Vorschriften notwendig zur Aufhebung des Urteils zu führen. Die Revision ist zurückzuweisen, wenn die angefochtene Entscheidung sich aus anderen Gründen als richtig darstellt (§ 563 ZPO).

§ 287. Wie aber, wenn das Berufungsgericht dahingestellt gelassen hat, welches Recht anzuwenden ist, weil es annahm, daß die Entscheidung nach den in Betracht kommenden Rechten gleich ausfallen müsse? Zu dieser Frage liegt eine Reihe von Reichsgerichtsentscheidungen vor, die alle den Fall der Kollision des deutschen Rechts mit einem fremden Recht betreffen. Das Reichsgericht mißbilligt das geschilderte Verfahren [2]).

Mehrfach hat das Reichsgericht in solchen Fällen zunächst selbst untersucht und festgestellt, welches Recht anzuwenden war, und dann entweder — im Falle der Anwendbarkeit ausländischen, also irrevisiblen Rechts — die Nachprüfung der Entscheidung der Vorinstanz abgelehnt [3]), oder es hat — im Falle der Anwendbarkeit deutschen, also revisiblen Rechts — diese Nachprüfung vorgenommen [4]).

---

[1]) RG 13. 7. 1916, JW 1916 S. 1339; RG 14. 11. 1916 III 261/16, zitiert in der folgenden Entscheidung; RG 2. 6. 1918, WarnRspr. 1918 Nr. 147.

[2]) 30. 10. 1907, Z Bd. 19 S. 238 ff.; 5. 11. 1915, WarnRspr. 1915 Nr. 311; 27. 2. 1917, WarnRsp. 1917 Nr. 151; 30. 9. 1920, RG Bd. 100 S. 79 ff.; 27. 1. 1921, JW 1921 S. 824 ff.; 4. 10. 1921, WarnRspr. 1921 Nr. 148; 8. 10. 1924 I 341/23, zitiert in der folgenden Entscheidung; 16. 10. 1926, ZAIP Sonderheft 1928 Nr. 28 = Z Bd. 39 S. 268 ff. = BlIP 1927 S. 104 ff.; 5. 11. 1928, JW 1929 S. 434 = Z Bd. 43 S. 86 f. = HansRGZ 1929 B S. 218 = ZAIP Sonderheft 1929 Nr. 1; 13. 5. 1929, WarnRspr. 1929 Nr. 138 = ZAIP Sonderheft 1929 Nr. 3.

[3]) Die eben zitierten Entscheidungen vom 30. 10. 1907, 5. 11. 1915, 27. 2. 1917, 13. 5. 1929.

[4]) Die eben zitierte Entscheidung vom 30. 9. 1920. Das angegriffene Urteil wurde aufrechterhalten.

In einer Entscheidung [1]) heißt es: »In einfach gestalteten Fällen mag sich für den Revisionsrichter die Möglichkeit ergeben, über einen Fehler der angedeuteten Art ohne wesentliches Bedenken hinwegzukommen und zu einer materiellen Entscheidung oder zu bestimmten, solche Entscheidung vorbereitenden Weisungen zu gelangen. Hier aber liegt das Streitverhältnis keineswegs einfach«. Dann wird ausgeführt: Die vorliegenden tatsächlichen Feststellungen ließen eine Entscheidung der Kollisionsfrage noch nicht zu; soweit ausländisches Recht angewandt ist, sei eine Nachprüfung nicht zulässig »auch in Ansehung von Prozeßbeschwerden, womit die auf Anwendung irrevisiblen Rechts beruhenden Erwägungen und Feststellungen der Vorinstanz angegriffen sind«; daher sei das Revisionsgericht »durch das vorliegende Berufungsurteil, welches bei allen Hauptpunkten revisibles und irrevisibles Recht gemeinsam anwendet, ... nicht instand gesetzt, mit Zuverlässigkeit zu ermessen, ob und inwieweit ihm ein Recht der Nachprüfung der ... angegriffenen Ausführungen und Feststellungen des Berufungsurteils überhaupt zusteht«. — In diesem Falle konnte das Reichsgericht nicht so verfahren, wie in den vorher angeführten Entscheidungen, da die Tatfragen nicht soweit geklärt waren, wie zur Lösung der internationalprivatrechtlichen Frage erforderlich war. Es hätte aber die Sachentscheidung gemäß deutschem Recht nachprüfen und dann entweder — falls das deutsche Recht falsch angewandt war — aufheben und zur Entscheidung über die Kollisionsfrage zurückverweisen, oder aber — falls das deutsche Recht richtig angewandt war — das Urteil bestätigen können; denn wenn deutsches Recht nicht verletzt war, war das angefochtene Urteil irrevisibel, da eine Revision auf Verletzung des fremden Rechts nicht gestützt werden konnte [2]). Diesen Weg hat das Reichsgericht in der zitierten Entscheidung vom 27. 1. 1921 gewählt. Auch hier war es mangels ausreichender tatsächlicher Feststellungen nicht in der Lage, die internationalprivatrechtliche Frage zu entscheiden. Es hat aber nicht aufgehoben, sondern die Sachentscheidung des Berufungsgerichts gemäß deutschem Recht nachgeprüft und für richtig befunden und daher den Revisionsangriff abgewiesen.

Hiernach ist die Rechtslage für den Fall, daß deutsches und ausländisches Recht in Betracht kommen, diese: Der Tatsachen-

---

[1]) Die eben zitierte Entscheidung vom 4. 10. 1921.

[2]) In der zitierten Entscheidung vom 16. 10. 1926 wird dahingestellt gelassen, ob das gemißbilligte Verfahren der Vorinstanz stets zur Aufhebung führen müsse.

richter hat auszusprechen, welches Recht er anwendet; er darf dies nicht dahingestellt lassen, weil die in Betracht kommenden Rechte zu dem gleichen Ergebnis führen. Der Verstoß gegen diese Regel begründet nicht notwendig die Aufhebung des Urteils in der Revisionsinstanz. Ist das Reichsgericht auf Grund der tatsächlichen Feststellungen der Vorinstanz dazu in der Lage, so entscheidet es selbst die Frage des anzuwendenden Rechts. Ist danach das vom Berufungsgericht in Betracht gezogene ausländische Recht anzuwenden, so wird die Sachentscheidung des Berufungsgerichts — da sie, soweit sie auf ausländischem Recht beruht, nicht nachgeprüft werden kann — bestätigt. Ist deutsches Recht anwendbar, so wird die Sachentscheidung nachgeprüft und aufrechterhalten oder aufgehoben, je nachdem sie nach deutschem Recht richtig oder falsch ist. Kann das Reichsgericht auf Grund der tatsächlichen Feststellungen der Vorinstanzen das anzuwendende Recht nicht bestimmen, so wird es in einfach liegenden Fällen die Sachentscheidung des angegriffenen Urteils gemäß dem deutschen Recht nachprüfen und je nach dem Ergebnis dieser Nachprüfung aufheben oder aufrechterhalten. Es kann aber auch, in verwickelten Fällen, ohne jede Nachprüfung aufheben und zur Feststellung des anzuwendenden Rechts zurückverweisen, insbesondere wenn die Ausführungen und Feststellungen des Berufungsurteils der Art sind, daß das Reichsgericht nicht erkennen kann, ob und wieweit ihm ein Recht der Nachprüfung überhaupt zusteht [1]).

Stehen nur ausländische Rechte in Frage, so wird eine Aufhebung aus dem Grunde, daß das anzuwendende Recht nicht bestimmt ist, wohl nicht stattzufinden haben. Denn in diesem Falle ist die Entscheidung in keinem Falle nachprüfbar.

Wenn das Berufungsgericht in einem Falle mit internationalen Beziehungen ohne Begründung deutsches Recht angewandt hat, so prüft das Revisionsgericht — soweit die vorliegenden tatsächlichen Feststellungen dies möglich machen — die Frage des anzuwendenden Rechts selbst. Wenn die tatsächlichen Feststellungen nicht ausreichen um eine Entscheidung über das anzuwendende Recht zu ermöglichen, so kann das Revisionsgericht selbst ent-

[1]) Da die Entscheidungen des Reichsgerichts unangreifbar sind, gleichgültig, ob sie deutsches oder fremdes Recht betreffen, kann das Reichsgericht selbst sehr wohl dahingestellt lassen, ob es deutsches oder ausländisches Recht für anwendbar hält, wenn das Ergebnis hiervon nicht abhängig ist. Vgl. z. B. RG 15. 2. 1926, RG Bd. 113 S. 38 ff. a. E. = ZAIP Sonderheft 1926/27 Nr. 150; RG 19. 2. 1929, RG Bd. 124 S. 146 ff. (148 f.) = ZAIP Sonderheft 1929 Nr. 2.

scheiden, falls nach den möglicherweise maßgebenden Rechten dieselbe Entscheidung zu fällen ist. Es kann aber auch sich mit der Aufhebung des angefochtenen Urteils und der Zurückverweisung an den Tatrichter begnügen [1]).

§ 288. Ein Irrtum des Tatrichters über den Inhalt fremden Rechts begründet die Revision nicht. Das folgt aus den angeführten Vorschriften der ZPO und aus einer konstanten deutschen Rechtsprechung, von der in den folgenden §§ Beispiele gegeben werden [2]) [3]) [4]). Über Ausnahmen bei Verletzung deutschen Prozeßrechts siehe § 294 a. E.

§ 289. Zum irrevisiblen ausländischen Recht gehört auch das ausländische internationale Privatrecht [5]), dessen Beachtung dem deutschen Richter durch das deutsche internationale Privatrecht vorgeschrieben ist [6]). Denn das ausländische internationale Privat-

---

[1]) Vgl. einerseits RG 18. 5. 1889, RG Bd. 24 S. 391, anderseits Reichsarbeitsgericht 18. 1. 1930, JW 1931 S. 159 = HRR 1930 Nr. 716. Die hier interessierenden Vorschriften der ZPO über die Revision gelten auch für das Verfahren vor dem Reichsarbeitsgericht, vgl. § 72 Abs. 2 Arbgerges. vom 23.12. 1926 (RGBl. 1926 I S. 507 ff.).

[2]) Klein, Z Bd. 13 S. 353 ff., Neubecker »Internationales Privatrecht« S. 37 ff., Staudinger-Kuhlenbeck G vor Art. 7 EG, und Frankenstein Bd. I S. 293 Anm. 20 sind der Meinung, daß die richtige Auslegung der Vorschriften der ZPO zur entgegengesetzten Annahme führen müsse. Von Bar Bd. I S. 143, Zitelmann Bd. I S. 288 und Walker S. 222 sind de lege ferenda für Revisibilität des ausländischen Rechts.

[3]) Eine Ausnahme gilt für die Anwendung ausländischen Rechts auf Grund der Übereinkunft von Montevideo vom 11. 1. 1889 zum Schutze von Werken der Literatur und Kunst (RGBl. 1927 II S. 95 ff.) nach Art. 3 des Zusatzprotokolles vom 13. 2. 1889 (RGBl. a. a. O. S. 99).

[4]) Ähnlich wie in Deutschland ist ausländisches Recht irrevisibel in Frankreich (Niboyet Nr. 482 S. 605), den Niederlanden (van Hasselt, Rép. Bd. VI unter »Pays Bas« Nr. 48; Hesse in Magnus »Die höchsten Gerichte der Welt« 1929 S. 285), der Schweiz (Weiss in der Tabelle im Anhang zu Magnus a. a. O.), Rumänien (Plastara, Rép. Bd. VII unter »Roumanie« Nr. 139) sowie (nach Niboyet a. a. O. Anm. 1 und den dort gegebenen Nachweisen) in Belgien, Luxemburg, Monaco, Spanien, Griechenland, Chile und Cuba. Dagegen ist ausländisches Recht wie das inländische revisibel in Österreich (Walker S. 215) und Italien (Niboyet a. a. O. und die dort zitierten Entscheidungen). — In England (Vaughan Williams and Ralph Sutton in Magnus a. a. O. S. 125), Dänemark (Jörgensen in Magnus a. a. O. S. 157 f.) und Norwegen (Hallager in Magnus a. a. O. S. 299) ergreift das beim höchsten Gericht eingelegte Rechtsmittel den ganzen Entscheidungsstoff. Dasselbe gilt für den höchsten Gerichtshof der Vereinigten Staaten (Lorenzen, Rép. Bd. VI unter »États Unis« Nr. 17, vgl. auch Nr. 16 a. a. O.).

[5]) RG 27. 11. 1911, RG Bd. 78 S. 48 ff.; RG 2. 10. 1930, HRR 1930 Nr. 2066.

[6]) Vgl. die Ausführungen über den Renvoi und die Vorfrage.

recht ist »integrierender Bestandteil des betreffenden bürgerlichen Rechts«[1][2]. Wenn aber auf Grund einer Rückverweisung des ausländischen internationalen Privatrechts deutsches Recht anzuwenden ist, so ist dessen Verletzung revisibel; denn das deutsche Recht wird nicht dadurch, daß es auf Grund Rückverweisung fremden Rechts angewandt wird, zu fremdem Recht. Einen Beleg aus der Rechtsprechung geben zwei Reichsgerichtsentscheidungen[3], in denen angenommen ist, daß Normen des Reichsrechts, die in Landesrecht eingeführt sind, als Reichsrecht revisibel sind.

§ 290. Ausländisches Recht sind auch Normen ganz allgemeiner Art, insbesondere Regeln über die Auslegung von Willenserklärungen. Soweit ausländisches Recht anzuwenden ist, kommen Rechtsgrundsätze dieser Art nur als dessen Bestandteil in Betracht. Ihre Verletzung begründet daher nicht die Revision. Diesen Standpunkt hat das Reichsgericht in ständiger Rechtsprechung eingenommen[4]. Unterliegt also z. B. ein Vertrag ausländischem Recht, so ist die Auslegung, die die Vorinstanz ihm gegeben hat, nicht nachprüfbar, da sie auf Sätzen des ausländischen Rechts beruht[5].

§ 291. An der Irrevisibilität eines ausländischen Gesetzes wird nichts dadurch geändert, daß dasselbe Gesetz, genauer: ein gleichlautendes Gesetz, in Deutschland gilt und revisibel ist[6]. Beispiele

---

[1]) RG Vereinigte Zivilsenate 12. 10. 1903, RG Bd. 55 S. 345 ff. (349).

[2]) Raape, Einleitung K II 4 b, nimmt dagegen de lege lata an, daß die Verletzung ausländischen internationalen Privatrechts anders als die des übrigen ausländischen Rechts die Revision begründe. Im Anschluß hieran nimmt Raape, Einleitung K II 5 b, auch an, daß die Feststellung von Sondervorschriften des ausländischen Rechts im Sinne des Art. 28 EG vom Revisionsgericht nachgeprüft werden könne.

[3]) 7. 7. 1903, RG Bd. 55 S. 248 ff.; 29. 9. 1904, RG Bd. 59 S. 25 ff.

[4]) 8. 3. 1897, RG Bd. 39 S. 385; 7. 10. 1897, JW 1897 S. 568; 5. 10. 1900, JW 1900 S. 751; 6. 4. 1911, JW 1911 S. 532 = Z Bd. 24 S. 305 ff. (308); 22. 5. 1911, JW 1911 S. 718 = LZ 1911 Sp. 616 (zitiert für diese Auffassung auch eine Entscheidung vom 22. 12. 1909); 20. 5. 1912, WarnRspr. 1912 Nr. 353; 24. 11. 1914, HansGZ 1915 Hbl. S. 55 f.; 15. 5. 1917, WarnRspr. 1917 Nr. 173; 24. 11. 1928, RG Bd. 122 S. 316 ff. = JW 1929 S. 926 f. = ZAIP Sonderheft 1929 Nr. 61. — Durch die Entscheidungen vom 22. 12. 1909, 22. 5. 1911, 20. 5. 1912 hat der Erste Zivilsenat seinen früher eingenommenen entgegengesetzten Standpunkt aufgegeben.

[5]) RG 24. 3. 1909, RG Bd. 71 S. 8 ff. (10), widerspricht dem nicht; denn in diesem Falle hatte das Berufungsgericht ohne Eingehen auf den Inhalt des ausländischen Rechts nur deutsches Recht angewandt, also keine das Reichsgericht bindende Feststellung über ausländisches Recht getroffen.

[6]) RG 9. 4. 1896, JW 1896 S. 301; RG 2. 6. 1896, JW 1896 S. 372 und 384 f.; RG 25. 2. 1897, JW 1897 S. 209; RG 28. 6. 1897, JW 1897 S. 463 f.;

für solche Fälle bieten der code civil, der in Frankreich, Belgien, Luxemburg und im Rheinland galt, das Allgemeine Deutsche Handelsgesetzbuch, das auch in Österreich galt, gegenwärtig vor allem die in den abgetrennten Gebieten weitergeltenden deutschen Gesetze und die Wechselordnung, die im wesentlichen auch im Gebiet des alten Österreich gilt.

§ 292. Ferner sind ausländisches Recht auch die materiellrechtlichen Vorschriften der im Ausland und in Deutschland geltenden Staatsverträge, sofern nach den Regeln des deutschen internationalen Privatrechts auf das in Frage kommende Rechtsverhältnis ausländisches Recht anzuwenden ist. Einem österreichischen Eisenbahnunternehmen wurde vorgeworfen, es habe die Kontrahierungspflicht verletzt, die das Berner Übereinkommen über den Eisenbahnfrachtverkehr vom 14. 10. 1890 — das in Deutschland und Österreich galt — ihm auferlegte. Das Reichsgericht [1]) führte aus, durch die Annahme des Übereinkommens in beiden Staaten sei »nur eine materielle Rechtsgleichheit, keine formelle Rechtseinheit« geschaffen; da der geltend gemachte Anspruch nach deutschem internationalen Privatrecht dem österreichischen Recht unterliege, sei das Übereinkommen als österreichisches Recht anzuwenden und daher irrevisibel [2]). Die Rechtslage ist hier nicht anders als in dem Falle, daß im Ausland und Inland gleichlautende Gesetze gelten.

§ 293. Aus der Irrevisibilität des ausländischen Rechts folgt, daß das Berufungsgericht bindend feststellt, von welchem Tatbestand das ausländische Recht den Eintritt der von ihm angeordneten Rechtswirkungen abhängig macht, welche Tatsachen also nach dem ausländischen Recht in casu erheblich sind und der Feststellung bedürfen [3]). Nur wenn das Berufungsgericht tatsächliche Feststellun-

---

RG 18. 5. 1906, RG Bd. 63 S. 318 f.; RG 30. 5. 1919, RG Bd. 96 S. 96 ff.; und die in diesen Entscheidungen zitierten anderen Entscheidungen.

[1]) 25. 2. 1904, RG Bd. 57 S. 142 ff. (144) = JW 1904 S. 217 = Z Bd. 14 S. 471 ff.

[2]) RG 18. 1. 1911, JW 1911 S. 357 ff., widerspricht dem m. E. nicht. Hier hat das Reichsgericht die Auslegung, die das Berufungsgericht einer Vorschrift des Berner Frachtübereinkommens gegeben hatte, nachgeprüft, ohne zu untersuchen, ob dieser Staatsvertrag in casu als deutsches oder ausländisches Gesetz anzuwenden sei. Es handelte sich um eine Klage gegen den preußischen Eisenbahnfiskus wegen Vernichtung einer von Paris durch Preußen nach Moskau zu befördernde Sache. Die Vernichtung war in Preußen geschehen. Das Reichsgericht konnte daher ohne weitere Begründung von der Maßgeblichkeit des deutschen Rechts ausgehen.

[3]) RG 3. 10. 1917, JW 1918 S. 94; RG 15. 2. 1918, LZ 1918 Sp. 923; RG 14. 3. 1919, RG Bd. 95 S. 144 ff.; RG 4. 10. 1921, WarnRspr. 1921 Nr. 148.

gen, die nach seiner eigenen Auffassung vom Inhalt des ausländischen Rechts erforderlich waren, nicht oder in ungenügender Weise vorgenommen hat, kann ein Verfahrensrüge, gestützt auf §§ 139, 286 ZPO, mit Erfolg erhoben werden [1]).

§ 294. Keinen Grund zur Aufhebung in der Revisionsinstanz gibt grundsätzlich die Art und Weise, in der das Berufungsgericht zu seiner Feststellung über den Inhalt des ausländischen Rechts gelangt ist. In der Reichsgerichtsentscheidung vom 4. 3. 1915 [2]) wird ausgeführt: »Durch § 562 ZPO ist .... dem Revisionsgericht auch die Befugnis zur Nachprüfung der Unterlagen, auf Grund deren der Berufungsrichter zu seiner Feststellung und Auslegung des irrevisiblen Rechts gelangt ist, entzogen. Denn wenn die Entscheidung des Berufungsgerichts über das Bestehen und den Inhalt eines irrevisiblen Gesetzes für das Revisionsgericht als bindend erklärt ist, so kann es auch nicht auf die Quellen, aus denen das Berufungsgericht seine Kenntnis des irrevisiblen Rechtes geschöpft hat, ankommen. Jede Nachprüfung nach dieser Richtung würde auf eine Nachprüfung des Bestehens des festgestellten irrevisiblen Rechtssatzes hinauslaufen, die dem Revisionsgericht durch § 562 ZPO verschlossen ist. Das Reichsgericht hat demgemäß auch bereits ausgesprochen, daß eine Verpflichtung des Berufungsgerichts zu einer besonderen Begründung für die Auslegung eines irrevisiblen Gesetzes nicht besteht und die Auffasssung des Berufungsrichters vom Inhalte eines irrevisiblen Rechtssatzes deshalb auch dann nicht anfechtbar ist, wenn sie auf in sich widerspruchsvolle Gründe gestützt ist (JW 1906 S. 721 Nr. 21; WarnRspr. 1911 S. 503 Nr. 455). Bedarf aber die Feststellung eines irrevisiblen Rechtssatzes überhaupt keiner Begründung, so kann sie auch nicht um deswillen angefochten werden, weil die angeführte Begründung unzureichend oder unrichtig erscheint.« [3]) — Zu beachten ist aber, daß das Berufungsgericht bei Ermittlung des Inhalts des ausländischen Rechts von seinem Ermessen [4]) keinen pflichtwidrigen Gebrauch gemacht haben darf, indem es z. B. entweder ohne jede Nachforschung einen

---

[1]) RG 8. 12. 1911, RG Bd. 78 S. 155 f.; RG 19. 3. 1915, zitiert in RG 15. 2. 1918; RG 3. 10. 1917, JW 1918 S. 94. Dahingestellt gelassen in RG 15. 2. 1918, LZ 1918 Sp. 923.

[2]) WarnRspr. 1915 Nr. 293 S. 457 f.

[3]) Die hier zitierten Entscheidungen sind vom 2. 10. 1906 und vom 23. 9. 1911. Die erstere Entscheidung erklärt und begründet ausführlich, daß sie auf dem Boden der bisherigen Rechtsprechung des RG stehe.

[4]) Vgl. § 284 S. 422 f.

bestimmten Inhalt des ausländischen Rechts angenommen [1]) oder eine wichtige vor der Hand liegende Quelle der Erkenntnis des ausländischen Rechts nicht verwendet hat, z. B. die einschlägige Rechtsprechung des ausländischen Obersten Gerichtshofs [2]). In solchen Fällen ist die Rüge der Verletzung des § 293 ZPO begründet.

§ 295. Die Irrevisibilität des äusländischen Rechts bedeutet nicht, daß dem Reichsgericht grundsätzlich verwehrt ist, den Inhalt ausländischen Rechts selbst festzustellen und danach über die Revision zu entscheiden. Die Feststellungen des Berufungsgerichts über den Inhalt ausländischen Rechts sind grundsätzlich bindend (§ 562 ZPO) [3]). Liegen solche Feststellungen von Seiten des Berufungsgerichts nicht vor, so kann das Reichsgericht sie selbst treffen. Es handelt sich hier um Fälle, in denen das Berufungsgericht ausländisches Recht, welches das Reichsgericht für anwendbar erachtet, nicht angewandt hat. Wie das Reichsgericht hierauf zu verfahren hat, ergibt sich aus den §§ 563, 565 ZPO, worin bestimmt ist: »Ergeben die Entscheidungsgründe zwar eine Gesetzesverletzung, stellt die Entscheidung selbst aber aus anderen Gründen sich als richtig dar, so ist die Revision zurückzuweisen« (§ 563) und: »Im Falle der Aufhebung des Urteils ist die Sache zur anderweiten Verhandlung und Entscheidung an das Berufungsgericht zurückzuverweisen ... Das Revisionsgericht hat jedoch in der Sache selbst zu entscheiden: 1. wenn die Aufhebung des Urteils nur wegen Gesetzesverletzung bei Anwendung des Gesetzes auf das festgestellte Sachverhältnis erfolgt und nach letzterem die Sache zur Entscheidung reif ist, ... Kommt in den Fällen der Nr. 1 für die in der Sache selbst zu erlassende Entscheidung die Anwendbarkeit von Gesetzen, auf deren Verletzung die Revision nach § 549 nicht gestützt werden kann, in Frage, so kann die Sache zur anderweiten Verhandlung und Entscheidung an das Berufungsgericht zurückverwiesen werden« (§ 565).

Bei Auslegung nach dem Wortlaut könnte man meinen, daß das Revisionsgericht hierdurch verpflichtet sei, das Ergebnis der Entscheidung des Berufungsgerichts, welche die anzuwendenden ausländischen Rechtssätze nicht anwendet, in jedem Falle auf seine Vereinbarkeit mit diesen zu prüfen, um das Urteil, wenn möglich,

---

1) Vgl. RG 23. 3. 1897, RG Bd. 39 S. 371 ff. (375 f.).

2) Vgl. RG 14. 11. 1929, RG Bd. 126 S. 196 ff. (202).

3) Vgl. für Ausnahmen den vorangehenden Paragraphen. Ferner ist eine beiläufige Bemerkung des Berufungsgerichts nicht bindend, auf der nach seiner Meinung die Entscheidung gar nicht beruhen soll. RG 12. 10. 1905, RG Bd. 61 S. 343 ff. = JW 1905 S. 713 ff. = DJZ 1905 Sp. 1170 ff.

aufrecht zu erhalten (§ 563) [1]. Das Reichsgericht müßte danach stets selbst den Inhalt des ausländischen Rechts, das es in Gegensatz zum Berufungsgericht für anwendbar hält, ermitteln und es auf den gegebenen Fall anwenden. Nur wenn sich herausstellen würde, daß das Ergebnis der Entscheidung des Berufungsgerichts dem anzuwendenden ausländischen Recht nicht entspricht, hätte das Revisionsgericht noch die Freiheit, nach Aufhebung entweder zurückzuverweisen oder in der Sache selbst zu entscheiden (§ 565 Abs. 3 Ziff. 1, Abs. 4). Allein damit wäre der im § 565 dem Revisionsgericht eingeräumten Freiheit jede Bedeutung genommen, da es ja doch in jedem Falle den Inhalt des anzuwendenden ausländischen Rechts und sein Ergebnis für den zu beurteilenden Fall ermitteln müßte. Richtig verstanden besagen die angeführten Vorschriften der Zivilprozeßordnung, daß das Revisionsgericht, wenn vom Berufungsgericht nicht angewandtes irrevisibles Recht anzuwenden ist, nach Ermessen aufheben und zur inhaltlichen Feststellung dieses Rechts zurückverweisen darf, anstatt zu prüfen, ob das Ergebnis der falsch begründeten Entscheidung nach dem anzuwendenden irrevisiblen Recht vielleicht aufrecht zu erhalten wäre. So faßt das Reichsgericht die ihm gegebene Befugnis auf [2]. In einem Falle z. B. [3], in dem es russisches Recht für anwendbar hielt, welches das Berufungsgericht nicht angewendet hatte, erklärt das Reichsgericht, es würde selbst entschieden haben, wenn ihm der Inhalt des russischen Rechts bekannt gewesen wäre; mangels dieser Kenntnis mache es Gebrauch von seiner Befugnis zur Zurückverweisung. In einem anderen Falle [4] dagegen hat das Reichsgericht die Entscheidung des Berufungsgerichts, das irrigerweise deutsches Recht angewandt hatte, auf Grund des anzuwendenden englischen Rechts aufrecht erhalten, nachdem es dessen Inhalt selbst ermittelt hatte [5].

Über die bei Qualifikationen und bei Feststellung des Parteiwillens geltenden Grenzen der Revisibilität vgl. §§ 130 ff. S. 188 ff., und §§ 357 S. 502 f. u. § 373 S. 513 f.

---

[1]) So Stein-Jonas § 563 I.

[2]) Vgl. 30. 1. 1890, RG Bd. 25 S. 24 ff. (betrifft Partikularrecht); 2. 1. 1911, RG Bd. 75 S. 95, und (im selben Falle ergangen) 31. 1. 1912, JW 1912 S. 473 f.; 7. 6. 1921, RG Bd. 102 S. 246 ff. (betrifft Partikularrecht).

[3]) Vgl. die eben zitierte Entscheidung vom 31. 1. 1912.

[4]) 18. 5. 1889, RG Bd. 24 S. 383 ff. (391).

[5]) Vgl. entsprechend RG 1. 12. 1906, RG Bd. 64 S. 400 ff. = JW 1907 S. 81 f. (betrifft Partikularrecht); RG 24. 5. 1921, RG Bd. 102 S. 214 f.

Retorsion.

Regel (§ 296): Kollisionsregeln mit Retorsionszweck bestehen in Deutschland nicht.

§ 296. Am Schluß des ersten Abschnittes des EGBGB, der die international-privatrechtlichen Vorschriften enthält, befindet sich der Art. 31, welcher lautet:

»Unter Zustimmung des Bundesrats kann durch Anordnung des Reichskanzlers bestimmt werden, daß gegen einen ausländischen Staat sowie dessen Angehörige und ihre Rechtsnachfolger ein Vergeltungsrecht zur Anwendung gebracht wird.«

An die Stelle des Bundesrates ist infolge der Änderung der deutschen Verfassung der Reichsrat getreten, an die Stelle des Reichskanzlers, soweit es sich um die Anwendung dieses Artikels handelt, der Reichsjustizminister [1]).

Der Art. 31 ist [2]) weder eine Vorschrift des internationalen Privatrechts, noch des Privatrechts, sondern eine öffentlich-rechtliche Bestimmung. Es handelt sich in Wirklichkeit nur darum, daß ein Vergeltungsrecht durch andere Reichsorgane angeordnet werden kann als diejenigen, welche im allgemeinen in Deutschland zum Erlaß von Gesetzen oder Rechtsverordnungen zuständig sind. Eine Prüfung der Frage, wie weit die Befugnisse gehen, welche nach Art. 31 EG dem Reichsrat und dem Reichsjustizminister gegeben sind, würde also eine Untersuchung über innere staatsrechtliche Verhältnisse des Deutschen Reichs bedeuten und außerhalb des Rahmens dieses Buches fallen, außer wenn die Gültigkeit einer auf Grund des Art. 31 erlassenen internationalprivatrechtlichen Bestimmung in Frage käme. Aber diese Voraussetzung liegt nicht vor. Bundesrat (Reichsrat) und Reichskanzler (Reichsjustizminister) haben bisher niemals auf Grund des Art. 31 internationalprivatrechtliche Bestimmungen getroffen [3]).

Das deutsche Fremdenrecht, in welchem in ganz bescheidenem Umfange Retorsionsbestimmungen enthalten sind [4]), liegt außerhalb des Rahmens dieses Buches.

---

[1]) Vgl. für letzteres: Übergangsgesetz vom 4. 3. 1919, RGBl. 1919 S. 285 § 5.

[2]) Wie Frankenstein Bd. I S. 240 und Raape Art. 31 I mit Recht bemerken.

[3]) Frankenstein Bd. I S. 239 f.; Raape Art. 31 III.

[4]) z. B. § 86 des Aufwertungsgesetzes; Raape Art. 31 III.

Feststellung des Personalstatuts nach der Staatsangehörigkeit.

Regel 1 (§§ 298—302): Eine physische Person ist Angehöriger desjenigen Staates, welcher unabhängig von jeder territorialen Verknüpfung völkerrechtlich befugt ist, ihr Befehle zu erteilen und sie anderen Staaten gegenüber zu schützen.

Regel 2 (§ 303): Ob jemand zu einem Staat in diesem Verhältnis steht, richtet sich grundsätzlich nach dem Recht dieses Staates.

Ausnahme a) (§ 304): Wenn ein fremder Staat ohne genügende Beziehungen zu einer physischen Person das vorbezeichnete Herrschafts- und Schutzrecht in Anspruch nimmt, so wird hierdurch die Staatsangehörigkeit nicht begründet.

Ausnahme b) (§ 305): Wenn eine physische Person in einem Staat als Fremder behandelt wird, so gehört — unabhängig von dem Willen dieses Staates — diese Person diesem Staat nicht an.

Regel 3 (§ 306): Die Nachprüfung der Richtigkeit einer von einer zuständigen ausländischen Behörde ausgestellten Urkunde über die Staatsangehörigkeit eines Menschen ist zulässig.

§ 297. Die wichtigste Anknüpfung im deutschen internationalen Privatrecht ist die Staatsangehörigkeit. In den ausländischen Hand- und Lehrbüchern des internationalen Privatrechts — insbesondere den französischen — wird der Erwerb und Verlust der Staatsangehörigkeit des Landes, zu welchem der Verfasser gehört, vielfach sehr eingehend dargestellt. Theoretisch läßt sich für die Länder, bei denen die eigene Staatsangehörigkeit als Anknüpfungsmoment im internationalen Privatrecht eine erhebliche Rolle spielt, gegen dieses Verfahren nichts einwenden.

Obwohl nach deutschem internationalen Privatrecht angesichts der Sondervorschriften des EGBGB für Deutsche die Frage der deutschen Staatsangehörigkeit von besonders großer praktischer Bedeutung ist, ist es in Deutschland nicht üblich, den Erwerb und Verlust der deutschen Staatsangehörigkeit im internationalen Privatrecht zu behandeln. Über diesen Gegenstand besteht in Deutschland eine Spezialliteratur, auf welche an dieser Stelle verwiesen werden muß [1]). Hier können nur die wichtigsten Grundsätze erwähnt werden. Die Grundlage des deutschen Rechts bildet das Reichs- und Staatsangehörigkeitsgesetz vom 22. 7. 1913 [2]). Seine wesentlichsten Bestimmungen sind die folgenden:

---

[1]) Insbesondere Keller-Trautmann, Kommentar zum Reichs- u Staatsangehörigkeitsgesetz, München 1914. Isay, Kommentar zum Reichs- und Staatsangehörigkeitsgesetz usw. 1929.

[2]) RGBl. 1913 S. 583.

Die Reichsangehörigkeit wird regelmäßig erworben und verloren mit dem Erwerb oder Verlust der Staatsangehörigkeit in einem der deutschen Länder [1]). Eine ausschließliche Reichsangehörigkeit ist nur für wenige Ausnahmefälle anerkannt [2]). Die Staatsangehörigkeit in einem deutschen Land wird durch eheliche Abstammung von einem deutschen Vater oder uneheliche Abstammung von einer deutschen Mutter, durch Legitimation eines außerehelichen Kindes durch einen deutschen Vater, durch Heirat einer Ausländerin (oder Staatenlosen) mit einem Deutschen und durch Naturalisation in einem deutschen Lande erworben [3]). Sie wird durch Entlassung [4]), durch Legitimation eines unehelichen Kindes seitens eines Ausländers [5]), durch Heirat einer Deutschen mit einem Ausländer [6]) und durch Naturalisation in einem fremden Staate [7]) verloren — letzteres wenn der bisherige Deutsche zur Zeit der Naturalisation weder seinen Wohnsitz noch seinen dauernden Aufenthalt in Deutschland hatte. Es gilt also das jus sanguinis, was mit der Rechtslage in dem größten Teil der kontinentalen europäischen Staaten übereinstimmt. Andere Staaten, z. B. Frankreich, stehen grundsätzlich ebenfalls auf dem Boden des jus sanguinis, berücksichtigen aber auch das jus soli, indem ein gewisser Wert auf den Ort der Geburt gelegt wird. Die angelsächsischen und die ibero-amerikanischen Staaten erklären im wesentlichen das jus soli für maßgebend für den Erwerb der Staatsangehörigkeit mit größeren oder geringeren Abweichungen zugunsten der eigenen Nationalität [8]).

§ 298. Was aber ist Staatsangehörigkeit? In der neueren Zeit bis zur französischen Revolution war der Begriff der Staatsangehörigkeit territorial bestimmt. Staatsangehörig, d. h. untertan, war, wer in einem Gebiet wohnte. Die neuen Auffassungen seit Ende des 18. Jahrhunderts haben die territorialen Grenzen gesprengt. Der französische Gesetzgeber hat damit begonnen, die heimatlichen Gesetze auch für im Ausland wohnende Franzosen für verbindlich zu erklären [9]).

---

[1]) §§ 1—32. [2]) §§ 33—35. [3]) §§ 4, 5, 6, 8 ff. [4]) §§ 18—24.
[5]) § 17 Nr. 5. [6]) § 17 Nr. 6. [7]) § 25.

[8]) Eine eingehende Darstellung des Rechts der in den einzelnen Staaten geltenden Grundsätze über Erwerb und Verlust der Staatsangehörigkeit geben Zeballos, La Nationalité, Paris 1914—1919 und die von verschiedenen Verfassern stammenden Einzelabhandlungen in Rép. Bd. 9 S. 320—814 Paris 1931. Zur Gewinnung eines Überblicks sind »Magnus, Tabellen zum internationalen Recht, 2. Heft, Staatsangehörigkeit«, Berlin 1926 vortrefflich geeignet.

[9]) Art. 3 Abs. 3 C. C. »Les lois concernant l'état et la capacité des personnes régissent les Français, même résidant en pays étranger.«

Seitdem haben die Kulturvölker das Gesetzgebungsrecht eines Staates für seine Angehörigen anerkannt: nicht in dem Sinne, daß irgendein anderer Staat verpflichtet wäre, eine derartige Gesetzgebung zu befolgen, wohl aber in dem Sinne, daß eine solche, die territorialen Grenzen nicht berücksichtigende Gesetzgebung als völkerrechtlich zulässig angesehen wird, mit anderen Worten: daß keine Völkerrechtsverletzung darin gefunden wird, wenn der Heimatsstaat solche Gesetze erläßt und sie durchsetzt, falls er dazu die Macht hat. Noch heute wenden die Staaten, bei welchen im internationalen Privatrecht das Wohnsitzprinzip gilt, die Gesetzgebung des Heimatsstaates auf das Personalstatut Fremder nicht an. Aber niemand bestreitet dem Heimatsstaat solches Gesetzgebungsrecht in dem Sinne, daß er, soweit seine Macht reicht, seine Gesetze auch auf seine im Ausland wohnenden Angehörigen anwendet. So ist es auch im öffentlichen Recht. Ein Staat handelt völkerrechtsgemäß, wenn er seinen Angehörigen unabhängig von Wohnsitz und Aufenthalt militärische Dienstpflicht und Steuern auferlegt. Mangels besonderer Staatsverträge wird zwar der fremde Wohnsitz- oder Aufenthaltsstaat dem Heimatsstaat niemals zur Durchführung solcher Gesetze behilflich sein, aber wenn ein solcher Militär- oder Steuerpflichtiger in seinem Heimatsstaat, sei es für noch so kurze Zeit, sei es auch ohne Absicht (z. B. infolge eines Schiffsunfalles) sich aufhält, so ist der Heimatsstaat berechtigt, dem Angehörigen gegenüber die Befolgung solcher Gesetze zu erzwingen[1] [2]. Ja, wenn er niemals den Boden des Heimatsstaats betritt, darf dieser das im Inland befindliche Vermögen des ungehorsamen Angehörigen beschlagnahmen, um seine Befehle durch zusetzen oder einen Druck zu ihrer Befolgung auszuüben.

Dagegen setzt die Befehlsgewalt eines anderen Staates als des Heimatsstaates irgendeine territoriale Verknüpfung voraus: Wohnsitz oder Aufenthalt, Grundeigentum oder das Betreiben einer Erwerbstätigkeit im Inland, oder den Bezug von Einkünften aus dem Inland und dergleichen. Die Gerichte und Verwaltungsbehörden desjenigen Staates, welcher derartige Gesetze für Fremde beim Fehlen jeder territorialen Anknüpfung erlassen hat, werden sie zwar

[1]) Isay, La nationalité in Recueil Bd. 5 S. 454 f., und Supreme Court of Illinois 1882, v. Roth, 104 Illinois 35, entnommen aus Beale I S. 651.

[2]) Die sich in diesem Zusammenhange aufwerfenden Fragen des internationalen Strafrechts können hier nicht erörtert werden. Vgl. hierüber Drost in Z Bd. 43 S. 111 ff. und das dort beigebrachte Material,, insbesondere das auf S. 116 Anm. 8 zitierte Urteil des ständigen internationalen Gerichtshofs im Haag.

anwenden müssen (es sei denn, daß dort besondere Grundsätze über die Nichtbefolgung völkerrechtswidriger Gesetze vorhanden sind). Aber der Heimatsstaat kann sich in jeder völkerrechtlich zulässigen Weise gegen derartige Übergriffe wehren.

§ 299. Mit der letzten Feststellung ist bereits das zweite inhaltliche Moment für die Staatsangehörigkeit gegeben: das Schutzrecht des Heimatsstaates für seinen Angehörigen, unabhängig von dessen Wohnsitz oder Aufenthalt. Es gehört zu den normalen Aufgaben der diplomatischen Vertreter und der Konsuln eines Staates, gerade die im Ausland wohnhaften und sich aufhaltenden Staatsgenossen zu schützen. Ein anderer Staat kann solche Rechte nicht allgemein ausüben. Er muß regelmäßig vom Heimatsstaat ein solches Recht herleiten, etwa durch Auftrag, oder auf Grund eines Protektorats oder ähnlichen Verhältnisses. Vielleicht mögen auch besondere örtliche Beziehungen, z. B. Wohnsitz des Betreffenden in dem schützenden Staat genügen (vgl. den unten erörterten Fall Koszta), aber allgemein hat dieses Schutzrecht nur der Heimatsstaat. Analog liegt es mit dem Recht eines Staats vor einer internationalen Gerichtsbarkeit, insbesondere vor dem internationalen Gerichtshof im Haag, die Rechte von Privatpersonen geltend zu machen. Solches Recht hat allgemein nur der Heimatsstaat [1]).

§ 300. Diese völkerrechtliche Befugnis zur Erteilung von Befehlen und zum Schutz ist, was die Rechte des Heimatsstaates angeht, das Wesentliche für die Begriffsbestimmung der Staatsangehörigkeit. Es kommt nicht darauf an, ob ein Staat von solchen Befugnissen Gebrauch macht. Er kann seine Gesetze, was die Personen angeht, auf diejenigen beschränken, die in seinem Gebiet wohnen. Er kann den Schutz seiner Angehörigen im Ausland völlig oder für gewisse Klassen seiner Angehörigen unterlassen. Er kann auch die völkerrechtlichen Grenzen durch seine innere Gesetzgebung überschreiten, indem er Gesetze für Ausländer erläßt, obwohl der erforderliche territoriale Zusammenhang fehlt. Das alles ist für den Inhalt der Staatsangehörigkeit gleichgültig. Es kommt darauf an, was der Staat völkerrechtlich darf, nicht, was er in Wirklichkeit tut. Jede andere Auffassung führt zu praktisch unerträglichen Folgen. Niemand wird ernsthaft behaupten wollen, daß eine Staatsangehörigkeit derjenigen Staaten nicht besteht, die an ihre ausge-

[1]) Dem Heimatsstaat ausdrücklich zugesprochen von dem internationalen Gerichtshof im Haag u. a. in Sachen Mavrommatis (Recueil des arrêts de la Cour permanente internationale, jugement Nr. 2 p. 12; vgl. Travers in Clunet 1925 S. 32).

wanderten Bürger keine Anforderungen stellen, und auch deren Verhältnisse nicht zivilrechtlich regeln. Vom Standpunkt der Befugnisse des Staats gegenüber seinen Angehörigen können daher allein die völkerrechtlich zugelassenen Rechte des Staates gegenüber dem Einzelnen (Befehlsrechte) und in bezug auf ihn (Schutzrechte) maßgebend sein. Insoweit ist also der Inhalt der Staatsangehörigkeit ein völkerrechtlicher Begriff.

§ 301. Dieser Umstand schließt nicht mit Begriffsnotwendigkeit aus, daß für den Inhalt der Staatsangehörigkeit auch gewisse Rechte des Angehörigen gegen den Staat völkerrechtlich vorausgesetzt werden könnten. Es wäre theoretisch denkbar, daß das Völkerrecht nur dann einem Staat die vorstehend geschilderten Machtbefugnisse gewährt, wenn der Staat dem Einzelnen gegenüber irgendwelche Gegenleistungen tatsächlich erfüllt. Das wäre denkbar, aber es ist nicht der Fall. Wenn nicht die Verletzung der Rechte anderer Staaten (von Staatsverträgen) in Frage kommt, verhält sich das Völkerrecht zu den Beziehungen zwischen einem Staat und seinen Angehörigen neutral. Die Unterdrückung einzelner Rassen oder Glaubensgemeinschaften innerhalb eines Staates mag politisch unerträglich werden und sogar zu Kriegen führen, aber völkerrechtswidrig ist sie mangels besonderer Bindungen nicht.

Dem entspricht es, daß trotz allem, was humane und patriotische Empfindung dazu veranlaßt hat, in die Definition der Staatsangehörigkeit den Begriff der gegenseitigen Treue oder dergleichen einzufügen [1]), in Wirklichkeit die Übernahme von Pflichten seitens des Staates gegenüber seinen Angehörigen und erst recht deren Erfüllung für den Begriff der Staatsangehörigkeit vollkommen bedeutungslos ist.

§ 302. Dieser Rechtsanschauung entspricht das Verhalten der deutschen Gerichte. Mir ist kein Fall bekannt, in dem deutsche Ge-

---

[1]) Das gegenseitige Treueverhältnis wird in der Literatur vielfach als bestimmend für den Begriff der Staatsangehörigkeit angesehen. Vgl. die Zitate bei v. Bar Bd. I S. 181 Anm. 8; ebenso Frankenstein Bd. I S. 38; Isay, Kommentar zum Reichs- und Staatsangehörigkeitsgesetz S. 5 ff. bezeichnet die Staatsangehörigkeit als ein Verhältnis »gegenseitiger Rechte und Pflichten« Weiß Bd. I S. 7 ff. (9 f.) steht ebenfalls auf den Standpunkt der Gegenseitigkeit. Er nimmt — offenbar unter dem Einfluß von Rousseaus Contrat Social — einen stillschweigenden Vertrag zwischen Staat und Staatsangehörigen an. Dagegen kommt in der angelsächsischen Literatur die trockene Wirklichkeit zum Ausdruck. Blackstone in seinem Kommentar über englisches Recht, 1822 Bd. II S. 61 ff. und Dicey S. 156 Rule 20 Nr. 1 stellen die Staatsangehörigkeit auf die dauernde von territorialen Voraussetzungen nicht abhängige Pflicht zum Gehorsam (allegiance) des Staatsangehörigen ab.

richte den Inhalt eines fremden Staatsangehörigkeitsrechts darauf untersucht haben, ob er sich annähernd mit dem deutschen deckt, insbesondere darauf, ob der Staatsangehörige annähernd äquivalente Rechte gegen den Staat und im Staat hat wie der deutsche Bürger. Die Prüfung beschränkt sich immer darauf, ob der fremde Staat eine Person als Angehörigen für sich in Anspruch nimmt. Darin liegt aber nicht notwendig die Gewährung irgendwelcher Rechte seitens dieses Staates an den Staatsangehörigen — weder politischer Rechte oder auch nur des Rechts auf Aufenthalt im Staatsgebiet. Unsere Gerichte haben auch zur Zeit der größten religiösen Bedrückung in der Türkei und in Rußland stets angenommen, daß türkische Christen Türken und russische Juden Russen waren. Niemand zweifelt daran, daß der völlig entrechtete sowjetrussische Bourgeois die russische Staatsangehörigkeit besitzt; und in einem Vertrage mit der südafrikanischen Union [1]) sind die im afrikanischen Text als »onderdane of burgers«, im englischen Text als »subjects or citizens« bezeichneten Personen im deutschen Text »Staatsangehörige« genannt, woraus deutlich genug erhellt, daß es für unseren Begriff der Staatsangehörigkeit gleichgültig ist, ob jemand politische Rechte besitzt (burger, citizen) oder nicht (onderdaan, subject) [2]). Es gibt hier für unser internationales Privatrecht, und soweit ich sehe — für irgendein internationales Privatrecht keine unteren Grenzen der Rechte. Nicht einmal das Recht zum Aufenthalt im Heimatsstaat ist der Staatsangehörigkeit begriffswesentlich [3]):

Nach § 23 des Reichsgesetzes zum Schutze der Republik vom 21. 7. 1922 [4]) kann Mitgliedern solcher Familien, von denen ein Angehöriger bis November 1918 in einem ehemaligen deutschen Bundesstaat regiert hat, wenn sie ihren Wohnsitz oder dauernden Aufenthalt im Ausland haben, von der Reichsregierung das Betreten des Reichsgebietes untersagt werden, wenn die Besorgnis gerechtfertigt ist, daß andernfalls das Wohl der Republik gefährdet

---

[1]) RGBl. 1929 II S. 15 Art. 5 f.

[2]) Der Ausdruck »onderdane, subjects« bezieht sich natürlich auf die Farbigen, welche nicht die Rechte von Bürgern haben.

[3]) v. Bar Bd. I S. 181 sieht das unzerstörbare Aufenthaltsrecht als Erkennungsmittel der Staatsangehörigkeit im international-privatrechtlichen Sinne an. Für diejenigen internationalen Privatrechte, welche die Staatsangehörigkeit als Anknüpfungspunkt benutzen, — jedenfalls für das deutsche — fehlt aber jeder Anhalt für eine derartige Qualifizierung. Wenn die Staatsangehörigkeit als maßgebend für das Personalstatut angesehen wird, so ist es überall die Staatsangehörigkeit als solche, ohne jede besondere Beziehung auf ein Wohnrecht.

[4]) RGBl. I S. 585.

ist. Im Falle der Zuwiderhandlung können sie durch Beschluß der Reichsregierung aus dem Reichsgebiet ausgewiesen werden, Dafür, daß solchen Mitgliedern der früheren fürstlichen Familien die Reichsangehörigkeit entzogen sei, fehlt es an jedem Anhalt.

Frankreich, Spanien, Portugal, Mexiko, Argentinien, Ekuador, Venezuela, Peru, Uruguay, Paraguay, Nicaragua, Honduras, Costa Rica [1]) und Sowjetrußland (Fall Trotzki) können die eigenen Volksgenossen aus dem Heimatsstaat verbannen. England und die Vereinigten Staaten liefern eigene Staatsangehörige an das Ausland aus, wenn sie dort Verbrechen begangen haben [2]). Niemals ist jemand auch nur auf den Gedanken gekommen, wegen dieser Sachlage zu bezweifeln, daß eine wirkliche Staatsangehörigkeit der genannten Staaten besteht.

So hat auch das ägyptische gemischte Berufungsgericht [3]) den Grundsatz ausgesprochen: »Der Genuß der Zivil- und politischen Rechte, welche ein Attribut des Bürgerrechts sind, ist nicht wesentlich für die Staatsangehörigkeit, die ausschließlich auf der Idee der Unterwerfung unter die Souveränität des Staates beruht. Folglich kann trotz der vielfachen Zurücksetzungen, welche früher die Stellung der Juden in dem ehemaligen Kirchenstaat charakterisierten, die römische Staatsangehörigkeit der letzteren im 19. Jahrhundert nicht bestritten werden«.

Da nicht der geringste Anhalt dafür vorliegt, daß der deutsche Gesetzgeber bei seinen international-privatrechtlichen Bestimmungen den Begriff Staatsangehörigkeit in einem anderen Sinne verstanden hat als dem völkerrechtlichen, so ist der vorstehend entwickelte Begriff der Staatsangehörigkeit als Bestandteil der ihn verwendenden deutschen Kollisionsnorm anzusehen.

§ 303. Für den Begriff Staatsangehörigkeit im deutschen internationalen Privatrecht ist also lediglich das von territorialen Anknüpfungen unabhängige Befehlsrecht und Schutzrecht eines Staates gegenüber einer physischen Person maßgebend. Woran ist zu erkennen, ob ein solches Recht des Staates gegenüber dem Einzelnen besteht?

Die Antwort auf diese Frage gibt das Völkerrecht.

Ob jemand Angehöriger eines Staates ist, richtet sich innerhalb gewisser, unten zu besprechender Grenzen nach dem Willen dieses Staates. Der internationale Gerichtshof im Haag hat in einem

---

[1]) Isay, die Staatsangehörigkeit der juristischen Personen 1907 S. 35.

[2]) Isay a. a. O. S. 36.

[3]) 12. 5. 1925, Clunet 1926 S. 1075.

Gutachten ausgesprochen: »que la qualité de ressortissant d'un État ne peut se fonder que sur la loi de cet État, et que partant toute convention qui se réfère à ladite qualité renvoie tacitement à la loi nationale« [1]). Das heißt also: das Recht des einzelnen Staates bestimmt, ob jemand sein Angehöriger ist. Daraus folgt, daß auch der Inhalt der Staatsangehörigkeit sich nach dem Recht des einzelnen Staates richtet. Nicht ganz so deutlich, aber noch immer deutlich genug, kommt derselbe Standpunkt in einem anderen Gutachten des internationalen Gerichtshofes [2]) zum Ausdruck. Hier wird ausgesprochen, daß nach dem heutigen Stand des internationalen Rechts die Frage der Nationalität (vorbehaltlich etwaiger Bindungen durch Verträge) »en principe« der ausschließlichen Zuständigkeit des einzelnen Staates unterliegt.

Auf demselben Standpunkt steht die Rechtsprechung des Reichsgerichts [3]) und ganz überwiegend auch die außerdeutsche Rechtsprechung [4]). Diese Abstellung auf das Recht des fremden Staates geht soweit, daß wir gegenüber diesem Gesichtspunkt selbst die Vorschriften unseres eigenen internationalen Privatrechts zurückstellen. Nach Art. 11 Abs. 1 Satz 2 EGBGB genügt für die Form eines Rechtsgeschäftes die Beobachtung der Gesetze des Ortes, an dem das Rechtsgeschäft vorgenommen wird. Wir betrachten daher Ehen von Ausländern als gültig, wenn sie in der Ortsform geschlossen sind, selbst wenn das Heimatsrecht sie nicht anerkennt, z. B. weil die von diesem vorgeschriebene religiöse Form nicht gewahrt ist. Aber für die Staatsangehörigkeit ziehen wir aus dieser Auffassung keine Konsequenzen. Wenn nach dem Heimatsrecht des Mannes zwar eine Ehefrau durch ihre Heirat die Staatsangehörigkeit des Mannes erwirbt, aber des Mannes Heimatsstaat wegen Nichtanerkennung

---

1) 21. 2. 1925, Publications de la Cour Permanente de Justice Internationale, Série B Nr. 10 S. 19, vgl. auch S. 22. Salvioli, La Jurisprudence de la Cour Permanente de Justice in Recueil Bd. 12 S. 77 Anm. 1, wendet sich m. E. mit Unrecht gegen diesen Standpunkt des Gerichts mit der Begründung, daß man erst wissen müsse, welchem Staat jemand angehört, ehe man das Recht solchen Staates in Anwendung bringe.

2) 7. 2. 1923, Publications de la Cour Permanente de Justice Internationale, Série B Nr. 4 S. 24 = Clunet 1923 S. 430 ff.; Francqueville Bd. II S. 700.

3) RGStr. 19. 12. 1911, RGStr. Bd. 45 S. 309 ff.; RG 4. 3. 1915, JW 1915 S. 583 = WarnRspr. 1915 Nr. 293 S. 455 ff. = LZ 1915 Sp. 1008.

4) Abweichend jedoch französischer Kassationshof 2. 6. 1908, Revue 1909 S. 247 ff. (249 f.), wo die Frage, ob ein in Frankreich geborenes natürliches Kind Russe war, auf Grund des französischen Rechts abweichend vom russischen (polnischen) Recht bejaht ist.

einer solchen Ehe die Frau nicht als Staatsangehörige betrachtet, so gehen auch unsere Gerichte davon aus, daß die Frau die neue Staatsangehörigkeit nicht erworben hat [1]).

§ 304. Der Herrschaftswille des Staates, welcher den Einzelnen zum Staatsangehörigen macht, darf aber kein mißbräuchlicher sein. Es muß eine genügende Verbindung zwischen dem Staat, der eine physische Person als Staatsangehörigen behandeln will, und dieser Person bestehen. Es ist unzweifelhaft, daß eine genügende Verbindung vorliegt, wenn ein Mensch von einem Staat als Angehöriger in Anspruch genommen wird, weil er durch Abstammung zu ihm gehört, oder weil er auf dem Gebiet dieses Staates geboren ist, weil eine Frau einen Angehörigen dieses Staates geheiratet hat, oder weil jemand sich, während er in diesem Staate wohnte, dort hat naturalisieren lassen, sofern solche Arten des Erwerbs der Staatsangehörigkeit dem Recht des betreffenden Staates entsprechen. Aber jenseits dieser Tatbestände, welche die als Staatsangehörigkeit bezeichnete Herrschaft eines Staates über eine Person unzweifelhaft begründen können, liegen andere, bei denen solche Wirkung zweifelhaft ist, und sind noch andere denkbar, bei denen solche Wirkung sicher nicht eintritt.

§ 65 Nr. 4 der brasilianischen Verfassung von 1891, welcher bestimmte, daß alle Fremden, die am 15. 11. 1889 in Brasilien wohnten, wenn sie nicht innerhalb von 6 Monaten nach Inkrafttreten der Verfassung ihre Absicht erklärten, die alte Staatsangehörigkeit zu behalten, als Brasilianer anzusehen seien, ist völkerrechtlich von zweifelhafter Gültigkeit. Es steht zum mindesten nicht fest, daß ein Staat einen Fremden ohne seinen Willen auf Grund bloßen Wohnsitzes zum Staatsangehörigen machen kann [2]).

In dem vorstehend bereits erwähnten Gutachten des ständigen internationalen Gerichtshofs im Haag vom 7. 2. 1923 handelte es sich um folgenden Fall: Auf Grund von Dekreten des Bey von Tunis und des Sultans von Marokko vom 8. 11. 1921, die mit Zustimmung Frankreichs erlassen waren, sollte jeder Franzose sein, der in der Regentschaft Tunis oder in der fransösischen Zone des scherifischen Kaiser-

---

[1]) RG 17. 12. 1908, RG Bd. 70 S. 139 ff.; RG 16. 12. 1920, WarnRspr. 1921 Nr. 35 S. 40 ff. = LZ 1921 Sp. 309 ff.; RG 16. 11. 1922, RG Bd. 105 S. 363 ff.

[2]) Die im Text erwähnte Bestimmung des brasilianischen Rechts ist für völkerrechtlich unwirksam erklärt vom Tribunal de la Seine vom 13. 7 1915 und vom 1. 2. 1916, Revue 1915/16 S. 67 und 112, für völlkerrechtich verbindlich vom Gemischten Berufungsgericht Alexandria vom 26. 4. 1917, Clunet 1917 S. 1818 ff.

reichs geboren war und von Eltern abstammte, von denen einer als Fremder der Gerichtsbarkeit der französischen Gerichte des Protektorates unterstand[1]), vorausgesetzt, daß die Abstammung in Gemäßheit des Heimatsrechts des Aszendenten oder in Gemäßheit des französischen Rechts nachgewiesen war, bevor der Betreffende das Alter von 21 Jahren erreicht hatte.

Die Rechtsgültigkeit des tunesischen Dekretes würde zur Folge gehabt haben, daß eine erhebliche Anzahl Malteser (großbritannischer Untertanen) die französische Nationalität erworben haben würde. Groß-Britannien protestierte mit der Begründung, daß die französischen Protektorate Tunis und Marokko für dort geborene englische Untertanen selbst mit Zustimmung Frankreichs nicht anordnen könnten, daß sie Franzosen seien, und schlug ein Schiedsgericht vor. Frankreich lehnte das ab, weil es sich um eine rein innerstaatliche Frage handele. Groß-Britannien brachte dann die Meinungsverschiedenheit vor den Rat des Völkerbundes. Auf dessen Veranlassung wurde ein Gutachten des internationalen Gerichtshofes im Haag zunächst über die Frage eingezogen, ob es sich hier um eine innerstaatliche oder völkerrechtliche Frage handele[2]). Der Gerichtshof hat — wie schon an anderer Stelle erwähnt — das Recht des einzelnen Staates grundsätzlich als maßgeblich für die Frage der Staatsangehörigkeit erklärt, aber hinzugefügt:

»La question de savoir si la compétence exclusive que l'Etat protecteur possède en matière de nationalité sur son propre territoire s'étend au territoire de l'Etat protégé, dépend d'un examen de l'ensemble de la situation telle qu'elle se présente du point de vue du droit international. Donc, la question sort du cadre de la compétence exclusive telle qu'elle se trouve définie ci-dessus«[3]).

Der Gerichtshof hat über die Frage, ob die Übereinstimmung Frankreichs und der Protektorate die Verleihung der französischen Staatsangehörigkeit völkerrechtlich zulässig erscheinen lasse, das Folgende bemerkt:

»La Cour observe qu'en tout cas, il sera toujours nécessaire de recourir au droit international pour décider qu'elle sera la valeur d'un tel accord au regard des Etat tiers et que, par conséquent, cette

[1]) Das heißt: kein Eingeborener war.

[2]) Die überaus interessanten Plaidoyers der Regierungsvertreter sind abgedruckt Revue 1922/23 S. 1—287.

[3]) Publications de la Cour Permanente de Justice Internationale, Série B Nr. 4 S. 28 = Clunet 1923 S. 435.

question sort de la compétence exclusive laissée à l'Etat par le droit international, suivant la définition ci-dessus«[1]).

Der Gerichtshof hat hier also die Möglichkeit offen gelassen, daß eine solche Verständigung zwischen schützendem Staat und Protektorat dritte Staaten nicht binde. Zu einer Entscheidung dieser völkerrechtlichen Frage ist es nicht gekommen, da die Meinungsverschiedenheiten später durch eine Verständigung beigelegt sind. Aber die gegebene vorläufige Entscheidung beweist, daß dem Recht eines Staates, sich Staatsangehörige zuzueignen, völkerrechtliche Grenzen gezogen sein können.

Keinesfalls ist ein Staat völkerrechtlich befugt, Fremden, die weder auf seinem Gebiet noch in seinem Protektorat wohnen, unter dem Gesichtspunkt der Rassen- oder Sprachgemeinschaft seine Staatsangehörigkeit zu verleihen[2]).

§ 305. Ferner ist der Herrschaftswille eines Staates über eine Person dann keine genügende Grundlage für die Staatsangehörigkeit, wenn der Staat den Betreffenden selbst als Fremden behandelt. Das war früher im allgemeinen die Stellung der in Rumänien wohnenden Juden. Obwohl ein solcher Jude von Rumänien als sujet roumain bezeichnet wurde, wurde er doch vom französischen Kassationshof mit Recht nicht als Rumäne behandelt[3]). So sind meines Erachtens auch von deutschen Gerichten Fremde, die in den Vereinigten Staaten wohnen und dort die vorbereitenden Schritte zur Erlangung des Bürgerrechts getan haben, nicht als Staatsangehörige der Vereinigten Staaten anzusehen, obwohl die Vereinigten Staaten weitgehende Schutzrechte[4]) und Herrschaftsrechte (z. B. das Recht auf militärische Dienstpflicht)[5]) gegenüber solchen Personen in Anspruch genommen haben.

§ 306. Für die Frage, wie der Nachweis der Staatsangehörigkeit zu führen ist, fehlt es an jeder allgemeinen Regelung. Kein völkerrechtlicher Satz bestimmt, daß eine von der zuständigen Behörde eines fremden Staates erteilte Urkunde, in welcher eine Person als Angehöriger dieses Staates bezeichnet wird, international unbedingt maßgebend ist[6]). Die Gerichte können die Staatsangehörigkeit selbständig nachprüfen, und zwar nicht nur unter dem Gesichts-

---

[1]) a. a. O.

[2]) Vgl. Isay in Recueil Bd. 5 S. 441 und die dort befindlichen Zitate.

[3]) 10. 2. 1920, Revue 1920 S. 469 ff.

[4]) Fall Koszta, Wharton Bd. I S. 26 Anm. 3 und S. 94 Anm.

[5]) Clunet 1918 S. 128 und S. 942.

[6]) Die Rechtslage ist hier also anders als bei der Staatszugehörigkeit von Schiffen. Vgl. § 337 S. 485 f.

punkt, ob ein fremder Staat, wenn er eine Person als Angehörigen behandelt, mißbräuchlich verfährt. So ist dem Bürgerbrief eines in den Vereinigten Staaten von Nordamerika naturalisierten früheren Deutschen die Anerkennung als Beweismittel für die amerikanische Staatsangehörigkeit vom Reichsgericht versagt worden, weil der Bürgerbrief erschlichen (auf Grund unwahrer Angaben erreicht) war und nach der irrevisiblen Auslegung des amerikanischen Rechts durch das Berufungsgericht diese Tatsache genügte, die scheinbare Einbürgerung materiell unwirksam zu machen [1]). Aber wenn nach dem Recht des einbürgernden Staates die Naturalisationsurkunde konstitutive Wirkung hat, also die Staatsangehörigkeit begründet, selbst wenn die Naturalisation gesetzlich unzulässig war, so ergibt diese Urkunde den vollen Beweis der Einbürgerung [2]).

Während es hiernach von den Umständen abhängt, ob eine zum Nachweis der Staatsangehörigkeit geradezu bestimmte Urkunde diesen Nachweis wirklich begründet, kann andererseits aus staatlichen Urkunden, mit denen im wesentlichen andere Zwecke verfolgt werden, die Anerkennung der Staatsangehörigkeit einer Person gefolgert werden. So hat das Hanseatische Oberlandesgericht in einem Fall, in welchem es zweifelhaft war, ob Eheleute Russen oder Polen waren, aus der Tatsache, daß Polen ihnen einen Paß erteilt hatte, den Schluß gezogen, daß Polen sie als Staatsangehörige anerkenne, und dementsprechend die Eheleute als Polen behandelt [3]).

Feststellung des Personalstatuts bei mehrfacher und bei fehlender Staatsangehörigkeit und bei Herrschaft mehrerer Rechte im Heimatstaat.

Regel 1 (§ 308): Hat eine Person außer der deutschen eine ausländische Staatsangehörigkeit, so bleibt diese für die Anknüpfung gemäß dem internationalen Privatrecht des Deutschen Reichs außer Betracht.

Unter mehreren ausländischen Staatsangehörigkeiten geht die desjenigen Staats vor, zu dem die engsten Beziehungen bestehen, insbesondere die desjenigen Staates, in dem sich der Wohnsitz oder der dauernde Aufenthalt befindet.

Regel 2 (§ 309): Gehört eine Person keinem Staate an, so tritt an die Stelle des Heimatsrechts das Recht des Staates, dem sie zuletzt angehört

---

[1]) RG 4. 3. 1915, JW 1915 S. 583 ff. = WarnRspr. 1915 S. 455 ff. Nr. 223 = LZ 1915 Sp. 1008.

[2]) RG 1. 7. 1915, WarnRspr. 1915 S. 399 ff. Nr. 224. Diese Entscheidung betrifft eine Einbürgerung in Preußen, aber die Gründe sind offenbar auch auf ausländische Naturalisierungen anwendbar.

[3]) 27. 12. 1930, HansRGZ 1931 B Sp. 471 ff.

hat, und wenn sie auch früher einem Staate nicht angehört hat, das Recht ihres Wohnsitzes.

Unter mehreren Wohnsitzen geht derjenige vor, zu dem die engsten Beziehungen bestehen, insbesondere derjenige, an dem die Person tatsächlich wohnt. Liegt einer der Wohnsitze in Deutschland, so geht dieser im Zweifel vor.

In Ermangelung eines Wohnsitzes ist der Aufenthalt maßgebend.

Regel 3 (§ 310): Bei Rechtsverschiedenheit innerhalb eines Bundesstaats gilt — wahrscheinlich — Angehörigkeit zu einem Einzelstaat desselben als Anknüpfungspunkt.

Regel 4 (§ 311): Gelten im Heimatsstaat örtlich verschiedene Rechte, so ist unter diesen dasjenige anzuwenden, dessen Anwendung der im Heimatsstaate geltenden Kollisionsregelung entspricht.

In Ermangelung einer solchen Regelung ist das Recht desjenigen Ortes im Heimatsstaate anzuwenden, zu dem die engsten Beziehungen bestehen, insbesondere das Recht des Wohnsitzes im Heimatsstaate. In letzter Linie ist — wahrscheinlich — das Recht der Hauptstadt des Heimatsstaates anwendbar.

§ 307. Da die Staatsangehörigkeit sich grundsätzlich nach dem Recht des Staates richtet, dessen Staatsangehörigkeit in Frage steht, und da in dieser Materie die Vorschriften der verschiedenen Staaten mehr oder weniger verschieden sind, gibt es Personen, die mehreren Staaten, und solche, die keinem Staate angehören [1]). Zur Feststellung des Personalstatuts dieser »Doppel«- und »Mehrstaater« (im folgenden stets als »Doppelstaater« bezeichnet) und »Staatenlosen« (»Heimatlosen«) bedarf es einer Ergänzung der auf das Heimatsrecht verweisenden Vorschriften des deutschen internationalen Privatrechts.

§ 308. Für die Doppelstaater trifft das Gesetz keine Bestimmung. Nach der Rechtsprechung ist für das internationale Privatrecht des deutschen Rechts zu unterscheiden, ob eine der beiden Staatsangehörigkeiten die deutsche ist. Ist das der Fall, so kommt eine weitere Staatsangehörigkeit nicht in Betracht. Das deutsche Recht ist solchenfalls Personalstatut [2]) [3]).

---

1) Isay, JW 1924 S. 1481 ff., glaubt de lege lata die Fälle der mehrfachen Staatsangehörigkeit durch richtige Gesetzesauslegung sehr beschränken zu können, für das deutsche Recht insbesondere, indem er in Analogie zu Art. 25 des Reichs- und Staatsangehörigkeitsgesetzes vom 22. 7. 1913 annimmt, daß der Doppelstaater die deutsche Staatsangehörigkeit auch durch konkludente Handlungen verliere, die eine Option für die ausländische Staatsangehörigkeit enthalten.

2) RG 24. 1. 1908, Z Bd. 18 S. 535 ff. (539); RG 13. 3. 1924, LZ 1924 Sp. 741; RG 5. 11. 1928, JW 1929 S. 434 f. = Z Bd. 43 S. 86 f. = ZAIP Sonderheft 1929 Nr. 1 = HansRGZ 1929 B S. 218. Ebenso für öffentliches Recht im allgemeinen RGStr. 25. 1. 1916, RGStr. Bd. 49 S. 373 ff., für Strafrecht RGStr. 2. 6. 1881, RGStr. Bd. 4 S. 271 ff., zur Frage der Fähigkeit zum Laienrichter auch RG IV. Strafsenat 11. 3. 1924, JW 1924 S. 1529 f.

3) Aus der deutschen Literatur: v. Bar Bd. I S. 261; Zitelmann Bd. I

Über die Anknüpfung bei mehrfacher fremder Staatsangehörigkeit ist in einem badischen Prozesse eine Reichsgerichtsentscheidung ergangen, in der auf Grund des vor 1900 in Geltung gewesenen badischen internationalen Privatrechts bei Vorliegen preußischer und holländischer Staatsangehörigkeit der letzteren der Vorrang gegeben wurde, weil die betreffende Person in Holland ihren dauernden Aufenthalt hatte [1]. In dieselbe Richtung geht ein Beschluß der Haager Völkerrechtskonferenz von 1930 [2], der unter mehreren fremden Staatsangehörigkeiten die, mit der sich der gewöhnliche Aufenthalt verbindet, und die, mit der die Person nach den Umständen tatsächlich am engsten verbunden scheint, zur Wahl stellt [3]. Hiernach dürfte anzunehmen sein, daß für das deutsche internationale Privatrecht unter mehreren fremden Staatsangehörigkeiten diejenige den Vorrang hat, mit der sich der Wohnsitz oder dauernde Aufenthalt verbindet. Wenn es aber an solchem Zusammenfallen fehlt oder eine andere überwiegende Verbindung mit einem der in Frage kommenden Staaten vorhanden ist, so wird man der Nationalität des Staats den Vorrang einräumen müssen, zu dem die engsten Verbindungen bestehen [4] [5].

S. 175; Niemeyer S. 64; Niedner Art. 29, 3 b α; Habicht S. 229; Neumeyer I. Pr. R. § 20 S. 17; Raape Art. 29 B III 2 b α; dagegen: Kahn Bd. 1 S. 59; Neumann Art. 29; Frankenstein Bd. I S. 92.

[1]) 24. 1. 1908, Z Bd. 18 S. 535 ff. = Revue 1909 S. 320. Es handelte sich um einen Tatbestand, der sich vor Inkrafttreten des neuen Rechts verwirklicht hatte, und um eine Rechtsmaterie, für die in Deutschland zu dem maßgeblichen Zeitpunkt keine Rechtseinheit bestand. Das Reichsgericht hat ausgeführt, daß bei dieser Sachlage für den badischen Richter die preußische und die holländische Staatsangehörigkeit gleichmäßig als fremde anzusehen seien.

[2]) Art. 5 der Beschlüsse über die Staatsangehörigkeit vom 9. 4. 1930. Vgl. Revue 1930 S. 338.

[3]) Vgl. auch das Urteil des ständigen Schiedsgerichtshofs im Haag vom 3. 5. 1912 in Sachen Italien gegen Peru, Clunet 1912 S. 1317 ff. = Revue 1912 S. 331 ff. Jemand, der die italienische und die peruanische Staatsangehörigkeit besaß, wurde für die Frage der Völkerrechtswidrigkeit einer Rechtsentziehung durch peruanisches Gesetz als Peruaner angesehen, weil er sich mehrfach als Peruaner betragen, insbesondere für den Senat von Peru kandidiert und vor Annahme des Konsulamts für einen dritten Staat die Erlaubnis der Regierung und des Kongresses von Peru eingeholt hatte.

[4]) Ähnlich Habicht S. 230 mit dem Hinzufügen, daß danach regelmäßig die jüngere Staatsangehörigkeit vorgehen müsse, bei gleichzeitigem Erwerb aber die durch Abstammung erworbene. Ähnlich auch Raape Art. 29 B III 2 b β: in erster Linie sei der Wohnsitz in einem der beiden Heimatsstaaten maßgebend, eventuell der letzte Wohnsitz in einem dieser Staaten, eventuell die jüngere Staatsangehörigkeit, eventuell die auf jus sanguinis beruhende. v. Bar Bd. I S. 261 erklärt die Entscheidung für maßgebend, welche das Individuum nach

§ 309. Staatenlose unterliegen nach Art. 29 EG in erster Linie dem Recht des Staates, dem sie zuletzt angehört haben [1]). Dabei kommt es für die Feststellung der Staatenlosigkeit und der früheren Staatsangehörigkeit natürlich auf den Zeitpunkt an, auf den die in

---

dem Prinzip der Auswanderungsfreiheit getroffen hat (d. h. die jüngere). Für die jüngere Staatsangehörigkeit auch Niemeyer S. 64 ff. (bei gleichzeitigem Erwerb die mit der überwiegenden Bedeutung) und Staudinger-Kuhlenbeck Art. 29 III zu Ziff. 1 (bei gleichzeitigem Erwerb die nach dem Abstammungsprinzip erworbene). — Zitelmann Bd. I S. 176 hält dagegen die ältere Staatsangehörigkeit für maßgebend, bei gleichzeitigem Erwerb die, zu der die »stärkere Beziehung« besteht, wobei besonders auf Wohnsitz und Aufenthalt zu achten sei. — Frankensteins Bd. I S. 89 ff. und Kühlewein, BliP 1929 Sp. 297, wollen den engeren psychologischen Zusammenhang, die stärkere Anteilnahme an einer Rechtsordnung maßgebend sein lassen, welche Meinung meist zu demselben Ergebnis führen wird, wie die im Text vertretene. — Kahn Bd. I S. 59 f., Niedner Art. 29 3 b β, Neumeyer I. Pr. R. § 20 S. 17, Walker S. 84 f., und Lewald Nr. 11 S. 11 wollen auf eine Auswahl unter den beiden Staatsangehörigkeiten verzichten und wie im Falle der Staatenlosigkeit als Anknüpfungsmoment den Wohnsitz verwenden, der in einem dritten Staate liegen kann.

5) Die Stellungnahme des HansOLG in einer Entscheidung vom 27. 12. 1930 (HansRGZ 1931 B Sp. 471 ff.) kann meiner Ansicht nach nicht gebilligt werden. Es handelte sich darum, ob Eheleute Polen oder Russen waren. Der Inhalt des Rigaer Abkommens, durch welches Polen und Rußland derartige Staatsangehörigkeitsfragen geregelt haben, erschien dem Gericht zweifelhaft. Das Gericht hat die Parteien als Polen behandelt, weil aus der Erteilung eines polnischen Passes sich ergäbe, daß Polen sie als Staatsangehörige anerkenne. Welche Stellung Rußland zu dieser Staatsangehörigkeitsfrage einnahm, ist nicht erörtert. Als besonderer polnischer Anknüpfungspunkt ergibt sich aus dem Urteil nur, »daß der Ehemann als früherer Russe auf jetzt polnischem Gebiet geboren ist«.

1) Die deutsche Literatur betrachtet diese Anordnung des Art. 29 EG meist als verfehlt. Vgl. Zitelmann Bd. I S. 176 (der sich für die Maßgeblichkeit des Wohnsitzes ausspricht); Frankenstein Bd. I S. 95 ff. (der in Anwendung psychologischer Gesichtspunkte danach unterscheiden will, ob die Staatsangehörigkeit »durch bloße Nachlässigkeit, insbesondere durch Versäumung von Förmlichkeiten« verloren oder die Staatenlosigkeit »durch Gesetz auferlegt oder durch Abstammung von heimatslosen Eltern erworben« ist; im ersten Falle solle oft die Weitergeltung des alten Personalstatuts angenommen werden, im zweiten regelmäßig das Recht des Wohnsitzes maßgebend sein); Lewald Nr. 12 S. 12; Raape Art. 29 A III 1 a. — Im preußischen Landtag ist 1929 anläßlich einer Erörterung über das für die Eheschließung von Nichtdeutschen maßgebende Recht eine Entschließung angenommen worden, welche auf Ersetzung des früheren Heimatsrechts durch das Wohnsitzrecht abzielt. Vgl. die Berichte in ZAIP 1930 S. 390 ff., DJZ 1930 S. 286 ff. — Im Ausland gilt für Staatenlose meist das Recht des Wohnsitzes an Stelle des fehlenden Heimatsrechts als Personalstatut. So kraft Gesetzes (vgl. die Nachweise von Trachtenberg, Rép. Bd. VIII unter »Heimatlose-Heimatlosat« Nr. 73) in

Frage stehende, auf das Heimatsrecht verweisende Kollisionsnorm abstellt. Die Scheidungsklage eines Deutschen, der früher staatenlos und davor Engländer gewesen ist, muß, wenn die Vorgänge, auf die die Klage sich stützt, sich in der Zeit der Staatenlosigkeit ereignet haben, außer nach deutschem Recht (Art. 17 Abs. 1, 4 EG) auch nach englischem Recht begründet sein (Art. 17 Abs. 2 in Verbindung mit Art. 29 EG) [1]).

Das Recht der früheren Staatsangehörigkeit ist insbesondere auch anwendbar auf ausgewanderte Russen, die nach den Gesetzen des Sowjetstaates die russische Staatsangehörigkeit verloren haben. Deren Personalstatut ist das neue russische Recht. Dies ist der Standpunkt des Reichsgerichts [2]). Eine Ausnahme gilt nach Art. 4 des Gesetzes vom 6. 1. 1926 über die deutsch-russischen Verträge vom 12. 10. 1925 [3]) bezüglich der Beerbung ehemaliger Russen mit Wohnsitz oder, mangels eines Wohnsitzes, mit Aufenthalt in Deutschland. Hier gilt das deutsche Recht, das Recht des Wohnsitzes, eventuell des Aufenthalts.

Zu beachten ist, daß als Recht der ehemaligen Staatsangehörigkeit auch die Gesetzes des ehemaligen Heimatsstaates aus der Zeit nach Verlust der Staatsangehörigkeit in Betracht kommen [4]).

---

der Schweiz, in Ungarn, Liechtenstein, Brasilien, Japan, China, Französisch- und Spanisch-Marokko und im Kongostaat; auf Grund der Rechtsprechung in Frankreich (vgl. Trachtenberg a. a. O. Nr. 77), Belgien (vgl. Trachtenberg a. a. O. Nr. 78), Rumänien (Plastara, Rép. Bd. VII unter »Roumanie« Nr. 151) und anscheinend in Österreich (vgl. Kunz, Rép. Bd. VI unter »Autriche« Nr. 114) und den Niederlanden (Kosters S. 289). — Zugunsten der Maßgeblichkeit des Wohnsitzes hat sich auch ein Beschluß des Institut de droit international von 1880 ausgesprochen (vgl. Trachtenberg a. a. O. Nr. 88). — In Italien richtet sich wahrscheinlich das Personalstatut der Staatenlosen nach ihrem gewöhnlichen Aufenthalt (vgl. oben S. 225 Anm. 2). Dieselbe Anknüpfung wählt ein Beschluß der sechsten Haager Konferenz von 1928 zur Ergänzung der Haager Abkommen über die Eheschließung, Ehewirkungen, Vormundschaft und Entmündigung (vgl. Trachtenberg a. a. O. Nr. 81 f.). Im wesentlichen wie Art. 29 EG: Art. 800 des montenegrinischen Allgemeinen Gesetzbuchs über Vermögen von 1888 (vgl. Trachtenberg a. a. O. Nr. 86, Makarov S. 203).

[1]) Vgl. RG 12. 7. 1919, LZ 1920 Sp. 47.

[2]) 6. 10. 1927, WarnRspr. 1928 S. 25 f. = ZAIP Sonderheft 1926/27 Nr. 68 und Sonderheft 1928 Nr. 22 = BlIP 1928 S. 130 = Revue 1930 S. 129 f. Das LG III Berlin 24. 1. 1926, JW 1926 S. 2859 = ZAIP Sonderheft 1926/27 Nr. 18, hatte mit v. Falkowsky, JW 1925 S. 1235 ff., angenommen, daß für diese ehemaligen Russen das Recht des Wohnsitzes maßgebend sei, insbesondere aus dem Grunde, daß zwischen dem alten russischen Reich und dem Sowjetstaat keine Rechtskontinuität bestehe.

[3]) RG Bl. 1926 II S. 1.

[4]) RG 14. 3. 1918, WarnRspr. 1918 Nr. 189 = LZ 1918 Sp. 1074 ff.

Für den Fall, daß ein Staatenloser zwei Staaten angehört hatte und beide Staatsangehörigkeiten gleichzeitig verloren hat, werden die Grundsätze über die Anknüpfung bei doppelter Staatsangehörigkeit entsprechend anzuwenden sein.

Ist auch eine frühere Staatsangehörigkeit nicht vorhanden, so tritt nach Art. 29 EG das Wohnsitzrecht an die Stelle des Heimatsrechts. Z. B. ist also der Scheidungsklage eines Heimatlosen, der nie einem Staate angehört hat, nach Art. 17 EG in Verbindung mit Art. 29 EG nicht stattzugeben, wenn sie nicht sowohl nach dem Recht seines Wohnsitzes zu der Zeit, in der die Tatsachen, auf die die Klage sich stützt, sich ereignet haben, wie nach deutschem Recht begründet ist [1]).

§ 310. Die Anknüpfung an die Staatsangehörigkeit reicht auch dann nicht zur Auffindung des anzuwendenden Rechts aus, wenn im Heimatsstaate mehrere verschiedene Rechtsordnungen gelten. Dies war bis 1900 für mehrere deutsche Staaten, insbesondere für Preußen, der Fall. Die Gegenwart bietet zahlreiche und höchst bedeutsame Beispiele: Das Britische Reich, die Vereinigten Staaten von Nordamerika, Polen, Tschechoslowakei, Jugoslawien, Rumänien und andere.

Handelt es sich um einen Bundesstaat, in dem auch eine Staatsangehörigkeit der Einzelstaaten besteht, und liegt solche Zugehörigkeit zu einem Einzelstaate im gegebenen Falle vor, so ist anzunehmen, daß zunächst diese für die Anknüpfung maßgebend ist [2]). Dies ist der Fall z. B. in den Vereinigten Staaten, deren Staatsangehörige auch Bürger des Einzelstaats sind, in dem sie ihr »domicil« haben [3]), und möglicherweise in der U. d. S. S. R. [4]).

§ 311. Für die Fälle, daß eine Zugehörigkeit zu einem Gliedstaate fehlt oder in diesem selbst wieder verschiedene Rechte gelten, ist zu unterscheiden: Besteht im Heimatstaat eine einheitliche Ordnung des Anwendungsbereiches der verschiedenen Rechte [5]), so ist

---

[1]) Vgl. RG 17. 10. 1907, WarnRspr. 1908 Nr. 66 S. 50 f.

[2]) Ebenso Frankenstein Bd. I S. 93; Raape Einl. H III 2 b.

[3]) Magnus »Tabellen zum Internationalen Recht« Heft 2 1926 S. 130 Vorbemerkung. Der Begriff des »domicil« deckt sich nicht mit dem deutschen Wohnsitzbegriff.

[4]) Vgl. Magnus a. a. O. S. 102 Anmerkung. Makarov, Ostrecht 1926 S. 17, nimmt an, daß jeder Bundesangehörige dem Einzelstaat seines Aufenthaltsortes angehöre.

[5]) Vgl. z. B. das polnische Gesetz über das für die inneren Verhältnisse geltende Recht vom 2. 8. 1926, Makarov S. 157 ff., und dazu Art. 11 des deutsch-polnischen Vormundschaftsabkommens vom 5. 3. 1924 (RGBl. 1925 II S. 145), der für die Fälle der Anwendbarkeit polnischen Rechts auf die in Polen geltende Regelung der Teilrechtskollisionen verweist.

diese für die endgültige Anknüpfung maßgebend. Dies ergibt sich aus dem allgemeinen Grundsatz, daß das deutsche Gericht so entscheiden soll, wie die Gerichte des Landes, dessen Recht anzuwenden ist, entscheiden müßten; denn wegen der einheitlichen Kollisionsordnung des Heimatsstaates würden alle Gerichte dieses Staates dasselbe Partikularrecht anzuwenden haben [1]) [2]).

Besteht eine solche Ordnung aber nicht, haben vielmehr die verschiedenen Rechte ihre einzelnen, untereinander verschiedenen Kollisionsgrundsätze — Beispiele geben Preußen bis 1900, auch das Britische Reich und die Vereinigten Staaten, in deren Teilrechtsgebieten nicht überall die gleichen Kollisionsnormen gelten —, so bedarf es einer weiteren Anknüpfung an eines der Teilrechtsgebiete. Das Reichsgericht hat mehrfach solche Fälle entschieden. Es handelte sich um Prozesse aus Gebieten, in denen das internationale Privatrecht des code civil galt, nach dem die Staatsangehörigkeit das Personalstatut bestimmt. Das Heimatsrecht preußischer Staatsangehöriger war festzustellen. In Preußen aber galten verschiedene Rechte, und eine einheitliche Kollisionsordnung bestand nicht. Nach diesen Entscheidungen ist für die Anknüpfung an eines der Partikularrechte des Heimatsstaates in erster Linie der Wohnsitz maßgebend, sofern er im Heimatstaat liegt [3]), eventuell der letzte Wohnsitz im Heimatsstaat [4]). Hat niemals ein Wohnsitz im Heimatsstaat bestanden, so wird entsprechend den Grundsätzen über die Anknüpfung bei mehrfacher Staatsangehörigkeit entscheidend sein, zu welchem Orte im Heimatsstaat sonst die engsten Beziehungen bestehen [5]). Falls zu keinem Orte innerhalb des Heimatsstaats solche Beziehungen bestehen, die die Anknüpfung ermöglichen, dürfte man das Recht der Hauptstadt des Heimatsstaats anzuwenden haben. Hier-

---

[1]) Vgl. auch die Ausführungen über den Fall, daß an dem Orte, auf dessen Recht verwiesen ist, mehrere Rechte gelten, § 69 S. 97 f.

[2]) Ebenso Raape Einleitung H III 1, der dazu (Einl. H III 2) ausführt, im Zweifelfalle könne angenommen werden, daß die Grundsätze eines etwa vorhandenen einheitlichen internationalen Privatrechts des Heimatsstaates auch für dessen interlokales Privatrecht gelten.

[3]) 7. 7. 1903, Z Bd. 13 S. 442 f.; 30. 11. 1906, RG Bd. 64 S. 389 ff. (392 f.). Vgl. auch RG 18. 2. 1890, RG Bd. 25 S. 341 ff. (345), wo gesagt ist, für die Ermittlung der anzuwendenden Teilrechtsordnung sei der Wohnsitz zu beachten.

[4]) Die zitierte Entscheidung vom 30. 11. 1906. Ebenso OLG Karlsruhe 6. 5. 1898, Z Bd. 9 S. 311 ff. (315).

[5]) Ähnlich Niemeyer S. 68; Habicht S. 230; Staudinger-Kuhlenbeck Art. 29 EG, III zu Ziff. 3; Frankenstein Bd. I S. 93 f.; Lewald Nr. 14 S. 13; Raape Einl. H III 2 b. — Dagegen wollen Zitelmann S. 405 und Niedner Art. 29 EG 4 den Wohnsitz wie bei Heimatlosen schlechthin maßgebend sein lassen.

für können mehrere Vorschriften der Zivilprozeßordnung als Anhalt herangezogen werden, in denen für Zuständigkeitsfragen angeordnet ist, daß die Hauptstadt des Heimatsstaats als Wohnsitz gilt, wenn die Person keinen Wohnsitz im Heimatsstaat gehabt hat [1]. Auch ist auf ein schwedisches Gesetz über internationales Familienrecht [2] und das polnische Gesetz über interlokales Privatrecht [3] hinzuweisen, die diese Lösung vorschreiben [4].

Selbstverständlich ist, nachdem die Anknüpfung an das Recht eines bestimmten Ortes im Heimatsstaat gefunden ist, auch das an diesem Orte geltende internationale Privatrecht zu beachten. Dadurch kann möglicherweise kraft Weiterverweisung ein anderes der im Heimatsstaat geltenden verschiedenen Rechte für die Sachentscheidung anzuwenden sein als dasjenige, auf welches die erste Anknüpfung geführt hat [5].

Wohnsitz.

Regel 1 (§ 314): Bei mehrfachem Wohnsitz geht für die international-privatrechtliche Anknüpfung derjenige Wohnsitz vor, zu welchem die engsten Beziehungen bestehen. Bei gleich engen Beziehungen geht ein deutscher Wohnsitz vor.

Regel 2 (§ 315): Wo ein international-privatrechtlicher Exklusivsatz an einen deutschen Wohnsitz anknüpft, ist es unerheblich, ob neben dem deutschen ein ausländischer Wohnsitz besteht.

§ 312. Der Wohnsitz dient im deutschen internationalen Privatrecht zur Bestimmung des Personalstatuts der Staatenlosen, die nie einem Staate angehört haben (Art. 29 EG). Er ist in letzter Linie maßgebend für die Feststellung des Erfüllungsortes von Schuldverhältnissen (§ 269 BGB), der mangels abweichenden Parteiwillens das Vertragsstatut bestimmt. Ferner gibt der Wohnsitz die Anknüpfung für eine Reihe von Exklusivsätzen des EG: Art. 8,

---

[1] Vgl. §§ 15, 27 Abs. 2, 606 Abs. 3, 642, 648 Abs. 2 ZPO.

[2] Gesetz über gewisse internationale Rechtsverhältnisse betreffend Ehe und Vormundschaft vom 8. 7. 1904, Kap. 6 § 1, Makarov S. 182.

[3] Gesetz vom 2. 8. 1926 Art. 3 Ziff. 3, Makarov S. 157, für das Personalstatut von Polen, die einen Wohnsitz in Polen weder haben noch gehabt haben.

[4] Für diese Lösung: Niemeyer S. 68; Habicht S. 230; Staudinger-Kuhlenbeck Art. 29 III zu Ziff. 3; Frankenstein Bd. I S. 94; Raape Einl. H III 2 b α; anscheinend auch Lewald Nr. 14 S. 13.

[5] Vgl. auch Raape Einl. H III 2 a am Ende und 2 b α am Ende.

9 Abs. 3, 15 Abs. 2 Halbsatz 2 in Verbindung mit Halbsatz 1, 16, 24 Abs. 2, 25 Satz 2 in Verbindung mit Satz 1 [1]).

Der Begriff des Wohnsitzes ist im deutschen internationalen Privatrecht derselbe wie im deutschen inneren Recht. Wie weit für den Erwerb und Verlust eines Wohnsitzes im Sinne des deutschen internationalen Privatrechts ausschließlich deutsches inneres Recht eine Rolle spielt und wie weit fremdes Recht in Betracht kommen kann, ist an anderer Stelle erörtert [2]). Aus diesem Grunde soll eine eingehende Darstellung der deutschen Wohnsitzlehre hier unterbleiben. Die Erörterung soll sich auf die wichtigsten Grundsätze beschränken, außer soweit es sich um spezifisch international-privatrechtliche Fragen handelt.

§ 313. Die Begründung eines Wohnsitzes geschieht nach deutschem Recht durch »tatsächliche Niederlassung mit dem durch die Niederlassung in Erscheinung tretenden Willen, diesen Ort bleibend zum Mittelpunkt der Lebensverhältnisse zu machen« [3]).

Einige wichtige Besonderheiten sind folgende: Die Wohnsitzbegründung kann nach deutschem Recht mit der Absicht geschehen, »später nach geraumer Zeit zu einem bestimmten Zeitpunkt oder bei sich bietender Gelegenheit den Wohnsitz zu ändern« [4]). Das englische Recht dagegen verlangt »intention of permanent or indefinite residence« [5]).

»Die Ehefrau teilt den Wohnsitz des Ehemannes. Sie teilt den Wohnsitz nicht, wenn der Mann seinen Wohnsitz im Ausland an einem Ort begründet, an den die Frau ihm nicht folgt und zu folgen nicht verpflichtet ist.

Solange der Mann keinen Wohnsitz hat oder die Frau seinen Wohnsitz nicht teilt, kann die Frau selbständig einen Wohnsitz haben.« (§ 10 BGB).

»Ein eheliches Kind teilt den Wohnsitz des Vaters, ein uneheliches Kind den Wohnsitz der Mutter, ein an Kindes Statt angenommenes Kind den Wohnsitz des Annehmenden. Das Kind behält den Wohnsitz, bis es ihn rechtsgültig aufhebt.

---

[1]) Die Anführung des Wohnsitzes in Art. 15 Abs. 2 Halbsatz 1 ist ohne Bedeutung, seitdem die Rechtsprechung die Anordnung dieser Vorschrift auf alle ausländischen Ehegatten ausgedehnt hat. Entsprechendes gilt von Art. 25 Satz 1.

[2]) Vgl. §§ 112 f. S. 162 ff.

[3]) Komm von KGRäten § 7, 1 auf Grund des Gesetzes (§ 7 Abs. 1 BGB) und der RG-Rechtsprechung.

[4]) Komm. von KGRäten a. a. O.

[5]) Dicey S. 97.

Eine erst nach dem Eintritt der Volljährigkeit des Kindes erfolgende Legitimation oder Annahme an Kindes Statt hat keinen Einfluß auf den Wohnsitz des Kindes.« (§ 11 BGB).

Dagegen teilt das Mündel nicht den Wohnsitz des Vormundes, der im Hause wohnende Dienstbote nicht den Wohnsitz des Dienstherrn, wie solches nach französischem Recht der Fall ist [1]).

Nach deutschem Recht kann eine Person mehr als einen Wohnsitz haben (§ 7 Abs. 2 BGB), anders nach englischem [2]) und französischem [3]) Recht. Nach deutschem Recht ist es möglich, daß eine Person keinen Wohnsitz hat (vgl. Art. 29 EG); nach französischem gilt ein Wohnsitz solange als fortbestehend, bis ein neuer erworben wird [4]); nach englischem Recht bleibt das »domicil of origin«, das bei der Geburt erworbene Domizil, bestehen bis zum Erwerb eines »domicil of choice«; wird ein »domicil of choice« aufgegeben, ohne daß ein neues erworben wird, so tritt das »domicil of origin« wieder an seine Stelle [5]).

Der Wohnsitz wird aufgehoben, wenn die Niederlassung mit dem Willen aufgehoben wird, sie aufzugeben (§ 7 Abs. 3 BGB).

§ 314. Für die Fälle des doppelten Wohnsitzes und des fehlenden Wohnsitzes ist die Lösung verschieden, je nachdem, welche der Kollisionsnormen, die den Wohnsitz zur Anknüpfung verwenden, in Betracht kommt.

Handelt es sich um Art. 29 EG, also um die Feststellung des Personalstatuts, so erhebt sich zunächst die Frage, ob entsprechend der Rechtslage bei doppelter Staatsangehörigkeit danach zu unterscheiden ist, ob einer der beiden Wohnsitze in Deutschland, im Rechtsgebiet des Forums, liegt. Das Reichsgericht hat zweimal derartige Fälle entschieden. Einmal — in einer preußischen Sache — handelte es sich um die Frage der Beerbung eines Erblassers, der, wie behauptet wurde, mit einem Wohnsitz in Zürich und einem in Preußen gestorben war, zur Zeit des Todes aber tatsächlich in Zürich gewohnt hatte. Das Reichsgericht [6]) hielt wegen dieses Umstandes das Züricher Recht für anwendbar. Ein anderes Mal handelte es

---

[1]) Art. 108 und 109 CC.

[2]) Dicey S. 88.

[3]) Grinberg-Vinaver, Rép. Bd. V unter »Domicile et résidence« Nr. 41. Das »domicile élu« des französischen Rechts hat nur ungefähr die Bedeutung unseres vereinbarten Gerichtsstands. Vgl. Grinberg-Vinaver a. a. O Nr. 16.

[4]) Grinberg-Vinaver a. a. O. Nr. 11.

[5]) Dicey S. 87, 109.

[6]) 21. 12. 1891, Z Bd. 2 S. 379 ff. (382), mit Berufung auf Preußisches Obertribunal Bd. 82 S. 162.

sich um die güterrechtlichen Verhältnisse von Ehegatten, die einen Wohnsitz in Berlin und einen in Hamburg hatten, ohne daß etwas dafür vorlag, daß sie nur an einem der beiden Orte tatsächlich wohnten, oder daß ein anderer Umstand dem einen der beiden Wohnsitze die größere Bedeutung gab. Das Reichsgericht [1]) erklärte, in diesem Falle müsse ein Hamburger Gericht Hamburger Recht, ein Berliner Gericht Berliner Recht anwenden. Hiernach ist m. E. anzunehmen, daß dem Wohnsitz im Gebiet der lex fori nur im Zweifel, d. h. wenn die Gründe für und gegen sich im übrigen die Waage halten, der Vorzug vor einem anderen zukommt, daß der inländische Wohnsitz aber nicht wie die inländische Staatsangehörigkeit gegenüber einer fremden stets den Ausschlag gibt [2]). Was das Merkmal der Auswahl betrifft, wird man den Standpunkt, den die erste der beiden angeführten Reichsgerichtsentscheidungen einnimmt, dahin zu verallgemeinern haben, daß derjenige Wohnsitz den Vorrang hat, zu dem die engsten Beziehungen bestehen, wobei insbesondere darauf zu achten ist, wo die Person tatsächlich wohnt [3]) [4]).

§ 315. Wo ein internationalprivatrechtlicher Exklusivsatz an einen deutschen Wohnsitz anknüpft (Art. 8, 9 Abs. 2, 15 Abs. 2 Halbsatz 2 in Verbindung mit Halbsatz 1, 16, 25 Satz 2 in Verbindung mit Satz 1 EG) ist es unerheblich, ob neben dem deutschen ein ausländischer Wohnsitz besteht [5]). Der Gesetzgeber hat gewisse Modi-

---

[1]) 9. 3. 1900, HansGZ 1900 Bbl. S. 113 ff. = Z Bd. 10 S. 281 f.

[2]) Für Vorrang des Wohnsitzes im Gebiet der lex fori in allen Fällen: Zitelmann Bd. I S. 180; Niedner Art. 29, 6; Habicht S. 231; Staudinger-Kuhlenbeck Art. 29, III zu Ziffer 4. Dagegen Niemeyer S. 73; anscheinend auch Savigny S. 101; Böhm S. 182 f.; Kahn Bd. 1 S. 68; Raape Art. 29 C II.

[3]) Das ALR, Einl. § 27, bestimmte, die Handlungsfähigkeit sei im Falle doppelten Wohnsitzes nach dem Recht zu beurteilen, das die Gültigkeit des Geschäfts am meisten begünstigt. — Art. 30 des ZGB von Uruguay bestimmt, daß bei doppeltem Wohnsitz, wenn es sich um eine Angelegenheit handelt, die spezielle Beziehung zu einem der in Betracht stehenden Territorien hat, dieses allein für diese Angelegenheit als Domizil der Person gelte.

[4]) Ähnlich Böhm a. a. O.; Niemeyer a. a. O.; Habicht a. a. O. (Niemeyer meint, meistens habe danach wohl der ältere Wohnsitz den Vorrang). Savigny a. a. O. will den älteren Wohnsitz vorgehen lassen. Ebenso Zitelmann a. a. O.; bei gleichzeitigem Erwerb entscheide der engere Zusammenhang. Nach Staudinger-Kuhlenbeck a. a. O. dagegen soll der jüngere Wohnsitz vorgehen, bei gleichem Alter der mit Aufenthalt verbundene, mangels dessen der vom parens, bzw. Ehemann zuletzt erworbene. Kahn a. a. O. und Niedner a. a. O. wollen wie bei Fehlen eines Wohnsitzes den Aufenthaltsort zur Ersatzanknüpfung verwenden, also auch wenn er mit keinem der Wohnsitze zusammenfällt. Raape a. a. O. will von Fall zu Fall »nach den Umständen« entscheiden, wobei es auch auf die Natur des streitigen Rechtsverhältnisses ankomme.

[5]) Ebenso Habicht S. 231 (für Art. 8, 9, 16); Levis S. 57 (für Art. 8);

fikationen der allgemeinen Grundsätze für notwendig gehalten, wenn ein Mittelpunkt der Lebensverhältnisse der Person in Deutschland liegt. Die ratio legis wird durch das Bestehen eines zweiten solchen »Mittelpunktes« im Ausland nicht berührt. Zweifelhaft dagegen ist die Lösung für Art. 24 Abs. 2 EG, wo die Sonderwirkung an das Bestehen eines ausländichen Wohnsitzes geknüpft ist. M. E. dürfte die Vorschrift unanwendbar sein, wenn neben dem ausländischen ein deutscher Wohnsitz besteht [1]). Sind zwei ausländische Wohnsitze in verschiedenen Staaten vorhanden, so dürfte für Art. 24 Abs. 2 nach denselben Gesichtspunkten zu entscheiden sein, wie im gleichen Falle für Art. 29 EG.

Fehlt es überhaupt an einem Wohnsitz, so tritt für alle angeführten Exklusivsätze die in ihnen angeordnete, vom Vorhandensein eines Wohnsitzes abhängige Rechtswirkung nicht ein, soweit nicht ausdrücklich das Gegenteil angeordnet ist. Dies ist der Fall in Art. 8 EG, der in Ermangelung eines Wohnsitzes den Aufenthalt in Deutschland genügen läßt.

Aufenthalt.

Regel (§ 316): Aufenthalt im Sinne des deutschen internationalen Privatrechts ist Verbleib an einem Orte, der auf eine gewisse Dauer berechnet ist.

§ 316. Zu den Anknüpfungsbegriffen unseres internationalen Privatrechts, denen allgemeinere Bedeutung zukommt, gehört ferner der Aufenthalt, der in letzter Linie über das Personalstatut entscheidet (Art. 29 EG) und mangels eines Wohnsitzes gemäß Art. 8 EG für die Zuständigkeit zur Entmündigung maßgebend ist.

Der Aufenthalt ist ein rein tatsächliches Verhältnis der Person zu einem Orte. Es kommt nicht darauf an, ob das Verweilen an dem Orte mit dem Willen des Verweilenden oder nur unter Zwang geschieht [2]). Man wird nur verlangen müssen, daß das Verweilen nicht nur augenblicklich, sondern von einer gewissen, wenn auch be-

---

Staudinger-Kuhlenbeck Art. 8 EG I A (für Art. 8); Raape Art. 29 CI (für Art. 8, 9, 16).

[1]) Ebenso Habicht S. 184, 231; Raape Art. 29 C I. Dagegen Staudinger-Kuhlenbeck Art. 24 EG II 1.

[2]) RG 26. 9. 1892, JW 1892 S. 461 = SA Bd. 48 S. 211 ff. (zu § 16 ZPO); RG 3. 5. 1897, JW 1897 S. 301 f. (zu § 16 ZPO); RG 20. 6. 1912, WarnRspr. 1912 Nr. 400 = JW 1912 S. 914 (zu Art. 8 EG). Alle drei über den Fall der zwangsweisen Internierung in einer Irrenanstalt.

schränkten Dauer ist [1]). Dies Erfordernis genau zu bestimmen, scheint mir nicht möglich. Jedenfalls wird nicht angenommen werden können, daß z. B. jemand, der im Schnellzug verschiedene Länder durchfährt, fortdauernd sein Personalstatut wechselt oder, wenn er Deutschland berührt, bei kurzem Aufenthalt auf einem Bahnhofe im Zuge gemäß Art. 8 EG mit einem Entmündigungsverfahren bedacht werden kann [2]). Allerdings hat das Reichsgericht zweimal [3]) erklärt, es sei für das Vorliegen des Aufenthalts unerheblich, »ob das Verweilen ein augenblickliches und vorübergehendes oder von längerer Dauer ist«. Allein in beiden Fällen handelte es sich unstreitig um einen Aufenthalt von einiger Dauer — Internierung in einer Irrenanstalt — und war die Hauptfrage bezüglich der Voraussetzungen des Aufenthalts eine andere. Der zitierte Passus ist in beiden Fällen nur eine beiläufige Bemerkung. In einer dritten Entscheidung des Reichsgerichts [4]) die sich im übrigen ausdrücklich den beiden anderen anschließt, heißt es auch nur, der Aufenthalt brauche »nicht für die Dauer berechnet« zu sein.

Ob der Aufenthalt auch an einem Orte bestehen kann, von dem man sich vorübergehend entfernt hat — z. B. im Falle eines Ausflugs während eines Kuraufenthalts — erscheint nicht ganz geklärt. Die Frage wird vom Oberlandesgericht Braunschweig [5]) anscheinend bejaht, ebenso wie die mit ihr zusammenhängende, ob ein Aufenthalt an zwei Orten möglich ist. Für die Anknüpfung nach Art. 29 EG wird man im Zweifelsfalle den Ort wählen, zu dem im maßgebenden Zeitpunkt die verhältnismäßig engste Beziehung besteht.

Staatszugehörigkeit der juristischen Personen und nicht rechtsfähigen Personenvereinigungen.

Regel 1 (§ 319): Für die Staatsangehörigkeit juristischer Personen ist in der Regel deren Sitz maßgebend.

Ausnahme (§ 320): Wenn jedoch auf Grund des § 23 BGB einem nicht rechtsfähigen Verein mit Sitz im Ausland durch den Reichsrat die Rechtsfähigkeit verliehen ist, so wird der Verein in Deutschland als deutscher angesehen.

---

[1]) Ebenso v. Bar Bd. II S. 457 (zur Gerichtszuständigkeit); Staudinger I 1 vor § 7 BGB.

[2]) Vgl. Staudinger a. a. O.

[3]) In den eben zitierten Entscheidungen vom 26. 9. 1892 und 3. 5. 1897.

[4]) Die zitierte Entscheidung vom 20. 6. 1912.

[5]) 21. 12. 1909, ROLG Bd. 20 S. 285 f. (zu § 16 ZPO).

Regel 2 (§§ 321—324): Im deutschen internationalen Privatrecht ist der Sitz einer juristischen Person ihr Verwaltungssitz. Im deutschen interlokalen Privatrecht ist der Sitz einer juristischen Person ihr satzungsgemäßer Sitz.

Regel 3 (§ 325): Ob ein fremder Staat eine juristische Person als ihm zugehörig anerkennt oder nicht, ist für die Frage, ob sie ihm zugehört, nach deutschem internationalen Privatrecht nicht entscheidend.

Regel 4 (§ 326): Soweit eine juristische Person trotz Verlegung ihres Sitzes in ein anderes Rechtsgebiet ihre juristische Persönlichkeit behält, erwirbt sie statt der bisherigen Staatszugehörigkeit diejenige ihres neuen Sitzes. Entsprechendes gilt, wenn die Souveränität über den Sitz einer juristischen Person wechselt.

Regel 5 (§§ 327, 328): Gesellschaften, welche keine juristische Persönlichkeit haben, haben keine eigene Staatszugehörigkeit. Entscheidend ist die Staatsangehörigkeit der Gesellschafter.

Ausnahme (§ 327 S. 472 Anm. 7): Wo Konsulargerichtsbarkeit besteht, ist eine in das Handelsregister des deutschen Konsulats eingetragene Handelsgesellschaft als deutsche anzusehen.

Regel 6 (§ 329): Die Staatszugehörigkeit nicht rechtsfähiger Vereine ist (wahrscheinlich) nach ihrem Sitz zu bestimmen, außer vielleicht, wenn es sich um einen Verein handelt, dem nur Deutsche angehören dürfen.

Regel 7 (§ 330): Wo in Verträgen mit einem fremden Staat Bestimmungen zugunsten juristischer Personen oder sonstiger Personenvereinigungen enthalten sind, die in gewissen im Staatsvertrage bezeichneten Beziehungen zu dem fremden Staate stehen, ist anzunehmen, daß solche juristischen Personen und Personenvereinigungen als diesem fremden Staat zugehörig zu betrachten sind.

§ **317**. Es sei dahingestellt, ob juristische Personen der Staatsangehörigkeit fähig sind. Um eine Staatsangehörigkeit im Sinne der Staatsangehörigkeit physischer Personen kann es sich nicht handeln [1]. Auch das Reichsgericht will wohl, wenn es in mehreren Urteilen [2]

---

[1]) Vgl. KG 9. 7. 1931, HRR 1932 Nr. 131. Ebenso aus der deutschen Literatur: v. Bar Bd. 1 S. 300 Anm. 1; Niedner Anm. 6 zu Art. 10 EG; Walker S. 118; Frankenstein Bd. I S. 472 f.; Raape Art. 10 A; Komm. von RGRäten Anm. 4 vor § 21; Düringer-Hachenburg Bd. I S. 52; E. Marburg, »Staatsangehörigkeit und feindlicher Charakter juristischer Personen« 1927, insbes. S. 9 f.; Isay Z Bd. 32 S. 18, abweichend von seiner früheren Meinung, daß die juristischen Personen einer »echten« Staatsangehörigkeit fähig seien (vgl. Isay, »Die Staatsangehörigkeit der juristischen Personen«, Bonner Diss. 1907). Zitelmann Bd. II S. 111 läßt diese Frage dahingestellt. Dagegen scheint Könige, LZ 1904, Sp. 1417 anzunehmen, es bestehe eine Staatsangehörigkeit juristischer Personen ebenso wie bei physischen Personen. Aus der ausländischen Literatur gegen diese Annahme: Mamelok, »Die Staatsangehörigkeit der juristischen Personen«, Zürich 1918 S. 11 f.; Ruegger, »Die Staatsangehörigkeit der juristischen Personen«, Zürich 1918 S. 15 f.; Pillet, »Personnes morales« Paris 1914 Nr. 82, insbesondere S. 123; Niboyet Nr. 300 S. 351 ff.

[2]) Entscheidungen über die sogenannten Gothaer Gewerkschaften:

von der Staatszugehörigkeit juristischer Personen spricht, den Eindruck vermeiden, als ob dieses Verhältnis der juristischen Person zum Staate von der Art sei, daß es ohne weiteres mit der Staatsangehörigkeit physischer Personen unter einen Begriff gebracht werden könne.

Nicht allgemein, wohl aber im Sinne einer Anzahl von Vorschriften des deutschen Rechts muß aber von einer bestimmten Nationalität juristischer Personen ausgegangen werden. Die praktisch bedeutsamsten dieser Vorschriften sind fremdenrechtlichen Charakters, gehören also dem deutschen inneren Recht an [1]). Beispiele sind § 110 ZPO und § 85 des Gerichtskostengesetzes, nach denen ausländische Kläger dem Beklagten auf dessen Verlangen wegen der Prozeßkosten Sicherheit zu leisten und dem Gericht einen erhöhten Gebührenvorschuß zu zahlen haben. Tritt eine juristische Person als Kläger auf, so muß demnach festgestellt werden, ob sie Inländerin oder Ausländerin ist. Weil die Sicherheitsleistungs- und Vorschußpflicht vom Mangel der Gegenseitigkeit abhängig gemacht ist (§ 110 Abs. 2 Ziff. 1 ZPO, § 85 Abs. 1 GKG), ist es auch unter Umständen notwendig, einer juristischen Person nicht nur die Ausländereigenschaft, sondern eine bestimmte ausländische Nationalität im Sinne dieser Vorschriften zuzusprechen. Ferner sind die Landesgesetze befugt, den Erwerb von Grundstücken durch Ausländer von staatlicher Genehmigung abhängig zu machen (Art. 88 EG). Auch aus diesem Grunde kann es erforderlich sein festzustellen, ob eine juristische Person Ausländerin ist.

§ 318. Aber auch das deutsche internationale Privatrecht enthält einige Vorschriften, nach denen die Nationalität juristischer Personen von Bedeutung ist. Ausdrücklich wird in Art. 10 EGBGB mit Beziehung auf Vereine von einer Staatsangehörigkeit gesprochen. Ein einem fremden Staat angehöriger und nach dessen Rechte rechtsfähiger Verein von der Art der im BGB geregelten Vereine bedarf, wenn er in Deutschland als rechtsfähig behandelt werden soll, der Anerkennung durch den Reichsrat (früher Bundesrat). Andernfalls finden auf den Verein die Vorschriften (des deutschen inneren Rechts) über die Gesellschaft Anwendung. Die Voraussetzung des Art. 10 EG ist, daß der Verein ein ausländischer ist und nicht etwa als inländischer die Rechtsfähigkeit auf dem für inländische Ver-

---

5. 1. 1916, JW 1916 S. 494; 22. 1. 1916, RG Bd. 88 S. 54 ff.; 18. 5. 1917, Warn Rspr. 1917 Nr. 254 S. 404 ff. = Recht 1917 Nr. 1659.

[1]) Über die juristischen Personen im deutschen Fremdenrecht vgl. allgemein: Plotke, Z Bd. 10 S. 211 ff.

eine vorgeschriebenen Wege erlangen kann oder muß. Hier ist auch erheblich, welchem fremden Staate der Verein angehört, da die Anerkennung der Rechtsfähigkeit voraussetzt, daß der Verein gerade nach dem Rechte dieses Staates rechtsfähig ist; sollte der Verein die Rechtsfähigkeit nur nach dem Rechte eines Staates besitzen, dem er nicht im Sinne des Art. 10 angehört, so ist die Anerkennung seiner Rechtsfähigkeit gemäß Art. 10 nicht zulässig.

Art. 12 EGBGB bestimmt, daß aus einer im Ausland begangenen unerlaubten Handlung gegen einen Deutschen nicht weitergehende Ansprüche geltend gemacht werden können, als nach den deutschen (inneren) Gesetzen begründet sind. Zwar sind nach deutscher Rechtsauffassung die juristischen Personen nicht im eigentlichen Sinne deliktsfähig [1]; sie haften aber für die von ihren Organen sowie anderen durch sie zu einer Verrichtung bestellten Personen in Ausführung der ihnen übertragenen Obliegenheiten begangenen unerlaubten Handlungen [2]. Haftung aus einer unerlaubten Handlung im Sinne unseres internationalen Privatrechts ist auch die für unerlaubte Handlungen, die nicht von dem Haftenden selbst, sondern von einem anderen begangen sind [3]. Wird eine juristische Person aus einer unerlaubten Handlung eines Organs oder Beauftragten in Anspruch genommen, so ist demnach unter Umständen zu prüfen, ob die juristische Person im Sinne des Art. 12 EG eine inländische oder eine ausländische ist. Im ersten Falle bestimmt das deutsche Recht das Höchstmaß der Haftung; im zweiten Falle richtet sich die Haftung allein nach der lex loci delicti commissi.

Zu gleicher Prüfung nötigt unter Umständen Art. 25 Satz 2 EGBGB, wonach im Falle der Beerbung eines Ausländers, der seinen letzten Wohnsitz in Deutschland hatte, ein Deutscher regelmäßig erbrechtliche Ansprüche auch dann geltend machen kann, wenn sie zwar nicht nach dem Heimatsrecht des Erblassers, aber nach deutschem Recht begründet sind. Nach deutschem Recht können auch juristischen Personen erbrechtliche Ansprüche zustehen. Juristische

---

[1]) RG 23. 3. 1903, JW 1903 Beilage S. 65; RG. 15. 10. 1917, LZ 1918 Sp. 369; Staudinger IV vor § 823.

[2]) §§ 31, 86, 89 Abs. I, 831 BGB; Staudinger IV vor § 823, § 831 6 c.

[3]) Vgl. u. a. RG vom 24. 11. 1885, Bolze Bd. 2 Nr. 26; 30. 5. 1888, RG Bd. 21 S. 136 ff.; 22. 6. 1894, Bolze Bd. 19 Nr. 13; 11. 3. 1895, Bolze Bd. 20 Nr. 7; 1. 7. 1896, HansGZ Hbl. 1896 S. 252; 19. 10. 1929, RG Bd. 126 S. 35 ff. = HansRGZ 1929 B Sp. 739 ff. Die Anwendbarkeit des Art. 12 für diesen Fall bejahen Frankenstein Bd. II S. 376 und Habicht S. 96 f.; anders Klein, Recht 1902 S. 290.

Personen können sowohl zu Erben wie zu Vermächtnisnehmern eingesetzt werden [1]).

Auf dem Gebiete des Namensrechts ist die Staatsangehörigkeit von entscheidender Bedeutung. Nach ständiger Rechtsprechung des Reichsgerichts richten sich die Berechtigung zur Führung eines Namens und der Inhalt des Namensrechts nach dem Heimatsrecht des Namensträgers [2]). Nach deutschem Recht steht auch juristischen Personen ein Namensrecht zu [3]), ebenso nach anderen Rechten [4]). Auch hier ist also die Staatszugehörigkeit der juristischen Person von Bedeutung — und zwar kommt es hier darauf an, welchem fremden Staate die juristische Person angehört.

In gewissem Maße nötigt endlich auch die durch die reichsgerichtliche Rechtsprechung entwickelte Regel, daß Verträge unter Deutschen im Zweifel deutschem Recht unterliegen [5]), zur Feststellung der Nationalität juristischer Personen.

§ 319. Welches Merkmal bestimmt die Staatszugehörigkeit juristischer Personen?

§ 201 Abs. 5 HGB verlangt bei der Anmeldung zur Eintragung der Zweigniederlassung einer Aktiengesellschaft besondere Nach-

---

[1]) Vgl. §§ 2044, 2101, 2105, 2163 BGB.

[2]) Vgl. die neueren Entscheidungen des RG hierzu: 12. 12. 1918, RG Bd. 95 S. 268 = Z Bd. 29 S. 401 = LZ 1919 Sp. 688 f.; 29. 10. 1920, RG Bd. 100 S. 182 ff. (185 ff.); 27. 1. 1921, Z für Markenschutz und Wettbewerb 1920/21 S. 186; 17. 11. 1921, RG Bd. 105 S. 193; 3. 6. 1927, JW 1927 S. 3045 ff. = Z Bd. 38 S. 367 ff. = ZAIP Sonderheft 1926/27 Nr. 114; 23. 11. 1927, RG Bd. 119 S. 44 ff. = Z Bd. 39 S. 228 ff. = ZAIP Sonderheft 1928 Nr. 52. — Dies gilt jedoch mit der Einschränkung, daß das deutsche Recht das Höchstmaß des in Deutschland zu gewährenden Schutzes bestimmt. Vgl. die zitierten Entscheidungen des RG vom 29. 10. 1920 und 3. 6. 1927.

[3]) Komm. von RGRäten § 12 Anm. I, Staudinger § 12 Anm. III B.

[4]) Für das französische Recht vergleiche Planiol-Ripert Bd. I Nr. 82 S. 85. Für das Recht des Staates Delaware vgl. die oben zitierte Reichsgerichtsentscheidung vom 3. 6. 1927. Für das schweizer Recht: Rossel et Mentha »Manuel du droit civil suisse« (2. Auflage) Bd. V Nr. 184 S. 127 f.

[5]) Vgl. RG 27. 9. 1884, RG Bd. 13 S. 122 ff.; 11. 12. 1897, RG Bd. 40 S. 195 ff.; 29. 10. 1904, RG Bd. 59 S. 113 ff. = JW 1905 S. 54 ff. = Z Bd. 15 S. 293 ff.; 4. 4. 1908, RG Bd. 68 S. 203 ff. (207); RG 22. 3. 1923, Recht 1923 Nr. 1024; 27. 1. 1928, RG Bd. 120 S. 71 ff. = JW 1928 S. 1197 ff. = Z Bd. 39 S. 245 ff. und 330 ff. = Rspr. Aufw. 1928 S. 145 ff. = ZAIP Sonderheft 1928 Nr. 75 = HRR 1928 Nr. 820 = Clunet 1930 S. 1062; 13. 11. 1929, Recht 1930 Nr. 248 = SA Bd. 84 S. 33 ff. = LZ 1930 Sp. 514 Nr. 10 = Z Bd. 43 S. 90 f. = HRR 1930 Nr. 299; Reichsarbeitsgericht 27. 8. 1930, JW 1931 S. 159; vom OLG Kiel 10. 3. 1930, JW 1931 S. 156 f. dahin ausgedehnt, daß Verträge zwischen Ausländern gleicher Staatsangehörigkeit im Zweifel deren Heimatsrecht unterliegen.

weise, wenn sich der Sitz der Gesellschaft im Auslande befindet. § 2 des Gesetzes über die Konsulargerichtsbarkeit vom 7. 4. 1900 (Reichsgesetzblatt 1900 S. 214 ff.) bestimmt bei Abgrenzung der Zuständigkeit der Konsulargerichte: »Den Deutschen werden gleichgeachtet Handelsgesellschaften, eingetragene Genossenschaften und juristische Personen, wenn sie im Reichsgebiet oder in einem deutschen Schutzgebiet ihren Sitz haben . . .«[1]) Diese Begriffsbestimmung befindet sich ebenfalls in der Bekanntmachung des Bundesrats betreffend Verträge mit feindlichen Staatsangehörigen (§ 5) [2]). Auch in den deutschen Staatsverträgen wird der Sitz als Merkmal der Staatszugehörigkeit bevorzugt [3]). In einem Vertrag mit Polen [4]) wird ausdrücklich bestimmt, daß im Sinne des Vertrages die Staatszugehörigkeit der juristischen Personen von ihrem Sitz abhängig sei.

Daß der Sitz die Nationalität der juristischen Personen bestimmt, ist in mehreren Entscheidungen des Reichsgerichts [5]) und von Oberlandesgerichten [6]) ausgesprochen [7]).

Ferner ist für die Ausländereigenschaft juristischer Personen im Sinne der §§ 110 ZPO und 85 Gerichtskostengesetz nach ständiger

---

1) Vgl. auch § 2 des Gesetzes betreffend das Flaggenrecht der Kauffahrteischiffe vom 22. 6. 1899 (RGBl. S. 319 ff.), wonach es für das Recht zur Führung der Reichsflagge bei Schiffen, die juristischen Personen gehören, auf deren Sitz ankommt, während, wenn Einzelpersonen oder nicht rechtsfähige Handelsgesellschaften Eigentümer sind, die deutsche Staatsangehörigkeit der Einzelpersonen bzw. der persönlich haftenden Gesellschafter erfordert wird. Ebenso § 2 des Luftverkehrsgesetzes vom 1. 8. 1922 (RGBl. I S. 681 ff.).

2) 16. 12. 1916, RGBl.. 1916 S. 1396 ff.

3) Vgl. unten § 330 S. 476 f.

4) Aufwertungsabkommen vom 5. 7. 1928 (RGBl. 1929 II S. 578 ff.) Art. 73 Abs. 1.

5) Urteile über die sogenannten Gothaer Kaufgewerkschaften: 5. 1. 1916, JW 1916 S. 494 f.; 22. 1. 1916, RG Bd. 88 S. 54 ff.; 18. 5. 1917, WarnRspr. 1917 Nr. 254 S. 404 ff. = Recht 1917 Nr. 1659; 19. 1. 1918 V 225/17, JW 1918 S. 305 = WarnRspr. 1918 Nr. 47 S. 74 = LZ 1918 Sp. 611 f.; 19. 1. 1918 V 243/17, RG Bd. 92 S. 73 ff. — Vgl. auch RG 16. 12. 1913, JW 1914 S. 249 f.; RG 3. 6. 1927, RG Bd. 117 S. 215 ff. = JW 1927 S. 3045 ff. = ZAIP Sonderheft 1926/27 Nr. 114 = Z Bd. 38 S. 367 ff.

6) HansOLG 7. 11. 1903, ROLG Bd. 8 S. 12 ff.; HansOLG Beschluß 9. 3. 1921, HansGZ 1921 Bbl. Nr. 51 S. 90 f.; KGBeschluß 7. 2. 1924, ROLG Bd. 43 S. 201 f.; KGBeschluß 15. 4. 1926, JW 1926 S. 1351 f. = ZAIP Sonderheft 1926/27 Nr. 23.

7) Die Entscheidung des KG vom 15. 12. 1911, ROLG Bd. 25 S. 49 f., in welcher angenommen wird, daß eine Gothaer Gewerkschaft ihren Sitz nach Kottbus verlegen könne, ohne ihre Gothaer Nationalität zu verlieren — »wie bei natürlichen Personen« — ist durch die Rechtsprechung des Reichsgerichts zu den Gothaer Gewerkschaften überholt.

Rechtsprechung des Reichsgerichts und der Oberlandesgerichte maßgebend, ob sie ihren Sitz im Auslande haben [1]).

Hiernach muß angenommen werden, daß allgemein im deutschen Recht die Staatszugehörigkeit juristischer Personen nach ihrem Sitze zu bestimmen ist [2]).

§ 320. Eine Ausnahme von diesem Grundsatz gilt, wenn auf Grund des § 23 BGB einem nicht rechtsfähigen Verein mit Sitz im Ausland durch den Reichsrat die Rechtsfähigkeit verliehen wird. M. E. betrifft § 23 BGB nicht nur Vereine mit Sitz in einem Konsulargerichtsbezirk (oder früher in einer deutschen Kolonie), sondern

---

[1]) RG 25. 11. 1895, RG Bd. 36 S. 393 ff.; die Maßgeblichkeit des Sitzes für juristische Personen ergibt sich, obwohl nicht ausdrücklich ausgesprochen, mit Sicherheit aus der Begründung. In den Fällen: RG Beschluß vom 5. 12. 1896, RG Bd. 38 S. 403 ff. (406), RG Beschluß vom 29. 1. 1930, RG Bd. 127 S. 194 f., HansOLG Beschluß vom 4. 4. 1907, ROLG Bd. 15 S. 172, bestand allerdings kein Zweifel über die Ausländereigenschaft der juristischen Personen; bei Feststellung der Ausländereigenschaft wurde jedoch ausschließlich der ausländische Sitz erwähnt, der also offenbar als das maßgebende Kriterium angesehen wurde. Ferner HansOLG 4. 10. 1895, HansGZ 1895 Hbl. Nr. 107 S. 281 ff., wo sogar für die Frage der Ausländereigenschaft einer offenen Handelsgesellschaft der Sitz für maßgeblich angesehen wird. In HansOLG 24. 1. 1914, HansGZ 1914 Bbl. Nr. 148 S. 264, wurde eine Kommanditgesellschaft, die ihren Sitz in Ägypten hatte, ohne Begründung als juristische Person angesehen und wegen ihres ausländischen Sitzes als ausländische behandelt. In OLG Dresden 8. 6. 1925, JW 1926 S. 388 f. = ZAIP Sonderheft 1926/27 Nr. 125, handelte es sich um eine offene Handelsgesellschaft; aus den Gründen ergibt sich jedoch, daß für eine juristische Person der Sitz die Nationalität bestimmen würde.

[2]) Aus der deutschen Literatur für die Bestimmung der Nationalität der juristischen Personen nach ihrem Sitze: v. Bar, Ehrenbergs Hdb. Bd. I S. 346; Zitelmann Bd. II S. 111; Niedner, Anm. 6 zu Art. 10; Habicht Anm. II A 1 zu Art. 10 EG; Neubecker, Jahrbuch für den internationalen Rechtsverkehr 1912/13 S. 69; Walker S. 118; Deumer, Z Bd. 20 S. 362; Isay, Z Bd. 32 S. 23 ff.; Fischer in Ehrenbergs Hdb. 3. Bd. 1. Abt. S. 38; Hachenburg, Kommentar zum G. m. b. H.-Gesetz 5. Aufl. § 12 Anm. 30; Staub § 178 Anm. 13. Abweichend: Neumann Anm. II 2 zu Art. 10 EG: Die juristische Person gehöre dem Staate an, auf dessen Recht sich ihre Rechtsfähigkeit gründet. Ebenso Frankenstein Bd. 1 S. 473; Neumeyer Bd. 1 S. 108 und »I.Pr.R.« § 22; Schwandt, JW 1911 S. 933 f.; Düringer-Hachenburg Bd. 1 S. 52; Kimme, »Das Fremdenrecht« 1927 S. 47; ähnlich Komm. von RGRäten Anm. 4 vor § 21: Heimatsstaat ist der Staat, welchem die juristische Person nach den Vorgängen bei der Errichtung angehört. — Aus der ausländischen Literatur vgl. v. a.: Mamelok a. a. O. S. 22 ff., Ruegger a. a. O. insbesondere S. 44 f.: Der Sitz sei maßgebend. Anders: Pillet a. a. O. Nr. 92 S. 133 f.: Der Gründungsort sei maßgeblich als siège social réel. Niboyet Nr. 304 S. 361 ff. für die Kontrolltheorie. Mazeaud, Clunet 1928 S. 30 f.: Nur das Zusammentreffen von Errichtungsort und Sitz (siège social réel) begründe die Staatszugehörigkeit.

allgemein Vereine, die in fremden Staaten ihren Sitz haben und nach dem dort geltenden Recht nicht rechtsfähig sind. Es scheint mir kein Grund vorzuliegen, von dieser durch den Wortlaut gebotenen Auslegung abzuweichen, da es in manchen Fällen zweckmäßig sein kann, Vereinen, welche etwa dem Deutschtum im Auslande dienen, von Deutschland aus die Rechtsfähigkeit zu verleihen, wenn nur das Recht des Sitzes diese Verleihung anerkennt [1]). Solche Verleihungen sind schon vorgekommen [2]). Wird nun auf diese Weise ein Verein mit Sitz im Ausland durch Deutschland mit Rechtspersönlichkeit bekleidet, so muß man annehmen, daß er — mindestens für Deutschland — als deutscher Verein anzusehen ist [3]). Von diesen seltenen Fällen abgesehen aber gilt für das deutsche Recht der Sitz der juristischen Person als Merkmal ihrer Nationalität.

§ 321. Der Begriff des Sitzes bedarf näherer Bestimmung.

Mehrfach hat das Reichsgericht für Fälle wirklich internationaler Rechtskollisionen die Frage nach der Bestimmung des Sitzes beantwortet. In der ältesten dieser Entscheidungen [4]) wird angenommen, daß eine Gesellschaft, die in den Vereinigten Staaten mit statutarischem Sitz in Washington begründet war, in Mexico ihr Geschäft betrieb und von Hamburg aus geleitet wurde, die Rechtsfähigkeit nur gemäß dem deutschen Recht erwerben könne. Ein zweites Urteil [5]), das für die Frage der Rechts- und Prozeßfähigkeit einer Gesellschaft deren Sitz für maßgeblich erklärt, betont, daß es bezüglich der Begriffsbestimmung des Sitzes nicht in Widerspruch zu der erstgenannten Entscheidung vom 31. 3. 1904 stehe. In einem dritten Urteil [6]) wird einer Gesellschaft die Zugehörigkeit zum Staate Delaware beigelegt, weil zwar nicht ihr »Geschäftssitz«, aber

---

[1]) Ebenso Komm. von RGRäten § 23 Anm. 1; Plancks Kommentar § 23 Anm. 1; Niemeyer S. 129 ff.; Habicht Anm. II A I zu Art. 10 EG; Neubecker, Jahrbuch f. intern. Rechtsverkehr S. 69. Entgegengesetzt Staudinger § 23 Anm. 6 b; Neumeyer Bd. I S. 129 und I. Pr.R. § 22; Lewald Nr. 56 S. 47 f.

[2]) Neumeyer Bd. I S. 129 Anm. 14 und für den analogen Fall einer Stiftung Komm. v. RGRäten § 80 a. E.

[3]) Ebenso: Habicht a. a. O.; Neubecker a. a. O.; Raape Art. 10 D I 3 d. Dagegen nimmt Staudinger § 23 Anm. 9 an, daß die Ausländerqualität durch Verleihung der Rechtsfähigkeit gemäß § 23 BGB nicht berührt werde.

[4]) 9. oder 31. 3. 1904, JW S. 231 f. = DJZ 1904 S. 555.

[5]) 16. 12. 1913, RG Bd. 83 S. 367 ff. (369 f.).

[6]) 3. 6. 1927, RG Bd. 117 S. 215 ff. = JW 1927 S. 3045 = ZAIP Sonderheft 1926/27 Nr. 114 = Z Bd. 38 S. 367 ff.

ihre Hauptniederlassung, d. h. der satzungsgemäße Sitz ihrer Verwaltung in diesem Staate lag [1]).

Für das internationale Privatrecht des deutschen Reiches ergibt sich hieraus, daß eine juristische Person dem Staate zugehört, in dem sie ihren Verwaltungssitz hat.

§ 322. Dem steht nicht entgegen, daß innerdeutsche Konflikte anders gelöst werden. Für das innerdeutsche Kollisionsrecht gibt es eine beträchtliche Anzahl reichsgerichtlicher Entscheidungen, die zu der Frage Stellung nehmen, welcher Ort als Sitz einer juristischen Person oder einer nicht rechtsfähigen Personenvereinigung anzusehen ist. In einer Reichsgerichtsentscheidung [2]) ist angenommen worden, daß eine »freie Religionsgemeinde«, deren tatsächlicher Gemeindebezirk in Preußen lag und die dort auch ihre Religionsübungen hielt, die Rechtsfähigkeit nur auf Grund des preußischen Rechts erlangen könne, nicht auf Grund des hessischen Rechts, obwohl sie statutenmäßig ihren Sitz in Hessen genommen hatte. Allein die Begründung dieses Urteils beschränkt sich auf die Auslegung des innerdeutsche Verhältnisse betreffenden Art. 84 EGBGB und der im preußischen Recht niedergelegten Grundsätze darüber, in welcher Weise Religionsgemeinden die Rechtspersönlichkeit erlangen können. Es ist m. E. nicht einmal möglich, aus dieser Begründung etwas dafür herzuleiten, was allgemein in Fällen innerdeutscher Rechtskollisionen für die Bestimmung des Sitzes gelten soll, nach dem sich die Staatszugehörigkeit der juristischen Personen richtet. Für wirkliche internationale Rechtskonflikte ist dieses Urteil also erst recht nicht zu verwerten.

In mehreren Entscheidungen des Reichsgerichts über die Rechtsgültigkeit der sogenannten Gothaer Kaufgewerkschaften wird zur Feststellung der Staatszugehörigkeit dieser Gewerkschaften untersucht, welche Merkmale für den Sitz einer Gewerkschaft ent-

---

[1]) Das Reichsgericht nimmt in dieser Entscheidung den Standpunkt ein, daß eine Korporation ihren Sitz in Wilmington in dem nordamerikanischen Staate Delaware habe, weil sie satzungsgemäß dort ihre Hauptniederlassung d. h. den Sitz der Verwaltung habe. Die Entscheidung kann natürlich nicht dahin verstanden werden, daß es für den Sitz entscheidend auf die Frage ankomme, was die Satzung über den Sitz der Verwaltung behauptet. Denn aus der Satzung könnte sich zwar ein von dem Ort der Verwaltung verschiedener juristischer Sitz der Gesellschaft ergeben, wie dieses im interlokalen Recht Deutschlands anerkannt wird, aber nicht ein von dem Ort der wirklichen Verwaltung abweichender Ort der Verwaltung. Eine derartige Bestimmung würde eine Unwahrheit enthalten und nicht beachtet werden können.

[2]) 29. 6. 1911, RG Bd. 77 S. 19 ff.

scheidend sind. Die Frage wird dahin beantwortet, daß es allein auf die in den Statuten getroffene Wahl des Sitzes ankomme, und die Freiheit dieser Wahl nicht dadurch beeinträchtigt sei, daß ein nur »formeller« Sitz nicht anerkannt werde. Es war in diesen Fällen stets streitig, ob die Gewerkschaften ihren Sitz in Gotha (im früheren Herzogtum Sachsen-Coburg-Gotha) hatten, in welchem Fall sie zu Recht bestanden haben würden, oder in Preußen, in welchem Fall sie nichtig gewesen wären. Es handelte sich um Bergwerksgesellschaften, für die nach Art. 67 EGBGB die Rechte der Einzelstaaten und somit die einzelstaatlichen Grundsätze über internationales Privatrecht aufrechterhalten sind. Das Reichsgericht hat demnach seine Entscheidungen nicht auf Grund des reichsrechtlichen internationalen Privatrechts, sondern auf Grund des einzelstaatlichen internationalen Privatrechts getroffen. Von den hier besprochenen Entscheidungen stammen drei [1]) vom fünften Senat, eine [2]) vom ersten Senat des Reichsgerichts. Der fünfte Senat hat in der letzten seiner drei Entscheidungen ausdrücklich ausgesprochen, daß der örtliche Rechtskonflikt auf Grund des einzelstaatlichen internationalen Privatrechts zu entscheiden sei. Die Stellungnahme des ersten Zivilsenats ist nicht ganz so deutlich. Aber auch hier kann kein Zweifel bestehen, daß einzelstaatliche Konfliktsnormen angewandt sind [3]).

§ 323. Aus den Entscheidungen über die Gothaer Gewerkschaften sind also weder Sätze des internationalen Privatrechts des Reichs, noch Entscheidungen über wirklich internationale Konflikte zu entnehmen—letzteres nicht, weil nur zwischen den Rechten verschiedener deutscher Staaten zu wählen war. Die Urteile unserer Gerichte über einzelstaatliches interlokales Privatrecht (das sind meistens solche, welche Rechtsverhältnisse aus der Zeit vor Inkrafttreten des BGB betreffen) sind sehr wichtige Erkenntnisquellen für das heutige internationale Privatrecht. Denn der Inhalt des zwischenstaatlichen Rechts der einzelnen deutschen Länder ist oft identisch mit dem früheren wirklichen internationalen Privatrecht und eine der wichtigsten Wurzeln der jetzt in Kraft befindlichen

---

[1]) 5. 1. 1916, JW 1916 S. 494 f.; 19. 1. 1918, JW 1918 S. 305 = WarnRspr. 1918 Nr. 47 S. 74; 21. 6. 1919, JW 1920 S. 49 ff.

[2]) 19. 6. 1920, RG Bd. 99 S. 218 ff.

[3]) In dem Urteil wird zwar davon gesprochen, daß die Gültigkeit der Errichtung in Gotha überall in Deutschland anzuerkennen sei, aber schließlich wird alles von den Konfliktsnormen Preußens, dessen Gerichte in den unteren Instanzen entschieden hatten, und in dessen Gebiet Verwaltungs- und Geschäftssitz der Gewerkschaft lagen, abhängig gemacht.

Konfliktsnormen. Aber gerade für die hier behandelten Fälle treffen diese Gesichtspunkte nicht zu. Das Reichsgericht hat es für erforderlich gehalten, besondere Untersuchungen über die hier in Betracht kommenden interlokalprivatrechtlichen Fragen nach preußischer [1]) und nach Gothaer [2]) Auffassung anzustellen. In einem anderen Urteil hat es in Betracht gezogen, daß möglicherweise die Auffassung über diese Fragen in Hamburg anders sein könnte als in Preußen [3]). Die Entscheidungen über die innerdeutschen örtlichen Rechtskonflikte bei den Gothaer Gesellschaften können bei dieser Sachlage nicht gegenüber den vorerwähnten Urteilen vom 9.—31. 3. 1904, 16. 12. 1913 und 3. 6. 1927 (vgl. oben) für das wirkliche internationale Privatrecht entscheidend sein. Es kommt hinzu daß die Entscheidung vom 3. 6. 1927 keinerlei Stellung zu den Reichsgerichtsentscheidungen über die Gothaer Bergwerksgesellschaften nimmt, was sie sicher getan hätte, wenn das Reichsgericht der Meinung gewesen wäre, es handele sich hier um dieselbe Materie [4]).

Eine verschiedenartige Behandlung dieser Frage für das interlokale und das internationale Privatrecht ist auch sachlich durchaus begründet. Die Vorteile der deutschen Staatszugehörigkeit kommen in jedem deutschen Lande allen deutschen juristischen Personen zu, unabhängig von der Frage, welchem deutschen Lande sie zugehörig sind. Aber im Verhältnis zum Ausland liegt die Sache anders. Es kann nicht der Sinn des deutschen Rechts sein, daß die Vorzugsstellung, welche Deutsche in gewissem Umfange nach dem deutschen Recht und insbesondere dem deutschen internationalen Privatrecht genießen, durch eine bloße Statutenbestimmung ohne jede tatsächliche Grundlage erreichbar ist.

In der Schweiz besteht zwischen dem wirklich internationalen Privatrecht und dem interlokalen Privatrecht auf dem hier behandelten Gebiet genau derselbe Gegensatz, wie er nach deutschem Recht vorliegt. Art. 56 des schweizerischen Zivilgesetzbuches be-

---

[1]) 19. 6. 1920, RG Bd. 99 S. 218 ff.

[2]) 15. 11. 1920, RG Bd. 100 S. 210 f.

[3]) 21. 6. 1919, JW 1920 S. 49 ff. (51).

[4]) Meine Auffassung des Verhältnisses der Urteile über die Gothaer Gewerkschaften zu der Entscheidung international liegender Fälle teilt offenbar Lewald Nr. 55 S. 47, der diese Urteile zur Frage des Sitzbegriffes gar nicht anführt. Zweifelnd über die Bedeutung dieser Urteile für das internationale Privatrecht Keßler, ZAIP 1929 S. 760 f. Raape Art. 10 G I 1, nimmt an, daß im interlokalen Recht über die Befugnis zur Verleihung der Rechtspersönlichkeit dieselben Grundsätze gelten wie im internationalen, ohne darauf einzugehen, daß das Reichsgericht dort den statutenmäßigen hier den Verwaltungs-Sitz für maßgebend hält.

stimmt: »Der Wohnsitz der juristischen Personen befindet sich, wenn ihre Statuten es nicht anders bestimmen, an dem Orte, wo ihre Verwaltung geführt wird«. Aus diesem Artikel ergibt sich also, daß der Verwaltungssitz nicht notwendigerweise der »Wohnsitz« einer juristischen Person ist, sondern daß die Statuten Abweichendes bestimmen können. Das Eidgenössische Amt für das Handelsregister hat am 4. 11. 1929 [1]) entschieden, daß diese Bestimmung nur auf juristische Personen zutrifft, die ihren Verwaltungssitz in der Schweiz haben. Eine auf deutschem Territorium existierende und unter deutschem Recht stehende Personenverbindung könne nicht zu einem Verein nach schweizerischem Recht werden, indem sie sich nach diesem Rechte konstituiert und in der Schweiz ein Domizil wählt, welches mit den Tatsachen gar nicht übereinstimmt.

§ 324. Unter den verschiedenen realen Beziehungen, die für die Bestimmung des Sitzes in Betracht kommen, entscheiden die angeführten reichsgerichtlichen Urteile von 1904, 1913 und 1927 für den Ort, wo die Verwaltung geführt wird. Ein Anhaltspunkt für die Maßgeblichkeit dieses Merkmales liegt darin, daß es auch nach deutschem inneren Recht den Sitz bestimmt, wenn eine statutarische Bestimmung fehlt und fehlen darf (§§ 24, 80 Satz 2 BGB, § 17 ZPO). Hieraus ergibt sich, daß nach Auffassung des deutschen Gesetzgebers unter den verschiedenen Orten, mit denen reale Beziehungen die juristische Person verbinden können, derjenige der Verwaltungsführung am besten geeignet ist, die Anknüpfung für die mannigfachen vom Sitz abhängigen Rechtsverhältnisse zu geben [2]).

Dieses Merkmal der Nationalität gilt nicht allein für die Feststellung, ob eine juristische Person Inländerin oder Ausländerin ist, sondern auch für die Feststellung, welchem fremden Staate sie zugehört [3]).

---

[1]) ZAIP 1931 S. 722.

[2]) Aus der deutschen Literatur für die Bestimmung des Sitzes nach dem Ort, wo die Verwaltung geführt wird. v. Bar, Ehrenbergs Hdb. Bd. I S. 347; Neumeyer, I.Pr.R. § 22 (mit Berufung auf §§ 22, 24, 80 BGB) und Neumeyer Bd. I S. 128 (für das deutsche Recht); Isay, Z Bd. 32 S. 23 f. (für das deutsche Recht) und S. 25 (theoretische Rechtfertigung); Walker S. 118; Lewald Nr. 55 S. 47. Abweichend Niedner, Anm. 6 zu Art. 10 EG: In erster Linie sei die statutarische Bestimmung maßgebend. Ebenso: Staub § 178 Anm. 13 und § 201 Anm. 19 und Deumer, Z Bd. 20 S. 362; Fischer in Ehrenbergs Hdb. Bd. III Abt. 1 S. 38: Eine Aktiengesellschaft sei eine ausländische, wenn sie gemäß Statut den Mittelpunkt ihrer Geschäftstätigkeit im Ausland habe; Nelte, Jahrbuch für internationalen Rechtsverkehr S. 182 f.: Der statutenmäßige Verwaltungssitz sei maßgebend.

[3]) Über die ausländische Praxis bezüglich der Nationalität von juristischen

§ 325. Es kommt nicht darauf an, ob der Staat, dem die juristische Person angeblich angehören soll, sie als ihm zugehörig anerkennt oder nicht [1]). Andernfalls wäre die Feststellung einer Nationalität gar nicht möglich, wenn das in Frage stehende ausländische Recht den Begriff der Nationalität einer juristischen Person überhaupt nicht anerkennt [2]). Die deutsche Rechtsprechung hat auch, wo sie die ausländische Nationalität einer juristischen Person feststellte, m. W. niemals Wert darauf gelegt, ob diese Nationalität auch

---

Personen: In Österreich wird die Nationalität nach dem Sitz bestimmt; Walker S. 125 f.; Kunz, Rép. Bd. VI unter »Autriche« Nr. 131 (beide geben nicht an, welches Merkmal für den Sitz maßgebend ist). In der Schweiz bestimmt man die Nationalität nach dem Sitz, worunter der Ort der Verwaltungsführung verstanden wird; Mamelok, a. a. O. S. 25. In England wurde während des Krieges die alte Auffassung, wonach die Incorporation die Nationalität bestimmte, zugunsten der Maßgeblichkeit des Ortes der Leitung aufgegeben. Die Tragweite dieser neuen Stellungnahme ist jedoch nicht völlig klar, ihre Fortgeltung nicht unzweifelhaft. Vgl. Westlake S. 381 ff.; Dicey S. 151 ff. In den Vereinigten Staaten gilt der Ort der Incorporation als maßgebend. Diese Regel wird auch dahin gefaßt, daß »domicil« oder »residence« der juristischen Person sich an diesem Ort befinde. Vgl. Wharton Bd. I S. 109 f.; Goodrich S. 61; Lorenzen, Rép. Bd. VI unter États-Unis Nr. 444 ff. In der französischen Praxis wird neuerdings wieder wie vor dem Kriege in erster Linie auf den Sitz abgestellt, worunter der statutenmäßige Sitz verstanden wird, wenn er réel (effectif, sérieux), nicht fictif ist; Niboyet Nr. 304 S. 361 ff. und Strindberg-Vinaver, Rép. Bd. V S. 606 in Nr. 153; dazu noch Kassationshof 24. 12. 1928, Bul. Bd. 22 Nr. 6261; Cour d'Appel de Paris, 13. 5. 1929, Bul. Bd. 22 Nr. 6263 = Revue 1929 S. 657 f. Die italienische Praxis zeigt keine einheitliche Stellungnahme; sowohl der Sitz wie der Ort der Gründung werden zur Bestimmung der Nationalität verwandt; Udina, Rép. Bd. VI unter »Italie« Nr. 20 f.; vgl. auch d'Amelio, Clunet 1917 S. 1224 ff. In Holland ist im allgemeinen der Sitz maßgebend; Kosters S. 658 f. In China gilt als das Heimatsgesetz der juristischen Personen, zu denen auch die offenen Handelsgesellschaften und Kommanditgesellschaften gezählt werden, das Recht ihres Wohnsitzes. Art. 3 des Gesetzes vom 5. 8. 1918 über die Anwendung ausländischer Gesetze, Makarov S. 20. Die sowjetrussische Gesetzgebung zeigt nach Stoupnitzky, Revue 1927 S. 443, die Tendenz, die Nationalität der juristischen Personen nach dem Orte ihrer Errichtung zu beurteilen. — Nach dem Entwurf eines internationalen Aktienrechts der 12. Conférence parlamentaire internationale de commerce von 1925 (Art. 1) wird die Staatsangehörigkeit einer Aktiengesellschaft durch das Land bestimmt, unter dessen Gesetzgebung sie gegründet ist und wo sie ohne Umgehungsabsicht ihren Gesellschaftssitz hat. Vgl. JW 1927 S. 1079.

[1]) Dies behaupten Isay in seiner schon zitierten Dissertation S. 7 und Z Bd. 32 S. 23; Marburg a. a. O. S. 36; Neumeyer, Z. f. Völkerrecht Bd. 12 1923 S. 275.

[2]) So z. B. das argentinische Recht, Roger in Rép. Bd. VI unter »République Argentine« Nr. 29.

nach dem Recht des in Betracht stehenden fremden Staates gegeben war [1] [2].

§ 326. Da für die Staatszugehörigkeit einer juristischen Person ihr Sitz maßgebend ist, muß folgerichtig angenommen werden, daß sie ihre Nationalität wechselt, wenn sie ihren Sitz aus dem Gebiet eines Staates in das eines anderen verlegt. Voraussetzung einer solchen Nationalitätsänderung ist natürlich, daß die juristische Person durch die Sitzverlegung nicht ihre Rechtspersönlichkeit verliert. Wenn sie sie aber behält, so wechselt die Nationalität mit dem Wechsel des Sitzes. Das ist ausgesprochen in einer Entscheidung des Kammergerichts [3], in der es sich um eine G. m. b. H. handelte, die ihren Sitz aus polnisch-Oberschlesien nach Deutschland verlegt hatte [4]. Das gleiche muß auch dann gelten, wenn nicht der Sitz verlegt wird, sondern die Staatshoheit wechselt, welcher das Gebiet unterliegt, in dem sich der Sitz befindet — natürlich unter Vorbehalt abweichender staatsvertraglicher Regelung [5]. Daß juristische Personen, die ihren Sitz in dem von Deutschland abgetrennten Gebiet zur Zeit der Abtrennung hatten, die Nationalität gewechselt haben, wird in einer Kammergerichtsentscheidung [6] ausgesprochen [7].

§ 327. Die Frage der Staatszugehörigkeit ist auch für die nichtrechtsfähigen Personenvereinigungen von Bedeutung [8].

---

[1]) Einige Staatsverträge des deutschen Reichs verweisen allerdings auf die beiderseitigen Regeln über die Voraussetzungen der Inländereigenschaft. So Art. 15 des Luftverkehrsabkommens mit Italien v. 20. 5. 1927 (RGBl. 1927 II S. 939 ff.) und Art. 15 des Luftverkehrsabkommens mit Großbritannien vom 29. 6. 1927 (RGBl. 1927 II S. 952).

[2]) Nach Niboyet, Revue 1927 S. 408 f., nehmen die französischen Gerichte denselben Standpunkt ein.

[3]) 7. 2. 1924, ROLG Bd. 43 S. 201 f.

[4]) Vgl. auch das deutsch-polnische Aufwertungsabkommen vom 5. 7. 1928 (RGBl. 1929 II S. 578 ff.). Aus der Erwähnung des Art. 73 Abs. 2 ergibt sich, daß im Sinne des Art. 73 Abs. 1 mit Sitzverlegung Nationalitätswechsel eintritt. Aus der ausländischen Rechtsprechung Tribunal Civil de la Seine 15. 5. 1925, Bul. Bd. 17 Nr. 5264.

[5]) Vgl. den eben angeführten KG-Beschluß, in dem die Annahme, daß die G. m. b. H. durch die Abtretung Ost-Oberschlesiens die polnische Nationalität erworben habe, auf das deutsch-polnische Abkommen gestützt wurde.

[6]) Beschluß vom 15. 4. 1926, JW 1926 S. 1351 f. = ZAIP Sonderheft 1926/27 Nr. 23. Ebenso Raape Art. 10 E II 1.

[7]) Vgl. über die Entscheidung des Kammergerichts vom 15. 12. 1911, in welcher angenommen ist, daß eine Gothaer Gesellschaft trotz Verlegung ihres Sitzes nach Preußen ihre Gothaer Nationalität behalten könne, oben § 319 S. 463 Anm. 7.

[8]) Über die Grundsätze, nach denen wir ausländische Personenvereinigungen als rechtsfähig oder nicht rechtsfähig ansehen vgl. § 95 S. 138 f.

Eine deutsche Rechtsprechung über die Nationalität der nichtrechtsfähigen Handelsgesellschaften besteht zu einigen fremdenrechtlichen Vorschriften, insbesondere zu den §§ 110 ZPO und § 85 Gerichtskostengesetz. In einer Reichsgerichtsentscheidung von 1895 [1]) wird die Pflicht zur Sicherheitsleistung gemäß § 110 ZPO für eine von zwei Deutschen gebildete offene Handelsgesellschaft (partnership) mit Sitz in London verneint. Dies wird damit begründet, »daß, wenn die klagende Vereinigung nach materiellem Rechte kein selbständiges Rechtssubjekt ist, vielmehr die vereinigten Personen selbst die ausschließlichen Träger der Rechte und Verpflichtungen sind, welche für die Vereinigung erworben und übernommen worden sind, für die Kostenkautionspflicht die Staatsangehörigkeit der in der Vereinigung begriffenen Personen auch dann entscheidend sein soll, wenn diese Vereinigung prozessuale Parteifähigkeit besitzt, ...«. Das Oberlandesgericht Dresden schließt sich in einer neueren Entscheidung [2]) der Reichsgerichtsentscheidung von 1895 an [3]) [4]).

Zu § 28 des Hamburger AGBGB, wonach Ausländer und ausländische juristische Personen zum Grunderwerb einer Genehmigung bedürfen, hat das Hanseatische Oberlandesgericht [5]) entschieden, daß die Genehmigung erforderlich sei, wenn auch nur ein Kommanditist einer Kommanditgesellschaft, welche ein Grundstück erwerben will, Ausländer ist. Dies begründet das Gericht damit, daß auch der Kommanditist Eigentümer — wenn auch nur mit anderen zur gesamten Hand — werden würde, also der Fall vorliege, für den die Genehmigungspflicht vorgesehen ist [6]) [7]) [8]).

---

[1]) 25. 11. 1895, RG Bd. 36 S. 393 ff.

[2]) 8. 6. 1925, JW 1926 S. 388 f. = ZAIP Sonderheft 1926/27 Nr. 125.

[3]) Das OLG zitiert außerdem im selben Sinne eine eigene Entscheidung im sächs. Archiv. Bd. 5 S. 707.

[4]) Abweichend HansOLG 4. 10. 1895, HansGZ 1895 Hbl Nr. 107 S. 281 ff. und 26. 5. 1899, Z Bd. 10 S. 470 = DJZ 1900 S. 444: Der Sitz sei maßgebend.

[5]) Beschluß vom 9. 3. 1921, HansGZ 1921 Bbl. Nr. 51 S. 90 f.

[6]) Dagegen auf den Sitz einer offenen Handelsgesellschaft (in folgendem abgekürzt: OHG) abgestellt — Begründung aus altem Hamburger Recht — in LG Hamburg Beschluß vom 30. 4. 1901, HansGZ 1901 Bbl. Nr. 166 S. 243. Die Entscheidung des OLG von 1921 schließt sich einer AG-Entscheidung an, welche die vom LG angeführte Begründung widerlege.

[7]) Eine Entscheidung des Reichsgerichts vom 11. 2. 1896, RG Bd. 36 S. 172 ff., hat die Eintragung einer offenen Handelsgesellschaft, deren Gesellschafter ein Deutscher, ein Engländer und zwei Italiener waren, in das Handelsregister des deutschen Konsulats in Alexandrien für zulässig erklärt. Das Reichsgericht beruft sich in erster Linie darauf, daß im Bezirke des deutschen

§ 328. Da man hiernach annehmen muß, daß es bei einer nichtrechtsfähigen Gesellschaft auf die Nationalität der Inhaber ankommt [1]), so entstehen Schwierigkeiten, wenn die Inhaber verschiedenen Staaten angehören. Einen solchen Fall betrifft der schon angeführte Beschluß des Hanseatischen Oberlandsgerichts [2]), woangenommen ist, daß eine Kommanditgesellschaft zum Grunderwerb der für Ausländer vorgeschriebenen Genehmigung bedürfe, auch

---

Konsulargerichts ein Herkommen bestehe, nach welchem eine offene Handelsgesellschaft, die aus Angehörigen verschiedener Nationalitäten gebildet ist, die Nationalität eines der Gesellschafter annehmen und sich dem Schutz des betreffenden Konsuls unterstellen kann. Das Gericht untersucht dann, ob aus der rechtlichen Natur der offenen Handelsgesellschaft des deutschen Rechts Bedenken hiergegen herzuleiten seien. Das wird verneint, obwohl anerkannt wird, daß die in Deutschland herrschende Anschauung die offene Handelsgesellschaft nicht als juristische Person betrachtet. Aber wegen der Selbständigkeit des Gesellschaftsvermögens und wegen der für die offene Handelsgesellschaft bestehenden Möglichkeit, unter ihrer Firma Rechte zu erwerben, Verbindlichkeiten einzugehen und Prozesse zu führen, wird es für statthaft erklärt, daß der Gesellschaft als solcher privatrechtlich, wie in ihren staats- und völkerrechtlichen Beziehungen eine bestimmte Nationalität beigelegt wird, auch wenn die einzelnen Gesellschafter zum Teil einer anderen Nationalität angehören. Weiter wird gesagt, daß der deutsche Konsul die Eintragung ablehnen könne, wenn nicht ein überwiegendes deutsches Interesse vorliege, oder wenn infolge der Eintragung internationale Verwicklungen zu besorgen seien. Diese Begründung und diese dem deutschen Konsul zugebilligte Ermessensfreiheit beweisen m. E., daß es sich hier um ein Urteil handelt, daß lediglich die in den Konsularbezirken herrschenden besonderen Verhältnisse betrifft und einer allgemeinen Ausdehnung nicht fähig ist.

[8]) Wenn in der französischen Rechtsprechung angenommen wird, eine aus Nichtfranzosen gebildete société en nom collectif mit Sitz in Frankreich habe französische Nationalität — vgl. Handelsgericht Oran 8. 6. 1925, Clunet 1926 S. 702; Berufungsgericht Montpellier 3. 5. 1926, Bul. Bd. 17 Nr. 5274 — so erklärt sich das wohl daraus, daß die société en nom collectif in Frankreich als juristische Person angesehen wird.

[1]) Neumeyer Bd. I S. 108, nimmt aus rechtslogischen Gründen an, daß nur rechtsfähige Verbände eine Staatsangehörigkeit (eine eigene) haben können. Rabel, JW 1922 S. 1162 (Note zu einer Entscheidung des deutsch-englischen Schiedsgerichts), meint, daß die OHG einer eigenen Staatsangehörigkeit fähig sei. Nelte, Jahrbuch für internationalen Rechtsverkehr 1912/13 S. 183 f., hält den Sitz für maßgeblich für die Staatszugehörigkeit; trotzdem könnten alle Erschwerungen, welche das deutsche Recht Ausländern auferlegt, gemäß der Nationalität der Gesellschafter diesen auferlegt werden. Ähnlich Staub, § 105 Anm. 45. Stein.-Jonas § 110 I 1 entscheidet mit Jäger, »Die OHG im ZP« in der Festgabe für Sohm S. 25, die Kostenkautionspflicht auch für die OHG nach ihrem Sitz. Nach Isay, Z Bd. 32 S. 25, soll die Nationalität der OHG sich nach der der Gesellschafter, ev. nach der ihrer Mehrheit, bestimmen. Mangels einer Mehrheit soll die OHG überall als ausländische gelten.

[2]) 9. 3. 1921, HansGZ 1921 Bbl. Nr. 51 S. 90 f.

wenn nur ein Kommanditist Ausländer ist [1]). Diese Entscheidung zeigt m. E. die Lösung, welche die juristische Konstruktion unserer offenen Handelsgesellschaften und Kommanditgesellschaften erfordert: Da diese Gesellschaften nicht juristische Personen sind, also Rechte und Pflichten in Wahrheit in der Person der Gesellschafter entstehen, so bestimmt sich der Eintritt oder Nichteintritt von Rechtswirkungen für jeden Gesellschafter nach seiner Nationalität. Soweit Rechte oder Pflichten nicht für alle Gesellschafter gleichmäßig entstehen, ist die Zusammenfassung der einzelnen Rechte oder Pflichten im »Gesellschaftsvermögen« oder als »Gesellschaftsschuld« nicht möglich. Wird aus einer im Ausland begangenen unerlaubten Handlung gegen eine O. H. G. geklagt, von deren zwei Gesellschaftern einer Deutscher, einer Ausländer ist, so kann Urteil gegen die offene Handelsgesellschaft nur in der Höhe ergehen, in welcher die Haftung sowohl gemäß deutschem wie ausländischem Recht begründet ist. Andernfalls würde auch der Deutsche als Beteiligter am Gesellschaftsvermögen von einer Haftung betroffen, welche Art. 12 EG für Deutsche nicht zuläßt. Der Ausländer dagegen haftet persönlich in der vollen Höhe des von der lex loci delicti commissi gegebenen Anspruchs. Daß der Ausländer danach in höherem Maße haftet als »die Gesellschaft«, ist mit dem deutschen Recht vereinbar. Denn nach der Konstruktion, welche die herrschende Meinung für das Verhältnis der Haftung der Gesellschafter zu der Haftung der »Gesellschaft« annimmt, handelt es sich nicht um eine garantieartige Haftung der Gesellschafter, welche neben die Haftung der Gesellschaft tritt, sondern bestehen nur Haftpflichten der Gesellschafter und bedeutet die »Haftung der Gesellschaft« nur eine besondere Weise, in welcher diese Haftpflicht realisiert wird [2]). Diese Haftungsart — die Haftung mit den im Gesellschaftsvermögen zusammengefaßten Teilen der Gesellschaftervermögen — muß in dem erörterten Falle insoweit fortfallen, als die Haftpflicht nicht alle Gesellschafter betrifft. Insoweit bleibt nur die persönliche Haftung

---

[1]) Vgl. dazu auch ein Urteil der Rechtbank Amsterdam vom 19. 12. 1924, Bul. Bd. 13 Nr. 4225 = Weekblad van het Recht Nr. 11 346: Von einer société en nom collectif, welche aus einem Engländer und einem Franzosen bestand, wurde Sicherheitsleistung für die Prozeßkosten verlangt. Franzosen waren gemäß Staatsvertrag von der sonst allgemein für Ausländer vorgeschriebenen Sicherheitsleistungspflicht befreit, Engländer nicht. Es wurde entschieden, daß der Beklagte sich erst dann auf die Klage einlassen müsse, wenn von dem Engländer Sicherheit geleistet sei.

[2]) Vgl. Staub, v. a. § 105 Anm. 28 und § 128 Anm. 1.

des Gesellschafters, welchem das Gesetz eine höhere Haftpflicht auferlegt als den anderen [1]) [2]).

§ 329. Für nichtrechtsfähige Vereine des deutschen Rechts oder solche Rechtsgebilde fremden Rechts, die wir gemäß Qualifikationsgrundsätzen jenen gleichzustellen haben, kann die Nationalität nicht in derselben Weise bestimmt werden, wie für die nichtrechtsfähigen Handelsgesellschaften. Die Frage der Nationalität ist hier in international-privatrechtlicher Beziehung z. B. für Art. 12 EG erheblich; nach deutschem Recht kann der nichtrechtsfähige Verein in gewissem Umfange aus unerlaubten Handlungen haften [3]). In solchen Fällen wird man die Nationalität des Vereins nach seinem Sitze zu bestimmen haben [4]), denn ein Kennzeichen des Vereins ist nach deutscher Rechtsauffassung die Unabhängigkeit seiner Organisation vom Wechsel der Mitglieder, und darum wird man die Nationalität seiner Mitglieder nicht für maßgeblich ansehen können. Eine Ausnahme wäre vielleicht anzunehmen, wenn es sich um einen Verein handelt, dem nur Deutsche angehören dürfen.

§ 330. Die bisherigen Ausführungen gelten nicht, wo Staatsverträge entgegenstehen. Die Fragen der Anerkennung der juristischen Personen und der nichtrechtsfähigen Personenvereinigungen, ihrer international-privatrechtlichen und fremdenrechtlichen Behandlung sind häufig in Staatsverträgen Deutschlands geregelt worden. Der Begriff der Staatsangehörigkeit der juristischen Person wird

---

[1]) Der Wortlaut des § 128 HGB »die Gesellschafter haften für die Verbindlichkeiten der Gesellschaft . . .« widerspricht m. E. nicht, weil er offenbar nur den Normalfall im Auge hat, in dem die im Geschäftsbetrieb der Gesellschaft entstehenden Verbindlichkeiten die Gesellschafter in gleicher Weise treffen.

[2]) Im Falle des § 110 ZPO wäre demgemäß die Sicherheitsleistung zu verlangen, auch wenn nur einer von mehreren Gesellschaftern Ausländer ist, und die Gesellschaft ihren Sitz in Deutschland hat. Wenn dieses Ergebnis unbefriedigend erscheint, so liegt das daran, daß das Gesetz die Sicherheitsleistungspflicht gerade von der Staatsangehörigkeit abhängen läßt, und nicht von einem Merkmal, welches die Fälle danach unterscheidet, ob das Vermögen des Klägers dem Beklagten leicht greifbar oder nur durch Inanspruchnahme ausländischer Rechtshilfe erreichbar ist. Vergleiche dazu RG vom 25. 11. 1895, RG Bd. 36 S. 393 ff.

[3]) Vgl. Kommentar v. RGRäten § 54 Anm. 1 i. f.; Staudinger Anm. IV vor § 823 und § 831 Anm. 2 a; und die an diesen Stellen zitierten RG-Entscheidungen.

[4]) Vgl. Isay, Z Bd. 32 S. 25, der für den nichtrechtsfähigen Verein dieselben Regeln über die Nationalität gelten lassen will wie für juristische Personen.

in der Terminologie dieser Verträge regelmäßig nicht verwandt [1]). Die meisten Staatsverträge geben die Merkmale an, nach denen sie die juristischen Personen, auf welche die Vertragsvorschriften angewandt werden sollen, von den übrigen unterscheiden, ohne die ersteren als staatszugehörige zu bezeichnen. Aber aus der Tendenz dieser Verträge ergibt sich, daß mindestens die unter die Vertragsbestimmung fallenden juristischen Personen solche sind, die als staatszugehörige betrachtet werden.

Die Merkmale für die Zugehörigkeit sind verschiedene. Die Mehrzahl der Verträge gebraucht — im deutschen Text — die Formel »Gesellschaften, die im Gebiet des einen vertragschließenden Teils ihren Sitz haben und nach seinen Gesetzen zu Recht bestehen« (zum Teil mit geringen Abweichungen im Wortlaut) [2]). Hier wird also auf den Sitz abgestellt. Der Zusatz »und nach seinen Gesetzen zu Recht bestehen« hat m. E. nicht die Bedeutung, daß die Gesellschaft gerade nach dem inneren Recht ihres Sitzes zu Recht bestehen müsse. Denn der Wortlaut gibt zu dieser einschränkenden Auslegung keinen Anhalt. Ferner ist es für den anderen Vertragschließenden gleichgültig, aus welchem Grunde ein Staat die auf seinem Gebiet befindlichen Gesellschaften als zu Recht bestehend anerkennt. Es muß

[1]) Ein Beispiel für das Gegenteil gibt das deutsch-polnische Aufwertungsabkommen vom 5. 7. 1928 (RGBl 1929 II S. 578 ff.), wo ausdrücklich bestimmt ist, daß im Sinne dieses Vertrages unter die Staatsangehörigen der vertragschließenden Teile auch juristische Personen gerechnet werden (Art. 2), sowie Art. 1 des deutsch-persischen Abkommens über den gegenseitigen Schutz von Erfindungspatenten usw. vom 24. 2. 1930 (RGBl. 1930 II S. 982) und Art. 1 des deutsch-rumänischen vorläufigen Handelsabkommens vom 18. 6. 1930 (RGBl. 1930 II S. 954), in denen von »Gesellschaften der Parteien« gesprochen wird.

[2]) Vgl. die Verträge des Deutschen Reiches mit den Niederlanden vom 11. 2. 1907 (RGBl. 1908 S. 65 ff.) Art. 1; mit der Tschechoslowakei vom 29. 6. 1920 (RGBl. 1920 S. 2240 ff.) Art. 10 Abs. 2; mit Österreich vom 1. 9. 1920 (RGBl. 1920 S. 2295 ff.) Art. 24 § 4 Abs. 1; mit Litauen vom 1. 6. 1923 (RGBl. 1924 II S. 205 ff.) Art. 7; mit Estland vom 27. 6. 1923 (RGBl. 1924 II S. 159 ff.) Art. 8; mit der belgisch-luxemburgischen Wirtschaftsunion vom 4. 4. 1925 (RGBl. 1925 II S. 883 ff.) Art. 9; mit der UdSSR vom 12. 10. 1925 (RGBl. 1926 II S. 1 ff.) Art. 16; mit Finnland vom 26. 6. 1926 (RGBl. 1926 II S. 557 ff.) Art. 3; mit Lettland vom 28. 6. 1926 (RGBl. 1926 II S. 631 ff.) Art. 1 § 5; mit der Schweiz vom 14. 7. 1926 (RGBl. 1926 II S. 675 ff.) Art. 3 Abs. 1; mit Japan vom 20. 7. 1927 (RGBl. II S. 1088 ff.) Art. 13 Abs. 1; mit Frankreich vom 17. 8. 1927 (RGBl. 1927 II S. 524 ff.) Art. 2 Abs. 1; (die bisher zitierten staatsvertraglichen Bestimmungen sind bei Makarov abgedruckt); mit Panama vom 21. 11. 1927 (RGBl. 1928 II S. 639 ff.) Art. 2; mit Litauen vom 30. 10. 1928 (RGBl. 1929 II S. 104 ff.) Art. 6; mit Estland vom 7. 12. 1928 (RGBl. 1929 II S. 509 ff.) Art. 5 Abs. 1; mit Österreich vom 12. 4. 1930 (RGBl. 1930 II S. 1080 ff.) Art. 5 Abs. 1.

also genügen, daß die Gesellschaft im Staate ihres Sitzes als zu Recht bestehend angesehen wird. Das ist auch der Fall, wenn diese Anerkennung sich darauf gründet, daß nach den im Recht des Sitzes geltenden Kollisionsvorschriften für die Frage des rechtlichen Bestandes ein anderes Recht maßgebend ist, und daß dieses die Gesellschaft als rechtlich bestehend ansieht. In einigen Fällen leitet schon die Fasssung des fremdsprachigen Textes zu dieser Auslegung [1]).

Einige Verträge stellen allein darauf ab, nach welchem Recht die Gesellschaft errichtet worden ist [2]). Andere verwenden kumulativ das Merkmal des Sitzes und das des Rechts, nach dem die Errichtung stattgefunden hat [3]). Die Bestimmungen des Vertrages mit Großbritannien und Irland [4]) und des Vertrages mit der südafrikanischen Union [5]) sind nicht klar. Der deutsche Text spricht von dem Staate, in dem die Gesellschaft errichtet wurde [6]); der englische — und im Vertrage mit Südafrika — der afrikanisch-holländische lassen den Sitz maßgebend sein, besonders deutlich ist das bei dem afrikanischen Text [7]).

Soweit Verträge mit ausländischen Staaten weder unmittelbar noch mittelbar Merkmale für die Staatszugehörigkeit juristischer Personen ergeben, ist unter Berücksichtigung des oben Ausgeführten für den deutschen Richter selbstverständlich der Verwaltungssitz maßgebend.

---

[1]) Vgl. den Vertrag mit der belgisch-luxemburgischen Wirtschaftsunion vom 4. 4. 1925 (RGBl. 1925 II S. 883 ff.) Art. 9: »qui jouissent sur le territoire de l'une . . . de la personalité civile . . .«. Auch der Vertrag mit Panama vom 21. 11. 27 (RGBl. 1928 II S. 639 ff.) Art. 2: ». . . , que . . . tienen allí (im Lande des Sitzes) existencia legal«.

[2]) So die Verträge mit Italien vom 31. 10. 1925 (RGBl. 1925 II S. 1020 ff.) Art. 8 Abs. 1; mit Schweden vom 14. 5. 1926 (RGBl. 1926 II S. 384 ff.) Art. 5 Abs. 1; mit der Türkei vom 12. 1. 1927 (RGBl. 1927 II S. 76 ff.) Art. 5 Abs. 1; (diese Vorschriften sind bei Makarov abgedruckt).

[3]) Der Vertrag mit den Vereinigten Staaten vom 8. 12. 1923 (RGBl. 1925 II S. 795 ff.) Art. 12: »Juristische Personen . . ., welche gemäß und unter dem Recht eines Vertragsteils gegründet worden sind oder künftig gegründet werden und welche innerhalb seiner Gebiete eine Hauptniederlassung haben.« Ähnlich — vgl. v. a. den englischen Text — der Vertrag mit Siam vom 7. 4. 1928 (RGBl. 1928 II S. 590 ff.) Art. 8.

[4]) Vom 2. 12. 1924 (RGBl. 1925 II S. 777) Art. 16 Abs. 1 (bei Makarov abgedruckt).

[5]) Vom 1. 9. 1928 (RGBl. 1929 II S. 16 ff.) Art. 12.

[6]) »Aktiengesellschaften . . . die . . . in den Gebieten eines der beiden Teile errichtet sind, . . .« (so Vertrag mit England, ganz geringe Abweichung im Wortlaut des Vertrages mit Südafrika).

[7]) Im englischen Text heißt es »established«, im afrikanischen »gevestig« (holländisch »gevestigd«). — Vgl. dazu auch Frankenstein Bd. I S. 484 Anm. 183.

Staatszugehörigkeit der Schiffe.

Regel 1 (§ 335): Über die Staatszugehörigkeit eines Seeschiffs entscheidet das Recht des Staates, dessen Staatszugehörigkeit in Betracht kommt — mit Beschränkung für Staaten ohne Seeküste.

Regel 2 (§ 336): Die bloß vorübergehende Verleihung des Flaggenrechts begründet keine Staatszugehörigkeit.

Regel 3 (§ 337): Die Nachprüfung der Richtigkeit einer von einer zuständigen ausländischen Behörde ausgestellten Urkunde über die Staatszugehörigkeit eines Seeschiffs ist (wahrscheinlich) nicht zulässig.

Regel 4 (§ 338): Falls ein Seeschiff mehreren Staaten zugehört, hat wahrscheinlich der deutsche Richter dieses Schiff,

falls einer dieser Staaten Deutschland ist, als deutsches zu behandeln,

falls das Schiff aber mehreren fremden Staaten zugehört, es als dem Staat zugehörig zu betrachten, wo es registriert ist, eventuell dem Staat, wo sich der Heimatshafen befindet, eventuell dem Staat, wo der Eigentümer seinen Wohnsitz (Sitz) hat.

Entsprechendes gilt wahrscheinlich bei Staatenlosigkeit eines Seeschiffes.

Regel 5 (§ 339): Entsprechende Grundsätze wie nach Regel 4 sind anzuwenden, wenn in dem Staate, dem das Schiff zugehört, verschiedene Rechte gelten.

Regel 6 (§ 340): Eine Staatszugehörigkeit von Binnenschiffen als internationalprivatrechtlicher Anknüpfungspunkt wird nicht anerkannt.

Zunächst die Staatszugehörigkeit der Seeschiffe:

§ 331. Nach deutschem internationalen Privatrecht unterliegen zahlreiche Rechtsverhältnisse, welche in irgendeiner Weise zu einem Seeschiff Beziehung haben, der Regelung durch das nationale Recht des Seeschiffes, sein Heimatsrecht, sein Flaggenrecht, welche Ausdrücke in der üblichen Terminologie dasselbe bedeuten, nämlich das Recht des Staates, dem das Schiff zugehört [1]). Für die Beurteilung von Rechtsvorgängen auf Seeschiffen bildet das Flaggenrecht das Gebietsstatut, d. i. die lex loci actus bzw. loci delicti commissi oder rei sitae [2]), soweit die Schiffe sich nicht in dem Hoheitsbereich eines anderen Staates befinden und dessen Recht unterworfen sind. Und viele schuldrechtliche Rechtsverhältnisse des Seerechts richten sich nach dem Recht der Flagge [3]).

---

[1]) Für die Gleichstellung der Bezeichnungen »Nationales Recht« und »Flaggenrecht« vgl. z. B. Mittelstein; HansRZ 1925 Sp. 217; Wharton Bd. II § 441; Dicey S. 643 ff.; Christiansen, Rép. Bd. VI unter »Norvège« Nr. 178; dagegen Niboyet, Rép. Bd. X S. 10 Nr. 16.

[2]) Vgl. §§ 345 ff. S. 492 ff.

[3]) Vgl. dazu z. B. Lewis-Boyens »Das deutsche Seerecht«, Bd. I 1897 S. 20 ff.; v. Bar, Ehrenbergs Handbuch Bd. I S. 419 ff.; Frankenstein Bd. II S. 496 ff.

§ 332. Für das deutsche Recht sind im Flaggengesetz von 1899[1]) Vorschriften über die Voraussetzungen der deutschen Staatszugehörigkeit von Seeschiffen gegeben (§§ 2, 3). Diese Vorschriften betreffen »Kauffahrteischiffe« (§ 2)[2]) und finden auch Anwendung »auf seegehende Lustyachten, auf ausschließlich zur Ausbildung von Seeleuten bestimmte Seefahrzeuge (Schulschiffe), sowie auf solche Seefahrzeuge, welche für Rechnung von auswärtigen Staaten oder deren Angehörigen im Inlande erbaut sind« (§ 26 Abs. 1). Durch Verordnung des Reichspräsidenten mit Zustimmung des Reichsrats (früher durch Kaiserliche Verordnung mit Zustimmung des Bundesrats) kann die Geltung dieser Bestimmungen auch erstreckt werden auf »andere nicht zum Erwerbe durch die Seefahrt bestimmte Seefahrzeuge« (§ 26 Abs. 2) und auf »Binnenschiffe, die ausschließlich auf ausländischen Gewässern verkehren« (§ 26 a). Von dieser letzteren Möglichkeit ist Gebrauch gemacht worden für Binnenschiffe, welche ausschließlich auf der unteren Donau oder einigen bestimmten chinesischen Flüssen verkehren[3]). Zu den seegehenden Schiffen, die nicht von den Vorschriften des Flaggengesetzes getroffen werden, gehören insbesondere Schiffe, die staatlichen Zwecken dienen, soweit sie nicht unter eine der im Flaggengesetz aufgestellten Kategorien fallen[4]). Aber das Vorliegen oder Nichtvorliegen der deutschen Staatszugehörigkeit wird für diese Schiffe kaum jemals zweifelhaft sein[5]).

Im Flaggengesetz ist zwar nicht von deutscher Staatszugehörigkeit oder Nationalität der Schiffe ausdrücklich die Rede; es wird vielmehr (§§ 2, 3) nur festgelegt, unter welchen Voraussetzungen Schiffe der angegebenen Art berechtigt sind, die Reichsflagge zu führen. Aber offenbar soll im Sinne dieses Gesetzes die Reichsflagge als Symbol der deutschen Nationalität gelten[6]). Man muß daher an-

---

[1]) Reichsgesetz betreffend das Flaggenrecht der Kauffahrteischiffe vom 22. 6. 1899.

[2]) Das sind »die zum Erwerbe durch die Seefahrt bestimmten Schiffe mit Einschluß der Lotsen-, Hochseefischerei-, Bergungs- und Schleppfahrzeuge« (§ 1). Vgl. dazu Mittelstein-Sebba »Das deutsche Seerecht« Bd. I. Allgemeine Einleitung Anm. 39 ff.; Lewis-Boyens a. a. O. Bd. I S. 97 ff.

[3]) Verordnung vom 1. 3. 1900 (Reichsgesetzblatt 1900 S. 41).

[4]) Vgl. dazu Mittelstein-Sebba a. a. O. Anm. 2 zu § 1 des Flaggengesetzes und Allgemeine Einleitung Nr. 39 ff.

[5]) Vgl. z. B. Fauchille Bd. I Teil 2 Nr. 598 S. 898 f.: Die Nationalität von Kriegsschiffen äußert sich darin, daß sie Teil der Kriegsmarine, in ihren Dienst genommen und von Seeoffizieren geführt sind.

[6]) Ebenso Mittelstein-Sebba a. a. O., Allgemeine Einleitung Anm. 46; Wüstendörfer in Ehrenbergs Handbuch Bd. VII Abt. 2 S. 110.

nehmen, daß die in dem Gesetz aufgestellten Voraussetzungen des Rechts zur Führung der Reichsflagge auch als Voraussetzungen der deutschen Nationalität des Schiffes anzusehen sind [1]). Aber das Recht zur Führung der Reichsflagge im Sinne des Flaggengesetzes ist in einem besonderen technischen Sinne zu verstehen. Das Gesetz unterscheidet zwischen dem Flaggenrecht und der Befugnis zur Ausübung desselben. Nach § 8 Abs. 1 des Flaggengesetzes darf die Eintragung in das Schiffsregister erst geschehen, nachdem das Recht des Schiffes zur Führung der Reichsflagge glaubhaft gemacht ist. Nach § 10 Abs. 1 des Flaggengesetzes wird über die Eintragung des Schiffs in das Schiffsregister ein Schiffszertifikat ausgestellt. Nach § 11 Abs. 1 des Flaggengesetzes wird durch das Schiffszertifikat das Recht des Schiffes zur Führung der Reichsflagge nachgewiesen (also nicht etwa begründet). Nach § 11 Abs. 2 des Flaggengesetzes darf das Recht zur Führung der Reichsflagge vor der Erteilung des Schiffszertifikates nicht ausgeübt werden. Das Gesetz unterscheidet also zwischen dem Recht zur Führung der Reichsflagge, welches bereits vor der Eintragung in das Schiffsregister besteht, und der Befugnis zur Ausübung dieses Rechts, die erst vorliegt, wenn die Eintragung erfolgt und über diese ein Zertifikat erteilt ist. Die Eigenschaft des Schiffes als deutsches wird — wie sich aus dieser Gesetzesterminologie ergibt — schon durch das Recht zur Führung der deutschen Flagge, nicht erst durch die Eintragung in ein deutsches Schiffsregister und erst recht nicht durch die Erteilung des Schiffszertifikats mit der Befugnis zur Ausübung des Flaggenrechts begründet [2]). Ebensowenig ist m. E. als Voraussetzung der deutschen Staatszugehörigkeit anzusehen, daß das Recht, die deutsche Flage zu führen, wenn es ausgeübt werden darf, auch tatsächlich ausgeübt wird [3]) [4]).

---

[1]) Vgl. dazu auch Prisenordnung vom 30. 9. 1909 (RGBl. 1914 S. 275 ff.) Nr. 11: »Die Eigenschaft eines Schiffes als feindlichen oder neutralen Schiffes wird durch die Flagge bestimmt, zu deren Führung es berechtigt ist«.

[2]) Ebenso Mittelstein-Sebba a. a. O.; Frankenstein Bd. II S. 466; dagegen meint Neumeyer Bd. III Abt. 1 S. 91 Anm. 22, die Staatszugehörigkeit entstehe erst mit der Eintragung des Schiffes. Niboyet, Rép. Bd. 10 S. 10 Nr. 17, betrachtet ganz allgemein — ohne Bezugnahme auf ein bestimmtes nationales Recht — die Eintragung als maßgeblich für die Staatszugehörigkeit der Schiffe.

[3]) Anders Mittelstein-Sebba a. a. O., Allgemeine Einleitung Anm. 28.

[4]) Hierfür spricht auch der Wortlaut des § 26 Abs. 1 Satz 1: »Machen solche Fahrzeuge (seegehende Lustjachten u. a.) von dem Rechte zur Führung der Reichsflagge Gebrauch, so unterliegen sie den für Kauffahrteischiffe geltenden Vorschriften.« Danach sollen diese Schiffe offenbar andernfalls den

§ 333. Für die Voraussetzungen des Rechts zur Führung der Reichsflagge — und damit also der deutschen Staatszugehörigkeit — im Einzelnen verweise ich auf §§ 2 und 3 des Flaggengesetzes. Danach gilt der Grundsatz, daß deutsche Schiffe im ausschließlichen Eigentum von Deutschen stehen müssen. Ein besonderer Fall ist noch zu erörtern: Nach §§ 9 und 13 darf ein Schiff auch bei Vorliegen der in §§ 2 und 3 aufgestellten Voraussetzungen nicht eingetragen werden, beziehungsweise muß gelöscht werden, wenn der Reeder auch einem fremden Staate angehört und das Schiff in diesem Staate in ein Schiffsregister eingetragen ist [1]). Ein solches erteiltes Schiffs-Zertifikat wird solchenfalls unbrauchbar gemacht. Auch nach Löschung im Schiffsregister und Unbrauchbarmachung des Schiffs-Zertifikats aus solchen Gründen bleibt das Schiff ein deutsches, welches nur das Recht zur Flaggenführung nicht ausüben darf. Das ergibt sich daraus, daß in § 13 Abs. 2 Satz 1 des Flaggengesetzes der Verlust des Flaggenrechts als einer der Gründe der Löschung und der Unbrauchbarmachung des Schiffs-Zertifikats aufgeführt ist, und daß in § 13 Abs. 2 Satz 2 des Gesetzes die hier behandelten Voraussetzungen als selbständiger Grund der Löschung und der Unbrauchbarmachung des Schiffs-Zertifikats aufgeführt sind [2]).

Wenn ein Schiff zum Teil in ausländisches Eigentum übergeht, so verliert das Schiff hierdurch nicht ohne weiteres seine deutsche Staatszugehörigkeit. § 3 Abs. 1 und 3 des Flaggengesetzes bestimmen:

»Verliert der Eigentümer einer Schiffspart die Reichsangehörigkeit oder geht eine im Eigentum eines Reichsangehörigen stehende Schiffspart in anderer Weise als durch Veräußerung (Handelsgesetzbuch § 503) auf einen Ausländer über, so behält das Schiff noch bis zum Ablauf eines Jahres das Recht zur Führung der Reichsflagge.... Diese Vorschriften kommen nur zur Anwendung, wenn die Schiffsparten der übrigen Mitreeder wenigstens zwei Dritteile des Schiffes umfassen.«

(deutschen) Vorschriften unterliegen, welche für andere als Kauffahrteischiffe gelten. »Vorschriften« sind hier auch privatrechtliche (vgl. Mittelstein-Sebba a. a. O.). Damit ist für diese Schiffe die internationalprivatrechtliche Anknüpfung an deutsches Recht auch für den Fall, daß die Flagge tatsächlich nicht geführt wird, anerkannt. Gleiches muß dann auch für die anderen vom Flaggengesetz betroffenen Schiffe gelten.

[1]) Mittelstein-Sebba a. a. O. Anm. 8 zu § 13 Flaggengesetz will diese Vorschriften stets dann anwenden, wenn das Schiff im Auslande eingetragen ist, auch wenn der Reeder nicht die fremde Staatsangehörigkeit besitzt.

[2]) Abweichend wohl Wüstendorfer a. a. O. S. 130, der anscheinend solchenfalls das Fehlen des deutschen Flaggenrechts annimmt.

§ 334. Wie das deutsche Recht, so kennen auch die Rechte des Auslandes den Begriff der Staatszugehörigkeit des Seeschiffes [1]). Das erste Vorbild für die »Nationalisierung« der Seeschiffe gab die englische Navigationsakte von 1651, nach der Schiffe nur dann englisch waren, wenn der Eigentümer Engländer, das Schiff englischen Ursprungs und die Besatzung — zum großen Teile — englisch war [2]). Ähnliche Merkmale kehren seitdem vielfach in den Vorschriften über die Voraussetzungen der Staatszugehörigkeit wieder [3]). In Frankreich z. B. verlangt man, daß das Schiff zum größten Teile Franzosen gehöre und daß die Offiziere und drei Viertel der Mannschaft Franzosen seien [4]), in den Niederlanden, daß das Schiff ganz Niederländern gehöre oder zu zwei Dritteln Niederländern und im übrigen Personen, die in Niederland ansässig sind, außerdem, daß der Sitz des Schiffahrtsunternehmens in den Niederlanden sei und daß, falls eine Gesellschaft Eigentümer ist, bestimmte Voraussetzungen vorliegen, die den nationalen Charakter der Gesellschaft sicherstellen [5]). Nach italienischem Recht wird ein Schiff nur als staatszugehörig betrachtet, wenn es zum mindesten zu zwei Dritteln Italienern oder Personen gehört, die ihren Wohnsitz oder ihren ständigen Aufenthalt seit mindestens fünf Jahren in Italien haben [6]). Der Grundsatz des ausschließlichen Eigentums von Staatsangehörigen gilt wie im deutschen Recht in Großbritannien, den Vereinigten Staaten und Norwegen [7]). Die skandinavischen Seegesetze und die nordamerikanische Merchant Marine Act 1920 verlangen, wenn Gesellschaften Eigentümer sind, strenger als das deutsche Recht, außer dem inländischen Gesellschaftssitz beziehungsweise der Gründung im Inland die nationale Staatsangehörigkeit der leitenden Personen oder eines Teils von ihnen [8]). Argentinien dagegen gewährt das Recht zur Führung der argentinischen Flagge — und damit wohl die argen-

[1]) Neumeyer a. a. O. S. 86 Anm. 6 meint: »Der Satz wird auch für England richtig sein, doch ist nicht zu verkennen, daß eine solche Anschauung, die die staatliche Zugehörigkeit des Schiffes derjenigen seines Eigentümers als ein selbständiges Rechtsverhältnis gegenüberstellt, in England noch nicht das Maß von Sicherheit erreicht hat, das den kontinentalen Rechten heute selbstverständlich erscheint.«

[2]) Vgl. Wüstendörfer a. a. O. S. 111 f.

[3]) Vgl. Neumeyer a. a. O. S. 87.

[4]) Vgl. Pillet Bd. I Nr. 365 S. 738.

[5]) Art. 311 Wetboek van Koophandel in der Fassung vom 22. 12. 1924; vgl. auch Art. 312, 313 dieses Gesetzes.

[6]) Udina Rép. Bd. VI unter »Italie« Nr. 73.

[7]) Vgl. Wüstendörfer a. a. O. S. 113.

[8]) Vgl. Wüstendörfer a. a. O. S. 115 Anm. 15.

tinische Staatszugehörigkeit — wenn auch keines jener drei Merkmale vorliegt [1]). Ein Versuch des Institut de droit international, die Voraussetzungen der Staatszugehörigkeit international festlegen zu lassen (1896), ist fehlgeschlagen [2]) [3]).

§ 335. Für die Feststellung der Staatszugehörigkeit eines Seeschiffes gilt der Grundsatz, daß hierfür das Recht des Staates maßgebend ist, dessen Staatszugehörigkeit in Frage steht [4]). Dies ist völkerrechtlicher Grundsatz [5]). Die Anerkennung dieses Satzes in Deutschland ergibt sich noch insbesondere daraus, daß in den neueren Staatsverträgen des Deutschen Reiches, soweit dort von der Staatszugehörigkeit der Seeschiffe die Rede ist, stets jedem vertragschließenden Staat zugestanden wird, zu bestimmen, welche Seeschiffe ihm angehören [6]).

Die Befugnis eines Staates, Schiffen das Recht zur Führung seiner Flagge zu verleihen, scheint bei dem jetzigen Zustand des Völkerrecht anerkannt zu sein [7]) mit Beschränkung für Staaten, die keine Seeküste haben [8]).

---

[1]) Vgl. Neumeyer a. a. O. S. 91 Anm. 21. Nach Fauchille Bd. I Teil 2 Nr. 599 S. 901 verlangt das argentinische Recht nur, daß ein Matrose Argentinier sei.

[2]) Vgl. Wüstendörfer a. a. O. S. 112; Fauchille a. a. O. S. 902.

[3]) Vgl. im übrigen über ausländisches Recht betreffend die Staatszugehörigkeit der Seeschiffe Wüstendörfer a. a. O. S. 112 f.; Neumeyer a. a. O. S. 91 Anm. 22; Mittelstein-Sebba a. a. O. Allgemeine Einleitung Nr. 52 a; Lewis-Boyens a. a. O. Bd. I S. 128 f.; Fauchille a. a. O. S. 900 f.

[4]) Ebenso v. Bar in Ehrenbergs Handbuch Bd. I S. 420; Frankenstein Bd. I S. 119; Mittelstein, HansRZ 1925 Sp. 217; Neumeyer, a. a. O. Bd. III 1. Abt. S. 89; Wüstendörfer a. a. O. S. 110.

[5]) Vgl. u. a. Neumeyer a. a. O. S. 88 ff.; Strupp S. 99; Fauchille a. a. O. S. 899; Oppenheim Bd. I § 261 S. 489.

[6]) Vgl. die Verträge mit Schweden vom 14. 5. 1926 (RGBl. 1926 II S. 383 ff., außer Kraft, vgl. RGBl. 1929 II S. 633) Art. 17 Abs. 1; mit Frankreich vom 17. 8. 1927 (RGBl. 1927 II S. 524 ff.) Art. 36 Abs. 1; mit Jugoslavien vom 6. 10. 1924 (RGBl. 1927 II S. 1125 ff.) Art. 25 Abs. 1; mit Griechenland vom 24. 3. 1920 (RGBl. 1928 II S. 239 ff.) Art. 20; mit Siam vom 7. 4. 1928 (RGBl. 1928 II S. 590 ff.) Art. 13; mit Litauen vom 30. 10. 1928 (RGBl. 1929 II S. 103 ff.) Art. 28; mit Estland vom 7. 12. 1928 (RGBl. 1929 II S. 509 ff.) Art. 24 Abs. 1; mit Österreich vom 12. 4. 1930 (RGBl. 1930 II S. 1080 ff.) Art. 26 Abs. 1; mit der Türkei vom 24. 5. 1930 (RGBl. 1930 II S. 1026 ff.) Art. 15 Abs. 1; mit Irland vom 12. 5. 1930 (RGBl. 1931 II S. 115 ff.) Art. 17 Abs. 1.

[7]) Vgl. Neumeyer a. a. O. S. 90 f. und den dort zitierten Spruch des ständigen Haager Schiedsgerichts vom 8. 8. 1905., Z Bd. 18 S. 481 ff. (482). Hier wird ausgesprochen: »qu'en général il appartient à tout Souverain de décider à qui il accordera le droit d'arborer son pavillon et de fixer les règles auxquelles l'octroi de ce droit sera soumis«.

[8]) Auf der internationalen Verkehrskonferenz in Barcelona ist von einer großen Reihe von ausländischen Staaten eine Erklärung über die Anerkennung

Selbstverständlich ist dieser Satz der Einschränkung unterworfen, daß ein Staat jemandem, der weder sein Staatsangehöriger ist, noch in seinem Gebiet wohnt, noch von dort aus Schiffahrt betreibt, nicht die Verpflichtung zur Führung seiner Flagge gegen seinen Willen aufdrängen kann, so wenig, wie ein Staat einen Fremden gegen seinen Willen zum Staatsangehörigen machen kann, wenn die nötigen Beziehungen fehlen.

§ 336. Eine Staatszugehörigkeit kann auf Grund des bloßen Flaggenrechts nicht angenommen werden, wenn der dieses Recht verleihende Staat überhaupt keine dauernden Beziehungen zwischen sich und dem Schiff herstellen will, sondern nur vorübergehenden Schutz bezweckt.

Nach einer Entscheidung des Tribunal von Genua [1]) ist ein russisches Schiff dadurch, daß ihm zeitweilig die Benutzung der italienischen Flagge gestattet wurde, und daß es von dieser Erlaubnis Gebrauch gemacht hat, nicht zu einem italienischen geworden. Zur Begründung seines Standpunktes beruft sich das Gericht auf eine im 18. Jahrhundert häufige Praxis, nach welcher Schiffe verschiedener Nationalität ausnahmsweise und provisorisch die dänische Flagge an den Küsten Nordafrikas führten, um den Angriffen der Barbaresken-Staaten zu entgehen, die sich verpflichtet hatten, dänische Schiffe unbelästigt zu lassen. In keinem dieser Fälle ist — wie das Genueser Gericht festgestellt hat — angenommen, daß die Schiffe durch die vorübergehende Veränderung ihrer Flagge die Nationalität geändert hatten. Die Frage, ob solche vorübergehende Verleihung des Flaggenrechts völkerrechtlich zulässig ist [2]), braucht hier nicht erörtert zu werden. Selbst wenn sie zulässig ist, wird aus den vom Tribunal Genua angeführten Gründen und in analoger Anwendung der bei der Staatsangehörigkeit physischer Personen zu befolgenden Grundsätze [3]) ein derartiges nicht endgültiges Verhältnis nicht als

---

des Flaggenrechts der Staaten ohne Meeresküste beschlossen. Dieser Erklärung — vom 20. 4. 1921 — ist Deutschland mit Wirkung vom 10. 11. 1931 beigetreten. Die Erklärung hat den Inhalt, daß von den beteiligten Staaten die Flagge der Seeschiffe jedes Staates ohne Meeresküste anerkannt wird, sofern die Schiffe an einem einzigen bestimmten Ort seines Gebietes eingetragen sind. (RGBl 1932 II S. 93 f.); vgl. weiter Fedozzi in Recueil Bd. 10 S. 49 f. und Bul. Bd. 5 S. 153. Für Deutschland bestehen besondere Verpflichtungen auf Grund des Art. 273 des Vertrages von Versailles.

[1]) 19. 5. 1923, Clunet 1923 S. 1021 ff., zitiert bei Neumeyer a. a. O. S. 98 Anm. 46.

[2]) Vgl. hierüber Neumeyer a. a. O. S. 98.

[3]) Vgl. § 305 S. 445.

genügend angesehen werden können, um eine Staatszugehörigkeit zu begründen.

§ 337. Darüber, daß die Voraussetzungen der Staatszugehörigkeit für ein bestimmtes Schiff vorliegen, wird allgemein [1]) dem Schiff von der Behörde des betreffenden Staates ein Ausweis ausgestellt, das Schiffs-Zertifikat [2]) [3]).

Es fragt sich, welche Bedeutung diese Bescheinigung für die Feststellung der Staatszugehörigkeit durch deutsche Gerichte besitzt. Soweit es sich um deutsche Schiffszertifikate handelt, ist dies eine Frage des deutschen inneren Rechts und dahin entschieden, daß das Schiffs-Zertifikat die Staatszugehörigkeit beweist, jedoch ein Gegenbeweis zulässig ist [4]). Fremden Schiffs-Zertifikaten gegenüber scheint eine Nachprüfung der Richtigkeit nicht zulässig [5]). Hierfür spricht, daß in den Staatsverträgen des Deutschen Reichs regelmäßig nur die Nachprüfung der Zuständigkeit der ausstellenden Behörde zugelassen ist, nicht die Nachprüfung der materiellen Richtigkeit des Zertifikates [6]). Der Grundsatz scheint auch völkerrechtlich anerkannt zu sein [7]). Das ist ein weiterer Grund, ihn für das deutsche

---

[1]) Beispiele bei Wüstendörfer a. a. O. S. 142 f. Nach Oppenheim Bd. I § 262 S. 490 besteht eine völkerrechtliche Verpflichtung der Staaten zur Ausstellung solcher Papiere.

[2]) Für das deutsche Recht vgl. das Flaggengesetz.

[3]) Daß der Ausweis der Nationalität ein wichtiger, vielleicht der wichtigste Zweck der Ausstellung des Zertifikats ist, zeigt sich bei manchen fremden Staaten in der Bezeichnung des Zertifikats, z. B.: in Frankreich »acte de francisation«, in Italien »atto di nazionalità«. Vgl. Wüstendörfer a. a. O. S. 142 f.

[4]) Vgl. § 11 Abs. 1 Flaggengesetz; für den Zivilprozeß § 418 Abs. 2 ZPO; Wüstendörfer a. a. O. S. 146; Mittelstein-Sebba a. a. O. Allgemeine Einleitung Nr. 48.

[5]) Ebenso Fedozzi, Recueil Bd. 27 S. 173. Auch die in den folgenden Anmerkungen Zitierten.

[6]) Vgl. von neueren Verträgen: Die Verträge mit Schweden vom 14. 5. 1926 (RGBl. 1926 II S. 383 ff.) Art. 17 Abs. 1; mit Frankreich vom 17. 8. 1927 (RGBl. 1927 II S. 524 ff.) Art. 36 Abs. 1; mit Jugoslawien vom 6. 10. 1927 (RGBl. 1927 II S. 1125 ff.) Art. 25 Abs. 1; mit Siam vom 7. 4. 1928 (RGBl. 1928 II S. 590 ff.) Art. 13; mit Estland vom 7. 12. 1928 (RGBl. 1929 II S. 509 ff.) Art. 24 Abs. 1; mit Österreich vom 12. 4. 1930 (RGBl. 1930 II S. 1080 ff.) Art. 26 Abs. 1; mit Irland vom 12. 5. 1930 (RGBl. 1931 II S. 115 ff.) Art. 17; anders anscheinend der Vertrag mit der Türkei vom 27. 5. 1930 (RGBl. 1930 II S. 1026 ff.) Art. 15 Abs. 1.

[7]) Vgl. Mittelstein-Sebba a. a. O., Allgemeine Einleitung Nr. 48; Lewis-Boyens a. a. O. Bd. II Anm. zu § 10 Flaggengesetz; ansch. auch Fauchille Bd. I Teil 2 Nr. 601 S. 903. Wüstendörfer a. a. O. S. 146 erkennt zwar an, es sei völkerrechtlicher Grundsatz, »daß der Staat die Anerkennung der von seinen

Recht anzuerkennen. In Kriegszeiten soll nach völkerrechtlichen Anschauungen die Nachprüfung der Nationalität zugelassen sein [1]) Ich halte es jedoch für zweifelhaft, ob diese Ausnahme auch für die Feststellung der Staatszugehörigkeit im Bereich des internationalen Privatrechts gilt und nicht nur im Prisenrecht und ähnlichen Rechtsgebieten, welche durch den Kriegszustand in entscheidender Weise beeinflußt werden [2]). Soweit die Nachprüfung zulässig sein sollte, wird man annehmen müssen, daß sie sich nicht nur auf die Übereinstimmung von Zertifikat und Register, sondern auch auf die Übereinstimmung beider mit den tatsächlichen Verhältnissen beziehen darf [3]).

§ 338. Die vorstehenden Regeln bedürfen einer Ergänzung für folgende Fälle:

1. wenn das Schiff nach dem Recht mehrerer Staaten diesen Staaten zugehörig ist,
2. wenn das Schiff nach dem Recht keines Staates einem solchen zugehörig ist.

Beide Fälle sind sicher unerwünscht; der erstere wird sogar als völkerrechtswidrig oder polizeiwidrig bezeichnet [4]). Trotzdem können sie vorkommen, weil einerseits mindestens jeder Küstenstaat berechtigt ist, sein Flaggenrecht zu verleihen, und andererseits z. B. die Eigentumsverhältnisse an einem Schiff dazu führen können, daß es sein altes Flaggenrecht verliert, ohne ein neues zu gewinnen [5]).

Wenn das Schiff die deutsche und eine ausländische Staatszugehörigkeit hat, so wird — analog dem Rechtszustand bei physischen Personen — das Schiff als deutsches anzusehen sein [6]). Wenn es

---

Behörden ordnungsgemäß aufgestellten öffentlichen Urkunden durch andere Staaten verlangt«, erklärt aber die Zulässigkeit des Gegenbeweises in Friedenszeiten doch nur für zweifelhaft.

[1]) Vgl. die in der letzten Anmerkung Zitierten.

[2]) Die in den vorigen Anmerkungen Zitierten sprechen ausschließlich oder hauptsächlich vom Prisenrecht

[3]) Mittelstein-Sebba a. a. O. Allgemeine Einleitung Nr. 48.

[4]) Fauchille Bd. I Teil 2 Nr. 597 [1], S. 898; Oppenheim Bd. I § 261 S. 490; Neumeyer a. a. O. S. 91.

[5]) Etwa, wenn ein Eigentümer einer deutschen Schiffspart die Reichsangehörigkeit verloren hat und die Schiffspart nicht binnen eines Jahres von einem Deutschen erworben ist, oder wenn die Schiffsparten der übrigen Mitreeder nicht wenigstens zwei Dritteile des Schiffes umfassen (vgl. § 3 des Flaggengesetzes).

[6]) Etwas einschränkend der von Neumeyer a. a. O. zitierte Art. 14 des deutsch-türkischen Freundschaftsvertrages vom 26. 8. 1890, RGBl. 1891 S. 117.

sich ausschließlich um fremde Staaten handelt, so wird meines Erachtens in erster Linie für die Staatszugehörigkeit der Ort entscheidend sein, an dem das Schiff registriert ist [1]). Wenn keine Registrierung vorliegt, wird der Hafen, von dem aus die Schiffahrt regelmäßig betrieben wird, maßgebend sein, in letzter Linie der Wohnsitz (Sitz) des Eigentümers [2]). Die Staatsangehörigkeit des Eigentümers ist hier als Anknüpfungspunkt ungeeignet, weil im Interesse aller Beteiligten tunlichste Klarheit über die Staatszugehörigkeit des Schiffes herrschen muß, und die Staatsangehörigkeit des Reeders in vielen Fällen nach außen überhaupt nicht erkennbar ist.

Im Falle der Staatenlosigkeit müssen meines Erachtens entsprechende Grundsätze gelten wie bei mehrfacher Staatszugehörigkeit [3]).

Eine analoge Anwendung der deutschen internationalprivatrechtlichen Vorschriften über staatenlose Personen [4]) scheint mir hier vollkommen ausgeschlossen, weil sie zu einem Zustand unerträglicher Unsicherheit führen würde.

§ 339. Wenn in verschiedenen Gebieten des Staates (im Sinne von Staat als Subjekt des Völkerrechts), welchem ein Seeschiff zugehörig ist, verschiedene Rechte gelten (mag es sich um Einzelstaaten eines Bundesstaates oder sonst um Teile eines Staates im völkerrechtlichen Sinne handeln), so werfen sich Fragen auf, welche für die internationalprivatrechtliche Anknüpfung mit der Frage der Staatszugehörigkeit eng verwandt sind. Es kommt dann nämlich darauf an, welchem Rechtsgebiet des Heimatsstaates ein Schiff zugehörig ist. Auch hier sind meines Erachtens dieselben Gesichtspunkte maßgebend,

---

[1]) In einigen Staatsverträgen wird die Staatszugehörigkeit von Schiffen auf den Registerort oder Registerhafen abgestellt. Vgl. oben S. 483 Anm. 8; Fedozzi, Rec. Bd. 10 S. 49 Anm. 1; Schiffssicherheitsvertrag (London 1929) RGBl. 1931 II S. 236 Art. 2 Ziff. 3a. Dicey S. 643 und Niboyet, Rép. Bd. 10 S. 10 Nr. 17 betrachten den Registerort überhaupt als entscheidend für die Staatszugehörigkeit. Vgl. auch Wharton Bd. 1 Nr. 357 S. 785 f. für die Staatszugehörigkeit innerhalb der Vereinigten Staaten.

[2]) Im wesentlichen ebenso Neumeyer a. a. O. S. 92 Anm. 24. Nach v. Bar in Ehrenbergs Handbuch Bd. I S. 420, soll der irgendwie geäußerte Wille des Eigentümers über den Vorzug bestimmen. Zitelmann Bd. I S. 185 will die ältere, mangels einer solchen die nach den konkreten Umständen »stärkere« Staatszugehörigkeit vorgehen lassen. Für den Vorzug der älteren Staatszugehörigkeit auch Pillet Bd. I S. 739.

[3]) Im wesentlichen übereinstimmend Neumeyer a. a. O. S. 93 Anm. 27. Anders Zitelmann Bd. I S. 186 f.: in solchen Fällen ersetze das Personalstatut der beteiligten Personen das Gebietsstatut.

[4]) Art. 29 EGBGB.

die für mehreren Staaten zugehörige und staatenlose Schiffe gelten. In erster Linie kommt es also auch hier auf den Registerort an [1]).

§ 340. Im Gegensatz zu der Rechtslage bei Seeschiffen, läßt sich für das deutsche Recht nicht nachweisen, daß auch für Binnenschiffe der Begriff einer internationalprivatrechtlich bedeutsamen Staatszugehörigkeit Anerkennung gefunden hat [2]) [3]).

---

1) Vgl. den vorangehenden Paragraphen, insbesondere Wharton a. a. O.; ferner Frankenstein Bd. II S. 466 Anm. 7. — Valéry Nr. 69 nimmt an, daß in solchem Falle der Sitz der Regierung des Heimatsstaates maßgebend ist. In Fisher v. Fisher, Court of Appeal of the State of New York 13. 2. 1922, American Maritime Cases 1929 Teil I S. 659 ff., wird das Recht des District of Columbia für das Heimatsrecht eines Schiffes des United States Shipping Board erklärt, weil dort der Sitz dieses Reeders ist. Dafür, daß das Schiff anderswo registriert war, fehlt es an einem Anhalt.

2) Vgl. dazu vor allem Mittelstein HansRZ 1921 Sp. 248 ff., 1925 Sp. 217 ff. und 912 ff. und in Ehrenbergs Handbuch Bd. VII. Abt. 1 S. 5. Neumeyer a. a. O. S. 196 erwähnt als Rechtsgebiete, in denen die Staatszugehörigkeit des Binnenschiffs »bisweilen« von Bedeutung sei, nur das Fremdenrecht. Vgl. auch Frankenstein Bd. II S. 59 f., wonach im Sachenrecht für Binnenschiffe nichts anderes gilt, als für andere bewegliche Sachen. Von Bar Bd. I S. 608 erklärt es für möglich, »größeren Flußschiffen eine Art von exterritorial wirkendem heimatlichen Personalstatut« beizulegen. Rühland, Festschrift für Max Pappenheim (1931 S. 239 ff.), nimmt zwar eine Staatszugehörigkeit der Binnenschiffe an und ist der Ansicht, daß diese international-privatrechtlich zum Anknüpfungsbegriff für die Lösung von Gesetzeskollisionen dient (S. 246). Die von ihm angeführten Beispiele betreffen aber keine Gesetzeskollisionen, welche auf dem Gebiete des Privatrechts liegen. Abweichend — im wesentlichen de lege ferenda — Charguéraud-Hartmann in Rép. Bd. 2 S. 386 ff. und die dort zitierten Abhandlungen desselben Autors und Niboyet's.

3) Das ROHG hat in einer Entscheidung vom 26. 4. 1872, ROHG Bd. 6 S. 80 ff., ausgesprochen, dingliche Rechte an Flußschiffen müßten nach dem Rechte ihres Heimatshafens beurteilt werden; dies jedoch aus der Erwägung, daß Flußschiffe wie andere zu fortwährendem Ortswechsel bestimmte Sachen ihre Lage (im Sinne des § 10 des sächsichen BGB) an dem Orte haben, von dem sie ausgehen. Der Begriff der Staatszugehörigkeit des Binnenschiffes ist darin nicht anerkannt. Das HansOLG hat in einer Entscheidung vom 12. 11. 1906, ROLG Bd. 14 S. 391, die Rechtsfolgen aus einem Zusammenstoß zweier deutscher Binnenschiffe auf österreichischem Gebiet nach deutschem Recht beurteilt. In der Begründung wird jedoch nicht auf die Nationalität der Binnenschiffe abgesetellt, sondern auf den Wohnsitz der Eigentümer; auch hiermit ist nicht der Begriff der Nationalität des Binnenschiffes anerkannt.

Staatszugehörigkeit der Luftfahrzeuge.

Regel 1 (§ 341): Über die Staatszugehörigkeit eines Luftfahrzeugs entscheidet das Recht des Staates, dessen Staatszugehörigkeit in Frage steht.

Regel 2 (§ 343): Für die Bedeutung der Eintragungsbescheinigung und die Behandlung der mehreren Staaten zugehörigen und der staatenlosen Luftschiffe sind (wahrscheinlich) entsprechende Grundsätze maßgebend wie bei Seeschiffen.

§ 341. Auch für Luftfahrzeuge ist die Staatszugehörigkeit von Bedeutung. Für viele Fälle ersetzt das Heimatsrecht des Luftfahrzeugs das fehlende Ortsrecht [1]). In vielen Fragen des speziellen Luftrechts wird man die Staatszugehörigkeit des Luftfahrzeugs für maßgebend ansehen, ähnlich wie im Seerecht die des Schiffes.

Als Grundsatz wird man auch hier annehmen müssen, daß über die Staatszugehörigkeit das Recht des Staats entscheidet, dessen Staatszugehörigkeit in Frage steht [2]). Die deutsche staatsvertragliche Praxis begnügt sich hier jedoch nicht damit, jedem vertragschließenden Staat diese Entscheidung zu überlassen wie die über die Staatszugehörigkeit der Schiffe [3]). Vielmehr sind in zahlreichen Staatsverträgen Deutschlands die Merkmale der Staatszugehörigkeit der Luftfahrzeuge festgelegt. In diesen Verträgen [4]) kehren ganz gleichförmig die Bestimmungen wieder, daß das Luftfahrzeug die Nationalität des Staates besitzt, in dessen Register es ordnungsmäßig eingetragen ist, und daß es in dies Register nur eingetragen werden darf, wenn es ganz im Eigentum von Angehörigen dieses Staates steht [5]).

§ 342. Die Voraussetzungen der deutschen Staatszugehörigkeit

---

1) Vgl. § 349 S. 495 f.

2) Ebenso Frankenstein Bd. I S. 119; v. Liszt-Fleischmann § 19 IV S. 169; Fauchille Bd. I 2. Teil § 606² S. 909.

3) Vgl. § 335 S. 483.

4) Die Verträge mit Frankreich vom 22. 5. 1926 (RGBl. 1926 II S. 741 ff.) Art. 15; mit Belgien vom 29. 5. 1926 (RGBl. 1926 II S. 747 ff.) Art. 15; mit der Tschechoslowakei vom 22. 1. 1927 (RGBl. 1927 II S. 433 ff.) Art. 18; mit Großbritannien vom 29. 6. 1927 (RGBl. 1927 II S. 947 ff.) Art. 15; mit Italien vom 20. 5. 1927 (RGBl. 1927 II S. 939 ff.) Art. 15; mit Spanien vom 9. 12. 1927 (RGBl. 1928 II S. 303 ff.) Art. 17; mit Norwegen vom 23. 1. 1929 (RGBl. 1929 II S. 395) Art. 17.

5) Dasselbe bestimmen Art. 6, 7 des Pariser Abkommens über die Regelung des Luftverkehrs vom 13. 10. 1919, an dem Deutschland nicht beteiligt ist. Vgl. Volkmann, »Intern. Luftrecht« 1930 S. 58 f. Volkmann meint (S. 59), in Zukunft werde wahrscheinlich statt der Person des Eigentümers die des Halters des Luftfahrzeuges maßgebend werden. Er selbst tritt (S. 60) mit Neumeyer Bd. III Abt. 1 S. 237 ff. dafür ein, daß der Standort des Luftfahrzeugs seine Nationalität bestimmen solle.

ergeben sich aus § 2 Abs. 2 des Luftverkehrsgesetzes vom 1. 8. 1922 [1]). Hier ist zwar nicht ausdrücklich von Staatszugehörigkeit die Rede, sondern es wird nur bestimmt, welche Luftfahrzeuge in die Luftfahrzeugrolle eingetragen werden müssen und dürfen, wie in den §§ 2 und 3 des Flaggengesetzes nur bestimmt ist, welche Schiffe zur Führung der Reichsflagge berechtigt sind [2]). Allein man wird hier wie dort schließen müssen., daß damit auch die Voraussetzungen der deutschen Staatszugehörigkeit festgelegt sein sollen. Die Eintragung erfolgt nach § 2 Abs. 2 des Luftverkehrsgesetzes, wenn das Luftfahrzeug gemäß § 3 des Gesetzes zugelassen ist und im ausschließlichen Eigentum von Reichsangehörigen steht, denen Gesellschaften unter bestimmten Voraussetzungen gleichgeachtet werden. Von der Zulassung wird man die deutsche Nationalität jedoch nicht abhängig machen dürfen, jedenfalls nicht für die internationalprivatrechtliche Anknüpfung. Es handelt sich dabei um ein zum Zwecke der Verkehrssicherheit aufgestelltes Erfordernis. Sollte ein im ausschließlichen Eigentum von Deutschen stehendes Luftfahrzeug verbotswidrig ohne Zulassung fliegen, so ist m. E. kein Grund, die internationalprivatrechtlichen Wirkungen der deutschen Staatszugehörigkeit nicht eintreten zu lassen, die bei Vorliegen der Zulassung eintreten würden.

Danach ist ein Luftfahrzeug ein deutsches, wenn es im Sinne des § 2 Abs. 2 des Luftverkehrsgesetzes im ausschließlichen Eigentum von Deutschen steht.

§ 343. Für die Beantwortung der Einzelfragen, die sich hier ferner aufwerfen können, Bedeutung der Eintragungsbescheinigung, Behandlung der mehreren Staaten zugehörigen [3]) und der staatenlosen Luftfahrzeuge usw., fehlt es an besonderen Anhaltspunkten. Man wird sich, soweit keine Gegengründe vorliegen, an die Lösung halten können, welche für die entsprechenden Fragen bezüglich der Staatszugehörigkeit der Seeschiffe gilt, da der Staatszugehörigkeit der Luftfahrzeuge eine ganz ähnliche Bedeutung zukommt wie der der Seeschiffe. Hierfür spricht auch, daß die Bestimmung des Luftverkehrsgesetzes über die deutsche Staatszugehörigkeit von Luftfahrzeugen — § 2 Abs. 2 — sich inhaltlich und in der Fassung eng an die entsprechende Bestimmung des Flaggengesetzes — § 2 — anlehnt.

---

[1]) RGBl. 1922 I S. 681 ff.

[2]) Vgl. § 332 S. 479 f.

[3]) Volkmann, »Internationales Luftrecht« 1930 meint (S. 64), bei Doppelstaatigkeit müsse »wie bei den Seeschiffen« die ältere Nationalität vorgehen.

Ersatz des Gebietsrechts.

Regel 1 (§ 345): Für die Anknüpfung gemäß dem deutschen internationalen Privatrecht gelten Staatsschiffe und auf hoher See befindliche Handelsschiffe als Gebietsteile ihres Heimaatsstaates.

Regel 2 (§ 346): Handelsschiffe in Häfen und anderen Territorialgewässern unterliegen dem Recht des Uferstaates.

Regel 3 (§ 347): Vorgänge auf Handelsschiffen in Küstengewässern unterliegen (wahrscheinlich) nur dann dem Recht des Küstenstaates, wenn sie geeignet sind, die Interessen dieses Staates zu verletzen, insbesondere die allgemeine Sicherheit der Küstenzone zu beeinträchtigen.

Regel 4 (§ 348): Das Ortsrecht für größere Binnenschiffe, wenn sie ausnahmsweise die hohe See oder wenn sie Binnengewässer befahren, die unter Kondominium der Uferstaaten stehen, ist (vermutlich) nach denselben Grundsätzen festzustellen wie bei staatenlosen Seeschiffen.

Regel 5 (§ 349): Wahrscheinlich gelten die Regeln über Schiffe entsprechend für Luftfahrzeuge, werden aber Luftfahrzeuge über fremdem Staatsgebiet wie Schiffe in fremden Küstengewässern behandelt.

Regel 6 (§ 350): Unbeschadet der Regeln 1 bis 5 ist die Anknüpfung an das Ortsrecht, wenn ein solches nicht besteht, durch eine andere Anknüpfung zu ersetzen, insbesondere (wahrscheinlich) für die Beurteilung unerlaubter Handlungen und von Rechten an Sachen durch die Anknüpfung an das Heimatsrecht der Beteiligten.

§ 344. Das deutsche internationale Privatrecht erklärt für die Form von Rechtsgeschäften auch das Recht des Vornahmeortes für maßgebend, für die Rechtsfolgen unerlaubter Handlungen das Recht des Tatortes, für dingliche Rechtsverhältnisse das Recht der belegenen Sache. Diese und andere Verweisungen auf das Recht eines bestimmten Ortes setzen voraus, daß an diesem Orte eine bestimmte Rechtsordnung gilt. Es kann aber sein, daß diese Voraussetzung nicht zutrifft. Handlungen können da vorgenommen werden und Sachen können sich da befinden, wo keine örtliche Rechtsordnung gilt. Für diese Fälle entsteht die Frage, welche Rechtsordnung die Rolle übernimmt, die das deutsche internationale Privatrecht dem Gebietsstatut zuweist.

Diese Frage wirft sich besonders bei Schiffen auf, wenn sie herrenloses Gebiet oder Küstengewässer durchfahren, und bei Luftfahrzeugen während des Fluges. Endlich können sich Tatbestände, die normalerweise dem Gebietsrecht unterliegen, unabhängig von einer Verbindung mit Schiffen oder Luftfahrzeugen auf herrenlosem Gebiet ereignen.

Wie fehlendes Gebietsrecht durch anderes Recht zu ersetzen ist, soll in folgendem dargestellt werden.

§ 345. Für Staatsschiffe, das bedeutet hier: Schiffe im öffentlichen Dienst eines Staates, vor allem Kriegsschiffe [1]), wird man annehmen müssen, daß sie ihr Recht stets mit sich führen, stets und in jeder Hinsicht, also insbesondere für privatrechtliche Verhältnisse, exterritorial sind. Dies scheint völkerrechtlich anerkannt [2]). Eine Entscheidung des Hanseatischen Oberlandesgerichts [3]) vertritt dieselbe Meinung [4]).

Für Handelsschiffe, die sich auf hoher See befinden, kommt eine andere Anknüpfung als die an ihr Flaggenrecht kaum in Betracht. Völkerrechtlich ist denn auch die Maßgeblichkeit des Rechts der Flagge insoweit anerkannt [5]). Wie das Staatsschiff stets, so ist das Handelsschiff auf hoher See gleichsam ein wandelnder Gebietsteil seines Heimatstaats. Das ergibt sich für Deutschland insbesondere aus mehreren Entscheidungen des Reichsgerichts und des Reichsfinanzhofs [6]).

---

[1]) Vgl. über den Begriff des Staatsschiffes: v. Liszt § 16 II S. 148; Fauchille Bd. I Abt. 2 S. 1105 ff.

[2]) Vgl. v. Liszt § 16 II S. 147 f.; Raape Art. 12 C II 1; Oppenheim Bd. I § 264 S. 491. Anders jedoch Fauchille Bd. I S. 1003.

[3]) 14. 5. 1904, HansGZ Bbl. 1904 S. 202 ff.

[4]) Ebenso v. Bar Bd. II S. 609, 614; Zitelmann Bd. I S. 190; Frankenstein Bd. I S. 115 f.; Raape Art. 12 C II 1, mit der Einschränkung, daß für Delikte, die von Besuchern ausländischer Kriegsschiffe in deutschen Häfen begangen werden, auf Grund des Art. 30 EG deutsches Recht gilt.

[5]) Vgl. v. Liszt S. 147; Hatschek S. 96; Oppenheim Bd. I S. 488 ff.; Fauchille Bd. I Teil 2 S. 928; Pappafava, Clunet 1926 S. 1039; Wharton Bd. I § 356 S. 784.

[6]) RG 12. 7. 1886, RG Bd. 19 S. 7 ff. (S. 10 letzter Absatz); RG 18. 1. 1889, Z Bd. 1 S. 61; RG 21. 10. 1892, RGStr. Bd. 23 S. 266 = JW 1892 S. 497 = Z Bd. 3 S. 173 und 428 f.; RFH 26. 2. 1930, JW 1931 S. 165; RFH 28. 2. 1930, HansRGZ 1930 B Sp. 531 ff. Ebenso HansOLG 14. 5. 1904, HansGZ 1904 Bbl. S. 203; HansOLG Strafsenat 24. 2. 1930, HansRGZ 1930 A Sp. 429 f. In der letztangeführten Entscheidung des RFH wird ausgeführt, zwar gelte ein Handelsschiff auf hoher See nach Völkerrecht als Bestandteil seines Heimatsstaats, es bestehe jedoch eine »Vermutung dagegen, daß die inländische Staatsgewalt auf hoher See Hoheitsrechte ausübt«; daher sei nicht anzunehmen, daß auf einem deutschen Schiff auf hoher See getätigte Geschäfte nach dem deutschen Umsatzsteuergesetz steuerpflichtig seien. Diese Vermutung mag für Steuervorschriften zutreffen, sie kann aber nicht auf das Privatrecht ausgedehnt werden. Für das Steuerrecht besteht in solchem Falle einfach keine Steuerpflicht. Vorgänge von privatrechtlicher Bedeutung aber erfordern von seltenen Ausnahmen abgesehen (vgl. den Abschnitt über das Fehlen von Kollisionsnormen) zu ihrer Beurteilung die Anwendung der Vorschriften irgendeiner Rechtsordnung.

Für das deutsche internationale Privatrecht ist also bei Handelsschiffen auf hoher See das Flaggenrecht Gebietsstatut [1]).

§ 346. Dagegen verbleibt es für Handelsschiffe, die sich in einem Hafen, einer Flußmündung oder einem anderen unzweifelhaft territorialen Gewässer befinden, bei den allgemeinen Regeln über das Gebietsstatut, d. h. als Gebietsstatut gilt dasjenige des tatsächlichen Aufenthaltsortes [2]). Die Rechtsfolgen eines Fundes auf einem deutschen Dampfer im Hafen von New-York z. B. sind also nach New-Yorker Recht zu beurteilen [3]). Auch in strafrechtlicher Hinsicht unterliegen Vorgänge auf einem fremden Schiff in einem deutschen Hafen dem deutschen Recht, wie das Reichsgericht entschieden hat [4]).

§ 347. Weniger deutlich ist die Rechtslage für Handelsschiffe im Küstengewässer, d. h. außerhalb der eigentlichen Territorialgewässer, aber innerhalb der Küstenzone, über deren Breite man nur sagen kann, daß sie mindestens 3 Seemeilen beträgt, während im übrigen die größte Unklarheit herrscht [5]). Ein allgemein anerkannter Satz des Völkerrechts (im Sinne des Art. 4 Reichsverfassung) besteht hier nicht, wohl aber [6]) eine feste Praxis der meisten kontinentalen

---

1) Ebenso v. Bar Bd. I S. 609, 613 f.; Zitelmann Bd. I S. 186; Frankenstein Bd. I S. 112; Wüstendörfer in Ehrenbergs Handbuch Bd. 7 Abs. 2 S. 110; Raape Art. 12 C II 2; für das englische bzw. amerikanische internationale Privatrecht Dicey S. 62; Wharton Bd. I S. 784 f. § 356.

2) Ebenso v. Bar Bd. II S. 619; Zitelmann Bd. I S. 190; Neumeyer, Bd. III Abt. 1 S. 217; Frankenstein Bd. I S. 115; Raape Art. 12 C II 2.

3) HansOLG 14. 5. 1904, HansGZ 1904 Bbl. S. 202 ff.

4) 22. 4. 1880, RGStr. Bd. 2 S. 17 ff.

5) Nach RGStr. 11. 7. 1921, RGStr. Bd. 56 S. 135 f. (136) sind Küstengewässer »der Saum des offenen Meeres längs der Küste, der vom Ufer aus durch Geschütze beherrscht werden kann und der vielfach auf 3, neuerdings auf 6 Seemeilen bemessen wird«. Die Definition ist mit Rücksicht auf die im Völkerrecht bestehenden Zweifel offenbar absichtlich unklar gehalten. Sie ist übrigens insofern unvollständig, als sie die besonderen Verhältnisse bei Buchten, Flußmündungen und Inseln nicht berücksichtigt. In der Prisenordnung vom 30. 9. 1909, RGBl. 1914 S. 275 Abschnitt I 3 a, wird, von einer Breite von 3 Seemeilen, gerechnet von der Niedrigwasserküstenlinie, ausgegangen. Vgl. über die völkerrechtliche Lage u. a. Schücking, Das Küstenmeer im internationalen Recht 1897, und Der Kodifikationsversuch betreffend die Rechtsverhältnisse des Küstenmeeres, in Festschrift für Pappenheim 1931; Wilson, Recueil Bd. 1 S. 127 ff.; Kollhoff, HansRGZ 1929 A Sp. 1 ff.; v. Liszt S. 142 f.; Hatschek S. 92; Strupp S. 83 f. — Vgl. hierzu auch Berichte der Kodifikations-Kommission des Völkerbundes vom 2. 5. 1930, abgedruckt u. a. Z Bd. 44 S. 261 ff.

6) Vgl. v. Liszt S. 146; Strupp S. 84 f. für im Küstengewässer »aufhältige« fremde Schiffe.

europäischen Staaten [1]), nach der eine Gerichtsbarkeit des Uferstaats nur besteht, soweit durch die fraglichen Vorgänge berechtigte Interessen des Uferstaats selbst oder eines seiner nicht an Bord des Schiffes befindlichen Staatsangehörigen verletzt oder gefährdet werden [2]). Dieser Praxis entspricht annähernd auch ein Vertragsentwurf des Institut de droit international, nach dem an Bord von Schiffen in Küstengewässern begangene Delikte dem Recht der Flagge des Schiffs unterliegen sollen, wenn sie nicht die Interessen des Uferstaats berühren [3]). Auf Grund dieser Umstände läßt sich m. E. für das deutsche internationale Privatrecht annehmen, daß allgemein nur solche Vorgänge an Bord von Schiffen in Küstengewässern dem Recht des Uferstaats unterliegen sollen, die geeignet sind, die Interessen des Uferstaats zu gefährden, insbesondere die allgemeine Sicherheit der Küstenzone zu beeinträchtigen [4]). Danach wird die Anwendbarkeit des Rechts des Uferstaats außer im Deliktsrecht kaum, vielleicht gar nicht in Betracht kommen [5]).

§ 348. Unter Umständen kann es auch für Binnenschiffe er-

---

[1]) England und Holland machen diese Einschränkung nicht.

[2]) Ähnlich Ruegger, Z Bd. 28 S. 436; Neumeyer Bd. II S. 217; Hille, »Die Rechtsverhältnisse der Küstengewässer«, Greifswalder Dissertation 1918 S. 55 ff.; Fauchille Bd. I Teil 2 Nr. 625 3 S. 1102. Hatschek S. 91 und Schücking »Das Küstenmeer im internationalen Recht« 1897 S. 42 nehmen an, daß für durchfahrende Schiffe stets das Recht der Flagge maßgebend ist.

[3]) Art. 6, 8 des »Règlement sur la définition et le régime de la mer territoriale« 1894. Vgl. Fauchille Bd. I Teil 2 Nr. 625 1 S. 1069 f. Danach sind jedoch im Küstengewässer stationierende Schiffe ausnahmslos dem Recht des Uferstaats unterworfen.

[4]) Ebenso v. Bar Bd. II S. 614 ff., der (S. 619) hinzufügt, im Zweifel solle das Flaggenrecht angewendet werden. Dagegen für Anwendung des Rechts des Uferstaats Zitelmann Bd. I S. 190; Staudinger-Kuhlenbeck Art. 1 EG Anm. 3 d und e; Merker, »Die Küstengewässer im Völkerrecht«, Tüb. Diss. 1927 S. 47 f., 71. — Frankenstein Bd. I S. 114 f. will Flaggenrecht und Küstenrecht alternativ zugunsten der Wirksamkeit der fraglichen Rechtshandlung anwenden; im Zweifel sei anzunehmen, daß das Schiff sich nicht im Küstengewässer befand. Raape Art. 12 C II 2 will (für Delikte) in den Küstengewässern nur das Recht des Küstenstaats gelten lassen; im Zweifel sei anzunehmen, daß das Schiff sich nicht im Küstengewässer befand.

[5]) Eine Ausnahme von dem dargelegten Grundsatz wird man wahrscheinlich für den Fall anerkennen müssen, daß es sich um Rechtsvorgänge unter Angehörigen des Küstenstaates handelt, die auf einem fremden Schiff stattfinden, das sich aber nicht auf internationaler Fahrt, sondern nur im Verkehr zwischen verschiedenen Häfen des Küstenstaats befindet. In diesem Falle dürfte das Recht des Küstenstaates anzuwenden sein. Diese Ausnahme entspricht dem von Volkmann, »Internationales Luftrecht« 1930 S. 96, für Luftfahrzeuge über fremdem Staatsgebiet eingenommenen Standpunkt.

forderlich sein, ein eigenes Ortsrecht des Schiffes festzustellen; so, wenn sie ausnahmsweise die hohe See befahren, möglicherweise auch auf Binnengewässern, die unter Kondominium der Uferstaaten stehen und für die daher in mancher Hinsicht ähnliches wie für die hohe See gelten muß [1]). In diesem Fall wird kaum etwas anderes übrigbleiben als die Feststellung des Ortsrechts nach den Grundsätzen über die Anknüpfung bei staatenlosen Seeschiffen.

Jedoch wird man die Annahme eines solchen Ortsrechts auf größere Fahrzeuge beschränken müssen [2]).

Für Boote kann nicht angenommen werden, daß sie ihr eigenes Ortsrecht mit sich führen. Für Vorgänge auf solchen muß die Anknüpfung an ein Ortsrecht ganz fallen gelassen werden zugunsten einer anderen Anknüpfung, wie weiter unten dargelegt werden wird. Es sei bemerkt, daß zu den hier in Betracht kommenden Binnengewässern nicht der Bodensee gehört, der nach der Staatenpraxis während des Weltkrieges real unter den Uferstaaten geteilt ist [3]), und auch nicht der Rhein trotz seiner »Internationalisierung« [4]); diese stellt ihn nicht rechtlich der hohen See gleich [5]).

§ 349. Für Luftfahrzeuge wird man entsprechend entscheiden müssen wie für Seeschiffe. Nur müssen Luftfahrzeuge über Staatsgebiet nicht Schiffen in Staatsgewässern, sondern Schiffen in Küstengewässern gleichgestellt werden. Die Gründe hierfür sind die folgenden: Die Feststellung, wo vom Luftfahrzeug eine nicht markierte Landesgrenze überflogen wird, ist oft ebenso schwierig wie die Feststellung, wo ein Schiff die Grenze zwischen hoher See und Küstengewässern durchfährt. Ferner ist die tatsächliche Verbindung zwischen einem Luftfahrzeug im Luftraum und dem überflogenen Staat viel geringer als die zwischen einem Schiff und demjenigen Staat, in dessen Territorialgewässern es sich befindet.

Danach unterliegen Staatsluftfahrzeuge (wahrscheinlich) stets

---

[1]) Vgl. v. Bar Bd. II S. 619 f.

[2]) Vgl. v. Bar Bd. I S. 608.

[3]) Strupp S. 82.

[4]) Vgl. hierzu die sehr interessanten Ausführungen von Mittelstein, HansRZ 1925 Sp. 217 ff., 921 ff., sowie die Aufsätze von Niboyet, Revue de droit int. et de législ. comp. 1924 S. 333 ff., Charguéraud-Hartmann, Revue 1925 S. 321 ff., und His, »Die Rheinquellen« 1925 Juni/Juli, deren abweichende Ansichten Mittelstein mit m. E. zutreffenden Gründen bekämpft. Ferner Rép. Bd. II unter »Bateaux de Navigation Intérieure«.

[5]) Vgl. Mittelstein a. a. O. Sp. 924.

dem Recht ihres Staats [1]). Andere, »zivile« Luftfahrzeuge unterliegen dem Recht ihres Staats, wenn sie sich über staatenlosem Gebiet, insbesondere über der hohen See, befinden [2]), der lex loci, wenn sie gelandet sind [3]). Befinden sie sich im Luftraum über Staatsgebiet, so werden solche Vorgänge an Bord des Luftfahrzeugs, die die Interessen des Bodenstaats berühren, nach dessen Recht beurteilt, andere nach dem Recht des Heimatsstaats des Luft fahrzeugs [4]). Für letztere Annahme spricht insbesondere außer der Parallele zu der Rechtslage der Schiffe in Küstengewässern die Stellungnahme der International Law Acssociation [5]), des Comité Juridique International de l'Aviation [6]) und der Gesetzgebung der Schweiz, Frankreichs, Italiens und Brasiliens [7]) [8]) [9]) [10]).

---

[1]) Ebenso v. Liszt § 16 III S. 149; anders Fauchille Bd. I Teil 2 Nr. 628 27 S. 1166 f.

[2]) Ebenso v. Liszt a. a. O.; Neumeyer Bd. III Abt. 1 S. 238; Volkmann, »Internationales Luftrecht« 1930 S. 87; Fauchille Bd. I Abt. 2 S. 1129 f. Zitelmann behandelt diesen Fall noch gleich dem der ohne Fahrzeug auf hoher See befindlichen Personen, Bd. I S. 186 f.

[3]) Ebenso v. Liszt a. a. O., auch für verankerte Luftfahrzeuge; Volkmann a. a. O. S. 97; Fauchille Bd. I Abt. 2 Nr. 628 12 S. 1150.

[4]) Ebenso v. Liszt a. a. O.; Volkmann a. a. O. S. 96 f.; Schleicher, Z Bd. 33 S. 16; Fauchille Bd. I Teil 2 Nr. 628, 11 S. 1150. Frankenstein Bd. I S. 117 vertritt hier denselben Standpunkt wie für den Fall der Schiffe in Küstengewässern.

[5]) Tagung in Buenos Aires 1922, »Règlement« vom 29. 8. 1922: Von der Herrschaft des Heimatsrechts sind solche Vorgänge ausgenommen, die Wirkungen auf das unterliegende Territorium äußern. Vgl. Volkmann a. a. O. S. 93 Anm. 342.

[6]) Dessen Code International de l'Air von 1910 bestimmt in Art. 24, 30 die Maßgeblichkeit des Heimatsrechts, soweit es sich nicht um Vorgänge handelt, die geeignet sind, die Sicherheit oder öffentliche Ordnung des unterliegenden Staats zu gefährden. Vgl. Volkmann a. a. O. S. 93 Anm. 342.

[7]) Vgl. Volkmann a. a. O. S. 96, 97; Schleicher, Z Bd. 33 S. 15.

[8]) Die meisten Luftverkehrsabkommen des Deutschen Reichs mit fremden Staaten enthalten die allgemeine Klausel, daß für das Luftfahrzeug (sowie seine Besatzung und Fluggäste — nach einigen Verträgen auch für die Ladung) alle Verpflichtungen gelten, die sich aus der jeweiligen allgemeinen Gesetzgebung des Staates ergeben, in welchem sich das Luftfahrzeug befindet. So die Verträge mit Belgien vom 29. 5. 1926 (RGBl. 1926 II S. 747 ff.) Art. 2; mit Frankreich vom 22. 5. 1926 (RGBl. 1926 II S. 740 ff.) Art. 2; mit Großbritannien vom 29. 6. 1927 (RGBl. 1927 II S. 947 ff.) Art. 2; mit Italien vom 20. 5. 1927 (RGBl. 1927 II S. 939) Art. 2; mit den Niederlanden (RGBl. 1929 II S. 389 ff.) Art. 2 des Zusatzprotokolles vom 17. 8. 1928; mit Norwegen vom 23. 1. 1929 (RGBl. 1929 II S. 394) Art. 2; mit Spanien vom 9. 12. 1927 (RGBl. 1928 II S. 303 ff.) Art. 2; mit der Tschechoslowakei vom 22. 1. 1927 (RGBl. 1927 II S. 434) Art. 2. Ähnlich die Verträge mit Dänemark vom 25. 4. 1922 (RGBl. 1923 II S. 215 ff.) Art. 13 und Österreich vom 19. 5. 1925 (RGBl.

§ 350. Möglich sind auch Rechtsvorgänge außerhalb des Gebiets einer anerkannten Staatsgewalt und ohne daß ein Schiff oder Luftfahrzeug die Verbindung mit einem Staatsgebiet herstellt. Handelt es sich um Vorgänge auf hoher See — z. B. in verschlagenen Booten [1]) — oder auf staatenlosem Land — z. B. bei Expeditionen im Polgebiet —, so ist die Anknüpfung an ein Ortsrecht nicht möglich. Für diese Fälle wird nichts übrigbleiben, als diese Anknüpfung tunlichst durch eine andere zu ersetzen. Für Delikte und sachenrechtliche Verhältnisse z. B. wird man das Personalstatut der an ihnen beteiligten Personen heranziehen [2]) [3]). Dagegen ist es für das deutsche internationale Privatrecht nicht nötig, hier nach einem Ersatz für die fehlende Ortsform der Rechtsgeschäfte (Art. 11 Abs. 1 Satz 2 EG) zu suchen. Da eine Ortsform fehlt, ist die Wahrung der vom Wirkungsstatut vorgeschriebenen Form (Art. 11 Abs. 1 Satz 1 EG) erforderlich.

1925 II S. 855 ff.) Art. 18. Dagegen enthält der Vertrag mit Schweden vom 29. 5. 1925 (RGBl. 1925 II S. 857 ff.) eine ähnliche Bestimmung nicht (vgl. Art. 13). M. E. betrifft die Klausel nur Verpflichtungen gegenüber dem überflogenen Staate, insbesondere solche polizeirechtlicher Art, und enthält nicht eine allgemeine Anknüpfung an das Zivilrecht dieses Staats. Anders Schleicher, Z Bd. 23 S. 14 f., und anscheinend auch Frankenstein Bd. I S. 118.

9) Der Grundsatz der Maßgeblichkeit des Heimatsrechts des Luftschiffs war auch in Art. 23 des Entwurfs zum Pariser Luftverkehrsabkommen (nicht in das Abkommen aufgenommen) ausgesprochen. Vgl. Volkmann a. a. O. S. 93 Anm. 342.

10) Volkmann a. a. O. S. 96 will mit anderen Schriftstellern eine Ausnahme gelten lassen bei Rechtsvorgängen unter Inländern an Bord eines über dem Inland fliegenden, nicht an einem internationalen Flug teilnehmenden ausländischen Luftfahrzeugs. Hier soll das inländische Recht, nicht das Heimatsrecht des Luftfahrzeugs anzuwenden sein. Als Beispiel nennt Volkmann ein deutsches Luftfahrzeug im Verkehr zwischen Angora und Konstantinopel. Diese Ausnahme ist m. E. gerechtfertigt.

1) Schiffsboote, die noch in Verbindung mit dem Schiff stehen, sollen als dessen Pertinenzen an seiner Rechtsstellung teilnehmen. So Schücking, »Das Küstenmeer im internationalen Recht« 1897 S. 54; Frankenstein Bd. I S. 119 (falls das Flaggenrecht des Schiffs nicht Abweichendes bestimmt); anscheinend auch v. Bar Bd. II S. 615.

2) Ebenso v. Bar Bd. II S. 615; Zitelmann Bd. I S. 186 f.; Frankenstein Bd. I S. 105 ff., 112, 119; Raape Art. 12 C III, IV.

3) Vgl. über das englische Recht in dieser Hinsicht Dicey S. 825 ff.

Anhang:

Parteiautonomie im Vertragsrecht.

Regel 1 (§§ 355—360): Nach deutschem internationalen Privatrecht wird das örtliche materielle Recht in erster Linie durch den Parteiwillen bestimmt.

Regel 2 (§§ 361—373): Gegenüber zwingenden Normen des abgesehen vom Parteiwillen zuständigen Rechts ist die Wirkung des Parteiwillens für die Rechtswahl auf die Auswahl zwischen den Rechten derjenigen Rechtsgebiete beschränkt, zu welchen der Vertrag genügende Beziehungen hat.

Regel 3 (§§ 375—377): Wieweit der internationalprivatrechtliche Parteiwille erklärt sein muß, richtet sich nach den für dieselbe Frage im deutschen inneren Recht geltenden Grundsätzen.

Regel 4 (§§ 378—380): Die Auslegung von Erklärungen, welche die Rechtswahl betreffen, und die Feststellung eines nichterklärten Parteiwillens durch ergänzende Auslegung finden, soweit sich nicht in letzterer Beziehung besondere internationalprivatrechtliche Vermutungen gebildet haben, nach denselben Grundsätzen statt wie im deutschen inneren Recht.

Regel 5 (§ 381): Abgesehen von den aus Regel 3 und 4 ersichtlichen Ausnahmen unterliegt die Vereinbarung über die Rechtswahl den allgemeinen international-privatrechtlichen Grundsätzen.

Regel 6 (§ 382): Durch den Parteiwillen kann für Teile eines Vertragsverhältnisses eine besondere internationalprivatrechtliche Rechtswahl stattfinden.

Regel 7 (§ 383): Eine nicht internationalprivatrechtliche rein rechtsgeschäftliche Rechtswahl ist für Vertragsbestandteile möglich. Die Teilrechtswahl ist in diesem Fall nach dem generellen Wirkungsstatut zu beurteilen.

Regel 8 (§ 384): Im Zweifel ist eine durch Parteiwillen erfolgte Teilverweisung als materiellrechtliche anzusehen.

§ 351. Für Verträge gelten im deutschen internationalen Privatrecht besondere Anknüpfungen. Da es sich hier um Anknüpfungspunkte handelt, die nur einen Teil des internationalen bürgerlichen Rechts betreffen, so ist es vom systematischen Gesichtspunkt aus kaum zu rechtfertigen, daß dieses spezielle Gebiet unter den allgemeinen Grundlagen des deutschen internationalen Privatrechts erörtert wird. Wenn hier einer der Anknüpfungspunkte im internationationalen Vertragsrecht — nämlich der Parteiwille — doch behandelt wird, so liegt der Grund in der Häufigkeit der Fälle, in welchen es auf die Berücksichtigung und Wirkung des Parteiwillens ankommt, und in dem Umstande, daß es mir erforderlich scheint, zu dem erbitterten Kampf der herrschenden kontinentalen Theorie gegen die nach meiner Überzeugung juristisch berechtigte und praktisch segensreiche Rechtsprechung der Gerichte Stellung zu nehmen. Daß hier von den Anknüpfungspunkten im internationalen Vertragsrecht nur der Parteiwille und nicht der eine annähernd ebenso erhebliche Rolle spielende Erfüllungsort behandelt wird, liegt daran, daß die Frage nach Einfluß und Feststellung des Parteiwillens im internationalen Privatrecht noch klärungsbedürftig ist, während für den Erfüllungsort leidliche Klarheit bereits besteht.

§ 352. Die Behandlung des Parteiwillens im internationalen Vertragsrecht wird dadurch erschwert, daß der Wille der Parteien auch unter einem anderen Gesichtspunkt als demjenigen der wirklichen internationalen Anknüpfung für das örtliche Vertragsrecht eine Rolle spielen kann. Fast nach allen Rechten der nicht-bolschewistischen Welt haben die Parteien im Vertragsrecht eine sehr weitgehende Bestimmungsfreiheit. Die einzelnen positiven Rechte enthalten allgemeine Vorschriften über das Vertragsrecht und stellen Regeln über gewisse besonders wichtige Vertragstypen auf. Diese sind weder nach der Richtung zwingend, daß andere als die gesetzlich geregelten Vertragstypen nicht anerkannt werden, noch — wenigstens in der überwiegenden Mehrzahl der Fälle — nach der Richtung, daß innerhalb der einzelnen Vertragstypen von den gesetzlichen Bestimmungen nicht abgewichen werden darf. Soweit die Vertragsfreiheit innerhalb eines bestimmten materiellen Rechts reicht, können die Vertragschließenden meistens die Anwendbarkeit eines fremden Rechts ausdrücklich oder stillschweigend vereinbaren [1]).

Diese Berufung eines fremden Rechts auf Grund der von dem an sich maßgebenden Recht gewährten Vertragsfreiheit soll in folgendem als materiellrechtliche Parteibestimmung oder Parteiverweisung bezeichnet werden [2]) [3]).

---

1) Vgl. jedoch das polnische Gesetz über internationales Privatrecht vom 2. 8. 1926 Art. 7 und 10, sowie das polnische Gesetz über interlokales Privatrecht vom 2. 8. 1926 Art. 9.

2) Anlehnung an die von Zitelmann Bd. I S. 270 ff., Bd. II S. 373 ff. gebrauchte Ausdrucksweise.

3) Zwecks Vermeidung von Mißverständnissen sei hier hervorgehoben, daß diese materiellrechtliche Parteiverweisung nichts mit dem oben in § 36 S. 59 ff. bekämpften Begriff eines materiellrechtlichen Verweisungssatzes gemein hat. Bei diesem soll es sich um einen Satz des eigenen inneren Rechts handeln, der zur Rezeption von Bestandteilen fremden inneren Rechts führt. Bei der materiellrechtlichen Parteiverweisung aber handelt es sich um nichts anderes, als daß die Parteien von ihrer ihnen durch ein objektives Recht verliehenen Befugnis zur Vertragsgestaltung Gebrauch machen, indem sie in abgekürzter Form Bestimmungen treffen, die sich aus einem anderen Recht ergeben.

§ 353. Von der auf dem Kontinent herrschenden Theorie wird behauptet, daß der Parteiwille nur bei der materiellrechtlichen Verweisung eine Rolle spiele und niemals einen eigentlichen internationalprivatrechtlichen Anknüpfungspunkt darstellen könne, mit anderen Worten, daß nur das nach objektiven Gesichtspunkten (also nicht auf Grund des Parteiwillens) zu ermittelnde örtliche Vertragsrecht über die Zulässigkeit der Rechtswahl zu entscheiden habe, nicht aber die Kollisionsnorm der lex fori [1]).

Diese Ansicht wird in der Regel so begründet, daß der Parteiwille nur rechtliche Bedeutung habe, soweit ihm eine solche von einer bestimmten Rechtsordnung verliehen sei; daß es also notwendig sei, zunächst die abgesehen vom Parteiwillen für ein Vertragsverhältnis maßgebliche Rechtsordnung festzustellen und dann auf Grund dieser zu prüfen, wie weit die — materiellrechtliche — Verweisungsbefugnis reicht.

Erst in neuerer Zeit hat sich eine verhältnismäßig kleine Zahl deutscher Schriftsteller für den Parteiwillen als wirklichen internationalprivatrechtlichen Anknüpfungspunkt ausgesprochen [2]).

§ 354. Die Bestimmung der internationalprivatrechtlichen Anknüpfungspunkte ist, wenn nicht ausnahmsweise fremdes internationales Privatrecht anzuwenden ist (Renvoi-Fall), Sache der lex fori.

---

[1]) Vgl. für Deutschland: v. Bar Bd. II S. 4 ff.; Beer in Z Bd. 18 S. 359 ff.; Zitelmann Bd. I S. 270 ff., Bd. II S. 373 ff.; Leonhard, Erfüllungsort und Schuldort S. 138; Brändl in LZ 1925 Sp. 822; Walker S. 353 ff.; Frankenstein Bd. I S. 66 ff.; Bd. II S. 158 ff.; Görtz in Z Bd. 41 S. 4, 6, 34, 37; Gutzwiller S. 1605 f.; Neumeyer IPrR. § 33; Neumeyer Bd. III, Abt. 2 S. 160 Anm. 17; Konrad Neumann passim; Geier S. 73 f.; Lewald Nr. 261 ff. S. 200 ff.; Düringer-Hachenburg Bd. I S. 59 ff.; Hoffmann in ZAIP 1931 S. 759 f.; für die Schweiz: Homberger, Die obligatorischen Verträge im internationalen Privatrecht nach der Praxis des schweizerischen Bundesgerichts 1925 S. 23 f.; für Holland: Jitta, Internationaal Privaatrecht 1916 S. 61 f.; Eras, Overeenkomst in het Internationaal Privaatrecht 1928 S. 133 ff.; Mulder S. 163; für Frankreich: Weiss Bd. 3 S. 126 f. (welcher die Parteiautonomie nur innerhalb der durch das Heimatsrecht gesteckten Grenzen zulassen will); Valéry, Stellungnahme deutlich erkennbar auf S. 505 Anm. 1; Pillet, Traité Bd. II S. 163 ff.; Niboyet, Recueil Bd. 16 S. 1 ff.; Niboyet, Manuel S. 803 ff.; Niboyet, Rép. Bd. II S. 240; Caleb, L'Autonomie de la volonté 1927 passim; Arminjon Bd. II S. 186 ff.; für Belgien: Poullet S. 370 Anm. 1; für Italien: Diena S. 147 f.; Cereti, Le Obligazioni nel Diritto Internazionale Privato 1925 S. 19 ff.

[2]) Neubecker S. 81 ff.; Rabel vielleicht in ZAIP 1927 S. 42 Anm. 1 und sicher in ZAIP 1930 S. 417; Neuner, ZAIP 1928 S. 130; Mayer, Z Bd. 44 S. 103 ff.; vor allem aber die eingehende Abhandlung von Haudek, Die Bedeutung des Parteiwillens im internationalen Privatrecht (1931). Vgl. für Holland Kosters S. 733 ff. Für Frankreich Surville S. 331 ff. und Esmein in Planiol und Ripert Bd. 6 S. 643 f.

Diese hat allein darüber zu entscheiden, welche internationalprivatrechtliche Wirkung sie dem Parteiwillen zuerkennen will. Die Frage nach der internationalprivatrechtlichen Wirkung des Parteiwillens ist also von dem positiven internationalen Privatrecht des erkennenden Richters zu beantworten und entzieht sich de lege lata einer international brauchbaren Prüfung. Daher wird im folgenden die Untersuchung darauf gerichtet werden, wie sich das geltende deutsche internationale Privatrecht zu der hier behandelten Frage stellt. Außerdeutsches internationales Privatrecht wird zu Vergleichszwecken herangezogen werden.

§ 355. In einer geradezu überwältigenden Anzahl von deutschen Entscheidungen ist ausgesprochen, daß für ein Vertragsverhältnis das von den Parteien gewählte Recht maßgebend ist. Nach der Formulierung des Reichsgerichts wird in erster Linie die ausdrücklich oder stillschweigend erklärte Einigung der Parteien zugrundegelegt. Wenn auf diese Weise kein Ergebnis zu erreichen ist, wird durch ergänzende Vertragsauslegung festgestellt, was die Parteien bei vernünftiger und billiger Berücksichtigung aller Umstände bestimmt haben würden [1]).

Gelegentlich wird ausdrücklich gesagt, daß die Bedeutung des Parteiwillens für die örtliche Rechtsfindung sich aus dem deutschen Recht oder dem deutschen internationalen Privatrecht ergibt [2]). Aber wo das nicht gesagt ist, ist es doch deutlich genug, daß der Parteiwille auf Grund des deutschen internationalen Privatrechts und nicht auf Grund Gestattung eines an sich materiell maßgeblichen örtlichen Rechts in Betracht gezogen wird. Denn das Reichsgericht prüft nicht etwa zuerst, welches materielle Recht — abgesehen vom Partei-

---

[1]) Vgl. insbesondere die Zusammenstellung der reichsgerichtlichen Praxis in RG 18. 2. 1926, Rspr. Aufw. 1926 S. 437 f.; RG 14. 11. 1929, RG Bd. 126 S. 196 ff. (206); RG 13. 12. 1929, WarnRspr. 1930 Nr. 43 S. 80 und im übrigen das in den folgenden Anm. dieses § beigebrachte Material.

[2]) Vgl. RG 2. 6. 1923, RG Bd. 107 S. 44 ff. = JW 1924 S. 97 f. = Z Bd. 32 S. 454 ff. und 460 ff.; RG 3. 10. 1923, RG Bd. 108 S. 241 ff. (243) = JW 1924 S. 667 ff. (669) = Z Bd. 33 S. 400 ff.; RG 18. 2. 1926, RGBd. 113 S. 42 = JW 1926 S. 1321 = Z Bd. 37 S. 369 ff. = Rspr. Aufw. 1926 S. 437 = ZAIP Sonderheft 1926/27 Nr. 36 = WarnRspr. 1926 S. 113 f.; RG 20. 2. 1929, HansRGZ 1929 A S. 288 f. = ZAIP Sonderheft 1929 Nr. 35 = Bul. Bd. 22 Nr. 6192; RG 14. 11. 1929, RG Bd. 126 S. 196 ff. = RsprAufw. 1930 S. 129 ff. = Z Bd. 42 S. 443 ff. = JW 1930 S. 1855 ff.; RG 13. 12. 1929, WarnRspr. 1930 Nr. 43 S. 80 f. (auch abgedruckt, aber in einem in diesem Zusammenhang nicht verwertbaren Auszug HRR 1930 Nr. 508 und auszugsweise in Z Bd. 43 S. 91 f.); RG 8. 12. 1930, RG Bd. 131 S. 41 = JW 1931 S. 612 ff. = LZ 1931 Sp. 494 Nr. 8 = HansRGZ 1931 B Sp. 440 ff.

willen — für den Vertrag maßgebend ist, und entscheidet dann auf Grund des so gefundenen Rechts die Frage, ob der Parteiwille für die Rechtskürung verwendet werden darf, sondern nimmt primär zu der Willensfrage Stellung und entscheidet hiernach über das örtlich maßgebende Recht [1]).

§ 356. Das Reichsgericht hat in zwei Fällen, in denen überhaupt nur die Herrschaft eines von mehreren fremden materiellen Rechten in Betracht kam, also eine Entscheidung nach innerem deutschen Recht ausgeschlossen war, doch bei Feststellung des Parteiwillens oder des Fehlens eines Parteiwillens deutsche Grundsätze angewandt und diesen Umstand in den Entscheidungsgründen besonders hervorgehoben [2]). In einem dritten Fall hat das Reichsgericht — zu einer Zeit, als die öffentlich-rechtliche Natur des Währungsrechts noch nicht durch die Rechtsprechung festgestellt war — bei einem Vertrag, der an sich (abgesehen vom Parteiwillen) zweifellos ungarischem Recht unterlag, auf Grund des vermutlichen Parteiwillens deutsches Währungsrecht angewendet, und zwar unter ausdrücklicher Ablehnung der Prüfung, ob das ungarische Recht zu demselben Ergebnis führen würde [3]). Alles dieses ist mit einem nur materiellrechtlich wirkenden Einfluß des Parteiwillens auf die örtliche Rechtswahl schlechterdings unvereinbar.

§ 357. Wenn die Frage nach der Bedeutung des Parteiwillens im internationalen Privatrecht nicht unmittelbar auf Grund deutschen internationalen Privatrechts, sondern auf Grund des anderweitig zu ermittelnden materiell maßgeblichen Rechts zu entscheiden sein würde, so würde, wenn dieses Rechts ein ausländisches ist, das

[1]) Vgl. aus neuester Zeit 19. 9. 1923, RG Bd. 107 S. 121 ff. (123); RG 18. 2. 1926, RsprAufw. 1926 S. 437; RG 27. 1. 1928, RG Bd. 120 S. 70 ff. (72) = JW 1928 S. 1197 ff. (1198); RG 12. 3. 1928, JW 1928 S. 1196 f. = WarnRspr. 1928 Nr. 58 S. 110 ff. = Z Bd. 39 S. 261 ff. = ZAIP Sonderheft 1928 Nr. 29; RG 13. 11. 1929, HRR 1930 Nr. 299 = LZ 1930 Sp. 514 Nr. 10 = SA Bd. 84 S. 33 ff.; RG 14. 11. 1929, RG Bd. 126 S. 196 ff. (206 ff.); RG 13. 12. 1929, WarnRspr. 1930 Nr. 43 S. 80; RG 13. 12. 1929 oder 15. 12. 1929, HansRGZ 1930 A Sp. 217 ff. (218) = Rspr. Aufw. 1930 S. 166; RG 21. 2. 1930, Rspr. Aufw. 1930 S. 341; RG 4. 3. 1930, BliP 1931 Sp. 101 ff. (102 f.); RG 18. 3. 1930, HansRGZ 1930 B Sp. 311 ff.; RG 23. 4. 1930, SA Bd. 84 Nr. 163 S. 271 f.; RG 2. 6. 1930, LZ 1931 Sp. 384 f. (385 a. E.) = (unvollständig) HRR 1930 Nr. 1435; KG 31. 5. 1930, Rspr. Aufw. 1930 S. 477 ff. Für die frühere durchaus übereinstimmende Rechtsprechung (seit 1900) wird auf die Zusammenstellung bei Haudek S. 47 Anm. 2 verwiesen.

[2]) RG 24. 10. 1902, Z Bd. 12 S. 618 f.; RG 20. 2. 1929, HansRGZ 1929 A Sp. 288 f. = ZAIP Sonderheft 1929 Nr. 35 = (unvollständig) Bul. Bd. 22 Nr. 6192.

[3]) 9. 2. 1887, RG Bd. 19 S. 47 ff. (55).

Reichsgericht nicht in der Lage sein, die Feststellung des Berufungsgerichts über den Inhalt des Parteiwillens nachzupfrüfen. Denn die materiellrechtliche Auslegung eines Vertrages hat nach deutschem internationalen Privatrecht auf Grund des den Vertrag beherrschenden Rechts zu erfolgen [1]), und das Reichsgericht kann also nicht nachprüfen, ob die vom Berufungsgericht angewandten Auslegungsgrundsätze richtig sind, wenn es sich um einen fremdrechtlichen Vertrag handelt.

Dagegen sind die Vorschriften des deutschen internationalen Privatrechts deutsches Recht. Daher muß das Reichsgericht in der Lage sein, die Auslegungsgrundsätze nachzuprüfen, nach denen für eine wirklich internationalprivatrechtliche Anknüpfung der Parteiwille vom Berufungsgericht festgestellt ist. Da das Reichsgericht sich zu solcher Nachprüfung für befugt erachtet ohne Unterschied, ob das Wirkungsstatut deutsch oder ausländisch ist — mit der alleinigen Beschränkung, daß es an tatsächliche, ohne einen erkennbaren Rechtsirrtum getroffene Feststellungen gebunden ist (soweit es sich nicht um die Auslegung sogenannter typischer Bedingungen handelt) —[2]), so steht fest, daß der Parteiwille nicht lediglich kraft materiellrechtlicher Verweisung, sondern auf Grund wirklicher internationalprivatrechtlicher Norm das örtliche Recht eines Vertrages bestimmen kann [3]).

[1]) Vgl. oben § 290 S. 429 Anm. 4.

[2]) Vgl. § 373 S. 513 f.

[3]) Besonders beweiskräftig für die im Text gegebene Darstellung sind die folgenden Urteile des Reichsgerichts: Bei einer Entscheidung vom 6. 4. 1911 (Z Bd. 24 S. 305 ff. = JW 1911 S. 532) handelte es sich um die Frage, ob ein urkundlich verbriefter Vertrag deutschem oder amerikanischem Recht unterlag. Das Reichsgericht prüft nach deutschem (preußischem) internationalen Privatrecht die Frage der örtlichen Rechtsanwendung und kommt zu dem Ergebnis, daß in erster Linie der Parteiwille entscheidend sei (daß »das Recht des Erfüllungsortes maßgebend ist, sofern nicht ein anderer Parteiwille zu ermitteln ist«). Für den Fall, daß der Parteiwille die Anwendbarkeit des amerikanischen Rechts ergeben sollte, verlangt aber das Reichsgericht, daß die Auslegung der (in deutscher Sprache abgefaßten) Urkunde nach amerikanischem Recht zu erfolgen hat. In einer Entscheidung vom 15. 5. 1917 (WarnRspr. 1917 Nr. 173) hat das Reichsgericht ausgesprochen, die Feststellung des Berufungsgerichts, daß die Parteien sich schweizerischem Recht unterworfen hätten, sei ohne Rechtsirrtum erfolgt. Dagegen hat das Reichsgericht eine Nachprüfung, ob das schweizerische Recht verletzt sei, insbesondere was die inhaltliche Auslegung des Vertrages betraf, als in der Revisionsinstanz unzulässig bezeichnet. In einer Entscheidung vom 24. 11. 1928 (vgl. S. 522 Anm. 3) hat das Reichsgericht die Frage, ob ein Konossement und Seefrachtvertrag auf Grund des Parteiwillens englischem Recht unterlag, nach den Grundsätzen des deutschen internationalen Privatrechts

§ 358. Der im Vorstehenden geführte Nachweis, daß nach deutschem internationalen Privatrecht der Parteiwille wirklicher internationalprivatrechtlicher Anknüpfungspunkt sein kann, beantwortet noch nicht die Frage, in welchem Umfange das der Fall ist. Hierbei ist meiner Ansicht nach zu unterscheiden zwischen der Wirkung des Parteiwillens gegenüber dispositiven und gegenüber zwingenden Rechtssätzen.

§ 359. In der Entscheidung des Reichsgerichts vom 20. 2. 1929[1]) ist gemäß unzweifelhaft internationalprivatrechtlicher Anknüpfung auf einen Versicherungsvertrag zwischen einer deutschen Firma und einer italienischen Versicherungsgesellschaft über Verschiffungen von Bulgarien oder der Türkei nach Hamburg französisches Recht in Anwendung gebracht, obwohl französisches Versicherungsrecht (Handelsrecht) in keinem der Staaten gilt, zu welchen dieser Vertrag Beziehungen hatte. Hier kamen zwingende Rechtsnormen nicht in Frage oder sind jedenfalls vom Reichsgericht nicht in Betracht gezogen [2]).

---

erörtert, aber die durch das Berufungsgericht vorgenommene materielle Auslegung des Vertrages selbst als irrevisibel bezeichnet, weil in Übereinstimmung mit dem Berufungsgericht dem Vertrag englisches materielles Recht zugrundezulegen sei und die Vertragsauslegung des Berufungsgerichts aus diesem Grunde der Nachprüfung durch das Reichsgericht nicht unterliege. (Die materiellrechtliche Frage war, ob der Vertrag Lücken aufwies, deren Ergänzung nötig war. Dieses ergibt sich aus dem Berufungsurteil, das in HansRGZ und ZAIP Sonderheft an den in S. 522 Anm. 3 referierten Stellen zitiert ist.) In RG 14. 11. 1929, Rspr. Aufw. 1930 Sp. 129 ff. (131), ist bei einer internationalen Anleihe der Stadt Wien auf Grund deutschen internationalen Privatrechts für die örtliche Rechtsanwendung der Parteiwille für maßgeblich erklärt und auf Grund desselben österreichisches Recht als Wirkungsstatut angesehen. Darüber aber, ob die mit dem Erfüllungsgeschäft zusammenhängenden Rechtsfragen nach den Gesetzen der in den verschiedenen Ländern gelegenen Erfüllungsorte oder nach innerem österreichischem Recht zu beurteilen seien, hat das Reichsgericht eine eigene Prüfung abgelehnt, weil es sich insoweit um nicht revisibles österreichisches Recht handle. Auf derselben Linie liegt es, daß das Reichsgericht sich zu der Prüfung für befugt erachtet hat, ob das Berufungsgericht sogenannte typische Bedingungen, aus denen sich angeblich eine Rechtskürung ergab, richtig ausgelegt habe, und hierbei in keine Untersuchung über die nach Sachlage naheliegende Frage eingetreten ist, ob diese typischen Bedingungen selbst deutschem oder fremdem Recht unterlagen. (RG 15. 12. 1929, HansRGZ 1930 A Sp. 217 ff.).

[1]) ZAIP Sonderheft 1929 Nr. 35 = HansRGZ 1929 A Sp. 287 f.; für den Tatbestand vgl. HansOLG 4. 5. 1928, HansRGZ 1928 A Sp. 405 ff.

[2]) In dem Urteil wird zwar eine Verjährungsfrage erörtert, und Verjährungsfragen können Fragen zwingenden Rechts sein (vgl. § 367 S. 509), aber meist nur in dem Sinne, daß der vertragsmäßigen Verlängerung, nicht aber

In zwei anderen Fällen hat das Reichsgericht allerdings davon gesprochen, daß der Parteiwille entscheidet, wenn nach der Natur des Rechtsverhältnisses die Anwendung verschiedener örtlicher Rechte möglich ist [1]) oder wenn für die Beurteilung eines schuldrechtlichen Vertragsverhältnisses nach den möglichen Anknüpfungsbeziehungen die Rechte verschiedener Rechtsgebiete in Frage kommen [2]). Diese Urteile müssen wohl dahin verstanden werden, daß das Reichsgericht nur von der Auswahl zwischen solchen Rechten spricht, zu denen der Vertrag örtliche Beziehungen hatte. Aber in beiden Fällen kam die Unterwerfung des Vertrages unter ein Recht, zu welchem solche Beziehungen nicht bestanden, überhaupt nicht in Frage. Im ersteren Fall hatte der Vertrag nur Beziehungen zu Deutschland und Frankreich [3]), und das Gericht kam zu dem Ergebnis, daß die Parteien sich für deutsches Recht entschieden hatten. Im zweiten Fall bestanden objektive Anknüpfungspunkte nur zu Deutschland und der Schweiz, und es wurde angenommen, daß die Anwendung des schweizerischen Rechts dem Parteiwillen entsprach. Übrigens handelte es sich im letzteren Falle um die Einwirkungen des Parteiwillens auf zwingende Rechtsvorschriften [4]). Für diesen

der Verkürzung der Verjährungsfristen zwingendes Recht entgegensteht. Hier wurde angenommen, daß die Parteien das Recht gewählt hatten, welches eine besonders kurze Verjährungsfrist enthielt. Nach dem örtlichen Recht, welches vermutlich beim Fehlen einer Parteivereinbarung den Vertrag beherrscht hätte, nämlich dem italienischen, wäre die Verjährungsfrist länger gewesen als die einmonatliche des französischen Rechts. Vgl. Art. 927 des italienischen Cod. di Comm. und Diena, Trattato di Diritto commerciale internazionale Bd. III S. 515.

[1]) 8. 7. 1910, Recht 1910 Nr. 3358.

[2]) 4. 4. 1928, ZAIP Sonderheft 1929 Nr. 31.

[3]) Vgl. den aus LZ 1910 Sp. 852 Nr. 23 und 24 ersichtlichen Tatbestand.

[4]) Unklar ist die Stellungnahme des OLG Rostock in einem Urteil vom 22. 2. 1909, SA Bd. 65 Nr. 1. Zwei in Deutschland wohnende Kaufleute hatten sich für einen Vertrag auf Lieferung außereuropäischen Getreides nach einem deutschen Hafen englischem Recht unterworfen. Das Gericht hat eine Prüfung der Frage, ob diese Unterwerfung stattgefunden habe, weil London der Hauptmarkt für einen Getreidehandel der in Frage stehenden Art bildet, für überflüssig erklärt. Denn die Vertragschließenden seien in der Lage, wie bei Zitelmann Bd. I S. 270 ff. ausgeführt werde, sich fremdem Recht zu unterwerfen, wenn nicht das einheimische Recht ihnen die Verweisung auf ausländisches Recht in zwingender Weise untersage. Diese Ausführungen müssen wegen der Bezugnahme auf Zitelmann dahin verstanden werden, daß hier ein Fall materiellrechtlicher Verweisung angenommen wurde. Aber am Schlusse des Urteils wird die Entscheidung auch damit begründet, daß »eine Absicht der Parteien, zwingende Vorschriften des einheimischen Rechts zu umgehen, nicht erhellt«. Dieser Teil der Begründung ist vom Stand-

Fall trifft die vom Reichsgericht ausgesprochene Beschränkung der Willensautonomie zweifellos zu [1]).

§ 360. Angesichts der im vorigen § zitierten Reichsgerichtsentscheidung vom 20. 2. 1929 wird man annehmen müssen, daß, wenn ein Vertrag überhaupt internationale Beziehungen hat, die Parteien ihn kollisonsrechtlich mit Wirkung für dispositive Gesetzesbestimmungen dem Rechte eines Landes unterwerfen können, zu dem solche Beziehungen fehlen. Das ist eine den Bedürfnissen des geschäftlichen Verkehrs entsprechende Rechtslage. Personen aus verschiedenen Rechtsgebieten können sehr wohl ein berechtigtes Interesse daran haben, sich auf das Recht eines dritten Landes zu einigen, z. B. darum, weil das Recht dieses Landes auf dem betreffenden Gebiet besonders entwickelt ist oder weil sein Inhalt besonders leicht feststellbar ist, etwa weil die juristische Literatur des betreffenden Landes auf besonders hoher Stufe steht und leicht zugänglich ist. Durch bloße Zulassung einer materiellrechtlichen Verweisung würde eine wenig wünschenswerte Rechtslage geschaffen; denn solchenfalls müßte zunächst auf Grund eines anderen Anknüpfungspunktes als demjenigen des Parteiwillens das zuständige Recht festgestellt werden, und dann auf Grund dieses Rechts der Parteiwille ausgelegt werden. Das würde, wenn dieses Recht ein fremdes ist, den erkennenden Richter mit unnötigen Auslegungsschwierigkeiten belasten und den Parteien die Möglichkeit nehmen, eine offenbar unrichtige Willensfeststellung in der Revisionsinstanz korrigieren zu lassen.

§ 361. Gegenüber zwingendem Recht freilich ist, wie die folgenden Paragraphen zeigen werden, die Wirkung des Parteiwillens als Faktor für das internationale Privatrecht auf eine Auswahl zwischen denjenigen Rechten beschränkt, zu denen natürliche Beziehungen vorliegen. Aber als Beweismittel für die wirklich internationalprivatrechtliche Rolle des Parteiwillens genügt auch dieses beschränkte Recht zur Auswahl. Denn durch ein bloß materiellrechtliches Bestimmungsrecht könnte es selbstverständlicherweise nicht erklärt werden.

§ 362. Zu den zwingenden Gesetzen des inneren Rechts gehören diejenigen über die Mindestanforderungen, welche an das

---

punkt der materiellrechtlichen Verweisung aus nicht verständlich. Denn eine solche kann sich gegenüber zwingenden Vorschriften natürlich überhaupt nicht durchsetzen, auch dann nicht, wenn den Vertragschließenden der Umgehungswille fehlt.

[1]) Vgl. die folgenden Paragraphen.

Zustandekommen eines Vertrages zu stellen sind [1]). Denn es liegt auf der Hand, daß die Parteien sich über diese Bestimmungen nicht hinwegsetzen können.

Das Reichsgericht hat in mehreren Entscheidungen ausgesprochen, daß das örtliche Recht für die Frage, ob ein Vertrag zustande gekommen ist, durch den Parteiwillen bestimmt wird [2]). In allen diesen Fällen lagen nahe Beziehungen zu dem gewählten Recht vor (Staatsangehörigkeit oder Sitz der Parteien, Ort der Vertragsverhandlungen, Erfüllungsort usw.).

§ 363. In mehreren anderen Entscheidungen des Reichsgerichts kam es darum auf die Frage des maßgeblichen örtlichen Rechts an, weil unter Zugrundelegung eines der nach den örtlichen Beziehungen in Frage kommenden Rechte der Vertrag gültig war, nach einem anderen dieser Rechte aber wegen seines Inhalts ungültig gewesen wäre.

In einem am 6. 4. 1911 [3]) entschiedenen Falle war ein von einer in New York wohnhaften Person dortselbst unterzeichneter mit einer in Deutschland wohnhaften Deutschen geschlossener Vertrag, wenn er deutschem Recht unterlag, gültig, wenn er amerikanischem Recht unterlag, möglicherweise mangels einer consideration nichtig. Das Reichsgericht hat ausgesprochen: In erster Linie hätte das Berufungsgericht untersuchen müssen, ob es die Absicht der Parteien gewesen ist, sich dem einen oder anderen Recht zu unterwerfen, und im Verneinungsfall den Erfüllungsort nach den inländischen Vorschriften feststellen müssen. In einer Entscheidung vom 19. 5. 1927 [4]) hatte das Reichsgericht Stellung zu der Frage zu nehmen, ob ein in Brasilien abgegebenes Schuldanerkenntnis wirksam war, das nach deutschem Recht gültig, nach brasilianischem Recht aber ungültig war. Das Reichsgericht hat angenommen, daß

---

[1]) Vgl. Neumeyer, Note zu RG I 4. 12. 1926, JW 1927 S. 693; Konrad Neumann S. 9 f.

[2]) RG 3. 1. 1911, Gruchot Bd. 55 S. 880, mitgeteilt von Wahl, ZAIP 1929 S. 778; RG 15. 5. 1917, WarnRspr. 1917 Nr. 173 S. 267 ff. = LZ 1917 Sp. 1049; RG 17. 9. 1926, WarnRspr. 1926 Nr. 189 S. 275 f. = ZAIP Sonderheft 1926/27 Nr. 3; RG 4. 12. 1926, JW 1927 S. 693 f. = SA Bd. 81 S. 65 ff. = Z Bd. 39 S. 238 ff. = HansRZ 1927 Sp. 274 ff.; RG 23. 12. 1931, Recht 1932 Nr. 85 = SA Bd. 86 S. 101 ff. Vgl. auch RG 18. 3. 1930, HansRGZ 1930 B Sp. 311 ff., wo die Ansicht des Berufungsgerichts gebilligt wird, daß für die Frage nach dem Zustandekommen eines Vertrages das am Sitz der Beklagten geltende Recht maßgebend sei, weil aus dem Parteiwillen über das anzuwendende Recht nichts zu ermitteln war.

[3]) Z Bd. 24 S. 305 ff. = JW 1911 S. 532.

[4]) ZAIP Sonderheft 1926/27, Nr. 37.

deutsches Recht von den Parteien gewollt war, unter anderem weil die Parteien teils noch Deutsche waren, teils Deutsche gewesen waren, weil sie ferner für das ursprüngliche Rechtsverhältnis die Geltung deutschen Rechts stillschweigend vereinbart hatten und kein Grund dafür sprach, daß sie das Anerkenntnis einem anderen Recht unterstellen wollten als demjenigen, dem das ursprüngliche Rechtsgeschäft unterlag.

Das OLG Düsseldorf [1]) hat die Frage, ob eine nichtige Doppelversicherung vorlag, nach holländischem Recht entschieden, weil zwei deutsche Parteien für die eigentlichen versicherungsrechtlichen Fragen sich ausdrücklich holländischem Recht unterworfen hatten. Die holländische Anknüpfung bestand anscheinend darin, daß es sich um die Versicherung eines Rheinkahnes handelte, der auch die holländische Rheinstrecke befuhr.

§ 364. Auch für die Frage, ob bei einem Vertragsabschluß die gesetzlichen Formen gewahrt sind, kann der Parteiwille eine Rolle spielen, da für die Formvorschriften in erster Linie das Wirkungsstatut entscheidend ist [2]), und da nach der Rechtsprechung des Reichsgerichts beim Vorhandensein genügender Anknüpfungspunkte der Parteiwille auf dem Umweg der Wahl des Wirkungsstatuts mittelbar sich gegenüber zwingenden Formvorschriften durchsetzen kann [3]) [4]).

§ 365. Die Abtretbarkeit einer Forderung wird mindestens insoweit durch zwingende Vorschriften geregelt, wie das Gesetz die Abtretung verbietet oder erschwert. Nach der neueren Rechtsprechung richtet sich die Abtretbarkeit einer Forderung nach dem diese Forderung beherrschenden Recht. Über die Frage, ob und wie eine Forderung abgetreten werden kann, entscheidet das die

---

[1]) 10. 1. 1929, HansRGZ 1929 A Sp. 213 ff. = Bul. Bd. 22 Nr. 6191.

[2]) Art. 11 Abs. 1 Satz 1 EGBGB.

[3]) 27. 11. 1908, LZ 1909 Sp. 141 No. 8, und 4. 5. 1930, BliP 1931 Sp. 101 ff.; ebenso OLG Braunschweig 18. 10. 1901, Z Bd. 15 S. 338 f.

[4]) In diesem Zusammenhang sind die Entscheidungen des OLG Braunschweig vom 7. 2. 1908, Z Bd. 18 S. 544 ff. = ROLG Bd. 16 S. 362 f., und des HansOlG vom 26. 2. 1909, Recht 1909 Nr. 1537, nicht zu verwerten. Diese Entscheidungen geben den Parteien die Befugnis, sich in bezug auf die Form einem Recht zu unterwerfen, welches strenger ist als das an sich in Betracht kommende. Hier handelt es sich nicht um einen Einfluß des Parteiwillens gegenüber zwingenden Rechtsnormen, sondern um gewillkürte Formverschärfungen, die den Vertragsparteien im allgemeinen freistehen (vgl. für das deutsche Recht § 125 Satz 2 BGB).

Forderung materiell beherrschende Recht auch dann, wenn dieses Recht durch Parteiwillen bestimmt ist [1]).

§ 366. Die Anfechtung wegen widerrechtlicher Drohung ist, soweit nicht die Vorbehaltsklausel entgegensteht, vom Reichsgericht nach dem Recht beurteilt, welches die Parteien unter den Rechten, zu denen der Vertrag Anknüpfungspunkte bot, stillschweigend gewählt hatten [2]) [3]).

Auf demselben Standpunkt steht das Oberlandesgericht Düsseldorf gegenüber den örtlichen Kollisionsnormen für die Anfechtung wegen arglistiger Täuschung [4]) (und Irrtums).

§ 367. Die Vorschriften über Verjährung waren schon nach gemeinem Recht in dem Sinne zwingend, daß die Verjährung nicht im voraus durch Vereinbarung verlängert oder erschwert werden konnte [5]). So ist die Lage nach heutigem deutschem Recht — von gewissen Ausnahmen abgesehen — geblieben [6]). Nach deutscher Auffassung ist die Verjährung eine Einrichtung des materiellen Rechts. Die Verjährung einer Forderung richtet sich nach demselben örtlichen Recht, dem die Forderung überhaupt unterliegt. In der deutschen Rechtsprechung ist dem Parteiwillen die Wirkung zuerkannt, unter den Rechten, für welche genügende Anknüpfungen vorhanden waren, eines auszuwählen, welches eine längere Verjährungsfrist vorschreibt als das sonst in Frage kommende Recht [7]).

§ 368. Die deutschen Aufwertungsvorschriften enthalten vielfach zwingendes Recht, insbesondere die Bestimmungen über die rückwirkende Aufwertung. Trotzdem wurde in einer Anzahl derjenigen deutschen Entscheidungen, welche die Aufwertung nach dem Wirkungsstatut (nicht nach dem Währungsstatut) beurteilen, dem Parteiwillen die Befugnis zuerkannt, das örtliche Recht für den An-

---

[1]) RG 13. 7. 1929, LZ 1930 Sp. 306 ff. (309); OLG Kolmar 28. 6. 1907, Recht 1907 Nr. 2647. In beiden Fällen handelte es sich um die Auswahl zwischen Rechten von Staaten, zu denen die vorliegenden Verträge in nahen Beziehungen standen.

[2]) Vgl. RG 30. 10. 1926, Z Bd. 39 S. 276 ff. = ZAIP Sonderheft 1928 Nr. 10.

[3]) Nach diesem Urteil schränkt die deutsche Vorbehaltsklausel die Anwendung fremden Rechts auf die Anfechtung wegen Drohung stark ein. Das ist für die Erwägung im Text unerheblich.

[4]) 10. 1. 1929, HansRGZ 1929 A Sp. 213 ff. = Bul. Bd. 22 Nr. 6119. Vgl. oben § 363 S. 508.

[5]) Motive zum I. Entwurf des BGB Bd. I S. 346.

[6]) § 225 BGB.

[7]) RG 8. 7. 1882, RG Bd. 9 S. 225 ff.; HansOLG 1. 7. 1912, HansGZ Hbl. 1912 S. 241 ff. = ROLG Bd. 25 S. 218 ff. = Z Bd. 23 S. 342 f.

spruch zu bestimmen, dessen Aufwertung in Frage kam. In allen Fällen handelte es sich um die Wahl des Rechts eines Staates, zu welchem nahe örtliche Beziehungen bestanden, meistens um die Wahl zwischen dem deutschen Recht und einem ausländischen Recht [1]).

§ 369. Nach österreichischem Recht kann das Bundesministerium für Inneres und Unterricht auf Antrag der beteiligten Versicherungsanstalten im Einvernehmen mit dem Bundesministerium für Justiz aussprechen, daß eine Versicherungsgesellschaft, die das Versicherungsportefeuille einer anderen Versicherungsgesellschaft übernimmt, aus dem betreffenden inländischen (österreichischen) Versicherungsverhältnis allein berechtigt und verpflichtet ist. Das ist eine Vorschrift, die allen Versicherten gegenüber zwingend ist, wenn es sich um Versicherungsverträge handelt, die mit österreichischen Versicherungsgesellschaften oder mit österreichischen Vertretungen ausländischer Versicherungsgesellschaften abgeschlossen sind. Das Reichsgericht hat bei einem Versicherungsvertrag zwischen einem Deutschen und der Wiener Vertretung einer deutschen Versicherungsgesellschaft die Anwendbarkeit dieser österreichischen Gesetzesbestimmung verneint, weil die Parteien sich stillschweigend deutschem Recht unterworfen hatten [2]).

§ 370. Diese umfangreiche Rechtsprechung steht mit der Auffassung im Widerspruch, daß die Unterwerfung unter fremdes Recht lediglich die rechtsgeschäftliche Vereinbarung derjenigen Bestimmungen eines Rechts darstelle, welchen sich die Parteien nach dem den Vertrag objektiv — also unabhängig vom Parteiwillen — beherrschenden materiellen Recht unterwerfen können. Nun gibt es freilich eine Anzahl von Reichsgerichtsentscheidungen, in denen die ausdrückliche oder stillschweigende Einigung über das örtliche Recht lediglich als Ausfluß der durch die lex causae gewährten Vertragsfreiheit behandelt wird [3]) — eine Freiheit, die gegenüber zwingen-

---

[1]) Vgl. z. B. RG 22. 3. 1927, ZAIP Sonderheft 1926/27 Nr. 42; RG 22. 3. 1928, WarnRspr. 1928 S. 109 ff. Nr. 57 = JW 1928 S. 1447 = HRR 1928 Nr. 1224; RG 15. 10. 1928, HRR 1929 Nr. 131; RG 1. 11. 1928, WarnRspr. 1929 Nr. 1 = SA Bd. 83 Nr. 59 S. 97; RG 6. 2. 1930, RsprAufw. 1930 S. 281 f. = LZ 1930 Sp. 1502; RG 2. 6. 1930, LZ 1931 Sp. 384 f.; KG 4. 8. 1927, JW 1927 S. 2316 = ZAIP Sonderheft 1926/27 Nr. 62; OLG Jena 22. 6. 1929, Rspr. Aufw. 1929 S. 944 f. (945).

[2]) RG 27. 1. 1928, RG Bd. 120 S. 70 ff. = ZAIP Sonderheft 1928 Nr. 75.

[3]) Vgl. z. B. RG I 8. 7. 1882, RG Bd. 9 S. 225 ff. (227); RG I 4. 10. 1899, RG Bd. 44 S. 152 ff. (154); RG III 5. 7. 1910, RG Bd. 74 S. 171 ff. (173); RG VI 20 oder 27. 2. 1913, JW 1913 S. 553 f. = WarnRspr. 1913 Nr. 302 S. 361;

den Normen der objektiv maßgeblichen lex causae natürlich nicht bestehen würde.

In Wirklichkeit ergeben aber diese Entscheidungen kein hinreichendes Material gegen die Fähigkeit der Vertragsparteien auch gegenüber zwingenden Rechtsvorschriften von mehreren in Betracht kommenden örtlichen Rechten eines auszuwählen. In den meisten Fällen handelt es sich einfach um die Feststellung, daß die Parteien — ausdrücklich oder stillschweigend — ein Recht gewählt hatten, gegen dessen Auswahl keine Bedenken aus irgendwelchen zwingenden Bestimmungen der — abgesehen vom Parteiwillen — in Frage kommenden Rechte hergeleitet werden konnten [1]). Hier genügte der Hinweis auf die Vertragsfreiheit vorbehaltlich zwingender Bestimmungen. Zu der schwierigen Frage der Parteiautonomie gegenüber zwingendem Recht brauchte keine Stellung genommen zu werden. Erst recht war das in den Fällen nicht erforderlich, in denen nicht angenommen wurde, daß die Parteien sich überhaupt einem bestimmten Recht unterwerfen wollten, und in denen die Wahlfreiheit nur erwähnt wurde um darzulegen, daß im vorliegenden Fall von ihr kein Gebrauch gemacht war [2]) oder aus begrifflichen Gründen kein Gebrauch gemacht werden konnte [3]). Schließlich finden sich — merkwürdigerweise — unter den Entscheidungen, in welchen den Parteien nur die Wahl zwischen dispositiven Normen zugesprochen wird, auch solche, in welchen ihnen in Wirklichkeit das Wahlrecht gegenüber zwingenden Normen gewährt wird [4]).

§ 371. Einer besonderen Betrachtung bedarf das reichsgerichtliche Urteil vom 21. 9. 1899 [5]). In diesem Falle hatten sich die Parteien für einen Ehevermittlungs-(Ehemakler-)Vertrag preußischem Recht unterworfen, obwohl nur Anknüpfungen zu dem Königreich Sachsen bestanden, offenbar weil nach sächischem Recht — im Gegensatz zum preußischen Recht — ein Ehemaklerlohn nicht rechtswirksam bedungen werden konnte. Das Reichsgericht hat die vertragsmäßige Unterwerfung unter preußisches Recht für unwirksam erklärt, und zur Begründung folgendes ausgesprochen:

RG VII 27. 2. 1917, WarnRspr. 1917 Nr. 151 S. 232 f. (233); RG II 25. 2. 1919, RG Bd. 95 S. 41 ff. (42); RG IV 31. 3. 1920, WarnRspr. 1920 Nr. 116 S. 145 ff.; RG II 17. 9. 1926, WarnRspr. 1926 Nr. 189 S. 275 f. = ZAIP Sonderheft 1926/27 Nr. 3.

[1]) RG 20 oder 27. 2. 1913; 25. 2. 1919; 31. 3. 1920.

[2]) RG 4. 10. 1899 und 27. 2. 1917.

[3]) RG 5. 7. 1910. Es handelte sich hier um eine auf Grund Gesetzes entstandene Verpflichtung (condictio indebiti).

[4]) RG 8. 7. 1882 und 17. 9. 1926.

[5]) RG Bd. 44 S. 300 ff., unvollständig abgedruckt in JW 1899 S. 677 f.

»Die Regel, wonach bei Beurteilung der Frage, welches Recht für die Entscheidung über einen streitigen Anspruch maßgebend sei, in erster Linie in Betracht kommt, welchem örtlichen Recht die Beteiligten ihr Vertragsverhältnis haben unterwerfen wollen . . ., ist nur eine Anwendung des allgemeinen Satzes, wonach es den Einzelnen regelmäßig freisteht, ihre privatrechtlichen Beziehungen zu einander nach ihrem Ermessen zu gestalten; die Befugnis der Beteiligten, das für ihr Vertragsverhältnis maßgebende Recht selbst zu bestimmen, findet daher ihre Schranke an denjenigen Gesetzen, welche der Vertragsfreiheit überhaupt gezogen sind. Eine Beschränkung der letzteren besteht aber in der Weise, daß es den Beteiligten nicht möglich ist, Rechte und Pflichten in Widerspruch mit zwingenden Rechtssätzen zu begründen. Die Entscheidung der Frage, ob ein solcher Widerspruch bestehe, hat der angerufene Richter . . . dem Rechte zu entnehmen, dem das streitige Rechtsverhältnis an sich nach allgemeinen Grundsätzen untersteht« [1]).

Unmittelbar an diese Ausführungen schließen sich weitere Erwägungen an, die viel mehr enthalten als eine Begründung dafür, daß hier an sich, das heißt unabhängig vom Parteiwillen, sächsisches Recht maßgebend war. Hierzu hätte es genügt, darauf hinzuweisen, daß der Erfüllungsort des Beklagten in Sachsen lag. Aber das Reichsgericht führt — über dieses Argument weit hinausgehend — Umstände an, die beweisen, daß das Vertragsverhältnis nur zu Sachsen innerliche Anknüpfungen hatte und daß ihm alle Beziehungen zu einer anderen Rechtsordnung fehlten. Diese weitere Argumentation enthält also mindestens eine Abschwächung des Satzes, daß das nach allgemeinen Grundsätzen maßgebliche Recht über die Freiheit der Rechtswahl entscheide. Aus diesem Urteil kann angesichts des sonstigen Inhaltes der deutschen Rechtsprechung nichts weiter als der sicherlich zutreffende Satz entnommen werden, daß, wenn internationale Beziehungen für einen Vertrag fehlen, die Parteien nicht die Geltung zwingender Bestimmungen des Rechts ausschließen können, dem der Vertrag an sich unterliegt.

§ 372. Selbst wenn man aber aus dem einen oder anderen derjenigen Reichsgerichtsurteile, die nur die eigentliche rechtsgeschäftliche Rechtswahl in Betracht ziehen, herauslesen könnte, daß ausschließlich die materiellrechtliche Rechtswahl durch die Vertragschließenden möglich sei, so würde hierdurch die Tatsache nicht beseitigt werden, daß in einer großen Reihe von Urteilen dem Partei-

---

[1]) Auszug übereinstimmend mit Konrad Neumann S. 103.

willen gegenüber zwingenden Rechtssätzen maßgebliche Bedeutung für das örtliche Recht beigelegt ist. Diese zahlreichen Entscheidungen vertragen sich schlechterdings nicht mit der Auffassung, daß den Parteien lediglich eine materiellrechtliche Rechtskürung zustehe.

§ 373. Die Bedeutung des Parteiwillens als internationalprivatrechtlicher Anknüpfungspunkt wird in der neuesten deutschen Literatur durch folgende Unterscheidung bekämpft: Es soll für das hier fragliche Gebiet ein Unterschied bestehen zwischen dem wirklich im konkreten Fall irgendwie zum Ausdruck gebrachten Parteiwillen und dem bloß vermuteten. Man nennt den ersteren den empirischen, den letzteren den heuristischen Parteiwillen [1], oder bezeichnet nur den ersteren überhaupt als Parteiwillen. Der vermutete Parteiwille ist von diesem Standpunkt aus ein objektiver Maßstab, der sich aus den Gesamtumständen des Geschäfts, aber nicht aus dem Willen der Parteien ergibt [2]. Dem konkreten empirischen Parteiwillen wird die Fähigkeit, sich gegenüber zwingenden Vorschriften durchzusetzen, abgesprochen, dem heuristischen Parteiwillen, dem vermuteten Parteiwillen als objektivem Maßstab, dagegen zuerkannt.

Die Grundlage dieser Auffassung ist die, daß es sich nur bei dem empirischen, dem wirklichen Parteiwillen, um Parteiwillen im Rechtssinne handele, und daß, wenn unsere Gerichte von vermutlichem oder stillschweigendem Parteiwillen [3] sprechen, sie in Wirklichkeit einen aus der Berücksichtigung aller Umstände des Falls sich ergebenden, objektiven Maßstab anlegen [4].

Diese Auffassung steht aber mit dem lebendigen deutschen internationalen Privatrecht, wie es sich aus der Rechtsprechung ergibt, im Widerspruch. Ganz abgesehen davon, daß die deutsche Rechtsprechung in den zahlreichen Fällen, in denen die örtliche Rechtskürung sich gegenüber zwingenden Rechtsnormen durchgesetzt hat, keinen Wert darauf legt, ob die Rechtswahl ausdrücklich oder stillschweigend erfolgt ist oder nur nach den Umständen vermutet wird, geht die Unrichtigkeit der hier bekämpften Ansicht aus der Rechtsprechung des Reichsgerichts über die Zulässigkeit der Revision hervor. Wenn es sich bei dem vermuteten still-

---

[1]) Brändl, LZ 1925 Sp. 816 ff. (821).

[2]) Konrad Neumann S. 10 ff.; Beer, Z Bd. 18 S. 358 f.; Vgl. auch Frankenstein Bd. II S. 180.

[3]) Dem heuristischen Parteiwillen Brändls.

[4]) Konrad Neumann a. a. O. S. 13 sagt das mit voller Deutlichkeit; aus dem Zusammenhang der Ausführungen Brändls folgt dasselbe.

schweigenden (heuristischen) Parteiwillen nicht wirklich um Parteiwillen, sondern um objektives Recht handeln würde, so würde dem Reichsgericht in vollem Umfange die Befugnis zustehen, die Auffassungen des Berufungsgerichts über diesen sogenannten vermutlichen Parteiwillen nachzuprüfen [1]).

Aber tatsächlich hält sich das Reichsgericht an die Feststellungen des Berufungsgerichts über den stillschweigenden oder vermuteten Parteiwillen im internationalen Privatrecht für gebunden, wenn das Berufungsgericht sich für eine von mehreren möglichen Auslegungen entschieden hat [2]). Nur dann wird die Revision für zulässig erachtet, wenn die Feststellung des Parteiwillens in gesetzwidriger Weise erfolgt ist oder die Auslegung des Berufungsgerichts offenbar falsch ist [3]), oder es sich um sogenannte typische Vertragsbedingungen handelt [4]). Dieses Verhalten des Reichsgerichts wäre unmöglich, wenn der »vermutliche Parteiwille« in Wirklichkeit objektives Recht sein würde. Denn dann würde das Reichsgericht sich der Stellungnahme beim Vorliegen mehrerer Auslegungsmöglichkeiten nicht entziehen können, da es gerade eine seiner Hauptaufgaben ist, zweifelhafte Bestimmungen des objektiven Rechts zu klären [5]).

---

[1]) Das lehrt denn auch Brändl, a. a. O. Sp. 823 Text zu Anm. 17. Brändl beruft sich für seine Auffassung auf RG vom 4. 10. 1899, RG Bd. 44 S. 152 ff. und RG vom 10. 1. 1911, Z Bd. 24 S. 322 ff. Aber die erstere Entscheidung verwirft die Willensfeststellung des Berufungsgerichts, weil dieses nicht einen übereinstimmenden Parteiwillen, sondern lediglich den Willen der einen Partei zugrundegelegt habe (S. 155). Die letztere Entscheidung aber steht in ausdrücklichem Widerspruch zu der von Brändl vertretenen Auffassung (S. 323 Anfang).

[2]) Vgl. z. B. RG 11. 2. 1896, Z Bd. 7 S. 262 ff.; RG 4. 10. 1899, RG Bd. 44 S. 153 ff.; RG 11. 7. 1900, JW 1900 S. 669 f. = Z Bd. 10 S. 373; RG 27. 11. 1908, Recht 1909 Nr. 295 = Holtheims Monatsschrift 1909 S. 132; RG 7. 6. 1910, Recht 1910 Nr. 3021; RG 10. 1. 1911, Z Bd. 24 S. 322 ff. = WarnRspr. 1911 Nr. 111 S. 116 f.; RG 13. 12. 1912, RG Bd. 81 S. 117 ff. (118 f.); RG 15. 3. 1920, RG Bd. 98 S. 213 ff. (215); RG 31. 3. 1920, WarnRspr. 1920 Nr. 116 S. 147; RG 19. 5. 1927, ZAIP Sonderheft 1926/27 Nr. 37; RG 27. 1. 1928, RG Bd. 120 S. 70 ff. = JW 1928 S. 1197 = Z Bd. 39 S. 330 ff. = ZAIP Sonderheft 1928 Nr. 75; RG 15. 10. 1928, HRR 1929 Nr. 131 = ZAIP Sonderheft 1928 Nr. 84; RG 13. 12. 1929, WarnRspr. 1930 Nr. 43 S. 81; RG 4. 3. 1930, BliP 1931 Sp. 101 ff.; RG 14. 1. 1931, SA Bd. 85 Nr. 57 S. 97 ff.; RG 19. 2. 1931, RG Bd. 131 S. 343 ff. (350).

[3]) Vgl. z. B. RG 21. 11. 1910, JW 1911 S. 148 f.; RG 3. 7. 1928, HRR 1929 Nr. 83 und RG 1. 11. 1928, ZAIP Sonderheft 1929 Nr. 119 = Warn Rspr. 1929 Nr. 1 = SA Bd. 83 Nr. 59 S. 97.

[4]) RG 13. 12. oder 15. 12. 1929, RsprAufw. 1930 S. 166 = HansRGZ 1930 A Sp. 217 ff. (218).

[5]) Die abweichende Stellungnahme des Reichsgerichts bei der Auslegung

§ 374. Die deutsche Kollisionsnorm, welche die Maßgeblichkeit des Parteiwillens für das örtliche Recht anordnet, muß, soweit nicht eine selbständige abweichende Begriffsbildung innerhalb der Kollisionsnorm nachweisbar ist,. nach Qualifikationsgrundsätzen gemäß deutschem innerem Recht ausgelegt werden. Das bezieht sich sowohl auf die Frage, was überhaupt der Begriff »Parteiwille« im Vertragsrecht bedeutet, wie auf die Frage, nach welchen Grundsätzen der Inhalt solchen Parteiwillens im einzelnen festzustellen ist (Auslegung). Die Rechtsprechung ergibt in ersterer Beziehung eine vollständige Übereinstimmung zwischen internationalem Privatrecht und innerem Recht, in letzterer Beziehung eine durch besondere international-privatrechtliche Auslegungsregeln in einzelnen Punkten modifizierte Übereinstimmung zwischen beiden Rechtsgebieten.

§ 375. Die erste Frage ist: Was ist der rechtlich in Betracht kommende Parteiwille? Bei Beantwortung dieser Frage sollen einstweilen die Fälle ausgeschieden werden, in welchen es sich um einen aus den Umständen sich ergebenden vermutlichen Parteiwillen handelt (heuristischer Parteiwille). Zunächst sollen die Fälle erörtert werden, in denen es sich darum handelt, was die Parteien wirklich gewollt oder erklärt haben. Auch für diese Fälle ist der Ausdruck Parteiwille nur eine nicht korrekte, schlagwortartige Bezeichnung. In Wirklichkeit ist auch in diesen Fällen ein übereinstimmender Wille der Parteien für die Rechtskürung nicht immer erforderlich und nicht immer genügend.

§ 376. Für eine ausdrückliche oder auch nur konkludente Willenserklärung ist es nicht erforderlich, daß der Wille zur Rechtswahl bei beiden Parteien wirklich bestand. Es genügt, daß Willenserklärungen ausdrücklich oder konkludent abgegeben sind, die im Verkehr als Rechtskürung aufzufassen sind [1]). Das ist genau so wie im inneren Recht [2]).

---

typischer Vertragsbedingungen ergibt sich aus Zweckmäßigkeitsgründen, die in der (für das innere Recht ergangenen) grundlegenden Entscheidung vom 13. 12. 1912 (RG Bd. 81 S. 117 ff. [119]) ausgeführt und in späteren (ebenfalls für das innere Recht ergangenen) Entscheidungen (RG 25. 2. 1913, WarnRspr. 1913 Nr. 277 S. 325; RG 16. 5. 1919, WarnRspr. 1919 Nr. 158 S. 244; RG 26. 1. 1926, RG Bd. 112 S. 371 ff.; RG 27. 5. 1930, RG Bd. 129 S. 134 ff. [138]) ausdrücklich oder durch Bezugnahme auf die erstgenannte Entscheidung gebilligt sind.

[1]) RG 15. 12. 1929, HansRGZ 1930 A Sp. 218. In diesem Fall hatte eine schweizerische Versicherungsgesellschaft einen Prospekt versandt, aus welchem sich ergab, daß Versicherungsverträge mit deutschen Versicherten deutschem Recht unterstellt werden sollten. Zwischen dieser Gesellschaft und einem deutschen Versicherungsnehmer war auf Grund eines Antrages des letzteren, in dem

Andererseits wird es in der reichsgerichtlichen Rechtsprechung für zulässig erklärt, aus dem Prozeßverhalten der Parteien, also aus einer Tatsache, die bei Vertragsabschluß überhaupt nicht vorlag, in Verbindung mit anderen Tatsachen Schlüsse darauf zu ziehen, daß die Parteien sich bei Vertragsabschluß einem bestimmten Recht unterwerfen wollten [1]). Wenn aber die Umstände eindeutig auf ein anderes Recht hinweisen, wird eine derartige Schlußfolgerung für unzulässig erklärt [2]) [3]). Genau in demselben Umfange wird der weder ausdrücklich noch stillschweigend geäußerte, aber tatsächlich bei beiden Parteien vorhanden gewesene Wille im deutschen inneren Recht berücksichtigt. Wenn der Parteiwille weder ausdrücklich noch stillschweigend erklärt ist, so kommt es auch im inneren Recht auf den übereinstimmenden Parteiwillen an, falls nicht der übereinstimmende Parteiwille in einem geradezu unlöslichen Widerspruch zum Inhalt des Erklärten steht [4]).

§ 377. Die in letzter Linie in Betracht kommende Art des Parteiwillens, der vermutliche, den Umständen zu entnehmende (heuristische) Parteiwille, ist selbstverständlich stets ein nicht erklärter Wille. Eine Untersuchung über das Verhältnis zwischen Willen und Erklärung kommt also bei dieser subsidiärsten Art des internationalprivatrechtlich bedeutungsvollen Parteiwillens nicht in Frage.

---

auf den Prospekt Bezug genommen war, ein Versicherungsvertrag zustandegekommen. Das Reichsgericht hat ausgesprochen, daß hieraus sich die Vereinbarung deutschen Rechts selbst für den Fall ergibt, daß der Antragsteller von dem Inhalt des Prospekts keine Kenntnis gehabt haben sollte.

[2]) Vgl. z. B. RG 10. 11. 1906, LZ 1907 Sp. 50 Nr. 5; RG 8. 11. 1907, LZ 1908 Sp. 159 Nr. 14; RG 6. 3. 1908, RG Bd. 68 S. 126 ff. (128); RG 19. 3. 1908, RG Bd. 67 S. 431 ff. (433); RG 2. 10. 1916, RG Bd. 88 S. 425 f. (428); RG 10. 10. 1919, RG Bd. 96 S. 302 ff. (303 f.); RG 20. 1. 1922, RG Bd. 103 S. 401 ff. (405); RG 21. 11. 1927, RG Bd 119 S. 21 ff. (25) = JW 1928 S. 166; RG 1. 10. 1928, JW 1929 S. 33 Nr. 1; RG 19. 2. 1931, RG Bd. 131 S. 343 ff. (350) = HRR 1931 Nr. 1298. Vgl. auch Komm. von RGRäten Bd. I Vorbemerkung vor § 116 Anm. 5.

[1]) Vgl. die in § 283 S. 420 Anm. 4 zitierten Entscheidungen.

[2]) RG 17. 2. 1914, WarnRspr. 1914 Nr. 303 S. 431 = Recht 1914 Nr. 946/949.

[3]) Die Entscheidungen des RG vom 10. 5. 1884, RG Bd. 12 S. 34 ff. (36) und vom 30. 1. 1889, RG Bd. 23 S. 31 ff. (33), die dem Prozeßverhalten grundsätzlich jede Bedeutung absprechen, sind durch die spätere Rechtsprechung des Reichsgerichts überholt.

[4]) RG 10. 11. 1905, JW 1906 S. 11 Nr. 7; RG 13. 2. 1906, JW 1906 S. 226 Nr. 9; RG 15. 4. 1912, WarnRspr. 1912 Nr. 288 S. 323; RG 8. 6. 1912, WarnRspr. 1912 Nr. 330 S. 369; vgl. auch Düringer-Hachenburg Bd. IV S. 46 Anm. 54.

§ 378. So wie da, wo sich überhaupt eine derartige Frage aufwirft, das Verhältnis zwischen Vertragswillen und Vertragswillenserklärung im deutschen internationalen Privatrecht dasselbe ist, wie im deutschen inneren Recht, so verhält es sich — von gewissen Ausnahmen abgesehen [1]) — auch mit der Feststellung des Inhalts, der Auslegung. Auch hier finden grundsätzlich dieselben Regeln Anwendung wie im deutschen inneren Recht.

§ 379. Die Anwendbarkeit deutscher Auslegungsgrundsätze für die Auslegung ausdrücklicher, die Rechtswahl betreffender Willenserklärungen ergibt sich aus einer Entscheidung des Reichsgerichts vom 20. 2. 1929 [2]).

Hier handelte es sich um die Frage, ob für einen Versicherungsvertrag die Parteien französisches oder italienisches Recht ausdrücklich vereinbart hatten. Es lag eine laufende Police und eine Einzelpolice vor. Nach den allgemeinen gedruckten Bedingungen der ersteren sollte französisches Recht, nach den allgemeinen gedruckten Bedingungen der letzteren italienisches Recht maßgebend sein. Aber nach dem handschriftlichen Text der Einzelpolice sollte die Versicherung zu den allgemeinen und besonderen Bedingungen der laufenden Police abgeschlossen sein. Der Berufungsrichter hatte ohne weitere Begründung angenommen, daß der geschriebene Text dem gedruckten vorgehe. Das Reichsgericht hat diesen Standpunkt gebilligt und zur Begründung sich ausdrücklich auf deutsches Versicherungsrecht dafür berufen, daß bei Versicherungspolicen die geschriebenen Bedingungen den gedruckten, und ebenso gedruckte Bedingungen, welche in geschriebenen in bezug genommen sind, solchen vorgehen, auf welche nur in gedruckten Bedingungen verwiesen ist. Dieser Vorrang des geschriebenen Wortes vor dem gedruckten ist also auf Grund einer innerdeutschen Auslegungsregel angewandt, obwohl deutsches Recht als lex causae überhaupt nicht in Betracht kam.

Dieselben Grundsätze finden Anwendung, wenn die Parteien zwar nicht expressis verbis die Anwendung eines bestimmten Rechts vereinbart haben, wohl aber von ihnen Ausdrücke verwendet sind, die für eine Rechtswahl in Betracht kommen können. Auch dann hat bei Lösung der internationalprivatrechtlichen Frage der deutsche Richter deutsche Auslegungsgrundsätze anzuwenden. Das ergibt

---

[1]) Vgl. § 381 S. 519 Anm. 2.

[2]) HansRGZ 1929 A Sp. 288 f. (Den genauen Tatbestand enthält die Entscheidung des Berufungsgerichts — des Hanseatischen Oberlandesgerichts — vom 4. 5. 1928, HansRGZ 1928 A Sp. 405 ff.)

sich aus einer Entscheidung des Reichsgerichts vom 13. 12. 1929 oder 15. 12. 1929 [1]). In diesem Fall war zu entscheiden, ob ein Versicherungsvertrag zwischen einer schweizer Versicherungsgesellschaft und einer deutschen Versicherten deutschem oder schweizer Recht unterlag. Die Entscheidung hatte auf Grund »typischer Vertragsbedingungen« der Versicherungsgesellschaft zu erfolgen, welche Bestimmungen enthielten, aus denen eine Rechtskürung der Vertragschließenden möglicherweise gefolgert werden konnte. Das Reichsgericht hat ausgesprochen, daß es die vom Berufungsgericht vorgenommene Willensauslegung nachprüfen könne, da es sich um typische Vertragsbedingungen handele. Hieraus ergibt sich als Standpunkt des Reichsgerichts, daß die Nachprüfung dieser Bedingungen, soweit es sich um die Rechtswahl handelte, auf Grund deutscher Auslegungsregeln zu erfolgen hatte. Denn die Auslegung typischer Vertragsbedingungen, welche ausländischem Recht unterliegen, kann das Reichsgericht selbstverständlich nicht nachprüfen.

§ 380. Die für das internationale Privatrecht in letzter Linie durch die reichsgerichtliche Rechtsprechung vorgeschriebene Feststellung des vermutlichen, aus der Gesamtheit der Umstände zu entnehmenden Parteiwillens entspricht genau der Tätigkeit, die der deutsche Richter im inneren Recht auszuüben hat, wenn die Parteien über einen klärungsbedürftigen Punkt sich weder ausdrücklich noch konkludent geäußert haben. Dann ist es im internationalen Privatrecht wie im inneren Recht [2]) Aufgabe des Richters, durch Auslegung festzustellen, was die Parteien vernünftigerweise bestimmt haben würden, wenn sie sich bei Vertragsabschluß die betreffende Frage vorgelegt hätten. In einem internationalprivatrechtlichen reichsgerichtlichen Urteil wird für diese Tätigkeit des Richters im internationalen Privatrecht ausdrücklich auf die betreffende Bestimmung des deutschen inneren Rechts (§ 157 BGB) hingewiesen [3]). Und in einer Entscheidung des Bayrischen Obersten Landesgerichts vom 24. 6. 1931 [4]) wird die Frage, ob die Parteien, welche sich ur-

---

[1]) RsprAufw. 1930 S. 166 = HansRGZ 1930 A Sp. 217 ff. (218).

[2]) Vgl. Komm. von RGRäten Bd. I § 157 Anm. 1 S. 260 f.; Staudinger Bd. I § 157 Anm. 4 und die an beiden Stellen befindlichen Zitate.

[3]) RG 27. 1. 1928, RG Bd. 120 S. 70 ff. (72) = JW 1928 S. 1197 ff. (1198). Vgl. auch den für die hier in Frage kommende richterliche Tätigkeit gelegentlich (z. B. in RG vom 18. 2. 1926, Rspr. Aufw. 1926 S. 437 f.; RG 13. 11. 1929, SA Bd. 84 Nr. 17 S. 33 f. = Recht 1930 Nr. 248 = HRR 1930 Nr. 299 = LZ 1930 Sp. 514 Nr. 10 = Z Bd. 43 S. 90 f.) gebrauchten innerrechtlichen technischen Ausdruck „ergänzende Vertragsauslegung“.

[4]) JW 1931 S. 3222 f.

sprünglich dem schweizer Recht unterworfen hatten, durch ihr späteres Verhalten die Maßgeblichkeit deutschen Rechts stillschweigend bestimmt hatten, unter ausdrücklicher Berufung auf die deutsche innerrechtliche Auffassung von der ergänzenden Vertragsauslegung eingehend erörtert [1]).

§ 381. Was als rechtlich maßgebender Parteiwille anzusehen ist, wird also nach deutschem Recht entschieden, d. h. nach Qualifikationsgrundsätzen auf Grund deutschen inneren Rechts, soweit nicht etwa das deutsche internationale Privatrecht besondere Vermutungen ausgebildet hat [2]). Das bedeutet: Nach deutschen Auslegungsgrundsätzen wird festgestellt, was die Parteien, soweit nach deutschem Recht eine Willenserklärung erforderlich ist, erklärt haben, und, soweit es auf einen nicht erklärten Willen ankommt, gewollt haben.

Auf diese Feststellung der Willenserklärung oder des Willens beschränkt sich die Anwendung des deutschen inneren Rechts für die Rechtswahl. Es fehlt an jedem Anhalt dafür, daß die deutsche lex fori hier noch einen weiteren Einfluß beansprucht, insbesondere dafür, daß die Rechtswahl einen in seiner Gesamtheit deutschem Recht unterliegenden Vertrag darstellt [3]).

Aus der deutschen Rechtsprechung ergibt sich eine derartige Auffassung nicht. Die praktischen Folgen einer solchen würden meiner Ansicht nach unerträglich sein. Nach der Rechtsprechung des Reichsgerichts unterliegt das Zustandekommen eines Vertrages entweder dem Recht, das die Parteien gerade für dieses Zustandekommen gewollt haben (vorausgesetzt, daß genügende Beziehungen

---

[1]) Die Angriffe, welche Görtz, Z Bd. 41 S. 6 ff. gegen die Verwendung eines nicht geäußerten Parteiwillens im internationalen Privatrecht richtet, treffen auch die deutsche Rechtsprechung über das innere Recht. Aus diesem Grunde würde eine Auseinandersetzung mit ihnen über den Rahmen dieses Buches hinausgehen.

[2]) Z. B. dahin, daß im Zweifel das Recht des Erfüllungsortes gewollt ist (vgl. § 159 S. 238), oder daß bei einem Vertrag zwischen Deutschen im Zweifel die Anwendung deutschen Rechts gewollt ist. Vgl. für Letzteres z. B. RG 22. 3. 1923, Recht 1923 Nr. 1024; RG 27. 1. 1928, RG Bd. 120 S. 70ff. = Rspr. Aufw. 1928 S. 145 ff. = Z Bd. 39 S. 245 ff. = HRR 1928 Nr. 820 = JW 1928 S. 1197 = Clunet 1930 S. 1062; RG 13. 11. 1929, SA Bd. 84 Nr. 17 S. 33 f. = Recht 1930 Nr. 248 = HRR 1930 Nr. 299 = LZ 1930 Sp. 514 Nr. 10 = Z Bd. 43 S. 90 f.; Reichsarbeitsgericht 27. 8. 1930, JW 1931 S. 159; OLG Kiel 10. 3. 1930, JW 1930 S. 156 f. Eine eingehende Behandlung dieser besonderen Vermutungen würde zu weit außerhalb des Rahmens dieses Buches liegen.

[3]) Ich kann also die von Haudek S. 88 ff. ausgesprochene Ansicht nicht teilen, daß hier ein in seiner Gesamtheit deutschem Recht unterliegender Verweisungsvertrag anzunehmen ist.

zu dem betreffenden Gebiet bestehen) oder dem Recht, das den Vertrag selbst beherrscht [1]). Wenn in England zwischen dort befindlichen Personen Vertragsverhandlungen im Wege der Korrespondenz geführt werden, aus denen sich ergibt, daß sich die Parteien in jeder Beziehung — also auch bezüglich des Zustandekommens des Vertrages — englischem Recht unterwerfen wollen, so würde der Vertrag materiellrechtlich durch Übergabe der Annahmeerklärung an die Post zustandekommen [2]). Es ist undenkbar, daß der die Rechtswahl enthaltende Bestandteil erst durch Zugehen der Annahmeerklärung an den Offerenten [3]) zustandekommen sollte. Dann würde die Möglichkeit bestehen, daß dieser Teil der Annahmeerklärung noch nach deren Absendung widerrufen würde, während deren materiellrechtlicher Teil nicht mehr widerrufen werden könnte.

Die Auffassung, daß die Rechtswahl durch einen deutschem Recht unterliegenden Verweisungsvertrag erfolgt, führt auch dazu, die Anfechtbarkeit dieses Teiles der Vereinbarung deutschem inneren Recht zu unterwerfen [4]). Auch dieses Ergebnis ist unerträglich.

Hierzu ist zu berücksichtigen, daß die deutschen Kollisionsnormen von dem deutschen Richter für jeden Prozeß anzuwenden sind, auch wenn es sich um Verträge handelt, die Ausländer im Ausland über ausländische Geschäfte miteinander geschlossen haben. Es würde nicht zu verantworten sein, wenn man solchen Personen die Berücksichtigung des deutschen Rechts über das Zustandekommen von Verträgen zumuten oder bei Vermeidung schwerer Rechtsnachteile die Verpflichtung auferlegen würde, die deutschen Anfechtungsfristen zu beachten, obwohl sie bei Abschluß des Vertrages vielleicht gar nicht daran denken konnten, daß ihre Rechtsbeziehungen jemals einem deutschen Richter unterbreitet würden [5]).

Die Rechtswahl als Parteivereinbarung unterliegt also den allgemeinen internationalprivatrechtlichen Vorschriften. Die deutsche Kollisionsnorm über die Maßgeblichkeit der Parteiautonomie beschränkt sich darauf, in den möglicherweise im übrigen einem anderen Recht unterliegenden Vertrag die deutschen Auffassungen

---

[1]) Vgl. oben § 362 S. 507 Anm. 2.

[2]) Vgl. Pollock Principles of Contract 9. Auflage 1921 S. 36 ff.; Schirrmeister-Prochownick Das Bürgerliche Recht Englands Bd. II 1929 § 198 S. 24 ff.

[3]) § 147 Abs. 2 BGB.

[4]) So Haudek S. 92 f.

[5]) § 23 ZPO ermöglicht die Zuständigkeit deutscher Gerichte für nicht vorauszusehende Fälle.

über Willenserklärung und Willen einzufügen, soweit es sich um die Rechtswahl handelt.

§ 382. Der Parteiwille als internationalprivatrechtlicher Anknüpfungspunkt ist nicht darauf beschränkt, ein Recht für einen Vertrag zu wählen. Der Vertrag kann auf Grund des Parteiwillens internationalprivatrechtlich mehreren Rechten unterstellt werden. Dieser Grundsatz ist vom Reichsgericht in einer Entscheidung vom 14. 11. 1929 [1]) ausdrücklich ausgesprochen und liegt auch einer Entscheidung des Reichsgerichts vom 23. 6. 1927 [2]) zugrunde. Insbesondere ergibt die Rechtsprechung des Reichsgerichts, daß der »Parteiwille« in der Lage ist, das Zustandekommen eines Vertrages einem anderen örtlichen Recht zu unterwerfen als den Inhalt des Vertrages [3]). Ferner kann bei internationalen Anleihen mit Erfüllungsorten außerhalb des Emissionsstaates bezüglich des Zahlungsgeschäfts, nicht aber bezüglich der Währung selbst, eine wirkliche international-privatrechtliche Teilberufung angenommen werden, die insoweit das generelle Wirkungsstatut ausschaltet [4]).

§ 383. Wo durch den Parteiwillen als internationalprivatrechtlichen Anknüpfungspunkt das anzuwendende Recht festgestellt ist, ist in der Hauptsache für eine ~~materiellrechtliche~~ Verweisung kein Raum mehr. Das ergibt sich daraus, daß der internationalprivatrechtliche Parteiwille von der Rechtsprechung unmittelbar zur Bestimmung des örtlichen materiellen Rechts berufen wird. Aber wenn auch durch die internationalprivatrechtliche Rechtswahl das einen Vertrag generell beherrschende Recht endgültig festgestellt wird, so ist es doch möglich, daß einzelne Bestandteile des Vertrages auf Grund materiellrechtlicher Verweisung einem anderen Recht als dem zunächst durch Parteiwillen bestimmten generellen Wirkungsstatut unterstellt werden. Solche Teilberufung eines anderen Rechts kann ausdrücklich oder stillschweigend erfolgen. Eine ausdrückliche materiellrechtliche Teilberufung ist

---

[1]) RG Bd. 126 S. 196 ff. (206) = Rspr. Aufw. 1930 S. 129 ff. (134 Sp. 2) = JW 1930 S. 1855 ff. (1859) = Z Bd. 42 S. 443 ff. (454).

[2]) RG Bd. 118 S. 370 ff. (374).

[3]) Vgl. die § 362 S. 507 Anm. 2 zitierten Entscheidungen des Reichsgerichts vom 3. 1. 1911, 4. 12. 1926 und 23. 12. 1931.

[4]) ROHG 28. 6. 1878, ROHG Bd. 24 S. 170 ff. (188); RG 23. 6. 1927, RG Bd. 118 S. 370 ff. (374) = Rspr. Aufw. 1927 S. 585 ff. (587) = LZ 1927 Sp. 1931 = Z Bd. 38 S. 385 ff. (388) = ZAIP Sonderheft 1926/27 Nr. 121 = JW 1927 S. 2290; RG 14. 11. 1929, RG Bd. 126 S. 196 ff. (205, 208) = Rspr. Aufw. 1930 S. 129 ff. (S. 134 Sp. 1, S. 135 Sp. 2) = Z Bd. 42 S. 443 ff. (453, 456).

besonders häufig bei Seefrachtverträgen und Konnossementen [1]), kommt aber auch bei Versicherungsverträgen vor [2]).

Da die Auslegung nach dem Wirkungsstatut zu erfolgen hat, muß hier die Auslegung des Vertrages in bezug auf die Rechtswahl für solche Einzelpunkte, wenn das Wirkungsstatut ein ausländisches ist, nicht nach deutschen Auffassungen, sondern nach dem fremden Wirkungsstatut stattfinden [3]).

Ebenso liegt es, wenn für einen Vertrag in der Hauptsache ein fremdes Gesetz von Rechtswegen (z. B. als Recht des Erfüllungsortes) maßgebend ist, und es sich darum handelt, ob Einzelpunkte durch Parteiwillen einem anderen örtlichen Gesetz unterstellt sind. Auch hier ist auf Grund der ausländischen Auslegungsregeln diese Frage zu beantworten [4]). Die praktische Auswirkung des Umstandes, daß hier der Parteiwille nach fremdem Recht festzustellen ist, zeigt

---

[1]) Vgl. Haudek S 62 Anm. 2 und die von Haudek a. a. O. zitierten Entscheidungen RG 18. 1. 1914, HansGZ 1914 Hbl. S. 108; RG 24. 9. 1930, HansRGZ 1930 B Sp. 707; HansOLG 6. 6. 1898, HansGZ 1898 Hbl. S. 226; HansOLG 23. 12. 1898, HansGZ 1899 Hbl. S. 121 ff. (122); HansOLG 17. 6. 1905, HansGZ 1905 Hbl. S. 270 f.; HansOLG 7. 7. 1905, HansGZ 1905 Hbl. S. 227 f.; HansOLG 5. 4. 1907, HansGZ 1907 Hbl. S. 218; HansOLG 17. 3. 1913, HansGZ 1913 Hbl. S. 158 ff. (159); HansOLG ohne Datum, HansRGZ 1930 B Sp. 598 ff., LG Hamburg 2. 1. 1903, HansGZ 1903 Hbl. S. 76 ff. Vgl. auch französischer Kassationshof 5. 12. 1910, Clunet 1912 S. 1156 ff.

[2]) RG 7. 11. 1928, RG Bd. 122 S. 233 ff. = ZAIP Sonderheft 1929 Nr. 32 = Recht 1929 Nr. 98 = HansRGZ 1929 B Sp. 324 f.; OLG Düsseldorf 10. 1. 1929, HansRGZ 1929 A Sp. 213 = ZAIP Sonderheft 1929 Nr. 48 = Bul. Bd. 22 Nr. 6191; ebenso die holländische Rechtsprechung: Hooge Raad 13. 6. 1924, Weekblad van het Recht Nr. 11281; Rechtbank Rotterdam 26. 3. 1919 und 7. 5. 1919, Bul. Bd. 2 Nr. 436 und 538.

[3]) RG 24. 11. 1928, RG Bd. 122 S. 316 ff. = HansRGZ 1929 B Sp. 67 ff. = HRR 1929 Nr. 633/634 = LZ 1929 Sp. 388 = JW 1929 S. 926 f. = ZAIP Sonderheft 1929 Nr. 61. (Dieses Urteil ist nur im Zusammenhang mit dem Berufungsurteil verständlich, dessen Inhalt HansRGZ 1929 B Sp. 67 und ZAIP Sonderheft 1929 Nr. 61 angegeben ist.) Hier ist ausgesprochen, daß bei einem auf Grund Parteiwillens englischem Recht unterliegenden Frachtvertrag und Konnossement die Frage, ob der Ortsgebrauch des Löschhafens über die Verpflichtung zur Zahlung von Mehrlöschkosten zu entscheiden hat, eine Frage der den Grundsätzen des englischen Rechts unterliegenden Vertragsauslegung sei.

[4]) RG 14. 11. 1929, RG Bd. 126 S. 196 ff. (200 f.) = JW 1930 S. 1855 ff. (1857) = Rspr. Aufw. 1930 S. 129 ff. (131 f.) = Z Bd. 42 S. 443 ff. (448). Hier wird für den Fall, daß eine von der Stadt Wien aufgenommene internationale Anleihe auf Grund des Rechts des Erfüllungsortes (kraft Rechtssatzes) dem österreichischen Recht unterstehen sollte, die Frage, ob sich die Stadt Wien für das Zahlungsgeschäft dem Recht der einzelnen Zahlungsorte stillschweigend unterworfen habe, als eine Frage österreichischen Rechts bezeichnet.

sich insbesondere darin, daß die Entscheidung des Berufungsgerichts über den eine solche Einzelfrage betreffenden Parteiwillen nicht revisibel ist, also auch nicht in dem beschränkten Umfange, in welchem die nach deutschem Recht erfolgende Willensfeststellung der Revision unterliegt [1]). Umgekehrt: Wenn kraft Gesetzes deutsches Recht maßgebend ist — z. B. als Recht des Bestimmungshafens bei Ansprüchen aus einem Frachtvertrag oder Konnossement — und Einzelbestimmungen vereinbart sind, die nur unter Zugrundelegung ausländischer Rechtsanschauungen verständlich sind, kann das Reichsgericht ein Urteil des Berufungsgerichts aufheben, wenn das Berufungsgericht solche fremdrechtlichen Klauseln unter Verletzung der deutschen Grundsätze über Feststellung des Parteiwillens ausgelegt hat [2]) [3]).

§ 384. Die Grenze zwischen internationalprivatrechtlicher und materiellrechtlicher Teilberufung wird oft schwer zu ziehen sein. Die Auslegung des Parteiwillens dahin, ob die Parteien das eine oder das andere gewollt haben, wird regelmäßig versagen, weil sich regelmäßig die Parteien des Unterschiedes zwischen internationalprivatrechtlicher und materiellrechtlicher Verweisung nicht bewußt sein werden [4]). Im Zweifel wird man m. E. materiellrechtliche Teilverweisung annehmen müssen [5]). Das empfiehlt sich schon aus Zweckmäßigkeitsgründen, weil die wirkliche Unterwerfung eines Vertrages unter mehr als ein Recht bösartige Komplikationen entstehen lassen kann, z. B. wenn das eine Recht in bezug auf Gültigkeit oder Anfechtbarkeit der dem anderen Recht unterworfenen Bestimmungen von diesem abweicht. Derartige Fragen werfen sich nicht auf, wenn ein Vertrag nur von einem Recht beherrscht wird, und nur auf Grund dieses Rechts Bestimmungen eines anderen Rechts als — in abgekürzter Form getroffene — Vertragsbestimmungen, die dem herrschenden Recht unterstehen, in den Vertrag aufgenommen sind.

---

[1]) Vgl. die beiden vorstehend zitierten Entscheidungen.

[2]) RG 22. 5. 1897, RG Bd. 39 S. 65 ff. = HansGZ 1897 Hbl. S. 210 ff. = Z Bd. 8 S. 47 f.; RG 10. 6. 1898, HansGZ 1898 Hbl. S. 274 ff. (276).

[3]) Daß die völlige Nichtbeachtung ausländischer Rechtsanschauungen, welche zur Ermittlung des Parteiwillens bei einem deutschrechtlichen Vertrage hätten berücksichtigt werden müssen, innerhalb der dem Reichsgericht für die Ermittlung des Parteiwillens überhaupt gesteckten Grenzen zur Aufhebung eines Berufungsurteils führen kann, ist selbstverständlich. Vgl. RG 19. 3. 1907, RG Bd. 65 S. 357 ff. = JW 1907 S. 295 ff. = Z Bd. 18 S. 174 ff. = Recht 1907 Nr. 2889.

[4]) So Haudek S. 38.

[5]) So Haudek a. a. O.

§ 385. Die Anerkennung des Parteiwillens als wirklicher internationalprivatrechtlicher Anknüpfungspunkt mit der geschilderten Wirkung auch gegenüber zwingenden Rechtssätzen entspricht durchaus den Erfordernissen des deutschen internationalen Privatrechts. Wo — wie z. B. in Polen [1]) — das objektive Recht eine eingehende Differenzierung des internationalen Vertragsrechts enthält, mag eine Beschränkung der Parteiautonomie auf dispositive Normen erträglich sein. In Deutschland verbietet sich eine solche Einschränkung schon aus praktischen Gründen. Bei uns ist im internationalen Vertragsrecht — von einigen Spezialfällen abgesehen — das Recht des Erfüllungsortes subsidiär maßgebend [2]).

Der Erfüllungsort hat nur zu der Erfüllung des Geschäftes natürliche Beziehungen. Gerade hierbei kommen zwingende Vorschriften nur ausnahmsweise in Betracht. Ein innerer Grund, das Zustandekommen eines Vertrages, seine inhaltliche Gültigkeit (abgesehen von etwaigen am Erfüllungsort herrschenden Erfüllungsverboten oder Geboten), seine Anfechtbarkeit oder die Verjährung der aus ihm sich ergebenden Rechte nach den Gesetzen des Erfüllungsortes zu beurteilen, liegt kaum vor. Hier ist eine Korrektur durchaus erforderlich, und die deutsche Rechtsprechung hat sie in der (beschränkten) Anerkennung der Parteiautonomie gefunden. Zu einer Differenzierung zwischen wirklichem und vermutlichem Parteiwillen liegt kein Grund vor. Es ist nicht ersichtlich, warum dem wirklichen Parteiwillen, also in erster Linie dem ausdrücklich erklärten, geringere Wirkungen gegenüber zwingenden Vorschriften beigemessen werden sollten, als dem aus den Umständen angenommenen, vermuteten. Voraussetzung ist, wie sich aus §§ 361—373 ergibt, auch im ersteren Fall, daß das gewählte Recht hinreichende Beziehungen zum Vertragsinhalt hat. Aber wenn das der Fall ist, ist es ausgeschlossen, daß eine aus Indizien konstruierte Vermutung über das, was die Parteien gewollt haben, von größerer Bedeutung sein könnte als der klare und ausdrücklich erklärte Wille.

§ 386. Für die Anerkennung sowohl des ausdrücklich erklärten wie des nur zu vermutenden Parteiwillens als wirklichen internationalprivatrechtlichen Anknüpfungspunkts spricht auch die — wenn ich mich so ausdrücken darf — geringe Intensität der deutschen örtlichen Kollisionsnormen im Vertragsrecht. Es ist nach der deutschen Rechtsprechung nicht einmal völlig sicher, daß das Recht des Er-

---

[1]) Vgl. Übersetzungen in Makarow S. 144 ff.; Z Bd. 39 S. 191 ff,; Revue 1928 S. 190 ff.

[2]) Vgl. oben § 159 S. 238.

füllungsortes auf Grund einer wirklichen Rechtsnorm und nicht etwa bloß auf Grund vermuteten Parteiwillens anzuwenden ist [1]). Trotz dieser Lage der Rechtsprechung und trotz der gerade aus der Eigentümlichkeit des deutschen internationalen Vertragsrechts sich ergebenden praktischen Gründe für die Behandlung des Parteiwillens als wirklichen kollisionsrechtlichen Anknüpfungspunkt steht der größte Teil der deutschen juristischen Literatur auf dem Standpunkt, daß Vertragsverpflichtungen kraft Rechtsnotwendigkeit (unabhängig von dem Parteiwillen) einem gewissen örtlichen Recht unterliegen und daß dieses darüber zu entscheiden hat, wie weit rechtsgeschäftliche Vereinbarungen, die ein anderes Gesetz zur Herrschaft berufen, zulässig sind [2]). Offenbar beruht diese Stellungnahme mehr oder weniger auf der Auffassung, daß das internationale Privatrecht zunächst den für die Regelung eines Rechtsverhältnisses zuständigen Staat zu ermitteln habe (Souveränitätstheorie). Von diesem Standpunkt aus kann natürlich den Parteien nur die Wahlfreiheit eingeräumt werden, die das an sich zuständige Recht ihnen gewährt [3]). Aber der Standpunkt des deutschen internationalen Privatrechts ist das nicht. Die deutschen internationalprivatrechtlichen Regeln beruhen nicht auf der Annahme, daß von Natur aus irgendein Recht zuständig sei, und daß es sich nur darum handele, dieses zu ermitteln, sondern darauf, was der deutsche Gesetzgeber als internationalprivatrechtliche Regelung für richtig hält [4]).

Besonders deutlich wird von der deutschen Rechtsprechung die Souveränitätstheorie im Vertragsrecht abgelehnt. Unsere Gerichte beachten Verbote ausländischer Staaten, welche den Abschluß eines Vertrages oder zur Erfüllung eines solchen notwendige Handlungen betreffen, nicht, wenn die lex causae den Abschluß oder die Handlung gestattet. Das ist auch der Fall, wenn an der Zuständigkeit fremder Staaten zum Erlaß derartiger Verbote überhaupt kein Zweifel be-

[1]) Vgl. § 159 S. 238.

[2]) Vgl. die in § 353 S. 500 Anm. 1 zitierten Schriftsteller.

[3]) Fast alle die international-privatrechtliche Wirkung des Parteiwillens ablehnenden deutschen Schriftsteller mißbilligen denn auch die — im deutschen Recht vollständig feststehende — Unterstellung der Vertragsverbindlichkeiten unter das Recht des Erfüllungsortes. Dieser ist vom Standpunkt der Souveränitätstheorie tatsächlich ungeeignet für die subsidiärste Anknüpfung im Vertragsrecht. Das beweist schon der Umstand, daß, wenn an dem Erfüllungsort nicht erfüllt ist, und es sich nur um Schadensersatzansprüche wegen Nichterfüllung handelt, der Souveränitätsgesichtspunkt für die Maßgeblichkeit des Rechts des Erfüllungsortes schlechterdings nicht geltend gemacht werden kann.

[4]) Vgl. §§ 22 ff. S. 31 ff.

steht [1]). Daß hierin kein Verstoß gegen das Völkerrecht liegt, ergibt sich aus der innerstaatlichen Natur der Kollisionsnormen.

Da jedes Land seine örtlichen Kollisionsnormen selbständig festsetzen kann, so steht es dessen Gesetzgeber — also für das deutsche internationale Privatrecht dem deutschen — frei, beliebige Anknüpfungspunkte für die Feststellung des maßgeblichen örtlichen Rechts anzuordnen. Es ist kein Grund ersichtlich, warum der deutsche Gesetzgeber nicht den Parteiwillen (den erklärten oder den nicht erklärten) zu solchem Anknüpfungspunkt bestimmen könnte [2]).

Die Berücksichtigung des Parteiwillens, so, wie sie bei uns stattfindet, ermöglicht es, den Bedürfnissen des Einzelfalles gerecht zu werden. Für die deutschen Gerichte liegt keine Veranlassung vor, auf Grund anfechtbarer Theorien die bisherige zweckmäßige Rechtsprechung zu ändern.

§ 387. Über die Stellungnahme des ständigen internationalen Gerichtshofs im Haag zu der Frage, ob und wie weit der Parteiwille ein internationalprivatrechtlicher Anknüpfungspunkt ist, geben zwei Urteile dieses Gerichts in Sachen der französischen Regierung gegen die jugoslawische Regierung und die brasilianische Regierung [3]) einen — unvollkommenen — Aufschluß. Es handelte sich um Verpflichtungen Jugoslawiens und Brasiliens aus internationalen Anleihen, die diese Staaten ausgegeben hatten. Der Gerichtshof hat ausgesprochen, daß die Frage der örtlichen Rechtsanwendung hier nach den Grundsätzen des internationalen Privatrechts zu entscheiden sei und weiter in dem erstgenannten Prozeß ausgeführt: »La Cour, saisie d'un différend impliquant la question de savoir quelle est la loi qui régit les obligations contractuelles dont il s'agit, ne saurait déterminer cette loi qu'en s'inspirant de la nature même de ces obligations et des circonstances qui ont accompagné leur création sauf à tenir compte également de la volonté exprimée ou présumée des parties. C'est d'ailleurs ce que semblent devoir faire aussi les tribunaux nationaux en l'absence de règles du droit national relatives à la solution des conflits de loi« [4]). In dem letztgenannten Prozeß hat

[1]) Vgl. die auf S. 347 Anm. 4 zitierten Entscheidungen.

[2]) Übereinstimmend Haudek passim, der mit großer Klarheit darlegt, daß es sich hier um Anwendung deutschen Rechts, nämlich deutschen internationalen Privatrechts handelt. Die gegenteilige Auffassung bringt insbesondere Neumeyer Bd. II S. 456 und Neumeyer I. Pr. R. S. 6 zum Ausdruck.

[3]) 12. 7. 1929, Publications Série A Nr. 20/21 = Clunet 1929 S. 977 ff. und 1008 ff.

[4]) Publications a. a. O. S. 41 = Clunet a. a. O. S. 1002 f.

er diese seine Auffassung bestätigt [1]). Aus dem erstgenannten Urteil ergibt sich auch, daß die Parteien für verschiedene Bestandteile des Vertrages verschiedene Rechte wählen können [2]). Zur Aufstellung dieser Rechtsgrundsätze ist der Gerichtshof auf Grund seiner Auffassung vom internationalen Privatrecht gekommen, nicht etwa auf Grund eines unabhängig vom Parteiwillen »primär« zuständigen materiellen Rechts — und zwar obwohl er in beiden Urteilen deutlich zum Ausdruck bringt, daß er in der Sache selbst auf Grund innerstaatlichen Rechts zu entscheiden habe. Der Parteiwille wird also von dem Gerichtshof in gewissem Umfange als internationalprivatrechtlicher Anknüpfungspunkt anerkannt. Wie weit der Parteiwille neben den in dem vorstehenden Urteilsauszug gleichfalls erwähnten Umständen des Falles zu entscheiden hat, und wie weit solcher Parteiwille sich gegenüber zwingenden Vorschriften durchsetzen kann, ist aus den Urteilen nicht zu entnehmen.

§ 388. Die Parteiautonomie als internationalprivatrechtlicher Anknüpfungspunkt wird von den gemischten Schiedsgerichtshöfen durchweg anerkannt [3]). Die Gerichte der bedeutendsten nichtbolschewistischen ausländischen Staaten erkennen ebenfalls grundsätzlich den Parteiwillen — und zwar auch den ausdrücklich ausgesprochenen — als internationalprivatrechtlichen Anknüpfungspunkt selbst gegenüber zwingenden Bestimmungen an:

§ 389. Auf der 6. Haager Konferenz über internationales Privatrecht sollte der Versuch gemacht werden, eine internationalprivatrechtliche Regelung des Kaufes zu erreichen. In dieser Veranlassung hatte die holländische Regierung den anderen beteiligten Regierungen u. a. folgende Fragen vorgelegt:

1. »Faut-il partir de l'idée que les parties ont la faculté d'indiquer librement la loi qui régira la validité intrinsèque et les effets de leur contrat et que la Convention ne doit désigner la loi applicable que pour suppléer au silence des parties à cet égard?«

2. »Ou bien faut-il, en ce qui regarde les obligations contractuelles, partir de l'idée que la validité intrinsèque et les effets des con-

---

[1]) Publications a. a. O. S. 121 = Clunet a. a. O. S. 1025 f.

[2]) Publications a. a. O. S. 42 = Clunet a. a. O. S. 1003.

[3]) Vgl. das Material bei Geier S. 73 ff., insbesondere auch deutsch-englischer gemischter Schiedsgerichtshof vom 6. und 17. 2. 1922, Recueil des Tribunaux Bd. I S. 726 ff. (729) = JW 1922 S. 753, wo Anknüpfungen zu Deutschland und England bestanden und entgegen zwingenden deutschen Vorschriften ein Vertrag nach englischem Recht beurteilt wurde, weil die Parteien die Anwendbarkeit englischen Rechts (und englischer Gerichtsbarkeit) vereinbart hatten.

trats sont régis par une loi déterminée (par ex. la loi du lieu du contrat, celle du lieu d'exécution ou celle du domicile de l'une des parties) et que cette loi détermine l'étendue de l'autonomie des parties?« [1])

Darauf hat die englische Regierung nicht mit einer Mitteilung ihrer Wünsche für eine zukünftige internationale Regelung, sondern mit einer Darstellung des bestehenden englischen Rechts geantwortet. Sie hat ihrer Antwort allerdings vorausgeschickt, daß »the statements which are made of the relevant principles of the English law have been taken from the leading writers on the subject and may be regarded as a fair but not an authoritative exposition of the principles according to which English law deals with the problems presented in the questionnaire.« [2])

Die Antworten lauten wie folgt:

Antwort zu Frage 1: »The view adopted in English law is that a contract ought to be governed and is governed by the law or laws to which the parties intended to submit themselves.

When the parties expressly stipulate that their contract shall be governed by a certain particular law or particular laws, the English Courts apply such law or laws, both in respect of the validity and the effect of the contract, provided that the stipulation expresses the bona fide intention of the parties. But a contract will not be enforced in England, whether lawful by the law which the parties intended to be applicable or not, (I) if it or the enforcement of it is opposed to English interests of state, or to the policy of the English law, or to the moral rules upheld by English law; (II) if the making of it is unlawful by the law of the country where it is made; (III) if its performance is unlawful by the law of the country where it is to be performed; (IV) if it forms part of a transaction which is unlawful by the law of the country where the transaction is to be performed; (V) if its enforcement is contrary to any English rule of procedure.« [3])

Antwort zu Frage 2: »We would refer to the answer given to question 1.

The view adopted in English law is that no guiding principle ought to be or can be laid down. The parties have unlimited freedom of choice in determining the law that shall apply, but, as pointed out in the answer to question 1, there are number of exceptional cases in which the English law will not enforce the contract, in spite of its validity, under the law intended by the parties to be applicable.« [4])

---

[1]) Documents S. 33, Frage 1 und 2.

[2]) Documents S. 168.

[3]) Documents S. 168 f.

[4]) Documents S. 170.

Die englische Regierung faßt hiernach den Inhalt des englischen Rechts im wesentlichen ebenso zusammen wie Dicey [1]). Nach Dicey kann durch den Parteiwillen nicht erreicht werden, daß die Gültigkeit eines Vertrages, der nur Beziehungen zu einem Lande hat, dem Recht eines anderen Landes unterliegen soll [2]) [3]).

In den Vereinigten Staaten ist die Rechtslage im wesentlichen dieselbe, wie sie in England nach der Diceyschen Lehre ist [4]). Allerdings bezieht sich in den Vereinigten Staaten die Parteiautonomie anscheinend nicht auf die Frage, ob ein Vertrag zustandegekommen ist, d. h. ob die Parteien in vertragliche Beziehungen zueinander getreten sind [5]). Der ausdrücklichen Unterstellung unter ein bestimmtes Recht wird dieselbe Wirksamkeit beigemessen wie der nur zu vermutenden [6]).

In Frankreich wird die Parteiautonomie anerkannt [7]). Die ausdrückliche Erklärung hat gegenüber zwingendem Recht dieselbe Bedeutung wie die aus den Umständen entnommene [8]).

In Holland steht es den Parteien frei, einen Vertrag ausländischem Recht zu unterwerfen. Die einzige Beschränkung ist, daß die in Holland herrschenden Auffassungen über öffentliche Ordnung und gute Sitten berücksichtigt werden müssen [9]).

---

[1]) Rule 160 nebst Exceptions und Rule 161 nebst Subrule 1 und 2 S. 608 ff.

[2]) Dicey S. 610 und 918. Die Diceysche Auffassung ist in England keineswegs unbestritten. Westlake S. 299 ff. erklärt es für unzulässig, die Gültigkeit eines Vertrages von der Rechtswahl der Parteien abhängig zu machen. Foote gibt der »Intention of the parties« zwar keinen Einfluß auf die Rechtswahl, soweit es sich um die »legality of the contract« handelt (S. 375), wohl aber für »the vinculum or legal tie, which results from a contract« (S. 424).

[3]) Konrad Neumann S. 105 ff. sucht zu beweisen, daß nach den englischen Kollisionsnormen eine ausdrückliche Rechtswahl für die Gültigkeit eines Vertrages bedeutungslos ist. Ein derartiger Satz findet sich in der englischen Rechtsprechung nicht. Das Gegenteil ist ausgesprochen in der Entscheidung des englischen High Court of Justice, Chanc. Div. vom 10. 2. 1910, in Sachen British South Africa Company v. De Beers Consolidated Mines limited, Law Times vom 19. 3. 1910 = Revue 1911 S. 116.

[4]) Wharton Bd. II S. 898 ff.; S. 1190 ff.

[5]) Wharton a. a. O. S. 900.

[6]) Wharton a. a. O. S. 920.

[7]) In großem Umfange auch gegenüber zwingendem Recht: Niboyet S. 799 ff. und das dort beigebrachte Material; vgl. auch Basdevant in »Actes« der 6. Haager Konferenz über internationales Privatrecht S. 277.

[8]) Kassationshof 5. 12. 1910, Revue 1911 S. 395 ff. (398) und 19. 2. 1930, Clunet 1931 S. 90 ff. (91).

[9]) Hooge Raad Juni 1924, Weekblad van het Recht Nr. 11 281; Eras a. a. O. S. 135; Hasselt, Rép. Bd. VI unter »Pays-Bas« Nr. 72 f.

In Spanien erkennt die Praxis der Gerichte die Rechtswahl durch Parteiwillen an [1]).

In Bulgarien [2]), China [3]), Japan [4]) und Rumänien [5]) wird der Parteiwille als internationalprivatrechtlicher Anknüpfungspunkt grundsätzlich anerkannt.

Nach dem polnischen Gesetz vom 2. 8. 1926 betreffend das für internationale Privatverhältnisse geltende Recht haben die Parteien die Befugnis, eine Auswahl zwischen den Rechten zu treffen, die besondere im Gesetz genau bezeichnete Beziehungen zu den Parteien oder zu dem Vertrage haben [6]).

Aber die Parteien sind in allen Fällen an die besonderen gesetzlichen Bestimmungen gebunden, welche alle diesen Bestimmungen widersprechenden Rechtsgeschäfte für nichtig erklären und an dem Wohnsitz des Schuldners gelten, wo die Verpflichtung zu erfüllen ist [7]).

In Österreich [8]), Brasilien [9]) und Peru [10]) ist die Parteiautonomie in sehr beschränktem Umfang anerkannt.

In Italien besteht für Handelsgeschäfte keine Befugnis der Parteien zur Rechtswahl [11]), wenigstens nicht, wenn sie in Italien geschlossen sind [12]). Dagegen scheint der Wortlaut des Art. 9 Abs. 2 der einleitenden Bestimmungen zum italienischen BGB für die Wirksamkeit der Parteiautonomie im bürgerlichen Recht auch gegenüber zwingenden Bestimmungen zu sprechen. Ob eine solche Auslegung zulässig ist, ist bestritten [13]).

In der Schweiz wird anscheinend den Parteien nur die rechtsge-

---

[1]) Trias de Bes, Recueil Bd. 31 S. 657 ff. und Rép. Bd. VI unter »Espagne« Nr. 124.

[2]) Ghénow, Rép. Bd. VI unter »Bulgarie« Nr. 95.

[3]) Escarra, Rép. Bd. VI unter »Chine« Nr. 35.

[4]) Yamada, Rép. Bd. VI unter »Japon« Nr. 117.

[5]) Juvara in »Actes« der 6. Haager Konferenz S. 336; Plastara, Rép. Bd. VII unter »Roumanie« Nr. 248.

[6]) Art. 7.

[7]) Vgl. Übersetzungen des Gesetzes in Makarov S. 149 ff.; Z Bd. 39 S. 191 ff.; Revue 1928 S. 190 ff.

[8]) Walker S. 361 ff.

[9]) Bevilaqua, Rép. Bd. VI unter »Brésil« Nr. 65.

[10]) Roger, Rép. Bd. VII unter »République du Pérou« Nr. 96.

[11]) Art. 58 des ital. HGB.

[12]) Ital. Kassationshof 21. 1. 1928, Clunet 1930 S. 243 f.

[13]) Vgl. einerseits Cereti S. 49 ff., andererseits Diena, Diritto commerziale internazionale S. 13, S. 73 ff. und Prinzipî S. 251 f. und S. 300 f. Nach Udina, Rép. Bd. VI unter »Italie« Nr. 129, ist die italienische Praxis verteilt.

schäftliche Bestimmung des örtlichen Rechts in den Grenzen der Vertragsfreiheit überlassen [1]).

In den Sowjetrepubliken ist — wahrscheinlich — kein Raum für die Parteiautonomie [2]).

In Norwegen [3]) und in Dänemark [4]) wird die Parteiautonomie nicht anerkannt.

---

[1]) Schweizer Bundesgericht 14. 12. 1920 und 28. 9. 1921, zitiert bei Niboyet in Recueil Bd. 16 S. 27 f. Vgl. auch Homberger S. 27 f.

[2]) Stoupnitsky, Rép. Bd. VII unter »Soviets« Nr. 134.

[3]) Alten in »Actes« der 6. Haager Konferenz S. 337.

[4]) Ussing in »Actes« der 6. Haager Konferenz S. 276.

Nachtrag.

Der 4. Zivilsenat des RG (IV 103/1932) hatte am 2. 6. 1932 über einen Ehescheidungsprozeß nord-amerikanischer Ehegatten zu entscheiden, deren Personalstatut das Recht von Missouri war. Die Parteien wohnten — unter Zugrundelegung des deutschen Wohnsitzbegriffes — in Deutschland. Das Berufungsgericht hatte auf den Ehescheidungsprozeß deutsches materielles Recht angewandt, weil das Recht von Missouri auf das deutsche Recht als Wohnsitzrecht zurückverweise. Die Revision warf dem Berufungsrichter vor, daß er nicht geprüft habe, ob das Recht von Missouri etwa auf das deutsche internationale Privatrecht mit Ausnahme der deutschen Bestimmungen über die Anerkennung des Renvoi verweise. Das Reichsgericht hat die Revision zurückgewiesen. Das Urteil ist inhaltlich von ungewöhnlicher Bedeutung, weil es zu grundlegenden Fragen des Renvoirechts eine von der bisherigen Rechtsprechung des RG abweichende Stellung einnimmt. Es wird daher hier besprochen, obwohl es noch nicht veröfffentlicht ist:

Nach diesem Urteil sollen die deutschen Gerichte, wenn die deutschen Kollsionsnormen ausländisches Recht zur Entscheidung berufen, zwar den übrigen Teil des fremden internationalen Privatrechts, nicht aber dessen Bestimmungen über die Anerkennung der Rückverweisung, berücksichtigen.

Wenn mit genügender Bestimmtheit anzunehmen wäre, daß das Reichsgericht diese Ansicht aufrecht erhalten wird, so würden von dem Standpunkt dieses Buches aus die Ausführungen der §§ 144—150 de lege lata für das deutsche internationale Privatrecht überholt sein. Denn a priori kann nicht festgestellt werden, ob das deutsche Renvoirecht so auszugestalten ist, wie in Frankreich, wo jede Rückverweisung als solche auf inneres französisches Recht angesehen wird, oder ähnlich wie in England, wo der Gesamtinhalt ausländischen internationalen Privatrechts berücksichtigt wird. Je nach dem Gewicht, daß auf die Mehranwendung des eigenen inneren Rechts und eine Vereinfachung der richterlichen Tätigkeit oder auf die Herbeiführung international-gleichmäßiger Lösungen gelegt wird, muß die Entscheidung in dem einen oder anderen Sinne fallen. Gegenüber einer feststehenden Stellungnahme des Reichsgerichts würde ich es nicht einmal für durchschlagend halten, daß der Wortlaut des Art. 27 EG für die Berücksichtigung fremden Renvoirechts spricht [1]). Denn die Rechtsprechung hat das deutsche internationale Privatrecht weit über den Wortlaut des EG hinaus entwickelt.

Aber das RGUrteil vom 2. 6. 1932 steht im Widerspruch zu allen reichsgerichtlichen Urteilen, in denen ausgesprochen ist, daß, wenn fremdes Recht maßgebend ist, der deutsche Richter so zu entscheiden hat, wie der ausländische Richter entscheiden würde [2]). Insbesondere widerspricht das Urteil der Entscheidung desselben Senats vom 15. 2. 1912 [3]). Hier wird es als ein unannehmbares Ergebnis bezeichnet, wenn bei gleichen tatsächlichen Feststellungen der deutsche Richter eine Ausländerehe für nichtig erklären müßte, die der nationale Richter als gültig behandeln würde. Das Urteil vom 2. 6. 1932 widerspricht ferner der Entscheidung des 9. Zivilsenats des RG vom 19. 5. 1931 [4]), nach der der deutsche Richter keine Veranlassung hat, eine Ehe für nichtig zu erklären, die im Heimatstaat als gültig behandelt wird. Wenn aber fremdes Renvoirecht unberücksichtigt bleibt, so lassen sich derartige vom RG gemißbilligte Ergebnisse nicht vermeiden.

In dem Urteil des 4. Senats vom 15. 2. 1912 wird es außerdem für unzulässig erklärt »nur mehr oder minder lückenhafte Ausschnitte aus dem maßgebenden fremden Recht anzuwenden« [5]).

Obwohl, wie die vorstehenden Zitate aus dem Urteil vom 15. 2. 1912 dartun, zwischen diesem Urteil und demjenigen vom 2. 6. 1932 der schärfste Widerspruch besteht, beruft sich die Entscheidung vom 2. 6. 1932 auf das Urteil vom 15. 2. 1912, in dem über die Vorschrift des Art. 27 EG ausgesprochen werde:

> »daß sie den deutschen Richter an das materielle deutsche Recht gebunden erklärt, wenn das betreffende ausländische Recht auf deutsches Recht zurückverweist, ohne daß weiter zu prüfen ist, ob ihn etwa Kollisionsnormen des deutschen Rechts von neuem auf fremdes Recht verweisen.«

Dieses Zitat stimmt im Wortlaut fast genau und inhaltlich

---

[1]) Vgl. oben § 145 S. 217 ff.

[2]) Vgl. die oben § 139 S. 208 Anm. 1, und die in diesem Nachtrag zitierten Entscheidungen.

[3]) Vgl. oben § 140 S. 210 f. und § 145 S. 218 f.

[4]) Vgl. oben § 140 S. 212 f. (213 Ende des 1. Abs.) u. § 246 S. 371 f.

[5]) RG Band 78 S. 236 a. E.

genau mit einer Ausführung überein, die sich in dem Urteil vom 15.2.1912[1]) befindet. Aber diese ist keine Stütze für den Standpunkt der Entscheidung vom 2. 6. 1932, denn in letzterem Fall handelte es sich nicht um die Frage, ob der deutsche Richter einen Renvoi des ausländischen Rechts auf deutsches Recht zu neuer Anknüpfung auf Grund der deutschen Kollisionsnormen verwenden soll, sondern darum, ob das fremde Recht im Endergebnis überhaupt auf deutsches Recht verwies. Eine — selbstverständlicherweise unzulässige — Verwendung der deutschen Kollisionsnormen zu einer wiederholten Anknüpfung auf Grund des fremdrechtlichen Renvoi war von dem Revisionskläger nicht gefordert und war nicht nötig, um der Revision stattzugeben. Es handelte sich nur darum, ob ein etwaiger Renvoi des fremden Rechts, so wie ihn das fremde Recht macht, oder abweichend zu berücksichtigen war.

In unmittelbarem Anschluß an die vorstehend kritisierten Ausführungen fährt das RG in dem Urteil vom 2. 6. 1932 fort:

> »Wollte man die Rückverweisung des fremden Rechts auf das deutsche Recht als eine solche auch auf das deutsche internationale Privatrecht auffassen, so könnte eine endlose Hin- und Herverweisung die Folge sein«.

Dieser Gedankengang könnte nur für einen Fall in Betracht kommen, in welchem das ausländische internationale Privatrecht tatsächlich auf das deutsche internationale Privatrecht einschließlich seines Renvoirechts verweist, und würde auch dort nach allgemeinen deutschen Rechtsgrundsätzen nicht zutreffen[2]). Aber in dem vom RG in seiner Entscheidung vom 2. 6. 1932 unterstellten Fall, daß das ausländische internationale Privatrecht im Endergebnis die Anwendung seines materiellen Rechts verlangt, ist eine endlose Hin- und Herverweisung schon begrifflich ausgeschlossen.

Ich glaube nicht zu kühn zu sein, wenn ich der Vermutung Ausdruck gebe, daß die der immer wieder aufgestellten Forderung des RG nach international-übereinstimmender Beurteilung ausländischer Rechtsverhältnisse widersprechende Stellungnahme des

---

[1]) a. a. O. S. 237.

[2]) Vgl. oben §§ 148 f. S. 220 ff., insbesondere § 149 S. 222 ff. und § 161 S. 243 a. A. Selbst der schärfste Bekämpfer der Berücksichtigung fremden Renvoirechts — Walter Lewald — erkennt an, daß die Berücksichtigung fremden Renvoirechts, so wie ich sie auffasse, zu einer inhaltlichen Übereinstimmung der deutschen mit der ausländischen Rechtsprechung führt (JW 1932 S. 565 Spalte 2 Mitte).

4. Senats auf seiner Auffassung über die Revisibilität fremden internationalen Privatrechts beruht. Er hat nämlich in seinem Urteil vom 2. 6. 1932 ausgesprochen, daß hier der Inhalt des ausländischen Rechts lediglich eine Vorfrage für die dem Art. 27 EGBGB zu entnehmende Entscheidung über die Anwendbarkeit der deutschen Gesetze sei. In einem solchen Falle seien die Feststellungen des Berufungsgerichts der Nachprüfung in der Revisionsinstanz unterworfen. Wenn das richtig wäre, so würde freilich kaum etwas anderes übrig bleiben als ein Teilverzicht auf die Forderung, daß der deutsche Richter so zu entscheiden hat, wie ein ausländisches Gericht. Denn dem RG kann nicht zugemutet werden, in eine Untersuchung der vielfach höchst unklaren Frage einzutreten, wie sich ein fremdes internationales Privatrecht, hier dasjenige eines Einzelstaates der nord-amerikanischen Union, zum Renvoi stellt. Die internationale Autorität des höchsten deutschen Gerichts könnte durch leicht mögliche Fehlsprüche auf diesem besonders schlüpfrigen Gebiet geradezu gefährdet werden. Aber auch in dieser Beziehung widerspricht die Ansicht des 4. Senats der bisherigen Stellungnahme des RG. Hier kommt nicht nur die bereits oben [1]) erwähnte Entscheidung der vereinigten Zivilsenate in Betracht, nach welcher das internationale Privatrecht ein integrierender Bestandteil des betreffenden bürgerlichen Rechts ist (woraus man schließen muß, daß die Revisibilität fremden internationalen Privatrechts denselben Grundsätzen unterliegt, wie diejenige fremden bürgerlichen Rechts). Vielmehr ist in mehreren Entscheidungen des RG ausdrücklich die Feststellung des Tatrichters darüber, ob das fremde Recht auf deutsches Recht zurückverweist, als bindend für das Revisionsgericht bezeichnet worden [2]).

Die Entscheidung vom 2. 6. 1932 führt übrigens nicht einmal den Standpunkt folgerichtig durch, daß die Feststellungen des Berufungsgerichts über den Inhalt des ausländischen Recht revisibel seien, soweit eine Rückverweisung nach Art. 27 EG in Frage kommt. Zu entscheiden war, ob das Recht von Missouri auf das deutsche Recht als Recht des Wohnsitzes zurückverweist. Solche Rückverweisung konnte nur angenommen werden, wenn nach dem Recht von Missouri für die hier zu beantwortende international-privatrechtliche Frage ein deutscher Wohnsitz begründet war. Das RG

---

[1]) § 33 S. 54 Anm. 1.

[2]) RG IV 29. 12. 1910, WarnRspr. 1911 Nr. 126 S. 140, RG V 27. 11. 1911, RG Bd. 78 S. 48 ff. (49 f.), RG IV 2. 10. 1930, HRR 1930 Nr. 2066 (Absatz 1 der Gründe).

hat nicht selbst geprüft, ob nach dem internationalen Privatrecht von Missouri ein deutscher ehelicher Wohnsitz anzunehmen sei, obwohl diese Frage vor dem Berufungsgericht offenbar streitig war. Das RG hat sich vielmehr mit der Feststellung begnügt, daß ersichtlich nach Ansicht des Berufungsgerichts »nach amerikanischem Recht die Frage, ob ein Domizil im Sinne dieses Rechtes in dem Lande vorliegt, in dem die Klage erhoben ist, nach der lex fori zu entscheiden ist«. Wenn wirklich vom Revisionsgericht zu prüfen gewesen wäre, ob das Recht von Missouri auf deutsches Recht als Wohnsitzrecht verwies, so hätte sich das RG. für eine begriffsnotwendige Voraussetzung dieser Verweisung nicht bloß auf die Ansicht des Berufungsgerichts berufen dürfen.

Nach dem Ausgeführten kann trotz des Urteils vom 2. 6. 1932 nicht angenommen werden, daß fremdes internationales Privatrecht revisibel ist, auch nicht, wenn es sich um die Frage handelt, ob ein Renvoi auf deutsches Recht vorliegt. Es ist also nicht zu befürchten, daß durch die Berücksichtigung fremder Vorschriften über die Anerkennung des Renvoi das höchste deutsche Gericht zu Rechtsprüfungen gezwungen wird, die außerhalb seiner wesentlichen Aufgabe — der Ausgestaltung des deutschen Rechts — liegen.

Aber auch der Tatrichter wird nicht ungebührlich belastet, wenn er unter Umständen darüber zu entscheiden hat, auf welche Teile des deutschen Rechts die ausländischen Kollisionsnormen verweisen, das heißt hier, ob sie die deutschen Bestimmungen über die Anerkennung des Renvoi berücksichtigen oder nicht. Der deutsche Richter darf nicht vermuten, daß fremdes internationales Privatrecht den Renvoi anerkennt [1]), sicherlich also nicht, daß fremdes Recht das deutsche internationale Privatrecht mit Ausnahme der Bestimmungen über die Anerkennung des Renvoi für maßgeblich erklärt. Wenn der Tatrichter keinen Anhaltspunkt dafür hat, daß das fremde internationale Privatrecht in der letzterwähnten ungewöhnlichen Weise nur auf Teile der deutschen Kollisionsnormen verweist, so kann er das Fehlen derartiger Rechtssätze im fremden Recht annehmen [2]). Mangels eines besonderen Grundes für die Annahme, daß das fremde internationale Privatrecht derartig ausgestaltet ist, kann der Tatrichter eine Feststellung nach dieser Richtung unterlassen und braucht sich in seinen Gründen überhaupt nicht darüber zu äußern, ob und wie weit er diese Frage untersucht hat. Der Tatrichter ist im allgemeinen nicht verpflichtet,

[1]) Vgl. oben § 152 S. 225 ff.

[2]) Vgl. oben § 152 S. 227 Anm. 2.

sich darüber auszusprechen, wie er den Inhalt des fremden Rechts ermittelt hat. Und sicher kann von ihm nicht verlangt werden, daß er darlegt, wie er zu der Ansicht gekommen ist, daß im fremden Recht eine ganz ungewöhnliche Bestimmung fehlt, wenn gar kein Anhalt für deren Vorhandensein gegeben war.

In dem am 2. 6. 1932 vom RG entschiedenen Falle hatte der Berufungsrichter sich nicht darüber ausgesprochen, ob das Recht des Staates Missouri Bestimmungen über die Anerkennung der Rückverweisung enthalte. Daß hierüber die Parteien in den vorangehenden Instanzen irgendwelches Material beigebracht oder auch nur Behauptungen aufgestellt hätten, ist nach dem Inhalt des reichsgerichtlichen Urteils nicht anzunehmen. Unter diesen Umständen war das Berufungsgericht nicht genötigt sich darüber zu äußern, ob in Missouri Bestimmungen über die Anerkennung des Renvoi bestehen. Der gegenteilige Standpunkt würde eine Überspannung der Anforderungen enthalten, die an den deutschen Richter zu stellen sind.

Die Revision ist daher im vorliegenden Falle mit Recht zurückgewiesen — nicht weil ausländische Bestimmungen über die Anerkennung des Renvoi unberücksichtigt zu bleiben haben, sondern weil das Berufungsgericht den Inhalt des fremden Rechts ohne erkennbaren Verstoß gegen deutsche Normen festgestellt hatte.

Ich möchte diese Ausführungen nicht ohne ein weiteres Argument dafür schließen, daß Art. 27 EG die Frage unberührt läßt, wie zu entscheiden ist, wenn fremde Kollisionsnormen auf die deutschen Gesetze mit Ausnahme des deutschen Renvoirechts verweisen. Dann verweist das ausländische Recht in Wirklichkeit nicht auf das deutsche Recht, sondern auf einen Ausschnitt desselben, der sich nicht mit dem deutschen internationalen Privatrecht und selbstverständlich nicht mit dem materiellen deutschen Recht deckt. Eine direkte Anwendung des Art. 27 EG ist solchenfalls unmöglich, weil die Voraussetzung, daß das fremde Recht die deutschen Gesetze für maßgebend erklärt, nicht vorliegt. Denn die Bruchstücke des deutschen internationalen Privatrechts, auf welche das fremde Recht verweist, sind nicht »die deutschen Gesetze«, von welchen Art. 27 EG spricht. Hier bleibt nur die Anwendung der allgemeinen, oft vom RG ausgesprochenen Regel übrig, daß der deutsche Richter so entscheiden soll, wie der ausländische Richter entscheiden würde. Das geschriebene Gesetz gibt also sicher keine Veranlassung, die bisher vom RG immer wieder aufgestellte Forderung fallen zu lassen, daß bei Berufung fremden Rechts durch deutsche Kollisionsnormen der deutsche Richter d e n e i n z e l n e n Fall so zu entscheiden hat, wie der ausländische Richter entscheiden würde.

Sachregister.

(Die beigefügten Zahlen bedeuten die Seiten. Juristische Schriftsteller sind in diesem Register nur insoweit erwähnt, wie ihre Werke im Text besprochen sind.)

Beiträge zum ausländischen und internationalen Privatrecht

Herausgegeben vom

Institut für ausländisches und internationales Privatrecht

Bisher sind erschienen:

Heft 1:

Vertraglicher Schutz gegen Schwankungen des Geldwertes. Goldklauseln und andere Abreden zur Minderung des Valutarisikos. Von Dr. Arthur Nußbaum, Professor an der Universität Berlin. Groß-Oktav. 95 Seiten. 1928. RM. 5.—

Das vorliegende Werk befaßt sich mit dem Gesamtproblem des Valutarisikos, das für die weitesten, namentlich international orientierten Wirtschaftskreise auch jetzt noch Gegenstand dauernder Überlegung und Sorge geblieben ist, weil keineswegs alle Währungen als dauernd befestigt anzusehen sind und infolge der engen Beziehungen der Volkswirtschaften zueinander Aufwärtsbewegungen einer Währung nicht minder gefährlich sind als deren Abwärtsbewegungen. Entsprechend der internationalen Bedeutung dieses Problems ist die ausländische Judikatur und Literatur weitestgehend berücksichtigt.

Heft 2:

Die Haftung des Verkäufers einer fremden beweglichen Sache in den Vereinigten Staaten von Amerika in Vergleichung mit dem deutschen bürgerlichen Recht. Von Dr. John Wolff. Groß-Oktav. 84 Seiten. 1930. RM. 4.—

„... ist die Arbeit im ganzen und im kleinen ausgezeichnet. Keiner, der sich mit den einschlägigen Problemen beschäftigt, wird diese bahnbrechende Arbeit entbehren können."
Jur. Wochenschrift.

Heft 3:

Die Bereicherungshaftung im anglo-amerikanischen Rechtskreis in Vergleichung mit dem deutschen bürgerlichen Recht. Von Dr. Wolfgang Friedmann. Groß-Oktav. 148 Seiten. 1930. RM. 7.—

Die Problematik des Bereicherungsrechts beruht auf der eigenartigen Funktion des Bereicherungsanspruches, der wegen seines stark ethischen Gehaltes stets droht, das Rechtssystem durch übermäßige Ausdehnung zu durchbrechen.
Dieser grundsätzlichen Bedeutung wegen hat das Institut für ausländisches und internationales Privatrecht dieses Problem in seine Arbeit einbezogen und schickt diese systematische Darstellung anderen Arbeiten aus dem gleichen Problemkreis voraus.

(Fortsetzung umseitig.)

Heft 4:

Die Wirkungen der Wechselerklärungen im internationalen Privatrecht. Von Dr. Ludwig Raiser, Assistent am Institut für ausländisches und internationales Privatrecht. Groß-Oktav. 124 Seiten. 1931. RM. 9.—

Die Arbeit behandelt das internationale Privatrecht der Wechselverpflichtungen und des Wechselumlaufs. Durch eingehende Untersuchung der deutschen und ausländischen, vor allem auch der englischen und amerikanischen Rechtsprechung auf diesem Gebiet wird der Grund gelegt zu Lösungen, die gegenüber den deduktiv gewonnenen Leitsätzen des internationalen Obligationenrechts die besonderen Bedürfnisse des Wechselverkehrs zur Geltung zu bringen suchen. Dabei ist der Kritik der Ergebnisse der Genfer Wechselkonferenz von 1930 besondere Sorgfalt gewidmet,

Heft 5:

Die Struktur des vertraglichen Schuldverhältnisses im anglo-amerikanischen Recht. Von Dr. Max Rheinstein, Privatdozent an der Universität Berlin, Referent am Institut für ausländisches und internationales Privatrecht. 256 Seiten. 1932. RM. 15.30

Eine Untersuchung über die innere Struktur der Vertragsobligation im anglo-amerikanischen Recht. Einführend zeigt der Verfasser die historischen Wurzeln des englischen Vertragsrechts auf. Er schickt der Darstellung weiter eine Erläuterung des wichtigen Begriffs der „Consideration" voraus, dessen praktische Tragweite in einer eingehenden Vergleichung mit dem deutschen Recht erfaßt werden soll. Das Thema selbst ist der Gegenstand der Darstellung vornehmlich in der Ausgestaltung, die es in England selbst gefunden hat. Die amerikanischen Verhältnisse sind jedoch durchweg berücksichtigt.

Heft 6:

Die Fahrlässigkeit im nordamerikanischen Deliktsrecht unter vergleichender Berücksichtigung des englischen und des deutschen Rechts. Von Dr. Friedrich Keßler, Privatdozent an der Handelshochschule Berlin, Referent am Institut für ausländisches und internationales Privatrecht. Groß-Oktav. 187 Seiten. 1932. RM. 19.—

Das Fahrlässigkeitsproblem wird durch einen eingehenden historisch unterbauten Vergleich mit dem anglo-amerikanischen Recht gefördert. Auch im anglo-amerikanischen Recht steht im Mittelpunkt der Fahrlässigkeitslehre die Pflichtwidrigkeit. Der Maßstab der Fahrlässigkeit wird objektiv bestimmt, was der Verfasser auch für das deutsche Recht vertritt. Besondere Sorgfalt ist auf den Nachweis verwandt, daß die Fahrlässigkeitshaftung eine Verschuldenshaftung ist.

Walter de Gruyter & Co., Berlin W 10, Genthiner Str. 38

Kolibri 360 GmbH
Ferdinand-Jühlke-Straße 7
99095 Erfurt, Deutschland
produktsicherheit@kolibri360.de